À la découverte de la FRANCE

Un **TOUR DE FRANCE** de nos **TERROIRS**, de notre **PATRIMOINE** et de notre **HISTOIRE**

POUR LA PRÉSENTE ÉDITION

Direction de la publication Carine Girac-Marinier
Direction éditoriale Marion Vaillant
Édition Vanessa Gaillard
Maquette SKGD-Création
Fabrication Carole Rousseau

POUR LA PRÉCÉDENTE ÉDITION

Direction de la publication Carine Girac-Marinier

Éditeurs Marion Vaillant (coordination éditoriale)
Avec Antoine Caron, Laurent Girerd, Nadine Martrès, Anne-Françoise Robinson

Direction artistique Ulrike Meindl, avec Sophie Rivoire

Mise en pages Les PAOistes, Sylvie Fécamp

Iconographie (agences) Marie-Anne Méhay, avec Valérie Perrin

Cartographie Cartes de la France et des D.R.O.M. :
Krystyna Mazoyer-Dzieniszewiska, Michel Mazoyer, Léonie Schlosser, Catherine Zacharopoulou
Cartons régionaux : Larousse
Cartes des vignobles : European Map Graphics, Graffito, Marie-Thérèse Ménager ; adaptation Laurent Blondel

Relecture Élisabeth Le Saux, Catherine Decayeux, Thierry Klajman

Informatique éditoriale Dalila Abdelkader, Marion Pépin, Marie-Noëlle Tilliette, Aurélie Prissette, Philippe Cazabet, Serge Boucher, Willemine Jaspars, Sharareh Maljaei, Monika Al Mourabit, Christine Lagoutte

Fabrication Marlène Delbeken

Ont contribué à cet ouvrage Daniel Berlion, Yves Bisch, Jacques Bruyère, Maria Ceglia, Loïc Depecker, Guy Dubois, Isabelle Fougère, Line Fromental, José-Manuel Lamarque, Catherine Maillet, Suzy Palatin, Renaud Thomazo, Gersende de Villeneuve

***la découverte de la France* reprend une partie des ouvrages suivants**

- *Petit Larousse illustré* et encyclopédie larousse.fr.
- *Grand Larousse du vin* (pp. 102-103, 111, 124-125, 127, 155, 166-167, 192, 193, 228-229, 240-241, 258, 296-297)
- *Petit Larousse des saveurs des régions de France* (pages recettes)
- *La France gourmande 100 % terroirs, avec Pari fermier* (pp. 32-33, 42, 43, 96-97, 132-133, 216-217, 270-271)
- *Le Zapping de la culture générale*
- *Le Zapping de l'histoire de France*
- *Petit Dictionnaire insolite des mots de la francophonie*
- *Petit Dictionnaire insolite de l'alsacien et des Alsaciens*
- *Petit Dictionnaire insolite du basque et des Basques*
- *Petit Dictionnaire insolite du breton et des Bretons*
- *Petit Dictionnaire insolite du ch'timi et des Chtis*
- *Petit Dictionnaire insolite des cultures et des langues créoles*
- *Petit Dictionnaire insolite de l'occitan et des Occitans*

ISBN : 978-2-03-605674-9

Jean-Sébastien PETITDEMANGE
présente

À la découverte de la FRANCE

Un TOUR DE FRANCE de nos TERROIRS, de notre PATRIMOINE et de notre HISTOIRE

LAROUSSE
21, rue du Montparnasse 75283 Paris Cedex 06

Préface

Lorsqu'on a la chance de pouvoir se promener autour du monde comme je le fais depuis quelques décennies, il est relativement facile de se rendre compte que la perception de la France à l'étranger varie quelque peu en fonction des époques et des pays. Après la victoire de l'équipe de France en 1998, dans un bar perdu de l'*outback* australien, on ne me parlait que de Zinédine ! Il était la France. Au début des années 1980, les Américains ne connaissaient qu'un nom de chef français : Paul Bocuse. Monsieur Paul venait de signer un contrat avec la société Disney pour exploiter les restaurants du nouveau parc Epcot. Depuis 30 ans, l'histoire de Jean Valjean, de Cosette et de Javert – les personnages de Victor Hugo dans *les Misérables* – a fait le tour de la planète un nombre incalculable de fois. Le succès de la comédie musicale de Boublil et Schönberg est si considérable que l'immense Hugo passe presque inaperçu. Mais l'important demeure que cela soit né en France.

Essayer de compiler en un seul et même ouvrage tout ce qui fait la France ! Le défi est pour le moins compliqué, voire ardu, pour ne pas dire impossible. Comment en effet raconter les territoires, les terroirs et les paysages de ce petit confetti de 1 000 km sur 1 000 km (si l'on se cantonne à la métropole), petit morceau de la planète qui reste le lieu le plus visité du monde ? Difficile de retracer l'histoire riche, longue et complexe d'une nation comme la nôtre sans être parcellaire ? Restituer les régions de France sous tous leurs aspects – culturels, gastronomiques, patrimoniaux et humains – relève d'un challenge abracadabrantesque.

Néanmoins, la tentation encyclopédique n'est pas d'être exhaustif à tout prix. L'intention éditoriale de cet ouvrage est plutôt d'être un témoignage collectif, le reflet d'une mémoire commune, une compilation de tous les éléments qui ont fait de la France ce qu'elle est aujourd'hui.

« Comment gouverner un pays qui a plus de 400 sortes de fromages ? » aurait dit le général de Gaulle ; Churchill aurait affirmé : « Un pays capable de donner au monde 360 sortes de fromages ne peut pas mourir. » En réalité, nos divers terroirs fournissent un plateau de fromages qui compte plus de 1 200 variétés différentes. Et, sans mépris aucun pour le travail de tous ceux qui façonnent ces merveilles de goût, il a fallu composer une sélection riche d'évidences et de surprises.

De Clovis à Louis XVI, la France fut une royauté. Durant plus d'un millénaire, jusqu'à la Révolution, notre pays a vu se succéder des souverains appartenant à diverses dynasties. Quand on parle des Mérovingiens, on connaît naturellement Dagobert pour la fameuse comptine. Mais on ne sait pas que quatre rois portèrent le nom de Clovis. Sous les Capétiens, Hugues Capet, Saint Louis ou Philippe le Bel sont des souvenirs d'école primaire ou de collège pour la plupart. En revanche, on ne connaît pas ce pauvre Jean Ier. Né le 15 novembre 1316, il est le fils de Louis X le Hutin. Son père étant décédé 6 mois plus tôt, il devient roi dès sa naissance, mais meurt le 19 novembre. Un règne de 4 jours qui fait de lui le seul roi qui le fut de sa naissance à sa mort. Sa place dans l'Histoire est anecdotique et il n'en sera question qu'ici.

Si la France compte autant de touristes depuis de longues années, c'est parce qu'elle détient un patrimoine bâti exceptionnel. L'architecture a toujours été une richesse essentielle et un élément incontournable de ce qui fait la France. On doit le pont du Gard au génie romain. L'abbaye de Conques, dans le département de l'Aveyron, fait partie des merveilles de l'art roman et elle possède un tympan sur sa façade principale qui représente le génie humain du Moyen Âge. Pierre Soulages a sublimé la lumière à l'intérieur de ce vaisseau de pierre en créant des vitraux atypiques et géniaux en 1994. Et la liste des merveilles de l'architecture nationale s'avère prodigieuse. Du château de Fontainebleau à celui de Vaux-le-Vicomte, des Invalides à l'Opéra, de la Cité radieuse à l'Institut du monde arabe, les architectes ont pour nom Philibert Delorme, Louis Le Vau, Jules Hardouin-Mansart, Charles Garnier, Le Corbusier ou Jean Nouvel. Beauté et génie se mêlent dans leurs œuvres. Peut-on simplement imaginer ce que pouvait ressentir un homme vivant en 1250 lorsqu'il arrivait aux abords de la cathédrale de Chartres ? Il était presque impossible de ne pas croire au divin en découvrant l'inimaginable. Une telle prouesse tenait forcément du sacré.

« C'est le Nord ! » La réplique culte de Michel Galabru dans le film *Bienvenue chez les Ch'tis* fait toujours sourire. Elle a surtout eu le mérite de briser nombre de clichés sur une région riche d'Histoire, de traditions, de paysages et de gastronomie. On pense aux beffrois et aux mines. Le carnaval de Dunkerque est un des plus vivants au monde. La Côte d'Opale s'offre des airs de côte californienne parfois. Le potjevlesch et le maroilles valent le voyage dans ce département. La Normandie est connue du monde entier. Le 6 juin 1944 a fait de ses plages des lieux de mémoire pour l'éternité. Mais la Couronne britannique n'existerait pas sans ce Normand nommé Guillaume parti conquérir l'Angleterre en 1066. Tout un chacun connaît aussi la Navarre, province dont les noms de Gaston Phébus et de Henri IV sont indissociables. Mais il n'y a que sur les terres autour de Saint-Gaudens qu'on se souvient du Nébouzan, ancien pays d'une France

lointaine. Néanmoins, ce sont ces pays, ces provinces et ces départements qui ont dessiné la France d'aujourd'hui.

Un jour de février 1895, deux frères déposent un brevet révolutionnaire. Le 28 décembre de la même année, le public découvre pour la première fois dans le salon indien du Grand Café, boulevard des Capucines à Paris, le Cinématographe. La projection de *la Sortie des usines Lumière*, de *l'Arrivée d'un train en gare de La Ciotat*, entre autres films, est considérée comme l'acte de naissance de ce nouvel art majeur inventé en France.

Une légende raconte qu'aux alentours de 1670, un moine dénommé dom Pérignon serait à l'origine du procédé ayant permis à un vin effervescent assez banal de devenir le champagne. Légende ou pas, en quelques décennies, chaque souverain avait sa marque de champagne favorite, de la reine d'Angleterre au tsar russe, et ce vin est devenu au fil du temps le symbole incontournable de la fête partout dans le monde. Il n'est pas une réception, il n'est pas un mariage où le champagne ne soit présent. Aujourd'hui, les grandes marques patrimoniales, de Mumm à Veuve Clicquot en passant par Ruinart ou Krug, côtoient les champagnes de producteurs qui sont peut-être plus typiques, plus surprenants et en tout cas très personnels. Chaque flacon représente encore une fois le meilleur du savoir-faire français. Et ce n'est pas un hasard si l'Unesco a inscrit les coteaux et les maisons de champagne sur la liste du patrimoine mondial de l'humanité.

Lorsqu'on envisage un ouvrage sur le meilleur de ce qui fait la France, la première pensée venant à l'esprit reste naturellement la cuisine. Au pays de Rabelais, rares sont les sujets plus fédérateurs que les histoires de table. Les étrangers sont totalement fascinés par la capacité que les Français ont à parler de gastronomie dès qu'ils sont à table. Le sujet s'impose effectivement très régulièrement et pas seulement pendant les repas, mais cela n'a rien de surprenant. Nous avons tous une madeleine de Proust ou d'un autre. En général, c'est plutôt un souvenir venant d'une grand-mère ou d'un déjeuner dominical. C'est un goût venu de l'enfance et, même si la mondialisation et la grande distribution ont standardisé et dégradé nombre de produits, il suffit qu'un pays étranger attaque le camembert de Normandie au lait cru pour que les passions se déchaînent. Il n'est pas un canton, une ville, un village qui ne possède un produit typique. Il y a dans tous les terroirs de France des recettes traditionnelles, des chefs de talent et des artisans des métiers de bouche qui proposent le meilleur de leurs savoir-faire. Et, s'il est vrai que la France n'a pas le monopole des gourmandises, il est difficile de trouver ailleurs dans le monde autant de diversité offerte à boire et à manger. C'est le début d'un interminable inventaire à la Prévert lorsqu'on commence à recenser les spécialités françaises : l'andouille de Guémené côtoie le boudin blanc de Rethel ou le canard de Challans. Le muscat du Ventoux copine avec le piment d'Espelette ou la lentille verte du Puy-en-Velay. On savoure le kouign-amann à l'Ouest et le kouglof à l'Est. Le Nord nous offre le maroilles et le Sud, en l'occurrence la Corse, le superbe broccio. Et si on poursuit sur la route des plats emblématiques, on trouve le poulet basquaise, la blanquette de veau, la choucroute, la socca, les cargolades ou le gâteau battu. Nous sommes au pays des paris-brest et des chocolatines, des bretzels et de la baguette. On pourrait continuer avec les vins de Bordeaux ou de Loire et les eaux-de-vie innombrables. Et puis il y a les samoussas, les gratins de christophines ou le poisson cru à la tahitienne lorsqu'on part en outre-mer. Le tableau est immense, interminable, une vie ne suffirait pas à tout goûter et tout recenser.

Le génie français réside aussi dans le talent de ses écrivains. Et, là encore, le choix est totalement cornélien. Comment choisir parmi les centaines, pour ne pas dire les milliers d'auteurs que compte la production littéraire française depuis l'invention de Gutenberg ? Les classiques et les romantiques, les poètes et les philosophes, depuis le Moyen Âge jusqu'aux auteurs contemporains, nous avons fait une sélection. Il y a Camus, Balzac, Hugo, Flaubert, Stendhal, Ronsard, Madame de La Fayette, George Sand et Simone de Beauvoir, Marguerite Duras, Molière, Voltaire, Sartre… Mais combien manquent, combien comptent ? Incontestablement, une grande majorité ! Tous les livres contribuent, à un titre ou un autre, à la concorde d'une nation, de son esprit, de l'époque où ils ont été écrits. Mais ce fut, comme pour les cinéastes, les peintres ou les musiciens, une histoire de renoncements mais aussi de choix assumés par tous ceux qui ont œuvré pour que cet ouvrage existe.

Des fromages, une royauté, de l'architecture, le Nord, du champagne, des écrivains…

On pourrait aussi évoquer Fort-de-France, Reims, Angers, Nancy, Carcassonne, Épinal…

Ou boire du fleurie, du riesling, un arbois, du nuits-saint-georges, du chinon ou un entre-deux-mers.

Et tout cela en compagnie de François Ier, Teddy Riner, Anne de Bretagne, Nougaro, Colette, Éluard.

Bien sûr, les vers sont approximatifs, mais tous ces noms de villes, de vins, de personnalités forment ce pays incroyable, étonnant et unique, qui, malgré toutes les cassandres, continue de fasciner une bonne partie du monde.

Jean-Sébastien PETITDEMANGE

SOMMAIRE

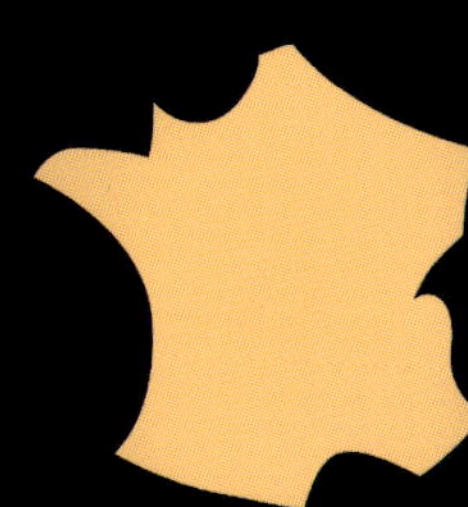

SOMMAIRE thématique

La France, berceau des arts

Savoir-faire à la française

Ils ont fait la France

Parlers régionaux et savoureux

Trésors du patrimoine

Sur les routes de France

Saveurs et spécialités de nos terroirs

La France championne

Bouquet de saveurs FRANCOPHONES

Qui n'a rêvé de garer, au Canada, son **char** pour aller **magasiner** ? En Afrique, d'emmener une **robeuse** pour aller **ambiancer** ? Profonds et cocasses, toujours admirables, les mots et expressions francophones nous entraînent dans une folle course autour du monde.

▲ Allée des baobabs (Madagascar).

agender, v. (Suisse).
Prévoir dans son calendrier.
Que ne le couché-je de suite dans mon agenda !

alphabète, n. (Afrique).
Personne qui a appris à lire et à écrire.
L'*alphabète* est allé chez l'*alphabétiseur*, qui lui a appris à lire et à écrire. Au Sénégal, on dira aussi de l'alphabète que c'est un *démerdeur*.

s'amarrer, v. (Canada, Louisiane).
Se mettre en couple.
On s'attache l'un à l'autre, comme au fil d'une amarre.

ambiancer, v. (Afrique de l'Ouest).
Faire la fête.
Un peu d'ambiance, et on ambiance !

amouré, -e, adj. (Mali).
Se dit d'une personne prise d'amour.
Pas *enamouré*, qui semble un peu tiède, mais *amouré*, prêt à se jeter aux pieds de l'être aimé.

baraque à frites, n.f. (Belgique).
Boutique de frites.
Les Ch'tis (gens du Nord) et les Belges ont nombre de choses en commun, dont la bière et la frite en plein air. Vive les *baraques à frites* !

blonde, n.f. (Canada).
Petite amie.
Venu des provinces de France, le mot *blonde* se dit de la petite amie, même si elle est brune !

borgnette, n.f. (Suisse).
Petite fenêtre, vasistas.
La *borgnette* n'est pas tout à fait une fenêtre borgne (à travers laquelle on ne voit pas), mais une fenêtre si petite qu'elle ne laisse pas voir grand-chose.

Cachemaille

Tirelire (Suisse).
Maille (du latin *medius*, « qui est au milieu ») est un vieux mot pour désigner une pièce représentant la moitié d'une unité de compte. On retrouve le mot dans l'expression *avoir maille à partir avec quelqu'un* (littéralement « avoir à partager une moitié de pièce »). « Cachons nos mailles, de peur d'avoir à les diviser encore en deux ! »

breuvage, n.m. (Canada).
Boisson.
Breuvage donne l'impression d'une potion magique ou d'une vieille soupe pour convalescent. Issu du vieux français, *breuvage* s'est conservé au Canada, aidé par la proximité de l'anglais *beverage*. « Et comme breuvage, ça s'ra quoi, mon doux monsieur ? »

caïman, n.m. (Côte d'Ivoire).
Élève qui se lève la nuit pour travailler.
Tel le caïman surgi de la rivière, l'élève studieux se relève en bâillant !

champagné, n.m. (Congo).
Personne d'influence, aux nombreuses relations.
Pas de bonnes affaires sans champagne.

char, n.m. (Canada).
Voiture.
On dit certes *auto* au Canada, mais aussi *char*, héritage du passé et influence de l'anglais *car*. Et qui a vu passer les gros chars (les trains) en a vu des choses !

chum, n.m. (Canada).
Petit ami, amoureux.
À la *blonde* répond l'anglais *chum*. Il est bizarre que le petit ami ait, au Québec, un nom anglais !

cocagner, v. (Antilles).
Vivre aux crochets d'autrui.
Cocagne est ce pays imaginaire où tout abonde. Et qui peut avoir une réalité, si l'on sait se débrouiller.

conférer, v. (Antilles).
Faire un discours politique.
Un discours politique est une sorte de conférence. « Silence, le candidat va conférer ! »

débarbouillette, n.f. (Canada).
Carré de serviette éponge.
Ne nous y trompons pas : cette petite serviette carrée n'est pas destinée à s'essuyer, mais à se débarbouiller.

décollage, n.m. (La Réunion).
Boisson forte prise à jeun le matin.
Un p'tit rhum pour le décollage du matin !

▼ Château Frontenac (Québec).

Lac Léman (Suisse). ▲

Sapeur

Personne habillée avec recherche (Afrique de l'Ouest).

Chacun sort plus ou moins bien sapé. Pas le sapeur, qui sape à mort. Il est beau comme un jeune premier (un *JP* au Sénégal), chaussures fermées et rutilantes comme la carrosserie d'une Jaguar (son surnom béninois et togolais).

dégagement, n.m. (Côte d'Ivoire, Niger, Sénégal).
Soirée dansante.
On se donne à fond, ça dégage !

doubleur, -euse, n. (Canada).
Redoublant.
C'est vrai que *redoublant* semble signifier « qui double une nouvelle fois », soit trois années dans la même classe !

doudou, n.m. (Antilles).
Petit ami.
Ça va, mon doudou ?

dribbleur, n.m. (Centrafrique).
Personne experte à se tirer de situations compliquées.
Comme dans les sports de balle, rien de tel, pour esquiver un adversaire ou un créancier, que le dribbleur !

ducasse, n.f. (Belgique).
Fête foraine en plein air.
Ah ! qu'il est bon de manger des frites à la *ducasse*, mot issu du latin *dedicatio* (« dédicace, consécration d'une église »). Les airs de ducasse sont aussi bien connus dans le nord de la France.

grimpion, n.m. (Suisse).
Arriviste.
En pays de montagne, l'intrigant *grimpionne* : il vous grimpe dessus !

hanter, v. (Belgique).
Essayer de séduire une femme.
Du côté de Liège, la cour amoureuse se présente comme un fantôme. « Il vient encore hanter ! »

kiosque à pain, n.m. (Côte d'Ivoire, Sénégal).
Petite baraque faite de planches et de tôle où l'on vend du pain et des sandwichs.
On va au kiosque ou au maquis ?

lessiver, v. (Cameroun).
Réprimander.
Il s'est fait lessiver par la patronne ! On dira, en Centrafrique, qu'elle l'a bien lavé.

magasiner, v. (Canada).
Faire ses courses.
On ne fait pas du shopping au Canada, mais on *magasine* ou on fait du *magasinage*.

mémérer, v. (Canada).
Bavarder à la manière d'une mémère.
Les vieilles dames sont connues pour aimer parler. D'où *mémérer*, faire du *mémérage*, voire faire du *méméring* !

ménagerie, n.f. (Bénin, Togo).
Travaux de ménage.
Faire le ménage se dit aussi *ménager*, ce qui conduit à la *ménagerie*.
« J'en peux plus, j'ai passé mon temps à faire la ménagerie. »

menterie, n.f. (Antilles).
Mensonge.
Arrêtez, tout ça c'est des menteries !

Achalant

Importun, ennuyeux (Canada).

Dans *achalant*, il y a *achaler*. Et, dans *achaler*, *chaleur* : l'achalant est celui qui donne chaud. Le verbe vient des régions de l'ouest et du centre de la France, où il est encore utilisé. C'est dire si l'image colle à la peau de l'importun, mouche du coche, grand nigaud, emmerdificateur. Il traîne après lui son adjectif, *achalant*, qui peut se dire aussi *collant*, *bâdrant*, *fâchant* ou *ennuyant*. Gardez-nous des *achalants*, *achalages*, *achalements*, *achaleries* et *achalanteries* en tout genre !

se mirer, v. (Mali, Sénégal).
Se regarder dans le miroir.
Ah ! celle-là, toujours à se mirer !

motamoter, v. (Cameroun).
Apprendre sa leçon mot à mot.
T'as fini de motamoter ta leçon ! Espèce de motamoteur !

pain chargé, n.m. (Cameroun).
Sandwich.
Le pain est parfois si chargé que ça déborde de tous les côtés ! Miam !

pilipilisé, -e, adj. (Congo).
Assaisonné au pili-pili.
Attention à la brûlure du pili-pili (piment), qui met la bouche en feu !

pistolet, n.m. (Belgique).
Pain au lait.
Ce pain au lait a la forme d'un pistolet.
« Arrête de me narguer avec ton pistolet ! »

réciproquer, v. (Belgique).
Adresser vœux ou compliments en retour.
Je vous réciproque mes vœux bien sincères.

régent, -e, n. (Suisse).
Instituteur ou institutrice.
Le latin du Moyen Âge avait au moins deux sens pour *regere* : « gouverner » et « enseigner ». D'où ce *régent*, qui a traversé les siècles.

robeuse, n.f. (Côte d'Ivoire).
Femme qui porte une robe.
Porter la robe, comme les belles élégantes, fait plus huppé que porter le pagne, comme à la campagne.

savonnée, n.f. (Belgique).
Petite lessive rapide faite à la main.
Trempé c'est lavé, sec c'est propre !

tais-toi, n.m. (Congo).
Gros billet de banque.
Voilà de quoi te clouer le bec.

tap-tap, n.m. (Haïti).
Petit car rapide.
Ça va vite, sur des routes parfois approximatives : attention au *tap-tap* !

Taiseux

Qui ne parle pas volontiers (Belgique).

Taisir est une forme ancienne de *taire*. D'où ce *taiseux*, resté dans l'Histoire avec Guillaume le Taciturne, dit aussi Guillaume *le Taiseux*, à l'origine du soulèvement de la Hollande et de la Zélande contre l'Espagne en 1572.

taxi-brousse, n.m. (Afrique).
Taxi, le plus souvent équipé pour aller en brousse.
Pour aller en brousse, mieux vaut un solide taxi !

torcher, v. (Afrique).
Éclairer avec une lampe de poche.
C'est à partir des verbes que les noms se forment généralement en français. Sauf en Afrique, où ce mode de formation est exubérant. « Torche un peu, qu'on y voie clair ! »

vacherie, n.f. (Louisiane).
Ferme où l'on élève des bovins.
Vacherie se dit pour *cattle ranch*.

zézère, n.m. (La Réunion).
Petit ami, amoureux.
Zézère est comme une caresse : « Viens dans mes bras, mon zézère ! »

▼ Grand-place à Bruxelles.

Parlers régionaux et savoureux

Un trésor d'expressions FRANCOPHONES

Fleuries, toujours imagées, les **expressions belges, suisses, canadiennes ou africaines** nous surprennent et nous font découvrir ce français parlé hors de France, langue en création permanente.

Accrocher ses patins (Québec).
Cesser de pratiquer, prendre sa retraite.
Le hockey sur glace est le sport national du Québec.

Aller à la cour (Belgique).
Faire ses besoins naturels.
Les toilettes sont encore parfois dans la cour.

Aller au fleuve (Centrafrique).
Faire ses besoins naturels dans la nature.
La chasse d'eau est naturelle, qu'on aille au fleuve ou au marigot.

Aller au garage (Afrique de l'Ouest).
Être mis sur la touche.
Qui est mis sur une voie de garage va au garage.

Aller au paradis avec ses souliers (Val d'Aoste).
Mourir subitement.
Au Québec, on meurt *en santé*.

Cousin

Cousin à plaisanterie (Afrique).
Parent à qui un lien particulier, souvent mythique, permet de tout dire.
Il y a peu de personnes sur la terre à qui l'on puisse tout dire, comme le cousin à plaisanterie.

Aller au tambour, accéder au tambour, s'emparer du tambour ; céder le tambour (Burundi).
Prendre le pouvoir ; quitter le pouvoir ; mourir.
En Afrique, le tambour est le symbole le plus commun de la royauté, donc du pouvoir.

Aller aux oranges (Sénégal).
Être à la mi-temps d'un match sportif, faire une pause dans une réunion.
Après un gros effort, on reprend des forces et des vitamines.

Avoir déjà vu neiger (Québec).
Posséder de l'expérience.
On n'est pas né de la dernière pluie.

Avoir du front tout autour de la tête (Québec).
Ne pas manquer d'audace.
L'expression laisse entendre que l'on est singulièrement effronté !

Avoir la bouche sucrée (Bénin, Côte d'Ivoire).
Aimer la conversation, parler sans arrêt.
Celui à qui la parole est douce peut devenir mielleux. L'expression désigne aussi un enjôleur.

Avoir les balles (Mali).
Avoir de l'argent sur soi ; être riche.
« Tu n'as pas cent balles ? » demande-t-on en France. Au Mali, on les a.

Avoir les deux pieds dans la même bottine (Québec).
Être gauche.
Dans la neige, il vaut mieux porter des bottes que des sabots.

Avoir les mains pleines de pouces (Québec).
Se montrer maladroit.
Ne rien savoir faire de ses dix doigts.

Avoir les yeux pleins d'eau (Québec).
Avoir la larme à l'œil.
En France, on ne verse qu'une larme ; au Québec, on larmoie avec abondance.

Avoir son fond (Suisse).
Dans l'eau, pouvoir se tenir debout, les pieds sur le sol ferme.
En France, d'ailleurs, on a pied.

Avoir son voyage (Québec).
En avoir assez.
Au retour de voyage, on en a plein le dos, plein les pieds. L'expression a pris un sens général.

Avoir un œuf à peler avec quelqu'un (Belgique).
Avoir à résoudre une situation conflictuelle.
Une telle opération se pratique mal à deux. En France, en cas de différend, on a maille à partir : à l'origine, cela signifiait qu'on avait une pièce d'un sou à partager.

Baisser les pieds (Sénégal).
Se décourager.
C'est ce qui s'appelle baisser les bras !

Chercher misère à quelqu'un (Belgique).
Causer des ennuis de manière répétée, harceler.
En France, on cherche noise.

Couper l'arbre pour avoir le fruit (Québec).
Tarir sottement la source de sa richesse.
En France, on tue la poule aux œufs d'or.

Coûter le lard du chat (Suisse).
Valoir très cher.
En France, la chose coûte un bras, une jambe, les yeux de la tête ou, plus trivialement, la peau des fesses.

S'enfarger

S'enfarger dans les fleurs du tapis (Canada).
S'emmêler les pinceaux.
S'enfarger renvoie aux fers que l'on met aux pieds des animaux. On peut de là s'enfarger dans le tapis, dans les fleurs du tapis, voire, plus maladroitement encore, dans un brin d'herbe !

Ne pas être sorti du bois (Québec).
Ne pas être tiré d'affaire.
Au Canada, les forêts sont immenses ; on s'y perd. En France, on s'attarde à l'auberge.

Piquer un soleil (Maurice, La Réunion).
Devenir rouge de confusion.
On rougit soudain, comme si on était trop resté au soleil !

Prendre le train 11 ; aller le train 11 ; prendre la ligne 11 (Congo, République démocratique du Congo, Niger).
Aller à pied.
Le nombre 11 évoque les deux jambes.

Prendre quelqu'un pour une valise (Québec).
Lui faire croire des choses invraisemblables.
L'individu crédule est comme une valise, que l'on remplit à volonté.

Rêver aux ours (Canada).
Faire des cauchemars.
Mieux vaut rêver aux ours que de tomber nez à nez avec eux !

Rêver en couleurs (Canada).
S'imaginer, se faire des illusions.
Le rêve en couleurs est, paraît-il, assez rare. « S'il croit que je vais tomber dans ses bras, il rêve en couleurs ! »

Sacrer comme un bûcheron (Canada).
Blasphémer à tout bout de champ.
Arrête donc d'sacrer comme un bûcheron, tabernacle de taberlouche, de crisse et de sainte à paupière !

Se manger le derrière de la tête (Québec).
S'inquiéter vivement.
En France, on se ronge les sangs.

Sucre saucé dans miel (Antilles).
Petit ami.
Il n'y a pas plus doux que ce bon sucre saucé dans miel.

Virer son pantalon (La Réunion).
Changer de camp ou d'opinion.
Les uns retournent leur veste, d'autres leur pantalon…

Vrai comme la bedaine du curé (Québec).
D'une vérité évidente, qui s'impose.

Éplucher les vieux légumes (Canada).
Radoter.
On reprend les vieux légumes et on se remet à les éplucher !

Être bleu de quelqu'un (Belgique).
En être très épris.
En France, on est bleu de colère ou de saisissement ; en Belgique, c'est de passion.

Être comme lait et citron (Haïti).
Faire preuve d'une inimitié irrémédiable.
Au Québec, on est le feu et l'eau, en France comme chien et chat.

Être comme un chien dans la musique (Maurice).
Ne rien comprendre à une conversation.
En France, et dans un autre sens, ce chien malvenu dérange un jeu de quilles.

Être déçu en bien (Suisse).
Être agréablement surpris.
Dans toute la Suisse romande, la déception connaît une variante positive.

Être sur le ballant (Suisse).
Ne savoir que décider.
Baller est un ancien verbe signifiant « remuer, se balancer », dont *bal* est issu, qui se disait autrefois pour « danse ». *Être sur le ballant*, c'est en quelque sorte danser d'un pied sur l'autre.

Faire longue table (Belgique, Suisse).
Banqueter.
La table est longue et le repas dure longtemps.

Faire ses cheveux (Madagascar).
Se coiffer.
Tâche délicate que de faire ses cheveux !

Gagner sommeil (La Réunion).
S'endormir.
Parfois c'est le sommeil qui gagne, parfois c'est vous qui le gagnez.

Grange

Faire signe avec des portes de grange (Suisse).
Signaler quelque chose de manière peu discrète.
Les granges des fermes jurassiennes sont pourvues de larges portes à deux battants, qui pivotent à grand bruit sur leurs gonds.

Garder l'église au milieu du village (Belgique).
Conserver une situation dans un état d'équilibre ou de sérénité (en contexte polémique).
Art belge du compromis…

Glisser pour quelqu'un (Cameroun).
Avoir un penchant pour quelqu'un, le désirer sexuellement.
On penche, on glisse, on tombe… amoureux.

Lâcher la patate (Acadie, Louisiane, Québec).
Se laisser aller, renoncer.
Lâche pas la patate ! Même si elle est chaude !

Manquer le bateau (Canada).
Rater une occasion.
On peut rater le coche, mais aussi, sous l'influence de l'anglais, manquer le bateau *(to miss the boat).*

Mettre quelqu'un en bouteille (Belgique).
Se jouer de lui.
En France, on le met en boîte ; la Belgique est un pays de bière…

Oiseau

Être un oiseau pour le chat (Belgique).
Être de constitution fragile (surtout à propos d'enfants). Par extension, l'expression signifie « être dans une situation délicate ou périlleuse, comme l'oiseau sur la branche ».

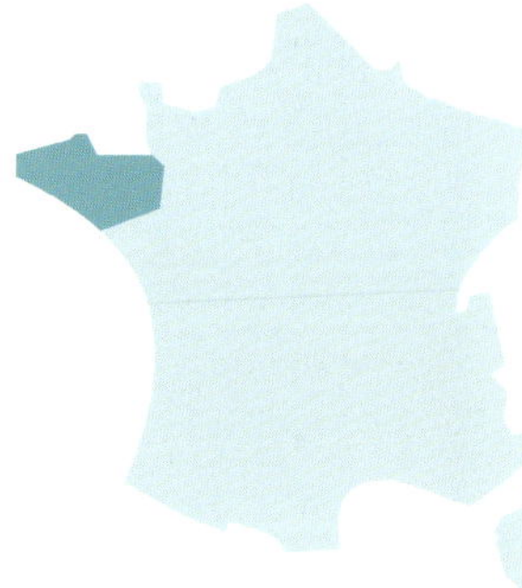

La BRETAGNE, entre terre et mer

Bienvenue dans l'une des plus importantes régions touristiques françaises. Laissez-vous envoûter par l'Armor, « le pays de la mer », où vivent pêcheurs et marins au long cours, et l'Argoat, « le pays des bois », jadis recouvert par d'immenses forêts.

Les chaos roses

Longue de 15 km entre Trébeurden et Perros-Guirec, la Côte de Granit rose est l'une des plus belles côtes de France. Les vagues et le vent sculptent depuis des millénaires ces rochers pour leur donner des formes évocatrices, insolites et grandioses, telles que les chaos de Ploumanac'h sur le sentier des douaniers, composés d'énormes blocs de granit aux teintes cuivrées. À quelques embardées maritimes de là, l'archipel des Sept-Îles est la réserve ornithologique la plus importante de France et regroupe plus de 27 espèces d'oiseaux, dont les fous de Bassan.

Saint-Brieuc, la « cité gentille »

Saint Briomach (*sanctus Briochus* en latin) vint de Grande-Bretagne, au Vᵉ siècle, fuyant les Saxons, et fonda un monastère que Nominoë transforma en évêché (848). L'évêque exerça son pouvoir seigneurial jusqu'au XVIIIᵉ siècle. Saint-Brieuc fut souvent le siège des états de Bretagne (1602-1768). La ville est devenue en 1790 le chef-lieu des Côtes-du-Nord (Côtes-d'Armor depuis 1990).

Fou de Bassan survolant les Sept-Îles. ▶

La Côte de Granit rose à Ploumanac'h.

▲ Le phare de Créac'h sur l'île d'Ouessant.

Ouessant, l'« île aux femmes »

Ouessant est l'île la plus occidentale de France. Elle est célèbre (« qui voit Ouessant voit son sang ») pour la dangerosité de ses abords. On appelle « rail d'Ouessant » la route maritime – très surveillée – empruntée par les navires entrant en Manche. L'île fut longtemps gouvernée par les femmes, les hommes étant partis en mer pour de longs voyages sur la Royale ou sur des navires de commerce. Aujourd'hui, les Ouessantins vivent principalement du tourisme.

Quimper, ancienne capitale de Cornouaille

Civitas Corisopitum des Gallo-Romains, la ville prit le nom de Quimper-Corentin après la mort de l'évêque saint Corentin au VIᵉ siècle. Capitale du comté de Cornouaille, Quimper fut réunie par Conan II à la Bretagne (1066). Saccagée par Charles de Blois (1344), elle fut prise par le maréchal d'Aumont (octobre 1594). En 1793, elle fut appelée Montagne-sur-Odet.

La pointe du Raz

Promontoire granitique, haut de 72 m, des côtes bretonnes (Finistère), constituant la corne septentrionale de la Cornouaille et limitant, au sud, la baie des Trépassés. Ce cap forme un long éperon d'une beauté sauvage : les roches, déchiquetées, sont sans cesse battues par une mer agitée. Il est prolongé par des récifs dont l'un porte le phare de la Vieille. La pointe du Raz fait face à l'île de Sein et constitue un passage dangereux pour la navigation.

La pointe du Raz et la mer d'Iroise.

▲ Les remparts de Saint-Malo, qui protégeaient autrefois la cité.

Saint-Malo, la cité corsaire

Longs de 1 900 m et percés d'une poterne et de neuf portes, les remparts de Saint-Malo furent construits principalement aux XIIIe et XIVe siècles et restaurés aux XVe et XVIe siècles. Plusieurs ouvrages fortifiés furent ajoutés au cours des siècles suivants. Dans le château (XVe siècle) se trouve le Musée d'histoire (souvenirs des Malouins célèbres, ethnographies, folklore). Le château est flanqué de quatre tours, dont la tour Générale et la tour Quiquengrogne. En dehors de son clocher, abattu le 6 août 1944, l'église Saint-Vincent (XIIe-XVIIIe siècles) a été peu endommagée. Certains hôtels anciens ont été épargnés.

Rennes, la médiévale

Les comtes de Rennes se font reconnaître ducs de Bretagne à la fin du Xe siècle. Pendant la guerre de la succession de Bretagne, Rennes est assiégée par le duc de Lancastre (1356) et délivrée par Du Guesclin (1357). En 1491, Anne de Bretagne, réfugiée dans la ville qu'investit Charles VIII, y accepte les conditions du roi. Le parlement de Bretagne est établi définitivement à Rennes en 1561. La ville sert de base aux armées révolutionnaires durant la guerre contre les chouans. En 1790, elle devient le chef-lieu de l'Ille-et-Vilaine.

▲ Demeures médiévales du vieux Rennes.

Les pierres de Carnac

Près de Carnac s'étend le célèbre site mégalithique vieux de 3 000 à 5 000 ans avant Jésus-Christ (menhirs, dolmens, tumuli), protégé au titre des monuments historiques. Le tumulus le plus important, le mont Saint-Michel, à 1 km du village, recouvre une série de chambres funéraires. Les trois principaux alignements de Carnac, les groupes du Ménec, de Kermario et de Kerlescan, comptent environ 3 000 menhirs étendus sur plus de 4 km.

▲ Carnac et ses alignements, l'un des plus mystérieux groupements de mégalithes de Bretagne.

La « petite mer » des Bretons

Situé sur la façade atlantique armoricaine, le golfe du Morbihan (« petite mer » en breton) a donné son nom au département. C'est en effet une petite mer intérieure, qui couvre quelque 100 km^2. On y compte 300 îles dont une trentaine sont habitées. Son climat doux, ensoleillé, et la beauté de ses côtes découpées font du golfe du Morbihan un lieu touristique renommé. Mais le développement de l'urbanisation a entraîné un fort accroissement des apports anthropiques et génère de nombreux conflits d'usage, tant sur le domaine terrestre (extension des chantiers ostréicoles pour la mise aux normes européennes, sentier côtier, pression touristique, etc.) que sur le domaine maritime (pêche à pied, multiplication des mouillages pour la navigation de plaisance, réserves naturelles, etc.).

Vannes, la cité des Vénètes

Darioritum, capitale des Vénètes, devient Vannes au IIIe siècle. Devenue évêché au Ve siècle, la ville est le berceau de la résistance contre les Francs. Après la transformation du comté de Bretagne en duché, elle est, avec Nantes, l'une des capitales de ce dernier. Jean IV y fait élever le château de l'Hermine, aujourd'hui disparu. C'est à Vannes que les états de la province acceptent l'union du duché à la France (1532).

Belle-Île, la perle de l'Atlantique

Île de la Bretagne méridionale, au large de Quiberon, formant un canton du Morbihan. Cette île, la plus importante des côtes bretonnes (90 km^2), est située à 16 km au sud de la presqu'île de Quiberon. Longue de 17 km et large de 9 km, elle est formée par un plateau qui atteint 71 m d'altitude et qui domine l'océan par de hautes falaises pittoresques, à l'ouest et au sud. L'île est découpée en 4 communes : Sauzon, Locmaria, Bangor et Le Palais, qui abrite le port principal. À la différence des autres îles de Bretagne, tournées essentiellement vers la mer, cette terre doit la plus grande partie de ses ressources à l'agriculture et au tourisme estival. La pêche a pour base principale le port du Palais, le chef-lieu de l'île.

◀ Vue aérienne du golfe du Morbihan.

Le port de plaisance du Palais à Belle-Île.

Les FEMMES dans l'entourage des rois de France

Malgré la loi salique, malgré leur absence de représentation politique jusqu'en 1944, les femmes ont marqué l'histoire de France, en tant qu'héritières, souveraines officieuses, régentes, ou même maîtresses des rois…

Deux fois reine

Aliénor (1122-1204) est l'héritière du vaste duché d'Aquitaine qui rassemble le Poitou, le Limousin et la Gascogne. Elle est donc mariée en 1137 au futur Louis VII. Mais, en 1152, les époux royaux se séparent et Aliénor choisit pour nouveau mari Henri Plantagenêt, comte d'Anjou, duc de Normandie et surtout futur roi d'Angleterre. Mère de Richard Cœur de Lion et de Jean sans Terre, Aliénor est une grande dame du Moyen Âge, travaillant sans relâche à préserver les intérêts de ses fils, protégeant les meilleurs artistes de son temps. Elle s'éteint à l'abbaye de Fontevraud le 31 mars 1204, à 82 ans.

Aliénor d'Aquitaine en conversation avec un poète, miniature, XIVe siècle (bibliothèque de l'Université, Heidelberg).

Jeanne d'Arc au sacre de Charles VII, dans la cathédrale de Reims, par Ingres, 1854 (musée du Louvre, Paris).

La « pucelle d'Orléans »

Fille d'un laboureur aisé de Domrémy, très pieuse, Jeanne d'Arc entend à 13 ans des voix l'engageant à délivrer Orléans, assiégée par les Anglais. En 1429, elle parvient à convaincre le capitaine Robert de Baudricourt de la faire conduire auprès de Charles VII, à Chinon, afin de le faire sacrer légitime roi de France. Reçue par le roi, elle est mise à la tête d'une petite armée puis joue un rôle dans la délivrance d'Orléans. Elle fait sacrer Charles VII à Reims, puis elle est capturée par les Anglais à Compiègne en 1430. Déférée au tribunal d'Inquisition de Rouen, présidé par l'évêque de Beauvais Pierre Cauchon, elle est jugée pour hérésie, déclarée hérétique et relapse, et brûlée vive en 1431. Elle est canonisée en 1920.

Mère de Saint Louis

Blanche de Castille (1188-1252), épouse de Louis VIII, impose son autorité sur les barons qui convoitent le trône du jeune héritier, son fils, le futur Saint Louis. Elle règne donc en lieu et place d'un roi encore trop jeune, qui n'ose pas contester l'influence pesante d'une femme de caractère. Elle choisit pour lui son épouse, Marguerite de Provence… Quand Louis IX part pour la croisade en 1248, il confie le pouvoir à cette mère omniprésente qui devient régente du royaume. Blanche meurt sans avoir revu son fils.

Couronnement de Louis VIII et de Blanche de Castille à Reims, miniature extraite des *Grandes Chroniques de France*, enluminures de Jean Fouquet, XVe siècle.

Quand la Bretagne revient à la France…

Anne de Bretagne (1477-1514) aurait dû épouser Maximilien de Habsbourg, mais c'était compter sans la volonté de Charles VIII : la duchesse de Bretagne épousera donc le roi de France. Et, si celui-ci meurt sans héritier (ce qui arrivera !), elle devra épouser son successeur. En 1499, Anne épouse donc Louis XII ; la voici reine pour la seconde fois. Si elle ne donne pas d'héritier mâle au roi, sa première fille, Claude, épousera François d'Angoulême, futur François Ier. « Reine de sûre alliance », Anne de Bretagne meurt en 1514. Son duché sera bientôt français.

Une reine effacée

La reine Claude de France (1499-1524), fille de Louis XII et d'Anne de Bretagne, n'est pas très jolie : petite, un peu grosse, boiteuse et affligée d'un strabisme, elle ne se fait aucune illusion sur l'affection que lui porte son époux François Ier ! Celui-ci, toutefois, lui témoignera toujours le plus grand respect. Claude meurt prématurément en 1524, âgée de 24 ans, après sept grossesses. De cette reine timide et effacée, on se souvient qu'elle n'aura laissé dans l'Histoire que le nom d'une prune !

La reine mère

Catherine de Médicis (1519-1589) ne se révèle qu'après la mort de son époux, le roi Henri II, en 1559. Mère de trois rois de France, elle va tout faire pour tenter de maintenir la concorde religieuse entre catholiques et protestants tout en conservant l'autorité de la Couronne. Elle ne pourra pourtant pas empêcher les guerres de Religion. La légende noire a fait d'elle une souveraine « machiavélique », qui aurait manigancé les massacres de la Saint-Barthélemy.

◀ Catherine de Médicis, vers 1580 (musée du Louvre, Paris).

Divorce à la Cour

La reine Margot (1553-1615) pouvait-elle accepter de n'être qu'un pion sur l'échiquier politique ? Son mariage avec Henri de Navarre est la volonté de sa mère, Catherine de Médicis, qui tente ainsi de rapprocher catholiques et protestants. Les noces tragiques, célébrées le 18 août 1572, s'achèvent avec le massacre de la Saint-Barthélemy. Marguerite de Valois sera reine de Navarre, mais elle ne sera jamais vraiment reine de France car elle divorce d'Henri IV en décembre 1599.

▲ Marguerite de Valois par François Clouet, 1561 (Museu nacional de Soares dos Reis, Porto).

L'Autrichienne

Marie-Antoinette (1755-1793), archiduchesse d'Autriche, arrive en 1770 à Versailles pour y épouser le Dauphin Louis-Auguste. Le changement est rude pour la petite princesse qui doit souffrir les rigueurs d'une étiquette étouffante à laquelle elle ne s'habituera jamais. À la mort de Louis XV, en 1774, elle s'effraie de devenir reine et murmure à son époux : « Mon Dieu, nous sommes trop jeunes pour régner. » On lui prête un esprit insouciant, frivole, un amour immodéré du luxe, qui entachent sa réputation. La haine des patriotes poursuit « l'Autrichienne », instigatrice de la fuite à Varennes, jusque sur l'échafaud, où elle sera exécutée le 16 octobre 1793.

Marie-Antoinette ▶ par Élisabeth Vigée-Lebrun, 1783 (musée national du château de Versailles).

Les illégitimes

D'Agnès Sorel, la « dame de beauté », maîtresse de Charles VII, à Jeanne Du Barry, dernière maîtresse de Louis XV, l'histoire française est aussi faite par les « officieuses », dont l'influence sur le roi est cruciale. Diane de Poitiers a entouré de son affection le futur Henri II, quand celui-ci était otage en Espagne. Quelques années après et malgré les vingt ans qui les séparent, la voici devenue la maîtresse de celui qui est maintenant roi de France. La belle Diane, chantée par les poètes Ronsard et Du Bellay, règne en « quasi-reine » jusqu'à la disparition brutale d'Henri II, en 1559. Gabrielle d'Estrées meurt en 1599, enceinte du quatrième enfant du roi Henri IV, alors que ce dernier prévoyait de l'épouser après son divorce, malgré les réticences du pape. Louis XIV multiplie les conquêtes, mais deux de ses maîtresses ont un ascendant considérable : Madame de Montespan, qui donne au roi au moins six enfants, mais qui est compromise à partir de 1679 dans la ténébreuse affaire des Poisons, avant de quitter Versailles en 1691, et Madame de Maintenon, que Louis XIV épouse secrètement en octobre 1683. Enfin, Madame de Pompadour et Madame Du Barry marquent le règne de Louis XV ; la première a à sa mort, en 1764, des funérailles somptueuses, tandis que la seconde, qui survit à Louis XV, est accusée d'espionnage et meurt guillotinée, le 8 décembre 1793.

◀ La marquise de Pompadour par François Hubert Drouais.

Trésors du patrimoine

Le pays des PHARES

Le phare des Baleines sur l'île de Ré. ▲

Parcourir la France de **phare en phare** est l'occasion de découvrir des trésors d'architecture et d'ingéniosité. Le phare représente la sagesse, la force, la combativité et l'espoir niché dans une lueur au bout d'une lanterne. Tous ne sont pas ouverts à la visite, mais ils valent de toute façon le détour !

Le phare de l'Île Vierge, le plus haut d'Europe. ▲

Le phare de l'Île Vierge dans le Finistère

Situé sur la commune de Plouguerneau, dans le Finistère, le **phare de l'Île Vierge**, construit de 1897 à 1902, est le plus haut phare d'Europe avec ses 82,50 m de hauteur. Cette fière sentinelle de la mer veille sur l'ensemble du Finistère nord dans un rayon d'environ 52 km grâce à son feu blanc à éclat qui clignote toutes les 5 secondes ! Ouvert à la visite, il réserve de belles surprises avec son intérieur tapissé de 12 500 plaques d'opaline provenant des usines Saint-Gobain, et, une fois ses 397 marches gravies, le panorama sur les Abers, la « côte des naufrageurs », l'île de Batz et l'île d'Ouessant est à couper le souffle.

Le phare de Chassiron à Saint-Denis-d'Oléron

Situé à la pointe « du bout du monde », tel un bagnard vêtu de noir et blanc, le **phare de Chassiron** domine le nord de l'île d'Oléron du haut de ses 46 m de hauteur. Depuis plus de 180 ans, un très bel escalier de 224 marches conduit à la lanterne d'où l'on peut admirer les jardins du phare représentant une rose des vents, la balise d'Antioche, La Rochelle, les îles de Ré et d'Aix et, bien sûr, Oléron. Construit pour assister les marins dans leur navigation dans le pertuis d'Antioche, détroit séparant l'île d'Oléron de l'île de Ré, le phare émet un éclat toutes les 10 secondes.

Le phare de Mean Ruz

De loin, le **phare de Mean Ruz** (Men Ruz, en breton, qui signifie « pierre rouge ») ou **phare de Ploumanac'h** semble surgir des rochers de granit rose qui longent la côte. Appartenant à la commune de Perros-Guirec, en Bretagne, le phare tel qu'on peut l'apercevoir aujourd'hui date de 1948, le phare d'origine, de 1860, ayant été détruit par les Allemands en 1944. Ce phare d'une hauteur de 15 m et dont la lumière a une portée de 20 km n'est pas ouvert au public.

Le phare de Créac'h à Ouessant

Reconnaissable à ses bandes blanc et noir et au son de sa corne de brume portant à 18 km, le **phare de Créac'h** est situé à l'extrémité ouest de l'île d'Ouessant. Allumé en 1863, il est l'un des phares les plus puissants au monde. Il marque la limite entre la Manche et l'Atlantique. Haut de 55 m (Créac'h signifie « promontoire » en breton), le phare guide les bateaux qui entrent dans la Manche pour naviguer sur une des routes maritimes les plus fréquentées. Si le phare lui-même est fermé à la visite, on peut néanmoins s'attarder au musée des Phares et Balises installé dans l'ancienne centrale électrique.

▲ Le phare de Créac'h sur l'île d'Ouessant.

Le phare de Senetosa en Corse-du-Sud

Situé sur la commune de Sartène, le **phare de Senetosa**, isolé dans le maquis, n'est accessible qu'à pied ! L'originalité de son architecture le rend unique en France : il possède deux tourelles cylindriques qui entourent le bâtiment technique et le logement du gardien, aujourd'hui rénové et transformé en refuge pour les randonneurs.

Chaque tourelle a sa fonction : l'une abrite la lanterne donnant le feu blanc à éclats, l'autre comporte un secteur rouge dirigé vers les directions dangereuses. Conçu par Dominique Antoine Zenacco, le phare a été mis en fonction en 1892.

▲ Le phare de Senetosa en Corse-du-Sud.

Le phare de la Coubre en Charente-Maritime

En 1904, la décision est prise de construire un nouveau phare en lieu et place de l'ancien, rongé par l'érosion marine. D'une portée lumineuse de 52 km et d'une hauteur de 64 m, le **phare de la Coubre** signale l'entrée étroite de l'estuaire de la Gironde, réputé pour la dangerosité de sa Côte Sauvage. Une fois les 300 marches gravies, la vue est extraordinaire sur l'estuaire de la Gironde, les plages de La Tremblade et sa Côte Sauvage, la forêt de la Coubre et, par beau temps, sur l'île d'Oléron. Un écomusée retrace la vie des phares dans l'estuaire de la Gironde.

▲ Le phare de la Coubre à La Tremblade.

Le phare du Cap Ferret ▲
sur le bassin d'Arcachon.

Le phare du Cap Ferret

Construit en 1940 puis détruit par les Allemands et reconstruit à l'identique de 1944 à 1947, le **phare du Cap Ferret** signale l'entrée du bassin d'Arcachon avec son feu à éclat rouge. Avec plus de 80 000 visiteurs par an, le phare offre aux courageux vacanciers qui gravissent les 258 marches jusqu'au sommet, un panorama exceptionnel à 360 degrés sur tout le Bassin : on peut notamment y admirer la pointe du Cap, le banc d'Arguin, l'île aux Oiseaux, la dune du Pilat, les passes et parcs à huîtres, la forêt… Une exposition ludique et interactive, comprenant une présentation du mécanisme optique d'un phare en 3D et l'histoire du phare, complète la visite.

Le feu de Saint-Pol à Dunkerque

Avec ses 35 m de hauteur, le **feu de Saint-Pol**, situé sur le port de Dunkerque, est accessible uniquement à pied. Œuvre de Gustave Umbdenstock, il fut construit de 1937 à 1938 et est inscrit aux Monuments historiques depuis 1999. Atypique et unique en son genre, considéré comme une œuvre d'art et bâti dans un style architectural Art déco, il surprend par son originalité. De forme cylindrique sur sa base, il est surmonté de trois coupoles en brique et d'une partie haute soutenant la lanterne coiffée d'une coupole ornée de gargouilles. Il faudra malheureusement se contenter de l'admirer de l'extérieur, l'intérieur du phare n'étant pas ouvert à la visite.

▲ Le feu de Saint-Pol à Dunkerque.

Le phare de Biarritz

Érigé en 1834 sur la pointe Saint-Martin, le **phare de Biarritz**, d'une hauteur de 47 m, domine le cap Hainsart. Situé au Pays basque, il est à lui seul le symbole d'une région où la côte rocheuse, dangereuse et déchirée, fait place, au nord, à la côte sablonneuse des Landes, en apparence plus tranquille. Visible depuis la mer à près de 50 km avec ses 2 éclats toutes les 10 secondes, le phare de Biarritz est classé aux Monuments historiques depuis 2009.

▲ Le phare de Biarritz.

Le phare des Baleines sur l'île de Ré

Construit dans le cadre du grand programme de 1825 établi par le Service des phares et balises, sous l'impulsion de Léonce Reynaud, le **phare des Baleines** est situé à l'extrême ouest de l'île de Ré. D'une portée lumineuse d'environ 50 km, il a été érigé et inauguré en 1854 et tient son nom des échouages de baleines qui ont eu lieu, il y a fort longtemps, sur cette partie de l'île. Les deux centres d'intérêt de la visite sont le magnifique escalier hélicoïdal de 257 marches, qui vous mènera à 57 m de hauteur, et la vue imprenable sur la très belle plage de la Conche des Baleines.

▲ Le phare de la Pointe Vénus à Tahiti, en Polynésie-Française.

Le phare de la Pointe Vénus à Tahiti

Unique phare de Tahiti, le **phare de la Pointe Vénus** est entré dans l'histoire des phares français en 1825. Toujours en activité du haut de ses 32,80 m et de ses 365 marches, le phare situé à Mahina, à 10 km environ de Papeete, balaie le nord de l'île et la baie de Matavai. Il n'est pas ouvert à la visite.

Le phare Amédée en Nouvelle-Calédonie

L'histoire particulière du **phare Amédée** débute en 1862, en France, aux Buttes-Chaumont à Paris. Monté à l'extérieur des ateliers, le phare domine la capitale durant deux ans, du haut de ses 56 m. Premier phare construit en métal à l'initiative de l'ingénieur Rigolet, employé aux ateliers Eiffel, il est démantelé en 1 265 pièces et sera transporté par bateau en Nouvelle-Calédonie jusqu'à l'îlot Amédée, à 24 km de Nouméa. Son rayonnement porte sur l'entrée de la passe de Boulari, l'une des trois entrées naturelles du lagon.

▲ Le phare Amédée en Nouvelle-Calédonie.

Saveurs et spécialités de nos terroirs

Saveurs et délices de BRETAGNE

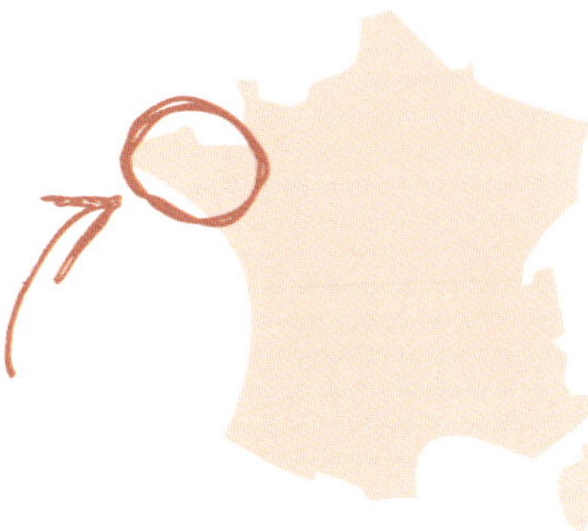

Galette de blé noir

POUR 8 À 10 GALETTES

* * *

PRÉPARATION : **10 MIN** - REPOS : **1 H** CUISSON : **4 MIN**

- 300 g de farine de sarrasin
- 1 pincée de sel
- 1 gros œuf
- 75 cl d'eau froide environ

1 Dans un saladier, formez un puits avec la farine, ajoutez le sel, l'œuf et versez une petite quantité d'eau, remuez avec un fouet et incorporez l'eau au fur et à mesure en fouettant pour éviter la formation de grumeaux.

2 Couvrez la pâte avec un torchon et laissez-la reposer dans une pièce fraîche.

3 Pour la cuisson, huilez une galettière. Versez une louchée de pâte et étalez-la avec une spatule en bois. Laissez cuire 3 minutes environ, décollez la pâte avec une spatule en métal, mais ne la retournez pas (traditionnellement, on ne cuit la galette que d'un seul côté, afin de conserver du moelleux).

4 Disposez les ingrédients au centre de la galette toujours sans la retourner, laissez-les chauffer et repliez les bords de la galette avant de servir.

L'ARTICHAUT CAMUS

Apportée en France par Catherine de Médicis, cette plante méditerranéenne partage, avec le chou, le titre de légume roi de la Bretagne. Avec sa tête ronde et ferme, peu calorique, riche en fibres et en minéraux, il cumule des qualités diurétiques et dépuratives. Cette variété, développée en 1810 par un agronome parisien, est aujourd'hui la préférée des Français.

LES FRAISES DE PLOUGASTEL

Au XVIIIe siècle, alors qu'on savait déjà cultiver la fraise des bois, un explorateur au nom prédestiné, Antoine Amédée Frézier, introduisit en France des plants de fraisiers du Chili et s'installa à Brest. La région de Plougastel se consacra progressivement à la culture de ce fruit fragile, qui atteignit son apogée vers 1950. S'il n'existe pas une variété spécifique de fraise à Plougastel-Daoulas, on y cultive aujourd'hui, avec des méthodes modernes, plusieurs variétés – dont la célèbre gariguette – que l'on récolte à partir du mois d'avril.

La galette de blé noir

* * *

Au XVe siècle, la duchesse Anne décide de faire cultiver le blé noir dans son duché de Bretagne. Cette céréale à croissance rapide, également appelée sarrasin (en souvenir des croisades), fournira, sous diverses formes, une nourriture quotidienne aux Bretons jusqu'au milieu du XIXe siècle. Le pain blanc la remplace alors progressivement. D'une épaisseur de 2 à 3 mm (plus fine, on l'appelle plutôt crêpe de blé noir), la galette de blé noir, spécialité de l'est de la Bretagne, se prête à de multiples garnitures salées.

Kig ha farz

POUR 8 PERSONNES

* * *

PRÉPARATION : **30 MIN** - CUISSON : **4 H**

- 1 petit chou
- 300 g de carottes
- 3 oignons
- 1 branche de céleri
- 1,5 kg de bœuf gîte ou macreuse
- 750 g de poitrine de porc
- 1 bouquet garni
- sel et poivre

POUR LE FARZ

- 200 g de farine de sarrasin
- 2 œufs
- 1 cuill. à café de sel fin
- 20 cl de lait
- 20 cl de crème fraîche

1 Épluchez et lavez les légumes. Mettez-les dans une marmite avec le bœuf et le bouquet garni. Recouvrez largement d'eau, portez à ébullition en écumant régulièrement. Salez, poivrez et laissez cuire à petits frémissements pendant 2 heures.

2 Préparez le farz. Tamisez la farine en fontaine dans un saladier, ajoutez les œufs battus en omelette avec le sel et mélangez bien à la spatule. Faites chauffer le lait et la crème et versez-les peu à peu dans le saladier, sans cesser de remuer, jusqu'à l'obtention d'une pâte homogène.

3 Versez cette pâte, qui doit être assez molle, dans plusieurs grandes poches à thé ou faites-en des boules et enveloppez-les dans des carrés de mousseline que vous fermerez avec de la ficelle de cuisine.

4 Plongez les sacs de pâte dans le bouillon et poursuivez la cuisson pendant 1 heure. Ajoutez la poitrine de porc et laissez cuire encore 1 heure.

5 Disposez les viandes et les légumes sur un plat chaud, répartissez les farz tout autour et servez le bouillon en soupière.

Cotriade

POUR 6 PERSONNES

* * *

PRÉPARATION : **30 MIN** - CUISSON : **30 MIN**

- 1,5 kg de poissons variés (congre, maquereau, vieille, merlan, lieu)
- 2 oignons
- 6 pommes de terre moyennes
- 50 g de beurre demi-sel
- sel et poivre

POUR LA VINAIGRETTE

- 1 cuill. à soupe de moutarde forte
- 3 cuill. à soupe de vinaigre
- 9 cuill. à soupe d'huile
- 2 cuill. à soupe de persil ciselé

1 Videz et lavez les poissons. Coupez-les en tronçons ou en tranches, laissez les plus petits entiers. Épluchez et émincez les oignons. Pelez les pommes de terre et coupez-les en rondelles épaisses.

2 Faites fondre les oignons avec le beurre dans un faitout, à feu modéré, jusqu'à ce qu'ils soient transparents. Ajoutez les pommes de terre, versez assez d'eau pour recouvrir le tout, salez et poivrez. Portez à ébullition puis baissez le feu et laissez cuire pendant 10 minutes à petits frémissements.

3 Pendant ce temps, préparez la vinaigrette. Mélangez la moutarde, le vinaigre et du sel dans un bol puis versez l'huile en filet, en fouettant avec une fourchette pour émulsionner l'ensemble. Ajoutez le persil et transvasez en saucière.

4 Mettez le congre dans le faitout et poursuivez la cuisson pendant 10 minutes. Introduisez ensuite les autres poissons fermes (maquereau, lieu) et faites cuire encore 5 à 6 minutes. Ajoutez enfin les poissons les plus fragiles (merlans) et laissez encore environ 4 minutes à feu doux.

5 Retirez délicatement les poissons avec une écumoire et mettez-les dans un plat chaud. Disposez les pommes de terre autour. Mouillez avec deux louchées de bouillon et versez quelques cuillerées de vinaigrette. Servez séparément la soupe, accompagnée de tranches de pain grillées, et le poisson avec le reste de vinaigrette en saucière.

LES HUÎTRES DE BRETAGNE

Autrefois, en Bretagne, il n'existait qu'une seule variété d'huître, celle que l'on appelle aujourd'hui la plate. Les huîtres de Cancale étaient draguées sur le banc naturel du rocher de Cancale. Puis on pratiqua leur élevage dans des parcs. Après deux années de croissance, les huîtres étaient transférées vers des zones d'affinage, telle la rivière du Belon. Aujourd'hui, l'élevage de l'huître plate se perpétue à Cancale et en baie de Quiberon. Élevée en eau profonde, elle est toujours très appréciée, mais ne représente plus qu'une faible part de la production. C'est l'élevage de l'huître creuse, selon diverses techniques, qui s'est généralisé sur tout le littoral breton, de Saint-Malo jusqu'au Croisic.

Le haricot coco de Paimpol

* * *

Depuis longtemps, on cultivait les fèves, les pois, puis les haricots dans le Trégorrois et le Goëlo. Mais c'est aux alentours de 1930 que le haricot coco, originaire d'Amérique latine, fit son apparition. Sa culture s'est ensuite intensifiée et de nombreux agriculteurs de la région cultivent aujourd'hui le haricot coco de Paimpol, qui bénéficie d'une AOC. Des techniques modernes de production sont mises en œuvre, mais la cueillette reste exclusivement manuelle. Les haricots sont vendus en gousses.

Kouign-amann

POUR 6 PERSONNES

* * *

PRÉPARATION : **40 MIN** - REPOS DE LA PÂTE : **1 H ENVIRON**
CUISSON : **30 MIN**

- 10 g de levure de boulanger
- 20 cl d'eau tiède
- 10 g de beurre fondu
- 300 g de farine
- 200 g de beurre demi-sel ramolli + 50 g pour le moule
- 200 g de sucre en poudre + 50 g pour le moule

1 Délayez la levure dans 20 cl d'eau tiède. Tamisez la farine dans un saladier, mettez la levure délayée et le beurre fondu au centre, puis pétrissez une dizaine de minutes, jusqu'à ce que la pâte soit souple et homogène. Recouvrez-la d'un linge et laissez-la doubler de volume 1 heure environ dans un endroit tiède.

2 Étalez la pâte pour former une grande crêpe. Étalez le beurre ramolli dessus, en laissant une marge de 2 cm sur le pourtour, et versez le sucre en poudre pour recouvrir le beurre. Repliez cette crêpe de manière qu'elle forme un triangle.

3 Préchauffez le four à 200 °C (th. 6-7). Beurrez généreusement un moule à manqué de 22 à 24 cm de diamètre et chemisez-le de sucre.

4 Laissez reposer la pâte quelques minutes, puis étalez-la de nouveau. Repliez-la en quatre et étalez-la de nouveau en forme de long rectangle, puis recoupez ce rectangle en 8 bandes. Enroulez les bandes sur elles-mêmes, en escargot. Placez-les côte à côte dans le moule. Enfournez pour 30 minutes. Démoulez le gâteau encore chaud et servez-le tiède.

La France championne

La BOXE FRANÇAISE, quel punch !

Même si ce sont les Anglais qui ont codifié les règles du **« noble art »** – comme en témoignent encore les critères des différentes catégories de poids exprimés en mesures anglo-saxonnes –, les Français ont souvent affronté avec succès les meilleurs boxeurs mondiaux.

Georges Carpentier : l'Homme à l'orchidée

Très tôt, **Georges Carpentier** affiche des qualités hors du commun. À l'âge de 13 ans, il est déjà champion de France junior de boxe française, sport qu'il délaisse pour la boxe anglaise, avec tout autant de réussite : champion de France à 17 ans, puis champion d'Europe l'année suivante, catégorie poids lourds, alors qu'il combat habituellement contre des poids moyens ! Après la Première Guerre mondiale, il joue un temps au rugby mais revient bien vite à la boxe pour devenir, à 23 ans, le premier boxeur français champion du monde des mi-lourds en mettant K.-O. l'Américain Battling Levinsky.
Pour le titre mondial des poids lourds, il échoue le 2 juillet 1921, face à Jack Dempsey auquel il rend 12 kg et 6 cm, lors d'un combat qui lui vaudra néanmoins une renommée mondiale, car il a perdu à cause d'une main droite inutilisable à la suite d'une fracture, dès le deuxième round. À 29 ans, Georges Carpentier met un terme à sa carrière ; il mènera dès lors une vie mondaine, côtoyant les célébrités de l'époque avec la même élégance que celle qu'il manifestait sur les rings et qui lui valut le surnom d'« Homme à l'orchidée ».

▲ Georges Carpentier.

Marcel Cerdan : le Bombardier marocain

Après sa jeunesse marocaine et ses débuts chez les professionnels, **Marcel Cerdan** monte à Paris, en 1937, à l'âge de 21 ans. Il sème immédiatement la terreur sur les rings et franchit les échelons (champion de France, puis champion d'Europe) qui l'amènent tout naturellement à disputer, le 21 septembre 1948, son premier Championnat du monde des poids coqs aux États-Unis. Son adversaire, Tony Zale, surnommé le « Roi du K.-O. », trouve plus fort que lui et abandonne à la douzième reprise. Au sortir de la guerre de 1939-1945, le titre mondial d'un Français redonne espoir à un pays en ruine, d'autant que son idylle avec la chanteuse Édith Piaf fait le bonheur des gazettes. Un film est même tourné à sa gloire : *L'Homme aux mains d'argile*, en référence à la fragilité de sa main droite, souvent blessée.
Toutes ces sollicitations mondaines lui font quelque peu oublier ses objectifs sportifs et, blessé à l'épaule gauche dès le début du combat, il perd son titre mondial contre Jake LaMotta, le 16 juin 1949. Une revanche est prévue six mois plus tard, au Madison Square Garden de New York. Édith Piaf, qui effectue une tournée aux États-Unis, lui demande de prendre l'avion, plutôt que le bateau, pour la rejoindre au plus vite. Le 27 octobre, le vol Paris-New York est complet, mais un passager offre volontiers son billet à Marcel Cerdan. Hélas,

La sensation Asloum

Brahim Asloum est le premier boxeur français à avoir remporté un titre olympique dans la catégorie mi-mouches (à Sydney, en 2000) et un titre de champion du monde professionnel WBA, chez les mi-mouches, en décembre 2007. À Sydney, lorsqu'il se présenta sur le ring avec les cheveux teints en bleu, blanc, rouge, il fit sensation. Il avait déjà le sens de la mise en scène, qu'il conservera tout au long de sa carrière de boxeur, et même au-delà, lors de sa reconversion pour le moins réussie, que ce soit à la radio, à la télévision, au cinéma ou encore comme auteur. Brahim Asloum est, à ce jour, l'unique champion olympique français à avoir confirmé chez les professionnels en décrochant un titre mondial.

▲ Lutte de boxe à Paris.

Marcel Cerdan en 1948. ▲

dans la nuit du 27 au 28 octobre 1949, l'avion s'écrase sur l'île de São Miguel dans l'archipel des Açores. Il n'y a aucun survivant. Édith Piaf est effondrée, mais elle décide quand même d'assurer son concert. *L'Hymne à l'amour*, son hommage à Marcel Cerdan, restera l'un de ses plus beaux succès.

Anne-Sophie Mathis : le noble art au féminin

La boxe a longtemps été considérée comme un sport d'hommes, en raison de sa violence ; la réticence d'une grande partie du monde sportif a retardé le développement de la boxe féminine. Ce n'est qu'en 1997 qu'elle fut autorisée en France.

C'est avec la Lorraine **Anne-Sophie Mathis** que la boxe féminine a trouvé sa star. Le 8 mai 2008, dans le Palais des sports de Metz, elle ne laisse aucune chance à son adversaire, la Panaméenne Ana Pascal, pourtant invaincue en onze combats. Celle-ci se retrouve par trois fois au tapis et doit abandonner dès la troisième reprise. Anne-Sophie Mathis a unifié les quatre ceintures de championne du monde dans la catégorie des super-légers (65,5 kg). Elle défendra plusieurs fois son titre et se verra décerner en 2011 – une première pour une boxeuse – les Gants d'or, trophée qui récompense le meilleur boxeur français de l'année. Elle se retire des rings à 32 ans alors qu'elle compte vingt-sept victoires, dont vingt-trois avant la limite, et seulement trois défaites.

Une moisson de médailles aux Jeux de Rio

Si la boxe amateur est, des années durant, restée confidentielle, les téléspectateurs découvrent, lors des Jeux de Rio, en 2016, une équipe de France excellemment préparée et survoltée. Au fil des jours, les deux boxeuses et les huit boxeurs engagés ont raflé pas moins de six médailles : deux médailles de bronze pour **Souleymane Cissokho** (poids welters) et **Mathieu Bauderlique** (poids mi-lourds) ; deux médailles d'argent pour **Sarah Ourahmoune** (poids mouches) et **Sofiane Oumiha** (poids légers), enfin deux médailles d'or pour **Estelle Mossely** (poids légers) et **Tony Yoka** (poids super-lourds).

Un couple en or

À 25 ans, **Estelle Mossely** est entrée dans l'histoire en devenant la première femme française championne olympique de boxe, à Rio, le jour de son anniversaire, le 19 août 2016. Si elle brille sur les rings, elle ne néglige pas pour autant les études : elle a obtenu un diplôme d'ingénieur. Qui a dit que les boxeurs et les boxeuses n'étaient que des machines à frapper ?

Deux jours plus tard, son compagnon, **Tony Yoka**, bat le Britannique Joe Joyce en finale du tournoi des super-lourds. Ses camarades d'entraînement l'ont surnommé l'« Artiste », du fait de son style de boxe rapide pour un boxeur de la catégorie poids lourds. La précision de ses coups et ses feintes font partie de ses principaux atouts, dans une catégorie où prédomine habituellement la puissance.

Parlers régionaux et savoureux

La LANGUE BRETONNE, un trésor national !

Découvrez les us et coutumes de la culture bretonne en savourant ses plus charmants proverbes et expressions.

Kig ha fars

Le *kig ha fars*, c'est-à-dire littéralement « viande et far » (*kig*, « viande » ; *ha*, « et » ; *fars*, « far »), est une spécialité du Léon (Finistère). Cette recette peut être considérée comme le pot-au-feu breton. Son originalité réside dans l'utilisation d'une pâte à base de farine de blé noir *(fars gwinizh-du)*, traditionnellement cuite dans le même bouillon que la viande de bœuf et le jarret de porc. Selon les familles, on sert le *fars* égrené comme une semoule ou coupé en tranches comme un gâteau.

Pen-ty

Littéralement, ce terme désigne le « bout de la maison ». Il définit aujourd'hui une habitation à pièce unique. On l'emploie souvent pour les habitations de pêcheurs des côtes de Bretagne sud. Les murs de pierres sont parfois chaulés, afin de chasser l'humidité. Certains prétendent que la couleur des volets dépend des fonds de pots de peinture ayant servi pour le bateau.

Gant hir amzer, a-benn eus pep tra e teuer.
Avec longueur de temps on vient à bout de tout.
Et d'ailleurs, patience et longueur de temps valent mieux que force ni que rage.

O Breizh, ma Bro, me 'gar ma Bro / Tra ma vo mor 'vel mur 'n he zro / Ra vezo digabestr ma Bro !
Ô Bretagne, mon pays, j'aime mon pays / Tant que la mer sera comme un mur autour d'elle / Que mon pays soit libre !
En ce chant patriotique, il est également question d'ardeur et d'héroïsme, de guerriers, de saints et de bardes...

◀ Alignements de Carnac (Morbihan).

C'hwezhet an avel e-lec'h ma karo, pa ra glav e c'hleb atav.
Souffle le vent où il voudra, quand il pleut cela mouille toujours.
Certains désagréments peuvent-ils être évités ?

Kousket e-barzh liñselioù sant Pêr.
Dormir dans les draps de saint Pierre.
Dormir à la belle étoile. Ce doit être l'antichambre du paradis…

Kas unan bennak da c'hwitellat mouilc'hi da venez-Arre.
Envoyer quelqu'un siffler des merles dans les monts d'Arrée.
Terrible est cette terre d'Arrée, si aride même dans ses formulations…

Ne fizfen ket lost ma c'hazh ennañ.
Je ne lui confierais pas la queue de mon chat.
Je ne lui fais pas confiance. Bien que la queue de mon chat ne soit pas la prunelle de mes yeux.

Honnezh zo traoù nevez ganti.
Il y a du nouveau avec elle.
Manière très discrète d'évoquer le fait qu'elle attend un enfant.

Bagad

Le *bagad*, abréviation de *bagad ar sonerion* (« groupe de sonneurs »), est une formation musicale comprenant trois pupitres : biniou (cornemuse), bombarde (*ar vombard* : sorte de hautbois populaire) et percussions (taboulin). Les *bagadoù* connaissent actuellement un vrai succès populaire en Bretagne, notamment auprès des jeunes, fiers de contribuer au renouveau de la culture bretonne. À défaut d'orchestre au grand complet, le couple de sonneurs bombarde-biniou accompagne facilement toute festivité bretonne.

Ar vugale-se a sav 'vel raden.
Ces enfants-là poussent comme des fougères.
En français, on parlerait plutôt de champignons, mais le constat est le même : ils grandissent vite !

Gwell eo dougen e groaz, evid he ruzañ.
Mieux vaut porter sa croix que la traîner.
Si on ne peut éviter l'épreuve, autant l'affronter courageusement.

Paourantez zo kalet, met n'eo ket pec'hed.
La pauvreté est une épreuve, mais ce n'est pas un péché.
Il n'y a pas de honte à être pauvre.

Kabic

Le *kabic* ou *kabig* (« petite cape ») est un manteau à capuche imperméable, tissé de gros drap ou de laine très serrée, descendant à mi-cuisse, avec une double poche au niveau du ventre. Le *kabig* a été conçu à l'origine pour les goémoniers, puis a été adopté par les marins bretons ; il fait désormais partie de la garde-robe indispensable en Bretagne.

Phare de Ploumanac'h, dit phare de Mean Ruz (Côtes-d'Armor).

Ankou

L'*Ankou* est une figure récurrente de la tradition bretonne. Elle représente la Mort ou son serviteur, ramassant dans sa charrette grinçante les âmes des défunts récents. Les Bretons ont parfois plus peur de l'Ankou que de la mort elle-même. Entendre grincer les roues du *karrig an Ankou* ou croiser en chemin le sinistre attelage sont des signes annonciateurs de sa propre mort ou de celle d'un proche.

Aet eo e riboul e kreiz-tout.
Il est parti en riboul au milieu de tout. Il s'en est allé en goguette.
La « riboul » est une expression classique du samedi soir. Par ailleurs, le Breton aime ponctuer ses phrases de « au milieu de tout ».

Em gwele emaon gant ar medisin.
Je suis au lit avec le docteur.
Inutile d'imaginer quelque scène osée, cette expression signifie tout simplement que la personne est malade et que le médecin lui a demandé de rester au lit.

Kant bro, kant giz.
Cent pays, cent modes.
La Bretagne a conservé la mémoire d'une grande variété de costumes et de coiffes traditionnels, signes d'identification à des « pays » ou à des terroirs. Au sein de chaque *bro*, ou « territoire », les règles de politesse, les us et coutumes cimentent la vie communautaire.

Breizhad treitur biken kentoc'h mervel.
Le Breton traître jamais, plutôt mourir.
Ce proverbe est une variante de la devise bretonne : « Plutôt mourir que me salir », choisie par Anne de Bretagne. On ne transige pas avec l'honneur sur les terres de la duchesse.

Digant mignon eo gwell kaout dour, evit gwin digant an treitour.
Mieux vaut boire l'eau d'un ami que boire le vin d'un traître.
Question de discernement…

An douar zo kozh mes n'eo ket sot.
La terre est vieille mais pas idiote.
La terre est porteuse d'une sagesse ancestrale.

Morad

Ce terme désigne la marée. Les variations de la marée (horaires, hauteurs, coefficients) rythment la vie maritime en Bretagne. Certains prétendent également qu'elle influence la météo (l'influence de la météo locale sur la variation de la hauteur d'eau est plus avérée !). La marée étant par définition mouvante, ainsi en va-t-il de ses appellations en breton : *daere*, marée basse ; *gourlen*, marée haute ; *lanv*, marée montante ; *tre*, marée descendante ; *reverzhi*, grande marée ; *lanv du*, marée noire ; et, phénomène plus récent, *lanv glas*, marée verte (invasion d'algues).

Neb a wel Eussa a wel e wad / Neb a wel Sun a wel e dermen / Neb a wel Groe a wel e levenez.
Qui voit Ouessant voit son sang / Qui voit Sein voit sa fin / Qui voit Groix voit sa joie.
C'est en mer d'Iroise que se trouve le plus grand nombre de phares, les dangers à parer étant considérables ! L'île d'Ouessant possède à elle seule 5 phares.

An arc'hant deuet a-berzh fall ne zeuont ket da bennvat.
L'argent venu de mauvaise part ne mène pas au succès.
En d'autres termes, « bien mal acquis ne profite jamais ».

Aber

L'*aber* (mot celtique), ou la *ria*, est une vallée fluviale envahie par la mer, formant un estuaire profond et découpé. Les *abers* sont nombreux en Bretagne. Parmi les plus connus : l'Aber-Vrac'h, l'Aber-Benoît, l'Aber-Ildut, l'Odet ou la Laïta dans le Finistère, la rivière du Trieux et celle du Jaudy dans les Côtes-d'Armor, la vallée de la Rance en Ille-et-Vilaine, la ria d'Étel dans le Morbihan ou la Loire en Loire-Atlantique. La Côte des Abers longe la mer d'Iroise.

Gwell eo bezañ paour, eget staget gant ur chadenn aour.
Il vaut mieux être pauvre (et libre) qu'attaché avec une chaîne d'or.
La liberté vaut mieux que la richesse.

Ar yar he deus kanet m'he deus dozvet.
La poule a chanté avant d'avoir pondu.
Il ne faut pas crier trop tôt victoire. Équivalent de « vendre la peau de l'ours avant de l'avoir tué ».

N'eo ket mat da blantañ chas.
Elle n'est pas bonne à enterrer des chiens.
Se dit d'une terre pauvre, qui ne donne aucun fruit. Les expressions bretonnes sont rarement tendres lorsqu'elles évoquent le chien.

Mam Goudig

« Bonne-Maman », en quelque sorte. Vous ne la connaissez peut-être pas encore, mais vous pourrez difficilement lui échapper. Mam Goudig est la célèbre mascotte bigoudène que l'on retrouve sur tous les produits dérivés bretons : grand-mère hyperactive avec coiffe et tablier blanc, roulant en 2 CV. Son créateur, Jean-Paul David, l'avait imaginée pour faire plaisir à sa grand-mère.

Bezañ du, bezañ gwenn, pep gavr a gar he menn.
Qu'il soit noir ou blanc, chaque chèvre aime son chevreau.
L'amour des parents pour leurs enfants se moque des apparences.

Ar sotañ pesk a vez paket div wech.
Le poisson le plus bête est attrapé deux fois.
Il faut savoir tirer leçon de ses échecs.

Hennezh zo derc'h derv e-barzh, ne gozha ket.
Il est taillé dans du cœur de chêne, il ne vieillit pas.
Il est solide comme un chêne, comme un roc.

Bezet hir pe bezet berr, e-barzh ar c'hreiz emañ an hanter.
Que ce soit long ou court, c'est au milieu qu'est la moitié.
Une évidence à garder en mémoire !

Kammed ha kammed, e reer tro ar bed.
Pas à pas, on fait le tour du monde.
Et petit à petit, l'oiseau fait son nid.

Arabat mont primoc'h eget ar marc'h hon doug.
Point ne faut aller plus vite que le cheval qui nous porte.
Attention à ne pas brûler les étapes.

Biskoazh glav n'eus graet na davfe, avel greñv pehini na gouezhfe.
Jamais on ne vit pluie qui ne cessât, ni vent impétueux qui ne tombât.
Après la pluie vient le beau temps, après l'épreuve viennent les beaux jours.

Du CLASSICISME au ROMANTISME

◄ *La Richesse*, de Simon Vouet vers 1640 (musée du Louv Paris).

En deux siècles, les bouleversements esthétiques sont énormes ; même si le renoncement à l'académisme ne va pas sans résistance, surtout après les chefs-d'œuvre de la peinture classique en France. Panorama des plus grands peintres du XVIIe au XIXe siècle…

▲ *Le Tricheur à l'as de carreau*, de Georges de La Tour, vers 1635 (musée du Louvre, Paris).

Avènement du classicisme

Simon Vouet (1590-1649)
Après une importante période romaine (1614-1627), il fit à Paris, grâce à son style aisé et décoratif (coloris vif, mouvement des compositions), une carrière officielle brillante (*le Temps vaincu par l'Amour, Vénus et l'Espérance* ; *Présentation au Temple*, allégorie dite *la Richesse*).

Georges de La Tour (1593-1652)
Maître d'un caravagisme dépouillé, intériorisé, il a laissé des œuvres tantôt diurnes, tantôt nocturnes, religieuses *(Saint Joseph charpentier, la Madeleine à la veilleuse)* ou de genre *(la Diseuse de bonne aventure, la Femme à la puce)*.

Nicolas Poussin (1594-1665)
Il passa la majeure partie de sa vie à Rome. Ses premières œuvres italiennes (*l'Inspiration du poète*, vers 1629-1630) reflètent l'influence de Titien. Il évolua vers un classicisme érudit de plus en plus dépouillé (deux séries de *Sacrements* ; *Éliézer et Rébecca*, 1648 ; *Sainte Famille « à la baignoire »*, 1650). Ses derniers paysages (les quatre *Saisons*, 1660-1664) témoignent d'un lyrisme puissant. Son influence fut considérable sur la peinture classique des XVIIe et XVIIIe siècles.

Les Frères Le Nain (installés à Paris vers 1629)
Malgré des différences évidentes de « mains », les historiens d'art ne sont pas parvenus à répartir de façon incontestable entre chacun des trois frères les quelque soixante tableaux qui leur sont attribués : œuvres mythologiques ou religieuses *(Nativité de la Vierge)*, scènes de genre *(la Tabagie*, 1643), portraits, et surtout scènes de la vie paysanne qui représentent un sommet du réalisme français *(Intérieur au jeune joueur de flageolet, Paysans devant leur maison)*.

Claude Gellée, dit Le Lorrain (1600-1682)
L'essentiel de sa carrière se déroule à Rome. Empruntant aux écoles du Nord comme aux Italiens, maniant la lumière de façon féerique, il est un des maîtres du paysage « historique » (*Ulysse remet Chryséis à son père* ; *Jacob, Laban et ses filles*).

Philippe de Champaigne (1602-1674)
L'un des grands représentants du classicisme, il est l'auteur de portraits (Richelieu) et de tableaux religieux.

Pierre Mignard (1612-1695)
Il travailla plus de vingt ans à Rome, puis s'installa à Paris. Il fut chargé de peindre la coupole du Val-de-Grâce (1663), devint le portraitiste attitré de la noblesse et succéda à Le Brun dans toutes ses charges (1690).

Charles Le Brun (1619-1690)
Il étudia à Rome en compagnie de Poussin. Protégé par Colbert et Louis XIV, premier peintre du roi, directeur des Gobelins et chancelier de l'Académie (1663), il présida à la décoration de Versailles (la voûte de la galerie des Glaces est son œuvre) et exerça, jusqu'à la mort de Colbert, une quasi-dictature sur les arts. Parmi ses tableaux, citons, au Louvre, *le Sommeil de l'Enfant Jésus, le Chancelier Séguier avec sa suite*, les immenses toiles de l'*Histoire d'Alexandre*.

▲ *L'Enlèvement des Sabines*, de Nicolas Poussin, vers 1633-1634 (The Metropolitan Museum of Art, Fonds Harris Brisbane Dick, New York).

▲ *La Toilette de Vénus*, de François Boucher, 1751 (The Metropolitan Museum of Art, legs de W. K. Vanderbilt, New York).

La peinture de la grâce et de l'intime

Jean-Marc Nattier (1685-1766)
Spécialisé dans le portrait à prétexte mythologique, il devint à partir de 1740 le peintre attitré de la famille royale.

Jean Siméon Chardin (1699-1779)
Auteur de natures mortes et de scènes de genre (*le Bénédicité*, *la Pourvoyeuse*, etc.), il traduit en technicien hors pair l'intensité de « vie silencieuse » du sujet choisi.

▲ *L'Accordée de village*, de Jean-Baptiste Greuze, 1761 (musée du Louvre, Paris).

François Boucher (1703-1770)
Protégé par Madame de Pompadour, il a notamment peint des scènes pastorales ou mythologiques d'une gracieuse virtuosité (*Vénus demande à Vulcain des armes pour Énée, le Nid, Renaud et Armide, Diane au bain, l'Odalisque brune…*).

Charles-André, dit Carle Van Loo (1705-1765)
Issu d'une grande famille de peintres d'origine néerlandaise, formé en Italie, professeur à l'Académie royale de Paris en 1737, premier peintre du roi en 1762, il représente le « grand style » au sein de l'esthétique rococo (tableaux religieux ou mythologiques, « turqueries », panneaux décoratifs).

Jean-Baptiste Greuze (1725-1805)
Il est l'auteur, célébré par Diderot, de compositions habiles sur des sujets propres à « élever l'âme » du spectateur (*l'Accordée de village, le Fils ingrat*, etc.) ainsi que de portraits. L'allusion sensuelle n'est pas rare (*la Cruche cassée*).

Jean Honoré Fragonard (1732-1806)
Il est l'auteur de scènes galantes (série des *Progrès de l'amour*), de scènes de genre et de portraits où la fougue et la saveur s'allient à la grâce. Un de ses chefs-d'œuvre est la *Fête à Saint-Cloud*.

Néoclassicisme et romantisme : deux écoles

Louis David (1748-1825)
Il fut membre de la Convention et, sous l'Empire, peintre de Napoléon. Prix de Rome, chef de l'école néoclassique, il domina la peinture française de 1785 à sa mort, en exil (*le Serment des Horaces*, 1784 ; *Marat assassiné*, 1793 ; *les Sabines*, 1799 ; *le Sacre de l'empereur Napoléon Ier*, 1806-1807 ; nombreux portraits).

François Gérard, dit baron Gérard (1770-1837)
Auteur d'un *Ossian* pour Malmaison, il fut surtout, sous la Restauration comme sous l'Empire, un portraitiste couvert d'honneurs.

Antoine Gros (1771-1835)
Élève de David, il est l'auteur de grandes compositions qui préludent au romantisme : *les Pestiférés de Jaffa* (1804), *la Bataille d'Aboukir* (1807), *le Champ de bataille d'Eylau* (1808).

Jean Auguste Dominique Ingres (1780-1867)
Élève de David, grand prix de Rome en 1801, il se distingua par la pureté et le raffinement de son dessin. Professeur, devenu le chef de l'école classique face au romantisme, il a transcendé les règles académiques par un génie souvent étrange (*la Grande Odalisque*, 1814 ; *Roger délivrant Angélique*, 1819 ; *l'Apothéose d'Homère*, 1827 ; *le Bain turc*, 1859-1863). Ses portraits, peints ou dessinés, sont d'une exceptionnelle qualité.

Théodore Géricault (1791-1824)
Artiste à la carrière fulgurante, il fut le premier des romantiques, mais aussi un précurseur du réalisme (*Officier de chasseurs à cheval […]*, 1812 ; *Course de chevaux libres à Rome*, 1817 ; *le Radeau de la Méduse* ; *le Four à plâtre*, 1822).

Eugène Delacroix (1798-1863)
Grand coloriste et novateur réfléchi, il fut le chef de l'école romantique. Il est l'auteur de vastes peintures murales à Paris (bibliothèques du Palais-Bourbon et du Sénat ; plafond de la galerie d'Apollon au Louvre, 1850-1851). Parmi ses tableaux célèbres, citons : *Dante et Virgile aux Enfers* (1822), *Scènes des massacres de Scio* (1824), *la Mort de Sardanapale* (1827), *la Liberté guidant le peuple* (1830), *Femmes d'Alger dans leur appartement* (1834), *Entrée des croisés à Constantinople* (1840). Il a illustré de lithographies le *Faust* de Goethe. Son *Journal* est d'un grand intérêt.

Le Serment des Horaces, de Louis David, 1784 (musée du Louvre, Paris). ▲

▼ *La Mort de Sardanapale*, d'Eugène Delacroix, 1827 (musée du Louvre, Paris).

Des ÎLES de légende

Bon nombre de légendes accentuent le mystère de nos belles îles françaises : êtes-vous prêts à les découvrir ?

Belle-Île-en-Mer ou le pouvoir des fées

La légende raconte que la plus belle des îles serait issue du golfe du Morbihan et devrait sa naissance au pouvoir des fées. Contraintes de quitter la Bretagne, les fées auraient versé des flots de larmes dont naquit le golfe du Morbihan. Elles y jetèrent des couronnes de fleurs, formant ainsi les nombreuses îles du golfe dont la plus grande et la plus belle provenait de la couronne de fleurs de la reine des fées. En 1658, le surintendant des Finances de Louis XIV, Nicolas Fouquet, séduit par sa beauté sauvage et pleine de contrastes, en fit l'acquisition. Point stratégique dans le golfe du Morbihan, l'île est fortifiée par Vauban qui fait ériger des remparts et une imposante citadelle dominant le port du Palais. Les artistes et les écrivains qui tombèrent sous le charme de cette île sont nombreux : Claude Monet ou Matisse, Sarah Bernhardt, Arletty ou Alexandre Dumas.

L'archipel d'Hyères : la légende des îles d'Or

Les îles de Porquerolles, de Port-Cros et du Levant sont si belles qu'à la Renaissance on les surnomma les îles d'Or, en raison des couleurs de la roche (schistes colorés). Les plages de sable fin, les criques sauvages, les falaises abruptes, les forêts de pins d'Alep et d'eucalyptus, associées à un climat très doux ainsi qu'à des fonds marins d'une pureté exceptionnelle, en font un vrai « paradis ».

Située face à la presqu'île de Giens, **Porquerolles** est la plus grande des trois îles et la plus visitée. Le conservatoire botanique de Porquerolles gère 180 ha de terres agricoles et préserve une flore exceptionnelle d'espèces rares et endémiques. Sauvage et montagneuse, l'île de **Port-Cros** est aussi le premier parc national terrestre et marin d'Europe. Véritable sanctuaire naturel, l'île est une halte privilégiée pour les oiseaux migrateurs de l'Europe du Nord vers l'Afrique. Réputée pour abriter les plus beaux arbousiers du Bassin méditerranéen, l'île du **Levant** est aussi mondialement célèbre pour son centre de naturistes.

▲ Vue magnifique des calanques de Porquerolles.

▼ La Côte Sauvage à Belle-Île.

Les ânes de l'île d'Oléron, de sacrés complices !

Malgré l'absence de documents prouvant les actes de piraterie dont se seraient rendus coupables les habitants de l'île, la légende qui accompagne l'histoire de l'île d'Oléron est bien tenace. Il semblerait que les Oléronnais, afin d'induire en erreur les capitaines des bateaux transportant des marchandises, avaient pour coutume d'accrocher au cou de leurs ânes de petites lanternes. Ainsi, les navigateurs, croyant apercevoir au loin un autre bateau, s'approchaient dangereusement du rivage et finissaient par s'échouer – les habitants de l'île pillaient alors le bateau. Mais la vérité serait tout autre et beaucoup moins sanglante ! Les Oléronnais portaient secours aux rescapés des navires en difficulté dans le seul but d'obtenir des informations qui leur auraient permis de retrouver les cargaisons perdues en mer. Aujourd'hui, la côte a changé : les salines ont disparu, mais des parcs à huîtres ont été établis sur les rochers et vasières, surtout dans la région du Château-d'Oléron. Le tourisme estival et balnéaire a été stimulé par la mise en service (en 1966) d'un pont routier reliant l'île au continent.

▲ Vue aérienne de l'île d'Oléron.

Les îles de Lérins, entre Dieu et diable

La légende raconte que sur une île lui appartenant, le diable enfermait dans un temple les serviteurs dont il était mécontent. Pour échapper au Malin, ces derniers n'avaient d'autre choix que de se transformer en serpents venimeux. Cette horrible malédiction ne pouvait être levée que si chacun d'entre eux tuait une personne juste et honnête chaque année durant sept ans.

Dieu, excédé par tant de perversité, ordonna à la mer de submerger cette île malfaisante et d'anéantir ainsi toutes les créations du diable. Peu après, l'île remonta à la surface, formant dorénavant deux îlots sur lesquels le diable perdit l'équilibre et tomba dans la mer, sans qu'on le revît jamais. Sur la Côte d'Azur, l'île Marguerite est dominée par le fort royal qui sera renforcé par Vauban et deviendra plus tard une prison d'État où l'« homme au masque de fer » sera détenu captif. L'île Saint-Honorat est un haut lieu de l'histoire chrétienne et un havre de paix pour toute personne en quête de spiritualité.

▲ L'abbaye médiévale de Lérins sur l'île Saint-Honorat.

Noirmoutier et la « passe des Braillards »

Une mystérieuse légende rapporte qu'entre l'île de Noirmoutier et le littoral vendéen, au niveau de la « passe des Braillards », à la nuit tombée, des hurlements abominables de nageurs en détresse se faisaient entendre depuis le continent. Les âmes charitables qui pensaient aller au secours des naufragés se retrouvaient attirées au large, épuisées de fatigue, et périssaient noyées, déclenchant alors le rire démoniaque des Braillards.

Route submersible sur plus de 4 km, le passage du Gois relie l'île de Noirmoutier au continent seulement quelques heures avant et après la marée basse. Depuis l'ouverture du pont en 1971, le Gois est surtout devenu un lieu de pêche et de promenade pour les touristes.

▲ Le passage du Gois emprunté par des cyclistes à marée basse.

Les îles Chausey, dépendantes des marées

La légende populaire raconte que les îles Chausey seraient au nombre de 52 à marée haute et de 365 à marée basse, correspondant ainsi au nombre de semaines et de jours dans l'année. D'une richesse biologique remarquable, véritable paradis pour les pêcheurs à marée basse, cet archipel, situé à seulement 17 km des côtes normandes, reste sauvage, fragile et difficile à aborder en raison de forts courants marins et des marées les plus fortes d'Europe.

▲ L'archipel de Chausey.

▲ Le phare de Bréhat.

L'île de Bréhat ou l'île aux Fleurs

La légende la plus connue et la plus tragique relate l'histoire du comte Meriadec, trahi par ses deux fils, Gwill et Isselbert. Impatients de toucher l'héritage de leur père, ils le tuèrent et voulurent faire disparaître son corps dans la mer. Les rochers s'ouvrirent et les deux fils, pétrifiés de peur, furent engloutis sous la roche. On attribue depuis la couleur rose de la roche au sang versé ce jour-là. L'île bretonne de Bréhat, dans les Côtes-d'Armor, est située près de Paimpol, au nord de la pointe de l'Arcouest. Surnommée l'île aux Fleurs, elle a accueilli de nombreux artistes célèbres, tels que les frères Goncourt, Paul Gauguin, Henri Matisse, Ernest Renan ou encore Prosper Mérimée.

Les naufragés de Tromelin

À l'été 1761, le vaisseau *l'Utile*, appartenant à la Compagnie française des Indes orientales, s'échoue sur le récif d'une petite île inhabitée et dépourvue d'arbres, à l'est de Madagascar. Les 142 hommes d'équipage et 60 Malgaches (sur les 160 que transportait le navire et qui étaient destinés à être vendus comme esclaves) parviennent à gagner le rivage. Deux mois après le naufrage, les hommes d'équipage reprennent la mer grâce aux débris de leur bateau. Malgré de nombreux signalements, ce n'est qu'en 1776 que huit survivants, sept femmes et un bébé de huit mois, sont secourus, par le chevalier de Tromelin, qui donne alors son nom à l'île de 1 km^2. Aujourd'hui, l'île Tromelin fait partie des îles Éparses de l'océan Indien et, à ce titre, des terres Australes et Antarctiques françaises.

La Guadeloupe, l'île de l'Amour

Peuplée d'Indiens karibs (ou caraïbes), l'île de Karukéra (« l'île aux belles eaux ») est découverte et rebaptisée « Guadalupe » par Christophe Colomb durant son second voyage, en 1493. En réalité, ce nom provient des Maures qui avaient nommé Oued El Oub (rivière de l'Amour) une rivière d'Espagne dont le nom sera transformé par les Espagnols en « Guadalupe » puis francisé et donnera ainsi le nom de Guadeloupe à l'une des plus belles îles des Caraïbes. La Guadeloupe est formée de deux îles, Grande-Terre (588 km^2) et Basse-Terre, ou Guadeloupe proprement dite, séparées par l'étroit bras de mer de la rivière Salée et reliées par un pont, et de leurs dépendances proches (Marie-Galante, la Désirade, îles des Saintes et de la Petite-Terre).

▼ La Grande Vigie au nord de la Guadeloupe.

Saveurs et spécialités de nos terroirs

Un vrai nid de poules !

DE 200 À PLUS DE 300 ŒUFS PAR AN

La redcap

La rhode island

La frisée

La sussex

L'ardennaise

DE 150 À PLUS DE 200 ŒUFS PAR AN

La géline

L'orpington

La gournay

DE 100 À PLUS DE 150 ŒUFS PAR AN

La wyandotte

La poule rousse

La leghorn

La gâtinaise

La marans

La langsham

La brahma

PAS D'OMELETTE SANS CHOISIR SES ŒUFS

Le « label rouge » n'est pas le seul à garantir un élevage de poules en plein air et la mention « AB » n'a pas le monopole des œufs sans pesticides ajoutés. En effet, le premier chiffre imprimé sur chaque œuf (précédant la mention « FR », pays d'origine) nous renseigne sur leur provenance :

- **0FR : élevage en plein air et agriculture biologique.** (Des poules aux œufs d'or !)
- **1FR : élevage en plein air.** (Ça roule, ma poule.)
- **2FR : élevage au sol** (dans des bâtiments fermés avec peu d'espaces) ou en volière. (Allez vous faire cuire un œuf.)
- **3FR : élevage en cage.** (Quand les poules auront des dents !)

Extra-frais ou frais ?

Un œuf est « extra-frais » jusqu'à 9 jours après la ponte, tandis que l'œuf « frais » l'est jusqu'à 21 jours après la ponte. La meilleure méthode pour savoir si un œuf est encore frais et consommable est de le déposer dans un bol d'eau salée. S'il reste au fond, c'est bon mais s'il flotte, mieux vaut ne pas y toucher.

Savoir-faire à la française

Nos chers objets MYTHIQUES

Ce qui fait la France, ce sont aussi ces objets entrés dans la mémoire collective. Nous les connaissons tous et ils font partie de notre vie quotidienne. La plupart d'entre eux possèdent une histoire propre, racontent des destinées.

La marinière Armor Lux

L'histoire commence en Suisse. Walter Hubacher s'installe à Quimper en 1938 pour y monter une affaire de confection de sous-vêtements. La société s'appelle alors « La Bonneterie d'Armor » et elle va rapidement se diversifier. Inspiré par la région, son fondateur se spécialise dans la production de vêtements de qualité pour les marins et les pêcheurs. Il travaille le coton ou la laine et se démarque en imposant les rayures rappelant les vagues de la mer. L'entreprise ne tarde pas à prospérer et c'est la présentation de la première collection de prêt-à-porter, en 1970, qui va offrir à Armor Lux une notoriété internationale. Les choses se compliquent une décennie plus tard, notamment à cause de la concurrence asiatique. Pourtant, rien ne décourage les deux repreneurs bretons de la marque. Ils font d'Armor Lux et de sa marinière emblématique le symbole du made in France au fur et à mesure des années. En 2012, Arnaud Montebourg apparaît à la une d'un quotidien en marinière. L'image a fait le tour du monde.

L'agenda Quo Vadis

Le docteur Francis Georges Beltrami chercha une solution à un problème très personnel : planifier et visualiser sa semaine de travail facilement. En 1952, il quadrille donc 52 pages qu'il relie. Il invente le premier agenda personnel. Mais à aucun moment il n'a imaginé l'importance que son invention allait prendre dans la vie de ses contemporains. L'enthousiasme de ses relations professionnelles est tel que le docteur Beltrami décide, en 1954, d'arrêter la médecine pour créer les éditions Quo Vadis à Marseille. Jusqu'en 1997, la saga se poursuit sous l'égide de son fondateur avant qu'il ne soit acheté par l'éditeur de la collection Harlequin.

▲ Lampe Berger représentant le célèbre personnage de Pierrot, inscrite au catalogue de 1920 à 1940.

En 1962, avec la DS de Citroën et la machine à écrire d'IBM, l'agenda Quo Vadis fut sélectionné et reçut le prix d'honneur en tant que produit emblématique du XXe siècle lors de l'Exposition d'œuvres d'art et d'industrie au musée du Louvre.

La lampe Berger

À la fin du XIXe siècle, le monde médical cherche tous les moyens efficaces pour aseptiser les hôpitaux et notamment les salles d'opération. Maurice Berger est préparateur en pharmacie lorsqu'il invente un système de diffusion par catalyse. Cette technologie révolutionnaire purifie l'atmosphère des pièces fermées. Rapidement obsolètes, les lampes Berger s'imposent chez les particuliers soucieux de la qualité de l'air qu'ils respirent. La collaboration avec les meilleurs parfumeurs a fait entrer cette lampe dans la légende. On la trouve dans près de 60 pays à travers le monde et on en vend plus de 800 000 exemplaires chaque année.

Le parapluie Piganiol

L'histoire des parapluies d'Aurillac débute en 1844, lorsqu'un certain Alexandre Perier installe un atelier de fabrication de parapluies sur la place de l'hôtel de ville. En 1884, son associé crée sa propre entreprise Piganiol. À cette époque, l'industrie du parapluie d'Aurillac emploie plus de 800 personnes, dont de nombreux travailleurs à domicile. Les paysans du Cantal passent les soirées d'hiver à fabriquer des parapluies pour assurer un complément à leurs revenus traditionnels. Chez Piganiol, depuis cinq générations, on perpétue un savoir-faire séculaire à l'image de la fabrication traditionnelle des parapluies de bergers, avec des brins de joncs en guise de baleines. C'est la plus ancienne fabrique de parapluies encore existante à Aurillac.

Le stylo Bic

Le stylo à bille Bic Cristal a changé la vie des écoliers et souvent de leurs parents à partir de 1950. Marcel Bich achète le brevet d'un stylo inventé en Hongrie avec la ferme intention de simplifier le quotidien des Français en proposant une solution autre que la plume sergent-major et l'encrier. Le Bic s'est écoulé à plus de 100 milliards d'exemplaires et reste le stylo le plus vendu dans le monde. Néanmoins, il a fallu une circulaire du ministère de l'Éducation, en 1965, autorisant son utilisation pour faire cesser les réticences des instituteurs. Un stylo Bic est capable d'écrire 3 km, soit environ 3 000 pages. Trois millions de stylos sont produits chaque jour sur le site francilien de Marne-la-Vallée.

▲ Des stylos Bic.

Buvard publicitaire Bic pour les cahiers de R. de Lamarerie. ▲

Les jouets Vilac

Installé en 1911 à Moirans-en-Montagne, Vilac est le gardien de l'enfance de tout un chacun. Toby le chien, Lisa la souris ou cette voiture de course rouge… voilà des compagnons uniques pour les tout-petits. Tous sont les acteurs d'histoires d'amour qui durent parce qu'ils sont authentiques et uniques. Et ce conte de fées, il continue de se raconter depuis le Jura et il fait le tour du monde, des États-Unis au Japon en passant par le Qatar.

En 1996, Vilac reçoit le Grand Prix du jouet pour Toby le chien. En 2010, Léon le chaton devient la mascotte du pavillon France de l'Exposition universelle de Shangai.

La charentaise Rondinaud

La « charentaise » est véritablement une invention digne du génie français. Nos chères charentaises sont nées à Angoulême sous Louis XIV. Et elles ont un parrain plus que prestigieux en la personne de Colbert. Le ministre d'État et intendant des Finances du roi est le créateur de l'arsenal de Rochefort. La ville devint rapidement le premier port de guerre français. Du coup, Angoulême s'est spécialisée dans la confection de manteaux en feutre de laine pour la Marine royale. Les chutes de feutre étaient importantes et non payées. Les papeteries de la ville se servaient aussi de feutre pour absorber l'eau de la pâte à papier et il

devenait imperméable. En associant les restes de ces deux industries, on inventa la charentaise. Installé à La Rochefoucauld, Rondinaud perpétue cet art de vivre de la charentaise avec une gamme de plus de 500 modèles qui sont déclinés et vendus un peu partout dans le monde.

La boule Quies

Nous sommes en 1918. Paris connaît ses premiers embouteillages, la ville est de plus en plus bruyante, alors les habitants vont chercher des solutions dans leur pharmacie de quartier. Rien n'a jamais été prévu à cet effet. Le bruit dans la vie quotidienne est un phénomène tout nouveau. Un pharmacien décide donc de fabriquer des protections auditives. Les premières boules roses étaient à base de cire et de coton. Le succès est immédiat : les bouchons d'oreilles dans leur boîte ornée d'un épervier deviennent la solution miracle. Un nom commercial doit être trouvé, un nom qui parlera à tous, choix de l'universalité : le latin ! *Quies* signifie « calme », « quiétude »…

Aujourd'hui, on continue de fabriquer 60 millions de boules en cire à Palaiseau.

▲ Jean Gabin et Michèle Morgan (avec son béret) dans *le Quai des brumes* (1938), de Marcel Carné.

Le béret Laulhère

S'il est bien un symbole qui illustre la France à travers le monde, c'est le béret. Depuis son fief béarnais, à Oloron-Sainte-Marie, la maison Laulhère fabrique depuis 1830 le béret dit « basque ». Les militaires seront les premiers à adopter ce couvre-chef particulier ; sa praticité, sa souplesse, sa légèreté, son imperméabilité sont des qualités qui lui valent le succès. Il devient à la mode dans le monde lorsque Michèle Morgan et Greta Garbo le portent fièrement. La maison Laulhère est le dernier fabricant de bérets exerçant encore 100 % de son activité sur le territoire français.

Le petit ourson Cémoi

Ce petit ourson est devenu en 50 ans l'ami de plusieurs générations d'écoliers. Ce nounours à la guimauve, enrobé d'une fine couche de chocolat au lait, reste aujourd'hui une madeleine de Proust pour nombre de Français ! Et si tous les petits oursons Cémoi du monde voulaient se donner la patte, ils réussiraient à faire 5 fois le tour de la Terre ! L'aventure commence en 1814 avec un chocolatier. Jules Pares bâtit la première fabrique de chocolat de France dans les Pyrénées-Orientales, à Arles-sur-Tech. Depuis deux siècles, le groupe Cémoi est dirigé par une lignée d'entrepreneurs familiaux qui continuent à créer des gourmandises. Avec un chiffre d'affaires de 775 millions d'euros chaque année, le groupe est le premier chocolatier de France.

◀ *Historique des colonies françaises - l'Algérie*, vignette faisant partie d'un album édité par le chocolat Cémoi, 1931 (collection particulière).

La NORMANDIE, au cœur des bocages

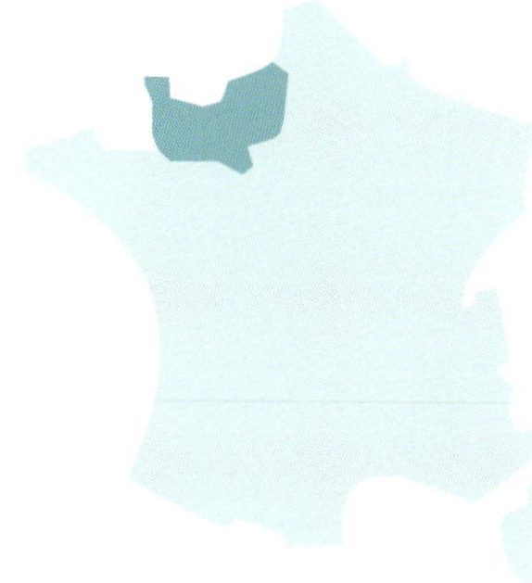

La Normandie est un véritable paradis pour les amateurs de nature douce et verdoyante. On peut y découvrir de vastes marais, de superbes baies, comme celle du Mont-Saint-Michel, de grands massifs forestiers, d'immenses bocages.

La magie de Giverny

C'est en 1883 que Claude Monet s'installe à Giverny, où il vivra jusqu'à sa mort en 1926. Fasciné par les jeux de lumière qui se dégagent du jardin d'eau et du clos normand, il y peindra les fameuses « séries » qui vont contribuer à sa célébrité, comme les « Meules », les « Peupliers », les « Cathédrales », les « Matinées sur la Seine », les « Ponts japonais », les « Glycines », les « Nymphéas ». Malgré sa cataracte et encouragé par son ami Georges Clemenceau, il entame en 1916 un immense travail qui aboutira au triomphe de son œuvre avec les « Décorations des Nymphéas ».

La maison de Claude Monet, entourée du jardin, à Giverny. ▲

▲ La cathédrale Notre-Dame d'Évreux, avec sa façade Renaissance dominée par la tour du Gros-Pierre.

Évreux, « la ville aux cent ponts »

Aux portes d'Évreux, le « Vieil-Évreux » représente la cité primitive des Gaulois Aulerques Eburovices, la *Mediolanum Aulercorum* des Romains. Ce fut une ville brillante sous l'Empire. La ville médiévale s'est construite un peu plus loin, autour de l'abbaye romane de Saint-Taurin. Le duc de Normandie constitue Évreux en comté, qui est cédé à la France en 1198. Cédé au roi Charles III, en 1404, le comté reste au domaine royal jusqu'en 1651, sauf une courte interruption (1569-1584) en faveur du duc d'Alençon, frère de Charles IX. En 1651, Mazarin échange Évreux contre Sedan au duc de Bouillon, dont les descendants le conserveront jusqu'à la Révolution.

Le Gros-Horloge, monument emblématique de la ville de Rouen.

Perché sur son îlot rocheux, le sanctuaire du Mont-Saint-Michel.

Rouen, « la ville aux cent clochers »

Évêché dès le IIIe siècle, Rouen devint l'une des principales villes du duché de Normandie (Xe siècle). Importante ville drapière et grand port fluvial au Moyen Âge, elle fut rattachée au domaine royal de 1204 à 1419. Jeanne d'Arc y fut brûlée (1431) durant l'occupation anglaise (1419-1449). Érigée en cour souveraine en 1499, sa cour de justice, ou Échiquier, fut transformée en parlement par François Ier (1515). Rouen subit de violents bombardements pendant la Seconde Guerre mondiale.

Caen, la ville de Guillaume

Caen se développe du jour où Guillaume le Conquérant y construit un château et y fonde deux grandes abbayes. Prise et pillée par les Anglais en 1346 et en 1417, délivrée en 1450 par le connétable de Richemont, la ville reprend son activité au XVIe siècle, lorsque ses armateurs envoient des navires sur les côtes de Guinée et en Amérique. Au cours des XVIIe et XVIIIe siècles, Caen entre en décadence : le port s'ensable, et l'Orne est impraticable. En 1811, Napoléon Ier décrète la construction du canal, qui sera entreprise et achevée sous la monarchie de Juillet. Les trois cinquièmes de la ville ont été ravagés pendant la bataille de Normandie, en 1944 (période qu'évoque le Mémorial [musée pour la paix] inauguré en 1988).

L'abbaye de Saint-Étienne, à Caen.

Scène de la tapisserie de Bayeux.

La broderie de la reine

Nommée par erreur « tapisserie » au XIXe siècle, la « tapisserie de Bayeux » est en réalité une broderie, exécutée sur une toile de lin de 70,34 m de large sur environ 50 à 55 cm de haut. Elle relate la conquête de l'Angleterre par Guillaume le Conquérant le 14 octobre 1066 et date du XIe siècle. Elle est exceptionnellement bien conservée, et on peut l'admirer au centre Guillaume le Conquérant, à Bayeux. On l'appelle aussi « tapisserie de la reine Mathilde », car certains supposent que la femme de Guillaume le Conquérant l'aurait exécutée elle-même.

Saint-Lô en pleine bataille

L'ancienne *Briovera* (« Pont-sur-la-Vire ») recueillit, au VIe siècle, les reliques de l'évêque de Coutances, saint Lô, qui y était né. Elle ne tarda pas à prendre le nom du saint et devint la propriété des évêques de Coutances. Elle succéda, en 1800, à cette ville comme chef-lieu de la Manche. Saint-Lô a été bombardée et en grande partie détruite en 1944, lors des violents combats de la bataille de Normandie.

La merveille de l'Occident

Sur la frontière entre Normandie et Bretagne, le Mont-Saint-Michel, d'abord appelé Mont-Tombe, est un rocher granitique de près de 80 m de haut et de 900 m de circonférence. En 2015, le pont-passerelle remplace la digue qui le reliait au continent depuis 1880. Lieu de pèlerinage de la chrétienté médiévale, c'est un véritable condensé d'architecture religieuse du Xe au XVIe siècle. L'abbaye bénédictine, édifiée au sommet de l'îlot rocheux, fut fondée en 966.

Les remparts autour du centre-ville de Saint-Lô.

Le Versailles des chevaux

Le Haras national du Pin fut institué en 1665 par Louis XIV, à l'initiative de Colbert, dans le but de rassembler dans la région d'Argentan les haras du roi en Normandie. C'est aujourd'hui l'un des plus beaux haras de France et l'un des sites les plus visités de Normandie. Sur un domaine d'environ 1 200 hectares, où les bâtiments sont classés monuments historiques, le Haras du Pin est le centre national de sauvegarde des races chevalines, du pur-sang au percheron, et compte 11 races différentes affectées à la reproduction.

Alençon

Alençon fut le siège d'une seigneurie fondée à la fin du Xe siècle par les seigneurs de Bellême, auxquels succédèrent les Montgomery en 1070. Alençon devint alors la capitale d'un comté. Par la suite, elle fut disputée entre les ducs de Normandie et les rois normands-angevins d'Angleterre. À partir de 1285, elle eut ses ducs particuliers. Au XVIe siècle, Marguerite d'Angoulême, sœur de François Ier, s'y établit après la mort de son mari (1525). Elle y tint sa cour et laissa le protestantisme s'y implanter. À sa mort, en 1549, Alençon fut réunie à la Couronne.

Saveurs et spécialités de nos terroirs

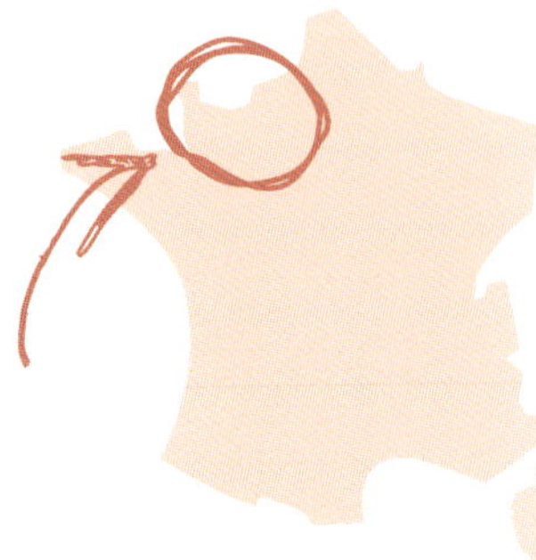

La NORMANDIE, des prés à l'assiette

Andouille de Vire à l'oseille

POUR 4 PERSONNES

* * *

PRÉPARATION : **15 MIN** - CUISSON : **35 MIN ENVIRON**

- 1 kg d'oseille
- 100 g de beurre
- 8 à 12 tranches d'andouille épaisses
- 15 cl de crème fraîche
- sel et poivre

1 Triez l'oseille en enlevant les queues dures. Lavez-la et épongez les feuilles avec soin.

2 Faites fondre la moitié du beurre dans une poêle, mettez-y l'oseille, couvrez aux trois quarts et laissez cuire à feu très doux environ 30 minutes, jusqu'à évaporation complète de l'eau de végétation.

3 En fin de cuisson, faites fondre le reste de beurre dans une autre poêle. Mettez les tranches d'andouille dedans et faites-les chauffer pendant 5 à 6 minutes en les retournant délicatement à mi-cuisson.

4 Ajoutez la crème fraîche à l'oseille cuite, salez, donnez quelques tours de moulin à poivre et mélangez bien. Laissez mijoter quelques minutes pour obtenir une consistance onctueuse.

5 Versez la fondue d'oseille dans un plat creux préalablement chauffé et faites glisser les tranches d'andouille dessus. Servez aussitôt avec du cidre brut bien frais.

LES AGNEAUX DE PRÉ-SALÉ DU MONT-SAINT-MICHEL

Entièrement recouverts pendant les plus hautes marées, les pâturages dits de prés-salés sont imprégnés de sel marin, et des plantes halophiles (obiones, soudes, salicornes, roquette des mers...) s'y développent. Cette végétation confère à la viande d'agneau de pré-salé sa saveur si caractéristique. Gare à la contrefaçon : la saison de cette viande de grande qualité s'étend d'avril à décembre et porte une AOC (il en existe deux, une pour les élevages du Mont-Saint-Michel, l'autre pour ceux de la Somme).

LE CIDRE DU PAYS D'AUGE

Le cidre pays d'Auge, AOC, est élaboré à partir d'une cinquantaine de variétés de pommes à cidre qui ont la particularité d'être riches en tanins. Ramassés le plus souvent à la main, les fruits sont stockés plusieurs semaines pour parfaire leur maturité, avant d'être broyés et envoyés au pressoir. Après quelques jours, le jus, devenu limpide, commence à fermenter. Lorsque l'équilibre entre les trois saveurs – sucré, acide, amer – est atteint, le cidre est clarifié et mis en bouteille pour une prise de mousse de 6 semaines au minimum.

Gigot de pré-salé rôti à la normande

POUR 6 PERSONNES

* * *

PRÉPARATION : **10 MIN** - CUISSON : **50 MIN**

- 70 g de beurre
- 2 gousses d'ail
- 1 gigot de pré-salé d'environ 1,6 kg
- 20 cl de cidre
- 20 cl de crème fraîche
- sel et poivre

1 Préchauffez le four à 210 °C (th. 7). Faites fondre doucement le beurre dans la lèchefrite ou dans un plat à four allant sur la flamme. Épluchez les gousses d'ail et frottez-en le gigot, salez et poivrez.

2 Enfournez le gigot, laissez-le à four très chaud pendant 5 minutes pour qu'il soit bien saisi, puis baissez la température à 180 °C (th. 6) et poursuivez la cuisson pendant 45 minutes.

3 Sortez le gigot du four, mettez-le au chaud dans un plat de service.

4 Dégraissez le plat de cuisson, déglacez avec le cidre et faites réduire de moitié à feu vif. Ajoutez la crème en fouettant et laissez mijoter jusqu'à ce que la sauce soit onctueuse. Goûtez, rectifiez l'assaisonnement et versez dans une saucière chaude. Servez à part après avoir coupé le gigot en tranches.

Poulet vallée d'Auge

POUR 6 PERSONNES

* * *

PRÉPARATION : **30 MIN** - CUISSON : **40 MIN**

- 50 g d'échalotes
- 1 poulet de grain d'environ 1,8 kg
- 100 g de beurre
- 3 cuill. à soupe de calvados
- 15 cl de cidre
- 250 g de champignons de couche
- 20 cl de crème fraîche

1 Épluchez les échalotes et coupez-les en quartiers. Découpez le poulet en morceaux.

2 Faites dorer les morceaux de poulet avec la moitié du beurre dans une cocotte à feu modéré. Retirez la graisse de cuisson et flambez au calvados. Salez, poivrez, ajoutez les quartiers d'échalotes et mouillez avec le cidre. Couvrez et laissez mijoter pendant environ 40 minutes.

3 Nettoyez les champignons et éliminez les queues. Émincez-les et faites-les étuver à couvert avec le reste du beurre pendant 3 à 4 minutes, en remuant de temps à autre. Ôtez le couvercle et laissez cuire jusqu'à évaporation de l'eau de végétation.

4 Environ 5 minutes avant la fin de la cuisson du poulet, incorporez la crème, mélangez bien, puis ajoutez les champignons. Laissez mijoter doucement.

5 Retirez les morceaux de poulet de la cocotte, disposez-les dans un plat chaud. Rectifiez l'assaisonnement de la sauce et nappez-en la volaille. Servez avec des quartiers de pomme rissolés.

L'ANDOUILLE DE VIRE

La réputation de l'andouille de Vire remonte au XVIIIe siècle. Cette charcuterie, qui mesure de 25 à 30 cm de long et de 4 à 6 cm de diamètre, est préparée à partir des intestins et de l'estomac du porc, découpés et emballés dans un boyau naturel. Elle est longuement fumée à froid au bois de hêtre – ce qui lui donne sa teinte noire caractéristique – et est ficelée avant d'être cuite dans un court-bouillon. On la consomme le plus souvent froide, coupée en rondelles fines.

LA COQUILLE SAINT-JACQUES

Sa coquille servait jadis d'écuelle aux pèlerins de Saint-Jacques-de-Compostelle, qui la portaient en sautoir. La coquille Saint-Jacques vit sur les fonds côtiers sableux et herbeux. Ce gros coquillage contient une partie de chair blanche et ferme, appelée noix, la plus savoureuse, et le corail, en forme de demi-lune. Pour préserver la pérennité de l'espèce, la pêche de la coquille Saint-Jacques, qui se fait par ratissage du fond de la mer, est aujourd'hui sévèrement réglementée. Elle est limitée d'octobre à mai, et des quotas sont définis pour chaque saison de pêche. Ce coquillage est présent dans les eaux de la Manche et de l'Atlantique.

Jambon braisé au cidre

POUR 6 PERSONNES

* * *

DESSALAGE DU JAMBON : **24 H** - PRÉPARATION : **15 MIN**
CUISSON : **45 MIN + 15 MIN ENVIRON**

- 1,2 kg de jambon demi-sel sans os
- 1,5 l de cidre brut
- 150 g de beurre frais
- 1 bouquet garni
- 3 cuill. à soupe de vinaigre de cidre
- sel et poivre

1 Faites tremper le jambon 24 heures dans de l'eau froide en changeant l'eau plusieurs fois. Égouttez-le.

2 Mettez le jambon dans une casserole avec le cidre et le bouquet garni. Amenez doucement à la limite de l'ébullition, puis faites pocher à très petits frémissements pendant 45 minutes. Laissez refroidir dans la cuisson.

3 Égouttez le jambon et parez-le en enlevant la peau et la graisse. Coupez-le en tranches d'environ 1 cm d'épaisseur.

4 Mettez 30 g de beurre dans une poêle et faites dorer les tranches de jambon sur les deux faces, à feu modéré. Rangez-les au fur et à mesure sur un plat et gardez-les au chaud. Jetez la graisse de cuisson.

5 Remettez la poêle à feu vif. Déglacez avec le vinaigre en grattant bien la poêle pour récupérer tous les sucs, laissez cuire quelques minutes, puis versez un verre de la cuisson du jambon. Portez à ébullition, laissez réduire d'environ un tiers puis incorporez en fouettant le reste du beurre fractionné en petits morceaux. Rectifiez l'assaisonnement.

6 Versez un peu de sauce sur les tranches de jambon et servez le reste en saucière. Accompagnez le plat de poireaux étuvés au beurre ou de pommes vapeur.

Les fromages normands

* * *

La Normandie est célèbre pour ses fromages à pâte molle. Le plus connu est le véritable camembert de Normandie, fabriqué au lait cru. Le pont-l'évêque, carré, est un fromage à croûte lavée ou simplement brossée, de couleur jaune-orangé. Le livarot, rond, à croûte lavée, de couleur rougeâtre, est toujours présenté entouré de cinq lanières étroites, d'où son surnom de « colonel ». Le neufchâtel, en forme de cœur, à la saveur lactée et à la croûte fleurie, est le plus ancien des fromages normands. Ces quatre fromages bénéficient d'une AOC. Le pavé d'Auge ressemble au pont-l'évêque, mais il est plus corsé. Le petit-suisse, fromage frais enrichi de crème, est normand aussi.

Les 1001 saveurs de nos FROMAGES

« Comment voulez-vous gouverner un pays où il existe 258 variétés de fromages ? » aurait dit le général de Gaulle. Inutile de se disputer sur le nombre réel de nos fromages, il serait impossible d'en faire un inventaire exhaustif. N'en voici, de ce fait, qu'un petit florilège alléchant !

Beaufort
Fromage AOC au lait de vache, à pâte pressée cuite, fabriqué en Savoie sous forme de meule de 20 à 70 kg, reconnaissable par son talon concave.

Bleu
Fromage au lait de vache, à pâte persillée.

Brie
Fromage au lait de vache, à pâte molle et à croûte fleurie, fabriqué dans la Brie.

Broccio
Fromage frais AOC au lait de chèvre ou de brebis, fabriqué en Corse.

Cabécou
Fromage AOC au lait de chèvre, fabriqué dans le Sud-Ouest.

Camembert
Fromage au lait de vache, à pâte molle et à croûte fleurie, originaire de Normandie.

▲ Étiquette de camembert fabriqué en Normandie, dans le pays d'Auge.

Cancoillotte
Fromage semi-liquide fabriqué en Franche-Comté, à partir de metton.

Cantal
Fromage AOC au lait de vache, à pâte pressée non cuite, fabriqué en Auvergne.

Chèvre
Fromage au lait de chèvre.

Comté
Fromage de gruyère, d'une variété fabriquée en Franche-Comté (Jura et Doubs), ainsi que dans certaines communes de l'Ain, de la Saône-et-Loire et de la Haute-Savoie.

▼ Une cave d'affinage de comté, dans le Jura.

Coulommiers
Fromage au lait de vache, à pâte molle et à croûte fleurie.

Crottin de Chavignol
Petit fromage AOC, au lait de chèvre, en forme de boule aplatie, fabriqué dans la région de Sancerre.

De la fourme d'Ambert.

Emmenthal
Fromage au lait de vache à pâte pressée cuite parsemée de trous, se présentant sous forme de grosse meule de 80 à 100 kg, originaire de la vallée de l'Emme (Suisse), fabriqué aussi dans plusieurs régions françaises.

Époisses
Fromage AOC au lait de vache, à pâte molle et à croûte lavée, fabriqué en Bourgogne.

Fourme d'Ambert
Fromage au lait de vache, à pâte persillée, fabriqué dans la région d'Ambert.

Gérômé
Gros fromage au lait de vache, analogue au munster, fabriqué en Alsace et dans les Vosges.

Laguiole
Fromage AOC voisin du cantal, fabriqué dans l'Aubrac.

Livarot
Fromage au lait de vache, à pâte molle et à croûte lavée, fabriqué dans la région de Livarot.

Le marchand de maroilles, gravure, inventaire des « petits métiers », XVe siècle.

Maroilles
Fromage AOC au lait de vache, à pâte molle et à croûte lavée, fabriqué en Thiérache.

Mimolette
Fromage voisin de l'édam, mais plus gros, fabriqué en France et aux Pays-Bas.

Mont-d'or
Fromage voisin du vacherin, fabriqué dans le Doubs.

Morbier
Fromage AOC franc-comtois, au lait de vache, à pâte pressée non cuite et comportant une raie centrale de cendre de bois.

Munster
Fromage AOC au lait de vache, à pâte molle et à croûte lavée, à l'odeur forte, fabriqué dans les Vosges.

Du salers en cave d'affinage.

Une assiette de raclette.

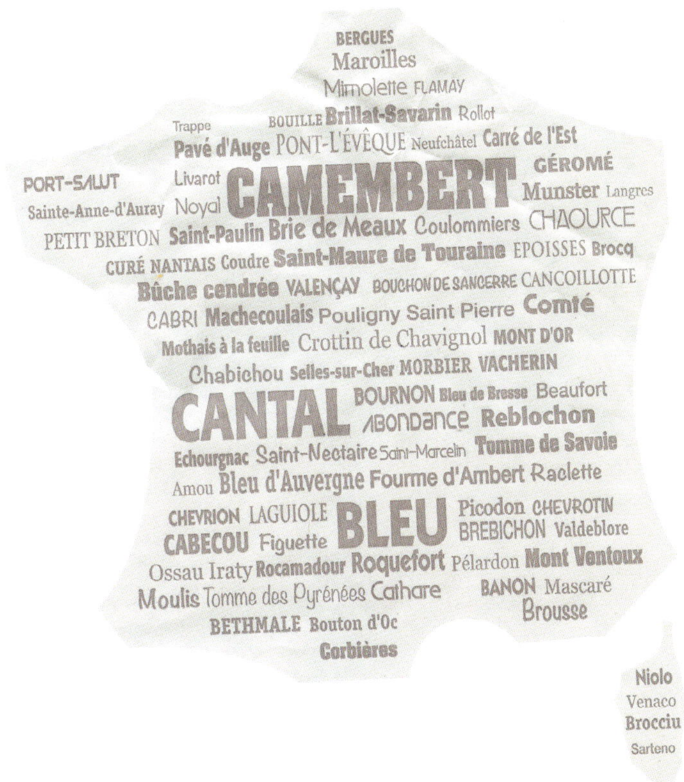

Niolo
Fromage au lait de brebis ou de chèvre, fabriqué en Corse.

Pont-l'évêque
Fromage AOC au lait de vache, à pâte molle et à croûte lavée, carré, fabriqué en Normandie.

Raclette
Mets d'origine valaisanne préparé en plaçant devant un feu un fromage coupé en deux, que l'on racle à mesure qu'il fond, ou en disposant dans des poêlons individuels un fromage coupé en tranches ; fromage au lait de vache qui sert à cette préparation.

Reblochon
Fromage au lait de vache, à pâte pressée non cuite et à croûte lavée, fabriqué en Savoie.

Rocamadour
Minuscule fromage rond et plat au lait de chèvre, fabriqué dans le Quercy.

Roquefort
Fromage à pâte persillée, fabriqué avec du lait de brebis et affiné dans les caves de Roquefort-sur-Soulzon.

Sainte-maure
Fromage au lait de chèvre, en forme de cylindre allongé, fabriqué en Touraine.

Saint-marcellin
Petit fromage rond au lait de vache, à pâte molle et à croûte fleurie.

Saint-nectaire
Fromage au lait de vache, à pâte pressée non cuite et à croûte fleurie, fabriqué en Auvergne.

Salers
Variété de cantal fabriquée dans la région de Salers.

Tomme
Nom générique de divers fromages au lait de chèvre ou de vache, à pâte molle (tomme de Romans), persillée (tomme de Brach) ou pressée non cuite (tomme de Savoie).

Vacherin
Fromage au lait de vache, à pâte molle et onctueuse, fabriqué dans le Jura français.

Valençay
Fromage au lait de chèvre, en forme de pyramide tronquée, fabriqué dans le Berry.

Vieux-lille
Fromage de maroilles soumis à un long affinage et au goût très prononcé.

Délice des Vosges, étiquette de petit munster.

Un mariage DIVIN

La viande blanche n'est pas contre un peu de rouge

Assez neutre en goût, la viande de veau s'accordera, le plus souvent, avec un vin plein de charme mais léger. Le choix du vin dépendra surtout de la préparation et de l'accompagnement.

POÊLÉE

- **Escalope panée :** médoc, bourgueil, saumur-champigny, beaujolais
- **Escalope à la crème :** saint-julien, margaux, bouzy, puligny-montrachet, montrachet, mercurey blanc, graves blanc

GRILLÉE

- **Côtelettes :** saint-émilion, pomerol, moulin-à-vent, beaune, santenay, chinon

RÔTIE : saint-émilion, pomerol, moulin-à-vent, sancerre rouge, volnay

BRAISÉE : pomerol, saint-émilion, sancerre rouge, volnay, juliénas

EN OSSO-BUCO : beaujolais, bourgueil, saumur-champigny, bergerac

EN BLANQUETTE : médoc, brouilly, rully, puligny-montrachet

Des vins qui feront un effet bœuf

Pour la viande de bœuf, on préférera souvent un rouge corsé, notamment avec les grands plats. À chaque mode de cuisson son vin.

BIFTECK : beaujolais, côtes-du-rhône, bordeaux supérieur, cahors

POÊLÉ OU GRILLÉ

- **Tournedos :** saint-émilion, pomerol, côte-rôtie, châteauneuf-du-pape
- **Châteaubriand :** pomerol, lirac, hermitage rouge
- **Steak au poivre :** côte-rôtie, châteauneuf-du-pape, médoc
- **Entrecôte grillée :** saint-estèphe, pauillac, hermitage
- **Entrecôte bordelaise :** graves rouge, côte-rôtie

EN RÔTI : pomerol, saint-émilion, savigny, châteauneuf-du-pape

EN BOURGUIGNON : santenay, beaune, champigny, morgon, chinon

EN DAUBE : hermitage, beaune, bourgueil, provence rouge (daube provençale)

EN POT-AU-FEU : crus du Beaujolais, moulin-à-vent, bourgueil, chinon, champigny

EN TARTARE : côte-rôtie, saint-amour, bergerac, madiran

EN NAVARIN : rully, côtes-de-beaune, lirac

EN CURRY : gewurztraminer, tokay, savigny, lirac

EN COUSCOUS/MÉCHOUI : mascara, corbières

Chez l'agneau et le mouton, le vin rouge doit montrer patte blanche

Pour compenser le gras de la viande d'agneau et de mouton, accompagnez les plats d'un vin rouge plus tannique, mais moins corsé pour l'agneau que pour le mouton.

GRILLÉ

- **Côtelettes, brochettes :** listrac, moulis, beaujolais-villages, chinon

RÔTI

- **Gigot, épaule :** châteauneuf-du-pape, saint-estèphe, pauillac, graves rouge
- **Filet :** côte-rôtie, hermitage rouge, bandol rouge

Des vins qui ont élevé les cochons ensemble

Comme les Francs et les Gaulois l'avaient déjà compris à leur époque, en ajoutant à leur vin des baies, des bourgeons de pin, du suc de mûres ou du jus de cassis, la viande de porc appelle le fruit.

POÊLÉ OU GRILLÉ

- **Côtelettes :** santenay, champigny, brouilly, chinon, bourgueil

RÔTI : saint-émilion, pomerol, beaune, chinon, bourgueil, côtes-de-buzet, madiran

POTÉE : riesling, savennières, bourgueil, arbois

COCHON DE LAIT : graves rouge, moulis, listrac, chinon, moulin-à-vent

DES ABATS BIEN ARROSÉS !

Pour accompagner *les abats*, on préférera le plus souvent un vin possédant plus de fruit que de bouquet : côte-rôtie, chinon, sancerre rouge, mais aussi des vins blancs : pouilly, hermitage, montlouis, sancerre ou muscadet, et vouvray à servir avec les tripes.

Quand vins et fromages font BON MÉNAGE

Des bleus qui marquent

Ces fromages à pâte persillée doivent leur couleur bleuâtre à l'ensemencement, technique apprivoisant la moisissure (ou les ferments lactiques) pour donner au fromage sa saveur forte et atypique.

Un petit rouge avec le bleu ? Contrairement aux idées reçues, le vin rouge n'est pas le plus adapté. La puissance de ce type de fromages annule la saveur des vins rouges les plus forts. Optez donc pour un vin blanc doux et sucré, tranchant avec le caractère fort et salé du fromage.

- **Bleu d'Auvergne :** loupiac, maury, sainte-croix-du-mont, sauternes jeune
- **Bleu de Bresse :** monbazillac, rivesaltes blanc
- **Fourme d'Ambert :** banyuls, rivesaltes, porto
- **Gorgonzola :** blanc sec ou liquoreux
- **Roquefort :** banyuls rimage, porto, rivesaltes, rancio, sauternes

Vachement bon mais chacun sa croûte !

Le fromage au lait de vache est un grand classique français, mais le type de vins à choisir dépend du type de croûte.

Par exemple, les fromages à **pâte pressée cuite** (l'appenzeller, le beaufort ou le comté) ou **non cuite** (le cantal ou le salers) appellent un vin blanc très sec et léger, avec une bonne acidité, pour offrir un contraste plein de saveur.

Pour les fromages à **pâte molle et croûte lavée** comme le maroilles ou le munster, qui sont parmi les plus parfumés, on choisira des vins assez forts. En ce qui concerne les fromages à **pâte molle et croûte fleurie** comme le camembert ou le chaource, un peu moins aromatiques que les précédents, préférez un vin plus doux.

PÂTE PRESSÉE CUITE

- **Appenzeller :** château-chalon, vin jaune du Jura
- **Beaufort :** château-chalon, vin jaune du Jura
- **Comté :** château-chalon, meursault mûr, vin jaune du Jura

PÂTE PRESSÉE NON CUITE

- **Cantal :** côtes-d'auvergne rouge, mercurey, pomerol, saint-émilion
- **Salers :** côtes-du-rhône-villages rouge, mercurey, pomerol, saint-émilion

PÂTE MOLLE ET CROÛTE LAVÉE

- **Maroilles :** gewurztraminer corsé, pinot gris vendanges tardives
- **Munster :** gewurztraminer d'Alsace sec ou vendanges tardives

PÂTE MOLLE ET CROÛTE FLEURIE

- **Camembert :** cidre doux, champagne, coteaux champenois
- **Chaource :** champagne rosé, coteaux champenois

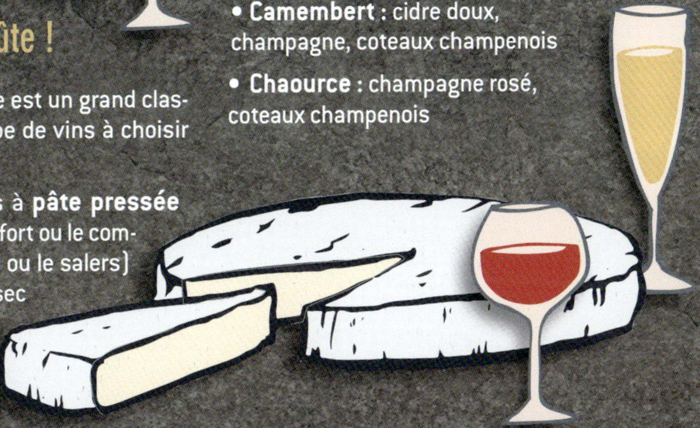

De quoi vous rendre chèvre

Une chose est sûre : plus le fromage de chèvre est sec, plus son goût sera fort et salé. Ce type de fromages s'accommode bien avec le vin blanc. Ce sont les arômes fruités et acidulés des vins blancs qui permettent aux saveurs du chèvre de s'exprimer pleinement et de libérer toute leur puissance.

- **Chabichou :** menetou-salon blanc, sancerre blanc
- **Charolais :** chablis, mâcon-villages, saint-véran
- **Crottin de Chavignol :** pouilly-fumé, sancerre blanc
- **Ossau-iraty :** jurançon, irouléguy blanc
- **Pouligny-saint-pierre :** cheverny, reuilly blanc, sancerre blanc, sauvignon de Touraine
- **Saint-marcellin :** beaujolais rouge, châteauneuf-du pape blanc, saint-joseph blanc
- **Selles-sur-cher :** pouilly-fumé, sancerre blanc

Valençay : quincy, reuilly blanc ou rosé, sancerre blanc

Fondez pour les fondues

Allié du cuisinier, le fromage fondu s'intègre dans presque toutes les recettes. Pour contrebalancer le côté gras et riche du fromage, alliez-le avec des vins légers, fruités et rafraîchissants.

- **Appenzeller :** château-chalon, vin jaune du Jura
- **Cheddar :** vin rouge sec, saint-nicolas-de-bourgueil
- **Gruyère :** chasselas suisse, roussette de Savoie, roussette du Bugey
- **Vacherin :** chasselas suisse, meursault, roussette de Savoie

La France des IMPRESSIONNISTES

Bien qu'héritier des paysagistes anglais du XVIIIe siècle, le mouvement impressionniste est très majoritairement français. La réalité contemporaine du XIXe siècle, le mouvement, la modernité offrent à ces peintres une large palette de sujets.

▲ Édouard Manet, *Nana*, 1877 (Hamburg Kunsthalle).

Édouard Manet, le chef de file

Dans la société bourgeoise de son temps, Édouard Manet (1832-1883) fut un révolutionnaire dans lequel on reconnaît aujourd'hui un des pères de l'art moderne. Chef de file des impressionnistes influencé par les textes de Baudelaire et Zola, il peint la société et la vie moderne (*le Balcon*, 1869 ; *la Serveuse de bock*, 1879 ; *Un bar aux Folies-Bergères*, 1882), les foules (*la Musique aux Tuileries*, 1862) et les figures populaires (*le Fifre*, 1866). Sa technique est radicale, les contrastes colorés sont saisissants, si bien que Manet, avec *le Déjeuner sur l'herbe* (1863) ou *Olympia* (id.), multipliera les scandales.

▲ Claude Monet, *la Gare Saint-Lazare*, 1877 (musée d'Orsay, Paris).

Claude Monet, le « Raphaël de l'eau »

Directement lié aux origines de l'impressionnisme avec sa toile *Impression, soleil levant* en 1872, Claude Monet (1840-1926) domine ensuite ce mouvement. Celui que Manet surnomme le « Raphaël de l'eau » a laissé une œuvre immense, réflexion sublime sur la lumière et la vision, dont *les Coquelicots* (1872), une série de douze tableaux sur la gare Saint-Lazare, dix-huit vues de la cathédrale de Rouen, ainsi que *les Nymphéas* (1920-1926).

Auguste Renoir, peintre de la figure humaine

De tous les maîtres de l'impressionnisme, Auguste Renoir (1841-1919) est celui qui représenta la figure humaine et le bonheur de vivre dans le plus grand nombre d'œuvres, dont sa plus célèbre, le *Bal du Moulin de la Galette* (1876). Usant d'une palette douce et froide, il rend un vrai culte à la sensualité dans ses portraits (*la Liseuse*, 1876), comme dans ses nus féminins (*Grand Nu*, 1907).

Impression, soleil levant

Le terme d'« impressionnisme » vient d'un article du critique d'art Louis Leroy, paru dans le journal quotidien *le Charivari* en date du 25 avril 1874, et intitulé : « L'exposition des impressionnistes ». Moqueur, Leroy y raconte sa visite dans l'atelier parisien du photographe Nadar, boulevard des Capucines, où une « Société anonyme des artistes peintres, sculpteurs, graveurs, etc. » présente pendant un mois plus de cent cinquante œuvres. Le critique s'acharne sur un tableau de Claude Monet, peint en 1872, et intitulé *Impression, soleil levant* : « Je me disais aussi, puisque je suis impressionné, il doit y avoir de l'impression là-dedans… » Ce surnom encombrant d'« impressionnistes », Monet et ses amis de la Société anonyme vont non seulement l'accepter, mais le reprendre, dès 1877, à l'occasion de nouvelles manifestations qu'ils organisent. Ainsi, au total, huit expositions se succèdent à Paris, de 1874 à 1886.

Berthe Morisot, saisir l'instant

Berthe Morisot (1841-1895), d'abord marquée par l'enseignement de Corot, puis par la fréquentation d'Édouard Manet (dont elle épouse le frère, Eugène), se lie aux impressionnistes et peint, dans une manière délicate et lumineuse, des scènes intimistes d'intérieur (*le Berceau*, 1873)

▲ Berthe Morisot, *la Chasse aux papillons,* 1874 (musée d'Orsay, Paris).

ou de plein air (*la Chasse aux papillons,* 1874). Restituer l'instant est au cœur de la démarche impressionniste : les fugaces moments d'intimité de la vie familiale sont saisis et traduits. Vers 1890, sous l'influence de Renoir, elle tend vers un dessin plus ferme, des tons plus vifs, sans perdre son originalité (*le Flageolet,* 1890).

Edgar Degas, le monde en mouvement

Peintre du monde en mouvement, et de la vie parisienne en particulier, Edgar Degas (1834-1917) a représenté sans pathos ni fard aussi bien le monde de l'Opéra de Paris, de la danse, de la musique et des courses (*l'Orchestre de l'Opéra,* 1868 ; *la Classe de danse,* 1874) que la toilette des femmes et des prostituées (*Après le bain,* 1896). Son art fait la part belle au réalisme, l'amenant à s'intéresser à l'univers du cirque et au monde du travail (*Repasseuses,* 1886).

Toulouse-Lautrec et la vie parisienne

Fortement influencé par Degas, Henri de Toulouse-Lautrec (1864-1901) le fut jusque dans le choix de ses sujets : les mœurs parisiennes. Dans l'esprit du japonisme, il associe la couleur posée en aplats à des lignes tracées sûrement. Avec ses teintes acides et ses lumières étranges, il a créé l'image de Montmartre et la légende de la vie nocturne fin de siècle (*Au Moulin-Rouge,* 1892).

▲ Henri de Toulouse-Lautrec, « Aristide Bruant dans son cabaret », affiche, 1893.

Paul Cézanne, la force des couleurs

Le peintre postimpressionniste Paul Cézanne (1839-1906) a élaboré une nouvelle vision des formes à la palette éclaircie. Si bien que, chez lui, les masses de verdure paraissent cubiques. Installé près d'Aix-en-Provence, il réalise quelques-unes de ses toiles les plus importantes, dont celles consacrées à la montagne Sainte-Victoire, d'une géométrie savante et qui affirment le principe caractéristique chez Cézanne de modulation des couleurs. Celles-ci deviennent avec lui une vibration, un facteur de tension autant qu'une matière concrète.

▲ Paul Cézanne, *la Montagne Sainte-Victoire,* 1890 (musée d'Orsay, Paris).

Paul Gauguin, vers le symbolisme

Voyageur dans l'âme, Paul Gauguin (1848-1903) suit une trajectoire artistique qui réalise la transition entre l'impressionnisme et le symbolisme. De ses séjours à Pont-Aven, Paris ou la Martinique, il tire des œuvres, dont les Vahinés, aux couleurs franches dont les larges aplats confèrent austérité et solidité.

Paul Signac, l'affirmation du pointillisme

Paul Signac (1863-1935) est un des grands théoriciens du divisionnisme, ou pointillisme. Il exprime sa sensibilité dans des aquarelles de facture plus libre que ses peintures à l'huile : des paysages, des vues de ports (Saint-Tropez, Venise...), des portraits, des natures mortes, des scènes de genre, des compositions décoratives (*les Femmes au puits,* 1892). Il joue un rôle considérable dans la formation du groupe néo-impressionniste et son action déterminante sur les générations suivantes, fauves comme cubistes.

▲ Paul Signac, *Brise, Concarneau,* 1891 (collection particulière).

Des NAGEURS en Or

Durant tout le XXe siècle, hormis quelques exploits, l'équipe de France de **natation** n'a pas souvent figuré parmi les nations habituées des podiums. Il faudra attendre les années 2000 pour découvrir une génération de talentueux nageurs capables de rivaliser avec les meilleurs.

Les Boiteux : de père en fils

Chez les Boiteux, la natation est une affaire de famille. Père, mère, oncle, frères et sœurs : tous ont nagé en compétition. La mère a même été sélectionnée deux fois aux Jeux en 1924 et 1928. Conscient des dispositions de son fils, le père convainc le célèbre entraîneur Alban Minville de le prendre en charge. Trois ans plus tard, en 1949, **Jean Boiteux** est champion de France et vice-champion d'Europe.

Il connaît son heure de gloire aux Jeux d'Helsinki, en 1952. Après une médaille de bronze obtenue avec le relais 4 × 200 m nage libre, il remporte le 400 m nage libre en réalisant la meilleure performance mondiale en grand bassin.

Une scène de légende

Jeux d'Helsinki : **Jean Boiteux** remporte le 400 m nage libre. C'est alors que les spectateurs assistent à une scène qui restera dans les annales du sport. Avant même que tous les concurrents aient terminé leur course, son père, **Gaston Boiteux**, se faufile entre les chronométreurs et se jette tout habillé dans la piscine, avec ses chaussures et son béret pour embrasser son fils ; il n'a pas osé la baguette de pain ! Cette scène fera le tour du monde grâce aux médias.

▲ Jean Boiteux et son entraîneur, Alban Minville, à Helsinki, lors des Jeux de 1952.

Laure Manaudou : la star

En 2004, aux Jeux d'Athènes, **Laure Manaudou** apporte à la France sa première médaille d'or olympique depuis 1952 en remportant le 400 m nage libre, ainsi qu'une médaille d'argent sur 800 m nage libre et une de bronze sur 100 m dos. Deux ans plus tard, elle pulvérise le record du monde du 400 m nage libre lors de la finale des Championnats d'Europe à Budapest. Mais l'apogée a lieu aux Championnats du monde de 2007, où elle obtient cinq médailles – deux en or, deux en argent, une en bronze.

Dotée d'un battement de pieds peu orthodoxe, Laure Manaudou n'en était pas moins particulièrement efficace et fut, des années durant, la coqueluche des téléspectateurs français qui la suivirent, même dans ses moments de doute. Comment oublier ses larmes lors des Jeux de Pékin, alors qu'elle venait d'échouer aux portes de la finale du 200 m nage libre ? Entre les Jeux d'Athènes et ceux de Pékin, elle a vécu bien des péripéties sportives – rupture avec son entraîneur **Philippe Lucas** – ou extra-sportives, qui témoignent de la difficulté, pour les sportifs de haut niveau, à supporter la pression médiatique.

Alain Bernard : le sprinteur

En 2008, aux Jeux de Pékin, l'équipe de France de relais 4 × 100 m nage libre est donnée favorite, au même titre que l'équipe américaine. Hélas, **Alain Bernard**, dernier relayeur français, bien que parfaitement lancé par ses coéquipiers, craque dans les quinze derniers mètres : l'équipe de France doit se contenter de la médaille d'argent. Deux jours plus tard, Alain Bernard se vengera. Dans la finale du 100 m nage libre, il devance cette fois l'Américain Eamon Sullivan de douze centièmes de seconde, devenant le premier champion olympique français de cette épreuve reine. Comme quoi, on apprend toujours de ses échecs.

▲ Alain Bernard à Budapest, en 2010.

Florent Manaudou : la torpille

Frère cadet de Laure, **Florent Manaudou** rêvait d'être handballeur avant que ses parents ne le poussent à suivre les traces de sa sœur. Au vu de son physique (1,99 m pour 99 kg) et de son explosivité, il se spécialise dans les courtes distances. En 2012, aux Jeux de Londres, il remporte la médaille d'or du 50 m nage libre. Ce titre surprend les observateurs, car, jusqu'alors, le jeune homme n'avait jamais été titré en Championnat de France grand bassin. Dès sa sortie de l'eau, sa sœur se jette à son cou pour le féliciter. C'est la première fois que deux personnes de la même fratrie obtiennent une médaille d'or olympique en natation.

L'année suivante, Florent Manaudou est sacré champion du monde en grand bassin du relais 4 × 100 m nage libre, avec **Fabien Gilot**, **Jérémy Stravius** et **Yannick Agnel**.

En août 2014, il remporte quatre médailles d'or lors des Championnats d'Europe, puis devient, en décembre, le nageur français le plus médaillé des Championnats du monde en petit bassin, où il obtient six médailles. Il signe à cette occasion deux records du monde, sur 50 m nage libre (20 s 26) et sur 50 m dos (22 s 22).

Aux Jeux de Rio, en 2016, il décroche deux médailles d'argent, sur 50 m nage libre (battu de un centième par l'Américain Anthony Ervin !) et sur 4 × 100 m nage libre (derrière les États-Unis).

En septembre 2016, il décide de « mettre entre parenthèses » sa carrière de nageur pour revenir à ses premières amours, le handball !

Médailles d'or françaises aux Jeux

Charles Devendeville	60 m nage sous l'eau	Paris	1900
Jean Boiteux	400 m nage libre	Helsinki	1952
Laure Manaudou	400 m nage libre	Athènes	2004
Alain Bernard	100 m nage libre	Pékin	2008
Camille Muffat	400 m nage libre	Londres	2012
Amaury Leveaux, Fabien Gilot, Clément Lefert, Yannick Agnel	relais 4 × 100 m nage libre	Londres	2012
Yannick Agnel	200 m nage libre	Londres	2012
Florent Manaudou	50 m nage libre	Londres	2012
Léon Marchand	200/400 m quatre nages 200 m brasse 200 m papillon	Paris	2024

Deux médailles d'or pour un même 100 m dos

Le 26 juillet 2011 à Shanghai, **Camille Lacourt** et **Jérémy Stravius** réussissent un incroyable coup double en devenant, tous les deux, champions du monde du 100 m dos, grâce à leur victoire en finale dans le même temps de 52 s 76. La natation française, qui n'avait encore jamais connu de champion du monde masculin, vient d'en obtenir deux !

Si Camille Lacourt fut toujours malheureux lors des Jeux, il a brillé durant les compétitions intermédiaires : cinq médailles d'or de champion du monde, dont trois consécutives sur 50 m dos, et cinq médailles d'or de champion d'Europe.

Quant à Jérémy Stravius, nageur polyvalent, il possède un palmarès qu'envieraient bien des nageurs : une médaille d'or et deux d'argent aux Jeux ; quatre médailles d'or et trois d'argent aux Championnats du monde ; quatre médailles d'or et trois d'argent aux Championnats d'Europe.

CHORÉGRAPHES et DANSEURS illustres

Petit panorama de la danse française, de ses premiers pas, au XVIe siècle, à l'Opéra de Paris du XXe siècle.

Les origines

Jehan Tabourot (v. 1520-v. 1595)
Il est l'auteur, sous le pseudonyme de Thoinot Arbeau, du premier ouvrage de notation chorégraphique (*Orchésographie,* 1588).
Pierre Beauchamp (v. 1631-1705)
Collaborateur de Molière et de Lully, il fut le premier maître de ballet (1672-1687) de l'Académie royale de musique (Opéra de Paris).
Marie-Anne de Cupis de Camargo (1710-1770)
Elle triompha dans les opéras et opéras-ballets de Rameau et de Campra grâce à son extrême virtuosité technique.
Jean Georges Noverre (1727-1810)
Il a joué un rôle important dans l'essor du ballet-pantomime, dont il élabora la théorie dans *Lettres sur la danse et sur les ballets* (1760).
Marius Petipa (1818-1910)
Maître de ballet à Saint-Pétersbourg (1862-1904), il signa la plupart des pièces maîtresses du répertoire classique (*la Bayadère,* 1877 ; *Giselle,* nouvelle version, 1884 ; *la Belle au bois dormant,* 1890 ; *le Lac des cygnes,* actes I et III, 1895).

Giselle ou les Wilis

Ballet fantastique en deux actes, argument de Jules Henri Vernoy de Saint-Georges, Théophile Gautier et Jean Coralli, inspiré d'une ballade de Heinrich Heine, chorégraphie de Jean Coralli et Jules Perrot ; musique d'Adolphe Adam.
Le ballet a été créé à l'Opéra de Paris en 1841. C'est le plus grand des ballets romantiques, le type même du ballet blanc. Il a donné lieu à de nombreuses réinterprétations de la part des plus grands chorégraphes (Marius Petipa, Michel Fokine, Serge Lifar, Alicia Alonso, Mats Ek…).

▲ Marius Petipa.

◀ Jean Georges Noverre, pastel de Jean-Baptiste Perronneau (musée de l'Opéra, Paris).

Vers une nouvelle génération de chorégraphes

Janine Charrat (1924-2017)
Ses créations (*les Algues,* 1953 ; *les Liens,* 1957) l'imposèrent comme l'une des figures marquantes du ballet néoclassique.
Roland Petit (1924-2011)
Animateur des Ballets des Champs-Élysées (1945-1947), fondateur des Ballets de Paris (1948-1966) et directeur du Ballet national de Marseille (1972-1998), il a signé des pièces néoclassiques, le plus souvent à caractère narratif (*le Jeune Homme et la mort,* 1946 ; *Camera obscura,* 1994). Il dirigea aussi, avec sa femme Zizi Jeanmaire, le Casino de Paris (1969-1975).

Odile Duboc (1941-2010)
Directrice du Centre chorégraphique national de Franche-Comté, à Belfort (1990-2008), elle a mené de fructueuses recherches en matière de gestuelle et de scénographie (*Insurrection,* 1989 ; *Rien ne laisse présager de l'état de l'eau,* 2005).
Jean-Claude Gallotta (né en 1950)
Créateur (1979) de ce qui devint le Centre chorégraphique national de Grenoble, il s'affirme comme une figure majeure de la nouvelle danse française (*Mammame,* 1985 ; *les Variations d'Ulysse,* 1995 ; *l'Homme à tête de chou,* 2009).

Marguerite, dite Maguy Marin (née en 1951)
Elle fonde sa compagnie en 1978. Ses créations sont parmi les plus importantes de la danse contemporaine française (*May B.*, 1981 ; *Cendrillon*, 1985 ; *Umwelt*, 2004 ; *BiT*, 2014).

Régine Chopinot (née en 1952)
Figure majeure de la nouvelle danse française (directrice du Centre chorégraphique national Poitou-Charentes – devenu Ballet Atlantique - R. Chopinot en 1993 – de 1986 à 2008), elle est passée de pièces joyeuses et impertinentes à un art plus épuré, voire expérimental (*K.O.K.*, 1988 ; *Végétal*, 1995).

Angelin Preljocaj (né en 1957)
Il fonde sa compagnie en 1984 (installée à Aix-en-Provence depuis 1996). Son style allie langage classique et recherches contemporaines (*Liqueurs de chair*, 1988 ; *Blanche Neige*, 2008).

Josef Nadj (né en 1957)
Il crée des pièces qui font appel à une gestuelle poussée jusqu'à l'acrobatie (*les Échelles d'Orphée*, 1992 ; *Last Landscape*, 2005) et conçoit aussi des performances. Il a dirigé le Centre chorégraphique national d'Orléans de 1995 à 2016.

Mathilde Monnier (née en 1959)
Elle renouvelle la notion même de projet chorégraphique par son humour décapant et sa quête constante de l'altérité (*Pour Antigone*, 1993 ; *2008 Vallée*, 2006). À la tête du Centre chorégraphique national de Montpellier (1994-2013), elle dirige ensuite le Centre national de la danse.

Philippe Decouflé (né en 1961)
À la tête, depuis 1983, de sa propre compagnie (DCA), il popularise une danse contemporaine ludique (*Codex*, 1986 ; cérémonies des Jeux d'Albertville, 1992 ; *Octopus*, 2010), dont il propose un condensé dans *Panorama* (2012). *Contact* (2014) et *Paramour* (2016 ; avec le Cirque du Soleil) sont des hommages à la comédie musicale.

▲ Philippe Decouflé en 2005.

▼ Affiche pour *Zizi je t'aime*, de Roland Petit (revue du Casino de Paris).

Maurice Béjart (1927-2007)

Danseur et chorégraphe français et suisse, animateur du Ballet du XXe siècle fondé en 1960 à Bruxelles, devenu Béjart Ballet Lausanne en 1987, et du centre chorégraphique Mudra-Bruxelles (1970-1987), il dirigea aussi l'école-atelier Rudra (créée en 1992) et la Compagnie M (pour jeunes danseurs, 2002). Il est resté attaché à la technique classique, mais son esthétique et ses conceptions scéniques ont amené à la danse un plus vaste public (*Symphonie pour un homme seul*, 1955 ; *le Sacre du printemps*, 1959 ; *Boléro*, 1961 ; *Messe pour le temps présent*, 1967 ; *King Lear-Prospero*, 1994 ; *Lumière*, 2001).

Le Ballet de l'Opéra de Paris

Serge Lifar (1905-1986)
Maître de ballet à l'Opéra de Paris (1929-1945 puis 1947-1958), il contribua à l'épanouissement du ballet néoclassique français (*Icare*, 1935 ; *Suite en blanc*, 1943 ; *les Mirages*, 1947) et publia de nombreux ouvrages sur la danse.

Yvette Chauviré (1917-2016)
Étoile de l'Opéra de Paris (1942-1972), elle fut une inoubliable Giselle, et l'interprète inspirée du chorégraphe Serge Lifar.

Marie-Claude Pietragalla (née en 1963)
Étoile à l'Opéra de Paris (1990-1998), elle excelle dans le répertoire classique aussi bien que moderne. Elle a dirigé le Ballet national de Marseille de 1998 à 2004, puis créé, avec Julien Derouault, sa compagnie (le Théâtre du corps) en 2004.

Sylvie Guillem (née en 1965)
Danseuse classique à la technique exceptionnelle (*le Lac des cygnes*), elle interprète aussi des œuvres contemporaines réglées pour elle (*Épisodes*, M. Béjart, 1992 ; *Bye*, M. Ek, 2010). En 1998, elle aborde la chorégraphie avec *Giselle* (tenant le rôle-titre).

Patrick Dupond (1959-2021)
Danseur étoile à l'Opéra de Paris, il y a été directeur de la danse de 1990 à 1995. Il a également assuré la direction artistique du Ballet de Nancy (1988-1990).

▲ Serge Lifar, Yvette Chauviré et Lycette Darsonval dansant *David triomphant*, de Vittorio Rieti, à l'Opéra de Paris.

Trésors du patrimoine

Merveilles GOTHIQUES

Le gothique permit le passage de l'obscurité romane à la lumière des vitraux, des murs épais et lourds aux arcs aériens… On peut admirer, au détour des routes françaises, quelques-unes des plus belles constructions gothiques.

Vue de la nef de la basilique de Saint-Denis. ▲

La première cathédrale gothique

La **cathédrale Saint-Étienne de Sens** détient le titre de « première cathédrale gothique », dont la nef et le chœur ont été consacrés en 1164 (la basilique de Saint-Denis, à peu près contemporaine, n'est devenue cathédrale qu'au XXe siècle). La cathédrale sert de modèle en Europe, comme le montre la ressemblance avec le chœur de la cathédrale de Cantorbéry, construite par un certain Guillaume de Sens.

Le tombeau des rois

La **basilique de Saint-Denis** est l'un des premiers chefs-d'œuvre de style gothique. Le double déambulatoire voûté d'ogives en est, par sa légèreté et sa luminosité, une des premières manifestations. On doit l'abbatiale, nécropole des rois de France, au moine Suger, l'abbé architecte visionnaire, ainsi que l'ouverture des baies de la nef faisant entrer la lumière. Sur la façade, vingt grandes statues de rois, reines, prêtres et patriarches accueillent les fidèles.

La plus complète des cathédrales gothiques

La **cathédrale de Chartres**, reconstruite après deux incendies, a été élevée très rapidement : tout le gros œuvre est achevé en moins de trente ans (1194-1225). Sont ajoutés plus tardivement le clocher nord et des chapelles. C'est dans cette cathédrale qu'Henri IV, alors en pleines guerres de Religion (ce qui lui coupait l'accès à Reims), fut couronné le 27 février 1594.

Les travaux les plus longs

Notre-Dame de Paris fut un très long chantier, dont la première pierre a été posée en 1163 par l'évêque Maurice de Sully, et qui s'éternisera plus de deux siècles. Et encore faut-il attendre le XIXe siècle et les travaux de rénovation de Viollet-le-Duc pour que la cathédrale retrouve les statues de la galerie des rois détruites à la Révolution et arbore son aspect actuel avec sa flèche centrale. C'est depuis le parvis de Notre-Dame que sont calculées les distances entre Paris et les villes de province.

L'île-abbaye

Le **Mont-Saint-Michel** naît de la volonté de l'évêque d'Avranches, Aubert, d'y édifier un oratoire dédié à l'archange saint Michel dans les premières années du VIIIe siècle. L'oratoire cédera la place à une première abbaye bénédictine qui sera dévastée à plusieurs reprises avant que Philippe Auguste ne lance la construction de la « Merveille » gothique qui est un tour de force architectural, achevée vers 1229.

La plus représentée

La **cathédrale de Rouen** est parmi les plus célèbres. Si elle nous est familière, c'est parce que Claude Monet en a fait le sujet de 28 tableaux, dans les années 1890. La cathédrale gothique, construite à partir de la fin du XIIe siècle à l'emplacement d'une cathédrale romane, subit au cours du temps de nombreuses dégradations accidentelles, jusqu'à la Seconde Guerre mondiale qui n'épargne pas l'édifice.

La plus grande cathédrale

Notre-Dame d'Amiens, louée par John Ruskin comme le « Parthénon du gothique », est la plus grande cathédrale de France. Les proportions téméraires de ce monument de la foi font toujours référence : la superficie, le volume intérieur, les dimensions, et, surtout, la hauteur de la nef se conjuguent pour aboutir à une indéniable perfection.

▼ La cathédrale de Chartres.

Détail de la façade de la cathédrale d'Amiens. ▲

La statuaire de la façade occidentale constitue l'un des sommets de la sculpture gothique. L'unité de l'ensemble doit sans doute être attribuée à la rapidité de son exécution (1225-1240), et à une impulsion unique qui se voit dans la disposition des statues, autrefois peintes, et qui constitue un véritable montage pédagogique.

Entre catholiques et protestants

La **cathédrale de Strasbourg**, reconnaissable à son clocher unique, a été édifiée à partir de 1220 pendant plus de deux siècles. Longtemps disputée entre catholiques et protestants, elle est désormais réservée au culte catholique. Elle est également symbole ; le général Leclerc fait prêter à ses hommes, en 1941, le serment de Koufra : « Jurez de ne déposer les armes que lorsque nos couleurs, nos belles couleurs, flotteront sur la cathédrale de Strasbourg », ce qui sera fait le 23 novembre 1944.

Plus de vitraux que de pierre

La Sainte-Chapelle a été édifiée par Louis IX dans l'enceinte du palais de l'île de la Cité à Paris. Destiné à accueillir des reliques de Terre sainte, ce véritable joyau du gothique dit « rayonnant » réussit à s'affranchir de presque tous les murs de pierre au profit de vitraux, donnant à la construction des allures de châsse de verre. Ses parois racontent, en lumière et en couleur, la Création, l'Apocalypse et la vie du Christ.

L'ange souriant du portail nord (cathédrale de Reims). ▼

▼ L'intérieur de la Sainte-Chapelle.

Une demeure privée

Jacques Cœur, argentier de Charles VII, marchand au long cours et homme d'État de première importance, a fait construire à Bourges, sa ville natale, l'**Hôtel de la Chaussée**, une perle de l'architecture gothique tardive. Percé d'une multitude d'ouvertures, avec une façade ouvragée de colonnettes et sculptures de pierre claire, le palais reflète les influences italiennes. Mais la fortune tourne : tombé en disgrâce en 1451, Jacques Cœur n'habitera jamais la demeure.

La cathédrale des sacres

Le sourire de l'ange gardant le portail nord de la **cathédrale de Reims** est devenu l'emblème du gothique classique. Mais il n'est pas le seul : 2 302 autres figures ornent la cathédrale. Bombardée et incendiée pendant la Première Guerre mondiale, elle a fait, après l'armistice, l'objet d'un grand programme de reconstruction.

Un tombeau exceptionnel

Le **tombeau de Philippe II le Hardi** (aujourd'hui conservé au palais des Ducs de Bourgogne à Dijon), monumental et expressif, est une sculpture d'albâtre d'une finesse exceptionnelle, réalisée en grande partie par l'artiste néerlandais Claus Sluter à la fin de l'époque gothique. Un cortège de pleurants vêtus de manteaux aux lourds drapés entoure le sarcophage et exprime avec réalisme l'affliction et l'espoir.

Un écrin pour les papes

Le **palais des Papes à Avignon** a été un « Vatican français » de 1309 à 1378 et, de tous les papes qui s'y sont succédé, Clément VI fut sans conteste le plus fastueux. C'est lui qui ordonna en 1342 la construction d'un palais qui soit à la hauteur de sa fonction et de sa puissance spirituelle. Le lieu, qui est aussi une forteresse, demeure aujourd'hui le plus vaste édifice gothique d'Occident.

La plus haute voûte gothique

La **cathédrale Saint-Pierre de Beauvais,** construite par à-coups du XIIIe au XVe siècle, était conçue pour être le plus haut édifice de la chrétienté, ce qu'elle fut entre 1569 et 1573, avant qu'une grande partie de l'édifice ne s'effondre, notamment en raison de l'absence de nef, jamais construite alors qu'elle était nécessaire à l'équilibre du bâtiment. L'église est restée inachevée. Malgré cela, elle est un des derniers joyaux de l'art gothique.

▲ La cathédrale de Beauvais.

Sur les routes de France

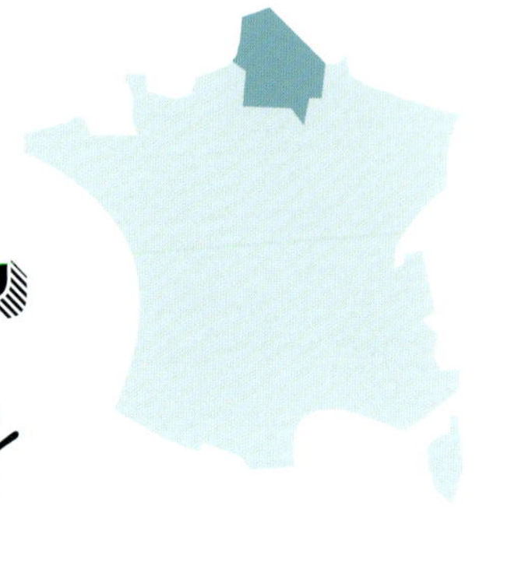

Les HAUTS-DE-FRANCE, à la croisée des chemins

« La baie de Somme, humide encore, mire sombrement un ciel égyptien, framboise, turquoise et cendre verte. La mer est partie si loin qu'elle ne reviendra peut-être plus jamais. » (Colette)

Lille, une conurbation européenne

Grande cité drapière dès le XIIe siècle, ville forte, Lille fut l'une des capitales des ducs de Bourgogne. Espagnole après la mort de Charles le Téméraire, elle est assiégée en 1667 et prise par Louis XIV, qui charge Vauban d'en faire la « reine des citadelles ». En 1792, 34 000 Autrichiens mettent le siège devant Lille, qui est bombardée durant six jours, mais ne se rend pas. Dès le début de la grande industrie (première moitié du XIXe siècle), Lille, qui, en 1804, a détrôné Douai comme chef-lieu du département du Nord, redevient une importante place industrielle. En 1858, elle annexe quatre communes industrielles (Wazemmes, Esquermes, Fives et Moulins-Lille), triplant d'un coup sa superficie et doublant sa population. Dès lors, elle pousse ses tentacules vers Roubaix et Tourcoing, devenant une conurbation de niveau européen.

Les origines du carnaval de Dunkerque

Au début du XVIIIe siècle, avant de partir en Islande pêcher la morue, les marins dunkerquois se réunissaient une dernière fois autour d'un banquet, la « foye ». Au fil des décennies, cette tradition, proche des « jours gras », évolue et les « bandes de pêcheurs », s'accommodant de l'esprit du carnaval, se déguisent à leur tour et font, dès le début du XIXe siècle, du carnaval de Dunkerque l'un des plus originaux de France. Aujourd'hui, la « Visscherbende », la « bande de pêcheurs » en flamand, dirige les festivités avec, notamment, le lâcher de harengs depuis le balcon de l'hôtel de ville.

Sur la grand-place de Lille trône le joyau de son ancienne Bourse. ▲

Le parc naturel régional des Caps et Marais d'Opale

Issu de la fusion, en 2000, des parcs du Boulonnais et de l'Audomarois, le parc naturel régional des Caps et Marais d'Opale se singularise par une très belle façade maritime avec, notamment, le grand site des Deux-Caps. Ses paysages, d'une richesse et d'une diversité exceptionnelles, varient entre bocages, forêts et marais, le Marais audomarois ayant été désigné réserve de biosphère par l'Unesco.

Arras, ancienne capitale historique

Trois traités y furent signés : entre Charles VI et Jean sans Peur (1414) ; entre Charles VII et Philippe le Bon (1435) ; entre Louis XI et Maximilien d'Autriche (1482). Cité industrielle au Moyen Âge, la ville passa successivement sous l'autorité des comtes de Flandre, du roi de France (Philippe Auguste) et des ducs de Bourgogne. Louis XI, qui la prit en 1477, fit raser ses murs et déporta sa population. Devenue ensuite espagnole (1492), Arras fut reprise par Louis XIII (1640), défendue par Turenne contre Condé et les Espagnols (1654), et fortifiée par Vauban. De 1914 à 1918, elle fut dévastée par les bombardements.

◀ Maisons marquées par l'influence du style baroque flamand sur la grand-place d'Arras.

▲ Les merveilleuses falaises du cap Blanc-Nez.

Le musée du Louvre-Lens

Symbole de la reconversion du bassin minier du Nord-Pas-de-Calais, le musée du Louvre-Lens, à l'architecture très contemporaine, a ouvert au public le 12 décembre 2012. La galerie du Temps, cœur du nouveau musée, bouscule les codes du musée traditionnel en décloisonnant les époques et les continents, rassemblant ainsi dans un même espace plus de 200 chefs-d'œuvre pour mieux démontrer les liens qui les unissent. Les expositions temporaires, à la stature nationale ou internationale, côtoient les expositions semi-permanentes, organisées à partir des collections du Louvre, à Paris.

▲ Les hortillonnages d'Amiens, jardins flottants sur 65 km de canaux.

Amiens, une métropole à découvrir

Capitale des Gaulois *Ambiani*, la ville devient après la conquête romaine une étape importante sur la route reliant Lyon à Boulogne et à la Bretagne insulaire. Évangélisée par saint Firmin (IIIe siècle), elle est évêché au IVe siècle. Contre le comte de Flandre, dont dépend le comté d'Amiens, la ville obtient au XIIe siècle l'appui du roi de France. En 1185, Philippe Auguste incorpore le comté au domaine royal et octroie à la ville une charte de commune. En 1435, au traité d'Arras, Charles VII cède Amiens ainsi que les autres villes de la Somme au duc de Bourgogne, Philippe le Bon. Louis XI reprend définitivement la cité en 1471. En 1802 y fut signée la paix d'Amiens entre la France et la Grande-Bretagne, qui mit fin à la deuxième coalition. Au XVIIIe siècle, Amiens devient l'un des plus importants centres textiles du royaume (draperie, sayetterie), fonction qu'elle conserve au XIXe siècle grâce notamment au velours de coton. La ville fut bombardée en mai 1944.

La fabuleuse baie de Somme

Lieu unique du nord de la France entre terre et mer, la baie de Somme surprend par sa beauté et par sa taille. Cette étendue sauvage constituée de dunes, de marais et de prés salés s'étend sur plus de 7 200 hectares. La réserve naturelle de la Baie de Somme ainsi que le parc ornithologique du Marquenterre accueillent le temps d'une halte les nombreux oiseaux migrateurs, qui côtoient la plus grande colonie de phoques et veaux marins d'Europe et les moutons des prés salés. L'ensablement progressif de l'estuaire menace à terme l'avenir de son écosystème et, par ricochet, le tourisme et l'économie de toute une région.

▲ Vue aérienne de la baie de Somme, une des plus belles baies du monde.

▲ Le château de Compiègne, ancienne résidence royale et impériale.

La clairière des armistices

La forêt de Compiègne fut longtemps le terrain de chasse favori des rois de France. Elle est célèbre aussi pour les deux armistices qui furent signés au XXe siècle dans une clairière près de Rethondes. L'armistice du 11 novembre 1918, demandé par les Allemands, marquait la fin de la Première Guerre mondiale et la victoire des Alliés. Celui du 22 juin 1940 fut demandé par Pétain à Hitler et marquait la défaite française (juin 1940).

Beauvais, ancienne cité de l'Île-de-France

Ancienne capitale des Bellovaques, Beauvais (*Caesaromagus*) fit partie, sous la domination romaine, de la IIe Belgique. La ville fut dotée de franchises communales en 1096. Charles le Téméraire, en lutte avec Louis XI, assiégea Beauvais, qui fut défendue par Jeanne Hachette (27 juin-22 juillet 1472). La ville fut violemment bombardée et ravagée pendant la Première Guerre mondiale et en juin 1940.

▲ La cathédrale Saint-Pierre de Beauvais. L'édifice abrite le chœur le plus élevé de l'art gothique.

Les « moules-frites »

Emblématiques de la braderie de Lille (500 tonnes de moules consommées chaque année !), les « moules-frites » sont, plus généralement, un plat traditionnel du Nord. Il s'agit de moules cuites avec du vin blanc, des oignons et parfois du persil, accompagnées de frites qui, elles, sont cuites, selon la coutume, dans un double bain de friture, à la graisse de bœuf – c'est seulement ainsi qu'on obtient un croustillant optimal…

Un château sauvé de la ruine

Démantelée par Louis XIII, l'imposante forteresse de Louis d'Orléans, terminée en 1407, fut rachetée par Napoléon Ier en 1813, mais c'est Napoléon III qui, en 1857, chargea Viollet-le-Duc de restaurer le château. Afin de satisfaire aux besoins de la chasse et aux divertissements de la Cour, l'architecte se livra à une véritable reconstruction d'un château à créneaux et mâchicoulis qui allait devenir une résidence impériale.

▲ Le château de Pierrefonds avec, pour chacune des tours, deux chemins de ronde superposés.

Soissons, première capitale de France

La défaite des Romains par Clovis en 486 fit de l'antique *Augusta Suessionum* la capitale franque de Clotaire Ier, qui y fonda une abbaye célèbre dont la crypte abritait le tombeau. Le remarquable patrimoine architectural de Soissons atteste de nos jours la place majeure que la ville occupa aux temps de l'art gothique dont elle fut le berceau. La cathédrale Saint-Gervais-et-Saint-Protais, splendide édifice élevé à partir du XIIe siècle, offre une nef à sept travées rythmée par des colonnes cylindriques et donne une magistrale impression d'envolée sur trois étages, avec son triforium à arcades et son étage de fenêtres géminées.

▼ La magnifique nef de la cathédrale Saint-Gervais-et-Saint-Protais à Soissons.

Saveurs et spécialités de nos terroirs

Au NORD, c'étaient les chicons...

Tarte au maroilles

POUR 4 PERSONNES

* * *

PRÉPARATION : **15 MIN** - REPOS DE LA PÂTE : **1 H**
CUISSON : **20 À 25 MIN**

- 10 g de levure de boulanger fraîche (ou 1/2 sachet de levure déshydratée)
- 15 cl de lait tiède
- 200 g de farine
- 1 œuf
- 40 g de beurre fondu + pour le moule
- 1/4 de maroilles (180 g)
- sel et poivre

1 Préparez la pâte. Délayez la levure dans le lait. Tamisez la farine dans un saladier, creusez un puits au centre et mettez-y l'œuf, le beurre, la levure délayée et 1 pincée de sel. Mélangez à l'aide d'un fouet jusqu'à l'obtention d'une pâte homogène mais collante.

2 Beurrez un moule à tarte de 26 cm de diamètre et versez la pâte en l'étalant un peu à l'aide d'une spatule. Couvrez d'un linge et laissez lever 1 heure à température ambiante ; la pâte va augmenter de volume.

3 Préchauffez le four à 200 °C (th. 6-7). Coupez le maroilles en tranches. Quand la pâte est bien levée, déposez les tranches de maroilles et poivrez. Enfournez et faites cuire de 20 à 25 minutes. Servez la tarte tiède, avec une salade verte.

Le maroilles

* * *

Le maroilles (ou marolles) est un fromage originaire de la Thiérache. Sa création, à l'abbaye de Maroilles, remonterait à l'an 960. C'est un fromage au lait de vache, dont la pâte, molle, est recouverte d'une croûte lavée rouge-orangé. Le maroilles, qui bénéficie d'une AOC, a une saveur corsée.

LES HORTILLONNAGES D'AMIENS

En Picardie, la pratique des hortillonnages remonte à l'époque où la vallée de la Somme n'était qu'un vaste marais. Pour pouvoir cultiver, les paysans, appelés hortillons, ont élevé des buttes de terre. Entre les buttes se trouvaient des canaux, les rieux, où l'on circulait en barque, comme on le fait encore aujourd'hui. La terre, riche et bien meilleure que celle de plaine, était gardée humide grâce aux fossés d'irrigation. Après la dernière guerre, il y avait encore une centaine de producteurs professionnels à Amiens, mais de nos jours, les hortillonnages sont surtout devenus des petits potagers privés. Les légumes vedettes sont les salades, les radis et les carottes pendant l'été, les choux et les poireaux l'hiver.

Coq à la bière

POUR 6 PERSONNES

* * *

PRÉPARATION : **1 H** - CUISSON : **1 H 30**

- 1 coq d'environ 2 kg avec son foie
- 2 gousses d'ail
- 100 g d'échalotes
- 2 douzaines de petits oignons grelots
- 250 g de petits champignons de couche
- 1 tranche de lard maigre demi-sel
- 20 g de saindoux
- 2 cuill. à soupe de genièvre
- 1 cuill. à soupe de farine
- 1 l de bière blonde
- 1 bouquet garni
- 50 g de beurre
- 1/2 citron
- 15 cl de crème fraîche épaisse (facultatif)

1 Coupez le coq en morceaux, hachez le foie et réservez-le. Pelez et émincez l'ail et les échalotes. Pelez les oignons grelots. Lavez les champignons sans les laisser tremper, essuyez-les et coupez les queues.

2 Retirez la couenne du lard, mettez celui-ci dans une petite casserole, couvrez-le d'eau froide et portez à la limite de l'ébullition. Égouttez-le et coupez-le en petits lardons. Préchauffez le four à 150 °C (th. 5).

3 Faites rissoler les lardons avec le saindoux dans une cocotte sur feu doux, sortez-les avec une écumoire et réservez-les. Augmentez le feu et faites revenir les morceaux de coq en les retournant plusieurs fois pour qu'ils soient uniformément dorés. Retirez-les au fur et à mesure.

4 Videz la matière grasse, remettez les morceaux de coq dans la cocotte et flambez-les avec le genièvre bouillant. Poudrez de farine et versez la bière doucement pour éviter la mousse. Ajoutez les échalotes, l'ail et le bouquet garni, salez et poivrez. Couvrez, fermez hermétiquement la cocotte, enfournez et laissez cuire 1 h 30.

5 Faites fondre les oignons grelots à feu très doux dans le beurre pendant 20 minutes en les remuant fréquemment, puis ajoutez les champignons et le jus de citron, couvrez et laissez étuver encore une dizaine de minutes.

6 Sortez la cocotte du four, égouttez les morceaux de coq, disposez-les dans un plat creux et gardez-les au chaud. Retirez le bouquet garni, ajoutez le jus de cuisson des oignons et des champignons et faites réduire le liquide de moitié à feu vif.

7 Incorporez éventuellement la crème fraîche et le foie du coq, ajoutez les champignons et les oignons et laissez encore 2 minutes sur le feu pour bien réchauffer l'ensemble. Rectifiez l'assaisonnement. Versez sur les morceaux de coq et servez aussitôt.

Endives au jambon

POUR 4 PERSONNES

* * *

PRÉPARATION : **30 MIN** - CUISSON : **30 MIN ENVIRON**

- 4 endives
- 90 g de beurre
- 30 g de farine
- 50 cl de lait
- 60 g de fromage râpé
- 4 tranches de jambon blanc
- sel, poivre, muscade

1 Choisissez des endives bien blanches et bien fermées. Éliminez les premières feuilles abîmées et coupez le trognon.

2 Mettez à chauffer 30 g de beurre dans une poêle et faites-y cuire les endives à l'étuvée.

3 Dans une casserole, mettez à fondre 30 g de beurre. Ajoutez la farine et remuez vivement pour obtenir un mélange lisse. Laissez cuire 2 minutes, sans laisser colorer. Ôtez la casserole du feu et versez le lait froid d'un seul coup, en fouettant pour empêcher la formation de grumeaux. Remettez la béchamel sur le feu et laissez-la cuire de 10 à 12 minutes pour la faire épaissir. Salez, poivrez, râpez une bonne pincée de noix de muscade et ajoutez 30 g de fromage râpé. Mélangez bien.

4 Préchauffez le four à 275 °C (th. 9). Beurrez un plat à gratin.

5 Égouttez les endives, enroulez chacune d'elles dans une tranche de jambon. Rangez-les côte à côte dans le plat et nappez-les de béchamel.

6 Parsemez du reste de fromage râpé et du reste de beurre (30 g) en noisettes. Mettez au four pendant 15 minutes environ. Servez très chaud.

LES ENDIVES

D'abord appelée witloof (« feuille blanche » en flamand), chicorée de Bruxelles ou chicon, l'endive apparut en Belgique au milieu du XIXe siècle. Sa production s'est développée dans le nord de la France. La culture se fait en deux étapes : après le semis en plein champ au printemps, les racines sont récoltées à l'automne et effeuillées avant d'être forcées à l'abri de la lumière, dans une atmosphère chaude et humide, afin d'obtenir une nouvelle pousse blanche. Le forçage traditionnel en couche consiste à replanter les racines et à les recouvrir de terre. Des tuyaux enterrés apportent la chaleur, maintenue grâce à de la paille recouverte de tôle. Aujourd'hui, pour la grande majorité de la production, les racines sont forcées dans des bacs remplis d'une solution nutritive, en salle climatisée.

LE HARENG

Le hareng, autrefois très abondant en mer du Nord, fut longtemps la providence des populations quand les récoltes étaient mauvaises. Bouffis, craquelots, gendarmes, kippers, bucklings : on préparait toutes sortes de harengs fumés. Aujourd'hui, le hareng côtier, le meilleur, ne représente plus qu'une petite part de la production, le gros provenant de Norvège ou de Hollande. Mais les saurisseurs de Boulogne-sur-Mer continuent encore de saler, fumer ou mariner les harengs, tout comme les maquereaux et les sprats. Pochés ou grillés, préparés avec des pommes de terre à l'étouffée, ces poissons font toujours partie des aliments traditionnels de la Flandre maritime.

Gaufres de ducasse

POUR 8 À 10 GAUFRES

* * *

PRÉPARATION : **15 MIN** - REPOS DE LA PÂTE : **2 H**
CUISSON : **3 MIN PAR GAUFRE**

- 125 g de lait
- 12 g de levure de boulanger fraîche ou 1/2 sachet de levure déshydratée
- 250 g de farine
- 1 pincée de sel
- 125 g d'eau
- 125 g de bière
- 50 g de beurre
- 1 œuf
- sucre glace pour saupoudrer

1 Diluez la levure dans le lait tiède. Dans un saladier, mélangez la farine avec le sel, l'œuf et le lait additionné de la levure. Délayez cette pâte avec l'eau et la bière. Ajoutez le beurre fondu et mélangez bien ; la pâte sera assez liquide.

2 Couvrez et laissez reposer pendant 2 heures à température ambiante : la pâte va augmenter de volume.

3 Préchauffez le gaufrier muni de plaques à gaufres (gros quadrillage). Versez 1 louchée de pâte au centre et refermez aussitôt. Retournez le gaufrier et laissez cuire 3 minutes. Procédez ainsi pour toutes les gaufres. Lorsque les gaufres sont cuites, saupoudrez-les généreusement de sucre glace et servez aussitôt.

Les bières spéciales

* * *

Pendant des siècles, presque toutes les bières, y compris celles du Nord, étaient des bières de fermentation haute, brassées « par infusion » avec du malt foncé. Ces bières « spéciales » étaient très diversifiées en goût et en couleur. À la fin du XIXe siècle, des bières à fermentation basse, dites « Lager », furent développées en Allemagne. Elles étaient brassées avec un malt pâle, « par décoction », ce qui donnait des bières blondes et légères. Progressivement, les bières traditionnelles s'éclipsèrent. C'est à partir des années 1950 qu'elles commencèrent à renaître et, aujourd'hui, plusieurs brasseurs proposent des produits spécifiques, tels l'Angélus, la Jenlain, la Pastor Ale, la Pelforth brune, la Trois-Monts, la Ch'ti.

La France, berceau des arts

Nos plus grandes ÉCRIVAINES

▲ Les *Mémoires d'Hadrien*, couverture, 1951.

Au XXe siècle, l'écriture féminine est devenue plus courante et plus visible, grâce à quelques figures emblématiques. Mais il y a eu des écrivaines bien plus tôt en France, et la poétesse Marie de France, au XIIe siècle, a initié une longue tradition…

Marie de France

Marie de France (XIIe siècle) reste une inconnue et l'on n'a conservé d'elle que quelques fables et surtout douze « lais ». Ces poèmes font d'elle la première femme à écrire en français. C'est à la cour d'Aliénor d'Aquitaine, où la souveraine s'entoure d'artistes, que Marie de France s'impose comme l'une des meilleures conteuses de son temps, empruntant à la « matière de Bretagne » le sujet de ses poèmes.

Louise Labé

Louise Labé (1524-1566) a composé de vibrants sonnets et élégies célébrant la liberté de parole amoureuse et le droit des femmes à l'éducation. Dans un style dépouillé, elle est la première poétesse à faire de l'homme un objet érotique : « Ô ris, ô front, cheveux, bras, mains et doigts ! / Ô luth plaintif, viole, archet et voix ! / Tant de flambeaux pour ardre une femelle ! »

◄ *Louise Labé, la Belle Cordière aux amours tumultueuses, gravure de Woeiriot, 1555.*

Madame de Sévigné

La marquise de Sévigné (1626-1696) est surtout connue pour la correspondance qu'elle entretenait avec sa fille. Œuvre de circonstance, s'il en fut jamais, livre combien involontaire, jamais, sans doute, imaginé par son auteure, les *Lettres* sont à la fois des lettres et une œuvre d'art. D'abord des lettres, celles qu'une mère écrit à sa fille établie en Provence, à Grignan, pour tout lui raconter de sa vie. Ensuite une œuvre d'art : une écrivaine nous découvre son univers intérieur, nous dit ses hantises, sa répugnance devant la maladie et la vieillesse, son attitude face à la mort, son incertitude du salut.

Madame de La Fayette

Madame de La Fayette (1634-1693) tenait salon rue de Vaugirard, où elle reçut Madame de Sévigné, La Fontaine et La Rochefoucauld. Avec *la Princesse de Clèves* (1678), elle rompt avec la mécanique des histoires chevaleresques et invente le roman d'analyse précieux. « Avant elle, on écrivait d'un style ampoulé des choses peu vraisemblables », jugera plus tard Voltaire.

Madame de Staël

Fille de Necker, financier suisse qui a été ministre de Louis XVI, elle est exilée par Napoléon en 1802 et se réfugie en Suisse, au château de Coppet, qui devient le centre autour duquel Madame de Staël (1766-1817) fait des voyages d'information, en Italie, en France, en Autriche. Elle en tire la matière de ses romans (*Delphine*, 1802 ; *Corinne ou l'Italie*, 1807), mais également de ses essais (*De l'Allemagne*, 1810, qui ouvrit la voie au romantisme).

George Sand

Aurore Dupin (1804-1876), baronne Dudevant, prit le nom de plume de George Sand ; elle portait des tenues d'hommes et fumait. Sa vie et son œuvre évoluèrent au gré de ses passions (pour Jules Sandeau, Alfred de Musset, Frédéric Chopin notamment). Auteure de romans d'inspiration sentimentale (*Indiana*, 1832), sociale (*le Compagnon du tour de France*, 1840) et rustique (*la Mare au diable*, 1846), elle a aussi laissé une autobiographie et une immense *Correspondance*.

George Sand, dessin d'Alfred de Musset, 1833 (collection Lovenjoul).

Colette. ▲

Colette

Sidonie Gabrielle Colette (1873-1954) fut une amoureuse de la vie et de la nature. Si sa vie, ses amours libres et son thème de prédilection, l'éducation sexuelle, l'ont enveloppée d'un parfum de scandale, son talent pour donner à voir, sentir, toucher et goûter par le langage a fait d'elle une figure littéraire unique qui, de la série des *Claudine* (1900-1903) à *Sido* (1930), en passant par *le Blé en herbe* (1923), *la Chatte* (1933) ou *l'Étoile Vesper* (1946), a mis son indépendance d'esprit au service d'un style profondément lyrique.

Nathalie Sarraute

Initiatrice, avec Michel Butor et Alain Robbe-Grillet, du nouveau roman, Nathalie Sarraute (1900-1999) bouscule les codes du roman traditionnel et s'attache à mettre en mots les sensations imperceptibles qui régissent les rapports humains. Sa vie littéraire commence pendant l'Occupation et c'est sous une fausse identité qu'elle publie son premier roman, *Portrait d'un inconnu* (1948). Le succès vient plus tard avec *les Fruits d'or* (1963), roman qui a pour thème la recherche d'une communication authentique malgré la banalité du quotidien. Dans *Enfance*, elle fait dialoguer deux voix pour reconstruire, toujours avec incertitude, son enfance…

Marguerite Yourcenar

Marguerite de Crayencour (1903-1987), dite Marguerite Yourcenar, est une passeuse. Par la magie d'un verbe justement maîtrisé et d'une élégance toute classique, elle transporte le lecteur dans le monde de la sagesse antique (*Mémoires d'Hadrien*, 1951) ou de la Renaissance (*l'Œuvre au noir*, 1968). Pétrie de culture gréco-latine et de sagesse orientale, elle s'inscrit dans une tradition humaniste de recherche de la perfection narrative. Elle est en 1980 la première femme élue à l'Académie française.

Simone de Beauvoir

Simone de Beauvoir (1908-1986), romancière (*les Mandarins*, 1954 ; *la Femme rompue*, 1967), philosophe, essayiste (*le Deuxième Sexe*, 1949), fut aussi une des théoriciennes du mouvement de libération des femmes dans les années 1970. Elle consacra ses recherches à la féminité et à ses origines, à la maternité et à l'avortement, appelant à une nécessaire émancipation des règles de domination masculine. Elle fut la compagne inoubliable de Jean-Paul Sartre, dont elle partagea les idées communistes, l'athéisme et l'existentialisme.

Marguerite Duras

L'enfance en Indochine de Marguerite Donnadieu (1914-1996), dite Marguerite Duras, lui a inspiré *Un barrage contre le Pacifique* (1950), puis *l'Amant* (1984). « Écrire, c'est hurler en silence », écrivait la romancière qui n'a cessé d'inventer une syntaxe disloquée et une ponctuation inhabituelle, bousculant tous les codes narratifs. Dans *Moderato Cantabile*, en 1958, les événements s'effacent derrière les dialogues, produisant un vertigineux récit discontinu à ellipses. Duras a aussi écrit des scénarios pour le cinéma, dont *Hiroshima mon amour* en 1959 et *India Song* en 1975.

Françoise Sagan

Françoise Quoirez (1935-2004), dite Françoise Sagan, connaît un succès immédiat dès la publication de son premier roman, *Bonjour tristesse*, en 1954, alors qu'elle n'a que 19 ans. Son thème de prédilection est l'amour, dont elle ne cesse d'explorer les affres dans *Aimez-vous Brahms*... (1959), *la Chamade* (1965) ou *De guerre lasse* (1985). La romancière bouscule la morale en abordant la question du désir physique et de la liberté des femmes. Elle entretient sa notoriété en menant une vie mondaine aussi excessive que celle de ses personnages.

▲ Nathalie Sarraute dans les années 1980.

▼ Scène du film *Bonjour tristesse*, d'Otto Preminger, 1958.

Sur les routes de France

MARCHÉS et FOIRES de nos terroirs

Caractéristique du paysage rural ou urbain, le **marché** alimentaire, aux fleurs, à la volaille, au gras, aux bestiaux ou encore aux vins, est présent dans chaque commune de France. Qu'il soit petit ou grand, couvert ou à ciel ouvert, pour amateurs ou professionnels, le marché est et restera un lieu de vie, d'échanges animés, mais aussi un lieu de défense et de **préservation de notre terroir**.

Le marché au gras de Samatan, dans le Gers

Organisé selon le principe de la vente directe du producteur au consommateur, le marché au gras de Samatan est connu dans toute la Gascogne et bien au-delà ! Fiers et respectueux de leurs produits, les producteurs gersois d'oies et de canards prennent plaisir à conseiller le chaland sur la façon de faire du foie gras maison ou de cuisiner confits, magrets, aiguillettes ou gésiers.

Le marché aux truffes de Sarlat, en Dordogne

La ville de Sarlat a su redonner une place de choix au diamant noir avec le marché aux truffes et la fête de la truffe. Contrôlé ou de gros, le marché de Sarlat propose à la vente des truffes noires du Périgord fraîches sous les arcades de l'hôtel de ville de novembre à mi-mars. Les professionnels, trufficulteurs, restaurateurs et courtiers y viennent nombreux pour négocier et goûter le joyau noir du Périgord !

Le marché aux truffes de Richerenches, dans le Vaucluse

De mi-novembre à mi-mars, rendez-vous à Richerenches, dans le département du Vaucluse, pour l'un des plus grands marchés aux truffes de France en termes de volume. Tous les samedis, de 9 heures à 13 heures, amateurs, courtiers, touristes, trufficulteurs se réunissent sur l'avenue de la Rabasse et le cours du Mistral. On y trouve des truffes en gros et au détail ainsi que des produits du terroir.

Le marché des Lices à Rennes

Créé en 1662, le marché des Lices, à Rennes, est le deuxième marché de France avec ses 300 producteurs, artisans et commerçants locaux. Réputé pour sa diversité (fleurs, poissons, volailles, fruits et légumes, charcuterie, fromages, beurre, pain, confitures, etc.), il donne un aperçu de la Bretagne terrestre et maritime ! Le plus ancien marché de la ville a lieu sous deux superbes halles inspirées des halles de Baltard.

Les halles de Lyon-Paul Bocuse

Rendez-vous incontournable de l'excellence gastronomique lyonnaise, les halles de Lyon-Paul Bocuse regroupent une soixantaine de commerçants. Dans ce temple de la gastronomie lyonnaise, les gourmands et les gourmets pourront à la fois se restaurer en dégustant le fameux mâchon lyonnais et dénicher les plus beaux produits régionaux, comme les fromages, la charcuterie ou les viandes d'exception qui font la renommée de ce célèbre marché !

Le marché à la volaille de Bourg-en-Bresse

La « reine des volailles » se caractérise par une peau blanche et fine et, surtout, par une chair moelleuse lui permettant d'être la seule volaille au monde classée AOC depuis 1957. À Bourg-en-Bresse, le marché à la volaille tient une place importante pour les producteurs et les consommateurs de la région. Chapons, poulardes, dindes et poulets de Bresse se côtoient sur les étals. Chaque fin d'année, « le savoir-faire et l'amour du travail bien fait » sont mis à l'honneur avec les quatre concours des Glorieuses de Bresse.

Le marché aux fleurs de Nice

Venez découvrir au cœur du vieux Nice, cours Saleya, de magnifiques compositions florales. Ce marché aux fleurs, classé parmi les marchés d'exception de France par le Conseil national des arts culinaires, accueille une trentaine de fleuristes, d'horticulteurs et d'exposants. La culture des fleurs, possible grâce à un climat très doux, fait partie de l'histoire de la ville avec ses quartiers aux noms de fleurs et ses maisons portant fièrement des motifs floraux sur les frises de leurs avant-toits.

Le foirail de Cholet

Cholet est le premier marché d'animaux de boucherie de France. C'est sous le foirail couvert de Cholet qu'a lieu deux fois par semaine la vente du bétail de race à viande ou laitière directement de l'éleveur à l'acheteur. Et pour consolider, comme s'il en était besoin, la réputation de son bétail, l'agglomération du Choletais organise tous les ans, depuis 2003, le concours d'animaux de boucherie de haute qualité. C'est alors l'occasion, pour les éleveurs et les engraisseurs, de promouvoir la filière de viande bovine issue du berceau français.

Le marché des Halles de Dijon

Bâties de 1873 à 1875, les Halles centrales de Dijon sont inscrites aux Monuments historiques depuis 1975. D'une hauteur de 13 m, le bâtiment, recouvert d'une structure métallique ornée de motifs animaliers et de multiples symboles, couvre 4 400 m² organisé en quatre pavillons distincts : boucheries d'un côté, poissonneries de l'autre, petits producteurs locaux au milieu et revendeurs. En plus de proposer des produits du terroir, le marché se prolonge jusqu'au pied du *Bareuzai,* sur la place voisine, avec des vêtements, des livres, etc.

La Foire internationale aux fromages et aux vins de Coulommiers

Depuis cinquante ans, chaque année, à Coulommiers en Seine-et-Marne, se tient la Foire internationale aux fromages et aux vins. La gastronomie est mise à l'honneur avec environ 350 exposants et artisans qui viennent présenter les spécialités fromagères et viticoles locales, mais aussi régionales et mondiales. Des concours, des expositions et autres animations en tout genre sont proposés pour encore plus de festivités sur le parvis de la Sucrerie, avec plus de 60 000 visiteurs sur les quatre jours que dure cette grande foire gastronomique.

Le marché de Noël de Strasbourg

Baptisé en 1570 le marché de l'Enfant Jésus sous l'influence des protestants, le marché de Noël de Strasbourg est devenu au fil des siècles une véritable institution. Plus grand marché de Noël d'Europe et fidèle à la tradition du Noël alsacien, le marché est resté authentique et attire chaque année plus de 2 millions de visiteurs ! Dans cette ville classée au patrimoine mondial de l'Unesco, comme il est bon, une fois la nuit tombée, de profiter de la magie de Noël grâce aux 300 chalets présents sur le site ! Déambulez à travers des lieux historiques tels que la place de la Cathédrale, la rue de la Grande-Boucherie ou encore la rue de Rohan pour découvrir des merveilles de l'artisanat, des spécialités régionales et des décorations typiques tout en écoutant les chants de Noël.

La foire de la châtaigne de Bocognano, en Corse

Il s'agit d'une des plus anciennes foires agricoles de Corse. Depuis 1982, chaque année en décembre, au cœur de la vallée de la Gravona, la châtaigne est à l'honneur. Elle est proposée en farine, fraîche ou grillée, mais il est possible de découvrir bien d'autres produits authentiques corses, comme le broccio, le miel ou le vin. Animations, littérature corse ou artisanat d'art sont proposés aux 20 000 visiteurs présents chaque année.

▲ Le marché de Noël à Strasbourg.

La braderie de Lille

Devenue un événement incontournable, la braderie de Lille rassemble plus de 2 millions de chineurs chaque premier week-end de septembre. Ancienne braderie dont les origines remonteraient au XIIe siècle, elle est aujourd'hui considérée comme le plus grand marché aux puces d'Europe. Grande fête populaire, elle jouit d'une ambiance toute particulière avec la vente de ses célèbres moules-frites, de ses bières du Nord mais aussi de ses animations (concerts, manèges, semi-marathon, etc.). Une foule venue du monde entier est présente pour faire de bonnes affaires ou dénicher, qui sait, un trésor, grâce aux brocanteurs, antiquaires, vendeurs d'objets artisanaux et autres « bradeux » !

▲ L'Isle-sur-la-Sorgue.

La foire de l'Isle-sur-la-Sorgue

Cette foire représente la troisième place européenne du commerce des antiquités et de la brocante. Elle se tient deux fois par an : au printemps et en été. Les 250 exposants français et européens, associés aux 300 professionnels des boutiques de la ville, exposent leurs objets d'antiquité, d'art et de décoration dans le plus grand marché d'art à ciel ouvert, divisé en quatre pôles principaux : antiquités et brocante, livre ancien, art contemporain, design et décoration.

La France championne

L'ART du BASKET à la française

Comme les paniers de **basket** sont situés à 3,05 m du sol, on pourrait penser que ce sport est réservé aux joueurs et joueuses de grande taille. Certes, chaque équipe compte un ou deux pivots à même de récupérer les ballons au rebond, mais elle se doit aussi d'avoir quelques dribbleurs capables de lancer des missiles à longue portée… Et, sur ce terrain, la France n'est pas en reste !

Alain Gilles : Monsieur Basket

Remarqué pour son adresse incroyable par l'entraîneur de l'équipe senior de Roanne, **Alain Gilles** a disputé son premier match à l'âge de 15 ans. Quelques années plus tard, le club phare de l'époque – l'ASVEL – ne manque pas l'occasion de s'attacher ses services. Dès sa première saison sous ses nouvelles couleurs, il remporte son premier titre de champion de France, en 1966. Fidèle pendant vingt ans à ce club de la région lyonnaise, il remporte huit titres de champion de France et deux Coupes de France. Si l'on ajoute 177 sélections nationales et huit sélections en équipe d'Europe, on voit que son surnom est parfaitement justifié.

Finale des Jeux de Sydney : les Français proches de l'exploit

Le 1er octobre 2000, l'équipe de France masculine dispute la finale du tournoi olympique face à la redoutable équipe des États-Unis. Si la première mi-temps est tout à l'avantage des Américains, les Français retrouvent leur adresse en seconde période ; grâce à quatre tirs à trois points, ils reviennent à quatre points et se prennent à rêver à l'exploit. Mais les Américains les tiennent à distance. Score final : 85-75. C'est la deuxième médaille d'argent du basket masculin, après celle obtenue à Londres en 1948.

Les « Braqueuses » au bout du suspense

Lors du Championnat d'Europe de 2009, l'équipe de France féminine, galvanisée par deux joueuses confirmées, **Cathy Melain** et **Sandrine Gruda**, se hisse en finale qui l'oppose à la Russie. La France mène toute la rencontre et résiste à une dernière poussée des joueuses russes, pour l'emporter 57 à 53. Celles que l'on surnomme les « Braqueuses » n'en resteront pas là : en 2012, aux Jeux de Londres, elles décrocheront la médaille d'argent, battues par les intouchables Américaines.

▲ Tony Parker aux Jeux de Rio en 2016.

Les « Berruyères » et leurs trois couronnes européennes

En 1995, l'équipe féminine du **Bourges Basket** remporte le premier d'une longue série de titres de champion de France. Depuis, le club a toujours terminé – chaque saison – dans les trois premiers du Championnat. Mais c'est sur la scène européenne qu'il s'est particulièrement illustré en soulevant par trois fois le prestigieux trophée de l'Euroligue, en 1997, 1998 et 2001. De **Yannick Souvré** à **Céline Dumerc**, en passant par **Isabelle Fijalkowski** et **Audrey Sauret**, les meilleures basketteuses françaises ont évolué à Bourges.

TP, l'extraterrestre

Tony Parker, surnommé « TP », a remporté à quatre reprises le prestigieux championnat NBA avec l'équipe de San Antonio, et a été sélectionné six fois pour le NBA All-Star Game, qui récompense les meilleurs joueurs de la ligue américaine. Que de chemin parcouru depuis ses débuts à Fécamp, à l'âge de 10 ans ! Meneur de jeu rapide et d'une adresse exceptionnelle, Tony Parker a permis à l'équipe de France de basket-ball de remporter son premier titre européen, en 2013, en battant l'Espagne, pourtant favorite de la compétition.

À l'AVANT-GARDE de l'art

Les artistes français ne se sont pas contentés des lauriers des gloires passées, ils ont su réinventer leur art, en permanence, à la recherche de nouvelles émotions, de nouveaux supports…

Le design français

Le design est né au XXe siècle du souhait de voir s'inscrire les éléments de la vie quotidienne dans un environnement harmonieux, qu'il s'agisse d'architecture, d'urbanisme ou d'objets usuels. Ainsi, quoique voué à la fabrication en série, l'objet design est élaboré sans que la distinction soit opérée entre l'utile et le beau : le processus de création artistique accompagne le projet de bout en bout. Parmi les designers ayant marqué l'art français, on peut citer Pierre Paulin (1927-2009), qui a su utiliser des matériaux nouveaux (mousse, jersey), en les habillant de couleurs vives, ou Philippe Starck (né en 1949), connu pour avoir conçu des structures simples mais inventives et symboliques.

▲ Le fauteuil « Ribbon » de Pierre Paulin, 1964, en mousse et jersey.

Henri Matisse (1869-1954)
Maître du fauvisme, qu'il dépasse amplement, utilisant de larges aplats de couleur sur un dessin savamment elliptique (*le Bonheur de vivre*, 1905-1906 ; *la Danse*, 1910), il est l'un des plus brillants plasticiens du XXe siècle. Son œuvre comporte dessins, gravures, sculptures (*la Serpentine*, 1909), collages de papiers gouachés découpés (*Jazz*, 1943-1946), vitraux (chapelle du Rosaire de Vence, 1950).

Georges Braque (1882-1963)
Créateur du cubisme avec Picasso, il est célèbre pour ses « papiers collés » sévèrement rythmés (1912-1914), ses natures mortes d'une sensualité retenue, ses « Ateliers », ses « Oiseaux », ses illustrations d'Hésiode ou de Reverdy, etc.

Marc Chagall (1887-1985)
Après avoir travaillé à Paris de 1910 à 1914, il s'installa en France en 1923. Avec une verve inventive, il s'est inspiré de la terre russe, du folklore juif, de Paris et de la Provence. On lui doit des illustrations de livres, des vitraux et autres travaux décoratifs. À Nice, un musée national est consacré à son *Message biblique*.

Jean Dubuffet (1901-1985)
Théoricien de l'art brut, il s'est inspiré des graffitis et du dessin d'enfants (séries « Métro », 1943), a réalisé des textures matiéristes à l'aide de graviers, mastic, goudron (série « Mirobolus, Macadam et Cie », 1944) avant d'entamer le cycle de l'« Hourloupe » (1962-1974). Les séries finales (« Non-lieux ») redoublent de liberté.

Pierre Soulages (1919-2022)
Des balafres immenses, associant le noir et la couleur, ont longtemps échafaudé le puissant clair-obscur de ses toiles. À partir de 1979, il élabora des monochromes noirs striés, accrochant la lumière, d'une composition rigoureuse. Il a aussi conçu les vitraux de Sainte-Foy de Conques (1994).

César Baldaccini, dit César (1921-1998)
Apparenté au « nouveau réalisme », il a surtout travaillé les métaux (fer soudé ; « compressions » de voitures, 1960) et les matières plastiques (« expansions », 1967).

Yves Klein (1928-1962)
Il a été le pionnier d'un art expérimental avec ses « monochromes » bleus (ou roses, ou or), ses « peintures de feu », ses « anthropométries » (empreintes de corps nus enduits de peinture), ses « reliefs planétaires ».

Marie Agnès, dite Niki de Saint Phalle (1930-2002)
Membre du groupe des « nouveaux réalistes » dans les années 1960, elle est connue pour ses « Nanas » hautes en couleur, opulentes jusqu'au gigantisme.

▲ *L'Oiseau de feu*, Niki de Saint Phalle, 1983 (place Igor-Stravinsky, Paris).

L'art urbain

Dans certains espaces de la ville s'exprime un art éphémère aux techniques diverses : pochoir, mosaïque, collage… Pratique sauvage et contestataire à ses débuts (mai 68, culture hip-hop), l'art urbain (*street art* en anglais) a conquis les murs du monde entier à partir des années 1980, développant des aspects plus ludiques ou poétiques, à la frontière de l'installation ou du land art. Souvent anonyme et gratuit, il fait parfois l'objet de commandes officielles, voire d'un vedettariat lucratif. Les artistes, autodidactes ou proches de milieux artistiques reconnus, transforment pour un temps la rue en galerie : parmi eux, Ernest Pignon-Ernest (né en 1942), Miss.Tic (1956-2022), Jef Aérosol (né en 1957), Jérôme Mesnager (né en 1961)…

Chuuuttt !, Jef Aérosol, 2011, Paris. ▶

Quel bonheur, les EXPRESSIONS CHTIS !

Le visiteur qui vient **dans le Nord** s'étonne d'entendre dans les rues un parler qu'il ne comprend pas. C'est le **chti**, cette langue imagée et chantante de nos chers Hauts-de-France !

Dringuelle

Le nord de la France est un pays sans frontières naturelles. Cette région n'a pas seulement été envahie par les Romains. Après l'époque gallo-romaine, des peuples venus de l'est ont déferlé dans ces contrées : certains ne sont pas restés suffisamment longtemps pour influer sur le langage, mais d'autres, comme les Francs, ont laissé des traces durables. Dans ces secteurs, le latin s'efface, remplacé par une variété linguistique d'origine germanique : c'est le cas du flamand, un dialecte du néerlandais, parlé dans les zones de Dunkerque et d'Hazebrouck. Le mot *dringuelle* signifie « pourboire » : *Ch' facteur i est fin bénache d'archuvoir s'dringuelle !* (« Le facteur est heureux de recevoir son pourboire ! »). Le mot, d'origine flamande, est formé de *drink*, qui signifie « boire », et de *geld*, qui signifie « argent » : littéralement, de l'argent pour boire !

I babelle comme eun' agache à l'intour d'eun' tarte à pronnes.
Il bavarde comme une pie autour d'une tarte aux prunes.
C'est un bavard incorrigible.

I bat des ailes comme un codin.
Il bat des ailes comme un dindon.
Il gesticule pour rien.

I brait comme un séieau d'puche.
Il pleure comme un seau de puits.
L'eau dégouline toujours quand on remonte le seau du puits. Il pleure sans cesse.

I fond comme du burre à l'païelle.
Il fond comme du beurre dans une poêle.
Il maigrit à vue d'œil.

Cha va comme des reulettes carrées dins un mont d'sape.
Ça va comme des roulettes carrées dans un tas de sable.
Ça va très mal !

Armue-te si t'as frod, té verras qu' t'aras caud.
Remue-toi si tu as froid, tu verras que tu auras chaud.
S'adresse au paresseux.

À chacun sin pain et s'n'hérin.
À chacun son pain et son hareng.
À chacun ses biens et ses peines.

Des caresses ed' tchien cha ramène des puches.
Des caresses de chien ça ramène des puces.
Il faut se méfier des flatteurs et des hypocrites.

Gaïolle

Les remparts de la ville haute de Boulogne-sur-Mer ont été construits par le petit-fils de Philippe Auguste. On y pénètre par plusieurs portes fortifiées. L'une d'entre elles s'appelle la porte Gaïolle. Au Moyen Âge, elle conduisait à la prison. Il ne faisait pas bon « aller à Gaïolle » à cette époque ! Le mot *gaïolle* signifie « prison », mais aussi « cage ». En anglais, *gaol* se traduit également par « prison ». Enfin, dans le langage footballistique, le gardien de but se tient dans ses goals, autrement dit dans sa cage. Ce mot a formé la « geôle » en français.

I funque comme un ballot d'fosse.
Il fume comme une cheminée de fosse à charbon.
Il fume beaucoup trop !

I n'est point drôle, i bot du lait à l'castrole.
Il n'est pas difficile, il boit du lait à la casserole.
Il boit et mange tout ce qui se présente.

In vot qu'ch'est l'momint d'ches sèfes, all' montent à l'tiête ed' ches sots.
On voit que c'est le moment des sèves, elles montent à la tête des sots.
Moquerie qui s'adresse aux jeunes écervelés.

I a cor mié d'z'haricots qui n'ont point volu cuire.
Il a encore mangé des haricots qui n'ont pas voulu cuire.
Il est encore de très mauvaise humeur.

Si all' s'brûle, all' devra s'assir sus ches cloques.
Si elle se brûle, elle devra s'asseoir sur les ampoules.
Si elle se conduit mal, elle devra en subir les conséquences.

I a treuvé el' porte ed' bos.
Il a trouvé la porte de bois.
La porte était fermée quand il est venu.

▲ Mineurs abattant le charbon.

▲ Beffroi de Lille.

L'z'infants, in l'z'a comme in l'z'apprind.
Les enfants, on les a comme on les apprend.
Question d'éducation !

Chelle glaine all' cante el' co.
Cette femme chante le coq.
C'est elle qui commande à la maison.

I a un oeul qui saque à pronnes et l'aute qui mile ch'garte.
Il a un œil qui vole des prunes et l'autre qui surveille le garde.
Il louche.

Avec des mains noirtes, in mie du pain blanc.
Avec des mains noires, on mange du pain blanc.
On est nourri par le travail.

Saquer

Saccare, en latin populaire, signifie « tirer », et *sacar* en espagnol veut dire « extraire », « tirer ». Au Moyen Âge, se battre *sans espée sacquie*, c'est « sans tirer l'épée ». Dans les proverbes régionaux, on trouve : *Nourris tin g'va comme té veux qu'i saque* (« Nourris ton cheval comme tu veux qu'il tire »). Autrement dit : si tu veux du bon travail, il faut y mettre le prix. Au fond de la mine, un bon *saqueux* est un mineur qui tire de la veine une grande quantité de charbon. L'expression *aller au grand saquache* renvoie à l'époque où les mineurs travaillaient dix à douze heures par jour, lorsqu'ils tentaient d'extraire un maximum de charbon pour gagner beaucoup d'argent et aller fêter leur patronne, sainte Barbe.

In étant tiot i a queu in bas d'sin cadot.
Tout petit, il est tombé en bas de sa chaise haute.
Il a l'esprit dérangé.

I indort ches gins les yux ouverts.
Il endort les gens les yeux ouverts.
C'est un menteur incorrigible.

I arrife toudis pour léquer l'païelle.
Il arrive toujours pour lécher la poêle.
Il vient toujours rendre visite quand on se met à table.

N'atique point tin tchien avec d'l'andoulle, i pourrot mier ch'cordieau.
N'attache pas ton chien avec une andouille, il pourrait manger la corde.
Ne sois ni extravagant ni dépensier.

I n'faut point aller à moules quand qu'la mer all' monte.
Il ne faut pas aller cueillir les moules quand la mer monte.
C'est justement le moment de ne pas y aller ! Il fait tout à l'envers, il n'a pas de méthode.

Ch'est à ches plates ed' peimm' tierre qu'in arconnot l'méquaine.
C'est aux épluchures de pommes de terre que l'on reconnaît la ménagère.
C'est ainsi que l'on distingue la gaspilleuse de l'économe.

Fais t'n'ouvrache ti-même si té veux qu'all' seuche faite à t'mode.
Fais ton travail toi-même si tu veux qu'il soit fait comme tu le désires.
À celui qui ne sait pas faire confiance.

In pinse toudis qu'i fait meïeux à l'mason d'un aute qu'à l'sienne.
On pense toujours qu'il fait meilleur dans la maison d'un autre que chez soi.
Il faut savoir se contenter de ce que l'on a.

Quand in ravise quéqu'un, in in vot qu'la mitan.
Quand on regarde quelqu'un, on n'en voit que la moitié.
On ne connaît jamais une personne entièrement.

Long mieux, long ouvreux.
Long à manger, long au travail.
Qui mange lentement travaille lentement.

Si qu'i fait bieau, prinds tin mantieau ; si qu'i pleut, mets-le si té veux.
S'il fait beau, prends ton manteau ; s'il pleut, mets-le si tu veux.
Il est toujours bon d'être prévoyant.

Tillache

Quand on croise une personne âgée encore alerte, on ne peut pas s'empêcher de penser : *Ravise ch't' ichi, el'taïon i est cor tillache.* Ce qui revient à dire : « Regarde celui-ci, l'aïeul est encore résistant. » Le mot *tillache* provient du tilleul, un arbre que l'on trouvait en grande quantité dans la région au point qu'il a donné son nom à des communes : Tilloy-lès-Mofflaines, Tilloy-lès-Marchiennes, Tilloy-lès-Cambrai… Les anciens utilisaient le tissu végétal – la tille, située sous l'écorce du tilleul – pour fabriquer des cordes aussi résistantes que le chanvre, pour remonter l'eau des puits, par exemple. *Tillache* signifie « solide », « dur à cuire »… comme le mauvais morceau de viande difficile à manger ! *Té t'as cor fait rouler par ch'boucher, s'carne all' est tillache !*

I vaut miux un bon tiot verre èqu' deux grands mauvais.
Il vaut mieux un bon petit verre que deux grands mauvais.
Cela fera moins de mal.

I vaut miux un osiau dins s'main qu'deux dins ch'l'haïure.
Il vaut mieux un oiseau dans la main que deux dans la haie.
Un tien vaut mieux que deux tu l'auras.

Chti qui prind ch'l'ape, i prind ches branques.
Celui qui prend l'arbre prend les branches.
Quand on se marie, on prend la fille et aussi la famille.

El bonheur i est l'air, i quet aussi bien sus l'tiête d'un sache que sus l'tiête d'un sot.
Le bonheur est en l'air, il tombe aussi bien sur la tête d'un sage que sur celle d'un sot.
Tout le monde peut être heureux.

N'fais point vir dù qu't'as muché ch'burre si té n'veux point qu'in y touche.
Ne fais pas voir où tu as caché le beurre si tu ne veux pas que l'on y touche.
Ne montre pas tes richesses si tu veux les conserver.

I faut toudis aller eun' journée à l'fos.
Il faut toujours aller une journée à la fois.
Il faut vivre paisiblement, sans prétendre à plus.

Wassingue

C'est un des mots du vocabulaire chti le plus couramment employé. Qui n'a jamais cherché à intriguer le visiteur en lui demandant d'aller chercher *l'wassingue* ? Et pourtant ce mot ne désigne que la serpillière ! D'où peut bien venir cette appellation ? De l'allemand *Wasser* (« eau ») et *waschen* (« laver »), du néerlandais *wassen* (« lavage ») ou de l'anglais *to wash* (« laver ») ? Se démarquant de *l'wassingue*, en 1740, le chansonnier Brûle-Maison écrit : *J'te donn'rai un doué pour ressuer* (« essuyer ») *t'plache. Doué :* il parlait là d'un balai muni de chiffons. Au nord de Saint-Omer et sur la côte, on dit : *Essue tes pieds, j'viens d'dueller l'mason.* Cette fois, on utilise le mot *duel*. Pas si étrange que cela quand on sait que *dweilen* en néerlandais signifie « passer la serpillière ». *Té peux arvénir, Alphonse, / Pour ti rintrer / Té trouv'ras l'clé, à tes pieds / D'sous l'wassingue.*

Des CAVALIERS durs à désarçonner !

Les compétitions de sports équestres regroupent aujourd'hui trois disciplines – saut d'obstacles, dressage et parcours complet. Les cavalières et les cavaliers français entretiennent une longue et riche histoire avec l'équitation.

André Jousseaume : la maîtrise du dressage

Jusqu'en 1952, les épreuves d'équitation étaient exclusivement réservées aux officiers militaires. En France, le **Cadre noir de Saumur** avait la responsabilité de la formation des cavaliers français. C'est donc tout naturellement qu'**André Jousseaume**, cavalier déjà émérite, intègre cette prestigieuse école.

En 1932, aux Jeux de Los Angeles, il remporte sa première médaille d'or olympique lors de l'épreuve de dressage par équipe, avec la jument Sorella ; il faut dire que, pour ses débuts lors d'une grande compétition, il avait pour équipiers **Xavier Lesage** et **Charles Marion**, respectivement médaillé d'or en équipe et médaillé d'argent en individuel. On ne pouvait trouver mieux.

Aux Jeux de Berlin en 1936, il se classe cinquième avec Favorite, mais remporte la médaille d'argent par équipe. En 1938, il remporte, encore avec Favorite, le Grand Prix de dressage de Londres, prenant sa revanche sur les cavaliers allemands, vainqueurs des Jeux de 1936.

Après la Seconde Guerre mondiale, en 1948, à Londres, il remporte la médaille d'argent individuelle avec Harpagon, ainsi que la médaille d'or par équipe. Aux Jeux d'Helsinki, en 1952, de nouveau avec Harpagon, il se contente de la médaille de bronze individuelle.

En 1956, il participe à ses derniers Jeux, à Stockholm, puisque les épreuves d'équitation des Jeux de Melbourne se sont déroulées en Europe pour éviter d'imposer une quarantaine aux chevaux. Âgé de 62 ans, il se classe néanmoins cinquième.

Pierre Jonquères d'Oriola : le cavalier aux 500 victoires

Né dans une famille de cavaliers catalans, **Pierre Jonquères d'Oriola** enfourche son premier poney, Sans Souci, dès l'âge de 3 ans, s'exerçant sur le domaine de la propriété viticole familiale. À 12 ans, il participe à sa première compétition équestre. Après la Seconde Guerre mondiale, en 1946, il intègre l'équipe de France et remporte son premier concours de sauts d'obstacles. Pour ses débuts olympiques, en 1952, à Helsinki, il monte Ali Baba et enlève la médaille d'or. L'histoire est d'autant plus belle que, six jours auparavant, son cousin Christian d'Oriola a décroché l'or du fleuret. Le génial escrimeur lui a prêté sa casquette blanche porte-bonheur !

Mais l'équitation est l'art du couple, et comme la carrière du cheval est nettement plus brève que celle du cavalier, Pierre Jonquères d'Oriola attendra douze ans pour retrouver un partenaire de haut niveau, Lutteur B, petit cheval anglo-normand. Aux Jeux de Tokyo, en 1964, la France attend vainement sa première médaille d'or, lorsque, le dernier jour, Pierre Jonquères d'Oriola sauve l'honneur en remportant le concours du saut d'obstacles grâce à un second tour où il réalise le seul sans-faute parmi quarante-six concurrents.

Homme du terroir au franc-parler, Pierre Jonquères d'Oriola joua également au rugby et, la retraite sportive venue, il retourna à l'activité ancestrale de sa famille : la viticulture.

Un modèle de parité

Les sports équestres offrent l'exemple parfait de l'égalité hommes/femmes lors des compétitions, qu'elles soient olympiques ou internationales ; les hommes et femmes concourent en effet ensemble dans les épreuves, avec le même règlement.

Pierre Durand et Jappeloup : un couple infernal

En 1980, **Pierre Durand**, cavalier confirmé, fait l'acquisition de Jappeloup de Luze, petit cheval de 1,58 m au garrot (la moyenne des chevaux de sauts est alors

de 1,70 m), mais surdoué et explosif. Avec lui, Pierre Durand va connaître le pire et le meilleur.

Le pire : aux Jeux de Los Angeles, en 1984, lors du concours de sauts d'obstacles, Jappeloup met son cavalier à terre et s'enfuit vers les écuries. Il ne reste que la bride dans les mains du cavalier ! Le meilleur : à Séoul, en 1988, avec le même cheval, Pierre Durand, à la surprise générale, remporte la médaille d'or. Il n'a renversé aucun obstacle lors de ses deux passages. Après la mort soudaine de Jappeloup en 1991, Pierre Durand continuera le saut d'obstacles avec d'autres montures, mais aucune n'égalera le petit cheval noir.

Par équipe, après le titre olympique de 2004, l'équipe de France a brillamment récidivé en 2016, avec **Karim Laghouag**, **Mathieu Lemoine**, **Thibaut Vallette** et **Astier Nicolas**.

Le pentathlon moderne : monter un cheval inconnu

L'épreuve d'équitation du pentathlon moderne consiste à effectuer un parcours en sautant douze obstacles. Cette épreuve est la plus difficile pour un pentathlonien, même spécialiste de l'équitation, car il doit savoir appréhender le caractère d'un cheval qui lui est attribué par tirage au sort et qu'il ne connaît donc pas.

Si la discipline fut longtemps dominée par la Hongrie, depuis quelques années l'équipe de France a pris place parmi les nations qui comptent, avec **Valentin Belaud**, **Valentin Prades**, **Christopher Patte**, **Pierre Dejardin**, **Simon Casse** ou **Élodie Clouvel**, double médaillée d'argent aux Jeux de Rio en 2016 et à ceux de Paris en 2024.

Une discipline exigeante

Le baron Pierre de Coubertin s'inspira, pour inventer le **pentathlon moderne**, des cinq qualités que devait posséder un soldat de cavalerie de la fin du XIXe siècle : nager, courir, combattre avec un pistolet et une épée, et monter un cheval tiré au sort. D'où les cinq épreuves de cette discipline olympique (natation, course à pied, tir au pistolet, escrime et équitation) qui figurent au programme des Jeux depuis 1912 pour les hommes, et 2000 pour les femmes.

Le concours complet : des cavaliers polyvalents

Le concours complet exige du cavalier, comme de son cheval, une très bonne connaissance de toutes les disciplines équestres : la complicité avec son cheval, caractéristique du dressage ; l'endurance nécessaire au cross-country ; la précision, l'agilité et la technique qu'exige le saut d'obstacles.

Aux Jeux, lors de l'épreuve individuelle, **Bernard Chevallier**, en 1948, et **Jean-Jacques Guyon**, en 1968, ont enlevé la médaille d'or. Il faudra attendre 2016, aux Jeux de Rio, pour qu'**Astier Nicolas** renoue avec le podium (médaille d'argent).

Sur les routes de France

Les MERVEILLES du littoral français

Qu'on l'aborde à pied, en bateau ou par les airs, le **littoral français** subjugue par la beauté et la diversité de ses paysages. De l'extrémité nord du pays à la frontière italienne, en passant par le golfe de Gascogne ou le golfe du Lion, la magie opère.

▲ Les falaises découpées et la mer agitée de la côte basque.

La côte basque

De l'Adour à la Bidassoa, la côte basque offre des paysages variés et souvent grandioses. La plage d'Anglet prolonge celles des Landes et termine cette succession de longues bandes de sable. La côte présente alors une alternance de rochers, falaises, baies et criques. Sur à peine 40 km, les petits ports de pêche et les stations balnéaires se succèdent : Bayonne avec ses fêtes traditionnelles et ses maisons blanches à colombages rouges ou verts ; Anglet avec ses activités balnéaires ; Biarritz, connue pour le fameux rocher de la Vierge et la plage de la Côte des Basques, chère aux surfeurs ; Bidart et Guétary, à flanc de falaise, avec les frontons pour les joueurs de pelote basque ; Saint-Jean-de-Luz et son port de pêche très actif ; Hendaye, port de plaisance proche de l'Espagne.

La Côte d'Azur

L'expression de « Côte d'Azur » s'est d'abord appliquée surtout au littoral compris entre Cannes et Menton, où se sont développés en premier le tourisme et la villégiature. Aujourd'hui, elle désigne couramment toute la côte comprise entre la frontière italienne et la station balnéaire la plus proche de Marseille, Cassis. C'est à la douceur de son climat que la Côte d'Azur doit sa fortune. Mais, surtout, l'exposition vers le sud et l'abri formé par les montagnes de Provence et les Alpes valent à ce littoral un ensoleillement exceptionnel. Jusqu'à la Première Guerre mondiale, Cannes, Nice, Monaco et Menton se développent essentiellement comme centres de séjour d'hiver pour la haute bourgeoisie française et pour l'aristocratie européenne. Mais, entre les deux guerres mondiales, et surtout après 1945, la généralisation des congés payés amène un prodigieux essor de l'ensemble de la côte et le renversement de ses activités saisonnières : l'été devient la période de grande activité touristique. Le tourisme balnéaire a ainsi succédé au tourisme climatique, les ports de plaisance se sont multipliés en bordure des marinas, immeubles ou villages édifiés sur le rivage. La quasi-totalité des activités appartient au secteur tertiaire, à l'exception des cultures florales et de quelques industries de pointe. Nice reste la capitale incontestée de cette région touristique.

Le charme des villages en pleine végétation, sur la Côte d'Azur. ▲

La Côte d'Amour

La Côte d'Amour correspond au littoral atlantique de la région de La Baule-Escoublac. Station balnéaire célèbre pour sa plage de 9 km de sable fin, son casino et ses villas bordant la côte, La Baule-Escoublac est située au fond de la baie du Pouliguen, dans le département de la Loire-Atlantique. La corniche de la Grande Côte conduit, au pied des falaises très découpées, à Batz-sur-Mer. Plus à l'ouest, le port de pêche du Croisic conserve des maisons datant des XVIIe et XVIIIe siècles.

▲ La longue plage de La Baule-Escoublac sur la Côte d'Amour.

La Côte d'Argent et la dune du Pilat

La Côte d'Argent désigne le littoral de l'Atlantique s'étendant le long des Landes de Gascogne, entre l'embouchure de la Gironde et la frontière espagnole. Les longues plages de dunes, entrecoupées seulement par l'embouchure des rivières, se succèdent à perte de vue sur plus de 100 km. La plus célèbre des dunes est située sur le littoral atlantique, à l'entrée du bassin d'Arcachon, sur la commune de La-Teste-de-Buch. La dune du Pilat est la plus haute dune d'Europe (entre 100 et 115 m). Classée, depuis 1994, grand site de France, la dune est un site naturel extrêmement fragile, qui se doit d'être protégé. Toujours en mouvement, en raison des vents dominants et des marées, cette force de la nature gagne chaque année entre 1 et 5 cm sur la forêt voisine. Depuis son sommet, l'océan Atlantique, le bassin d'Arcachon et la forêt des Landes offrent un panorama grandiose.

▲ La grande dune du Pilat sur la Côte d'Argent.

▲ La Côte d'Albâtre et ses falaises de craie blanche.

La Côte d'Albâtre et Étretat

La Côte d'Albâtre, célèbre pour ses falaises de craie blanche, offre un paysage unique au monde sur environ 130 km, entre l'estuaire de la Seine et celui de la Somme (de Sainte-Adresse au Tréport). À Étretat, l'un des sites les plus remarquables du littoral normand, la plage est encadrée de hautes falaises blanches de 60 à 80 m de hauteur. La falaise d'Aval (à l'ouest de la digue-promenade) est flanquée d'une arche naturelle monumentale, la porte d'Aval, précédée de la célèbre « Aiguille », haute de 70 m. Un peu plus loin s'élève la Manneporte, formidable arche de pierre de 90 m de haut. De l'autre côté de l'anse, la falaise et la troisième arche, la porte d'Amont, sont surmontées d'une chapelle et d'un monument bâti en hommage aux aviateurs Nungesser et Coli.

La Côte Vermeille

Littoral de la Méditerranée, dans les Pyrénées-Orientales, de Collioure jusqu'au petit village de Cerbère, à la frontière espagnole, la Côte Vermeille s'étend sur environ 20 km entre stations balnéaires pittoresques, plages de galets, vieux ports de pêche et côtes très découpées. Les caps se succèdent, limitant de magnifiques petites anses qui invitent à la baignade entre les falaises, l'intérieur des terres incitant plutôt à la randonnée. La roche brûlée par le soleil et la lumière méditerranéenne si particulière à cette côte du bout du monde, offrent des paysages extraordinaires avec, en toile de fond, le massif pyrénéen d'un côté et la mer de l'autre. La sinueuse route départementale traverse les charmantes stations balnéaires de Collioure, Port-Vendres et Banyuls-sur-Mer.

La Côte d'Opale

La Côte d'Opale correspond au littoral qui s'étend sur les départements du Nord et du Pas-de-Calais. La nature encore sauvage y offre des paysages de falaises, de dunes, de plages, de vallées plus extraordinaires les uns que les autres. La partie la plus spectaculaire de la côte est sans nul doute le grand site des Deux Caps, qui relie les caps Gris-Nez et Blanc-Nez. Les stations balnéaires ou les anciens villages de pêcheurs qui longent cette côte exceptionnelle ont un charme fou. Plus au sud, avant d'atteindre la magnifique baie de Somme, on peut visiter les belles stations de Wimereux, d'Hardelot-Plage ou du Touquet.

Le magnifique cap Blanc-Nez sur la Côte d'Opale. ▲

La Côte de Granit rose

Située dans le département des Côtes-d'Armor, la Côte de Granit rose s'étend de Perros-Guirec à Trébeurden, sur 15 km. Elle doit son nom à la couleur de ses énormes blocs de granit, mais sa notoriété et son attrait proviennent de sa nature encore sauvage, de ses plages de sable fin, de ses stations balnéaires et de ses petits ports de pêche au charme envoûtant. Dans ce décor unique, sous la lumière changeante du soleil, les chaos de Ploumanac'h sont d'une incroyable beauté. Entre curiosités géologiques, criques sauvages, mer capricieuse, richesse de la faune et de la flore et sentier des douaniers, la côte bretonne est un véritable paradis sur terre.

▲ La Côte de Granit rose et le phare de Mean Ruz.

◀ Le charmant village de Collioure sur la Côte Vermeille.

Parlers régionaux et savoureux

Les EXPRESSIONS de nos grand-mères

Les proverbes, sentences et maximes de nos aïeux sont nés en marge du savoir institué. Ils fleurent bon les travaux des champs, les premiers ateliers et les alcôves. Ils disent nos craintes et nos désirs et conjurent le mauvais sort.

A beau mentir qui vient de loin.
Celui qui vient d'un pays lointain peut, sans craindre d'être démenti, raconter des choses fausses.

À bon chat, bon rat.
Se dit quand celui qui attaque trouve un adversaire capable de lui résister.

Abondance de biens ne nuit pas.
On accepte encore, par mesure de prévoyance, une chose dont on a déjà une quantité suffisante.

À bon vin point d'enseigne.
Ce qui est bon se recommande de soi-même.

À l'œuvre on connaît l'ouvrier (ou l'artisan).
C'est par la valeur de l'ouvrage qu'on juge celui qui l'a fait.

À père avare, fils prodigue.
Un défaut, un vice fait naître autour de soi, par réaction, le défaut, le vice contraire.

À quelque chose malheur est bon.
Les événements pénibles peuvent avoir un aspect positif, notamment en donnant de l'expérience.

Argent

L'argent est un bon serviteur et un mauvais maître.
L'argent contribue au bonheur de celui qui sait l'employer mais fait le malheur de celui qui se laisse dominer par l'avarice ou la cupidité. Cette leçon a traversé les époques sans prendre une ride…

À tout seigneur, tout honneur.
Il faut rendre honneur à chacun suivant son rang.

Au royaume des aveugles, les borgnes sont rois.
Avec un mérite, une intelligence médiocres, on brille au milieu des sots et des ignorants.

À vieille mule, frein doré.
On pare une vieille bête pour mieux la vendre ; se dit aussi de vieilles femmes qui abusent des artifices de la toilette.

Beaucoup de bruit pour rien.
Titre d'une comédie de Shakespeare, passé en proverbe pour exprimer qu'une affaire insignifiante a pris des proportions excessives.

Bien mal acquis ne profite jamais.
On ne peut jouir en paix du bien obtenu malhonnêtement.

La caque sent toujours le hareng.
On porte toujours la marque de son origine, de son passé.

C'est l'hôpital qui se moque de la Charité.
Se dit de celui qui se moque de la misère d'autrui, bien qu'il soit lui-même aussi misérable.

Charbonnier est maître chez soi.
Chacun est libre d'agir comme il l'entend dans sa propre demeure.

Chat échaudé craint l'eau froide.
On redoute même l'apparence de ce qui vous a déjà nui.

Cœur qui soupire n'a pas ce qu'il désire.
Les soupirs que l'on pousse prouvent qu'on n'est pas satisfait.

Les conseilleurs ne sont pas les payeurs.
Défions-nous des conseilleurs ; ni leur personne ni leur bourse ne courent le risque qu'ils conseillent.

Les cordonniers sont les plus mal chaussés.
On néglige souvent les avantages qu'on a, de par sa condition, à sa portée.

De (ou entre) deux maux, il faut choisir le moindre.
Adage que l'on prête à Socrate, qui aurait ainsi expliqué pourquoi il avait pris une femme de très petite taille.

Saisons

En avril, n'ôte pas un fil ; en mai, fais ce qu'il te plaît.
On ne doit pas mettre des vêtements légers en avril ; on le peut en mai. Les dictons saisonniers sont légion dans la sagesse populaire. Rien d'étonnant : l'allure du ciel n'est-elle pas une source constante de discussions et de commentaires ?

L'enfer est pavé de bonnes intentions.
Les bonnes intentions ne suffisent pas si elles ne sont pas réalisées ou n'aboutissent qu'à des résultats fâcheux.

Entre l'arbre et l'écorce il ne faut pas mettre le doigt.
Il ne faut pas intervenir dans une dispute entre proches.

La faim chasse le loup hors du bois.
La nécessité contraint les hommes à faire des choses qui leur déplaisent.

Faute de grives, on mange des merles.
À défaut de mieux, il faut se contenter de ce que l'on a.

L'habit ne fait pas le moine.
Ce n'est pas sur l'apparence qu'il faut juger les gens.

L'habitude est une seconde nature.
L'habitude nous fait agir aussi spontanément qu'un instinct naturel.

Il ne faut jamais jeter le manche après la cognée.
Il ne faut jamais se décourager.

Il ne faut jurer de rien.
Il ne faut jamais répondre de ce qu'on fera ni de ce qui peut arriver.

Aveuglement

Il n'est pire aveugle que celui qui ne veut pas voir ou **Il n'est pire sourd que celui qui ne veut pas entendre.**
Le parti pris ferme l'esprit à tout éclaircissement. La formulation de cette maxime est très claire et nous invite, sans détour, à faire preuve d'ouverture d'esprit.

Il n'est pire eau que l'eau qui dort.
C'est souvent des personnes d'apparence inoffensive qu'il faut le plus se méfier.

Il vaut mieux aller au boulanger (ou **au moulin) qu'au médecin.**
La maladie coûte plus cher encore que la dépense pour la nourriture.

Il vaut mieux avoir affaire (ou **s'adresser) à Dieu qu'à ses saints.**
Il vaut mieux s'adresser directement au maître qu'aux subalternes.

Il y a loin de la coupe aux lèvres.
Il peut arriver bien des événements entre un désir et sa réalisation.

Le jeu ne vaut pas la chandelle.
La chose ne vaut pas la peine qu'on se donne pour l'obtenir.

Mains froides, cœur chaud.
La froideur des mains indique un tempérament amoureux.

Mauvaise herbe croît toujours.
Se dit pour expliquer la croissance rapide d'un enfant difficile.

Mettre la charrue avant (ou **devant) les bœufs.**
Commencer par où l'on devrait finir.

Le mieux est l'ennemi du bien.
On court le risque de gâter ce qui est bien en voulant obtenir mieux.

Morte la bête, mort le venin.
Un ennemi, un être malfaisant ne peut plus nuire quand il est mort.

Nécessité fait loi.
Dans les cas extrêmes, certains actes sont justifiés.

Nul n'est prophète en son pays.
Personne n'est apprécié à sa vraie valeur là où il vit habituellement.

L'occasion fait le larron.
Les circonstances peuvent provoquer des actes répréhensibles auxquels on n'aurait pas songé.

Œil pour œil, dent pour dent.
Le châtiment doit être identique à l'offense (loi du talion).

On ne prête qu'aux riches.
On ne rend des services qu'à ceux qui sont en état de les récompenser ; on attribue volontiers certains actes à ceux qui sont habitués à les faire.

On reconnaît l'arbre à ses fruits.
C'est à ses actes qu'on connaît la valeur d'un homme.

Paris (ou **Rome) ne s'est pas fait(e) en un jour.**
Une tâche difficile exige du temps.

Pauvreté n'est pas vice.
Il n'y a pas de honte à être pauvre.

Plaie d'argent n'est pas mortelle.
Les pertes d'argent peuvent toujours se réparer.

Quand le vin est tiré, il faut le boire.
L'affaire étant engagée, il faut en accepter les suites, même fâcheuses.

Prudence

Il faut tourner sept fois sa langue dans sa bouche avant de parler.

Avant de parler, avant de se prononcer sur un sujet, il faut mûrement réfléchir. Voici une autre manière de le dire : « Rien ne sert de courir, il faut partir à point. »

Qui aime bien châtie bien.
Celui qui aime vraiment ne craint pas de faire preuve de sévérité.

Qui ne dit mot consent.
Ne pas élever d'objection, c'est donner son accord.

Qui paie ses dettes s'enrichit.
En payant ses dettes, on crée ou on augmente son crédit.

Qui sème le vent récolte la tempête.
Celui qui provoque le désordre en subira les conséquences.

Qui trop embrasse mal étreint.
Celui qui entreprend trop de choses à la fois n'en réussit aucune.

Qui veut la fin veut les moyens.
Qui veut une chose ne doit pas reculer devant les moyens qu'elle réclame.

Qui veut noyer son chien l'accuse de la rage.
Quand on en veut à quelqu'un, on l'accuse faussement.

Qui veut voyager loin ménage sa monture.
Il faut ménager ses forces, ses ressources, etc., si l'on veut tenir, durer longtemps.

Si jeunesse savait, si vieillesse pouvait.
Les jeunes manquent d'expérience et les vieillards, de force.

Le soleil luit pour tout le monde.
Chacun a droit aux choses que la nature a accordées à tous.

Tous les chemins mènent à Rome.
Il y a bien des moyens d'arriver au même but.

Toute peine mérite salaire.
Chacun doit être récompensé de son travail, si modeste soit-il.

Toute vérité n'est pas bonne à dire.
Il n'est pas toujours bon de dire ce que l'on pense, aussi vrai que cela puisse être.

Un clou chasse l'autre.
Se dit en parlant de personnes ou de choses qui succèdent à d'autres et les font oublier.

Une fois n'est pas coutume.
Un acte isolé est sans conséquence ; on peut fermer les yeux sur un acte isolé.

Patience

Tout vient à point à qui sait attendre.

Avec du temps et de la patience, on réussit, on obtient ce que l'on désire. Les sentences exhortant à la patience sont nombreuses et reviennent souvent dans la bouche des sages. La Fontaine en faisait d'ailleurs la morale de sa fable « Le Lion et le Rat » : « Patience et longueur de temps font plus que force ni que rage. »

Une hirondelle ne fait pas le printemps.
On ne peut rien conclure d'un seul cas, d'un seul fait.

Un homme averti en vaut deux.
Quand on a été prévenu de ce que l'on doit craindre, on se tient doublement sur ses gardes.

Un mauvais arrangement vaut mieux qu'un bon (ou **que le meilleur) procès.**
S'entendre, à quelque condition que ce soit, vaut mieux que de plaider.

Ventre affamé n'a point d'oreilles.
Celui qui est tenaillé par la faim est sourd à toute parole.

Sur les routes de France

La FRANCE, chemin faisant

La France est le **paradis des randonneurs**. Avec ses paysages variés, ses hautes et moyennes montagnes, ses côtes découpées, ses lacs et gorges, notre territoire a ceci d'extraordinaire qu'il change en permanence au détour d'un chemin ou d'une région. Voici quelques itinéraires magnifiques à faire sur deux ou trois jours.

Le Tour du ballon d'Alsace

Quel que soit l'itinéraire que vous choisirez, sachez que les panoramas que vous pourrez admirer lors de cette randonnée sont tout simplement grandioses et que le Tour du ballon d'Alsace peut se faire sur trois jours, sans être un marcheur aguerri. Cette courte randonnée, d'une distance de 55 km, est un bon moyen de découvrir le patrimoine naturel et culturel de l'Alsace, ainsi que son terroir et ses spécialités de montagne dans les nombreuses fermes-auberges, qui réservent aux marcheurs un accueil chaleureux pour une pause gourmande. Goûtez absolument au munster-géromé ! Tout au long de la randonnée, vous traverserez divers types de paysages, de la forêt du piémont jusqu'au sommet du massif vosgien en passant par les clairières et les prés de pâture. Vous pourrez également observer la richesse de la flore vosgienne, qui varie en fonction de l'altitude et de la saison. Dans les vallées alentour, forêts, rivières et tourbières alternent tandis que, sur les hauteurs, la végétation se fait alpestre. Au fil des sentiers, les pâturages d'altitude laissent la place à des lacs, des plateaux et des cirques glaciaires. Avec un peu de chance, vous pourrez observer des chamois, réintroduits depuis 1956, des castors, qui peuplent les rivières de la vallée de la Doller, et des faucons pèlerins ou encore des tétras.

▼ Le col du Grand ballon d'Alsace.

Les calanques, de Cassis à Marseille

Bienvenue dans le parc national des Calanques, premier parc national périurbain d'Europe, à la fois terrestre et marin ! Que vous soyez promeneur occasionnel, amoureux des grands espaces ou marcheur chevronné, les calanques de Marseille vous donneront l'occasion d'admirer des paysages uniques, entre falaises et criques sauvages… Le **GR 98** relie Marseille au départ de la calanque de Callelongue à Cassis, en 11 heures de marche environ. De son côté, le **GR 51** propose une randonnée sur deux jours, derrière le massif de Marseilleveyre. Attention, marcher sur les collines des calanques n'est pas forcément facile : les sentiers et chemins sont caillouteux, sans compter la chaleur, le vent et l'aridité. Il faut donc prévoir un équipement adapté et ne pas oublier que la météo peut évoluer. Les points d'eau étant rarissimes, n'oubliez surtout pas votre provision et n'allumez évidemment pas de feu.

Les calanques de Cassis. ▲

La traversée de la baie de Somme

Entre Le Crotoy et Saint-Valéry-sur-Somme, cette randonnée d'une demi-journée est une excellente manière de découvrir la baie de Somme en famille, d'autant qu'elle fait désormais partie des 30 plus belles baies du monde ! Prêts à patauger dans la vase et les mollières ? Sachez qu'il est possible, une fois la baie traversée, de revenir à votre point de départ avec le petit train à vapeur de la baie de Somme.

▲ La merveilleuse baie de Somme.

La douceur du Luberon

Grâce au **GR 97**, les amoureux de la marche pourront découvrir le **Luberon** et ses paysages exceptionnels. Difficile pour un randonneur de ne pas faire une petite halte gourmande au cœur d'un village reculé pour y goûter vins et fromages avant ou après avoir traversé les nombreuses et somptueuses garrigues, gorges et rivières de la région.

Le Cotentin normand

Si vous avez quatre jours pour randonner, pourquoi ne pas vous rendre dans la presqu'île du **Cotentin** ? Grâce au **GR 223**, vous pourrez découvrir sur 88 km de magnifiques paysages. N'hésitez pas à faire un petit détour par Barfleur, charmante commune gratifiée du label des « plus beaux villages de France ».

La côte normande. ▲

Le Tour du lac de Vassivière, la perle du Limousin

Pour les amoureux de la marche, une des plus agréables promenades à faire dans le Limousin est sans conteste le Tour du lac de Vassivière sur deux jours, par le sentier des rives autour du lac : un parcours vallonné entre bois et landes, rives et sommets, passerelles sur pilotis, digues à fleur d'eau et ponts. L'itinéraire idéal consiste à garer sa voiture par exemple à Nergout et à entamer le tour du lac en prenant la direction de Broussas. Après cinq à six heures de marche facile et quasiment sans dénivelé, les randonneurs pourront dormir et se restaurer en fin de journée au port d'Auphelle. Le lendemain, ils pourront rejoindre Nergout, après avoir pris le temps de découvrir l'île de Vassivière et le Centre international d'art et du paysage, où de nombreuses sculptures d'art contemporain ornent le paysage.

Le lac de Vassivière. ▲

Le massif de l'Esterel

D'innombrables sentiers parcourent le superbe massif de l'Esterel, dont les roches rouges et les reliefs abrupts surplombent l'immensité bleue de la mer Méditerranée. La légende raconte que la fée Esterelle, que les femmes venaient consulter pour devenir fécondes, est à l'origine de son nom. Ce massif qui s'étend sur 32 000 ha, dont près de la moitié est classée zone « Natura 2000 », jouxte les communes de Saint-Raphaël, Fréjus, Bagnols-en-Forêt et les adrets de l'Esterel. Le massif servit, au Moyen Âge, de refuge aux ermites, dont saint Honorat (qui donnera son nom à la fameuse grotte Saint-Honorat), et, aux XVIIe et XVIIIe siècles, à des prisonniers évadés du bagne de Toulon. Enfin, on raconte que Gaspard de Besse, le brigand au grand cœur, y aurait caché son trésor…

Les Causses du Quercy

Pour découvrir le parc naturel régional des **Causses du Quercy**, cet environnement exceptionnel où se marient causses rocailleux, vallées verdoyantes, gorges, sources et résurgences vert émeraude, bois de petits chênes et dolmens, ou encore vieux moulins et petits ponts, le mieux est d'emprunter le **GR 652**. Vous pourrez ainsi marcher jusqu'à la cité sacrée de **Rocamadour**, le **gouffre de Padirac** et sa rivière souterraine, située à 103 m de profondeur, ou encore **Carennac**, l'un des « plus beaux villages de France ».

Le massif du Mont-Dore

Avec des paysages volcaniques époustouflants, le territoire du Sancy s'inscrit au cœur du parc naturel régional des Volcans d'Auvergne. Pour profiter de cet environnement naturel exceptionnel, rien de mieux qu'une randonnée. Partez à la découverte du lac Pavin, le plus jeune lac de cratère de France métropolitaine. Profitez des panoramas majestueux lors de l'ascension des crêtes du Sancy ou des monts Dore !

Le puy de Sancy dans le Massif central. ▶

Le massif de la Vanoise

Le parc national de la Vanoise est situé entre les vallées de la **Tarentaise** et de la **Maurienne,** dans les Alpes françaises, et bordé par le parc national du Grand Paradis, en Italie. Des centaines de kilomètres de chemins de randonnée sillonnent diverses zones protégées où l'on peut apercevoir, notamment, des bouquetins des Alpes. Amis randonneurs, voici un terrain de jeu exceptionnel qui peut faire l'objet d'un itinéraire sur une journée : de Méribel au refuge du Saut, par exemple ; ou, sur plusieurs jours : le Tour de la Vanoise en empruntant la **Via Alpina** ou le **GR 5**.

▲ Le parc national de la Vanoise.

L'ascension du piton des Neiges à La Réunion

Avec ses 3 070 m d'altitude, le piton des Neiges est le point culminant de l'océan Indien. Randonnée incontournable de La Réunion, son ascension se fait sur deux jours, permettant ainsi de contempler le lever du soleil depuis le sommet de l'île. Il est recommandé de débuter la randonnée au lieu-dit du Bloc et de poursuivre à travers les lacets très raides, d'où la vue sur le cirque de Cilaos est magnifique. Une courte nuit de sommeil s'impose au refuge du piton des Neiges pour repartir très tôt le matin et, après deux heures de marche, atteindre le sommet pour admirer le panorama sur l'île et le piton de la Fournaise.

▼ Randonneur sur le piton des Neiges.

Sur les routes de France

L'ÎLE-DE-FRANCE et son patrimoine unique

Avec ses monuments, pour la plupart classés au patrimoine mondial de l'Unesco, la Ville lumière est la première destination touristique mondiale.

▲ La place des Vosges.

La naissance de Paris

Paris est né de l'installation de la tribu celtique des *Parisii* dans une île de la Seine. Entouré de forêts et de marécages, le village, Lutèce, tombe en 52 avant J.-C. aux mains des Romains. Il s'étend sur la rive gauche et prend l'aspect d'une ville gallo-romaine. À la suite des invasions germaniques, la cité sert de refuge, derrière un rempart construit avec les pierres des monuments de la rive gauche, qui est réoccupée dès le IVe siècle. Lors de l'invasion des Huns d'Attila, la population veut fuir, mais sainte Geneviève l'en empêche. Lutèce s'appelle alors Paris.

Paris, l'héritage des siècles

Les rois francs font de Paris leur résidence à partir du règne de Clovis. L'avènement des Capétiens (987) favorise l'essor de la ville et, au XIe siècle, Paris, fortifié, fonde sa prospérité sur le commerce fluvial. Un siècle plus tard, le grand commerce connaît une considérable extension. C'est l'époque de la construction des premières Halles et de Notre-Dame. Philippe Auguste ordonne l'édification d'une seconde enceinte. L'Université de Paris est créée en 1215, la Sorbonne est fondée en 1257.

Paris, la ville des révoltes

Paris connaît les troubles des guerres de Religion (massacre de la Saint-Barthélemy le 24 août 1572), de la Ligue, et de la Fronde, qu'inaugure la journée des Barricades (26 août 1648). Au XVIIIe siècle, Paris, avec 600 000 habitants, constitue le principal foyer culturel de l'Europe. Théâtre principal de la Révolution française (prise de la Bastille [1789], création de la Commune de Paris), la ville est également à l'origine des révolutions de 1830 et de 1848. Une nouvelle enceinte (dite de Thiers) est construite (1841-1845), puis, en 1859, les 11 communes périphériques sont annexées au territoire parisien tandis que les arrondissements passent de 12 à 20 le 1er janvier 1860.

Le Paris du baron Haussmann

C'est de 1853 à 1870 que le célèbre baron Haussmann, préfet de la Seine, donne à la ville ses grandes perspectives. Assiégé par les Allemands du 19 septembre au 28 janvier 1871, Paris traverse l'épisode révolutionnaire de la Commune (18 mars-28 mai 1871), dont l'échec conduit à transformer le statut municipal de la capitale, la privant de son maire.

Les illuminations de Notre-Dame. ▲

Paris libéré !

Sous la Seconde Guerre mondiale, Paris est occupé par les Allemands de 1940 à 1944. Sa libération (combats du 19 au 25 août 1944) se fait à l'initiative de la Résistance intérieure, et sera parachevée par l'arrivée de la 2e division blindée. Cet épisode connaît un retentissement mondial. Le 31 décembre 1975, Paris devient une collectivité territoriale, à la fois commune et département. La ville élit son maire depuis 1977.

La tour Eiffel ou la « dame de fer »

La tour Eiffel est un monument métallique érigé par Gustave Eiffel sur le Champ-de-Mars, à Paris, pour l'Exposition universelle de 1889. Clou de l'Exposition, la tour devait connaître un succès durable, malgré les critiques qui s'élevèrent dans le monde des lettres et des arts lorsque fut décidée son édification. Radio Tour Eiffel a émis régulièrement à partir de 1921 ;

La Conciergerie le long des quais de Seine.

et la télévision depuis 1957. Inscrite à l'inventaire des Monuments historiques en 1964, la tour appartient à la Ville de Paris. Gérée, depuis 1980, par une société d'exploitation, elle accueille chaque année plus de 6 millions de visiteurs.

Notre-Dame, chef-d'œuvre de l'art gothique

Construite du XIIe au XIVe siècle, mais totalement « revue » par Viollet-le-Duc au XIXe siècle, la cathédrale de Paris est néanmoins incontournable. C'est d'ici, d'ailleurs, que part le kilométrage de toutes les routes nationales. Mais la rosace, les portails et les galeries de la façade méritent l'attention du visiteur, tout comme les arcs-boutants de l'abside et la crypte archéologique.

La Conciergerie, l'antichambre de la guillotine...

Partie médiévale du palais de la Cité, la Conciergerie comprend quatre tours, dites de l'Horloge, de César, d'Argent, Bombée ou Bon-Bec. Elle doit son nom au concierge, important officier royal qui avait la charge du palais et avait droit de basse et moyenne justice. Transformée en prison en 1392, lorsque le roi abandonna le palais, elle fut aménagée durant la Révolution pour rassembler un grand nombre de détenus, pour la plupart voués à la guillotine ; Fouquier-Tinville y logeait. Le public est admis à visiter la

▲ La basilique du Sacré-Cœur domine tout Paris.

salle des Gardes et celle des Gens d'armes, les cuisines, la galerie des Prisonniers, le cachot de Marie-Antoinette, la chapelle des Girondins et la cour des Femmes.

La butte Montmartre

Du haut de ses 130 m de hauteur, la butte Montmartre, site légendaire du martyre de saint Denis, où fut édifiée à la fin du XIXe siècle la basilique du Sacré-Cœur, domine la rive droite de la Seine. L'ancien village que constituait Montmartre a été annexé à Paris en 1860. Avec ses rues tortueuses, ses maisons basses et ses jardinets qu'ont représentés de nombreux peintres (tel Utrillo), avec ses cabarets et sa place du Tertre, la « Butte » constitue l'un des sites touristiques les plus visités de la capitale.

▲ Le bassin d'Apollon situé dans l'axe du château de Versailles.

L'Arc de Triomphe

Situé au centre de la place de l'Étoile, désormais place Charles-de-Gaulle, ce monument à la gloire des armées napoléoniennes a été conçu par Chalgrin en 1806 mais inauguré seulement en 1836. On y admire *La Marseillaise,* haut-relief sculpté par François Rude, tout autant que l'on y vénère le « Soldat inconnu » en souvenir de la guerre de 1914-1918. De son sommet, à 50 m au-dessus de la place, la vue est imprenable sur tout Paris.

Si Versailles m'était conté

Louis XIV s'installe définitivement au château le 6 mai 1682, et Versailles devient ainsi la capitale du royaume. Précédée par les assemblées des notables de 1787 et 1788, tenues dans la salle des Menus-Plaisirs, la Révolution y débute avec la réunion des États généraux dans la même salle (5 mai 1789), le serment de la salle du Jeu de paume (20 juin) et les journées des 5 et 6 octobre, après lesquelles la Cour est ramenée à Paris. Occupée par les Prussiens (1815), la ville ne retrouve pas son rôle de capitale sous la Restauration, et Louis-Philippe transforme le palais en musée (1837).

L'Arc de Triomphe au cœur de la place de l'Étoile.

Le Versailles de tous les traités

Versailles voit la première rencontre de Thiers avec Bismarck (novembre 1870), la proclamation de Guillaume Ier comme empereur allemand (18 janvier 1871), les négociations d'armistice avec Bismarck et de paix, entre Thiers et le chancelier. L'Assemblée nationale vient de Bordeaux siéger dans une des salles du palais (20 mars) et y vote les lois constitutionnelles de 1875. Le gouvernement réside à Versailles pendant la Commune (mars-mai 1871). Les deux Chambres du Parlement ont siégé dans la ville jusqu'en 1879. Le traité de paix avec l'Allemagne et le pacte de la Société des Nations y ont été signés (28 juin 1919).

Vaux-le-Vicomte, un joyau à la française

Construit de 1656 à 1661 par Le Vau pour le surintendant des Finances Fouquet, le château de Vaux-le-Vicomte est coiffé de hauts toits d'ardoises à la française et entouré de douves. La façade méridionale, qui domine la perspective des jardins, est surmontée d'un dôme et décorée de sculptures de Michel Anguier et de Thibault Poissant. L'ensemble, légèrement marqué d'italianisme, annonce l'art versaillais. Les jardins sont l'une des plus harmonieuses créations de Le Nôtre, qui a utilisé les dénivellations du terrain pour aménager des parterres, des bassins, des ronds-points ornés de statues. À l'extrémité s'étale le « Grand Arpent d'eau », bordé de cascades et de niches décorées de rocaille ; à l'horizon, une copie de l'*Hercule Farnèse* s'élève au sommet du vertugadin.

La splendeur de Vaux-le-Vicomte et des jardins à la française. ▶

La Grande Arche

La Grande Arche est située à l'extrémité ouest du quartier de la Défense, où elle clôt le majestueux axe Concorde/Arc de Triomphe. Sorte de cube ouvert, de 110 m de haut, conçue par le Danois Otto von Spreckelsen et le Français Paul Andreu, elle a été inaugurée en 1989. Elle abrite notamment l'Arche de la fraternité (Fondation internationale des droits de l'homme).

La forêt de Fontainebleau et ses rochers de grès.

Provins, la médiévale

Dépendant du comté de Vermandois au Xe siècle et des comtes de Champagne au XIe siècle, Provins acquit son importance au XIIe siècle grâce aux foires créées par le comte Thibaud III. Ville-Haute, avec ses remparts des XIIe-XIVe siècles, son donjon original (« tour de César »), en partie du début du XIIe siècle, l'église Saint-Quiriace, commencée en 1160, la Grange-aux-Dîmes (XIIe siècle), des demeures anciennes (musée du Provinois dans une maison romane). Ville-Basse, aux édifices médiévaux souvent remaniés, dont l'église Saint-Ayoul (portail à statues-colonnes d'environ 1160) et l'église Sainte-Croix (XIIe-XVIe siècles). La ville médiévale fortifiée de Provins a été inscrite sur la liste du patrimoine mondial de l'Unesco en 2001.

L'esprit musette des guinguettes

Les jours de congé, les ouvriers parisiens allaient volontairement manger et danser dans ces cafés des bords de la Seine ou de la Marne, à Nogent (où certaines existent toujours). On canotait aussi après déjeuner. Ces temples du musette, à l'atmosphère gentiment canaille, ont été rendus célèbres par les écrivains (Maupassant, Simenon), les peintres impressionnistes, les cinéastes (Marcel Carné, Julien Duvivier, Jacques Becker, Jean Renoir) et par de nombreuses chansons.

Escalade à Fontainebleau

La forêt de Fontainebleau, connue au Moyen Âge sous le nom de « forêt de Bière », faisait déjà partie du domaine royal aux premiers temps de la monarchie française. Depuis, la forêt a une vocation essentiellement touristique avec ses nombreux points de vue et ses sites pittoresques ; beaucoup d'entre eux doivent leur attrait à des chaos de rochers gréseux, qui constituent pour les alpinistes parisiens une école d'escalade célèbre dans le monde entier. Les principales essences sont le chêne, le hêtre, le bouleau, le pin Laricio et le pin sylvestre. Avec environ 10 millions de visites par an, la forêt de Fontainebleau est la forêt la plus parcourue de France.

Le plus grand stade de France

L'organisation de la Coupe du monde de football 1998 ayant été attribuée à la France, Édouard Balladur choisit en 1993 la ville de Saint-Denis pour la construction du stade où devra se dérouler la finale. Dédié principalement au football, au rugby et à l'athlétisme, le stade est achevé en 1997 et contient 80 000 places. Les 25 000 places de la tribune basse peuvent reculer de 15 m afin d'en faire un vrai stade olympique.

▲ La tour de César, également appelée tour du Roi ou tour aux Prisonniers, est en fait le donjon de Provins.

▲ Guinguette à Champigny-sur-Marne.

Ils ont fait la France

Des MÉROVINGIENS aux rois maudits

▲ Représentation des rois francs (dont Mérovée) sur une grille de loto du XIXe siècle.

De Mérovée, roi légendaire, aux fils de Philippe le Bel, les « rois maudits », trois dynasties se succèdent. Mérovingiens, Carolingiens, et enfin Capétiens directs façonnent la France des temps modernes.

Mérovée

Mérovée (Ve siècle) a donné son nom à une dynastie, la première de l'histoire de France. Mais personne n'est en mesure d'affirmer qu'il a bel et bien existé. Personnage sans doute légendaire, Mérovée aurait été, selon les chroniqueurs, le second roi des Francs Saliens et l'ancêtre de Clovis. Installés sur la rive droite du Rhin et comptant parmi les peuples germaniques, les Francs se sont rassemblés en une confédération et les Saliens s'installent bientôt en Gaule Belgique, sur les rives de l'Escaut.

▲ Clovis décapitant le guerrier qui l'a outragé à Soissons, miniature extraite des *Grandes Chroniques de France* de Jean Fouquet, XVe siècle.

Clovis

Chef des Francs Saliens, Clovis (v. 465-511) est le fils de Childéric. Il règne sur un territoire allant de Cologne à Tournai et Metz, avant de conquérir à force de batailles un empire immense qui s'étendra jusqu'aux Pyrénées. La *Terra francorum*, « terre des Francs », prépare la France. Grand guerrier, Clovis est aussi un grand administrateur et il comprend tout l'intérêt qu'il y a pour lui à se concilier la coopération des évêques chrétiens. Le païen, à l'instigation de sa femme Clotilde, accepte ainsi d'être baptisé.

Dagobert

Arrière-petit-fils de Clovis, Dagobert (VIIe siècle) est sans doute le plus célèbre des rois mérovingiens. Or, son règne est assez bref. Durant neuf ans, de 629 jusqu'à sa mort en 638, Dagobert règne seul sur l'ensemble du royaume des Francs. Protecteur de l'Église, et particulièrement de l'abbaye de Saint-Denis, administrateur prudent, il s'entoure de conseillers avisés tels saint Ouen et saint Éloi. Dagobert règne sur un territoire qui correspond à l'ancienne Gaule romaine, beaucoup plus vaste que celui des « rois de France » à venir.

▲ Bataille de Poitiers, miniature extraite des *Grandes Chroniques de France*, XVe siècle.

Le vase de Soissons

Après la bataille de Soissons (486), au cours de laquelle le Romain Syaggrius est battu par Clovis, ce dernier réclame à un soldat, en surplus de sa part de butin, un vase pris dans une église afin de le remettre à l'évêque de Reims. Le soldat brise le vase, rappelant au roi l'égalité des guerriers dans le partage des dépouilles. L'année suivante, alors que le roi passe en revue les troupes, il fend le crâne du soldat en disant « Ainsi as-tu fait du vase de Soissons ».

Charles Martel

Charles Martel (v. 688-741) a dominé de son autorité les « rois fainéants » et s'est imposé comme véritable chef du royaume des Francs. Maire du palais, à savoir chef de l'administration, il entre dans l'Histoire après sa victoire sur les Arabes. La bataille de Poitiers en 732 ne fut pas un haut fait d'armes mais devint vite un symbole : celui de la défense de la foi contre les infidèles. Protecteur de la chrétienté et restaurateur de l'unité du royaume, Charles Martel peut alors préparer ses fils à lui succéder et à s'emparer de la couronne des Mérovingiens.

Couronnement de Philippe Auguste dans la cathédrale de Reims, miniature extraite des *Grandes Chroniques de France*, enluminures de Jean Fouquet, XVe siècle. ▲

Pépin le Bref

Pépin le Bref (v. 715-768) est le fils de Charles Martel. Quand son frère Carloman se retire dans un monastère, il peut gouverner seul et décide de déposer le dernier souverain mérovingien avant de se faire proclamer roi en 751 par une assemblée de barons, avec l'accord du pape Zacharie. En contrepartie, Pépin s'engage à protéger Rome des incursions des Lombards. Quand il meurt en 768, il laisse à ses fils Charles et Carloman un royaume solide.

▲ Charlemagne en pleine bataille, miniature extraite des *Grandes Chroniques de France*, enluminures de Jean Fouquet, XVe siècle.

Charlemagne

Charlemagne (742 ou 747-814) partage l'héritage de Pépin avec son frère Carloman, mais celui-ci meurt en 771 et voilà Charles seul maître d'un royaume franc qu'il va agrandir et transformer en empire. Vainqueur des Lombards, il gouverne le nord de l'Italie et se fait protecteur de l'Église. À l'est, il vient à bout des Avars et des Saxons. En 800, Charles est sacré empereur d'Occident à Rome et, depuis Aix-la-Chapelle où il a établi sa capitale, Carolus Magnus (Charles le Grand, « Charlemagne ») gouverne son immense empire à l'aide d'une puissante et très efficace administration.

Hugues Capet

Hugues Capet (941-996) est marquis de Neustrie et il est sans doute le plus puissant des ducs francs. Avec le soutien des évêques, il écarte le dernier des Carolingiens. En 987, à Senlis, lors d'une assemblée des grands barons, l'archevêque de Reims Adalbéron trouve les mots qui conviennent : « Le trône ne s'acquiert point par droit héréditaire et l'on ne doit mettre à la tête du royaume que celui qui se distingue non seulement par la noblesse corporelle mais encore par les qualités de l'esprit. » Hugues Capet est aussitôt élu roi, en vertu d'un principe qu'il va s'empresser d'oublier en faisant sacrer son fils.

▲ Philippe IV entouré de sa fille et de ses trois fils, miniature.

Philippe II Auguste

Philippe II Auguste (1165-1223) monte sur le trône en 1180 et engage une longue lutte contre la puissance anglaise des Plantagenêts. En 1204, il leur reprend la Normandie, puis il reconquiert l'Anjou et la Touraine. En 1214, enfin, il défait les alliés du roi d'Angleterre à Bouvines. Jusqu'à sa mort, en 1223, il affermit le pouvoir du roi sur ses grands vassaux et agrandit Paris qui est désormais protégée par une vaste enceinte fortifiée.

Saint Louis

Louis IX (1214-1270), dit aussi Saint Louis, est roi de France de 1226 à 1270, un long règne durant lequel il s'engage à deux reprises dans des croisades infructueuses. Roi très chrétien, il réorganise profondément l'administration du royaume, notamment la justice, et se fait le défenseur rigoureux de la foi en faisant régner un certain ordre mora et austère. Louis IX trouve la mort sous les murs de Tunis, lors de la huitième croisade Il est canonisé dès 1297.

Philippe IV le Bel

Philippe IV le Bel (1268-1314), surnomm « le roi de fer », règne de 1285 à sa mort Aidé d'une puissante administration, i renforce considérablement le pouvoi royal et engage un véritable bras de fe avec la papauté, à laquelle il reproch son ingérence dans les affaires de l'État Empêtré dans de sérieuses difficulté financières, il n'hésite pas à dévaluer la monnaie à plusieurs reprises, puis il s'at-taque à l'ordre des Templiers qu'il parvien à supprimer en 1312.

Les rois maudits

Les trois fils de Philippe le Bel règnent successivement : Louis X le Hutin de 1314 à 1316, Philippe V le Long de 1316 à 1322, puis Charles IV le Bel de 1322 à 1328. Or, à la mort de Charles IV et pour la première fois depuis Hugues Capet, les Capétiens n'ont plus d'héritier direct. Est-ce l'effet de la fameuse malédiction lancée par le maître des Templiers, Jacques de Molay, juste avant de monter sur le bûcher ?

◀ Saint Louis rendant la justice, miniature extraite du *Livre des faits de Monseigneur Saint Louis*, XVe siècle.

Ils ont fait la France

APOGÉE et FIN de la monarchie

Le pouvoir royal se développe à la Renaissance, la France est de plus en plus centralisée, et le pouvoir du roi devient absolu, avant les bouleversements de la Révolution et l'expérience de l'Empire…

▲ Louis XI, école française du XVe siècle (Brooklyn Museum, New York).

Louis XI

Louis XI (1423-1483) est le dernier roi du Moyen Âge et le premier roi de la Renaissance. Son règne, de 1461 à 1483, est une longue lutte diplomatique et militaire contre les grands féodaux. Surnommé par ses ennemis « l'universelle araignée », Louis XI a tissé sa toile pour réunir à la Couronne des fiefs importants. À sa mort, le royaume de France a retrouvé toute sa puissance.

François Ier

Si François Ier (1494-1547) est un grand roi, il ne le doit pas seulement à sa haute taille (1,90 m) mais à ses qualités de roi-soldat, vainqueur à Marignan (mais vaincu à Pavie…), de roi mécène, bâtisseur de Chambord et protecteur de Léonard de Vinci, de roi centralisateur qui modernisa l'administration du royaume et imposa l'usage de la langue française.

Henri II

Henri II (1519-1559) renforce la centralisation du pouvoir royal, mais il lui faut également combattre les protestants qui représentent désormais un véritable danger pour la Couronne. Roi-chevalier, il trouve la mort lors d'un tournoi.

Charles IX

Charles IX (1550-1574) n'est pas plus préparé à régner que son frère François II, mort en 1560 après un an et cinq mois sur le trône. Ce roi influençable laisse sa mère, Catherine de Médicis, diriger le royaume. Son règne, de 1560 à 1574, est entièrement marqué par les guerres de Religion et surtout par la Saint-Barthélemy qu'il n'a pas su ou pu empêcher. Charles IX meurt à 24 ans.

◀ François Ier par Jean Clouet, vers 1535 (musée du Louvre, Paris).

Henri III

▲ Henri III, peinture anonyme (musée Carnavalet, Paris).

Henri III (1551-1589), qui a d'abord été roi de Pologne, hérite d'un royaume déchiré par les guerres de Religion et il ne peut empêcher la guerre civile de s'étendre. Chassé de Paris par les ligueurs catholiques, il s'alliera au protestant Henri de Navarre pour tenter de reconquérir son autorité. Il est sur le point d'y parvenir quand il meurt assassiné par le moine Jacques Clément, en 1589.

Henri IV

Henri IV (1553-1610) hérite de la couronne de France en 1589, mais c'est une couronne qu'il lui faut conquérir, alors que le royaume est plus que jamais déchiré par les guerres de Religion. Vainqueur de la Ligue catholique, il abjure le protestantisme pour être sacré roi le 27 février 1594. Avec l'édit de Nantes (1598), il ramène la paix dans le royaume et entreprend de le reconstruire et d'y ramener la prospérité. Le « bon roi Henri » meurt assassiné par Ravaillac le 14 mai 1610.

◀ Henri IV, école française du XVIe siècle, gouache sur vélin (musée Condé, Chantilly).

Louis XIII

Louis XIII (1601-1643) a du mal à trouver sa place dans l'Histoire, « coincé » entre la renommée de son père, Henri IV, et la grandeur de son fils, Louis XIV. Or Louis XIII, aidé du cardinal de Richelieu, a secoué la tutelle de sa mère, Marie de Médicis, pour devenir pleinement roi. Loin d'être un souverain faible comme on le présente trop souvent, il a su affirmer la toute-puissance de l'État et l'autorité d'un pouvoir royal désormais absolu.

▲ *La Réception par Louis XIII de Henri II, duc de Longueville, dans l'ordre du Saint-Esprit* (détail), Philippe de Champaigne (musée des Augustins, Toulouse).

Louis XIV

Louis XIV (1638-1715) a, durant son règne personnel (de 1661 à 1715), incarné l'absolutisme royal porté à son comble. Il fut un grand roi pour un Grand Siècle, au point de

Louis XIV par Hyacinthe Rigaud, ▲ 1701 (musée du Louvre, Paris).

se confondre avec lui. Le XVIIe siècle fut « le siècle de Louis XIV », durant lequel, estimait Voltaire, « il s'est fait dans nos arts, dans nos esprits, dans nos mœurs, comme dans notre gouvernement, une révolution générale qui doit servir de marque éternelle à la véritable gloire de notre patrie ». Louis XIV dirigea lui-même la mise en scène de sa propre gloire. Ce faisant, et malgré les ombres du règne et les nombreuses guerres, il a établi le socle où est encore posée aujourd'hui « la grandeur de la France ».

▲ Louis XV, pastel de Maurice Quentin de La Tour (musée du Louvre, Paris).

Louis XV

Le règne de Louis XV (1710-1774) dure de 1715 à 1774, années marquées par une embellie économique et une prospérité sans précédent. Le « beau XVIIIe siècle » est aussi (en partie) un temps de paix malgré les égarements de Louis XV dans des conflits qu'il aurait souhaité éviter. Or, Louis le Bien-Aimé est devenu au fil des ans le « Mal-Aimé », un roi trop timoré, incapable de réformer l'État, trop amoureux des femmes pour se soucier de ses sujets, trop secret pour se faire apprécier.

Louis XVI

Louis XVI (1754-1793) monte sur le trône en 1774. Athlétique malgré son embonpoint, intelligent et cultivé, il maîtrise plusieurs langues. Peu sûr de lui, Louis XVI est un roi influençable, ce qui explique ses atermoiements devant la crise économique aggravée par la guerre d'indépendance des États-Unis. Surpris par la Révolution, il est arrêté en août 1792, la royauté est abolie le 21 septembre, et « Louis Capet » est jugé, puis guillotiné le 21 janvier 1793.

Napoléon Ier

Napoléon Bonaparte (1769-1821), général auréolé de gloire, prend la tête du pays en devenant consul après le 18 brumaire An VIII (9 novembre 1799). Sacré empereur en 1804, il conquiert l'Europe et assure

▲ Napoléon Bonaparte en 1802, miniature sur ivoire de Jean-Baptiste Isabey, 1841 (Musée napoléonien, Fondation Gourgaud, île d'Aix).

sa descendance (en 1811) avant de devoir défendre son empire contre l'Europe coalisée. Stratège hors pair, surnommé par Victor Hugo « l'homme prédestiné », Napoléon Ier eut aussi un formidable sens de l'État, qu'il employa à façonner les institutions juridiques et administratives de la France moderne. Admirée ou critiquée, l'épopée napoléonienne pour bâtir un empire reste un moment fort de l'Histoire. Elle s'achève à Waterloo, le 18 juin 1815, et Napoléon Ier meurt sur l'île britannique de Sainte-Hélène en 1821.

La Restauration

En 1814, Napoléon Ier est contraint d'abdiquer et de partir à l'île d'Elbe. Louis XVIII, frère de Louis XVI, devient roi. Le retour de Napoléon pour les Cent-Jours (mars-juin 1815) n'est qu'une suspension temporaire de son règne. Louis XVIII mène une politique de réconciliation nationale jusqu'en 1820, date à laquelle l'assassinat du duc de Berry, héritier du trône, provoque le retour à une politique de réaction. En 1824, le comte d'Artois, second frère de Louis XVI, devient roi sous le nom de Charles X. Ses mesures autoritaires ainsi que l'attention qu'il prête aux ultraroyalistes provoquent sa chute lors de la révolution de 1830.

Louis-Philippe

Louis-Philippe Ier (1773-1850), fils de « Philippe Égalité » qui vota la mort du roi, a participé aux guerres révolutionnaires. Il instaure en 1830 une monarchie « bourgeoise » qui tente de concilier les différents partis et de juguler les menées des extrêmes. De réelles réformes sont à mettre au crédit de la monarchie de Juillet, mais plusieurs scandales financiers et la répression toujours plus grande de l'opposition entraîneront sa chute.

◀ Louis-Philippe par François Gérard, vers 1833 (musée national du château de Versailles).

Napoléon III

Neveu de l'Empereur (il est le fils de Louis Bonaparte et d'Hortense de Beauharnais), Charles Louis Napoléon Bonaparte (1808-1873) est emprisonné dans sa jeunesse, puis il devient en 1848 le premier président de la République française. Il restaure l'Empire lors du coup d'État du 2 décembre 1851, pour vingt ans : l'essor industriel et économique français est incontestable, mais il ne s'accompagne pas des progrès sociaux promis. Après la défaite de Sedan, l'empereur déchu s'exile en Angleterre.

▲ Napoléon III par Hippolyte Flandrin, 1862 (musée national du château de Versailles).

Nos SCIENTIFIQUES ont du talent !

La recherche hexagonale est l'une des meilleures au monde. Avec leurs éprouvettes, leurs microscopes ou avec des accélérateurs de particules, les **savants français** d'hier et d'aujourd'hui ont marqué l'histoire des sciences.

La physique, c'est fantastique

Comprendre le monde qui nous entoure : voilà une préoccupation de philosophe mais aussi de physicien. Ainsi, au début du XVIIe siècle, le philosophe **René Descartes** (1596-1650) édicte les règles de la méthode scientifique et fait feu de tout bois (notations algébriques, notion de « travail » en physique, théories astronomiques). En optique, c'est un coup de maître : il établit les lois de la réfraction qui permettent à nos lunettes de fonctionner correctement. Quelques années plus tard, un autre grand philosophe français, **Blaise Pascal** (1623-1662), s'intéresse aussi aux sciences, notamment aux fluides et à leur pression ; le philosophe a même laissé son nom à l'unité de pression, le pascal. Mathématicien précoce, il fait, dès l'adolescence, des apports considérables en géométrie et en calcul de probabilités. Descartes et Pascal sont deux génies complets !

En 1820, **André Marie Ampère** (1775-1836) va créer une science nouvelle : l'électromagnétisme. Surnommé le « Newton de l'électricité », il laisse pour toujours son nom à l'unité d'intensité électrique.

◄ Autoportrait d'Ampère, fondateur de l'électromagnétisme.

Jean Perrin (1870-1942), lui, s'intéresse à l'infiniment petit : il confirme l'existence des atomes et précise le nombre d'Avogadro (indispensable pour tous les calculs sur la matière).

Quant à **Louis de Broglie** (1892-1987), il propose en 1929 une nouvelle vision du monde. Ses recherches sur la nature ondulatoire des électrons vont conduire à une physique révolutionnaire : la mécanique quantique.

▲ Louis de Broglie, au tableau.

▲ Pierre et Marie Curie dans leur laboratoire.

Enfin, dans la seconde moitié du XXe siècle, **Georges Charpak** (1924-2010) met au point de nouveaux détecteurs de particules et **Pierre-Gilles de Gennes** (1932-2007) étudie les nouvelles formes de la matière : semi-conducteurs, supraconductivité, cristaux liquides...

La chimie, une cuisine à la française

En plein siècle des Lumières, **Antoine Laurent de Lavoisier** (1743-1794) analyse l'air, utilise systématiquement des balances... il devient le père de la chimie en tant que science, notamment avec ses lois de conservation de la masse que l'on résume souvent par « rien ne se perd, rien ne se crée, tout se transforme ».

Mais s'il y a un nom français qui reste associé à la chimie c'est bien celui des Curie : **Pierre Curie** (1859-1906) travaille d'abord sur le magnétisme et les cristaux avant de rejoindre sa femme, **Marie Curie** (1867-1934), qui s'intéresse aux rayonnements découverts en 1896 par **Henri Becquerel** (1852-1908). Ils isolent deux nouveaux éléments, le polonium et le radium, et étudient la radioactivité, une nouvelle forme d'énergie qui va faire grand bruit... La chimie devient physique nucléaire, une affaire de famille pour les Curie : **Irène Curie** (1897-1956), fille de Marie et Pierre, et son époux **Frédéric Joliot** (1900-1958) forment un couple à la pointe de la recherche dans cette nouvelle discipline.

▲ Le chimiste Lavoisier expliquant à sa femme son expérience sur l'air (huile d'E. Board).

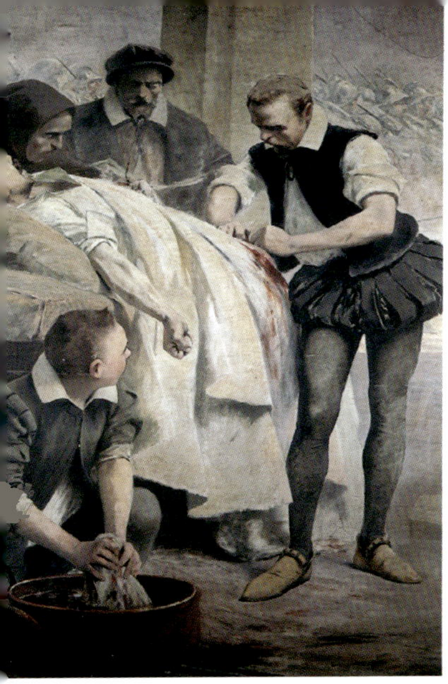

▲ Ambroise Paré au chevet d'un blessé au siège de Metz (fresque de la Sorbonne).

Biologie et médecine, les maîtres du « vivant »

À la Renaissance, **Ambroise Paré** (1509-1590) est le médecin des rois de France et des champs de bataille. Il est considéré comme le père de la chirurgie moderne, notamment grâce à sa technique de ligature des artères. Puis, au XIXe siècle, un médecin français va révolutionner sa discipline avec une « médecine expérimentale » : c'est **Claude Bernard** (1813-1878). Ses découvertes sont nombreuses en neurologie, endocrinologie, digestion (le rôle du foie, en particulier) ; il crée également la notion de « milieu intérieur » et met en évidence le transport d'oxygène par le sang. **Jean-Martin Charcot** (1825-1893) est, quant à lui, le père de la neurologie moderne : il a permis de porter un nouveau regard sur la maladie mentale.

Mais « le » monument de la biologie française reste bien entendu **Louis Pasteur** (1822-1895). Il s'intéresse d'abord à la physique et à la chimie avant de se pencher sur le cas des microbes (la fermentation, la pasteurisation, la réfutation de la « génération spontanée », etc.). Puis en s'inspirant du concept de vaccination élaboré par Edward Jenner en 1796, Pasteur invente les vaccins contre le charbon (1882) et contre la rage (1885). Après la vaccination du jeune Joseph Moustier, c'est la gloire !

Au XXe siècle, c'est l'essor de la génétique : **Jacques Monod** (1910-1976) identifie l'ARN messager et, avec **François Jacob** (1920-2013), il met en évidence la notion d'opéron, un système de régulation génétique chez les bactéries. Dans les années 1980, l'épidémie de sida fait rage et tous les scientifiques cherchent à identifier ce nouveau virus : c'est l'équipe des Français **Luc Montagnier** (né en 1932) et **Françoise Barré-Sinoussi** (née en 1947) qui isole en premier le VIH.

Louis Pasteur en pleine recherche microbiologique (huile d'A. Edelfelt, musée d'Orsay, Paris). ▲

▲ Georges Buffon, entouré de plantes et d'animaux exotiques (aquarelle de Carmontelle, musée Condé, Chantilly).

Naturalistes et astronomes

À l'observatoire de Paris, **Jean-Dominique Cassini** (1625-1712) s'illustre avec de multiples découvertes sur le Système solaire (nouvelles lunes, périodes de rotation des planètes, etc.). **Pierre-Simon de Laplace** (1749-1827) apporte ses connaissances mathématiques, et notamment les probabilités, pour expliquer les mouvements des astres.

Du côté des sciences naturelles, **Georges Buffon** (1707-1788) consigne et illustre toute la faune, la flore et la géologie de France et du monde dans son *Histoire naturelle* publiée à partir de 1749. Un ouvrage de vulgarisation sans précédent ! Quant à **Jean-Baptiste de Lamarck** (1744-1829), il réalise la classification des invertébrés (soit 80 % des animaux) et introduit un nouveau concept : l'adaptation des animaux à leur milieu.

◀ Portrait de Cassini avec ses instruments d'astronomie (huile de Durangel, Archives nationales, Paris).

Les boss des maths !

Parmi les mathématiciens français, Pierre de Fermat (1601-1665) s'illustre avec sa géométrie analytique, les débuts du calcul différentiel et surtout par son « théorème de Fermat » qui ne fut résolu que 300 ans plus tard, en 1993. Évariste Galois (1811-1832), précurseur de la notion de groupe, dispose d'une aura romantique : il meurt dans un duel galant à 20 ans. Enfin, Henri Poincaré (1854-1912) est souvent considéré comme le « dernier savant universel » car il a abordé tous les domaines des mathématiques, mais aussi de la physique et de l'astronomie.

La France championne

Les MOUSQUETAIRES montent au filet !

Si les années 1920-1930 virent les Français et les Françaises s'illustrer en tennis, il aura fallu attendre les années 1980-2000 pour connaître le renouveau, grâce à des joueurs et des joueuses capables de rivaliser avec les meilleurs mondiaux.

Suzanne Lenglen : la « Divine »

Si **Suzanne Lenglen** (1899-1938) n'a remporté que deux médailles d'or olympiques, elle n'en fut pas moins une grande championne de tennis, avec six victoires à Wimbledon et six victoires aux Internationaux de France.

Surnommée la « Divine », elle révolutionna les codes vestimentaires en étant la première à porter des robes plus courtes, à découvrir ses chevilles et ses bras. Elle fut très vite l'égérie de l'un des grands couturiers de l'époque, Jean Patou, qui lança le style raffiné d'une joueuse avec une jupe en soie plissée s'arrêtant juste au-dessus du genou et un bandeau de tulle afin de maintenir les cheveux. On rapporte également qu'elle ensorcelait jusqu'aux têtes couronnées, qui lui firent une cour assidue.

◀ *Le Train bleu*, ballet de Bronislava Nijinska. Théâtre des Champs-Élysées, le 20 juin 1924. Danseurs : Anton Dolin (le bel athlète) et Bronislava Nijinska (la championne de tennis).

Les « Quatre Mousquetaires »

Les « **Quatre Mousquetaires** » est le surnom qui fut donné à l'équipe de France de tennis entre 1927 et 1932. Celle-ci était composée de **Jean Borotra**, **René Lacoste**, **Henri Cochet** et **Jacques Brugnon**. À eux quatre, ils ont dominé toutes les compétitions internationales pendant plusieurs années, en remportant notamment la Coupe Davis six années d'affilée, de 1927 à 1932, et dix-huit titres du Grand Chelem en simple.

Jean Borotra, le « Basque bondissant », n'a découvert le tennis qu'à l'âge de 21 ans lorsqu'il a intégré l'École polytechnique. Sa progression fut fulgurante. Trois ans plus tard, il est le premier Français vainqueur en simple à Wimbledon (1924). Il a remporté quatre tournois du Grand Chelem en simple, neuf en double et six en double mixte, dont Wimbledon avec Suzanne Lenglen.

René Lacoste, le « Crocodile », affiche un palmarès tout aussi impressionnant avec sept titres du Grand Chelem en simple et trois en double. Retiré des courts à seulement 25 ans, il crée la célèbre marque d'articles de sport qui porte son nom ; c'est donc tout naturellement qu'il fit broder un crocodile vert sur tous les articles. On sait moins qu'il fut l'inventeur de la machine à lancer les balles lors des entraînements, de la pastille anti-vibration et de la première raquette de tennis en acier.

Henri Cochet, le « Magicien », est pratiquement né sur un court de tennis puisque son père était le secrétaire du Tennis Club de Lyon ! Il a remporté sept tournois du Grand Chelem en simple (dont un en sauvant huit balles de match), cinq en double, trois en double mixte et il fut n° 1 mondial de 1928 à 1931. Son palmarès aurait pu s'étoffer s'il n'était pas passé professionnel en 1933.

Jacques Brugnon, « Toto », était surtout un remarquable joueur de double. Il a remporté dix tournois du Grand Chelem en double (avec Henri Cochet ou Jean Borotra) et deux titres en double mixte (avec Suzanne Lenglen). Excellent relanceur, il a mis au point le lob lifté que tous les joueurs de tennis possèdent désormais dans l'arsenal de leurs coups.

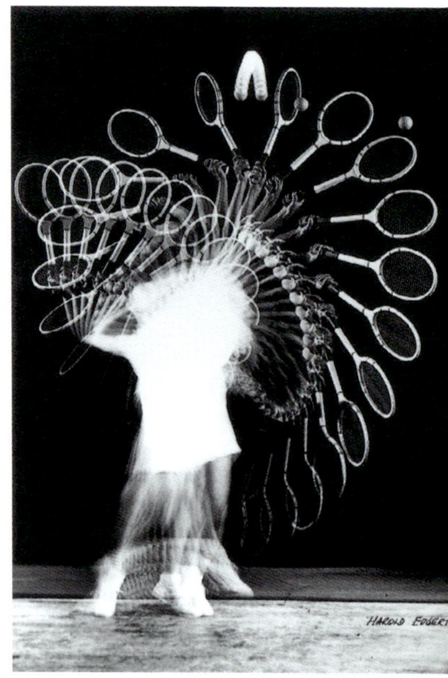

▲ *Le Joueur de tennis*, photographie de Harold Edgerton.

▼ Richard Gasquet à la volée, en 2011.

Françoise Dürr : des montées foudroyantes

Surnommée « Frankie », **Françoise Dürr** reste avant tout une grande spécialiste du double et du double mixte, remportant onze titres dans les tournois du Grand Chelem dans ces deux disciplines. Néanmoins, le 4 juin 1967, elle s'impose en simple à Roland-Garros devant l'Australienne Lesley Turner. Pour ce faire, Françoise Dürr s'est appuyée sur les qualités acquises lors des doubles, essentiellement des points gagnés à la volée, alors que son adversaire jouait en fond de court.

Il faudra attendre trente-trois ans pour qu'une Française, **Mary Pierce**, remporte de nouveau le simple dames à Roland-Garros, en 2000.

Yannick Noah : un héros à Roland-Garros

Le 5 juin 1983, à 23 ans, **Yannick Noah** met fin à trente-sept ans de disette française en tournoi de Grand Chelem – Marcel Bernard ayant remporté le trophée en 1946. Pour parvenir en finale, Yannick Noah a battu Ivan Lendl en quart de finale puis son compatriote **Christophe Roger-Vasselin** en demi-finale ; celui-ci venait de réussir l'exploit d'éliminer l'Américain Jimmy Connors, alors n° 1 mondial. En finale, en trois manches, Yannick Noah défait le Suédois Mats Wilander, vainqueur de l'édition précédente. Fou de joie d'avoir accompli son rêve d'enfance, sans même prendre le temps de serrer la main de l'arbitre comme le veut la coutume, il enjambe le filet et se précipite dans les bras de son père Zacharie, qui a réussi à échapper aux services de sécurité.

▼ Yannick Noah à Roland-Garros, en 1983.

▲ L'équipe de France de Coupe Davis, en 2008. De gauche à droite : Richard Gasquet, Arnaud Clément, Paul-Henri Mathieu, Michael Llodra et le capitaine Guy Forget.

Trois années plus tard, Yannick Noah atteindra le troisième rang mondial, ce qui demeure le meilleur classement jamais occupé par un Français.

La Coupe Davis et la France : une histoire d'amour

Le 1er décembre 1991, au Palais des Sports de Lyon, l'équipe de France dispute la finale de la Coupe Davis contre les États-Unis. Les Américains sont largement favoris car ils peuvent compter sur Pete Sampras et Andre Agassi, tous les deux classés dans le top 10 mondial.

Au soir du premier jour, les deux équipes sont à égalité ; Andre Agassi a battu **Guy Forget**, mais **Henri Leconte** est venu à bout de Pete Sampras. Le lendemain, le double **Forget-Leconte** donne le deuxième point à la France en battant la paire Flach-Seguso. Le capitaine de l'équipe de France, Yannick Noah, récent retraité des courts, savoure à juste titre cette victoire, mais il sait que le plus dur reste à venir. Le dimanche, le premier match oppose Pete Sampras à Guy Forget. Ce dernier sort le match de sa vie et permet à la France de remporter son premier Saladier d'argent depuis 1932 et l'ultime victoire des « Quatre Mousquetaires ».

Après son succès acquis aux dépens de la Belgique en 2017, la France compte dix Coupes Davis à son palmarès.

Amélie Mauresmo : une ère nouvelle

Amélie Mauresmo est la Française la plus titrée en simple depuis les débuts de l'ère Open en 1968, avec deux titres en Grand Chelem en 2006 (Australie et Wimbledon), une victoire aux Masters (2005), vingt-cinq tournois en simple, une médaille d'argent aux Jeux d'Athènes en 2004 et la Fed Cup en 2003. Elle est restée n° 1 mondiale durant cinq semaines en 2004 et durant trente-neuf semaines en 2006. Son point fort était son revers à une main, avec lequel elle était capable de trouver des angles courts croisés ou des trajectoires le long de la ligne.

▼ Le trophée de la Coupe Davis.

Trésors du patrimoine

Les CHEFS-D'ŒUVRE de l'architecture classique

Le classicisme français s'impose dans la première moitié du XVIIe siècle mais, avec Versailles, c'est son exemple le plus abouti qui va être imité dans toute l'Europe...

▲ Le château de Vaux-le-Vicomte.

Vaux-le-Vicomte

Le château de Vaux-le-Vicomte est le résultat du désir fou de Nicolas Fouquet, surintendant des Finances royales de Louis XIV, de construire le plus beau des palais. Aussi fait-il appel aux artistes qui avaient déjà œuvré pour le roi à Vincennes, et qui allaient bientôt dessiner Versailles : le paysagiste Le Nôtre, l'architecte Le Vau et le peintre Le Brun. Un grand salon ovale à deux étages est aménagé pour accueillir des fêtes somptueuses, auxquelles Molière et La Fontaine participeront. Mais en 1661, une fois l'édifice achevé, le Roi-Soleil, jaloux de ces fastes et blessé dans son orgueil, fait emprisonner à vie Fouquet pour détournement des finances publiques !

Versailles

Versailles abrite la cour entre 1682 et 1789. Conçu par Louis XIV pour éloigner la noblesse d'un Paris qui avait fait trembler le roi pendant la Fronde, la détourner des velléités de révoltes contre l'autorité royale en l'étourdissant de divertissements et de fêtes, et servir de fastueux théâtre à l'absolutisme, il est dessiné par les architectes Le Vau et Mansart et décoré par Le Brun. Pendant les 38 années que dure le chantier, Versailles accueille jusqu'à 36 000 ouvriers et 6 000 chevaux. Les marécages sont asséchés, un grand canal est percé, un immense réseau de distribution d'eau pour les fontaines est installé. Le pavillon de Louis XIII est agrandi progressivement pour loger des milliers de courtisans et autant de domestiques. De grandes façades à trois niveaux font face à des jardins ornés d'une statuaire et de sublimes parterres d'eau. Et, près des appartements du roi, Mansart installe la galerie des Glaces, ornée de 400 miroirs et 17 fenêtres.

▲ Plafonds de la Chapelle royale du château de Versailles.

Le classicisme à la française

Dans l'art classique en France, il faut distinguer deux périodes : celle du premier classicisme, qui correspond à un classicisme importé d'Italie, et qui s'affirme particulièrement dans l'architecture, notamment grâce aux réalisations de Mansart ; et celle du second classicisme, appuyé par un ensemble d'institutions, à l'initiative de Colbert qui pense que les arts doivent concourir à la gloire de la France. Le Vau et Hardouin-Mansart font alors du pavillon de chasse de Louis XIII à Versailles un immense palais classique, où tout n'est que symétrie et ordre. En réussissant la synthèse entre les traditions nationales et les formules romaines, le classicisme français assure son expansion dans toute l'Europe.

Le château de Versailles et l'Orangerie.▼

Place Stanislas de nuit, Nancy.

Panthéon

Le Panthéon (« de tous les dieux » en grec) est construit pour remplacer l'église de l'abbaye Sainte-Geneviève à la suite d'un vœu de Louis XV. L'œuvre novatrice de Soufflot est achevée pendant la Révolution française, vers 1790, et devient un temple laïc et républicain abritant les cercueils de personnages illustres de l'Histoire nationale. Bâti sur un plan en croix grecque, l'édifice est surmonté d'un dôme haut de 83 mètres, entouré de 32 colonnes. La façade classique s'ouvre sur un péristyle à colonnes corinthiennes surmontées d'un fronton dû au sculpteur David d'Angers.

▼ Le Panthéon.

Louvre

Le Louvre est l'incarnation du pouvoir royal à Paris. Au moment où s'engagent les titanesques travaux du château de Versailles, le ministre Colbert y lance de grands travaux de rénovation. Aussi l'architecte Claude Perrault dessine-t-il une nouvelle façade orientale ornée d'une colonnade corinthienne de 28 fûts jumelés et surmontés d'un attique. Son équilibre et sa sobriété en font un des chefs-d'œuvre du classicisme.

La colonnade du Louvre, de Claude Perrault. ▲

Place Stanislas

La place Stanislas à Nancy fut construite par l'ancien roi de Pologne Stanislas Leszczynski (devenu duc de Lorraine en 1737) à la gloire de son gendre Louis XV. Destinée à rassembler les services administratifs et à accueillir les fêtes populaires, elle est la première place royale de France. C'est l'architecte Emmanuel Héré qui la conçoit : des pavillons d'ordonnance classique à façades et étages réguliers l'entourent, ainsi que des grilles monumentales en fer forgé rehaussées de feuilles d'or.

Grand Trianon

Le Grand Trianon, construit pour offrir au couple royal un lieu de délassement non loin du château de Versailles, est commandé par Louis XIV à Jules Hardouin-Mansart. Le roi veille personnellement à sa construction, qu'il veut harmonieuse et élégante. D'inspiration italienne, moins solennel et plus gai que Versailles, l'édifice s'étend sur un seul niveau, avec un toit plat que couronne une balustrade. Le 22 janvier 1688, le roi s'y fait servir son premier dîner avant d'en faire, avec Madame de Maintenon, sa résidence privée. Le Trianon devient le « Grand » Trianon quand Louis XVI fait construire le « Petit » Trianon.

◀ *Vue du château du Grand Trianon prise de l'Avenue en 1724*, par Pierre-Denis Martin, 1724 (musée du château de Versailles et du Trianon).

Galerie du Grand Trianon, aussi appelé le « Trianon de marbre ». ▶

Les grands ARCHITECTES de la France

Reflet d'une époque, d'une culture, d'une société, l'architecture modèle les hommes et agit sur leur mode de vie. Voici un panorama des architectes qui ont marqué d'une empreinte durable l'histoire de l'architecture française.

▲ La fontaine des Innocents à Paris (conception de Pierre Lescot, décoration de Jean Goujon).

Renaissance et âge classique

Pierre Lescot (1515-1578)
Il est l'auteur du premier état de l'hôtel Carnavalet, à Paris, et de l'aile sud-ouest de la cour Carrée du Louvre (1547-1559), chef-d'œuvre de la Renaissance classique. Il collabora avec Jean Goujon.

François Mansart (1598-1666)
Chez lui s'ordonnent toutes les qualités d'un classicisme affranchi de la tutelle des modèles antiques et italiens. Il travaille à Paris pour les congrégations (église devenue le temple Sainte-Marie, 1632) et les particuliers (nombreuses demeures, tel l'hôtel de Guénégaud, dans le Marais), construit l'aile Gaston-d'Orléans de Blois (1635) et le château de Maisons (1642). Il entreprend en 1645 la chapelle du Val-de-Grâce, mais, trop lent par perfectionnisme, est remplacé par Lemercier, qui suivra ses plans.

Louis Le Vau (1612-1670)
Après avoir élevé divers hôtels à Paris, le château de Vaux-le-Vicomte, l'actuel Institut, etc., il établit pour le roi les grandes lignes du palais de Versailles. Moins raffiné que François Mansart, il a le sens de la mise en scène somptueuse.

Jules Hardouin, dit Hardouin-Mansart (1646-1708)
Petit-neveu de François Mansart, premier architecte de Louis XIV, il agrandit le château de Versailles à partir de 1678 (galerie des Glaces, chapelle, etc.). On lui doit encore la chapelle des Invalides, avec son dôme à deux coupoles emboîtées (d'après une idée de F. Mansart, 1676-1706), les places Vendôme et des Victoires à Paris, le Grand Trianon, divers châteaux, des travaux pour Arles et pour Dijon. D'une grande diversité, incluant des dessins de fortifications aussi bien qu'un modèle nouveau de maison urbaine, son œuvre connut un rayonnement dépassant les frontières de la France.

Robert de Cotte (1656-1735)
Disciple de Jules Hardouin-Mansart, architecte du roi (1689), puis premier architecte (1708), il fut un des créateurs du style « Régence » (hôtels à Paris ; château des Rohan à Strasbourg ; nombreux projets pour l'Allemagne).

Germain Soufflot (1713-1780)
Il a contribué à l'embellissement de Lyon (loge du Change, hôtel-Dieu) et a construit le Panthéon, à Paris, un des premiers monuments néoclassiques.

▲ Le dôme des Invalides, conçu par Jules Hardouin-Mansart.

Une nouvelle esthétique

Victor Baltard (1805-1874)
Utilisateur du fer, il a construit à Paris les anciennes Halles centrales (1851) et l'église Saint-Augustin.

Eugène Viollet-le-Duc (1814-1879)
Il restaura, avec un parti pris souvent contesté, de nombreux monuments du Moyen Âge, dont l'abbatiale de Vézelay, Notre-Dame de Paris et d'autres cathédrales, le château de Pierrefonds, la Cité de Carcassonne. Il est l'auteur du monumental *Dictionnaire raisonné de l'architecture française du XIe au XVIe siècle* (1854-1868) et des *Entretiens sur l'architecture*, qui ont jeté les bases d'un nouveau rationalisme, incluant l'emploi du métal.

Charles Garnier (1825-1898)
Prix de Rome, fasciné par l'Italie, il a donné son chef-d'œuvre avec l'Opéra de Paris (1862-1874), à la fois rationnel dans ses dispositions et d'un éclectisme exubérant dans le décor.

Gustave Eiffel (1832-1923)
L'un des meilleurs spécialistes mondiaux de la construction métallique, il édifia de nombreux ouvrages d'art (ponts, viaducs, notamment celui de Garabit) et la tour qui porte son nom. Il mit également au point l'ossature de la statue de la Liberté, à New York.

Le Corbusier

Charles Édouard Jeanneret (1887-1965), dit Le Corbusier, voulut renouveler l'architecture en fonction de la vie sociale et utiliser des volumes simples, articulés selon des plans d'une grande liberté, qui tendent à l'interpénétration des espaces. Il a exprimé ses conceptions, très discutées, dans une vingtaine d'ouvrages qui firent référence (*Vers une architecture*, 1923 ; *la Ville radieuse*, 1935 ; *le Modulor*, 1950). Il est passé de l'angle droit (« unité d'habitation » de Marseille, 1947) à une expression lyrique (chapelle de Ronchamp ou Capitole de Chandigarh, à partir de 1950).

▲ La rue Mallet-Stevens, bordée de bâtiments conçus par Robert Mallet-Stevens, vers 1930 (Paris, XVIe arrondissement).

Hector Guimard (1867-1942)

Rationaliste, mais aussi décorateur maniant l'arabesque végétale avec énergie et liberté, il fut, jusqu'en 1914, un des meilleurs représentants de l'Art nouveau (« castel Béranger », Paris, 1894 ; entrées du métro).

▲ Premier projet de façade pour l'Opéra, avec terrasse au-dessus de la loggia, esquisse de Charles Garnier, 1860-1862 (bibliothèque de l'Opéra, Paris).

◀ L'intérieur des Halles de Paris en 1870, photographie de Charles Marville (Library of Congress, Washington).

▲ La tour Eiffel en construction, Paris, 1888.

L'avènement de la modernité

Robert Mallet-Stevens (1886-1945)

Fonctionnaliste, mais attentif à l'agencement élégant des volumes, il a bâti notamment, à Paris, les immeubles de la rue qui porte son nom (1926) et, en province, plusieurs villas (villa Cavrois à Croix, villa Noailles à Hyères, villa Poiret à Mézy-sur-Seine…).

Claude Parent (1923-2016)

Initiateur de formes nouvelles au sein du groupe Architecture Principe, il privilégia la ligne oblique dans de nombreuses constructions à usage résidentiel, commercial ou scolaire.

Michel Andrault (1926-2020)

En collaboration avec Pierre Parat (1928-2019), il a construit de nombreux immeubles d'habitation qui évitent la monotonie (« pyramides » à Évry, 1972-1981 ; tour Totem sur le front de Seine, 1978), ainsi que, notamment, le Palais omnisports de Paris-Bercy (1979) et la double tour Société générale à la Défense (1995).

Paul Andreu (1938-2018)

Spécialiste de la construction d'aéroports (Charles-de-Gaulle, à Roissy), il a réalisé d'autres grands travaux, en France (Grande Arche de la Défense, en collaboration, 1989 ; terminal du tunnel sous la Manche, 1994) et à l'étranger, surtout en Asie (Opéra de Pékin, 2007).

Christian Urvoy de Portzamparc (né en 1944)

Il s'est particulièrement illustré avec l'ensemble double de la Cité de la musique, au parc de la Villette (1995 ; médiathèque, 2005). Il a également réalisé d'autres lieux voués à la musique (la Philharmonie, à Luxembourg, 2005 ; la Cité des Arts, à Rio de Janeiro, 2013), ainsi que des tours et de grands bâtiments (musée Hergé, à Louvain-la-Neuve, 2009). [Prix Pritzker 1994.]

Jean Nouvel (né en 1945)

Utilisateur du métal et du verre dans un esprit high-tech, il est le coauteur, notamment, de l'Institut du monde arabe (1987), du palais des Congrès de Tours (1993), de la Fondation Cartier, à Paris (1994), du Centre de culture et de congrès de Lucerne (2000), du musée du quai Branly, à Paris (2006), d'un des édifices de la Philharmonie de Paris (2015), du Louvre-Abu Dhabi (2017). [Prix Pritzker 2008.]

Les GRANDS ARTISANS de la France

La France telle que nous la connaissons est le résultat de siècles d'évolutions territoriales, politiques, économiques. Les rois se sont entourés de ministres qui ont parfois marqué leur époque par leur toute-puissance ou, au contraire, par les écueils auxquels ils se sont heurtés. Grands administrateurs ou grands bâtisseurs, ces hommes ont contribué à former la France actuelle.

L'abbé Suger

Suger (v. 1081-1151), abbé de Saint-Denis, est le principal conseiller des rois Louis VI et Louis VII, ce dernier lui remettant même la régence du royaume en 1147 quand il part pour la deuxième croisade. Son influence a permis aux premiers Capétiens d'affirmer leur autorité sur les vassaux. On lui doit la construction de l'actuelle basilique de Saint-Denis, en remplacement de l'ancienne église carolingienne, et il y est lui-même inhumé à sa mort, en 1151, aux côtés des rois de France.

Richelieu

Armand Jean Du Plessis, cardinal de Richelieu (1585-1642), entré au service de la Couronne en 1624, n'est animé que d'une passion : l'État. Toute son énergie est mise au service de celui qui l'incarne, le roi, qui lui accorde sinon son amitié, du moins sa confiance. Dans ses *Mémoires*, Richelieu a clairement résumé son programme politique : « Je lui promis d'employer toute mon industrie et toute l'autorité qu'il lui plaisait me donner pour ruiner le parti huguenot, rabaisser l'orgueil des Grands, réduire tous ses sujets en leurs devoirs et relever son nom dans les nations étrangères au point où il devait être. » Richelieu meurt en décembre 1642, quelques mois avant « son » roi Louis XIII.

▲ L'abbé Suger aux pieds de la Vierge (vitrail de la basilique de Saint-Denis).

▲ Le cardinal de Richelieu par Philippe de Champaigne, vers 1640 (chancellerie des universités de Paris).

L'Éminence grise

L'expression « Éminence grise », qui désigne un conseiller officieux, vient du surnom donné à François Le Clerc du Tremblay (1577-1638), le Père Joseph en religion, qui était le conseiller du cardinal de Richelieu. Ce dernier, habillé de la pourpre des cardinaux, était appelé « Votre Éminence ». Le Père Joseph, appartenant à l'ordre des Capucins, portait une robe de bure grise. Il contribua à la fondation de l'ordre des filles du Calvaire.

▲ Jules Mazarin par Philippe de Champaigne (musée national du château de Versailles).

Mazarin

Jules Mazarin (1602-1661), un Italien recommandé à Anne d'Autriche par Richelieu dont il fut le secrétaire, tient tête avec la régente aux frondeurs. Malgré cela, il est exilé pour satisfaire les plus mécontents. Son retour aux affaires en 1653 marque le triomphe de celui qui est Premier ministre et parrain du jeune Louis XIV, qu'il initie aux arcanes de la politique. Après avoir tenu avec zèle les rênes d'un char de l'État menacé, Mazarin disparaît en 1661, laissant à Louis XIV un royaume affermi que celui-ci va pouvoir gouverner seul.

Fouquet

Nicolas Fouquet (1615-1680), protégé de Mazarin, devient surintendant des Finances en 1653, ce qui fait de lui l'un des plus puissants serviteurs de l'État. Louis XIV aurait pu se féliciter de l'œuvre entreprise par cet habile financier qui a renfloué les caisses ; or, il décide en 1661 de faire arrêter son ministre. La réception trop fastueuse que Fouquet lui a offerte à Vaux-le-Vicomte est-elle la cause de cette disgrâce ? Il s'agirait bien plutôt d'un complot ourdi par un autre ambitieux, Colbert, qui a tout fait pour précipiter la chute du surintendant. Celui-ci mourra dans un cachot de Pignerol en 1680.

▲ Nicolas Fouquet, lithographie d'après la gravure de Nanteuil (musée Carnavalet, Paris).

▲ Jean-Baptiste Colbert, pastel de Robert Nanteuil, 1676 (musée Condé, Chantilly).

Colbert

Jean-Baptiste Colbert (1619-1683) a fait ses armes au service de Mazarin avant d'entrer au Conseil de Louis XIV, dont il sera durant vingt ans (jusqu'à sa mort) le principal ministre. Contrôleur général des Finances, secrétaire d'État de la Maison du roi, secrétaire d'État à la Marine, Colbert travaille inlassablement à moderniser la France qu'il dote d'outils administratifs efficaces : Code forestier, création d'une marine puissante et de compagnies de commerce, fondation de manufactures... Il est aussi l'entrepreneur du grand chantier de Versailles. Colbert reste la figure emblématique des « grands commis » de l'État.

Vauban, le bâtisseur

Sébastien Le Prestre de Vauban (1633-1707) a connu les champs de bataille dans la guerre contre les Espagnols et il y a acquis son expérience d'ingénieur militaire. Louis XIV lui confie donc la réalisation d'un immense chantier de fortifications qui doit protéger le royaume. Des citadelles sont bâties dans le Nord (Arras), en Normandie (Saint-Vaast-la-Hougue) comme en Bretagne (Camaret), dans les Alpes (Briançon)... La France de Louis XIV est désormais à l'abri dans son « pré carré ».

Fleury

Le cardinal de Fleury (1653-1743) est déjà âgé quand il devient ministre du jeune Louis XV en 1726, après avoir été son précepteur pendant dix ans. C'est donc un homme d'expérience, prudent, qui parvient à redresser l'économie après la calamiteuse expérience de John Law et à conserver un certain équilibre des forces en Europe afin d'éviter au royaume trop de guerres, sauf celle de la Succession d'Autriche. Il sera ministre jusqu'à sa mort.

Turgot, le libéral

Anne Robert Jacques Turgot (1727-1781), nommé contrôleur général des Finances en 1774, est un homme des Lumières, proche des encyclopédistes, qui a fait ses preuves en qualité d'intendant du Limousin. Le plan de relance économique qu'il propose est audacieux : « réduire la dépense au-dessous de la recette » sans augmenter les impôts. Pour cela, il faut libéraliser l'économie et réduire le train de vie de l'État, ce à quoi Louis XVI consent. L'expérience Turgot est un échec, la libre circulation des grains déclenche une « guerre des Farines » et Turgot est remercié en 1776.

▲ Turgot (musée national du château de Versailles).

Necker, dernier espoir de Louis XVI

Jacques Necker (1732-1804), banquier suisse et protestant, devient contrôleur général des Finances de Louis XVI en 1776. Il entreprend de vastes réformes pour moderniser l'Administration fiscale et la rendre plus efficace, c'est-à-dire plus rentable. S'il a recours à l'emprunt, il sait qu'il ne peut indéfiniment creuser la dette et il tente de convaincre la noblesse et le clergé de « contribuer » eux aussi à l'effort général. Peine perdue... Necker alors démissionne en 1781. Quand il sera rappelé par le roi en 1788, il sera trop tard.

▲ Necker, peinture anonyme, vers 1781 (musée national du château de Versailles).

La citadelle de Belle-Île (Morbihan), remaniée par Vauban à partir de 1683.

Savoir-faire à la française

Des ENTREPRISES qui défient les SIÈCLES

Certaines entreprises en France racontent l'histoire de notre pays. L'évocation de quelques-unes de ces maisons, prestigieuses ou non, nous plonge dans le patrimoine à la fois industriel et familial de la France. Les savoir-faire sont multiples au cœur de ces maisons artisanales ou multinationales.

Entrée du château de Goulaine.

1 000 ans...

La plus ancienne entreprise encore en activité est le château de Goulaine. Il est situé à Haute-Goulaine, à côté de Nantes, et on y fait du vin depuis l'an 1000. Il abrite aussi aujourd'hui le Musée officiel de la biscuiterie Lu. Il est la propriété de la même famille depuis ses origines, à l'exception de la période 1788-1858, où il a appartenu à un armateur hollandais, ce qui l'a sauvé des tourments de la Révolution.

Moulin Richard de Bas, Ambert, 1326

En matière de papier, Ambert, dans le Puy-de-Dôme, est réputé pour la qualité de sa production de papier depuis le XIVe siècle. Le moulin Richard de Bas fonctionne sans discontinuer depuis 1326. Avec la même mécanique de bois, les mêmes gestes d'antan, on continue à fabriquer 200 feuilles de papier par jour à la main, à partir de chiffons de lin et de coton.
Le moulin Richard de Bas et les moulins de la vallée ont largement contribué à fournir en papier l'*Encyclopédie* de Diderot et d'Alembert pendant plusieurs années au XVIIIe siècle, pour le tirage des gravures. Le papier du moulin a également servi à l'impression de l'exemplaire original de la Constitution de la Ve République de 1958. On considère aujourd'hui que c'est le plus ancien atelier toujours en activité.

Maison de joaillerie Mellerio, 1613

En 1613, Marie de Médicis est régente du royaume et elle accorde à la famille Mellerio le droit d'exercer le commerce d'objets précieux dans le royaume de France. Deux siècles plus tard, ils sont les premiers joailliers à s'installer dans la rue de la Paix. Et en 1830, Mellerio devient fournisseur officiel de la famille royale à partir du couronnement de Louis-Philippe. Il en sera de même à partir de 1888 pour la cour des Pays-Bas. Dans cette longue histoire, on doit à la maison Mellerio la création de la coupe des Mousquetaires, en 1981, qui récompense le vainqueur du tournoi de Roland-Garros. La maison est dirigée par le représentant de la 14e génération de la famille et, avec plus de quatre siècles d'existence, on peut dire que Mellerio incarne une grande partie de la joaillerie française.

Soieries Jean Roze, 1650

Depuis douze générations, la flamme de cette famille pour l'univers de la soie ne s'est jamais éteinte. Jean Roze est arrivé à Tours au milieu du XVIIe siècle, à la demande du roi. Il fallait fabriquer des étoffes dignes des châteaux de la Loire en évitant de les faire venir d'Orient, d'Espagne ou d'Italie. Depuis plus de trois siècles et demi, c'est la perfection qui prime et les clients, prestigieux ou non, le savent. De Sofia Coppola au sultanat d'Oman en passant

Planche présentant la papeterie, extraite de l'*Encyclopédie* dirigée par Diderot et d'Alembert, 1751-1772.

par le Vatican, les Soieries Jean Roze ont également travaillé pour les palais nationaux et Buckingham. Et ce n'est pas sans humour que l'entreprise se définit comme « la plus vieille et la plus petite ».

Saint-Gobain, 1665

La Manufacture royale des Glaces fut fondée sur ordre du roi Louis XIV. Il fallait concurrencer le savoir-faire des Vénitiens en matière de miroirs et la fondation de la manufacture répondait à la vision protectionniste de Colbert. L'entreprise a traversé les guerres, les crises politiques, les aléas économiques et elle est devenue un des plus grands groupes industriels du monde. En effet, si, depuis 1665, elle fabrique tout ce qui peut être envisagé en matière de verre, aujourd'hui, le groupe Saint-Gobain est le numéro trois sur le marché mondial de l'emballage en verre. Plus de 16 milliards

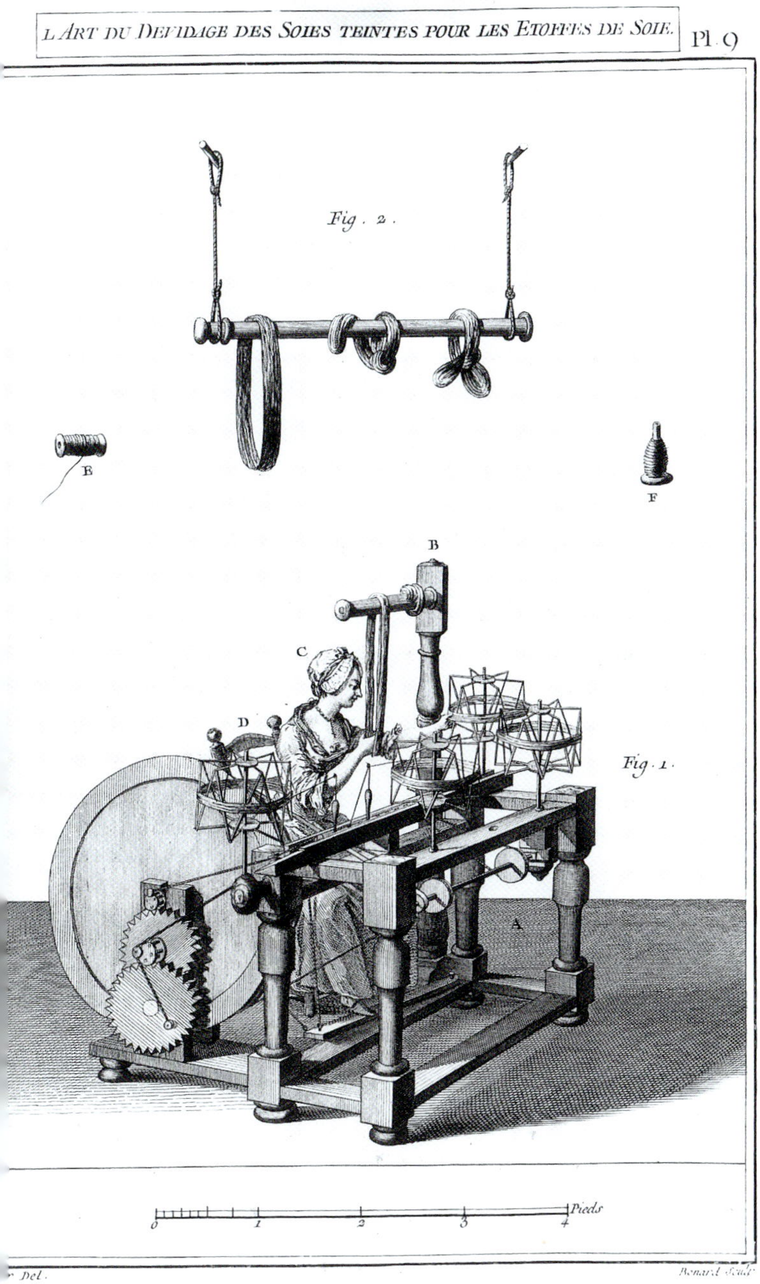

Planche présentant l'art du dévidage des soies teintes, extraite de l'*Encyclopédie* dirigée par Diderot et d'Alembert, 1751-1772.

Versage de verre par la coulée, dans la manufacture des Glaces de Saint-Gobain, dans l'Aisne, première moitié du XXe siècle.

de bouteilles ou de pots en verre sortent des fours sous la marque Verallia. Saint-Gobain fabrique bien sûr toutes sortes de verres plats, allant des vitres de building au pare-brise de voiture. Et même si cette activité d'origine ne représente que 20 % du chiffre d'affaires du groupe, il est ultra-concurrentiel et fait l'objet du dépôt de quelque 400 brevets chaque année. Le groupe Saint-Gobain emploie 190 000 personnes dans 64 pays à travers le monde. Saint-Gobain est leader mondial de l'habitat durable, fabricant et distributeur de matériaux de construction. Et on retrouve à un moment ou à un autre du Saint-Gobain dans les marques Lapeyre, Point P, Pyrex ou Isover.

Porcelaine Revol, 1768

Pierre Revol est issu d'une famille de maîtres faïenciers. Il fonde la société Revol en 1768, dans la Drôme, à l'occasion de son mariage avec une fille du pays. Deux cent cinquante ans plus tard, la société appartient toujours à la même famille et la marque Revol est devenue incontournable chez les grands chefs. Mais Revol est surtout connue dans le grand public pour son fameux gobelet froissé, qui a fait le tour du monde. Chez Revol, on continue de produire une porcelaine spécifique avec du kaolin local, comme au début de son histoire. Allié à une volonté de faire beau et à une soif permanente d'innovation, tout ce savoir-faire explique que Revol soit devenue une maison pérenne et en bonne santé.

Planche présentant la fabrication du verre, dessin Larousse, 1898.

La « GRANDE BOUCLE » a plus de 100 ans

Le **Tour de France** est l'épreuve sur route la plus emblématique du cyclisme. Seulement interrompue par les deux guerres mondiales, la « Grande Boucle » a connu plus de cent éditions, et les coureurs français détiennent le plus grand nombre de victoires (36), même si la dernière remonte à 1985.

Une idée de génie

En 1903, le Français **Henri Desgrange** – directeur d'un journal sportif et lui-même ancien coureur cycliste et premier recordman de l'heure – cède aux sollicitations de son collaborateur **Géo Lefèvre** en décidant d'organiser une course par étapes, qui fera le tour de la France. Si, pour cette première édition remportée par le Français **Maurice Garin**, on estime que près de cinq cent mille spectateurs ont assisté au passage des soixante coureurs, ils sont désormais plus de douze millions à admirer les efforts des cent soixante-seize engagés tout au long du parcours, qui déborde souvent les frontières de notre pays.

Le peloton à Vendeuvre-sur-Barse, dans l'Aube.

L'ascension du col du Grand Colombier, dans le Jura.

Louison Bobet : père Courage

Le père Bobet, lui-même honnête coureur cycliste, a engagé très tôt ses deux fils – Louison et Jean – à épouser la carrière. N'a-t-il pas déclaré : « Louison a su pédaler avant de savoir marcher » ? Si Jean se contenta d'un honnête palmarès, Louison fut le premier coureur à remporter le Tour de France trois années d'affilée (1953, 1954, 1955). N'allez pas croire que ce fut avec facilité, puisque, en 1953, **Louison Bobet** en était à sa sixième participation. Avec une volonté de fer, il s'imposa comme le leader d'une équipe de France pourtant forte de multiples talents. Ajoutons qu'il a aussi remporté un Championnat du monde et plusieurs des prestigieuses classiques : Paris-Roubaix, Milan-San Remo, le Tour de Lombardie, le Tour des Flandres, Bordeaux-Paris…

Les vélos des pionniers

Les vélos des premiers participants au Tour de France étaient plutôt rustiques. Ils pesaient une vingtaine de kilos et n'avaient ni roue libre, ni freins, ni dérailleur. La seule manière de freiner était de rétropédaler. Le dérailleur ne fera son apparition qu'en 1937, et le double plateau en 1947.

Jacques Anquetil : Maître Jacques

Jacques Anquetil a été le premier coureur de l'histoire à remporter cinq fois le Tour de France (1957, 1961, 1962, 1963, 1964) ; il compte également deux Tours d'Italie et un Tour d'Espagne. Formidable rouleur, il a remporté neuf fois le Grand Prix des Nations (une épreuve contre-la-montre longue distance qui n'est plus disputée aujourd'hui). Ajoutons cinq victoires dans Paris-Nice, un doublé dans le Dauphiné libéré et un Bordeaux-Paris, en ayant pris le départ de la seconde épreuve seulement huit heures après l'arrivée de la première. Peu expansif, sachant doser ses efforts, intraitable avec ses adversaires, Jacques Anquetil n'a jamais été aussi populaire que **Raymond Poulidor**, auquel le public français s'identifiait plus facilement, même si l'image d'éternel deuxième lui collait au dossard !

Le maillot jaune

Le 19 juillet 1919, Henri Desgrange fit porter au leader du classement général un maillot distinctif, de la même couleur jaune que les pages du journal *L'Auto*, organisateur de l'épreuve. Depuis, lors du passage des coureurs, les spectateurs peuvent facilement identifier le leader de la course.

La rivalité Anquetil-Poulidor

La rivalité entre ces deux champions a atteint son paroxysme lors de l'ascension mythique du puy de Dôme, en 1964. Malgré un effort exceptionnel, Poulidor ne parvient pas à distancer Anquetil de plus de 42 secondes : insuffisant pour s'emparer du maillot jaune et gagner le Tour.
Plus tard, Anquetil et Poulidor deviendront les meilleurs amis du monde en évoquant leurs carrières respectives. Un soir, Maître Jacques, toujours facétieux malgré le cancer qui devait l'emporter, avoua à son ami : « Tu vois, Raymond, cette fois-ci tu vas encore être deuxième ! »

Bernard Hinault, quelle légende !

Surnommé le « Blaireau » en raison d'un caractère fort trempé, **Bernard Hinault** a remporté plus de deux cent dix victoires, dont cinq Tours de France (le premier en 1978, lors de sa première participation), un titre de champion du monde (1980), trois Tours d'Italie, deux Tours d'Espagne, de nombreuses classiques – dont Paris-Roubaix (1981) et Liège-Bastogne-Liège sous une tempête de neige fondue (1980). Il possédait des caractéristiques physiologiques hors normes, avec une fréquence cardiaque de trente-quatre pulsations par minute et une capacité pulmonaire de 7,5 litres, alors que la moyenne se situe à 6 litres chez la plupart des coureurs.

▲ Le peloton se prépare au sprint sur l'avenue des Champs-Élysées, à Paris.

Ils se sont offert un doublé

Après avoir remporté plusieurs étapes dans les Tours de France précédents, **Bernard Thévenet** réussit à vaincre, lors de l'édition 1975, le « Cannibale » – alias le Belge Eddy Merckx, grand favori de l'épreuve. Il récidivera deux ans plus tard, avec seulement 48 secondes d'avance sur le Néerlandais Hennie Kuiper.
En 1983, à 23 ans et pour sa première participation, **Laurent Fignon** remporte son premier Tour de France. Certains avancent que la concurrence n'était pas à la hauteur (Bernard Hinault avait déclaré forfait), alors Laurent Fignon fera taire ses détracteurs en s'imposant de nouveau l'année suivante, avec cette fois dix minutes d'avance sur Bernard Hinault en personne.

Richard Virenque : le maillot à pois lui allait si bien

La popularité de **Richard Virenque** – durant toute sa carrière, et quels que furent ses démêlés avec les instances internationales à propos de soupçons de dopage – ne s'est jamais démentie auprès du public français. Coureur plein de panache, redoutable grimpeur (sept fois vainqueur du Prix de la montagne du Tour de France), il n'hésitait pas à se lancer dans des échappées au long cours.

Les forçats de la route

À l'issue d'une étape du Tour de France 1924, le journaliste **Albert Londres** interroge les frères Pélissier. Henri lui déclare : « Vous n'avez pas idée de ce qu'est le Tour de France, c'est un calvaire. Et encore le chemin de croix n'avait que quatorze stations, tandis que le nôtre en compte quinze. » Le lendemain, Albert Londres titra son article : « **Les forçats de la route** ». Expression maintes fois reprise pour qualifier le courage et l'héroïsme des coureurs cyclistes.

◀ Le maillot jaune lors du contre-la-montre individuel.

Au coeur de la HAUTE COUTURE

Depuis des siècles, le monde de la mode regarde vers la France et vers Paris ; rien d'étonnant, donc, à ce que l'on soit à la pointe de la haute couture et que les grandes maisons y fleurissent.

Lanvin

La maison Lanvin est fondée par la modiste Jeanne Lanvin (1867-1946) en 1889. Livreuse à ses débuts, la couturière se lance en 1897 dans la création de modèles pour fillettes, puis de robes de style spécialement adaptées aux jeunes filles pudiques : des manches larges, un sage décolleté bateau, une jupe qui s'épanouit jusqu'aux chevilles. Le bleu quattrocento du peintre Fra Angelico, le vert Velázquez et le rose Polignac sont ses couleurs fétiches. Elle les marie à un style délicat, sobre et poétique dans l'esthétique de l'Art nouveau et des Arts décoratifs des années 1920. La maison a su s'adapter à toutes les grandes évolutions du siècle. De 2001 à 2015, le créateur Alber Elbaz est venu apporter à la maison sa touche personnelle, alliant beauté et confort dans des créations fluides aux finitions parfaites.

▼ Femme en robe Lanvin, été 1919.

Poiret

Couturier phare de la Belle Époque, Paul Poiret (1879-1944) propulse les femmes dans le XXe siècle en amorçant la libération du corset et en leur dessinant des vêtements de coupe simple, sans dentelles, aux tendances orientalistes. Poiret lance dès ses débuts la ligne Directoire, des robes à la taille sous la poitrine et aux jupes sinueuses, ajustées et fendues, tombant jusqu'aux chevilles. Le peintre Raoul Dufy dessine pour lui des étoffes. La maison devra fermer en 1929 en raison de la crise économique.

▲ Coco Chanel.

Chanel

Coco (Gabrielle) Chanel (1883-1971) est devenue l'incarnation même de l'émancipation féminine. En fondant sa maison en 1909, elle a fait entrer la simplicité, le confort et la modernité dans la haute-couture. S'inspirant du vestiaire masculin, plus adapté à la vie active, elle crée tailleurs de tweed et vêtements en jersey, qu'elle égaye de bijoux fantaisie. Coco Chanel est également la première à associer parfum et couture en lançant N° 5, « un parfum de femme à odeur de femme », en 1921. Une décennie après la mort de la créatrice, en 1983, la maison confie sa direction artistique à Karl Lagerfeld (1933-2019).

Grès

Les plissés de Madame Grès (1903-1993) n'avaient rien à envier à ceux d'un Rodin ou d'un Bourdelle. « Je voulais être sculpteur, disait-elle, c'est la même chose de travailler le tissu ou la pierre. » Celle qui habilla Arletty, Marlene Dietrich et Grace de Monaco ouvre une première maison en 1934, avant de fonder la maison Grès en 1942. Elle crée alors des robes dépouillées, asymétriques, proches du corps, aux drapés à l'antique extraordinaires, dans des tons marron-roux, taupe et vert-de-gris.

▲ Publicité pour une robe de Madame Grès dans un magazine de 1952.

▲ Robe de cocktail noire, présentée par le mannequin Alla de Dulmen, collection automne de Christian Dior, 1955.

Dior

Christian Dior (1905-1957) présente sa première collection en 1947 : les tailles sont étranglées, la poitrine relevée, les hanches arrondies, les vêtements entoilés. Une journaliste enthousiaste parle de « new-look » pour décrire un style tournant le dos à la morosité des années de guerre : Dior vient de révolutionner durablement le monde de la mode. Chaque tenue comprend une lingerie appropriée qui structure le corps (serre-taille, jupons), mais aussi des accessoires, du chapeau au sac en passant par les chaussures et les gants. À la mort du créateur en 1957, la maison confie successivement à Yves Saint Laurent, Marc Bohan, Gianfranco Ferré, John Galliano et Raf Simons le soin de perpétuer l'esprit « new-look ».

Cardin

Pierre Cardin (1922-2020) marque de son esprit singulier la mode des années 1960. Il est l'un des premiers à se lancer avec succès dans le prêt-à-porter et, en 1963, invente, avec Paco Rabanne et André Courrèges, la mode futuriste. On lui doit la robe bulle, le costume Mao, la mode cosmonaute, l'unisexe ou encore la robe moulée synthétique. Il crée également des costumes de scène pour les Beatles, habille John Steed dans *Chapeau melon et bottes de cuir*, mais aussi Jeanne Moreau et Gérard Depardieu.

Courrèges

André Courrèges (1923-2016) ouvre sa maison en 1961. Avec lui, les femmes découvrent le pantalon en 1963, la mini-jupe en 1965, le collant en 1967. Son style visionnaire, radical, géométrique lui vaut d'être surnommé « le Corbusier de la haute couture ». Ses créations jouent avec les formes – ses robes sont trapézoïdales et très structurées – et la matière, créant un univers où la femme serait enfin libre…

Givenchy

En 1952, Hubert de Givenchy (1927-2018) ouvre une maison de couture qui lui ressemble, classique et élégante. S'il habille Audrey Hepburn dans *Sabrina*, *Drôle de frimousse* ou *Charade*, il est aussi connu pour la robe-chemise en 1954, puis la robe-sac en 1957. En 1958, il lance la ligne Baby Doll. Il se retire en 1995 et sera remplacé successivement par, entre autres, John Galliano, Alexander MacQueen et Riccardo Tisci à la direction créative de la maison.

▲ Défilé automne-hiver 2005-2006 de Jean-Paul Gaultier (7 août 2005).

▼ Création d'Yves Saint Laurent, présentée en 2002 au Centre Georges-Pompidou.

Saint Laurent

En 1962, Yves Saint Laurent (1936-2008), qui avait commencé chez Dior, présente sa première collection sous son nom. Créateur du smoking, de la saharienne et du tailleur-pantalon, il mêle l'exotisme à une palette flamboyante de couleurs avec notamment des robes constituées de perles de bois et de raphia. Aussi invente-t-il une élégance androgyne, libre et sensuelle et écrit, avec l'homme d'affaires Pierre Bergé, une des plus belles pages de l'histoire de la mode française. Chacune de ses collections est une révolution : en 1965, il transpose une toile de Mondrian sur une robe trapézoïdale d'une remarquable sobriété. L'année suivante, il crée la robe pop art.

Lacroix

En 1987, Christian Lacroix (né en 1951), qui vient d'ouvrir sa maison de couture, fait défiler, à contre-courant des tendances, des jupes à crinolines et des spencers à passementeries. En revendiquant l'exubérance, l'éclectisme, le métissage et la sophistication, en réactualisant le passé et en revisitant l'Histoire, il gagne immédiatement sa place dans le monde fermé de la haute couture. Après deux décennies de succès, la maison qui porte son nom, en proie aux difficultés financières, cesse ses activités.

Gaultier

Après avoir notamment travaillé chez Pierre Cardin, Jean-Paul Gaultier (né en 1952) crée sa propre griffe en 1976, et connaît le succès dans les années 1980, grâce notamment à la marinière, qui devient à partir de 1983 une pièce clé de ses collections. Ces dernières, exubérantes et non conventionnelles (il propose notamment une collection unisexe en 1985, où les hommes portent des jupes), attirent les éloges. Après avoir fait une incursion dans le prêt-à-porter, Jean-Paul Gaultier revient à la haute couture, qui donne plus de temps à la création.

Parlers régionaux et savoureux

Ne vous faites plus ROULER dans la FARINE !

On connaît les expressions populaires, surtout quand elles touchent à la cuisine ! Mais à quel point ? Voici l'histoire de vos expressions favorites préparée aux petits oignons !

Faire chou blanc

Obtenir un résultat nul.

Cette expression vient du jeu des quilles : on disait d'un joueur n'ayant rien abattu qu'il avait fait « coup blanc », prononcé « choup blanc » en dialecte berrichon. C'est donc un coup nul, d'où l'expression.

Tomber dans les pommes

Tomber en pâmoison, s'évanouir.

L'expression populaire était d'abord : « tomber dans les pâmes » (tomber en pâmoison, se pâmer). Le terme « pâmes », n'étant plus utilisé, a évolué vers « pommes », mot dont les sonorités sont voisines.

S'occuper de ses oignons

Se mêler de ses affaires.

En argot, au début du XXe siècle, le terme « oignons » désignait les « fesses ». Ainsi, l'expression signifie dès le départ « s'occuper de soi-même », de son « propre corps ».

Carotter quelqu'un

Le duper, le flouer, le filouter à l'aide d'un mensonge.

Selon certains, « carotte » aurait ici le sens de « prudence exagérée au jeu », surtout utilisé au billard. Selon d'autres, le mot désignerait les paquets de feuilles de tabac à chiquer roulées en forme de carotte que les contrebandiers faisaient passer à la frontière.

Ménager la chèvre et le chou

Se conduire entre deux partis de façon à ne blesser ni l'un ni l'autre.

« Ménager » signifie ici « traiter avec égards ». Depuis le XIIIe siècle, cette image illustre une opération délicate : satisfaire la chèvre en la nourrissant suffisamment tout en préservant le chou, pourtant le mets préféré de cette dernière.

La fin des haricots

La fin de tout.

En plus des haricots, le terme désignait autrefois les fèves et les pois, la base de l'alimentation (surtout dans les pensionnats, internats, collèges…). Quand on était à court de ces féculents, c'était vraiment la fin de tout !

Avoir un cœur d'artichaut

Être inconstant en amour, volage.

À la fin du XIXe siècle, le proverbe était « cœur d'artichaut, une feuille pour tout le monde ». Les feuilles du végétal, symbole de l'amour donné, sont nombreuses et se détachent facilement, illustrant la tendance de quelqu'un à donner son amour facilement à beaucoup de personnes.

Être soupe au lait

Être sujet à de brusques colères qui durent peu de temps.

Au XIXe siècle, on disait « monter comme une soupe au lait », en référence à la casserole de (soupe au) lait qui se met brutalement à bouillir sur le feu et redescend aussi vite, le feu éteint : tout comme quelqu'un à l'humeur changeante.

Froid de canard

Un très grand froid.

Ce froid évoqué fait référence à celui qui convient pour une chasse aux canards sauvages, pratiquée en hiver, lorsque les lacs sont gelés et que les canards n'ont plus de refuge.

Mettre tous ses œufs dans le même panier

Placer tous ses fonds dans la même affaire ; mettre tous ses espoirs du même côté, ne pas répartir les risques.

En mettant tous ses œufs dans le même panier, on risque d'en casser la totalité d'un seul coup. Par extension, l'expression déconseille d'engager toutes ses ressources dans une seule et même opération, afin d'éviter la ruine totale.

Vivre comme un coq en pâte

Mener une existence douillette et confortable.

Locution positive qui fait pourtant allusion aux coqs qu'on engraisse en vue de les cuisiner. Le coq se fait servir de la pâtée copieuse et peut profiter de sa (courte) vie.

En faire tout un fromage

Donner une importance exagérée à quelque chose.

Dès le XXe siècle, cette expression illustre le fait de partir d'un élément simple, ici le lait, pour en faire un aliment à la fabrication complexe, tel que le fromage.

Faire un bœuf

Se réunir de façon impromptue entre musiciens de jazz pour constituer un orchestre improvisé.

Cela vient du cabaret parisien *le Bœuf sur le toit*, très en vogue en 1925. C'est là que le jazz américain apparut en France. Les jam sessions (séances musicales improvisées) y étaient fréquentes et on est vite passé de « faire une jam au Bœuf » à « faire un bœuf ».

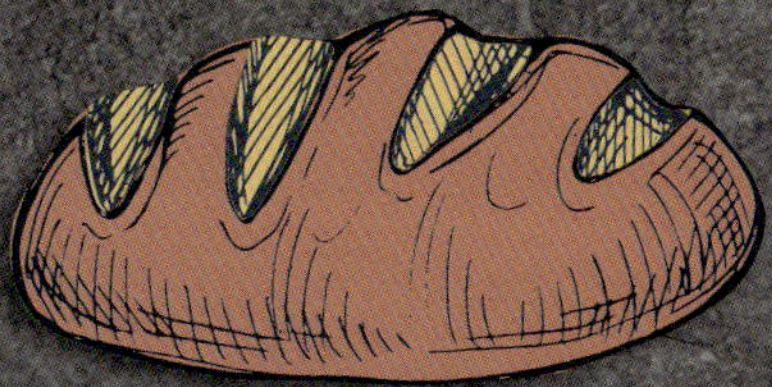

Avoir du pain sur la planche

Avoir beaucoup à faire.

Jusqu'au XXe siècle, l'expression signifiait « avoir des ressources pour l'avenir », par analogie avec le paysan alignant les miches de pain sur une planche de stockage après les avoir cuites. Puis l'expression évolua vers l'image du boulanger qui doit cuire les pâtes à pain posées sur sa planche.

Rouler quelqu'un dans la farine

Tromper, duper quelqu'un.

Selon certains, l'expression ferait allusion aux aliments qu'on enfarine avant de les cuire. Selon d'autres, elle viendrait des termes argotiques du XIXe siècle « rouler », signifiant alors « berner, duper », et « farine », « arguments trompeurs ». D'autres encore pensent que la farine désigne le maquillage des comédiens, leur permettant de tromper le public.

Pleurer comme une Madeleine

Verser beaucoup de larmes.

Cette locution fait allusion à sainte Marie-Madeleine, pénitente éplorée au pied de la croix du Christ.

Manger sur le pouce

Manger à la hâte, sans s'asseoir et sans assiette.

Le « pouce » fait d'abord référence au fait de manger avec les doigts, chose fréquente quand on a peu de temps pour déjeuner. « Sur le pouce » peut faire allusion à la position de ce dernier, placé sous la tranche de pain.

Prendre de la bouteille

Vieillir, prendre de l'expérience en vieillissant dans un métier.

Par analogie au vin qui se bonifie avec le temps, l'expression désigne souvent quelqu'un qui a acquis expérience ou maturité avec le temps. C'est aussi un synonyme de « vieillir ».

Être un cordon-bleu

Être un très bon cuisinier.

L'expression « cordon bleu » désignait les décorations de prestige offertes par le roi aux plus méritants. Par extension, on l'utilise pour parler du « plus remarquable des (+ nom commun) ». Finalement appliquée aux plus méritantes des cuisinières, elle a conservé ce seul sens.

Avoir les foies

Avoir peur.

En 1872, on disait « avoir les foies blancs ». Le rouge sombre du foie fut longtemps associé au courage et à la force. Ainsi, un « foie blanc » était un symbole de lâcheté, de peur. L'expression perdit la couleur, mais le sens resta.

Ne pas être dans son assiette

Ne pas être dans son état accoutumé, dans sa disposition habituelle de corps ou d'esprit.

L'assiette, ici, est à considérer comme la « manière d'être assis » et, par extension, « manière, disposition normale ». Ne pas être dans son assiette signifie donc ne pas être dans son état normal.

Tailler une bavette

Bavarder.

À la fin du XVIIe siècle, l'expression associe le terme « bavette » (issu de « bave » : aux XVe et XVIe siècles, babil des enfants puis bavardage des adultes) et la locution « tailler bien la parole à quelqu'un » (parler à quelqu'un avec éloquence). Ironique, « tailler une bavette » désignait un dialogue futile, sans éloquence, avant de perdre sa connotation.

AVOIR FAIM, D'AUTRES FAÇONS DE LE DIRE !

Crever la dalle, avoir la fringale, avoir un creux, être affamé, avoir les crocs, avoir l'estomac dans les talons, avoir la dent, avoir le ventre creux, avoir le ventre vide, avoir une faim de loup, claquer du bec, n'avoir rien dans le cornet, n'avoir rien dans le corps, n'avoir rien dans le ventre, pleurer famine, avoir le cœur dans le ventre.

Sur les routes de France

Le GRAND-EST, aux frontières de l'Europe

Partez à la découverte du massif des Vosges et de ses superbes forêts, des coteaux recouverts de vignobles des collines vosgiennes et enfin de la plaine d'Alsace, et explorez une région où il fait si bon vivre.

◀ Anciennes maisons de tanneurs dans le vieux quartier de la Petite France, à Strasbourg.

Strasbourg, la capitale de l'Europe

Intégrée à la Lotharingie (843), allemande en 870, Strasbourg fut dominée par ses évêques jusqu'en 1201, date à laquelle elle devint ville libre d'Empire. Foyer intense de l'humanisme et de la réforme religieuse (Calvin) aux XVe et XVIe siècles, la ville fut annexée par Louis XIV en 1681. Prise par les Allemands en 1870, capitale du Reichsland d'Alsace-Lorraine à partir de 1871, elle revint à la France en 1918. Réoccupée par les Allemands pendant la Seconde Guerre mondiale, elle fut libérée par Leclerc en 1944.

Le Concordat

Dans le Bas-Rhin, comme dans le Haut-Rhin et en Moselle, les ministres des cultes sont rétribués par l'État, le catéchisme est enseigné à l'école, le vendredi saint et le 26 décembre sont fériés. C'est que reste en vigueur le statut du « Concordat ». Il s'agit du Concordat signé en 1801 entre Napoléon Bonaparte et le pape Pie VII et qui reconnaissait la religion catholique comme celle de la majorité des Français. Allemandes lors de la promulgation de la loi de la Séparation de l'Église et de l'État en 1905, l'Alsace et la Lorraine conservèrent ce statut une fois redevenues françaises.

Le toit des Vosges

Le Grand Ballon (1 424 m) est situé au cœur du Parc naturel régional des Vosges qui englobe la partie sud (la plus élevée) du massif. Par beau temps, la vue est exceptionnelle sur le Mont-Blanc et les Alpes, sur la plaine d'Alsace et la Forêt-Noire. Grâce à la diversité des milieux naturels, liée au relief ainsi qu'aux fortes variations climatiques, la flore présente des espèces rares (l'*Endrosa carnea* de Haller, la digitale, l'arnica, le lys, l'orchidée), et la faune, de nombreux animaux (chamois, cerfs, chevreuils, hermines, sangliers, renards, martres, castors, blaireaux, lynx).

▲ Le lac du Ballon dans le massif des Vosges.

Colmar, ancienne ville de la Décapole

La ville a pour origine une villa carolingienne. Charles le Gros y tint une diète contre les Normands en 887. Fortifiée au XIIIe siècle, ville impériale en 1226, Colmar voit se développer une bourgeoisie qui ne cesse de s'enrichir et qui se libère, en 1262, de la tutelle des évêques de Strasbourg. Au XIVe siècle, elle se donne une Constitution communale ; elle fait alors partie de la Décapole alsacienne (1354). C'est un gros marché agricole, enrichi par le commerce des vins. Colmar est prise par les Suédois pendant la guerre de Trente Ans (1632), et cédée par eux à Louis XIII. Louis XIV rase ses fortifications (1673), mais il en fait, en 1698, la capitale judiciaire de l'Alsace, à la place de Brisach. En 1790, Colmar devient le chef-lieu du département du Haut-Rhin.

La cristallerie de l'excellence

En 1764, l'évêque de Metz, soucieux d'utiliser le bois (commerce très lucratif à l'époque), installe, avec l'autorisation de Louis XIV, une verrerie à Baccarat. Il est loin d'imaginer le succès international de cette petite manufacture, équipée de 4 fours alimentés par 100 ouvriers. Après maintes reventes et acquisitions de l'usine, et de nombreux progrès techniques, Baccarat est aujourd'hui l'une des entreprises françaises comptant le plus grand nombre de meilleurs ouvriers de France.

Détail du palais des ducs de Lorraine à Nancy. ▲

Nancy, résidence des ducs de Lorraine

La ville, résidence des ducs de Lorraine, est incendiée par Henri de Bar en 1218. Au XVe siècle, Nancy s'unit au duché de Bar, avant d'être occupée par Charles le Téméraire (1475), mais elle est reprise par le duc de Lorraine René II, et le Téméraire périt sous ses murs en l'assiégeant de nouveau (1477). Agrandie par Charles III, qui fait construire la Ville-Neuve (1588), Nancy, occupée par les Français (1633-1659, 1670-1698 et 1702-1712), perd son rang de capitale au profit de Lunéville. Le duc Léopold y crée toutefois une cour souveraine, et les travaux qu'y entreprend Stanislas Leszczynski en font un des joyaux artistiques du XVIIIe siècle. Française en 1766, à la mort de Stanislas, chef-lieu de la Meurthe (1790), Nancy devient le chef-lieu du département de la Meurthe-et-Moselle en 1871.

◀ Maisons typiques du quartier de la « Petite Venise », à Colmar.

▲ La porte de la Craffe, vestige des fortifications médiévales, à Nancy.

Bar-le-Duc, vers la Voie sacrée

Le comté de Bar, fondé vers 959, domine rapidement tous les États féodaux nés du démembrement de la Haute-Lorraine. Mais un de ses comtes, Henri III (1297-1302), vaincu par Philippe le Bel, signe en juin 1301 le traité de Bruges, par lequel il se reconnaît vassal de la France pour tous ses biens situés sur la rive gauche de la Meuse. Ainsi se constitue le Barrois mouvant, avec Bar-le-Duc pour capitale, le reste, avec Saint-Mihiel, demeurant terre d'Empire. À la mort de Stanislas Leszczynski, duc de Bar et de Lorraine, la ville est réunie à la France. Lors de la Première Guerre mondiale, la ville est sur le point de départ de la Voie sacrée, qui ravitaille Verdun.

Le fort de Douaumont

Le fort de Douaumont fut le théâtre de sanglants combats lors de la bataille de Verdun, en 1916. En mémoire de celle-ci a été aménagé l'Ossuaire de Douaumont. Dominé par une tour de 45 m terminée par un phare, il a été inauguré en 1932. Il contient les restes, non identifiés, d'environ 300 000 soldats français morts devant Verdun, répartis en 46 tombeaux correspondant aux 46 sous-secteurs du champ de bataille.

Metz, ancienne capitale d'Austrasie

Capitale des Gaulois *Mediomatrici* et importante cité de la Gaule romaine, Metz est la capitale du royaume mérovingien d'Austrasie, sous Sigebert Ier et Brunehaut. Les évêques favorisent la prépondérance économique de la ville où affluent, au Xe siècle, les draps, les cuirs et les produits agricoles de l'Occident, les denrées exotiques. La querelle des Investitures, au XIe siècle, amène le déclin de la puissance épiscopale. Les bourgeois accueillent favorablement la Réforme. L'intérêt que porte Charles Quint aux Trois-Évêchés (Metz, Toul, Verdun) inquiète la bourgeoisie messine, qui accepte la protection du roi de France. L'entrée d'Henri II dans Metz (1552) s'accompagne d'une révolution qui écarte le patriciat du gouvernement au profit des marchands et des légistes. Chef-lieu du département de la Moselle en 1790, Metz est annexée à l'Allemagne de 1871 à 1918.

La ligne Maginot

Ce système fortifié fut construit de 1927 à 1936 sur la frontière française du Nord-Est, sous l'impulsion du ministre de la Guerre André Maginot. Le projet initial prévoyait, sur les grandes voies d'invasion, la création de régions fortifiées d'une centaine de kilomètres de front sur 15 km de profondeur, offrant un réseau de feu continu sur tout leur pourtour. Par économie, les flancs et les arrières ne furent pas construits. Laissant ainsi la frontière belge sans protection, la ligne Maginot ne put jouer en 1940 le rôle escompté.

Épinal, la ville des musées

À la fin du Xe siècle, un château est bâti par l'évêque de Metz Thierry Ier, à l'emplacement probable d'un *castrum* du Bas-Empire. La ville, établie près du château et d'une abbaye de bénédictins, entre en lutte contre les évêques souverains, s'érige en république, puis se donne à la France sous Charles VII (1444) ; Louis XI décline la protection en 1466. Épinal s'incorpore alors au duché de Lorraine, passé à la Couronne en 1766. Elle est célèbre, au XVIIIe siècle, comme centre de céramique, et François Vautrin y crée, en 1760, une fabrique dont la marque « Épinal » est tracée en creux. Mais ce sont surtout les images en couleurs de Pellerin qui, à partir de la fin du XVIIIe siècle, feront sa renommée. En 1790, Épinal devient le chef-lieu du département des Vosges.

Les Images d'Épinal

C'est sous Napoléon, à l'époque où le peuple s'éveille à une conscience politique nationale, que l'imagerie populaire devient en France un enjeu politique et un puissant véhicule idéologique. Les imprimeries d'Épinal, et particulièrement celle de Pellerin, connaissent alors un succès considérable en diffusant « la légende napoléonienne » après 1815. Pendant tout le XIXe siècle, les planches aux couleurs vives, sur des sujets moraux, religieux, humoristiques ou politiques (en particulier exaltant le colonialisme), façonneront la mentalité des classes qui n'ont pas accès au livre ou au journal.

Charleville-Mézières

Charleville fut fondée en 1608 par Charles de Gonzague, qui lui donna son nom. Elle prit rapidement une grande importance économique. La ville de Mézières se forma autour d'un château bâti à la fin du IXe siècle. En 1521, Bayard y arrêta les armées de Charles-Quint. En 1870, après la défaite de Sedan, Mézières, site militaire fortifié, eut à subir un siège douloureux et les Prussiens l'occupèrent de janvier 1871 à juillet 1873. Charleville et Mézières ont été réunies en 1966.

Arthur Rimbaud

C'est dans la sage et bourgeoise Charleville que naquit et grandit le terrible Arthur Rimbaud, enfant prodige, adolescent révolutionnaire et scandaleux qui révolutionna… la poésie, sinon la littérature. Il écrivit ici ou à Paris, dans les années 1870, les poèmes et les textes qui allaient le rendre célèbre… beaucoup plus tard et après sa mort précoce, à 37 ans. Entre-temps, il avait fui la littérature et sa ville natale pour aller courir le monde et vivre au soleil de l'Orient. Face au mont Olympe, à Charleville, un musée est consacré à Rimbaud et à son œuvre fulgurante.

Maisons typiques à pans de bois dans le centre de Troyes. ▼

Troyes, ancienne capitale de la Champagne

Capitale des Tricasses, la ville est nommée *Augustobona* par les romains. Pourvue d'un atelier monétaire dès l'époque carolingienne, Troyes, qui est aussi le siège d'un évêché et un centre religieux important, devient la capitale du comté de Troyes dès le Xe siècle. Bien située au carrefour des routes allant de Bruges à Venise et de Paris en Germanie, Troyes est, du XIIe au XIVe siècle, le siège de deux des six foires de Champagne, qui favorisent le développement de l'industrie textile. Favorable aux Bourguignons, Troyes devient la capitale de Jean sans Peur avant son installation à Paris (1418). En 1429, Charles VII prend la ville en allant se faire sacrer à Reims. À demi détruite par un incendie le 24 mai 1524, Troyes maintient pourtant son activité grâce aux textiles. Lors de la campagne de France, Napoléon en fait le pivot de ses opérations contre les Alliés. Au XIXe siècle, Troyes retrouve sa prospérité avec l'installation de nombreux Alsaciens (1871-1872).

L'abbaye de Clairvaux

Fondée le 25 juin 1125 par saint Bernard et onze de ses compagnons, l'abbaye de Clairvaux fut à l'époque l'une des quatre filles majeures du nouvel ordre de Cîteaux, qui serait à l'origine de la réforme cistercienne. Située non loin de la grande voie romaine reliant Milan à Boulogne, Clairvaux se trouvait alors au cœur de l'une des plus importantes zones d'échanges économiques et intellectuels, et possédait des terres et de nombreux bâtiments. L'abbaye fut vendue comme bien national à la Révolution ; elle devint par la suite une verrerie avant d'être rachetée en 1808 par l'État, qui la transforma en maison centrale de détention.

Détail de la mise au tombeau dans la basilique Saint-Remi, à Reims. ▲

Reims, la cité des sacres

Capitale du peuple gaulois des *Remi*, l'antique *Durocortorum* devient, sous la domination romaine, la métropole de la province de Gaule Belgique et une étape importante sur la route de Belgique. Elle est le siège d'un évêché vers 290. C'est sous le pontificat de saint Remi que Clovis reçoit le baptême (25 décembre 496) ; c'est pour honorer cet événement que les rois de France établissent la coutume du sacre à Reims, qui, par ailleurs, a soutenu les prétentions des Capétiens ; mais la coutume du sacre à Reims ne devient régulière qu'à partir du règne de Louis VII ; le dernier sacre sera celui de Charles X (29 mai 1825).

Le bénédictin des bulles

Dom Pierre Pérignon (1639-1715) était cellérier de son monastère, près d'Épernay. Les vins de Champagne étaient déjà réputés, mais, jusque vers la fin du XVIIe siècle, on n'exploitait pas la tendance à mousser que montraient certains vins de ce pays. Dom Pérignon sut alors tirer parti de cette tendance et, s'il ne trouva pas lui-même le secret du vin mousseux, du moins en perfectionna-t-il la fabrication. Il sut aussi améliorer le mélange et le dosage des crus différents pour en additionner les qualités.

Chaumont

Affranchie en 1190 par le comte de Champagne, chef de baillage en 1228, rattachée à la Couronne en 1284, la cité, saccagée par les Écorcheurs en 1437, est dotée d'un échevinage en 1469. Les Alliés l'occupent en 1814 et y signent le pacte de Chaumont, préfiguration de la Quadruple-Alliance (9 mars 1814). La ville fut le siège de l'état-major de Pershing en 1917-1918. En 1979, l'évêque de Langres y a établi sa résidence.

La croix de Lorraine, mémorial érigé ▲
en l'honneur du général de Gaulle.

En mémoire d'un grand homme

Colombey-les-Deux-Églises était un de ces « villages tranquilles et peu fortunés, dont rien, depuis des millénaires, n'a changé l'âme, ni la place », écrivit son plus illustre habitant, le général de Gaulle, qui y possédait sa résidence privée, la Boisserie. Après la mort de l'homme d'État, il fut décidé d'y élever un mémorial en son honneur. L'inauguration eut lieu, date symbolique, le 18 juin 1972. Le monument est une croix de Lorraine en granit rose de 43,50 m de haut, d'un poids de 1 500 tonnes.

Vins festifs de CHAMPAGNE

▲ Affiche pour le champagne Jules Mumm & Co., réalisée par Maurice Realier-Dumas, 1899 (BnF, Paris).

Le champagne est un vin de fête et de célébration par excellence. Il a conquis le monde entier et créé un art de vivre qui n'appartient qu'à lui. Il est le vin le plus connu au monde, le plus copié aussi, bien qu'on n'en produise qu'en Champagne et nulle part ailleurs…

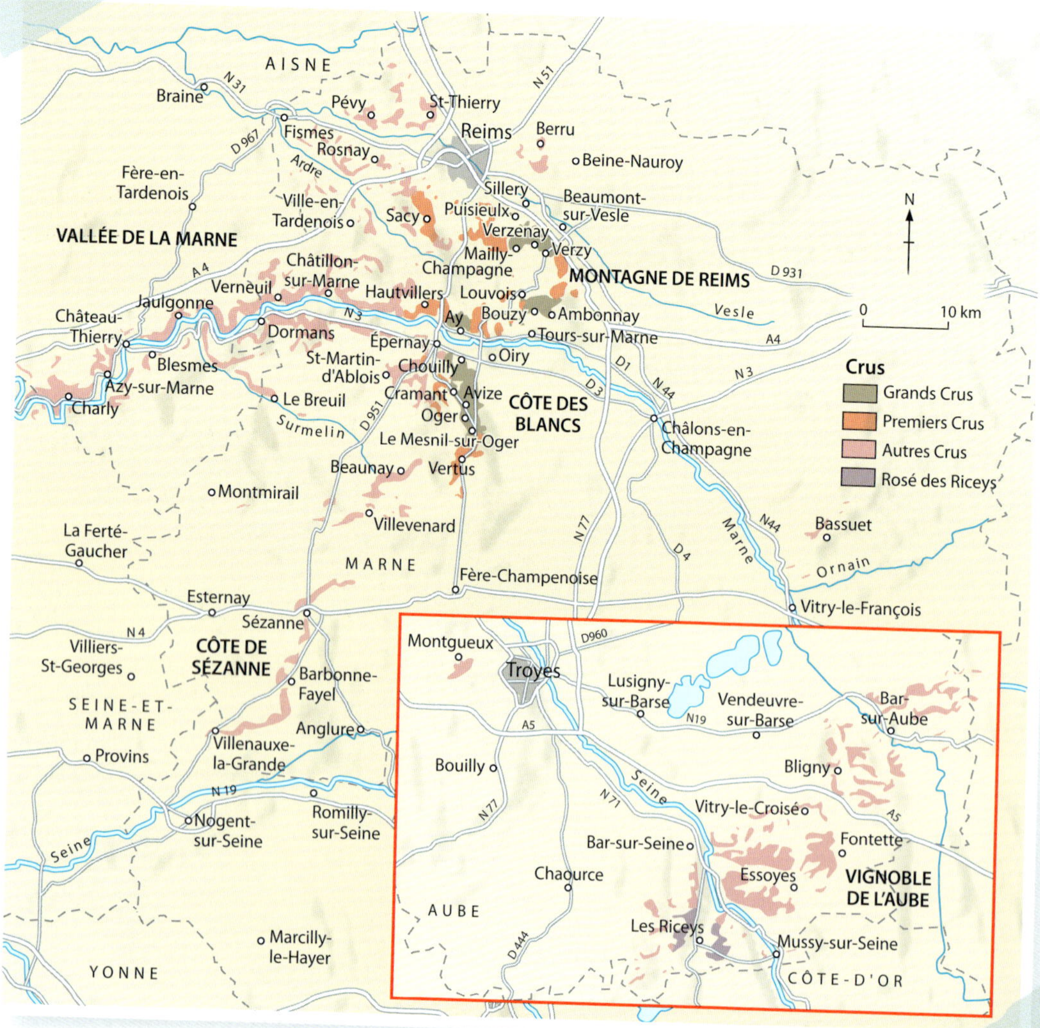

De l'invention des bulles aux défis modernes

Comme un peu partout en France, le vignoble champenois doit sa création aux légions romaines. Aux Vᵉ et VIᵉ siècles, les ordres monastiques, notamment les bénédictins, contribuent à son développement. Ces vins sont servis à la cour des rois de France ; Louis XIV en est très friand.

Les vins d'alors n'ont rien à voir avec les petites bulles que nous connaissons aujourd'hui. Il s'agit de vins vifs, rouges très légers ou blancs tranquilles. Le mythe champenois ne prend son envol qu'avec la maîtrise très progressive de l'effervescence, à partir de la fin du XVIIe siècle. La tradition en a attribué la paternité à dom Pérignon, mais si le moine n'a guère « inventé » le champagne mousseux, il a néanmoins contribué, par la pratique de l'assemblage notamment, à perfectionner ses techniques de production. Les premières grandes maisons de négoce ont vu le jour au XVIIIe siècle. À la fin du XIXe siècle, le phylloxéra détruit le vignoble, et les premières décennies du XXe siècle sont marquées par des crises d'ordre économique. Soucieuse de ses pieds de vigne et de l'environnement, la Champagne a repensé sa viticulture depuis les années 2000. La viticulture raisonnée et biologique fait désormais partie des préoccupations des maisons et des coopératives comme des vignerons indépendants. Ces derniers participent aujourd'hui à la diversification de la production, ouvrant la Champagne, terre d'assemblages, à des vins capables d'exprimer les nuances propres aux nombreux terroirs qui existent en Champagne.

Le paysage viticole

La Montagne de Reims. Il s'agit d'un vaste plateau entre Épernay et Reims, recouvert de forêts. C'est le royaume du pinot noir (jusqu'à 70 % dans certains secteurs), mais on y cultive aussi du chardonnay et du pinot meunier. Cette région compte le plus grand nombre de villages classés « grand cru ».

La Côte des Blancs. Située au sud d'Épernay, elle est le fief du chardonnay, qui y règne en maître, principalement entre Cramant et Le Mesnil-sur-Oger. Quelques villages (par exemple Vertus) produisent de bons vins rouges tranquilles (AOC Coteaux champenois).

La vallée de la Marne. Elle s'étend de l'ouest de Château-Thierry à l'est d'Épernay. Ici dominent les cépages noirs, notamment le pinot meunier. On y trouve quelques grands crus.

Le vignoble de l'Aube. Il s'étend sur plus de 100 km au sud-est de Troyes. Les sous-sols de la région à tendance marneuse sont principalement plantés de pinot noir. Au sud se trouve l'appellation Rosé des Riceys.

La Côte de Sézanne. Plantée dans les années 1960, elle prolonge la Côte des Blancs au sud. C'est le fief du chardonnay qui donne ici des vins amples et riches.

Quelques particularités des étiquettes

La Champagne cultive sa différence jusque sur son étiquette.

Ici la mention « appellation contrôlée » n'est pas obligatoire. Mais, en plus des mentions classiques, doit figurer obligatoirement la catégorie professionnelle de celui qui a mis le vin en bouteilles. Elle est en général écrite en bas de l'étiquette en tout petits caractères.

NM : négociant-manipulant. Le négociant ou la maison de négoce récolte ou achète ses vins et les vinifie dans ses caves.

RM : récoltant-manipulant. Le vigneron vinifie et commercialise son vin.

RC : récoltant-coopérateur. Le viticulteur confie ses raisins à sa coopérative pour qu'elle élabore le vin, puis récupère tout ou partie des bouteilles terminées pour les commercialiser.

CM : coopérative de manipulation. Les vins sont élaborés et vendus par une coopérative.

SR : société de récoltants. Assez rare, c'est une association de vignerons indépendants qui élaborent et commercialisent leurs vins en commun.

ND : négociant-distributeur. C'est un négociant qui achète des bouteilles finies à d'autres opérateurs, et les commercialise sous sa propre marque.

MA : marque d'acheteur. Une marque produit sur commande pour un acheteur des bouteilles que ce dernier commercialise sous son nom. C'est souvent le cas des champagnes vendus en grande surface.

Vignes autour du village de Verzenay, dans la Marne, avec le phare transformé en musée de la Vigne.

Deux noms de légende

Contemporain de Louis XIV – il a vécu aux mêmes dates que ce dernier (1639-1715) –, dom **Pérignon** fut chargé des vignes et des celliers à l'abbaye de Hautvillers, près d'Épernay, où il écrivit *L'Art de bien traiter la vigne et le champagne*. S'il ne fut pas l'inventeur du champagne mousseux, cet œnologue avant l'heure mit au point l'assemblage des crus et des cépages, fondement de l'élaboration du champagne. Aujourd'hui, Dom Pérignon est aussi le nom d'une cuvée de prestige appartenant à Moët & Chandon, créée en 1936, toujours millésimée.

L'autre « dom », **Ruinart** (1657-1709), fut spécialisé dans l'étude des « antiquités », c'est-à-dire la science des monuments et des inscriptions funéraires. Il rencontra dom Pérignon en 1696 à l'abbaye de Hautvillers. On le considère comme l'inspirateur de Nicolas Ruinart (dont il était l'oncle), fondateur de la maison qui porte son nom. Pour lui rendre hommage, Ruinart, la plus ancienne maison champenoise, lui a dédié sa cuvée de prestige.

La contenance des bouteilles

Les bouteilles de champagne existent dans divers formats, sous des noms particuliers : le jéroboam correspond à 3 litres (4 bouteilles), le réhoboam à 4,5 litres (6 bouteilles), le mathusalem à 6 litres (8 bouteilles), le salmanazar à 9 litres (12 bouteilles) et le nabuchodonosor à 15 litres (20 bouteilles). Les bouteilles sont en verre épais, capable de résister à la pression du gaz carbonique.

▲ L'étape traditionnelle du « remuage » : tous les jours, les bouteilles en fermentation, placées tête en bas sur des pupitres, sont tournées d'un quart de tour, pour rassembler les lies contre le bouchon.

Les AOC de Champagne

- Champagne
- Coteaux champenois
- Rosé des Riceys

Ils ont fait la France

Les MOTS de la Grande Guerre

▲ La flamme du soldat inconnu, sous l'Arc de Triomphe, à Paris.

Vocabulaire militaire ou argot issu du comique troupier, en ce début de XXe siècle, la langue française s'enrichit de nombreux mots et expressions liés à la guerre. Voici une sélection de ces mots-clés incontournables.

▲ *Le Langage des tranchées*, carte postale (historial de la Grande Guerre, Péronne).

Bertha

Pièces d'artillerie lourde employées par les Allemands en Belgique dès 1914, les « grosses Bertha » *(Dicke Bertha)* utilisent des mortiers de 420 mm. Ce surnom évocateur est également donné aux canons lourds qui, à plus de 100 km, tirent sur Paris en 1918, bien que ces modèles soient très différents.

Bidasse

« Avec l'ami Bidasse
On n'se quitte jamais
Attendu qu'on est
Tous deux natifs d'Arras
Chef-lieu du Pas-d'Calais »…

La chanson de Charles-Joseph Pasquier, dit Bach (1882-1953), est un archétype du comique troupier, alors à son apogée.

Crapouillot

Ce surnom, donné sous le second Empire à un petit mortier en bronze, trapu et massif, évoquant un crapaud, désigne en 1914 le mortier de tranchée français bricolé avec des pièces de récupération. En 1915, c'est le nom d'un journal fondé par Jean Galtier-Boissière (1891-1966) dans une tranchée de l'Artois, qui va devenir, en 1919, une revue littéraire et artistique d'avant-garde.

La « une » du journal *le Crapouillot*, numéro de Noël 1916. ▶

Der des der (la)

Expression née dans l'après-guerre pour désigner la guerre de 1914-1918, dont on espérait qu'elle serait la dernière.

Gueules cassées

Expression forgée par le général Picot, lui-même grièvement blessé au visage en janvier 1917. Face à des dizaines de milliers d'hommes défigurés, les chirurgiens militaires mettent au point de nombreuses techniques qui donneront naissance à la chirurgie maxillo-faciale réparatrice moderne.

Ligne bleue des Vosges

Expression empruntée au testament de Jules Ferry et associée à la reconquête de l'Alsace-Lorraine. Le député et sénateur des Vosges demande à être enterré dans sa ville natale de Saint-Dié, « en face de cette ligne bleue des Vosges d'où monte jusqu'à mon cœur fidèle la plainte touchante des vaincus » (1893).

Poilu

Avant de désigner le soldat français de la Première Guerre mondiale, « poilu » qualifiait en langage familier un homme vigoureux ou vaillant. Mais l'usage de ce mot appliqué à un soldat particulièrement brave remonterait au moins aux guerres napoléoniennes.

Saucisse

Ballon captif servant à l'observation ou à la protection anti aérienne. Déployées sur les lignes de front, les saucisses surveillent les mouvements de l'ennemi et permettent d'ajuster les tirs d'artillerie.

Soldat inconnu

L'idée de rendre hommage à tous les soldats disparus et morts sans sépulture en inhumant un « déshérité de la mort » ne s'est pas concrétisée sans problèmes : désaccords à propos du lieu d'inhumation – les Invalides, le Panthéon ou l'Arc de Triomphe ? –, recours à une famille fictive pour accompagner le cercueil, travaux pour réaliser le tombeau… Le soldat inconnu ne fut inhumé que le 28 janvier 1921.

Tirailleurs

Entre 1914 et 1918, les soldats originaires de l'Empire colonial français se battent dans les rangs de l'armée française. Près de 158 000 viennent d'Afrique du Nord et 134 000 d'Afrique noire. 72 000 d'entre eux tombent sur le champ de bataille.

Ypérite

Également appelé « gaz moutarde », ce liquide huileux (sulfure d'éthyle deux fois chloré) a une action suffocante et provoque des cloques sur les muqueuses et les parties externes du corps. Les risques encourus par leurs propres troupes lors de changements de direction du vent poussent les Allemands à y renoncer.

▼ Fantassins français en réserve (région du Chemin des Dames, 1917).

Les MOTS de la Seconde Guerre mondiale

Le conflit de 1940 introduit dans notre langue de nombreux mots d'origine étrangère. Par ailleurs, un vocabulaire lié aux restrictions et aux horreurs de la guerre fait son apparition et témoigne du difficile quotidien des Français.

Boîte à lait
Nom donné par la verve populaire parisienne au masque à gaz que chacun porte en sautoir ou en bretelle, dans un étui métallique ou dans une musette. On l'appelle aussi « équipement de zingueur ».

Cocktail Molotov
Nom donné par les soldats finlandais aux projectiles incendiaires qu'ils lancent contre les chars de l'Armée rouge : une façon de remercier le commissaire aux Affaires étrangères qui, se défendant de bombarder la Finlande (« les paniers pique-nique de Molotov »), prétend que l'aviation soviétique largue des vivres aux Finlandais affamés.

« Drôle de guerre »
Roland Dorgelès a revendiqué la paternité de cette expression pour qualifier la trêve de 8 mois qui s'étend du 3 septembre 1939 – déclaration de guerre de la Grande-Bretagne et de la France à l'Allemagne – au 10 mai 1940, invasion de la Belgique et des Pays-Bas par la Wehrmacht. Elle pourrait aussi provenir d'un contresens phonétique transformant en *funny war* l'expression anglaise *phoney war* : guerre « bidon ».

Ersatz
La France occupée connaît bien ce mot allemand qui signifie « succédané » : le café est en majeure partie constitué d'orge grillée, le chocolat est un bloc de pâte saccharine revêtu d'une mince pellicule de chocolat, le rutabaga remplace la pomme de terre, les semelles de bois le cuir contingenté, la rayonne et la fibranne les fibres naturelles, et les automobiles roulent au gazogène.

▲ Des chaussures à semelle de bois, juillet 1941.

Hérisson tchèque
Assemblage de portions de rails entrecroisées et munies de socles en béton pour assurer leur stabilité dans le sable. Lorsqu'il est placé en grand nombre sur les plages, ce dispositif à l'origine antichar constitue un moyen efficace de stopper la progression des barges de débarquement.

Malgré-nous
Nom donné aux Alsaciens-Lorrains enrôlés de force dans l'armée allemande et envoyés sur le front de l'Est.

Maquis
En Europe, les plus importants maquis se développent en Yougoslavie, dans la Russie occupée et en Pologne. En France, on observe un grand éparpillement, avec des zones où l'activité des maquis est plus soutenue, comme le Jura, l'Auvergne, le Limousin, le Morvan, la Savoie ou encore le Dauphiné.

Marinettes
Groupe d'une dizaine d'ambulancières de la Marine, volontaires pour s'occuper des blessés de la 2e DB du général Leclerc et rattachées au Régiment blindé de fusiliers marins, le RBFM, qui les surnomme « Marinettes ».

▲ Instruction des jeunes recrues dans le maquis de Normandie.

Verdun du Pacifique
Surnom donné à l'île de Guadalcanal en raison du nombre de pertes matérielles (une cinquantaine de navires de part et d'autre) et humaines subies par les Américains (1 600 morts) et les Japonais (24 000 morts).

« Yvette aime les grosses carottes »
En langage clair : parachutage d'armes ; l'un des messages secrets de Radio Londres, programme de langue française diffusé du 6 septembre 1940 au 22 novembre 1944 par la BBC.

Y a des zazous d'Andrex (1943). ▶

Zazous
Surnom emprunté à une chanson de Cab Calloway (*Zah Zuh Zaz*) par un petit nombre de jeunes Parisiens non conformistes, qui, pour exprimer leur rejet du régime de Vichy et de sa propagande zélée, arborent des tenues excentriques et swinguent joyeusement sur les dernières nouveautés de jazz en provenance des États-Unis.

Savoir-faire à la française

Nos chères entreprises du PATRIMOINE VIVANT

Voici un voyage au cœur de nos métiers, depuis l'art campanaire jusqu'aux chantiers navals, en passant par la ferronnerie, la pendulerie, la tapisserie, les arts graphiques ou les instruments médicaux.

Fonderie Cornille-Havard à Villedieu-les-Poêles (Manche)

En 1865, Adolphe Havard, ingénieur issu de Polytechnique, crée la fonderie de cloches Cornille-Havard. Et 153 ans plus tard, les ateliers n'ont quasiment pas bougé. Et la technique est toujours la même. Trois moules sont nécessaires pour fabriquer une cloche : le « noyau », la « fausse cloche » et la « chape ». Après les différentes phases de moulage, on coule le métal en fusion. Ensuite on laisse refroidir pendant quelques jours. Et si la technique de fabrication n'a pas changé (les moules sont toujours fabriqués à l'aide d'argile, de poils de chèvre et de crottin de cheval), la conception est entrée dans le XXIe siècle. Désormais, on modélise le tracé des cloches sur ordinateur. Chez Cornille-Havard, le savoir-faire est une valeur cardinale tant pour la fabrication de cloches monumentales que pour celle de cloches de navire, de cloches de maisons, de clochettes ou de tintenelles.

▲ Intérieur d'une fonderie de cloches.

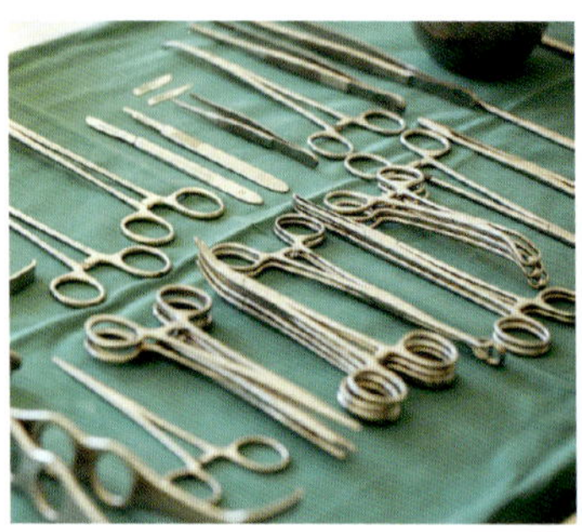

Le label EPV

Lorsqu'on voit sur la devanture d'un magasin, à l'entrée d'un atelier ou sur un document de présentation le logo « label EPV », on sait derechef que le sérieux est de mise. Le label Entreprise du patrimoine vivant (EPV) a été créé en 2005 et, selon la loi, il peut « être attribué à toute entreprise qui détient un patrimoine économique, composé en particulier d'un savoir-faire rare, renommé ou ancestral, reposant sur la maîtrise de techniques traditionnelles ou de haute technicité et circonscrit à un territoire ». Tout est dit et on comprend que c'est une vraie référence. En outre, seul le ministre de l'Économie est habilité à le décerner après une procédure d'attribution exigeante et incontestable.

Instruments de chirurgie Oury-Guyé et Fils à Nogent (Haute-Marne)

Depuis 1909, Oury-Guyé est devenu un acteur incontournable dans le monde très pointu de l'instrument de chirurgie de bloc, de l'instrument ancillaire et vétérinaire, et c'est l'arrière-petit-fils de Gaston Oury, Christian, qui poursuit le développement d'un catalogue qui compte plus de 2 000 objets. Mais la richesse de la maison c'est surtout et avant tout sa cinquantaine d'employés. De la forge au marquage laser, il y a 80 % de travail manuel hautement spécialisé et donc autant de valeur ajoutée sur chaque instrument. Chez Oury-Guyé, on mise sur l'apprentissage et l'excellence. L'entreprise compte 5 meilleurs ouvriers de France (MOF) dans les rangs de la maison. Un chiffre totalement exceptionnel pour du matériel qui a obtenu l'autorisation de la Food and Drug Administration pour investir le marché américain.

Batteur d'or Dauvet à Excenevex (Haute-Savoie)

Depuis plus de 180 ans, les feuilles d'or Dauvet sont présentes dans les ateliers des palais et monuments nationaux, chez les doreurs et encadreurs mais aussi dans les cuisines des chefs étoilés. Qu'ils soient relieurs, enlumineurs, calligraphes, verriers ou céramistes, tous manipulent cette précieuse matière première. Cette histoire familiale commence à Paris en 1834. Aujourd'hui, la sixième génération perpétue le travail de cette matière rare et précieuse sur les bords du lac Léman. La batterie Dauvet utilise un or pur, au titre de 999,9 millièmes, qui est affiné en France ou en Suisse. Découvrir le savoir-faire de ces batteurs d'or relève d'un voyage quasi initiatique. On y voit cet alliage délicatement placé dans un creuset pour y être porté à température de fusion, soit 1 200 °C. Il est ensuite coulé dans une lingotière. Une fois le lingot refroidi, sa masse est de 220 g et d'une épaisseur de 15 mm ; il sera alors réduit à 17 microns par une succession de laminages à froid. Après battage, les feuilles d'or font 1,2 micron d'épaisseur et elles sont commercialisées dans un livret en papier de soie.

▲ Une feuille d'or.

▲ Restauration d'une statue avec de la feuille d'or.

Atelier traditionnel du Vimeu à Friville-Escarbotin (Somme)

L'excellence et les valeurs d'une entreprise ne relèvent pas nécessairement d'une histoire séculaire. Le label EPV attribué à cette entreprise familiale de robinetterie, installée depuis 1997 dans la région du Vimeu, en est la preuve. Dans ce coin de Picardie considéré comme le bassin historique de la robinetterie en France, on a porté au rang d'art la conception et la mise au point des clapets, des bondes ou des mitigeurs haut de gamme et personnalisés. Le sur-mesure est une habitude car chaque commande est traitée comme un cas particulier. Et la recherche est au cœur de cet artisanat. En effet, l'atelier du Vimeu a conçu un système de robinetterie en cuivre avec purge automatique pour l'hôpital de Rambouillet. Le cuivre est un antibactérien et le but est d'éviter le développement des maladies nosocomiales, qui touchent 750 000 personnes en France chaque année. Tradition, innovation et excellence donc !

Moulin à couleurs à Écordal (Ardennes)

Ce moulin fut fondé en 1866 sur les terres ardennaises. Ces terres ont toujours été fortement chargées en oxyde de fer et la terre de Sienne provient de carrières appartenant à l'entreprise et situées à une dizaine de kilomètres de ses locaux. Une fois extraite, la terre est soit séchée à 200 °C, soit calcinée à 700 °C. C'est à ce moment qu'elle change de couleur. La terre de Sienne (jaune-brun) deviendra rouge et l'ocre jaune deviendra ocre rouge. Le broyage des pigments a pour objectif d'obtenir le produit le plus fin possible pour qu'il soit utilisable aussi bien par l'artiste peintre que par le maçon dans des chantiers de restauration. L'avantage incontestable des pigments naturels est d'offrir une grande résistance à la lumière, aux ultraviolets (soleil, lune), à l'humidité et une bonne tenue dans le temps. Le Moulin à couleurs est la dernière fabrique en France de terres colorantes, de pigments 100 % naturels. Il commercialise près de 80 couleurs de pigments, dont 45 pigments naturels parmi lesquels des ocres de France.

Tampons Trabuc à Marseille (Bouches-du-Rhône)

C'est presque anachronique de fabriquer encore des tampons à une époque où l'informatique, le mail et les réseaux sociaux triomphent. Mais la nostalgie, doublée des nécessités administratives, permet à la maison Trabuc de bien se porter, et ce depuis 1886. Et pour faire un tampon, la technique reste la même. On réalise un moule en Bakélite. On y coule du caoutchouc qui est vulcanisé. Le caoutchouc aimant l'encre, le tour est joué. La maison Trabuc, c'est une plongée dans une époque qu'on ne veut surtout pas voir disparaître.

Ascenseurs Drieux-Combaluzier aux Lilas (Seine-Saint-Denis)

Une histoire raconte qu'il y aurait un ascenseur Drieux-Combaluzier dans chaque rue de Paris. C'est peut-être vrai car, depuis 1947, la maison fabrique des ascenseurs pour tous les styles d'immeubles dans la capitale. La maison Drieux-Combaluzier travaille aussi bien dans des immeubles inscrits aux Monuments historiques que pour l'hôtellerie de luxe. Que les bâtiments datent du XVIIe, qu'ils soient d'époque haussmannienne ou Art nouveau, le savoir-faire de l'entreprise lui permet de s'adapter à toutes les situations pour la création. Il en est de même pour la modernisation de ce qui existe déjà. L'esprit de compagnonnage, l'excellence en matière de technologies modernes et le respect constant du patrimoine justifient largement que Drieux-Combaluzier fasse partie des entreprises avec le label EPV.

L'Imagerie d'Épinal (Vosges)

En 1796, Jean-Charles Pellerin crée cette imagerie et fabrique des cartes à jouer. Très vite, les fameuses images sont devenues le premier média de masse. Elles ont permis la transmission du savoir populaire ou des informations importantes. La religion s'est largement servie des images pieuses pour éduquer les fidèles ; les Images d'Épinal ont aussi contribué à populariser l'épopée napoléonienne. À présent, l'Imagerie d'Épinal est la dernière imagerie en activité dans le monde. Elle est l'ultime héritière d'un patrimoine qui rappelle ce qu'étaient les colporteurs, par exemple. Aujourd'hui, tout en préservant l'histoire, l'heure est à l'innovation et au renouveau pour faire perdurer ces images pas seulement sages.

▲ *Surcouf*, Image d'Épinal de la Série supérieure, imprimerie Pellerin, n° 25, vers 1900-1920.

Figures POLITIQUES du XXe siècle

Le XXe siècle, riche en événements et en péripéties constitutionnelles, fait émerger une nouvelle classe politique, désormais rompue aux us et coutumes de la République.

▲ Aristide Briand en 1925.

Prix Nobel de la paix

Aristide Briand (1862-1932) a révélé ses talents d'orateur en 1905 en étant l'habile rapporteur de la loi de séparation des Églises et de l'État. Il a été vingt-cinq fois ministre (dont dix-sept fois ministre des Affaires étrangères), à partir de 1906, et onze fois président du Conseil, à partir de 1909. Mais, s'il reçoit en 1926 le prix Nobel de la paix, c'est en récompense de son inlassable engagement en faveur de la paix et du rapprochement avec l'Allemagne. Conscient des menaces qui pèsent encore sur l'Europe, il tente de mettre la guerre « hors la loi » lors de la conférence de Locarno (1925) où il prononce ces mots célèbres : « Arrière les fusils, les mitrailleuses, les canons ! Place à la conciliation, à l'arbitrage, à la paix ! »

Le Front populaire

Léon Blum (1872-1950), grand bourgeois, érudit et fin lettré, a été le collaborateur fidèle de Jean Jaurès avant de prendre en main les rênes de la « vieille maison » de la SFIO sans pouvoir empêcher sa scission lors du congrès de Tours en 1920. Il soutient l'expérience du Cartel des gauches, puis organise la résistance à la montée du péril fasciste en suscitant la formation d'un Front populaire dont il devient, en 1936, la grande figure. Il met alors en œuvre une politique de réformes économiques et sociales telle que la France n'en avait jamais vues.

◀ Léon Blum en 1932.

Vers la guerre

Édouard Daladier (1884-1970), député du Vaucluse, a été ministre dans le Cartel des gauches avant d'être nommé président du Conseil en 1933. Emporté par la « tourmente » de février 1934, il se relève rapidement et engage le parti radical dans l'alliance du Front populaire. De nouveau président du Conseil en 1938, il signe les accords de Munich dont il pressent qu'ils ne sont que des promesses illusoires. Alors que la foule parisienne en liesse pense que la guerre a été évitée, il lâche : « Les cons, s'ils savaient… ».

▲ Édouard Daladier.

L'inamovible maire de Lyon

Édouard Herriot (1872-1957), maire de Lyon depuis 1905 et chef du parti radical, est le grand vainqueur des élections de 1924 qui portent au pouvoir le Cartel des

Les heures sombres

Philippe Pétain (1856-1951) a quasiment achevé sa carrière lorsqu'éclate la Première Guerre mondiale. Promu général en 1914, vainqueur de la bataille de Verdun en 1916, commandant en chef des armées françaises en 1917, il est nommé maréchal après la victoire. Il est appelé au gouvernement après la rupture du front français (18 mai 1940) puis, nommé président du Conseil (16 juin), il décide de conclure un armistice avec l'Allemagne. Investi des pleins pouvoirs par l'Assemblée nationale (à l'exception de 80 députés) le 10 juillet 1940, il devient, à 84 ans, chef de l'État français, à Vichy. À l'intérieur, il lance la politique de la « Révolution nationale » ; à l'extérieur, il s'engage dans la politique de la collaboration. Resté à son poste après l'occupation de la zone libre (novembre 1942), il est de plus en plus dépendant des Allemands, qui l'emmènent dans leur retraite en août 1944. Transféré à Sigmaringen, il rentre en France en avril 1945. Jugé par la Haute Cour de justice, condamné à mort, il voit sa peine commuée en détention perpétuelle à l'île d'Yeu.

◀ Portrait officiel du maréchal Pétain.

Édouard Herriot.

gauches. Mais l'expérience tournera court après l'échec de sa politique économique et en raison de son intransigeance anticléricale, laquelle conduit à une rupture diplomatique avec le Vatican. Revenu aux affaires en 1932, il jouera un rôle politique éminent jusqu'à sa mort en 1957.

Le général…

Le général de Gaulle (1890-1970) ne souffre d'aucun rival sur la scène politique mais, confronté au sempiternel « jeu des partis » qui paralyse les institutions, il préfère jeter l'éponge en 1946. Pense-t-il qu'on va s'empresser de le rappeler ? Sans doute… Or commence pour lui une traversée du désert qui durera jusqu'en 1958, quand les événements d'Algérie susciteront le retour du « sauveur ». Installé au pouvoir, le général taille une nouvelle Constitution à sa mesure qui affaiblit le Parlement au profit d'un pouvoir présidentiel fort. Il entreprend alors de rétablir « la grandeur de la France ».

La Ve République

C'est le régime politique de la France depuis le 4 octobre 1958 (elle est approuvée par référendum le 28 septembre). Le 21 décembre 1958, le **général de Gaulle** en devient le premier Président. C'est en 1962, suite à un référendum, qu'est établie l'élection du président de la République au suffrage universel direct. De Gaulle est réélu (1965), puis **Georges Pompidou** (1969-1974) lui succède, suivi de **Valéry Giscard d'Estaing** (1974-1981), de **François Mitterrand** (1981-1995), de **Jacques Chirac** (1995-2007), de **Nicolas Sarkozy** (2007-2012), de **François Hollande** (2012-2017) et d'**Emmanuel Macron** (depuis 2017). Depuis la réforme constitutionnelle de 2000, le président de la République est élu pour cinq ans, et non plus sept.

▲ Le général de Gaulle au QG de la France Libre à Carlton Gardens, à Londres (février 1943).

Les pères de l'Europe

Robert Schuman (1886-1963) et **Jean Monnet** (1888-1979) sont tous les deux à l'origine de la Déclaration du 9 mai 1950, considérée comme le texte fondateur de la construction européenne. Le ministre des Affaires étrangères et le Premier commissaire au Plan proposent alors de mettre en commun les productions allemandes et françaises de charbon et d'acier. En avril 1951, le traité de Paris donne naissance à la Communauté européenne du charbon et de l'acier (CECA), première étape vers le traité de Rome, embryon économique de l'Europe d'aujourd'hui regroupant la France, l'Italie, la République fédérale d'Allemagne et le Bénelux (Belgique, Pays-Bas, Luxembourg).

Simone Veil

Simone Veil (1927-2017) est la seule rescapée, avec sa sœur, d'une famille juive déportée au camp d'extermination d'Auschwitz. À son retour, elle entreprend des études de droit et devient magistrate. En 1974, elle est nommée ministre de la Santé publique par Valéry Giscard d'Estaing. Simone Veil est restée dans l'histoire pour avoir libéralisé l'accès à la contraception et mené un combat acharné en faveur de la loi légalisant l'interruption volontaire de grossesse (IVG) en 1975. Elle publie en 2007 son autobiographie, intitulée *Une vie*. Son cercueil et celui de son mari sont transférés au Panthéon en 2018.

▼ Simone Veil, ministre de la Santé, présentant devant l'Assemblée nationale la loi sur l'interruption volontaire de grossesse, le 26 novembre 1974.

De la CHAMPAGNE aux ARDENNES

LE GIBIER DE LA FORÊT ARDENNAISE

L'immense forêt ardennaise, riche en gros gibier, tels le sanglier, le cerf ou le chevreuil, les petits cours d'eau ainsi que la Marne et la Meuse, naguère très poissonneuses, font des Ardennes un pays de chasse et de pêche dont les produits ont suscité nombre de recettes. Le sanglier et le chevreuil appellent le vin rouge, mais les oiseaux – les cailles, grives, perdreaux et les trop rares bécasses – sont traditionnellement cuisinés au champagne, ou au genièvre comme souvent en Belgique voisine et dans les pays nordiques.

Le chaource

* * *

Ce fromage de vache AOC doit son nom à un bourg de la Champagne humide. Il est issu d'une tradition de fromages blancs et gras, dits « de Troyes », connus déjà au XVIIIe siècle. Son terroir se situe dans les départements de l'Aube et de l'Yonne. Sa croûte à fleur blanche est semée de légères pigmentations rougeâtres. Ce disque épais de 6 cm, pour un diamètre de 8 ou 11 cm, offre une pâte d'un blanc homogène, molle, douce et fruitée.

Beignets champenois au fromage blanc

POUR 4 PERSONNES

* * *

PRÉPARATION : **15 MIN** - REPOS DE LA PÂTE : **1 H** - CUISSON : **5 À 6 MIN**

- 250 g de fromage blanc bien égoutté
- 1 œuf et 1 jaune d'œuf
- 50 g de sucre en poudre
- 70 g de farine
- 1 grosse pincée de sel
- sucre en poudre
- huile pour la friture

1 Travaillez le fromage blanc à la spatule dans un saladier en incorporant petit à petit l'œuf, le jaune d'œuf, le sucre et la farine jusqu'à obtention d'une pâte souple et homogène, mais qui ne coule pas. Salez et laissez reposer au réfrigérateur pendant 1 heure au minimum.

2 Remplissez à demi une assiette creuse de sucre en poudre et faites chauffer l'huile de friture à 170-180 °C. Prélevez des boules de pâte avec une cuillère et plongez-les dans l'huile par petites quantités.

3 Laissez frire jusqu'à ce que les beignets soient gonflés et bien dorés. Sortez-les au fur et à mesure avec une écumoire et égouttez-les sur un papier absorbant. Roulez-les dans le sucre, disposez-les sur un plat et servez chaud.

LE BISCUIT ROSE DE REIMS

La belle renommée du biscuit de Reims date au moins de deux siècles : on le servait pour accompagner la dégustation du champagne, autrefois très sucré. Farine de froment, fécule, levure, œufs et sucre composent cette pâtisserie, cuite deux fois comme l'indique le mot « bis-cuit ». Les biscuitiers utilisèrent le carmin, colorant végétal, pour masquer les grains noirs de la vanille qui le parfume. Le biscuit rose de Reims, rectangulaire, léger et croustillant, est traditionnellement trempé dans un verre de vin, de porto ou de champagne.

Savoureux vins d'ALSACE

Étroit ruban de vals et de coteaux, l'Alsace s'étend sur quelque 170 km de long, à l'ouest d'une ligne allant de Thann au sud à Marlenheim au nord. Elle cultive sa différence à travers ses cépages et le style de ses vins...

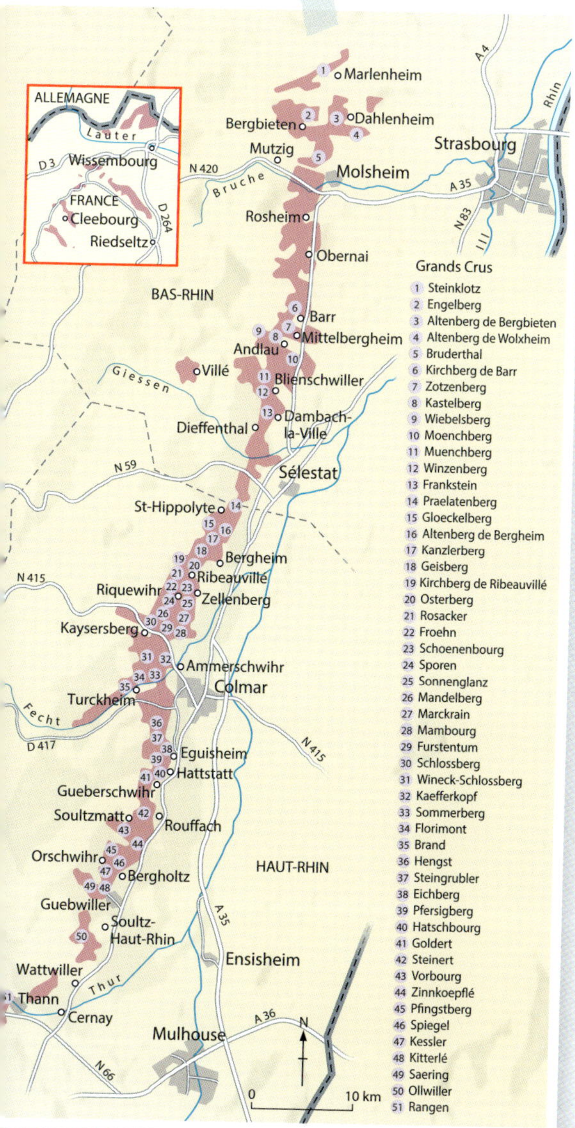

L'histoire d'hier et d'aujourd'hui

Implanté par les légions romaines qui y apportent leurs cépages, le vignoble alsacien trouve son apogée dès le Moyen Âge. La période de prospérité, avec en parallèle l'apparition de grands négociants, se poursuit jusqu'au XVIIe siècle. Mais les guerres, le rattachement à l'Allemagne et le phylloxéra ont raison de ce dynamisme. Cependant, à la fin de la Première Guerre mondiale, en 1918, le vignoble se relève en misant à fond sur la qualité. Depuis les années 1970, l'Alsace s'est engagée dans le bio. La région compte 280 viticulteurs travaillant en culture biologique ou biodynamique sur une surface de quelque 2 200 ha qui représentent 14 % du vignoble. Cela en fait l'un des vignobles les plus engagés dans la voie du bio.

Les vignobles autour du village médiéval ▲ de Riquewihr, sur la route des Vins.

Les cépages et les styles de vins

L'Alsace peut s'enorgueillir de posséder une véritable collection de cépages, dont certains n'existent qu'ici.

Le riesling. C'est le cépage roi. Vif, racé, il donne un vin au bouquet très caractéristique de citron, chèvrefeuille, citronnelle et pamplemousse, soutenu par une belle minéralité et qui, avec l'âge, peut prendre des notes d'hydrocarbure.

Le gewurztraminer. Son nom signifie « traminer épicé » en allemand et en alsacien. Il donne un vin corsé très expressif, d'une grande richesse aromatique où dominent la rose et le litchi mêlés à des flaveurs de fruits blancs, de fruits exotiques et de notes épicées.

Le pinot gris. Il donne des blancs ronds, charpentés, riches et complexes, aux arômes de fruits mâtinés de touches épicées.

Le muscat. Deux variétés sont utilisées ici, souvent en assemblage : le muscat d'Alsace (aussi appelé muscat à petits grains ou muscat de Frontignan) et le muscat Ottonel. Ils donnent des vins secs avec un nez et une bouche intenses de… raisin frais.

Le sylvaner. Il est à l'origine d'un vin agréable, frais, léger, au fruité discret doté de senteurs d'acacia soulignées par des notes minérales et végétales, et une jolie vivacité.

Le pinot blanc. Ce cépage en pleine progression donne un vin rond et tendre, frais et souple, avec une palette aromatique de fruits et de fleurs.

Le pinot noir. C'est le seul cépage rouge d'Alsace. Il est vinifié en rosé ou en rouge. Dans ce dernier cas, il est élevé en foudre et donne des vins rouges un peu moins profonds que leurs frères bourguignons, mais au fruité typique évoquant la cerise ; ces vins peuvent se révéler extraordinaires dans les grandes années.

Le klevener de Heiligenstein. Ce n'est ni plus ni moins que le savagnin rose. Sa culture est limitée à cinq communes du Bas-Rhin. Il donne des vins originaux, bien charpentés, au fruité exotique souligné par des notes épicées.

Bouteille de vin ▶ d'Alsace, Jacques Iltis, appellation contrôlée, riesling, 2005.

Les AOC d'Alsace

- Alsace
- Alsace Grand Cru
- Crémant d'Alsace

Parlers régionaux et savoureux

À la découverte de la LANGUE ALSACIENNE

Située à la frontière de l'Allemagne et de la Suisse, ballottée au gré des aléas de l'Histoire, l'Alsace est un carrefour, un lieu de passage, une terre de partage, dont la langue, avec **ses mots et ses expressions colorés**, reflète la richesse.

Haxaschuss

Ceux qui pensent qu'il n'y a plus de sorcières n'ont jamais eu de *Haxaschuss*, un lumbago ou tour de reins. Le mot allemand *Hexe* (« sorcière ») est dérivé du vieil allemand *Hagazussa*, en alsacien *d Hàgrittera*, cette cavalière qui galope entre deux mondes, à cheval sur une haie symbolisée par un balai. Désormais, *oder Watterhax* désigne une mégère, et *dr Haxabasa*, le balai diabolique, ainsi que des plantes parasites comme le gui. S'agissant d'un homme, on parlera plutôt de *Haxameischter*, maître sorcier, magicien ou autre thaumaturge. Mais la sorcellerie, *d Haxaräi*, n'a pas disparu de notre univers quotidien. En allant aux champignons, on croisera un rond de sorcières, *a Haxaring*, où ces êtres maléfiques tenaient jadis leur sabbat à minuit pile, *d Haxastund*.

Àn eim Ohr hehrt'r nix, un àm àndera ìsch'r dàuib.
D'une oreille il n'entend rien, et de l'autre il est sourd.
Il n'est pire sourd que celui qui ne veut rien entendre.

Üssra Mucka màcht'r a Elefant.
D'une mouche, il fait un éléphant.
Avoir une forte tendance à l'exagération.

Nàcht

Que ce soit *a Nàchteimer* ou *a Nàchthàfa*, un « vase de nuit » ou « seau de nuit », *a Potschàmber*, un « pot de chambre », voire *a Nàchtstüahl*, une « chaise percée », le contenu sera toujours le même. Si après un dîner d'affaires, *s Nàchtassa*, un amateur de vie nocturne, *s Nàchtlawa*, veut terminer la soirée en boîte de nuit, *a Nàchtlokàl*, les alibis ne manquent pas : travail de nuit, *Nàchtàrwet*, service de nuit, *Nàchtdianscht*, l'équipe de nuit, *Nàchtschìcht*. *Dr Nàchtwachter*, le veilleur de nuit, saura distinguer tous ces *Nàchtschwärmer*, noctambules invétérés, des *Nàchtwàndler*, vagabonds de nuit ou autres somnambules. Le monde animal n'est pas en reste : quand le rossignol, *d Nàchtigàll*, chante la nuit, c'est qu'il n'a pas encore trouvé l'âme sœur, et non pour embêter la chouette, *dr Nàchtkütz*.

Wenn's Bàppa ragent hàt'r kè Läffel.
Quand il pleut de la bouillie, il n'a pas de cuillère.
Quand une aubaine se présente, il ne sait pas en profiter.

Ar isch dàuib wie na Trumpetaschìmmel.
Il est sourd comme le cheval blanc du joueur de trompette.
Le bruit a certainement détérioré son tympan.

Ar süfft wie Bìrschtabìnder.
Il boit comme un brossier.
Ce métier soulève de la poussière… et donne soif.

Ar versteht drvu wàs a Küeh von're Muschketsnuss.
Il comprend ce qu'une vache comprend d'une noix de muscade.
C'est-à-dire qu'il n'y comprend rien.

Dü bìsch a Extràwìrschtla.
Tu es une saucisse à part.
Se dit à quelqu'un qui ne peut pas faire comme tout le monde. Il lui faut une saucisse en plus.

D Fìsch wann schwìmma.
Les poissons veulent nager.
Terme que le client emploie pour commander une boisson à la serveuse. Les poissons ont bon dos.

Stei uf dr Wag liga.
Placer des pierres sur le chemin.
Mettre des bâtons dans les roues, semer des obstacles.

Mol dr Tèifel nìt àn d Wànd.
Ne dessine pas le diable au mur.
Pour le superstitieux, il ne faut pas évoquer le malheur de peur qu'il arrive vraiment.

S hàlwa Mattla ìsch gmaiht.
La moitié du pré est fauchée.
Formule désabusée des quinquagénaires qui réalisent que la moitié de leur vie est passée.

A Krot ìm Hàls hà.
Avoir un crapaud dans la gorge.
Quand ils sont enroués, les Alsaciens n'ont pas un chat dans la gorge, mais un crapaud, comme les Italiens. Quant aux Allemands, aux Anglais et aux Belges, ils ont… une grenouille.

Schàràffalànd

L'équivalent germanique du pays de Cocagne est le *Schàràffalànd*, où tout le monde vit dans l'abondance sans travailler, où les rivières charrient du lait, du miel ou du vin. Les maisons sont en pain d'épices, *Labküecha*, et la fontaine de jouvence, *dr Jungbrunna*, règle le problème de la vieillesse. Le *Schàràffalànd* est une terre d'inversion des valeurs et des lois naturelles, où le travail et le zèle, *Àrwet un Fleiss*, sont considérés comme un péché, *a Sìnd*. Tout le contraire du *Jàmmertàl*, la vallée des lamentations.

Ìch kà riewig pàrisser Schüe àlega, d' Fiess sìnn doch vom Elsàss.
J'ai beau mettre des chaussures parisiennes, les pieds sont tout de même alsaciens.
Il est difficile de renier ses origines.

Bisst d Müs amol ìn dr Kas, so kummt sie widder.
Une fois que la souris a mordu dans le fromage, elle reviendra.
Une fois qu'on y a goûté, on ne peut plus s'en passer.

A füler Äpfel steckt àlli àndra à.
Une pomme pourrie gâche toutes les autres.
Quand le ver est dans le fruit…

Ar ìsch so dumm àss ma na kännt malka.
Il est si bête qu'on pourrait le traire.
Il est bête à manger du foin.

Ìn dam màcha d Zähn nìmma weh !
En voilà un qui n'a plus mal aux dents !
Se dit de quelqu'un qui est mort depuis longtemps.

Da kännt a Vàterunser dur a Sclissellochpfiffa.
Il pourrait siffler un Notre Père à travers un trou de serrure.
Se dit de quelqu'un qui est très maigre.

Wenn mr uf d Dilltàppajàcht gehn, därfsch dü dr Sàck tràga.
Quand nous irons à la chasse au dahu, tu pourras porter le sac.
Se dit à un benêt.

Dr Hunger màcht üs Brot Labküecha.
La faim donne au pain un goût de pain d'épices.
La faim est le meilleur des cuisiniers.

Üssem glicha Blüascht màcht s Ìmmala Hunig, un d Waschpa Gìft.
De la même fleur, l'abeille fabrique du miel et la guêpe du poison.
En partant d'une même base, on peut faire le meilleur comme le pire.

Wer garn düat fiira müass sìch àn dr Ràuich gwehna.
Celui qui aime faire du feu doit s'habituer à la fumée.
Il faut aussi accepter les conséquences désagréables de ses actes.

D Menscha stolpra nìt eber d Barga, àber eber d Schaarmishiffa.
Les hommes ne trébuchent pas contre les montagnes, mais contre les taupinières.
Il est souvent plus facile d'éviter les gros obstacles que les petits.

Morn ìsch ìmmer dr Tàg, wo dr Fülanzer àm meischta z'tüe hàt.
Demain est le jour où le paresseux a toujours le plus de travail.
À force de remettre à demain ce qu'on peut faire aujourd'hui.

Wìndrosa

La rose des vents, *D Wìndrosa*, est une figure indiquant les points cardinaux, *d Hìmmelsrìchtunga*. En fait, initialement, les roses ne désignaient pas quatre directions, mais huit vents, comme le confirme la tour octogonale de l'agora romaine à Athènes. Le vent, *dr Wìnd / Wìng*, désigne en météorologie un déplacement d'air, qui va de la brise, *a licht Liftla*, à la tempête, *dr Sturm*, en passant par le fœhn, *dr Föhn*, l'ouragan, *dr Wìrwelsturm*... Ennemi du sportif en cas de vent contraire, *dr Gegawìnd*, facteur de refroidissement lors d'un courant d'air, *a Durzug*, et source de dégâts lors d'un coup de vent, *a Wìndstoos*, le vent peut être l'allié précieux du cycliste qui roule *bargàb mìtem Wìnd ìm Rìcka*, dans une descente avec le vent dans le dos, du régatier, *dr Segler*, du moulin à vent, *Wìndmehli*, et de l'éolienne, *s Wìndràd*. On le trouve aussi au figuré dans *dr Wìndhund*, le lévrier, rapide comme le vent, et dans *dr Wìndmàcher*, l'ergoteur, qui brasse beaucoup de vent.

O Wàsser wìrd zum edla Tropfa, mìscht ma's mìt Màlz und Hopfa.
Même l'eau devient une boisson noble, mélangée au malt et au houblon.
Un adage écrit en lettres d'or dans les brasseries.

S beschta Stìck vo dr Sàui ìsch un Wàdel.
Le meilleur morceau du porc se trouve entre le groin et la queue.
Dans le cochon, tout est bon.

Ìn eim si Tod ìsch ìn àndera si Brot.
La mort de l'un est le pain de l'autre.
Le malheur des uns fait le bonheur des autres.

Wàsserràtta

Ce mot qualifie à la fois un rat d'eau et celui qui se sent très à l'aise dans l'élément liquide, à l'inverse du quidam hydrophobe, *wo wàsserschich ìsch*. Lors d'une promenade au bord de l'eau, on aura plus de chance de rencontrer *a Wàsseràmsla*, un cingle (oiseau) plongeur, *a Wàsserjumpfra*, une libellule ou demoiselle, *a Wàsserkalwala*, un triton, qu'une *Wàssernixa*, sirène du genre Lorelei, ou *a Wàssermànn*, Verseau, ce porteur d'eau à la fois constellation et signe du zodiaque. Parmi toutes les eaux, de l'eau potable, *Trìnkwàsser*, à l'eau gazeuse, *Sprudelwàsser*, en passant par l'eau bénite, *Wiahwàsser*, d'aucuns préfèrent une petite eau-de-vie de cerises, *a Kìrschwassarla*, ce qui finalement n'est pas *a Schnàpsidee*, une idée saugrenue, si la modération est au rendez-vous.

Wàrt uf's das Glìck, àber vergiss nìt, ihm d Tire z'äffna.
Guette le bonheur, mais n'oublie pas de lui ouvrir la porte.
Il ne suffit pas d'attendre le bonheur, il faut l'accueillir quand il arrive.

Dr Lorbeerkrànz ìsch güet ze bìnda, dr Kopf drzüa ìsch schwàrer ze finda.
La couronne de laurier est facile à faire, la tête à couronner plus difficile à trouver.
Et ce n'est pas faute de candidats.

Erscht wenn dr Bàuim kèijt ìsch, sìht ma wie gross ar ìsch.
Ce n'est que quand l'arbre est tombé qu'on voit sa taille.
Maints talents n'ont été reconnus qu'après la mort des artistes.

So wie m'r in de wald brielt, so kummt's zerùck.
Comme on hurle dans la forêt, ainsi cela nous revient.
Tel cri, tel écho.

Savoir-faire à la française

Les plus beaux ATOUTS du LUXE à la française !

Voici les ambassadeurs de l'image de la France. Fleurons du luxe à la française, ces entreprises possèdent toutes une histoire, une tradition et des savoir-faire uniques et confèrent à la France une place inégalée.

Les parfums Guerlain

Pierre François Pascal Guerlain a 19 ans lorsqu'il devient représentant de commerce d'un fabricant de parfums. Pour parfaire ses connaissances dans le domaine, il part pour l'Angleterre et suit des études de chimie. Il revient en 1828 et s'installe en tant que « parfumeur-vinaigrier » dans la rue de Rivoli, à Paris. Rapidement ses créations connaissent un succès formidable dans la capitale. Guerlain devient le fournisseur de la reine de Belgique, de la reine Victoria ainsi que de l'impératrice Élisabeth d'Autriche, dite Sissi. Les créations se multiplient : Parfum Impérial, Bouquet de l'Impératrice, Bouquet Napoléon. Guerlain bouleverse aussi l'art du maquillage en créant Pyrommée, à base de khôl, pour souligner les yeux alors que jusqu'ici on se contentait de peindre les lèvres et de blanchir le teint. Pour l'épouse de Napoléon III, l'impératrice Eugénie, Guerlain conçoit l'Eau de Cologne Impériale, parfum présenté dans un flacon aux 69 abeilles, doré à l'or fin, symbolisant l'Empire. Guerlain est une marque incontournable dans le monde, symbole d'un parfum alliant qualité, créativité et luxe, à l'image de son Shalimar.

◀ Au premier plan, un flacon de parfum Guerlain. Autrefois, les flacons Guerlain étaient fabriqués par Baccarat.

Manufacture de cristal Baccarat

L'art du cristal à Baccarat a remplacé l'exploitation du sel dans la région. L'évêque de Metz sollicita du roi Louis XV la permission de fonder une verrerie d'art pour redonner du travail aux bûcherons et relever l'économie de la région, exsangue après la guerre de Sept Ans. C'est ainsi que les Verreries de Sainte-Anne naquirent à Baccarat. Après la Révolution et l'Empire, l'usine est en friche. En 1816, le financier Aimé-Gabriel d'Artigues la rachète. Ayant déjà l'expérience d'une cristallerie aux Pays-Bas, Baccarat entame une nouvelle ère et une ascension prestigieuse. La première commande du roi Louis XVIII arrive en 1823. Ce fut le début d'une longue série de travaux et de créations pour les familles royales et chefs d'État de toute la planète. Aujourd'hui, la cristallerie de Baccarat, passée dans le portefeuille d'une société chinoise en 2018, reste la première cristallerie de France. Ses créations de qualité sont dues à l'exigence et ambition que s'est donnée la manufacture : la « perfection ». Les meilleurs verriers, souffleurs et tailleurs y sont réunis pour innover au niveau des techniques et des savoir-faire et créer sans cesse de nouvelles formes audacieuses et virtuoses en sublimant la pureté et la beauté de la matière cristal.

▲ L'escalier de cristal et le chandelier, tous deux faits en cristal de Baccarat, au palais de Dolmabahçe, à Istanbul (1842-1853).

Dior

Christian Dior grandit au sein d'une famille bourgeoise de Granville, en Normandie. La crise de 1929 réduit la fortune familiale à peau de chagrin et le jeune Christian abandonne ses études de sciences politiques pour se consacrer au dessin. Passionné de mode, il est remarqué par Robert Piguet, un des grands couturiers parisiens. Dior est en passe de devenir une légende. Très vite, il crée sa propre maison de couture avec le soutien financier de Marcel Boussac. Au sortir de la Seconde Guerre mondiale, il présente sa première collection sous le signe de l'optimisme, du bonheur et de l'insouciance. Le succès est total. La critique parle de révolution. La couture fait rêver un monde qui sort de la guerre. Le luxe revient après les tickets de rationnement. En dix ans, Dior impose sa marque partout dans le monde et réussit à construire un véritable empire. Après le décès

▲ Robes de Mad Carpentier, Marcel Rochas et Christian Dior, dans *la Femme chic*, 1947.

soudain de Dior en 1957, Yves Saint Laurent, Marc Bohan, Gianfranco Ferré, John Galliano incarneront tour à tour la marque. Ils en sont les dignes héritiers. Mais, au-delà de l'esprit créatif idéaliste, l'héritage de Christian Dior réside dans son génie du marketing, de la promotion, du commerce. En une décennie, Christian Dior a construit une marque tellement forte que Bernard Arnault rachète Dior pour en faire le vaisseau amiral de son groupe. LVMH reste cependant une entité différente de la marque Dior qui rayonne aujourd'hui à travers le monde dans la mode, les parfums, la cosmétique, l'horlogerie et la joaillerie avec un objectif : l'excellence. Et il suffit de citer le nom du parfum Eau Sauvage pour se rendre compte que Dior est un incontournable, un essentiel, un mythe.

Hermès

L'histoire d'Hermès commence en 1837. Thierry Hermès ouvre son atelier, dans lequel il fabrique des selles et des harnais pour chevaux. À cette époque, le cheval est le seul moyen de transport puisque le chemin de fer est balbutiant et l'automobile en gestation. En 1867, son travail remarquable est couronné par une médaille lors de l'Exposition universelle. Lorsque le tsar Nicolas II passe une commande pour harnacher ses chevaux, les portes du gotha et du luxe s'ouvrent un peu partout sur la planète pour Hermès. Le fils de Thierry prend ensuite les rênes de l'entreprise et décide de se diversifier vers la maroquinerie car l'ère des chevaux sera bientôt révolue. La maison va lancer au fil des ans des collections d'accessoires de voyage auxquels s'ajouteront des gants et des ceintures. Hermès se met à créer dès les années 1930-1940 des montres et de la joaillerie, ayant ainsi tous les atouts d'une maison de luxe. Les deux créations emblématiques arrivent rue du Faubourg-Saint-Honoré avec, en 1935, le sac Kelly et, en 1937, le carré. Ce foulard de 90 X 90 cm va séduire la jet-set et les célébrités du monde entier. En 1951, l'Eau d'Hermès vient compléter la gamme, devenant presque instantanément une légende dans l'univers du parfum.

La réussite inégalable de la maison Hermès se résume en deux mots : famille et artisanat. La famille Hermès est en effet toujours propriétaire de l'entreprise et, lorsque le groupe LVMH tente d'en prendre le contrôle, toutes les mesures sont prises pour assurer l'indépendance de la marque. L'artisanat, lui, est encore au cœur des valeurs de la maison. La fabrication de la majorité des produits Hermès nécessite toujours un travail réalisé par des artisans très qualifiés, qui sont les détenteurs de la tradition Hermès. Une tradition que l'on a toujours su bousculer, faire évoluer, adapter à l'air du temps et aux nouvelles tendances.

Cartier

L'éclat des diamants, et la notoriété planétaire associés à une marque comme Cartier ont éclipsé l'histoire de cette maison prestigieuse. La saga commence en 1847, lorsque Louis François Cartier reprend la bijouterie de la rue Montorgueil, à Paris, où il a appris son métier. Aux bijoux, il ajoute un savoir-faire d'horlogerie. Quand ses fils installent Cartier dans la rue de la Paix, en 1899, et ouvrent une succursale à Londres, en 1902, le succès est fulgurant. Cartier devient fournisseur officiel de la cour d'Angleterre, du roi d'Espagne et de celui du Portugal. Le tsar Nicolas II de Russie fait appel à Cartier. À partir de là, Édouard VII décrétera que « Cartier est le joaillier des rois et le roi des joailliers ». Toujours en quête des plus belles pierres, la légende de la marque s'écrit aussi par des ventes incroyables. En 1910, Pierre Cartier vend le diamant bleu Hope à une cliente américaine. Ce diamant bleu de 45,52 carats volé en 1792 n'est autre que le « bleu de France » qui figurait sur la couronne royale française.

En se façonnant une image de luxe à la française unique, la maison Cartier brille également dans l'horlogerie. C'est en 1904 que Louis Cartier crée une des montres les plus mythiques qui soient, la Santos, pour l'aviateur brésilien Santos Dumont. La Tank sera lancée en 1919. En 1938, la princesse Élisabeth d'Angleterre reçoit en cadeau une des plus petites montres-bracelets du monde. L'horlogerie Cartier est considérée comme un must du luxe et ses créations sont toutes dans l'air du temps. Il en est de même dans toutes les activités du groupe qui s'inspirent d'artistes, de mouvements en vogue et des tendances sans jamais renoncer au raffinement et à l'excellence. Outre les bijoux et les montres, Cartier porte l'image du luxe à la française à travers ses parfums et sa maroquinerie et ce partout dans le monde.

▲ Une employée d'Hermès fabriquant des sacs à main en cuir, dans la manufacture d'Allan, à Allenjoie, en avril 2018.

Louis Vuitton

Louis Vuitton est originaire du Jura. Son père menuisier lui donnera le goût du travail manuel. Et à l'âge de 15 ans à peine, il rejoint Paris à pied et travaille comme apprenti à la réalisation de coffres de voyage. Il est tellement doué qu'il décide de se mettre à son compte. La première boutique Louis Vuitton ouvre au milieu du XIXe siècle.

En plus d'être un artisan exceptionnellement compétent, il est visionnaire. C'est lui qui va imposer les malles plates. Les malles bombées que l'on fabriquait depuis des siècles ne sont plus adaptées aux voyages modernes en chemin de fer et en paquebot. La marque s'impose dans le milieu du luxe où l'on se doit d'avoir des bagages griffés Louis Vuitton. De l'avis de tous les spécialistes, ce succès a généré un nouveau comportement devenu depuis un mal planétaire : la contrefaçon. Les actions en justice, la création d'un logo exclusif, l'apparition du fameux monogramme, rien n'a pu endiguer le fléau. Qu'importe, Louis Vuitton poursuit son développement spectaculaire dans le monde entier. Et en 1987, lorsque LV fusionne avec MH (Moët Hennessy), le nouveau groupe devient leader mondial du luxe. La multinationale de Bernard Arnault permet à Louis Vuitton d'être présent dans plus de 50 pays autour de la planète en continuant à véhiculer une certaine idée de ce qui fait la France.

▲ Des malles Vuitton, exposées à la galerie Louis-Vuitton, à Asnières-sur-Seine.

La France championne

Le PATINAGE, entre grâce et audace

Le **patinage artistique** est un sport où la recherche de l'élégance et de l'esthétique compte tout autant que les aspects athlétiques. Dans des registres différents, nombre de patineuses et de patineurs français se sont illustrés dans les compétitions mondiales.

Pierre Brunet et Andrée Joly : les pionniers

En 1924, au palais des Glaces de Paris, **Pierre Brunet** et **Andrée Joly** gagnent chacun de leur côté le titre de champion de France en individuel. Pierre propose alors à Andrée de concourir ensemble dans les épreuves de couple, lors des premiers Jeux d'hiver à Chamonix. Bien que leur association soit récente, ils obtiennent une médaille de bronze.

Après cette première grande compétition internationale, Pierre et Andrée forment le meilleur et le plus célèbre couple de patinage artistique au monde, multipliant les figures inédites, notamment le patinage en miroir, le porté à une main, le saut de l'ange ainsi que de nombreuses pirouettes. Aux Jeux de Saint-Moritz, en 1928, leur brillante prestation leur vaut la médaille d'or. Ils conservent leur titre quatre ans plus tard, à Lake Placid, en tant que **Pierre** et **Andrée Brunet** après leur mariage en 1929.

Aux Championnats du monde, organisés les années paires, ils s'imposent quatre fois consécutivement en 1926, 1928, 1930 et 1932. Après un dernier titre de champions d'Europe en 1932, ils passent professionnels et donnent des spectacles sur glace.

Alain Giletti : patineur précoce

Alain Giletti remporte à 12 ans son premier titre de champion de France, avant de participer, l'année suivante, aux Jeux et au Championnat du monde. S'il ne fut jamais médaillé olympique (il terminera deux fois quatrième), il a été cinq fois champion d'Europe et une fois champion du monde en 1960. À noter qu'il a conservé son titre de champion de France pendant presque dix ans. Alain Giletti a pris sa retraite sportive à 22 ans au profit des galas d'*Holiday on Ice*, où il pouvait donner libre cours à plus de fantaisie. Plus tard, il entraînera nombre de patineurs, dont Surya Bonaly.

Alain Calmat : de la glace... au bloc

Après trois titres de champion d'Europe de 1962 à 1964, et une médaille d'argent aux Jeux d'Innsbruck en 1964, **Alain Calmat** décroche enfin le titre de champion du monde le 6 mars 1965. Réputé pour son élégance et ses chorégraphies, il est récompensé de ses années d'entraînement acharné, mené parallèlement à des études de médecine.

À 24 ans, il abandonne les patinoires pour les blocs opératoires ! Chef de clinique, il participe aux premières greffes cardiaques en France. Nouveau changement de carrière en 1984 lorsqu'il est nommé ministre de la Jeunesse et des Sports, puis élu maire de Livry-Gargan en 1995.

▲ Le Français Brian Joubert en 2013.

Patinait-il plus vite que son ombre ?

Philippe Candeloro découvre le patinage dans le cadre scolaire ; ses aptitudes naturelles impressionnent l'entraîneur de la patinoire de Colombes, qui le convainc de persévérer. Il franchit progressivement les paliers ; après des titres de champion de France, il obtient un titre de vice-champion du monde en 1994, ainsi que deux médailles de bronze aux Jeux de 1994 et 1998.

Même s'il est capable de réussir des pirouettes ou des sauts originaux, il reste lucide quant à ses prestations strictement artistiques. Il lui faut donc tenter de se démarquer de ses concurrents par son originalité, son charisme et son enthousiasme. À chaque saison, il surprend le public en incarnant des héros pour illustrer ses programmes : *Le Parrain*, *Napoléon Ier*, *D'Artagnan* ou *Lucky Luke*.

Sa reconversion, en tant que commentateur des épreuves de patinage artistique sur le petit écran, aux côtés du journaliste

Nelson Monfort, fut une réussite médiatique. Il allie, à une connaissance technique indéniable de son sport, un franc-parler, parfois proche de la provocation, qui plaît aux téléspectateurs. Les producteurs ne s'y trompent pas et l'invitent à participer à de multiples émissions de variétés.

Le Français Florent Amodio en 2012. ▼

Le couple français Morgan Ciprès et Vanessa James en 2018. ▲

Une bride qui valait de l'or

Les choix de la musique et des costumes sont primordiaux en patinage. **Gabriella Papadakis** et **Guillaume Cizeron** l'ont appris à leurs dépens aux Jeux de Pyeongchang, le 19 février 2018.

Fort de ses quatre titres de champion d'Europe et ses deux titres de champion du monde de l'épreuve de danse, le couple français est le favori lorsqu'il se présente sur la glace pour l'épreuve du programme court. Dix secondes à peine après le début de leur prestation, le tour de cou – qui retient, avec deux fines bretelles, le top à franges vert et doré de Gabriella Papadakis – s'est détaché, laissant apparaître une partie de sa poitrine. Déconcentrés, les deux patineurs n'évoluent plus à leur niveau habituel, craignant à chaque porté de voir une des bretelles se détacher totalement. Les juges ne leur accorderont que la deuxième place, place qu'ils ne pourront améliorer à l'issue du programme libre, malgré une excellente prestation réalisée sans accroc cette fois ! Gabriella Papadakis et Guillaume Cizeron surmonteront leur déception en s'offrant leur troisième titre de champions du monde, un mois plus tard, en améliorant deux records du monde supplémentaires et en remportant la médaille d'or en danse sur glace aux Jeux de Pékin, en 2022.

◀ Gabriella Papadakis et Guillaume Cizeron à Stockholm en 2015.

Des sauts fantastiques

Même si elle ne put jamais réaliser son rêve olympique, **Surya Bonaly** possède le plus beau palmarès des patineuses françaises : cinq médailles d'or consécutives de 1991 à 1995 aux Championnats d'Europe, ainsi que trois médailles d'argent aux Championnats du monde, sans oublier ses neuf titres de championne de France.

Ancienne gymnaste, elle a bâti ses succès grâce à la réalisation de sauts et de combinaisons difficiles. Elle est notamment la créatrice d'un salto arrière, jambes tendues, pieds décalés, réception sur un pied. Cette figure porte désormais son nom, le *Bonaly*. Il lui est également arrivé de présenter deux saltos arrière consécutifs. Néanmoins, le salto arrière, jugé trop dangereux par la fédération internationale, demeure un saut interdit en compétition.

Saveurs et spécialités de nos terroirs

En passant par l'EST...

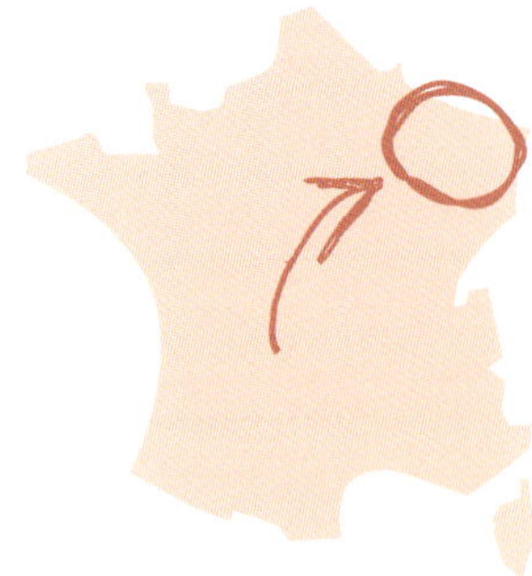

Quiche lorraine

POUR 4 À 6 PERSONNES

* * *

PRÉPARATION : **25 MIN** - REPOS DE LA PÂTE : **30 MIN**
CUISSON : **45 À 50 MIN**

- 200 g de lardons fumés
- 5 œufs
- 40 cl de crème fraîche
- noix de muscade
- sel et poivre

POUR LA PÂTE BRISÉE

- 150 g de beurre mou
- 225 g de farine tamisée
- 2 pincées de sel
- 8 cuill. à soupe d'eau froide

1 Préparez la pâte brisée. Coupez le beurre en très petits morceaux. Versez la farine dans un saladier, creusez un puits et ajoutez le sel puis le beurre. Assemblez rapidement les ingrédients en effritant le mélange du bout des doigts. Versez juste assez d'eau (1 cuillerée à soupe à la fois) pour amalgamer l'ensemble, puis travaillez rapidement la pâte jusqu'à ce qu'elle soit bien souple.

2 Étalez-la sur le plan de travail fariné en l'écrasant et en la repoussant avec la paume de la main mais sans trop la pétrir. Rassemblez-la, formez une boule et aplatissez-la. Enveloppez-la d'un film alimentaire et laissez-la reposer 30 minutes au réfrigérateur.

3 Préchauffez le four à 200 °C (th. 6-7). Tapissez de papier sulfurisé une tourtière de 26 cm de diamètre.

4 Étalez la pâte sur 4 mm d'épaisseur et foncez-en la tourtière. Piquez le fond avec une fourchette, tapissez-le de papier sulfurisé, mettez-y des haricots secs. Faites précuire la pâte pendant 10 minutes. Laissez refroidir.

5 Faites rissoler les lardons très légèrement dans une poêle antiadhésive, puis égouttez-les. Répartissez-les sur le fond de pâte.

6 Battez les œufs en omelette avec la crème fraîche. Salez et poivrez le mélange, râpez un peu de muscade puis versez-le sur les lardons.

7 Enfournez pour 35 à 40 minutes. Servez la quiche chaude, avec de la salade verte.

LA MIRABELLE DE LORRAINE

La mirabelle fut introduite en Lorraine au XVe siècle par le roi René, qui fit venir des pruniers de Mirabeau (Vaucluse). En plein essor pendant des siècles, la culture de ce fruit déclina après la Seconde Guerre mondiale. À la fin des années 1980, 2 000 hectares de mirabelliers furent replantés sur des vergers abandonnés. Aujourd'hui, la Lorraine fournit 70 % de la production mondiale de la mirabelle. Cette petite prune jaune à chair ferme, qui bénéficie de l'indication géographique protégée (IGP), se savoure de la mi-août à la fin septembre. La mirabelle donne aussi une eau-de-vie très appréciée.

Kouglof

POUR 6 PERSONNES

* * *

PRÉPARATION : **45 MIN** - REPOS : **30 MIN ENVIRON + 1 H**
CUISSON : **45 MIN ENVIRON**

- 100 g de raisins secs
- 2 cuill. à soupe de kirsch
- 20 g de levure de boulanger
- 20 cl de lait
- 500 g de farine
- 2 œufs
- 100 g de sucre en poudre
- 1 grosse pincée de sel
- 150 g de beurre ramolli
- 2 cuill. à soupe d'amandes effilées
- sucre glace

1 Mettez les raisins secs à tremper dans un bol avec le kirsch. Préparez un levain. Délayez la levure dans la moitié du lait tiédi, ajoutez 50 g de farine, mélangez bien et laissez reposer dans un endroit tiède jusqu'à ce que cette pâte double de volume.

2 Tamisez le reste de farine en fontaine dans un grand saladier. Mettez au centre le levain et les œufs battus, le reste de lait, le sucre et le sel. Mélangez le tout et pétrissez la pâte pendant environ 15 minutes. Incorporez le beurre et travaillez encore la pâte jusqu'à ce qu'elle se détache des doigts. Ajoutez enfin les raisins et mélangez bien. Couvrez avec un linge et laissez reposer pendant 1 heure.

3 Préchauffez le four à 180 °C (th. 6). Beurrez un moule à kouglof. Répartissez les amandes dans les cannelures. Pétrissez à nouveau la pâte, mettez-la dans le moule et laissez reposer dans un endroit tiède jusqu'à ce qu'elle le remplisse largement. Enfournez et laissez cuire 45 minutes environ, en couvrant avec une feuille d'aluminium si la surface prend trop vite couleur. Laissez refroidir sur une grille, démoulez et saupoudrez largement de sucre glace.

nple neuf, à Metz.

Spätzles au beurre noisette

POUR 6 PERSONNES

* * *

PRÉPARATION : **15 MIN** - REPOS DE LA PÂTE : **1 H** - CUISSON : **15 MIN**

- 4 gros œufs ou 5 petits
- 1 pincée de noix de muscade
- 1 pincée de sel
- 5 cl d'eau
- 250 g de farine
- 1 cuill. à soupe de semoule
- 1 cuill. à soupe d'huile
- 60 g de beurre

1 Dans un saladier, battez les œufs en omelette avec le sel, la muscade et l'eau. Versez peu à peu la farine et la semoule en travaillant avec une spatule jusqu'à l'obtention d'une pâte homogène assez molle. Laissez reposer au frais 1 heure au moins.

2 Dans une grande marmite, portez à ébullition 5 litres d'eau salée avec l'huile. Maintenez une passoire à gros trous au-dessus, versez la pâte dedans et pressez légèrement avec une cuillère en bois pour la faire tomber dans l'eau bouillante.

3 Les Spätzles sont cuits dès qu'ils remontent à la surface : sortez-les au fur et à mesure avec une écumoire, égouttez-les, posez-les sur un papier absorbant puis dans un plat chaud.

4 En même temps, faites fondre le beurre dans une poêle. Quand il devient doré et sent la noisette, versez-le sur les Spätzles et servez.

LE MUNSTER OU MUNSTER-GÉROMÉ

L'origine de ce fromage remonterait au VIIe siècle, à l'époque des moines de Munster. Son terroir s'étend sur les deux versants des Vosges, alsacien et lorrain. Dans la région de Gérardmer, dans les Vosges, on fabrique le même fromage, mais on lui donne le nom patois de cette ville, Géromé. Le munster ou munster-géromé (selon que l'on se situe en Alsace ou en Lorraine), AOC, est un fromage de vache, à pâte molle et à croûte lavée. La couleur de ce disque plat varie du jaune-orangé au rouge-orangé. Sa saveur est relevée et son odeur, typée. En Alsace, traditionnellement, on le saupoudre de cumin.

Tarte aux mirabelles

POUR 8 PERSONNES

* * *

PRÉPARATION : **40 MIN** - REPOS DE LA PÂTE : **2 H + 1 H** - CUISSON : **40 MIN**

POUR LA PÂTE BRISÉE

- 150 g de beurre en pommade
- 1 pincée de sel
- 1 cuill. à café de sucre en poudre
- 1 œuf
- 1 cuill. à soupe de lait
- 170 g de farine

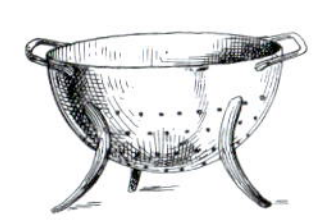

POUR LA CRÈME PÂTISSIÈRE

- 25 cl de lait
- 3 jaunes d'œufs
- 70 g de sucre en poudre
- 20 g de farine
- 5 cl de liqueur de mirabelle
- 1 kg de mirabelles
- sucre en poudre
- nappage abricot (facultatif)

1 La veille, préparez d'abord la pâte. Dans un saladier, divisez le beurre en morceaux. Travaillez-le à la spatule jusqu'à ce qu'il prenne une consistance crémeuse. Ajoutez ensuite le sel, le sucre, l'œuf et le lait en continuant à remuer. Quand le mélange est bien homogène, incorporez petit à petit la farine en travaillant la pâte le moins longtemps possible. Ramassez-la en boule, enveloppez-la dans un film alimentaire et laissez-la reposer au moins 2 heures au réfrigérateur ou même une nuit.

2 Le jour même, beurrez largement un moule à tarte de 28 cm de diamètre. Étalez la pâte (3 mm d'épaisseur) et garnissez-en le moule. Piquez le fond avec une fourchette et laissez reposer au réfrigérateur pendant 1 heure.

3 Pendant ce temps, préparez la crème pâtissière. Portez le lait à ébullition dans une casserole puis arrêtez le feu. Fouettez les jaunes d'œufs avec le sucre jusqu'à ce qu'ils blanchissent, incorporez la farine. Versez ensuite le lait bouillant en continuant à remuer, puis remettez le mélange dans la casserole à feu vif. Faites bouillir 1 minute en fouettant vivement contre le fond de la casserole pour éviter que la crème n'attache. Ajoutez la liqueur de mirabelle, versez dans un saladier et laissez refroidir.

4 Préchauffez le four à 180 °C (th. 6). Lavez les mirabelles. Séchez-les, coupez-les en deux et ôtez les noyaux. Étalez la crème dans le fond de tarte et disposez les mirabelles en les serrant bien. Saupoudrez de sucre et faites cuire 40 minutes. En fin de cuisson, le dessus des fruits doit être légèrement caramélisé ; sinon, passez la tarte quelques instants sous le gril. Glacez éventuellement avec un nappage abricot. Servez tiède ou froid.

Sur les routes de France

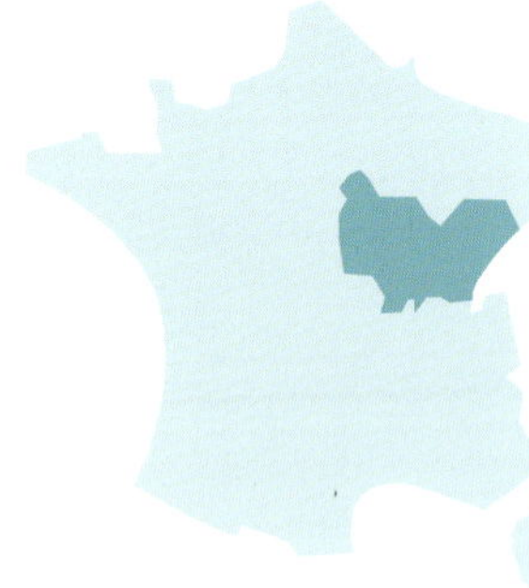

La BOURGOGNE-FRANCHE-COMTÉ, le dynamisme à la française

« On sent à travers le vin de Bourgogne tout le pays : la richesse des coteaux, le ciel doré, la gaieté pensive de ses habitants. » (Friedrich Sieburg)

Dijon, la capitale des ducs

Un camp romain s'installe sur le cours du Suzon, près de la voie d'Arles à Langres et au débouché de la vallée de l'Ouche. Vers 525, une abbaye portant le nom de saint Bénigne est fondée, autour de laquelle se forme un bourg ; l'ancien *castrum* et le bourg sont bientôt réunis. Dijon fait partie du royaume des Burgondes, puis appartient plus tard à l'évêque de Langres, qui la cède à Robert le Pieux en 1015 ; elle est alors rattachée au duché de Bourgogne. Cette ville commerçante doit sa fortune à la magnificence et à la richesse des ducs de Bourgogne, qui lui octroient une commune. Fortifiée par Charles VIII et par Louis XII, après le retour du duché de Bourgogne à la couronne de France (1477), Dijon devient le siège d'un parlement dont le ressort s'étend sur la Bourgogne et sur la Meuse. Le XVIIIe siècle est une époque brillante pour la ville, où des états généraux se réunissent tous les trois ans.

▼ La cathédrale Notre-Dame de Dijon, avec ses élégantes colonnettes.

Les hôtels-Dieu

Les premiers hôtels-Dieu apparaissent au Moyen Âge. Ces établissements, situés le plus souvent à l'extérieur des villes, sont bâtis sur d'anciennes maladreries de l'époque gallo-romaine. Destinés aux pauvres et aux voyageurs malades, ils sont gérés par des hommes du clergé ou par des laïcs, mais ce sont des religieuses qui apportent les soins aux malades. Ceux-ci sont logés dans une grande salle commune ou « salle des pôvres ». Les médicaments et autres préparations sont précieusement conservés dans l'apothicairerie.

▼ L'étonnante polychromie de l'hôtel-Dieu de Beaune.

Nevers, ville d'art et d'histoire

Castrum gaulois (*Noviodunum*), foyer de la grande révolte de 52 avant J.-C., qui est détaché du territoire éduen pour former une cité romaine distincte, Nevers (*Nevirnum*) devient évêché au Ve siècle. Sous Charles le Simple, les premiers comtes héréditaires fortifient la ville. Nevers obtient des comtes du Forez une charte (1231), ratifiée par les ducs de Nevers. Le duché-pairie de Nevers, constitué en 1538, disparaît en 1789. Nevers devient chef-lieu du département de la Nièvre en 1790. Uni à Autun après le Concordat, le diocèse de Nevers a repris son autonomie en 1822.

▲ Vue de Nevers et de la cathédrale Saint-Cyr-et-Sainte-Julitte.

La faïence de Nevers

Venue d'Italie dans la seconde moitié du XVIe siècle grâce au duc de Nevers, la faïence (du nom de la ville italienne de Faenza) fera la fortune de Nevers pendant plusieurs siècles. L'argile rouge et la marne blanche présentes près de la ville, les bois du Morvan utiles pour alimenter les fours de cuisson, la proximité de la Loire et du canal de Briare afin d'en faciliter la commercialisation : toutes les conditions étaient réunies pour la réussite de cette industrie.

Mâcon, la cité de Lamartine

Mâcon est une ville fort ancienne (la *Matisco* des Éduens). Au VIe siècle, elle est le siège d'un évêché, supprimé en 1790 et uni au siège d'Autun. Comté indépendant aux Xe-XIIe siècles, elle devient possession des ducs de Bourgogne pendant quelques décennies (1435-1477).

Auxerre et son patrimoine médiéval

Auxerre est construite par les Romains, sous le nom d'*Autissiodurum*, à proximité de la bourgade gauloise d'*Autricum*. Centre de communications gallo-romain, foyer religieux important, la ville se resserre dans une étroite enceinte dès la fin du IIIe siècle. Au Ve siècle, saint Germain, évêque de la cité, la défend efficacement contre les Barbares. Après sa mort, elle est pillée par les Huns en 451 et prise par les Francs en 486. En 578 (ou 585), elle accueille un concile qui fixe en particulier de nombreuses règles liturgiques. Elle devient ensuite le siège d'un comté carolingien qui passe à la maison de Nevers, puis à la seconde maison capétienne de Bourgogne. Par mariage, le comté d'Auxerre revient en 1184 à Pierre de Courtenay, empereur de Constantinople, qui octroie une charte d'affranchissement aux habitants de la cité en 1186. En 1371, il passe à la Couronne, qui le conserve par la suite, sauf entre 1435 et 1470, période pendant laquelle il est cédé à la Bourgogne.

▲ La tour de l'Horloge à Auxerre.

La Puisaye des lettres

Cette région bocagère, aux confins de l'Yonne, du Loiret et de la Nièvre, est fertile… en écrivains. Toucy a vu naître Pierre Larousse, l'auteur du *Grand Dictionnaire universel du XIXe siècle* (1866-1876) et l'un des fondateurs de la maison qui porte son nom. À quelques lieues de là, à Saint-Sauveur-en-Puisaye, est née Colette (1873-1954). Actrice, romancière, féministe, elle a célébré dans nombre de ses écrits la campagne où elle a passé son enfance et son adolescence.

Besançon, des Gaulois aux horloges

Besançon (*Vesontio*) était l'une des plus anciennes cités gauloises et la ville la plus importante des Séquanes. Soumise par César en 58 avant J.-C., elle est, sous l'Empire romain, la métropole de la Séquanaise. Ville épiscopale depuis le Ve siècle, Besançon doit se placer sous la suzeraineté impériale au XIe siècle. Elle y demeure jusqu'en 1595, date à laquelle elle devient espagnole. Elle est conquise par Condé en 1674 et revient définitivement à la France à la paix de Nimègue (1678). Louis XIV supprime ses libertés, mais la fait fortifier par Vauban et y installe le siège du parlement (1676) et de l'université (1691). Besançon accueille en 1790 une colonie d'horlogers acquis aux idées révolutionnaires, qui contribueront à l'essor de l'industrie locale.

▲ Le Doubs vu de la citadelle de Besançon.

Le patrimoine d'Arc-et-Senans

La saline royale d'Arc-et-Senans fut conçue par l'architecte Claude Nicolas Ledoux comme une cité industrielle modèle, pourvue de nombreuses annexes sociales. Cependant, seule fut réalisée (1775-1779) la moitié de la partie centrale, aux bâtiments disposés en hémicycle (ateliers, maison du directeur, habitations du personnel). Ce remarquable ensemble, inscrit au patrimoine mondial depuis 1982, est devenu une fondation culturelle.

▲ Bâtiment principal de la saline royale d'Arc-et-Senans.

Belfort

Belfort doit son origine à un château de la maison de Bar, possédé successivement par les comtes de Montbéliard et ceux de Ferrette jusqu'en 1350, date à laquelle la maison d'Autriche en hérita. Commune en 1307, Belfort, prise par le comte de la Suse en 1636, fut incorporée à la France par les traités de Westphalie (1648). Érigée en fief par Mazarin, la ville passa à ses héritiers, et le prince de Monaco, qui a recueilli les titres de Mazarin, porte toujours celui de « comte de Belfort ».

▲ Le *Lion de Belfort*, œuvre de Bartholdi.

Les trois sièges

Fortifiée par Vauban (1686), Belfort est célèbre par les trois sièges qu'elle subit sans se rendre : en 1814, en 1815, sous le général Lecourbe, et en 1870, sous le commandement de Denfert-Rochereau, assisté de La Laurencie. Ceux-ci n'ouvrirent les portes, après cent trois jours de lutte (4 novembre 1870 - 18 février 1871), que sur l'ordre du Gouvernement provisoire. Cette résistance héroïque de la garnison valut à la France de conserver Belfort ; elle est symbolisée par le *Lion de Belfort*, sculpté par Félix Bartholdi en 1880.

Querelle de clochers

Le sommet des églises de France s'orne de diverses sortes de clochers : clochers-murs, clochers ronds, clochés carrés (art roman)… Le clocher comtois a ceci de particulier qu'il possède un dôme à quatre contrecourbes, recouvert non pas d'ardoises, mais de petites tuiles enduites de vernis formant des motifs à la fois colorés et multiples. Il reste le symbole de l'architecture religieuse du Jura au XVIIe siècle.

▼ Clocher à dôme à quatre contrecourbes.

Vesoul, la « cité patrimoine »

Ancien *Veselum* ou *Vesulium Castrum*, Vesoul forme un comté rattaché au comté de Bourgogne, devenu la Franche-Comté. Dévasté par les Écorcheurs (1360), occupé par les Français (1479-1493), ce comté est décimé par la peste de 1586, puis est l'enjeu des luttes entre Français et Espagnols (1595). Pris par le maréchal de Navailles (1674), il est annexé à la France en 1678.

La cité du kirsch

Le cerisier est présent sur la commune de Fougerolles dès le XVIe siècle et la production d'eau de cerise est attestée depuis 1630. Le mot « kirsch » (provenant de l'allemand) se substituera à « l'eau de cerise » au XIIIe siècle. À partir d'un processus de triage, de fermentation et de distillation complexes, les guignes, variété de petites cerises noires sauvages, donnent un kirsch de renommée mondiale. Cette variété de cerises est cultivée également pour la fabrication de confitures, de sirops ou de desserts.

Sur les routes de France

La FRANCE à VÉLO

Parcourir la France « à bicyclette », comme le chantait Yves Montand, est un excellent moyen de découvrir les trésors de notre patrimoine architectural et de nos spécialités régionales.

De Nantes à Brest

On peut traverser la Bretagne par le chemin de halage qui relie le canal de Nantes à Brest. Ce canal, long de 340 km, est tout à fait cyclable et constitue l'un des plus beaux itinéraires à vélo.

L'île de Ré à vélo

Près de 100 km de pistes cyclables sillonnent l'île de Ré en long et en large. Le meilleur moyen pour la parcourir n'est autre que le vélo ! Si le soleil est au rendez-vous, l'idéal est d'emprunter le chemin du littoral depuis Saint-Martin pour longer la côte et serpenter entre marais, plages et conches. N'hésitez pas à vous arrêter dans l'une des cabanes qui se trouvent sur le chemin pour déguster quelques huîtres bien fraîches !

La Bourgogne à vélo et le canal du Nivernais

Le Tour de Bourgogne forme une boucle de 800 km environ et permet d'admirer des paysages et des édifices magnifiques tout en goûtant aux spécialités régionales. Pour ceux qui voudraient s'initier aux plaisirs du tourisme à vélo sur une semaine seulement, l'itinéraire le plus recommandable est la véloroute de 180 km qui relie Auxerre à Decize, en suivant les chemins de halage du Nivernais.

À la découverte du littoral atlantique

Un itinéraire de 1 200 km permet de relier Roscoff à Hendaye. Ce parcours emprunte l'ancienne voie ferrée reliant Morlaix à Carhaix, rejoint ensuite Nantes, puis l'Océan en longeant la Loire. Il finit par longer l'ensemble du littoral atlantique, de Saint-Brevin-les-Pins (44) à Hendaye (64).

▲ Le barrage de la Rance.

De Saint-Malo à Arzal

Une très belle véloroute relie la Manche à l'océan Atlantique, entre Saint-Malo et Saint-Nazaire. Cet agréable parcours passe par la vallée de la Rance, le canal d'Ille-et-Rance et la vallée de la Vilaine. Il longe pour finir la côte entre Pénestin et Saint-Nazaire.

La Loire à vélo

Pour longer le plus long fleuve français, entre Cuffy (Nevers) et Saint-Brevin, il vous faudra pédaler sur pas moins de 800 km. Aussi appelé la vallée des Rois, le Val de Loire, qui abrite de nombreux domaines et châteaux célèbres dans le monde entier, est classé au patrimoine mondial de l'Unesco. Cet itinéraire se termine sur les bords de l'océan Atlantique, ce qui en fait une randonnée à vélo inoubliable !

▲ Le château de Chambord.

De la Manche à l'Atlantique

Un itinéraire de près de 630 km permet de relier Ouistreham à La Rochelle, la perle de la côte atlantique. C'est un parcours idéal pour tous ceux qui souhaitent découvrir la douce France et savourer, au fil de l'eau, les charmes de jolis villages et la sérénité de la campagne. Une fois passées les plages du Débarquement, ce parcours rejoint le chemin de halage de la Mayenne et traverse la vallée de la Loire entre Angers et Saumur, la vallée du Thouet, le Marais poitevin pour rejoindre la « porte océane » par le canal de Marans à La Rochelle.

Vue du Mont-Saint-Michel.

▲ La Loire et le château de Saumur.

Le Rhône à vélo

Que diriez-vous de partir à vélo du lac Léman pour arriver sur les plages de la Méditerranée ? Ces 815 km qui séparent le lac Léman du sud de la France sont certes sportifs mais chargés de plus de 2 000 ans d'Histoire que cette ancienne voie romaine invite à découvrir.

De Paris à Strasbourg

Pour rejoindre Vitry-le-François depuis Paris, on peut passer soit par la vallée de la Marne, soit par les grands lacs de Champagne-Ardenne. L'itinéraire suit ensuite le canal qui relie la Marne au Rhin jusqu'à Strasbourg.

▲ La Marne à Joinville-le-Pont.

De Paris au Mont-Saint-Michel

Ce superbe itinéraire traverse la vallée de Chevreuse, le Perche, le Maine et le bocage normand avant d'atteindre la merveille des merveilles : le Mont-Saint-Michel.

La vallée du Lot

Un superbe itinéraire serpente sur 160 km. Il permet d'admirer les vergers du Lot-et-Garonne, les vignes du Lot, une myriade de villages pittoresques et de découvrir à vélo l'art de vivre à la mode lotoise, qui combine gastronomie de produits du terroir, activités de pleine nature et patrimoine culturel remarquable.

▲ La vallée du Lot.

La route des deux mers à vélo

Il est possible de relier Royan à Sète à vélo ! Cet itinéraire de 560 km passe par Bordeaux et Toulouse et permet de pédaler le long du canal de Garonne puis du canal du Midi, inscrit au patrimoine mondial de l'Unesco.

De la Moselle à la Saône

Ce parcours traverse la Lorraine du nord au sud en suivant la vallée de la Moselle et en empruntant le canal des Vosges. Il bascule ensuite sur la Saône et traverse la Haute-Saône et la Bourgogne.

Le canal de l'Ourcq

La région parisienne n'est pas en reste pour les belles randonnées à vélo. On peut notamment partir du parc de la Villette pour longer le canal de l'Ourcq. Cette balade d'une trentaine de kilomètres longe les moulins de Pantin, le Centre national de la danse, le parc de la Bergère et celui de la Poudrerie à Servan. Des œuvres de street art jalonnent le parcours, entre la place Stalingrad et la ville d'Aulnay-sous-Bois.

▲ Le canal de l'Ourcq.

▲ Le canal du Midi.

Succulents vins de BOURGOGNE

Région emblématique, la Bourgogne compte sur son territoire certains des plus grands vins de France (et du monde !), tant en blanc qu'en rouge.

Des moines et des clos

La vigne serait apparue en pays beaunois dès 200 après Jésus-Christ. Mais le véritable essor de la Bourgogne viticole est lié à celui du christianisme, par la demande de vin de messe, mais aussi par l'implantation des abbayes au Moyen Âge, pour lesquelles les vignes servent de mode de financement. Les moines sélectionnent les parcelles (ou « climats ») qui produisent les meilleurs vins. Ils repèrent les parcelles en dégustant les vins servant au paiement de la dîme en nature. Pour protéger leurs précieux raisins du « grappillage », ils érigent des murs de pierres, créant ainsi les fameux « clos » bourguignons. La Révolution est l'occasion, pour les vignerons bourguignons, de prendre une revanche sur les grands domaines monastiques ou nobiliaires : à partir de 1791, avec la vente des biens nationaux, l'émiettement des domaines commence. Dès 1861, le classement du « Comité d'agriculture de l'arrondissement de Beaune » préfigure le système moderne des appellations contrôlées. Cette classification a été simplifiée par l'Institut national des appellations d'origine (INAO) qui n'a conservé que les grands crus et les premiers crus. Les décrets d'appellation paraissent dès 1936, et les premiers seront pour les grands crus, suivis rapidement par ceux des appellations communales.

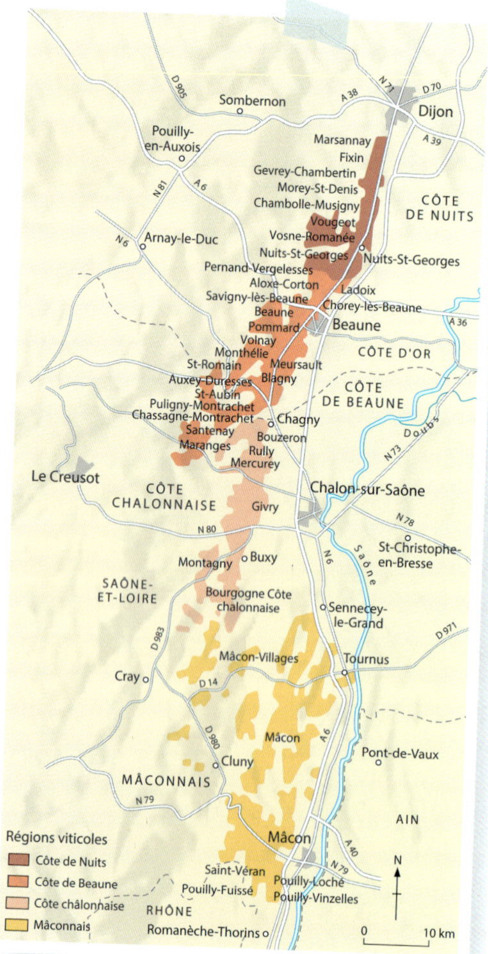

▲ Vignoble Montrachet (domaine Bouchard Père et Fils, Beaune).

Une région variée

On parle de « vin de Bourgogne », mais il faut distinguer plusieurs régions, qui sont autant de terroirs différents. On trouve au nord, dans l'Yonne, le Chablisien, près d'Auxerre. Plus à l'est et au sud, entre Dijon et Mâcon, en Côte-d'Or et Saône-et-Loire, sont cultivés les vins de la Côte de Nuits, de la Côte de Beaune, de la Côte châlonnaise et du Mâconnais. Enfin, le Beaujolais s'étend au sud de Mâcon, dans le Rhône.

Les vinifications à la bourguignonne

Les bourgognes rouges. Le pinot noir demande un équilibre subtil dans sa maturité, et dans ce que le vigneron peut en extraire : récolté trop tôt ou en année fraîche, il donnera des arômes végétaux et un vin léger à l'acidité excessive ; récolté trop tard ou soumis à une extraction excessive, il donnera un vin lourd, alcooleux, sans finesse. Traditionnellement, on conservait

Les enchères des Hospices de Beaune

Créés en 1452 par Nicolas Rolin et Guigone de Salins pour secourir les pauvres, les Hospices de Beaune possèdent un vaste domaine de plus de 60 ha, bien doté en premiers et en grands crus. Chaque année, les vins du domaine sont vendus en pièces (du nom de la barrique bourguignonne de 228 litres) le troisième dimanche de novembre. Organisée depuis 2005 par Christie's, cette vente se déroule au feu des chandelles. Le produit de la vente sert toujours à financer des établissements hospitaliers.

▼ Affiche d'Henry Le Monnier, 1926.

une partie de la rafle (la partie végétale des grappes en dehors des baies elles-mêmes), supposée apporter au vin une structure tannique, mais cette pratique n'est plus uniformément répandue. L'élevage sous bois se développe de plus en plus, notamment pour les grands vins, mais on utilise moins de bois neuf qu'à Bordeaux. On soutire aussi peu que possible les fûts pour éviter le contact avec l'air. La filtration est également moins répandue que dans d'autres régions, comme le Bordelais, par exemple.

Les bourgognes blancs. Les blancs sont moins exigeants dans leur élaboration. S'il s'agit d'un premier ou grand cru de la Côte d'Or ou de Chablis, on lui réservera une vinification en petits fûts de chêne. S'il s'agit d'un Chablis générique ou d'un vin du Mâconnais, l'on privilégiera une vinification en cuves en Inox ou en ciment, pour préserver fraîcheur et légèreté, et conserver un fruit simple et plaisant. Elle est parfois suivie d'un élevage en fûts de chêne pour ajouter de la complexité. Le vin reste alors sur ses lies fines ; le collage et le filtrage sont réduits au minimum. Les grands crus bénéficient généralement du bâtonnage (on mélange des lies à l'aide d'un bâton dans le fût), qui ajoute de la complexité, du gras et de l'ampleur.

◀ Cuverie (domaine de la Romanée-Conti, Vosne-Romanée).

Le Beaujolais nouveau

À l'origine du développement des vins de primeur depuis 1951, le Beaujolais nouveau ne peut arriver sur les tables avant le troisième jeudi de novembre (depuis 1985). Il s'agit d'un vin fruité, frais et rafraîchissant, sans autre véritable prétention que d'égayer la fin de l'automne. Sa couleur vive, violacée, parfois fluorescente, et ses arômes de fruits exotiques et de raisin frais en font un compagnon idéal, lorsqu'il est réussi et peu ou pas chaptalisé, des charcuteries et divers « mâchons » des comptoirs lyonnais ou parisiens.

Les AOC de Bourgogne

Appellations régionales et génériques (produites dans toute la Bourgogne)
- Bourgogne Aligoté
- Bourgogne Coteaux Bourguignons
- Bourgogne Passetougrain
- Crémant de Bourgogne

Chablisien
- Bourgogne Côte-de-Saint-Jacques
- Chablis
- Chablis Grand Cru
- Petit Chablis

Auxerrois, Tonnerrois et Vézelien
- Bourgogne Chitry
- Bourgogne Côtes d'Auxerre
- Bourgogne Coulanges-la-Vineuse
- Bourgogne Épineuil
- Bourgogne Tonnerre
- Bourgogne Vézelay
- Irancy
- Saint-Bris

Côte de Nuits
- Bonnes-Mares
- Bourgogne Hautes-Côtes-de-Nuits
- Bourgogne La Chapelle-Notre-Dame
- Bourgogne Le Chapitre
- Bourgogne Montrecul
- Chambertin
- Chambertin-Clos de Bèze
- Chambolle-Musigny
- Chapelle-Chambertin
- Charmes-Chambertin
- Clos de la Roche
- Clos de Tart
- Clos de Vougeot
- Clos des Lambrays
- Clos Saint-Denis
- Côte-de-Nuits-Villages
- Échezeaux
- Fixin
- Gevrey-Chambertin
- Grands Échezeaux
- Griotte-Chambertin
- La Grande Rue
- La Romanée
- La Tâche
- Latricières-Chambertin
- Marsannay
- Mazis-Chambertin
- Mazoyères-Chambertin
- Morey-Saint-Denis
- Musigny
- Nuits-Saint-Georges ou Nuits
- Richebourg
- Romanée-Conti
- Romanée-Saint-Vivant
- Ruchottes-Chambertin
- Vosne-Romanée
- Vougeot

Côte de Beaune
- Aloxe-Corton
- Auxey-Duresses
- Bâtard-Montrachet
- Beaune
- Bienvenues-Bâtard-Montrachet
- Blagny
- Bourgogne Hautes-Côtes-de-Beaune
- Chassagne-Montrachet
- Chevalier-Montrachet
- Chorey-lès-Beaune ou Chorey
- Corton
- Corton-Charlemagne et Charlemagne
- Côte-de-Beaune
- Côte-de-Beaune-Villages
- Criots-Bâtard-Montrachet
- Ladoix-Serrigny ou Ladoix
- Maranges
- Meursault
- Monthélie
- Montrachet
- Pernand-Vergelesses
- Pommard
- Puligny-Montrachet
- Saint-Aubin
- Saint-Romain
- Santenay
- Savigny-lès-Beaune ou Savigny
- Volnay

Côte chalonnaise
- Bourgogne Côte chalonnaise
- Bourgogne Côtes-du-Couchois
- Bouzeron
- Givry
- Mercurey
- Montagny
- Rully

Mâconnais
- Mâcon
- Mâcon suivi d'un nom de village
- Mâcon supérieur
- Mâcon-Villages
- Pouilly-Fuissé
- Pouilly-Loché
- Pouilly-Vinzelles
- Saint-Véran
- Viré-Clessé

Beaujolais
- Beaujolais
- Beaujolais-Villages
- Beaujolais supérieur
- Brouilly
- Chénas
- Chiroubles
- Côte-de-Brouilly
- Fleurie
- Juliénas
- Morgon
- Moulin-à-Vent
- Régnié
- Saint-Amour

Saveurs et spécialités de nos terroirs

Délices de FRANCHE-COMTÉ

Fondue comtoise

POUR 4 PERSONNES

* * *

PRÉPARATION : **10 MIN**

- 1 gousse d'ail
- 400 g de comté
- 400 g d'emmental
- 10 g de fécule
- 3 ou 4 cuill. à soupe de kirsch
- pain de campagne
- 40 cl de vin blanc sec (chardonnay d'Arbois)
- poivre

1 Épluchez la gousse d'ail et frottez-en l'intérieur d'un poêlon à fondue. Coupez le comté et l'emmental en fines lamelles. Délayez la fécule dans le kirsch. Coupez le pain en petits cubes.

2 Versez le vin dans le poêlon et mettez à chauffer doucement. Dès qu'il commence à mousser – il doit être chaud mais non bouillant –, jetez-y les lamelles de fromage en remuant sans arrêt avec une cuillère en bois. Quand il est bien fondu, ajoutez le kirsch et mélangez bien. Donnez quelques tours de moulin à poivre.

3 Posez le poêlon sur le réchaud à fondue placé au centre de la table et maintenez une chaleur douce. Servez les cubes de pain en même temps ; chacun les piquera au bout de sa fourchette à fondue et les trempera dans le fromage en tournant pour éviter les fils.

LE VIN JAUNE

Le plus original des vins jurassiens est issu du cépage savagnin. Durant les six longues années de son élevage en fût de chêne, un voile de levures se développe à sa surface, contribuant à développer des arômes caractéristiques de noix. Ce vin hors du commun donne du caractère à la cuisine franc-comtoise qui lui réserve les meilleurs produits : les morilles et la volaille de Bresse, pour un coq au vin éclatant de saveurs ; les écrevisses vivement sautées et mouillées de crème épaisse et de vin jaune ; le comté enfin, vieux et fruité, au goût de noisette décuplé par ce vin exceptionnel.

Les fromages du Jura

* * *

La Franche-Comté est un pays de fromages. Le comté, AOC à pâte cuite pressée, a un goût de noisette plus ou moins marqué selon les saisons. Le mont-d'or (AOC), appelé aussi vacherin du mont d'Or ou du haut Doubs, est fabriqué quand les vaches sont à l'étable de septembre à mars. Il est si onctueux qu'il peut se déguster à la cuillère. Le bleu de Gex, ou de Septmoncel ou du haut Jura, AOC à pâte persillée, diffère des autres bleus par son goût moins prononcé. Le morbier, AOC aussi, se distingue par une raie de charbon végétal. S'il ne possède pas d'AOC (contrairement à l'emmantaler suisse), l'emmental français est-central arbore une IGP et est produit selon un cahier des charges label rouge. Ces cinq fromages sont faits au lait de vache cru.

Coq au vin jaune et aux morilles

POUR 8 PERSONNES

* * *

PRÉPARATION : **30 MIN** - CUISSON : **40 MIN + 10 À 15 MIN**

- 1 jeune coq de Bresse de 2 kg environ
- 300 g de morilles fraîches
- 3 cuill. à soupe de farine
- 60 g de beurre
- 30 cl de vin jaune
- 75 cl de crème fraîche
- sel et poivre

1 Coupez la volaille en 8 morceaux. Ôtez le bout terreux des champignons et nettoyez ces derniers avec soin.

2 Préchauffez le four à 180 °C (th. 6). Salez, poivrez et farinez légèrement chaque morceau de coq. Faites-les revenir de tous côtés dans une cocotte avec le beurre sans les laisser prendre couleur. Couvrez, enfournez et faites cuire environ 40 minutes.

3 Sortez la cocotte du four, videz la graisse de cuisson et déglacez avec le vin jaune. Incorporez la crème, mélangez bien en retournant plusieurs fois les morceaux de volaille puis ajoutez les morilles. Mettez la cocotte sur le feu et laissez cuire doucement, sans couvrir, jusqu'à ce que la sauce épaississe et nappe la cuillère. Goûtez et rectifiez l'assaisonnement. Disposez les morceaux de coq et les morilles dans un plat chaud puis versez la sauce. Servez aussitôt.

Saveurs et spécialités de nos terroirs

Étonnants vins du JURA

◀ Bouteille d'Arbois, appellation contrôlée, Jura, 2004.

Face à la Bourgogne, de l'autre côté de la Saône, le Jura s'étire sur une bande de 80 km de long entre plaines et montagnes. Si la région est surtout connue pour ses vins jaunes, elle n'en produit pas moins une incomparable palette de vins rouges, rosés, blancs – secs ou moelleux –, et même des effervescents.

Les vignes au pied de Château-Chalon.

Le paysage viticole

Implanté au Ier siècle av. J.-C., le vignoble jurassien se développe avec les communautés religieuses aux Ve et VIe siècles. À la fin du XIXe siècle, il couvre quelque 20 000 ha. Le phylloxéra ravage la région, mais les vignerons décident de jouer la carte de la qualité et obtiennent en 1936 avec Arbois la première AOC française.

Les cépages et les styles de vins

Le Jura possède cinq grands cépages, uniques, qui ont trouvé là leur terroir de prédilection et qui donnent des vins originaux très typés.

Le poulsard (ou ploussard). Présent surtout dans l'AOC Arbois, il produit un vin rouge rubis clair, peu tannique, aux arômes de petits fruits rouges évoluant sur des notes épicées et de sous-bois.

Le trousseau. Il se caractérise par une robe rubis intense, un nez de fruits rouges et noirs et d'épices légèrement poivrées, soutenu par des tanins fermes qui lui assurent un bon potentiel de vieillissement. Il est assez souvent vinifié avec le pinot noir et/ou le poulsard.

Le pinot noir. Il donne ici des vins de caractère, profondément imprégnés de leur terroir, aux arômes de framboise et de cassis, rehaussés de notes épicées.

Le savagnin. C'est « le » grand cépage blanc du Jura, à l'origine du fameux vin jaune. Sa riche palette aromatique va de la pomme à l'amande grillée, de la noix verte au froment, du curry au café. Il est vinifié avec ou sans ouillage, seul ou en assemblage avec le chardonnay, et produit des vins très typés, structurés, et aptes à un long vieillissement.

Le chardonnay. C'est le cépage le plus répandu, qui occupe près de la moitié du vignoble. Il donne ici des vins à la typicité propre aux arômes fleuris, frais et bien charpentés.

Les spécialités jurassiennes

À côté du légendaire vin jaune, le Jura possède deux autres spécialités : le Macvin du Jura et le vin de paille.

Le macvin. C'est un vin de liqueur obtenu à partir de deux tiers de moûts de raisin fermentés et mutés avec un tiers d'eau-de-vie du Jura. Élevé 18 mois en fût, il offre un bel équilibre entre douceur du fruit et force de l'alcool.

Le vin de paille. Ce vin liquoreux est issu d'une méthode d'élaboration bien particulière.

Le vin jaune. Ce vin unique est issu d'un seul cépage : le savagnin. Vendangé tardivement, il est vinifié en blanc sec puis entreposé dans des fûts de 228 litres où il va débuter sa mystérieuse transformation. Élevé sans ouillage, le vin se couvre à la surface d'un voile de levures le protégeant de la piqûre acétique qui le transformerait en vinaigre, et lui apportant cet inimitable « goût de jaune ». Ce n'est qu'au bout de 6 ans et 3 mois qu'il pourra être embouteillé dans sa bouteille spéciale, le fameux clavelin de 62 cl, contenance qui correspond au pourcentage restant sur un litre de vin une fois l'élevage terminé.

▲ Bouteille de Château-Chalon, appellation contrôlée, vin jaune de grande garde, Gaspard Feuillet, Jura, 1993.

Les AOC du Jura

- Arbois
- Arbois-Pupillin
- Château-Chalon
- Côtes-du-Jura
- Crémant du Jura
- L'Étoile
- Macvin du Jura

SIMCA, TALBOT, MATRA… et les autres !

Incontestablement, l'automobile fait partie des évolutions sociétales majeures du siècle dernier… Et la France peut s'enorgueillir d'être le berceau de ce véhicule « qui se meut par lui-même ».

Au tout début…

Tout commence en 1771 avec le fameux fardier de Cugnot propulsé par une chaudière à vapeur. Une vitesse de pointe de 4 km/h, une autonomie d'un quart d'heure… Un siècle plus tard, lors de l'Exposition universelle de Paris en 1878, on dénombre près de 2 000 constructeurs français créant et fabriquant des automobiles.

La France, longtemps symbole du luxe !

Lorsqu'on évoque des marques comme Delage, Delahaye, Facel Vega, les amoureux de belles voitures tombent en pâmoison. La Delahaye 135 reste une légende d'élégance. Les lignes originales et inimitables de la Facel Vega, ses finitions intérieures inégalées en firent la voiture des stars : Tony Curtis, Ava Gardner, Picasso, François Truffaut. Toutes ces marques exportées aux quatre coins du monde n'ont pourtant pas survécu à l'après-guerre, qui valorisa des modèles plus démocratiques et populaires. Delage disparut en 1953, Delahaye un an plus tard et Facel Vega fut mise en liquidation en 1964.

◀ Le célèbre bouchon de radiateur de la Bugatti Royale, coupé Type 41, 1929 (Cité de l'Automobile, Mulhouse).

▲ Une Delahaye 135, version « coach », 1949 (Cité de l'Automobile, Mulhouse).

Bugatti, une exception « made in France »

L'usine historique de la marque fondée par Ettore Bugatti a toujours été à Molsheim, en Alsace. Mais en 1909, lorsqu'il s'y installe, l'Alsace est allemande. Qu'importe, c'est là que la légende Bugatti débute. Avant tout, les Bugatti sont des voitures de compétition hors norme, ayant remporté plus de 10 000 victoires autour de la planète. C'est ensuite la réussite d'un père, Ettore, et de son fils, Jean. Ils imaginent ensemble l'extraordinaire Bugatti Royale. Cette œuvre d'art fut produite en 6 exemplaires, mais la crise de 1929 provoqua son échec commercial. Sans doute parce que cette voiture répondait en tout point à la devise d'Ettore Bugatti : « Rien n'est trop beau, rien n'est cher. » La marque disparaît après le décès du fondateur, en 1947. Les tentatives pour relancer la légende ont été nombreuses jusqu'au rachat par Volkswagen, en 1998. L'usine de Molsheim est reconstruite et, en 2005, la première Veyron voit le jour. Produite à 450 exemplaires pendant 10 ans, elle a été remplacée en 2016 par la Chiron, qui est la voiture la plus puissante jamais produite. Cristiano Ronaldo a dû débourser 2 900 000 euros pour l'acquérir. Il avait déjà la Veyron !

Citroën

La saga Citroën débute avec la fabrication d'engrenages dont la denture est en forme de chevrons. Dès 1913, André Citroën avait trouvé l'emblème mythique de sa marque. Après la Première Guerre mondiale, pendant laquelle il a fabriqué des obus, il commence en 1919 à produire des voitures en série. La Citroën Type A sera la première automobile à être produite en série en Europe. Depuis l'usine du quai de Javel à Paris, la marque Citroën grandit. Les usines se multiplient et, en 1934, la marque lance la Traction Avant, une véritable révolution dans sa conception mais un gouffre financier qui provoque la faillite de la société. André Citroën est écarté. L'entreprise est reprise par la société Michelin. Le projet d'une voiture pour tous est lancé. La 2 CV est en gestation. Au sortir du second conflit mondial, cette voiture simple, dépouillée et bon marché va connaître un succès incroyable. En 1955, la marque aux chevrons impressionne le monde de l'automobile en présentant un modèle ultra-moderne et technologiquement visionnaire : la DS. L'histoire continue avec l'Ami 6, la GS, la CX, la BX ou la XM. Depuis 1976, on a créé le groupe PSA-Peugeot-Citroën, mais l'histoire et le prestige restent. Il suffit d'évoquer la Croisière jaune de 1931, de Beyrouth à Pékin, qui participa à la légende de la marque aux chevrons.

André Citroën.

▲ Dans l'usine Citroën pendant la Première Guerre mondiale : une femme conduisant un petit chariot électrique pour le transport des obus.

▲ Une Citroën 2 CV dans les années 1950 (Cité de l'Automobile, Mulhouse).

Peugeot

Avant d'être une marque, Peugeot est d'abord le nom d'une des grandes dynasties familiales françaises qui ont œuvré pour le développement industriel du pays. La saga débute au XVe siècle. La famille est originaire des environs de Sochaux. Agriculteurs-meuniers, ils construisent plusieurs moulins dans ce pays

Affiche publicitaire pour la Peugeot 203 à toit ouvrant, succès mondial dans les années 1950. ▼

◀ La Peugeot 403, présentée en 1955 (Cité de l'Automobile, Mulhouse).

Le système de numérotation des voitures Peugeot

Depuis l'origine, Peugeot a produit des automobiles numérotées. Ce furent des Types. En 1897, sept Types sont produits : 14, 15, 16, 17, 18, 19 et 20. Ensuite il a été décidé que le premier chiffre serait celui de la gamme de véhicules : 100 correspond aux petites citadines, 400 aux voitures familiales, 800 aux monospaces.
Le dernier chiffre représente la génération. Et au regard de la multiplication des sorties, un double zéro est apparu. Sur le plan du marketing, c'est une idée totalement géniale qui permet d'économiser des sommes considérables.

de Franche-Comté. En 1810, deux frères Peugeot, Jean-Pierre et Jean-Frédéric, font basculer la famille dans le monde moderne en transformant un moulin en fonderie d'acier. Les « Établissements Peugeot Frères » fabriquent des lames de scies, des ressorts d'horlogerie ou encore des baleines de corsets. Pour l'outillage agricole, ils sont aussi exploitants forestiers et maîtrisent du coup la facture des éléments en bois. Cette famille de protestants pratiquants se montre également pionnière en matière sociale dès le milieu du XIXe siècle (assurance mutuelle sociale et caisse de retraite) ; ils financent des logements et des hôpitaux. L'entreprise est prospère. Les bicyclettes et les tricycles se vendent partout en France. Armand Peugeot s'est passionné pendant ses études à l'École centrale de Paris pour la technologie du moteur en plein essor et, lors de l'Exposition universelle de 1889, il découvre le nouveau moteur à explosion à essence, inventé par l'Allemand Daimler. L'empire automobile Peugeot est sur le point de naître. Armand veut investir dans cette technologie d'avenir.

Armand fonde la « société des automobiles Peugeot » qui ne cesse de se développer. Peugeot fabrique la moitié du parc automobile français jusqu'en 1914. À la fin de la Première Guerre mondiale, la situation a radicalement changé. La concurrence est devenue rude, la société est endettée, mais la création de la 201, puis celle de la 202 et de la 302 font de la marque au Lion le deuxième constructeur français, avec encore 25 % de parts de marché à l'aube de la Seconde Guerre mondiale. Pendant l'Occupation, les usines Peugeot sont contraintes de se mettre aux ordres des Allemands. Et les 9/10 de la production sont destinés au régime nazi. Au sortir de cette période sombre, la production reprend et des modèles mythiques voient le jour, à l'image de la 403 au milieu des années 1950. Elle sera la première voiture Diesel produite en série en France. En 1968, la 504 arrive sur le marché : elle sera vendue à près de 5 millions d'exemplaires jusqu'en 1996. Les succès se suivent au fil des années autant dans le monde du sport automobile que dans celui des modèles familiaux. En 2008, la 50 millionième voiture Peugeot sort des chaînes de l'usine de Sochaux. La marque possède des usines partout dans le monde, de Madrid à Jakarta.

Une voiture Peugeot Type 26, fabriquée de 1899 à 1902 (Cité de l'Automobile, Mulhouse). ▶

Renault

Renault représente souvent dans l'inconscient des Français l'archétype de la voiture. L'explication tient sans doute dans l'histoire particulière de cette société fondée en 1898. Les frères Renault font très vite connaître leur savoir-faire en matière d'automobiles à l'occasion de compétitions. Alors que Marcel se tue lors de la course Paris-Madrid en 1903, Fernand connaît des problèmes de santé l'obligeant à abandonner à Louis la gestion de la société. Seul aux commandes, Louis innove en matière de gestion du travail. En effet, à partir de 1909, la société met en place un système de chronométrage du temps de travail afin d'optimiser la fabrication des véhicules. Cette décision sera à la base des premiers mouvements sociaux de 1912 et 1913. Les « taxis de la Marne », qui s'illustrèrent au début de la Première Guerre mondiale en transportant les soldats sur le front, étaient pour la plupart de marque Renault. Durant le conflit, Louis Renault décide de construire des chars. À cette occasion, le travail à la chaîne fait son apparition. Cette mesure aura des conséquences des années plus tard. La concurrence qui fait rage entre les marques automobiles au début des années 1920 donne l'occasion à Renault de former un réseau de concessionnaires qui va lui permettre de vendre ses véhicules sur l'ensemble du territoire. Et en 1929, l'usine mythique de l'île Seguin de Boulogne-Billancourt ouvre ses chaînes et devient une sorte de navire amiral pour Renault. Mais la crise ne va pas épargner la marque au losange. Des usines ferment leurs portes, les licenciements se multiplient. Et malgré des accords signés avec le gouvernement de Front populaire, les grèves s'enchaînent chez Renault. Le destin de la marque va basculer durant le second conflit mondial. Louis Renault accède aux demandes du régime de Vichy et aux ordres des autorités allemandes dès la signature de l'armistice de 1940. De fait, la société est nationalisée dès la Libération. Elle devient la Régie nationale des usines Renault. On reconstruit les usines, les ingénieurs imaginent de nouveaux modèles. Dans les années 1950 et 1960, on commence à voir sur les routes des Dauphine, des Renault 4 ou des Renault 16. Et en 1968, les usines de Cléon, Flins et Billancourt se mettent au diapason d'un mois de mai qui fera date. Les 34 jours de grève et d'occupation des usines ont permis l'obtention d'acquis sociaux et une augmentation salariale. Au début des années 1980, la régie est au bord du gouffre financier. Georges Besse prend en main Renault. L'heure est à la restructuration et aux innovations techniques qui vont mener à la création des Renault 9 et 11 ainsi que de modèles à succès comme Clio, Twingo, Mégane ou Espace. Georges Besse est exécuté en novembre 1986 par un commando d'Action directe. Le choc est grand dans le pays. Et la marque n'en devient que plus symbolique. Ce sera Carlos Ghosn qui fera entrer Renault, de nouveau société privée, sur le marché international en organisant le rachat de la marque japonaise Nissan. Et si la Zoé n'est pas la première voiture électrique, Renault a démocratisé le genre et mise largement sur la sortie des véhicules à énergie fossile.

Un père et ses trois enfants devant ▼ leur Renault 4 CV, vers 1950.

▲ Grève avec occupation aux usines Renault de Boulogne-Billancourt, juin 1936.

Saveurs de BOURGOGNE

Lapin à la moutarde

POUR 6 PERSONNES

* * *

PRÉPARATION : **20 MIN** - CUISSON : **40 MIN**

- 1 lapin de 1,5 kg environ
- 3 cuill. à soupe d'huile
- 6 cuill. à soupe de moutarde de Dijon à l'ancienne
- 10 cl de vin blanc
- 2 cuill. à soupe de feuilles de thym
- 6 cuill. à soupe de crème fraîche
- sel et poivre

1 Après avoir réservé le foie, coupez le lapin en morceaux. Faites-les revenir dans la poêle avec l'huile à feu vif, en les retournant plusieurs fois pour qu'ils soient uniformément dorés.

2 Préchauffez le four à 180 °C (th. 6). Au fur et à mesure qu'ils sont dorés, rangez les morceaux de lapin en les enduisant largement de moutarde dans une cocotte allant au four. Salez très légèrement (la moutarde le fait déjà), poivrez et poudrez de thym. Couvrez, enfournez et laissez cuire 30 minutes.

3 Sortez la cocotte du four. Retirez les morceaux de lapin, en récupérant toute la moutarde, et posez-les sur un plat. Mettez la cocotte à feu modéré, versez le vin blanc, faites cuire 1 à 2 minutes, ajoutez la crème puis portez à ébullition en grattant bien le fond de la cocotte pour dissoudre les sucs dans la sauce. Goûtez et rectifiez l'assaisonnement.

4 Remettez les morceaux dans la cocotte, ajoutez le foie. Couvrez, enfournez à nouveau et poursuivez la cuisson pendant encore 10 minutes.

5 Disposez les morceaux de lapin dans un plat chaud, coupez le foie en tranches. Nappez de sauce et servez aussitôt.

Œufs en meurette

POUR 4 PERSONNES

* * *

PRÉPARATION : **1 H ENVIRON** - CUISSON DES ŒUFS : **3 MIN**

- 200 g de lard maigre demi-sel sans couenne
- 100 g d'oignons ou d'échalotes
- 60 g de beurre
- 1 bouquet garni
- 75 cl de bourgogne rouge
- 25 cl de bouillon de bœuf très concentré
- 8 petites tranches de pain fines
- 2 gousses d'ail
- 75 cl de vin rouge ou d'eau
- 5 cl de vinaigre de vin
- 8 œufs
- sel et poivre

1 Préparez la sauce meurette. Coupez le lard en petits dés. Mettez-le dans l'eau froide, portez à ébullition et faites cuire pendant 2 minutes. Égouttez et rafraîchissez. Épluchez et hachez finement les oignons (ou les échalotes).

2 Faites fondre doucement les oignons avec 40 g de beurre jusqu'à ce qu'ils soient transparents, ajoutez les lardons et le bouquet garni. Versez le vin et flambez-le. Faites réduire de moitié puis ajoutez le bouillon et faites de nouveau réduire de moitié. Incorporez en fouettant le reste de beurre fractionné en petits morceaux, rectifiez l'assaisonnement et maintenez chaud.

3 Faites dorer les tranches de pain au gril et frottez-les fortement à l'ail. Posez-les deux par deux dans des assiettes chaudes.

4 Versez le reste de vin, ou l'eau, et le vinaigre dans une sauteuse, salez et poivrez légèrement et portez à ébullition. Flambez si vous utilisez le vin, puis baissez le feu. Juste avant de servir, cassez les œufs dans cette cuisson et faites-les pocher pendant 3 minutes.

5 Retirez-les délicatement avec une écumoire dans l'ordre où vous les avez mis à cuire et égouttez-les sur un papier absorbant. Coupez les petits filaments blancs qui ont coulé tout autour et posez chaque œuf sur une tranche de pain. Nappez de sauce et servez aussitôt.

LA MOUTARDE DE DIJON

Le grain de sénevé est déjà mentionné dans la Bible, mais le mot « moutarde » indique l'ingrédient de base qui la composait autrefois en Bourgogne : le moût de raisin. Au fil des siècles, différentes recettes de moutarde se succédèrent, mélangeant les graines de moutarde, le verjus (suc acide extrait du raisin cueilli vert) ou le vinaigre. Aujourd'hui, l'appellation « moutarde de Dijon » désigne une moutarde forte, jaune clair, à pâte lisse, fabriquée à partir de graines noires ou brunes broyées, tamisées et malaxées avec du vinaigre et (ou) du vin blanc... que l'on trouve également aromatisée (cassis, herbes, épices...).

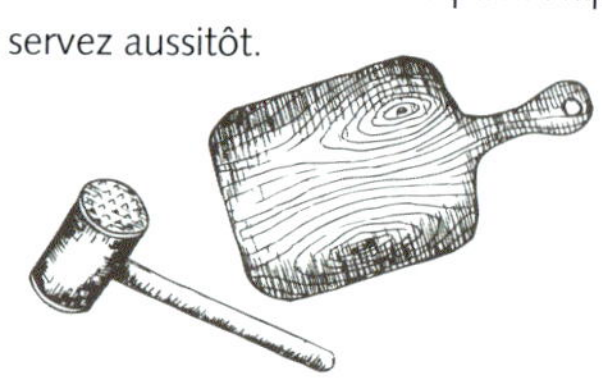

Bœuf bourguignon

POUR 6 PERSONNES

* * *

PRÉPARATION : **30 MIN** - MARINADE : **24 H**
CUISSON : **3 H ENVIRON**

- 1,5 kg de bœuf à braiser (macreuse, paleron)
- 2 cuill. à soupe d'huile
- 100 g de beurre
- 2 cuill. à soupe de farine
- 400 g de petits champignons de Paris
- 24 petits oignons grelots
- 200 g de lard maigre sans couenne
- croûtons frits
- sel et poivre

POUR LA MARINADE

- 1 gros oignon
- 2 ou 3 échalotes
- 2 cuill. à soupe d'huile
- 1 l de vin rouge
- 2 cuill. à soupe de marc de Bourgogne
- 1 bouquet garni
- 1 grosse cuill. à café de poivre concassé

1 La veille, préparez la marinade. Épluchez et émincez finement l'oignon et les échalotes. Coupez la viande en gros cubes et placez-la dans un récipient. Arrosez-la d'abord d'huile puis versez le vin et le marc. Ajoutez l'oignon et les échalotes, le bouquet garni et le poivre. Mélangez bien le tout. Couvrez le récipient et laissez mariner 24 heures au réfrigérateur.

2 Le jour même, égouttez la viande et épongez-la avec du papier absorbant. Passez la marinade au chinois et réservez-la.

3 Faites chauffer l'huile et 60 g de beurre dans une cocotte et mettez les morceaux de viande à dorer pendant 3 à 4 minutes. Retournez-les plusieurs fois pour qu'ils soient saisis uniformément. Sortez-les avec une écumoire et réservez-les.

4 Jetez la matière grasse de la cocotte. Faites fondre 20 g de beurre dans la cocotte, puis mettez-y la viande et son jus. Saupoudrez de farine en retournant plusieurs fois les morceaux à feu vif.

5 Portez la marinade à ébullition et versez-la chaude dans la cocotte. Salez et poivrez. Couvrez et laissez cuire à petits frémissements pendant 2 h 30 ; goûtez et rectifiez l'assaisonnement à mi-cuisson.

6 Parez les champignons et épluchez les petits oignons.

7 En fin de cuisson de la viande, coupez le lard en petits dés et faites-le fondre doucement, dans une casserole, 7 à 8 minutes. Retirez-le avec une écumoire et mettez les oignons à la place. Faites-les cuire 10 minutes à feu très doux en couvrant, puis quelques instants à découvert pour les faire blondir légèrement. Réservez-les avec les lardons. Mettez les champignons et le reste de beurre dans la casserole et faites-les cuire 5 minutes à feu moyen. Ajoutez-les aux lardons et aux petits oignons.

8 Vérifiez la cuisson en piquant un petit couteau dans la viande. Quand celle-ci est bien tendre, retirez le bouquet garni. Mettez les oignons, les lardons et les champignons dans la sauce et poursuivez la cuisson pendant encore 30 minutes. Servez très chaud avec des pommes de terre vapeur persillées.

La race charolaise

* * *

On reconnaît la race charolaise à sa robe uniformément blanche ou crème. Son expansion vers toutes les régions de France et vers l'étranger commence à la fin du XIXe siècle. Très bon animal de boucherie par son aptitude à l'engraissement, le charolais eut beaucoup de succès auprès des bouchers parisiens. Dans cette perspective, il fut souvent croisé à la race de Durham, puis la préférence marquée pour la viande maigre ramena les éleveurs vers le charolais pur. Vendu et consommé aux différentes étapes de sa croissance, pesant entre 500 kg et 1 tonne, le charolais est soumis à un élevage de type traditionnel avec respect du cycle prairie-étable. Cette race bovine à viande est aujourd'hui largement implantée en France et dans quelque 70 autres pays. Toutes les semaines, au marché de Saint-Christophe-en-Brionnais (Saône-et-Loire), on peut en admirer des beaux spécimens.

LA CRÈME DE CASSIS

Cette liqueur très parfumée est obtenue par macération de grains de cassis dans de l'alcool, qui sera additionnée de sucre. Titrant de 16 à 18 % vol., la crème de cassis est la grande spécialité de Dijon et de la Côte-d'Or, où sa fabrication fut mise au point en 1841 par un certain Claude Joly. Elle entre dans la composition du « mêlé-cass » (un tiers de cassis, deux tiers d'eau-de-vie de vin) et dans celle de nombreux cocktails, tel le « cardinal », mélange de beaujolais rouge et de cassis. L'invention du Kir a notablement augmenté sa production.

▲ Les Hospices de Beaune.

Les fromages de Bourgogne

* * *

La tradition du fromage de chèvre en Bourgogne remonte au XVIe siècle. Le charolais (AOC) est un petit cylindre de 5 cm de diamètre pour 8 cm de hauteur. Il est fabriqué au lait de chèvre et sa couleur varie de crème à gris bleuté. Il est produit et vendu depuis le printemps jusqu'à l'automne, dans de nombreuses fermes, en particulier autour de Charolles (Saône-et-Loire). Fabriqué selon une tradition familiale, l'époisses est un fromage AOC de vache, à pâte molle et à croûte lavée, produit dans une zone très limitée, répartie entre les départements de la Côte-d'Or, de l'Yonne et de la Haute-Marne. Il se présente sous la forme d'un disque d'une couleur allant de l'orange au rouge brique. Son goût est relevé et son odeur marquée. L'affinage, qui dure 4 semaines au moins, est accompagné d'un frottage avec une solution de marc de Bourgogne.

ESCARGOT-MANIA !

L'escargot des cavernes

Présents sur Terre bien avant les hommes, les escargots faisaient partie de l'alimentation humaine dès la **préhistoire**, comme en témoignent les monticules de coquilles retrouvés dans des cavernes habitées, ainsi que les foyers de cuisson remplis de coquilles et de charbon de bois.

Ave l'escargot !

Les **Romains** les consommaient frits après les avoir fait dégorger dans du lait. Ils auraient aussi créé les premiers parcs à escargots, vastes enclos où il fallait attendre que les animaux aient une taille suffisante pour être mangés.

Vade retro l'escargot !

Plus tard, parce que l'**Église chrétienne** considérait que ces animaux rampants étaient impurs, seuls les pauvres continuèrent à les consommer… jusqu'à ce qu'ils reviennent à la mode, au XIXe siècle.

Le hit-parade des gastéropodes consommables

- **L'escargot de Bourgogne**, de son nom officiel *Helix pomatia*, est le plus connu. C'est un gros escargot (de 20 à 40 g) dont on ne consomme que le pied. Sa coquille est brun clair. Cette espèce est protégée en France depuis 1979 sous sa forme sauvage, et les élevages sont peu nombreux, car il supporte mal la promiscuité. Il est souvent importé des pays de l'Est, où il est encore présent à l'état sauvage.
- **L'escargot gris** provient soit du ramassage, soit de l'élevage. Sa coquille est moutarde à gris, finement mouchetée de gris plus soutenu. Le petit-gris *(Helix aspersa aspersa)* pèse environ 10 g. Fort apprécié des gourmets, il est très répandu (et élevé) sur la façade atlantique française, en particulier dans les Charentes. Le gros-gris *(Helix aspersa maxima)* lui ressemble, en plus gros (20 g environ), mais on le trouve peu à l'état sauvage.
- **L'escargot turc** *(Helix lucorum)* est un cousin de l'escargot de Bourgogne, au goût plus terreux. Il provient du ramassage en France, Turquie, Bulgarie, Albanie, Italie…
- Moins répandus mais comestibles, citons la **mourguette** *(Eobania vermiculata)*, espèce méditerranéenne de petite taille (1 à 1,5 cm de diamètre) et ***Otala lactea***, originaire du Maroc, qui se ramasse dans le sud de la France et en Espagne, et est très riche en protéines.

On ne jeûne pas chez M. Carême !

C'est en 1814 que les escargots de Bourgogne deviennent célèbres. **Antonin Carême**, dont on dit qu'il est le « roi des chefs et le chef des rois », est alors le cuisinier de Talleyrand, ministre des Relations extérieures. Ce dernier reçoit à dîner le tsar Alexandre Ier et il demande au chef de servir un plat susceptible de l'impressionner. Celui-ci opte pour des escargots avec du beurre, de l'ail et du persil, et les nomme « escargots à la bourguignonne ». Le tsar est conquis et c'est la naissance des escargots de Bourgogne.

Envoyez les colimaçons !

On ne sert jamais d'escargots lors d'un grand dîner mais plutôt pour un dîner entre intimes, en s'étant assuré au préalable que les convives les apprécient ! En raison de la farce relevée de ce plat atypique, de la sauce que l'on peut aimer gober ou tremper avec du pain et de l'agilité requise pour manger ces gastéropodes, mieux vaut être avec des amis pour prendre ses aises !

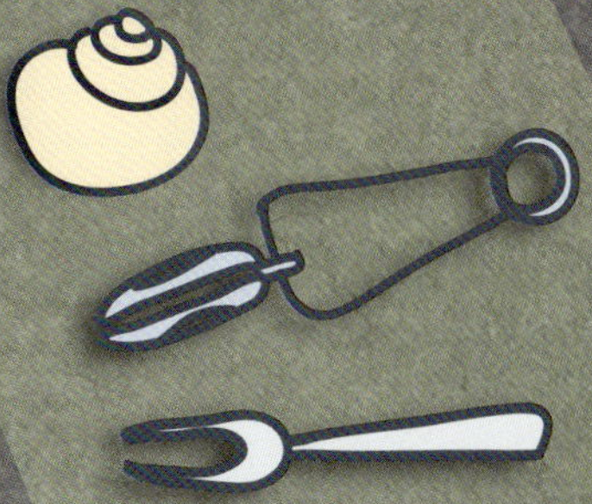

Pour les déguster, on utilise **une pince spéciale à escargots** afin d'immobiliser la coquille avec la main gauche (ou droite pour les gauchers). En même temps, la main droite (ou gauche), à l'aide d'**une fourchette** à deux pics, extirpe la chair et la farce. Les escargots sont présentés dans **une assiette à alvéoles** pour les positionner et les empêcher de rouler et de prendre la fuite !

Une angine ? Vite, un bouillon de colimaçons !

Esprit Joseph Castion, notaire à Vaison-la-Romaine, notait en 1737 cette recette pour soigner l'*esquinancie* (c'est-à-dire l'angine) :

« On prend douze colimaçons ; on les pile dans un mortier de marbre puis on les fait bouillir dans un demi-septier de lait, ensuite on passe cela, on y met un peu de sucre. Il faut avoir soin de ne pas prendre ceux des cimetières car ils sont mortels, et ceux des murs ne sont pas aussi bons que ceux des jardins, ou ceux des vignes. »

Le saviez-vous ?

On parlait autrefois de « chasser » l'escargot et non de le ramasser ; ce gastéropode était considéré comme du petit gibier !

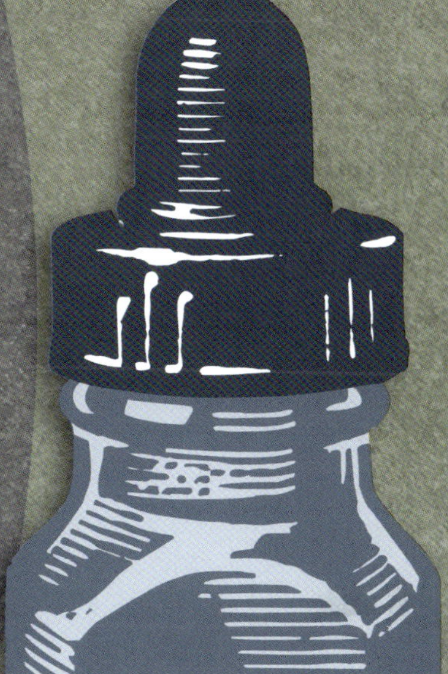

La bave d'escargot, un produit miracle ?

Présente dans certains **sirops** contre la **toux** ou **pommades antibiotiques**, elle sert d'abord à l'animal : s'il casse sa coquille, elle se reconstitue grâce à sa bave ! Mais elle aurait aussi des propriétés bénéfiques pour la peau et faciliterait la cicatrisation, en particulier des brûlures et petites coupures... En effet, elle contient de l'allantoïne, du collagène, de l'acide glycolique, de l'élastine et des vitamines A, C et E : de quoi hydrater, régénérer la peau et constituer la crème idéale. En remède de grand-mère, elle peut être consommée en bouillon avec des légumes...

La France championne

Par AMOUR des BLEUS

De Raymond Kopa à Kylian Mbappé, en passant par Michel Platini et Zinédine Zidane, le **football** français compte nombre de joueurs talentueux qui ont marqué l'histoire de ce sport populaire et planétaire.

Première médaille en Coupe du monde

En 1958, lors de la Coupe du monde en Suède, l'équipe de France, loin de figurer parmi les favorites, étonne par son jeu offensif. Parvenue en demi-finale, elle affronte le Brésil qui l'emporte 5 à 2 avec trois buts du jeune Pelé. La France se contente de la troisième place, mais le buteur **Just Fontaine**, bien servi par **Raymond Kopa**, fixe à treize le record de buts marqués dans une seule Coupe du monde, record qui tient toujours !

De glorieux anciens

Fils d'immigrés polonais installés dans le Pas-de-Calais, **Raymond Kopa** (de son vrai nom, Kopaszewski) descend à la mine dès l'âge de 12 ans. Mais sa passion, c'est le football, sport dans lequel il excelle. Il est rapidement repéré par le Stade de Reims, club phare des années 1950, avec lequel il dispute la finale de la première Coupe d'Europe des clubs, contre le Real de Madrid (1956). Il est si brillant que le président madrilène lui fait un pont d'or pour qu'il intègre cette équipe prestigieuse, avec laquelle il remportera trois Coupes d'Europe des clubs.
Chef d'orchestre de l'équipe de France qui s'illustra lors de la Coupe du monde en Suède (1958), Raymond Kopa, surnommé le « Napoléon du football » par les Anglais, trouva en **Just Fontaine** le finisseur idéal. Excellent dribbleur, Kopa a obtenu le premier Ballon d'or français, en 1958.

Michel Platini, dit « Platoche »

Fils d'un très bon footballeur amateur, **Michel Platini** fait ses classes au club lorrain de Jœuf avant d'intégrer l'AS Nancy-Lorraine. Il sait tout faire : délivrer des passes décisives, revenir défendre, faire admirer son sens de l'anticipation et sa capacité à jouer long ou court, et surtout à tirer les coups francs en se jouant du mur adverse. De 1976 à 1987, il sera de toutes les campagnes de l'équipe de France, qu'il conduira deux fois en demi-finale de la Coupe du monde (1982 et 1986) et avec laquelle il remportera le Championnat d'Europe en 1984, marquant neuf buts en cinq rencontres. Michel Platini totalise 41 buts en soixante-douze sélections, dont cinquante en tant que capitaine. Il s'est vu décerner trois Ballons d'or (1983, 1984, 1985).

Zinédine Zidane : Zizou, le minot de la Castellane

L'aventure de **Zinédine Zidane** commence dans le quartier de la Castellane, à Marseille. Repéré grâce à son agilité technique, il intègre à 16 ans le centre de formation de l'AS Cannes. Lorsqu'il revêt le maillot des Girondins de Bordeaux,

▲ Michel Platini lors du Championnat d'Europe en 1984.

il éclabousse les rencontres de toute sa classe et conduit son club jusqu'en finale de la Coupe UEFA. Il jouera ensuite à la Juventus de Turin, où il recevra le Ballon d'or en 1998, pour terminer au Real de Madrid.

De 1994 à 2006, « Zizou » est sélectionné cent huit fois en équipe de France ; il sera vingt-cinq fois capitaine et marquera 31 buts, dont deux de la tête lors de la victoire en Coupe du monde contre le Brésil, en 1998. Il a été encensé par tout ce que la planète football compte d'amoureux du beau jeu.

▲ L'enceinte du Stade de France à Saint-Denis, où fut sacrée l'équipe de France en 1998.

Enfin une étoile à broder sur les maillots

Les phases finales de la Coupe du monde **1998**, disputée en France, regroupent trente-deux équipes. Tenant du titre, le Brésil atteint une nouvelle fois la finale qu'il dispute contre la France, qualifiée grâce à un doublé de **Lilian Thuram** contre la Croatie. En finale, l'équipe de France « Black, Blanc, Beur », entraînée par **Aimé Jacquet**, s'impose 3-0 grâce à un doublé de **Zinédine Zidane** et un but d'**Emmanuel Petit**.

Le commentateur sportif, Thierry Roland, s'écrie : « Ah ! C'est superbe ! Je crois qu'après avoir vu ça, on peut mourir tranquille ! Enfin, le plus tard possible, quand même ! » Le président Jacques Chirac remet alors le trophée au capitaine de l'équipe de France, **Didier Deschamps**, qui le brandit sur la chanson *I Will Survive* de Gloria Gaynor, dans un Stade de France en délire.

Les Bleus, doubles champions d'Europe

Lors du Championnat d'Europe 1984, après avoir remporté tous leurs matchs du groupe A, les Bleus peinent à vaincre les Portugais en demi-finale ; ce n'est qu'au terme des prolongations (119e minute) que **Michel Platini** marque enfin le but

▲ Les Bleus célèbrent leur victoire en Coupe du monde, à Moscou, le 15 juillet 2018.

victorieux. En finale, la France est opposée à l'Espagne. Michel Platini, encore lui, tire un coup-franc que le gardien espagnol, Luis Arconada, ne peut arrêter… **Bruno Bellone** parachève la victoire de l'équipe de France à la 90e minute.

Seize ans plus tard, le 2 juillet 2000, la France se retrouve de nouveau en finale, contre l'Italie cette fois. Les joueurs transalpins dominent la partie et mènent 1 à 0. On joue les arrêts de jeu lorsque **Sylvain Wiltord** égalise d'un tir croisé. Au cours des prolongations, **David Trezeguet** donne la victoire à l'équipe de France, d'une superbe reprise de volée dans la lucarne du gardien italien.

2006 : une finale qui laisse des regrets

L'édition 2006 de la Coupe du monde se déroule en Allemagne. Après un premier tour difficile, les joueurs français battent l'Espagne, le Brésil et le Portugal pour se retrouver en finale contre l'Italie. **Zinédine Zidane** ouvre le score, mais les Italiens égalisent rapidement. Lors des prolongations, le même Zinédine Zidane est expulsé pour avoir donné un coup de tête à l'Italien Marco Materazzi, qui l'aurait provoqué verbalement. Lors de l'épreuve des tirs aux buts, les Italiens inscrivent tous les leurs, **David Trezeguet** rate le sien : l'Italie est championne du monde.

▲ Zinédine Zidane lors de la Coupe du monde en 2006.

Coupe du monde 2018 : la deuxième étoile pour la bande à « DD »

Fin stratège, **Didier Deschamps** (dit « DD ») sait que la phase finale d'une Coupe du monde dure cinq semaines. Aussi, avant d'aborder les matchs à élimination directe, a-t-il testé plusieurs dispositifs afin de peaufiner une équipe type. Dès les huitièmes de finale, grâce à une victoire éclatante sur l'Argentine (4-3), on sent que la France, avec un effectif de jeunes joueurs, est en forme ascendante. Ses victoires sur l'Uruguay (2-0) et la Belgique (1-0) la conduisent en finale, contre la surprenante équipe de Croatie.

Derrière une défense de fer composée du duo **Samuel Umtiti** / **Raphaël Varane**, **Hugo Lloris**, le gardien capitaine, réalise des arrêts de grande classe. Les milieux de terrain **Paul Pogba** et **N'Golo Kanté** récupèrent nombre de ballons pour lancer **Kylian Mbappé** ou **Antoine Griezmann**, auteurs de fulgurantes contre-attaques. La victoire française, 4 à 2, récompense la meilleure équipe du tournoi, qui peut savourer sa deuxième Coupe du monde.

La France dans la BATAILLE

Certaines batailles ont une incidence immédiate et profonde; d'autres ne prennent leur sens que bien plus tard; d'autres encore, malgré leur faible importance sur les plans militaire ou politique, deviennent légendaires...

Statue de Vercingétorix à Alise-Sainte-Reine, en Côte-d'Or, sur le site présumé d'Alésia.

Une défaite qui unit

Sur le territoire de ce qui allait devenir la France, le siège d'**Alésia** (52 av. J.-C.) s'achève sur la reddition de Vercingétorix. C'est la fin de la résistance gauloise aux armées romaines. D'abord perçue comme le sésame ayant permis à la France d'intégrer la civilisation romaine, la bataille d'Alésia devient, après la guerre franco-allemande de 1871, le symbole de la résistance de la « nation française ».

Les batailles médiévales

La bataille médiévale met face à face de petites forces armées et s'achève parfois par la mort d'une des têtes couronnées qui y participent. C'est le moyen le plus sûr d'asseoir une légitimité. Ainsi, à **Vouillé** (507), Clovis défait les Wisigoths et assure l'avenir des Mérovingiens. À **Poitiers** (732), en écrasant les troupes d'Abd al-Rahman, Charles Martel – grand-père de Charlemagne –, le « sauveur de l'Occident », installe sa dynastie. En battant Otton à **Bouvines** (1214), Philippe Auguste offre l'image, nouvelle, du souverain rassembleur.

Cent ans de guerre

Au cours de la guerre de Cent Ans, deux conceptions de la bataille s'affrontent. Deux sociétés aussi. Au pragmatisme de l'Angleterre déployant ses archers professionnels s'oppose le panache d'une France de chevaliers : après trois lourdes défaites – **Crécy** (1346), **Poitiers** (1356) et **Azincourt** (1415) –, la France finit par gagner la guerre. Ultime manifestation du code chevaleresque : à **Marignan** (1515), Bayard fait chevalier François Ier.

François Ier à la bataille de Marignan, miniature extraite des *Discours de Cicéron* par Étienne Leblanc, 1526-1531.

La bataille de Bouvines, le 24 juillet 1214, enluminure extraite des *Grandes Chroniques de France*, XVe siècle.

Napoléon visitant les bivouacs à la veille d'Austerlitz, peinture de Louis Bacler D'Albe, 1808 (Musée national du château de Versailles). ▲

En France et dans les colonies

Sous les règnes de Louis XIV et de ses descendants, la bataille, moins décisive, devient plutôt un préalable à l'action diplomatique (par exemple **Fontenoy** en 1745), à l'exception de **Rocroi** (1643), victoire qui sauve le royaume de l'invasion espagnole. Désormais, c'est dans les colonies que les affrontements se révèlent cruciaux : la défaite de Montcalm dans les **plaines d'Abraham** (1759), face à l'Anglais Wolfe, fait perdre le Canada à la France.

▲ *La Bataille de Rocroi*, peinture de Sauveur Le Conte, vers 1690 (musée Condé, Chantilly).

La nation en guerre

Avec la Révolution française, la bataille retrouve un sens historique. **Valmy** (1792) marque la première des victoires de la démocratie en armes, où une armée de citoyens l'emporte face aux armées professionnelles. D'abord mobilisée pour défendre le pays contre l'agression austro-prussienne, l'armée de la République prend l'offensive et conquiert, avec Jemmapes, les Pays-Bas autrichiens – l'actuelle Belgique. Un territoire perdu peu après, puis de nouveau gagné à **Fleurus** (1794), ce qui y inaugure deux décennies de présence française. L'armée française au service de la nation sera le fer de lance de la Révolution, puis de l'Empire, adoptant la stratégie napoléonienne fondée sur le mouvement et la surprise. Après les succès de la campagne d'Italie (**Rivoli**, **Marengo**), **Austerlitz** (1805) en signe le point d'orgue. Mais la méthode s'avère coûteuse en hommes : les victoires (**Eylau**) sont de plus en plus meurtrières. La défaite de **Waterloo** (1815), enfin, clôt l'épopée et laisse la France exsangue.

L'ombre de l'Empire

Au cours du XIXe siècle, l'ombre des batailles napoléoniennes plane et les différents régimes tentent inlassablement de renouer avec la victoire militaire pour asseoir leur légitimité. La prise d'**Alger** (1830) par les troupes du comte de Bourmont vise à redorer le blason du régime finissant de Charles X alors que **Sébastopol** (1855), lors de la guerre de Crimée, ou **Solferino** (1859) sont célébrées comme le renouveau de la gloire impériale, celle de Napoléon III cette fois. Mais, pour n'avoir pas compris que les moyens matériels et la logistique avaient pris le pas sur les charges héroïques, l'armée française est défaite à **Sedan** (1870) : la désillusion est terrible, provoquant la chute du Second Empire et la proclamation de la république.

▲ *Sedan ! L'honneur qui sait mourir*, lithographie de 1870 (musée Carnavalet, Paris).

La guerre de masse

Les débuts de la Première Guerre mondiale sont marqués par une série de défaites tragiques pour la France, et il faut le sursaut de la bataille de la **Marne** (1914) pour rétablir la situation. L'inadaptation de la stratégie de l'état-major français entraîne des pertes immenses : le paroxysme est atteint avec la bataille du **Chemin des Dames** (1917), dans l'Aisne, où, avec l'offensive de Nivelle, 30 000 hommes perdent la vie en une dizaine de jours. Toutefois, déjà, une nouvelle conception de la bataille, plus défensive, était apparue avec **Verdun** (1916). À cet affrontement, symbole par excellence de la Grande Guerre, participeront la plupart des régiments français. En 1939, calquant ses schémas stratégiques sur un modèle ancien, l'état-major français ne mesure pas l'importance des progrès technologiques et matériels mis au point en Allemagne. Après les défaites du printemps 1940 (**Dunkerque** notamment), P. Pétain demande l'armistice que certains, groupés autour du général de Gaulle à Londres, refusent. Le salut de la France viendra de l'extérieur, avec le **débarquement allié** du 6 juin 1944. Durant la décolonisation, l'armée française continue de se battre, mais c'est sur le plan politique que l'essentiel se joue : **Diên Biên Phu** (1954) confirme la fin de l'Indochine française ; la bataille d'**Alger** (1956-1957) ne stoppera pas le processus d'indépendance de l'Algérie.

▲ Débarquement en Normandie, 6 juin 1944 (Imperial War Museum, Londres).

▲ Canons de 320 en batterie lors de la bataille du Chemin des Dames en 1917.

L'ART ROMAN en France

Trop longtemps, parce qu'il semblait moins raffiné que le gothique, l'art roman a été méprisé. Maintenant qu'il est réhabilité, voici quelques-unes des plus belles constructions romanes en France…

L'abbaye de Jumièges. ▲

L'abbaye de Jumièges

L'abbaye de Jumièges, aujourd'hui en ruine, a été fondée par saint Philibert dans la région de Rouen, au creux d'un méandre de la Seine. Subsistent cependant sa façade occidentale flanquée de deux tours de 46 mètres de haut, et sa nef à trois niveaux d'élévation. Sensible au charme de ce vestige de calcaire blanc encadré d'un vaste parc aux arbres centenaires, Victor Hugo surnomma Jumièges « la plus belle ruine de France ».

L'abbaye de Cluny

À Cluny en Bourgogne, l'abbaye bénédictine est fondée dans les premières années du Xe siècle, avec pour vocation de conforter la règle de saint Benoît. Placée sous l'autorité du pape et détachée du pouvoir temporel, elle témoigne du renouveau monastique qui s'épanouit à partir du XIe siècle. Sa prospérité économique et spirituelle est telle que Cluny devient la maison mère d'un millier d'établissements religieux dans toute l'Europe. Son architecture et sa sculpture monumentale romane en firent le plus vaste édifice chrétien jusqu'à la construction de Saint-Pierre de Rome.

L'art roman

On appelle « art roman » l'art qui s'est épanoui en Europe occidentale aux XIe et XIIe siècles. C'est avant tout une architecture religieuse dont les formes s'établissent de façons diverses dans toute l'Europe. La véritable architecture romane se reconnaît à son articulation. On a coutume en effet d'associer à chaque retombée de voûte, à chaque arc, un support particulier, et les parois nues des édifices sont désormais rythmées par les retombées de voûtes (pilastres, colonnes). La sculpture décorative se développe notamment sur ces supports.

Sainte-Foy de Conques

Sainte-Foy de Conques est un bel exemple d'église de pèlerinage. La sévérité apparente de ses murs est démentie par la richesse du tympan de son grand portail. Orné d'un jugement dernier à la composition foisonnante, polychrome à l'origine, ce joyau de la sculpture ornementale romane compte plus d'une centaine de figures, anges, démons, humains et monstres, aussi facétieuses que mystiques.

La basilique de Vézelay

C'est à Sainte-Marie-Madeleine de Vézelay, en Bourgogne, qu'en 1146, saint Bernard prêcha la deuxième croisade. La basilique présente un narthex, une antichambre à l'entrée de l'église pour faciliter la formation des processions, construction typiquement romane. Elle s'ouvre sur une nef à deux étages couverte de voûtes d'arêtes par trois portails aux tympans sculptés.

L'abbaye de Cîteaux

L'abbaye de Cîteaux, fondée par Robert de Molesme, a donné son nom à l'ordre monastique cistercien. Toujours consacrée et habitée par des frères, elle a subi de nombreuses transformations et destructions au cours des siècles et a gardé peu de vestiges romans. Une partie de ses manuscrits, d'une qualité et d'un intérêt exceptionnels, a cependant été sauvée ; elle est conservée à la bibliothèque municipale de Dijon.

L'abbaye de Cluny.

L'abbaye de Sénanque.

L'abbaye de Sénanque

L'abbaye de Sénanque s'élève au milieu d'un champ de lavande, en Provence. Toujours habité par une communauté de moines, cet ensemble monastique cistercien est l'un des plus complets et des plus purs de la seconde moitié du XIIe siècle. Parmi les vestiges les plus beaux, le dortoir des moines, long de 30 mètres et surmonté d'une voûte en berceau brisé, et la grande abside de l'église, encadrée de deux absidioles, ces petites chapelles typiquement romanes. Le sanctuaire est volontairement dépouillé de toute sculpture ornementale pour ne pas troubler le recueillement.

▼ Notre-Dame-la-Grande, à Poitiers.

Notre-Dame-la-Grande de Poitiers

Notre-Dame-la-Grande est une église collégiale (destinée à un collège de chanoines), dont la première mention date du Xe siècle. Rebâtie, elle est consacrée en 1086, mais ce n'est qu'au XIIe siècle que la célèbre façade est réalisée (vers 1115-1130). Elle est classée aux monuments historiques dès 1840, et elle connaît de nombreuses restaurations. Elle a conservé une physionomie typiquement romane (plan roman, sans transept, en forme de croix latine ; voûte en berceau ; porche roman). Le décor intérieur de l'église date, pour l'essentiel, du XIXe siècle, tandis que les chapelles relèvent de l'art gothique flamboyant.

▲ Tympan du jugement dernier de la cathédrale d'Autun (détail).

La cathédrale Saint-Lazare d'Autun

C'est l'abondance de la sculpture romane dans cette cathédrale qui la rend exceptionnelle : les chapiteaux de l'église et le tympan au-dessus du portail sont l'œuvre de Gislebertus ou Gislebert, qui y aurait travaillé entre 1130 et 1145. Le *Tympan du jugement dernier* a été volontairement recouvert de plâtre au XVIIIe siècle, ce qui l'a préservé des mutilations révolutionnaires, courantes en Bourgogne. On trouve à Saint-Lazare d'Autun un des premiers nus de la sculpture romane, représentant *La Tentation d'Ève* (Ève est couchée et prend une pomme dans la main).

Notre-Dame-de-l'Annonciation du Puy-en-Velay

La cathédrale Notre-Dame-de-l'Annonciation, devenue basilique mineure en 1856, mêle notamment art roman tardif et influences byzantine. L'édifice, en forme de croix latine, étant construit sur un piton rocheux, il courait de grands risques ; il a été quasiment entièrement détruit et reconstruit à l'identique au XIXe siècle. La façade polychrome, aux arcs en plein cintre, alternant pierre claire et pierre volcanique, rappelle d'autres décors romans européens. On peut également citer le porche du For, de la toute fin du XIIe siècle, qui présente toutes les caractéristiques romanes (notamment des arcs en plein cintre), mais qui est recouvert d'une voûte en croisée d'ogives, attestant ainsi de la transition entre roman et gothique. La richesse de cette cathédrale est due à sa position stratégique sur le chemin de Saint-Jacques-de-Compostelle.

Sur les routes de France

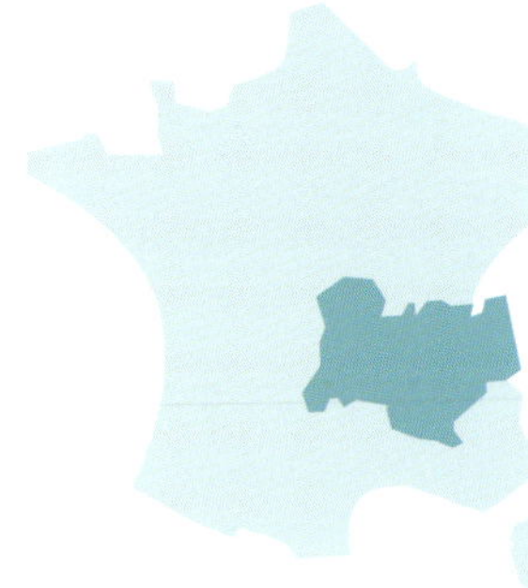

L'AUVERGNE-RHÔNE-ALPES, d'un massif à l'autre

Bienvenue au cœur des grands massifs montagneux français (Alpes, Massif central), de la chaîne des volcans d'Auvergne et d'un territoire marqué par l'histoire gauloise.

Le Bourg et la Bresse ne font plus qu'un !

L'histoire de la ville de Bourg suit celle de la Bresse, qui entra dans les possessions du comte de Savoie en 1272. L'église (ou monastère) de Brou, de style gothique flamboyant, fut construite de 1513 à 1532, à la suite d'une commande de Marguerite d'Autriche en mémoire de son mari, le duc de Savoie Philibert le Beau. En 1601, par le traité de Lyon, la Savoie dut céder la Bresse à Henri IV.

Le monastère royal de Brou à Bourg-en-Bresse. ▲

Les cheminées sarrasines de la Bresse

Il ne subsiste plus aujourd'hui qu'une trentaine de cheminées sarrasines, situées exclusivement dans la région de la Bresse. D'origine controversée, elles auraient été construites avant le XIIIe siècle. Elles sont constituées, d'une part, d'un foyer situé dans la pièce principale où les paysans pouvaient circuler autour du feu, d'où son appellation de foyer central ou « foyer qui chauffe large », et, d'autre part, d'une mitre décorative externe située sur le toit de l'habitation, qui correspond à un petit clocher campagnard dont la hauteur varie de 2 à 5 m.

▲ Cheminée sarrasine et son petit clocher campagnard.

Privas, bastion protestant

La ville, déjà importante au Moyen Âge, devint au XVIe siècle, à la suite de la signature de l'édit de Nantes, une citadelle du protestantisme dans les Cévennes. Elle fut assiégée par les troupes royales en 1629 et eut à souffrir de la Terreur pendant la Révolution. La région de Privas connut une activité minière (fer) notable jusqu'au milieu du XIXe siècle.

Du papier au ciel

L'industrie du papier s'est établie à Annonay au XVIIIe siècle. En 1693, les moulins à papier passent à la famille Montgolfier. Étienne et Joseph Montgolfier rénovent la technique de la papeterie, introduisant notamment en France la fabrication du papier « vélin ». Surtout, les deux frères parviendront à faire élever dans l'air un ballon d'environ 30 m^3. Le 4 juin 1783, à Annonay, ils répètent leur expérience avec un nouvel aérostat (une « montgolfière ») de 750 m^3. C'est le début de la conquête de l'air.

Valence, aux portes du Midi

Colonia Valentia, sous Rome, évêché (374), prise par les Wisigoths (413), puis par les Sarrasins (vers 730), Valence est gouvernée à partir de 1150 par ses évêques, qui résistent aux comtes de Valentinois et de Diois, puis reconnaissent (1456) la suzeraineté du dauphin Louis, qui y fonde une université (1452). La réforme y est favorisée par l'évêque Jean de Monluc ; le baron des Adrers s'en empare en 1562.

Grenoble, ancienne capitale des dauphins

Ancien bourg des Gaulois Allobroges, sous le nom de *Cularo*, puis ville romaine (*Gratianopolis*) où est créé un évêché au IVe siècle, Grenoble devient la capitale des dauphins après que ceux-ci ont brisé le pouvoir temporel de ses évêques. Après la réunion du Dauphiné à la France, Grenoble en demeure le chef-lieu et devient bientôt le siège d'un Conseil delphinal (1336) érigé en parlement (1453) et d'une université (1339). La cité est disputée très vivement entre les catholiques et les protestants au temps des guerres de Religion. En 1790, Grenoble devient le chef-lieu du département de l'Isère.

▲ Les hauts plateaux du Vercors.

La bataille du Vercors

Place forte naturelle (de très hautes falaises rendent son accès difficile), le Vercors fut un des hauts lieux de la Résistance française pendant la Seconde Guerre mondiale. À partir de 1943 s'y reconstituent des sections de l'armée d'armistice dissoute. Le 6 juin 1944, les volontaires affluent sur le plateau, qui s'organise en territoire libéré, avec 3 500 hommes. La répression des Allemands s'abat, sauvage, à partir du 19 juillet, sur les civils comme sur les combattants, dont 600 seront tués.

▲ Le château de Val, dans le Cantal.

◄ Vue de Grenoble et des Alpes.

Saint-Étienne

L'eau, la forêt, la mine (charbon extrait dès 1296 à Terrenoire) : cette « trilogie » a très tôt conféré à Saint-Étienne une vocation artisanale et manufacturière, renforcée par la révolution industrielle. La ligne de Saint-Étienne à Andrézieux fut la première voie ferrée en France (1827), suivie par la ligne de voyageurs de Saint-Étienne à Lyon (1832). La ville devint préfecture de la Loire en 1856 à la place de Montbrison. L'extraction houillère a cessé en 1983.

Un fleuve à records

Six départements portent son nom : Haute-Loire, Indre-et-Loire, Loire, Loire-Atlantique, Maine-et-Loire, Saône-et-Loire. Les châteaux de la Loire – Saumur, Langeais, Azay-le-Rideau, Villandry, Amboise, Chenonceau, Chaumont, Blois, Chambord et Valençay – sont parmi les plus célèbres châteaux de France. Quatre centrales nucléaires utilisent les eaux de la Loire : Belleville-sur-Loire, Dampierre-en-Burly, Saint-Laurent-des-Eaux et Avoine (Chinon). La Loire est le plus long fleuve français (1 020 km) et le seul dont le bassin est entièrement français (115 120 km²).

▲ La place Bellecour à Lyon.

Lyon, la capitale des Gaules

Fondée en 43 avant J.-C., capitale de la Gaule Lyonnaise (27 avant J.-C.), *Lugdunum* (Lyon) fut christianisée dès le IIe siècle. Puissante principauté ecclésiastique au XIIe siècle, siège de deux conciles œcuméniques (1245, 1274), elle fut annexée à la France en 1307. Important marché international (XIVe-XVIe siècles), Lyon abrita une industrie prospère de la soie (XVIIe siècle). Elle fut châtiée par la Convention pour son royalisme (1793). En 1831 et 1834, elle fut le théâtre de la révolte des canuts.

Une révolte ouvrière

Travaillant de 16 à 18 heures par jour, confrontés à une baisse des prix de façon, les ouvriers des soieries lyonnaises, les canuts, obtiennent, en octobre 1831, la garantie d'un tarif minimal. Certains fabricants refusant d'appliquer cet acte, la grève éclate. Il y a des morts et des blessés. Le 22 novembre, l'insurrection s'assure le contrôle de la ville, et, le 24, un gouvernement provisoire est formé à l'hôtel de ville. Il tiendra jusqu'au 3 décembre. L'armée du maréchal Soult écrasera la révolte et le salaire minimal réclamé par les ouvriers ne sera jamais octroyé.

Chambéry, la capitale des ducs de Savoie

Chambéry (en latin *Camberiacum*) est la capitale des comtes puis des ducs de Savoie de 1232 à 1562. Détrônée par Turin, elle subit les vicissitudes de la Savoie, mais reste le centre administratif des pays d'au-delà des monts. Elle est érigée en évêché en 1779. Chef-lieu du département français du Mont-Blanc de 1792 à 1815, elle redevient définitivement française, comme chef-lieu du département de la Savoie, en 1860.

Annecy, la Venise des Alpes

La cité romaine de *Boutae*, succédant à la station lacustre du néolithique, s'était fixée dans la plaine des Fins ; elle fut ruinée par les invasions, et la population s'installa sur le coteau d'Annecy-le-Vieux. À l'époque féodale, le château fut édifié sur les pentes de Semnoz, et autour de lui se rassemblèrent les Annéciens. Capitale du comté de Genevois, puis cédée à la Savoie en 1401, la ville devint, en 1535, le siège du diocèse de Genève : saint François de Sales y résida et y lutta contre la Réforme.

La cime des Alpes

Le massif du Mont-Blanc est un massif cristallin des Alpes occidentales, aux confins de la France, de l'Italie et de la Suisse, portant le point culminant de la chaîne et le plus haut sommet d'Europe : 4 810 m. C'est avec la conquête du mont Blanc que débuta vraiment l'histoire de l'alpinisme. La première ascension fut réalisée par J. Balmat et le docteur Paccard, le 8 août 1786, à l'initiative du naturaliste genevois H. B. de Saussure, qui fera lui-même l'ascension un an plus tard. Le tunnel routier ouvert entre la France et l'Italie en 1965 a mis fin à l'obstacle du massif et contribué à développer le tourisme.

▲ Le massif du Mont-Blanc.

▲ Le palais de l'Isle, au cœur du vieil Annecy.

Moulins et les ducs de Bourbon

Moulins fut la résidence des ducs de Bourbon à partir du milieu du XIVe siècle. Cependant, la ville ne deviendra capitale en titre du duché qu'à la fin du XVe siècle. Moulins connaît alors (notamment sous Pierre II [1503]) une période de splendeur qui s'achève brusquement par le rattachement à la couronne du Bourbonnais (1523). En 1566 s'y tint un Conseil extraordinaire dont les délibérations inspirèrent l'ordonnance de Moulins, qui subordonnait tous les pouvoirs à l'autorité royale. Désignée comme siège d'un évêché en 1790, Moulins le perdit lors du concordat de 1801, mais le recouvra en 1822.

Une terre de souverains

La ville de Bourbon-l'Archambault est le berceau de l'illustre famille des Bourbons, qui a donné des rois à la France (XVIe-XIXe siècles), à Naples, à la Sicile, au royaume des Deux-Siciles et à Parme (XVIIIe-XIXe siècles), et à l'Espagne depuis le XVIIIe siècle jusqu'à nos jours. En France, la dynastie des Bourbons a été représentée par Henri IV, Louis XIII, Louis XIV, Louis XV, Louis XVI, puis, de 1814 à 1830, par Louis XVIII et Charles X, et s'éteignit en 1883 à la mort du comte de Chambord.

La dentelle du Puy-en-Velay

L'origine de la dentelle du Puy-en-Velay remonterait au milieu du XVe siècle. Isabelle Namour, brodeuse, aurait créé un métier à dentelle (carreau) afin de confectionner une robe pour la Vierge noire à l'occasion du Grand Jubilé du 25 mars 1407. Dès le début du XVIe siècle, la dentelle connaît un succès considérable et devient une industrie régionale jusqu'à la Révolution, où elle manque de disparaître. En 1838, la première école de dentelle est créée, et en 1903 une section dentellière voit le jour à l'école pratique du Puy. En 1942 naît le « Conservatoire de la dentelle ».

▲ La surprenante chapelle Saint-Michel-d'Aiguille au Puy-en-Velay.

Le Puy-en-Velay et l'art de la dentelle

L'antique *Anicium* ou *Anitium*, devenue ensuite *Podium Aniciense*, prit de l'importance au VIe siècle, après le transfert de la capitale du Velay de l'actuelle Saint-Paulien vers Le Puy, en partie grâce au succès des pèlerinages à la Vierge noire et au développement du centre ecclésiastique. À partir du XVIe siècle, la dentelle se développa autour du Puy.

Clermont-Ferrand, la cité des Arvernes

Clermont est fondée par les Romains pour être la capitale de la cité des Arvernes. C'est très tôt le siège d'un évêché (vers 300) dont Sidoine Apollinaire est titulaire au Ve siècle ; de nombreux conciles s'y tiennent au Moyen Âge, et le pape Urbain II y prêche la première croisade en 1095. Dépendant de l'évêque depuis 1034, Clermont obtient une charte de franchise en 1198 et devient ville de consulat en 1480. Elle est rattachée au domaine royal en 1551 et réunie en 1631 à la ville de Montferrand, fondée au XIe siècle. Clermont-Ferrand devient sous Louis XIV (1665) le centre de la cour de justice extraordinaire dite « des Grands jours d'Auvergne », chargée de châtier les crimes demeurés impunis dans la province.

Les couteaux de France

Thiers est le principal centre français de la coutellerie. On y fabrique des couteaux de table ordinaires ou de luxe, couteaux fermants, couteaux de cuisine et de boucherie, des rasoirs à main, des tondeuses, etc. En Haute-Marne, Langres, Nogent-en-Bassigny, Biesles et leurs environs sont spécialisés dans la coutellerie fine (couteaux fermants de luxe ou couteaux d'orfèvrerie), et surtout dans la ciselerie et les instruments de chirurgie.

Des volcans par dizaines

Le parc naturel régional des Volcans d'Auvergne compte plus de 80 volcans, répartis sur près de 400 000 hectares entre les massifs des monts Dôme (qui comprend la chaîne des Puys), des monts du Cantal et des monts Dore. Ces volcans éteints (ou assoupis ?), mais jeunes, sont apparus au quaternaire. Les plus impressionnants sont le puy de Dôme (1 465 m) et le puy de Sancy (1 885 m), tandis que le massif du Cantal atteint 1 855 m au plomb du Cantal.

Vue du puy de Sancy, le plus haut sommet du Massif central. ▶

Saveurs et spécialités de nos terroirs

Les petits plats du MASSIF CENTRAL

Salade de lentilles vertes du Puy

POUR 6 PERSONNES

* * *

PRÉPARATION : **15 MIN** - CUISSON : **40 MIN**

- 1 gros oignon
- 50 g de jambon d'Auvergne
- 400 g de lentilles vertes du Puy
- 3 cuill. à soupe de graisse de canard ou de saindoux
- 1 bouquet garni
- 250 g de lard de poitrine fumé
- 3 échalotes
- 1 cuill. à soupe de moutarde
- 3 cuill. à soupe de vinaigre de vin
- 9 cuill. à soupe d'huile de noix
- sel et poivre

1 Pelez et émincez l'oignon. Coupez le jambon en petits dés.

2 Rincez les lentilles. Mettez-les dans une cocotte et couvrez-les d'eau froide. Portez à ébullition, puis égouttez-les aussitôt.

3 Dans la même cocotte, chauffez la graisse choisie à feu doux. Faites revenir les dés de jambon et l'oignon émincé. Ajoutez les lentilles, 2 fois leur volume d'eau (ou suivez les indications portées sur l'emballage) et le bouquet garni. Salez légèrement et poivrez. Portez au frémissement ; l'eau doit rester frissonnante et surtout ne jamais bouillir à gros bouillons. Lorsque les lentilles sont cuites, en principe au bout de 30 minutes, laissez-les tiédir dans le liquide de cuisson pendant une vingtaine de minutes.

4 Coupez le lard en petits dés. Faites-les dorer dans une poêle. Pelez et hachez les échalotes.

5 Dans un saladier, préparez une vinaigrette avec la moutarde, le vinaigre, le poivre et l'huile de noix. Versez-y les lentilles encore tièdes ainsi que les lardons et les échalotes. Remuez et servez aussitôt.

LA LENTILLE VERTE DU PUY

Petite, bombée et très savoureuse, la lentille verte du Puy (AOC) fut toujours appréciée pour ses qualités gustatives et la finesse de sa peau. Son terroir s'étend sur une centaine de communes, dans le bassin volcanique du Puy-en-Velay. Cultivée sans irrigation, sans engrais azoté, phosphaté ou potassique, elle se déguste le plus souvent en salade tiède ou avec le petit salé.

La châtaigne et la crème de marrons

* * *

Le châtaignier est connu dans l'Ardèche depuis plus d'un millénaire. Parce que son fruit était la base de la nourriture paysanne, on l'a appelé « l'arbre à pain » ; quand Jules César entreprit la conquête de la Gaule en 58 avant J.-C., il comprit vite qu'il suffisait de brûler les châtaigniers pour affamer les populations. Durant des siècles, la châtaigne a constitué la nourriture de base du paysan ardéchois et de ses animaux. Elle porte aujourd'hui une AOC et une AOP. Elle a donné aussi naissance à des délices fort appréciés de nos jours, tels les marrons glacés ou la crème de marrons. Si les marrons glacés existaient depuis le XVIIe siècle, c'est seulement au XIXe que leur production est devenue industrielle grâce à Clément Faugier, ingénieur des Ponts et Chaussées, qui en imagina le processus de fabrication.

Chou farci

POUR 6 À 8 PERSONNES

* * *

PRÉPARATION : **45 MIN** - CUISSON : **2 H 30 ENVIRON**

- 1 gros chou vert
- 400 g de viande maigre cuite (veau, volaille ou bœuf)
- 150 g de jambon cru ou de poitrine demi-sel
- 400 g de petit salé cuit
- 1 gros oignon
- 2 gousses d'ail
- 100 g de vert de bettes
- 2 œufs
- 3 cuill. à soupe d'herbes ciselées en mélange (persil, ciboulette, basilic)
- 2 cuill. à soupe de graisse d'oie
- 1 grande barde de lard assez fine
- sel et poivre

1 Parez le chou : retirez les feuilles extérieures et coupez le trognon. Faites-le blanchir pendant 45 minutes dans une grande marmite d'eau bouillante légèrement salée. Égouttez-le bien, laissez un peu refroidir puis séparez les feuilles en les détachant l'une après l'autre de la tige.

2 Préparez la farce. Hachez finement la viande, le jambon et le petit salé. Épluchez et émincez finement l'oignon et l'ail. Hachez les feuilles de bettes au couteau. Mettez tous les ingrédients dans un saladier, ajoutez les œufs et les fines herbes. Salez, poivrez et mélangez bien.

3 Préchauffez le four à 160 °C (th. 5-6). Enduisez une cocotte de graisse d'oie et tapissez le fond de barde de lard. Étalez une couche de feuilles de chou puis une de farce et continuez de remplir la cocotte en alternant chou et farce. Terminez par une couche de chou, couvrez, enfournez et laissez cuire environ 2 h 30.

4 En fin de cuisson, le chou doit être compact et bien doré. Démoulez-le comme un gâteau sur un plat creux bien chaud et coupez-le en tranches. Servez-le chaud en l'accompagnant éventuellement d'un coulis de tomate.

Truffade

POUR 6 PERSONNES

* * *

PRÉPARATION : **30 MIN** - CUISSON : **50 MIN**

- 400 g de tomme fraîche
- 1,2 kg de pommes de terre (BF 15 ou charlotte)
- 200 g de lard de poitrine demi-sel
- 6 cuill. à soupe de saindoux
- 2 gousses d'ail
- sel et poivre

1 Coupez la tomme fraîche en petites lamelles et réservez-la. Épluchez les pommes de terre et coupez-les en fines rondelles.

2 Détaillez le lard en petits lardons. Mettez-les dans une casserole avec de l'eau froide. Portez à ébullition et égouttez-les. Dans une grande poêle à fond épais, faites-les dorer avec 2 cuillerées à soupe de la graisse choisie. Retirez-les et mettez-les en attente.

3 Ajoutez le reste de graisse dans la poêle. Lorsqu'elle grésille, mettez-y les pommes de terre. Égalisez de façon à former une galette d'environ 4 cm d'épaisseur. Faites dorer à feu modéré, secouez la poêle de temps en temps pour éviter que les pommes de terre n'attachent. Ne remuez pas : il faut que la galette se forme.

4 Lorsque le fond est bien doré, posez un couvercle ou une assiette avec un objet lourd dessus afin d'exercer une pression sur les pommes de terre.

5 Laissez cuire très doucement pendant 30 minutes environ. À mi-cuisson, ajoutez les lardons et l'ail haché. Salez et poivrez.

6 Lorsque les pommes de terre sont cuites, étalez dessus les lamelles de fromage. Avec une fourchette, soulevez délicatement les pommes de terre afin que le fromage pénètre bien à l'intérieur du gâteau. Couvrez et laissez cuire à feu très doux, pendant 1 à 2 minutes, le temps que le fromage fonde. Dès que vous entendez un léger grésillement, éteignez le feu et retournez la truffade sur un plat chaud.

Les fromages d'Auvergne

* * *

L'Auvergne fabrique des fromages célèbres dont certains entrent dans la composition de nombreux plats. Fromage de vache, le cantal (AOC) est un gros cylindre pouvant peser jusqu'à 45 kg. Le cantal jeune, le plus doux, est affiné 30 jours ; « l'entre-deux », plus épanoui, entre 2 et 6 mois ; le cantal vieux, au goût plus corsé, plus de 6 mois. Le salers (AOC) est un fromage de vache exclusivement fermier, au lait cru. Il doit son nom à la cité médiévale de Salers. Gros cylindre, une fourme peut atteindre 50 kg. Le saint-nectaire (AOC) est un fromage de vache à pâte pressée, disque plat de 21 cm de diamètre et de 5 cm d'épaisseur. On distingue le saint-nectaire fermier, au lait cru, et le saint-nectaire laitier. Enfin, le bleu d'Auvergne et la fourme d'Ambert (AOC) sont des fromages à pâte persillée, tous deux issus du lait de vache.

Potée auvergnate

POUR 8 PERSONNES

* * *

PRÉPARATION : **30 MIN** - CUISSON : **3 H ENVIRON**

- 500 g de poitrine demi-sel
- 1 palette de porc demi-sel
- 10 grains de poivre
- 1 oignon
- 2 clous de girofle
- 2 gousses d'ail
- 1 bouquet garni
- 800 g de carottes
- 800 g de pommes de terre
- 3 navets ou raves
- 4 poireaux
- 1 chou vert pommé
- 1 saucisson à cuire
- gros sel
- poivre du moulin

1 Mettez dans un faitout la poitrine et la palette. Couvrez d'eau. Chauffez et laissez bouillir 5 minutes. Retirez les viandes, égouttez-les, videz l'eau du faitout.

2 Remettez les viandes dans le faitout et recouvrez-les entièrement d'eau froide. Portez à ébullition. Écumez avant d'ajouter le poivre, l'oignon pelé, piqué des clous de girofle, l'ail épluché et le bouquet garni. Couvrez et laissez cuire à petits frémissements.

3 Pelez les carottes, les pommes de terre et les navets. Épluchez et lavez les poireaux, ficelez-les en bottes.

4 Ôtez les premières feuilles du chou, coupez-le en quatre, supprimez le trognon. Faites blanchir les quartiers de chou pendant 3 minutes dans l'eau salée. Égouttez-les, rafraîchissez-les sous l'eau froide et réservez-les.

5 Après 1 h 30 de cuisson des viandes, ajoutez les quartiers de chou, les poireaux, les carottes et les navets ou les raves. Laissez cuire encore 1 h 30. Poivrez, ne salez qu'après avoir goûté, les viandes étant déjà salées.

6 Piquez le saucisson à cuire avec une fourchette pour éviter qu'il n'éclate. Environ 30 minutes avant la fin de la cuisson, ajoutez-le dans la potée ainsi que les pommes de terre. Servez viandes et légumes égouttés, disposés dans un grand plat creux.

NOS INVENTEURS, ces génies du quotidien

Scientifiques, ingénieurs ou bricoleurs inspirés, les cerveaux tricolores ont produit de grandes et de petites inventions qui ont changé notre quotidien. Ces trouvailles françaises sont innombrables. En voici un florilège !

Au Moyen Âge : les architectes français, bâtisseurs de cathédrales, innovent avec des éléments comme la **voûte sur croisée d'ogives**.

1645 : le philosophe Blaise Pascal (1623-1662) présente officiellement sa « pascaline », la première **machine à calculer** qui, grâce à ses roues crantées, permet de réaliser diverses opérations.

▲ Machine à calculer de Pascal (1645).

1679 : Denis Papin (1647-1712) invente le digesteur, une marmite ancêtre de l'autocuiseur, pour lequel il crée la soupape de sécurité ; il anticipe avec près d'un siècle d'avance l'utilisation de la **vapeur** comme énergie.

▼ Digesteur à vapeur de Papin (1679).

1771 : Joseph Cugnot (1725-1804) ajoute une machine à vapeur à son fardier (un genre de charrette militaire) et réalise ainsi un premier concept **automobile**.

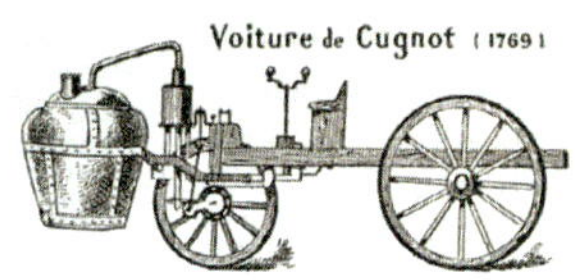

▲ Le fardier automobile de Cugnot (1771).

1775 : le chimiste Claude Louis Berthollet (1748-1822) crée l'**eau de Javel** en étudiant les hypochlorites. Depuis, on lave plus blanc et plus propre.

1783 : les frères Joseph et Étienne Montgolfier (1740-1810, 1745-1799) font la démonstration, devant le roi, de leur **montgolfière**, premier aérostat utilisant l'air chaud. Ils envoient un coq, un renard et un mouton dans les airs... Stupéfiant !

▲ Le ballon des frères Montgolfier (1783).

1790 : Nicolas Appert (1749-1841) découvre qu'on arrête la fermentation en chauffant des aliments en vase clos. Il inaugure ainsi les « **boîtes de conserve** ».

1791 : Claude Chappe (1763-1805) met au point un système de signaux visibles à distance sur des sémaphores en réseau. Cette « **télégraphie aérienne** » est l'ancêtre des réseaux de communication.

1795 : Nicolas-Jacques Conté (1755-1805) a l'idée d'insérer une mine de graphite dans un corps en bois. Le **crayon** est né !

▲ Le télégraphe aérien de Chappe.

1801 : Joseph Jacquard (1752-1834) installe des cartes perforées sur son métier à tisser (le « métier Jacquard ») ce qui permet à un seul ouvrier de reproduire facilement des motifs très complexes. De la **programmation** avant l'heure !

▲ Les cartes perforées du métier Jacquard (1801).

1815 : le médecin René Laennec (1781-1826) invente le **stéthoscope** et, avec lui, une nouvelle méthode d'auscultation et de diagnostic acoustique inégalée.

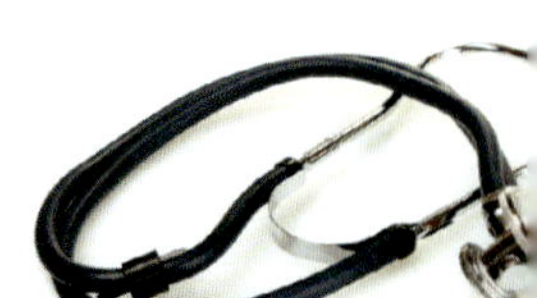

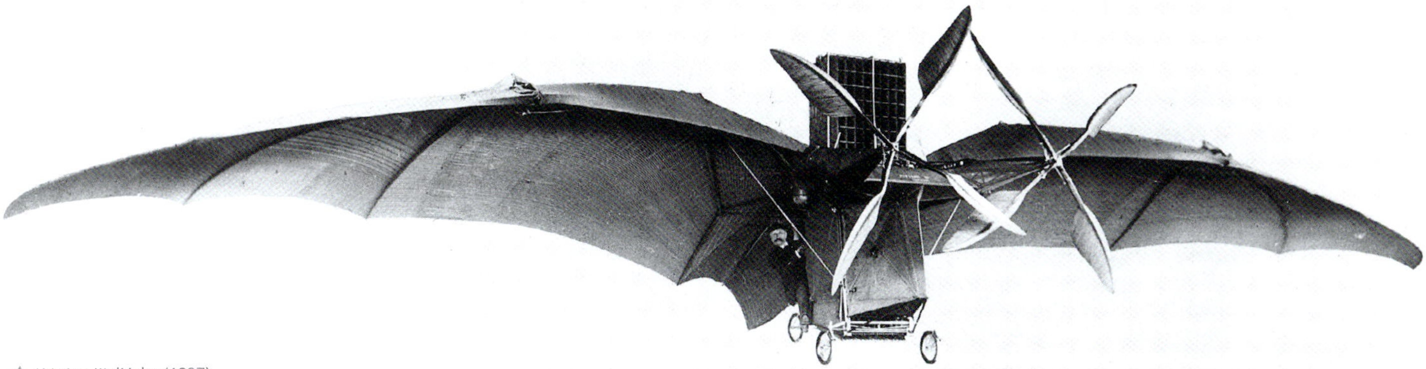

▲ L'*Avion III* d'Ader (1897).

1816 : dans une chambre noire, Nicéphore Niépce (1765-1833) fixe une image sur du papier enduit de chlorure d'argent. Son invention, la **photographie**, va connaître un énorme succès... après sa mort !

▲ *Point de vue pris d'une fenêtre du Gras à Saint-Loup-de-Varennes*, première photographie conservée de Niépce (1827).

1829 : aveugle à 3 ans, Louis Braille (1809-1852) invente un système d'écriture en relief, le **braille**, lisible par le toucher. Les non-voyants du monde entier l'utilisent encore aujourd'hui.

▲ L'écriture braille (Braille, 1829).

1835 : Henri Regnault (1810-1878) découvre la formation du polychlorure de vinyle, le **PVC**, qui sera industrialisé près d'un siècle plus tard : l'ère du plastique est ouverte...

▲ Des tuyaux en PVC (Regnault, 1835).

1850-1852 : le physicien Léon Foucault (1819-1868) est très productif : il mesure la **vitesse de la lumière**, met en évidence la rotation de la Terre en suspendant un pendule géant, le « **pendule de Foucault** », à la coupole du Panthéon et invente le **gyroscope**.

▲ Le gyroscope (Foucault, 1852).

1853 : le chimiste Charles Gerhardt (1816-1856) synthétise l'acide acétylsalicylique. En bref, l'**aspirine**, qui sera produite industriellement 40 ans plus tard.

1860, 1945 : le **scaphandre autonome** (non relié par un tube à la surface, avec bouteilles et détendeur automatique) est une histoire française : le principe est initié par Théodore Guillaumet en 1838, les premières plongées sont réalisées en 1860 par Benoît Rouquayrol et Auguste Denayrouze et, enfin, le système est perfectionné en 1945 par Émile Gagnan et le célèbre commandant... Jacques-Yves Cousteau !

▼ Le scaphandre autonome, résultat d'une série d'inventions françaises (1860-1945).

1862 : Pierre Michaux (1813-1883) et son fils Ernest ajoutent une manivelle sur la roue avant d'une draisienne. Ces « michaudines », ou vélocipèdes à pédales, donnent un coup d'accélérateur à l'histoire de la **bicyclette**.

1889 : Herminie Cadolle (1842-1924) présente son corselet-gorge à l'Exposition universelle de Paris. Ce **soutien-gorge** moderne contribue à libérer le corps de la femme.

1890 : Clément Ader (1841-1925) parcourt quelques dizaines de mètres dans les airs sans vraiment contrôler son **avion** à vapeur, l'*Éole*.

▲ Affiche du « cinématographe Lumière » (1896).

1895 : Les frères Lumière, Louis (1864-1948) et Auguste (1862-1954), filment *la Sortie des usines Lumière* et *L'Arrivée d'un train en gare de La Ciotat* avec leur nouvelle invention : le **Cinématographe**. Le public est subjugué !

1910 : Georges Claude (1870-1960) est un chimiste de génie : parmi ses multiples inventions, on trouve le tube d'éclairage luminescent au **néon**.

1914 : pendant la Première Guerre mondiale, le physicien Paul Langevin (1872-1946) participe à la mise au point d'un premier **sonar**, engin capable de détecter les sous-marins à l'aide des ultrasons.

Le sonar (Langevin, 1914). ▶

▲ Le vélocipède à pédales (Michaux, 1862).

1975 : Roland Moreno (1945-2012) invente la **carte à puce** ; son circuit intégré contient des informations personnelles utilisées dans les cartes bancaires, les cartes de téléphones, etc.

1980 : les Postes et Télécommunications lancent le **Minitel**, un petit terminal informatique d'information et de communication à distance qui va s'immiscer dans la quasi-totalité des foyers français. Les services en ligne du « 3615 » font fureur alors qu'Internet n'en est qu'à ses balbutiements.

1981 : la SNCF et Alstom mettent en service le **TGV** ; avec ce train grande vitesse (record à 574 km/h), Paris est à moins de deux heures de Lyon.

2013 : le chirurgien Alain Carpentier et la société CARMAT créent un **cœur artificiel** ; il est implanté pour la première fois chez un patient.

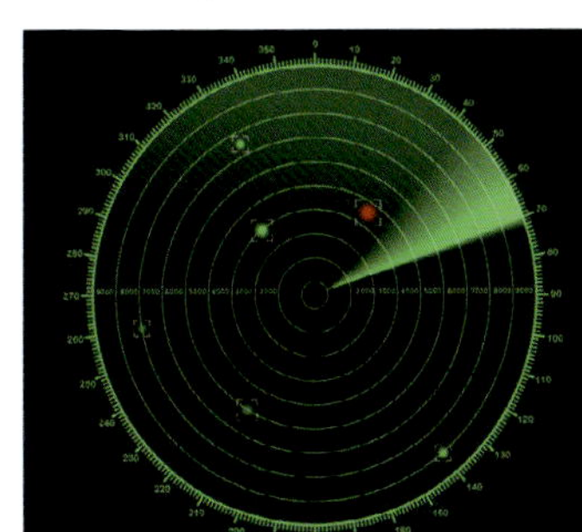

Douces saveurs du PAYS LYONNAIS

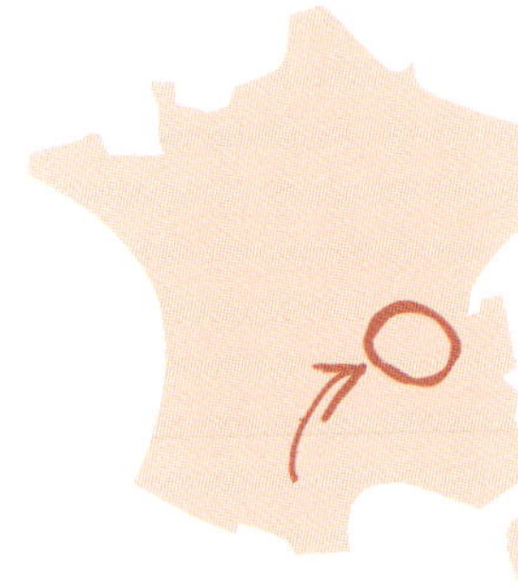

Gratinée lyonnaise

POUR 4 PERSONNES

* * *

PRÉPARATION : **20 MIN** - CUISSON : **1 H 10 ENVIRON**

- 1 kg d'oignons
- 50 g de beurre
- 2 cuill. à soupe de farine
- 1 l de bouillon de bœuf ou de volaille
- 1 bouquet garni
- 300 g d'emmental
- fines tranches de pain
- 10 cl de porto rouge
- sel et poivre

1 Épluchez et émincez finement les oignons. Faites-les suer à feu modéré pendant 20 minutes environ dans un faitout avec le beurre. Puis faites-les colorer à feu vif. Saupoudrez de farine, mélangez et faites cuire 2 à 3 minutes sans cesser de remuer. Versez ensuite le bouillon en tournant toujours, ajoutez le bouquet garni et portez à ébullition. Salez, poivrez et laissez cuire 30 minutes à feu doux.

2 Râpez la moitié de l'emmental et détaillez le reste en fines lamelles. Faites griller le pain. Disposez successivement une couche de pain, une de lamelles d'emmental, une de pain et une de gruyère râpé dans 4 bols individuels. Terminez avec une couche de pain et une de lamelles de gruyère.

3 Préchauffez le four à 200 °C (th. 6-7). Mélangez le porto au bouillon, versez dans les bols de manière à bien recouvrir le pain et enfournez. Faites mijoter pendant 10 minutes puis ajoutez du bouillon et laissez gratiner encore 5 minutes. Servez brûlant.

Tablier de sapeur

POUR 4 PERSONNES

* * *

PRÉPARATION : **20 MIN** - MARINADE : **3 H**
CUISSON : **8 À 10 MIN**

- 10 cl de vin blanc sec
- 1 citron
- 5 cuill. à soupe d'huile
- 1 cuill. à café de moutarde forte de Dijon
- 4 tranches de gras-double de 7 à 8 cm de côté
- 1 œuf
- mie de pain fraîche
- 50 g de beurre

1 Préparez une marinade avec le vin, le jus de citron, 1 cuillerée à soupe d'huile et la moutarde. Salez et poivrez. À l'aide d'une fourchette, mettez les morceaux de gras-double dans la marinade. Retournez-les pour bien les imprégner et laissez mariner pendant environ 3 heures dans le réfrigérateur.

2 Battez l'œuf avec 1 cuillerée à soupe d'huile et 1 d'eau froide, salez et poivrez. Égouttez les tabliers et plongez-les dans ce mélange. Passez-les ensuite dans la mie de pain en pressant légèrement pour bien la faire adhérer.

3 Faites chauffer le reste d'huile et le beurre à feu vif dans une poêle. Mettez-y les tabliers, réduisez un peu la flamme et faites cuire pendant 3 à 4 minutes de chaque côté ; il doit se former une croûte dorée et croustillante.

4 Dressez les tabliers dans une assiette et servez. Vous pouvez les accompagner d'une sauce gribiche ou tartare.

LA CHARCUTERIE LYONNAISE

Triperie et charcuterie sont de très ancienne tradition à Lyon. Le saucisson de Lyon (maigre haché fin et gras haché gros), la rosette, l'andouillette de veau, le gras-double (tripes sautées et relevées de vinaigre), le « tablier de sapeur » (tripes panées et grillées) sont tous des plats bien spécifiques de la ville plus encore que de la région. Avec les charcuteries, les pieds de mouton (« clapotons » du saladier lyonnais), les paquets de couennes sautés en persillade et le museau de bœuf figurent aussi au menu du « mâchon », ce casse-croûte typiquement lyonnais. Il faut ajouter une charcuterie de fête, le cervelas lyonnais, abondamment truffé ou pistaché, enfoui dans une brioche.

La France championne

Nos ALPINISTES à l'assaut des cimes

On l'oublie parfois, mais le mot **« alpinisme »** trouve son étymologie dans le massif dit **alpin**, situé en grande partie sur le territoire français. Il n'est donc pas anodin que Chamonix soit une pépinière de guides et de grimpeurs.

Jacques Balmat et Michel Paccard sur le toit de l'Europe

Depuis que le Genevois Horace-Bénédict de Saussure (1740-1799) a promis une forte récompense à qui trouverait une voie praticable pour parvenir au sommet de « la Taupinière blanche » – surnom donné au mont Blanc par les habitants de la vallée de Chamonix –, nombreuses furent les tentatives, toutes vaines.

Le 7 août 1786, le guide **Jacques Balmat** et le docteur **Michel Paccard**, sans cordes, sans piolets ni crampons, se lancent à l'assaut de la montagne. Ils passent la nuit à l'abri d'un rocher et, à force de volonté, atteignent le sommet le lendemain, où ils demeurent une demi-heure. La descente sera particulièrement pénible pour le docteur Paccard, rendu aveugle par la réverbération de la neige.

L'année suivante, Jacques Balmat servira de guide à Saussure, qui procédera au premier calcul de l'altitude du mont Blanc : il trouvera 2 450 toises, soit 4 775 m.

▲ La descente du mont Blanc en août 1787. (Gravure gouachée de Marquard Wocher.)

René Desmaison : la montagne à mains nues

En août 1966, le grand public a découvert l'alpiniste **René Desmaison** lorsqu'il a porté assistance à deux alpinistes allemands bloqués sur la face ouest des Drus, dans le massif du Mont-Blanc. Avec quelques grimpeurs audacieux, il est arrivé auprès des naufragés avant les secours officiels et les a redescendus, sains et saufs, dans la vallée.

Avec, à son palmarès, un millier d'ascensions à travers le monde – dont nombre de sorties hivernales réalisées dans des conditions extrêmes –, René Desmaison figure parmi les plus grands alpinistes français.

Maurice Herzog établissant ▲ un campement dans l'Himalaya.

La première ascension de l'Annapurna

À la fin du mois de mai 1950, une expédition française conduite par **Maurice Herzog**, accompagnée de trois guides expérimentés, se fixe pour objectif de réaliser la première ascension d'un sommet de plus de 8 000 m : l'Annapurna, dans l'Himalaya.

Après avoir installé plusieurs camps relais, **Louis Lachenal** et **Maurice Herzog** se lancent à l'assaut du sommet, qu'ils atteignent le 3 juin. Le temps de prendre quelques photos, et c'est le retour au dernier camp de base où ils retrouvent **Lionel Terray** et **Gaston Rébuffat**. La descente s'effectue au milieu d'une tempête. Surpris en pleine nuit par une avalanche, ils restent en chaussettes avant de retrouver leurs chaussures une heure plus tard. Herzog y laissera tous ses orteils et la plupart de ses doigts ; Lachenal, plusieurs orteils. L'exploit fait vite le tour du monde, et, avec cette victoire, c'est la France tout entière qui rayonne sur la scène internationale.

Patrick Edlinger : la vie au bout des doigts

Réputé pour ses ascensions en solitaire et sans dispositif d'assurage, **Patrick Edlinger** fut un des pionniers de l'escalade libre de haut niveau. Surtout, il fut l'une des premières figures médiatiques de la discipline qu'il a érigée en véritable art de vivre, ouvrant la voie à de nombreux adeptes. Après avoir défié mille fois le vide sur des parois vertigineuses, il a tragiquement trouvé la mort, en chutant dans l'escalier de sa maison, située dans les gorges du Verdon.

Une ascension. ▶

Trésors du patrimoine

La CANNE et le FUSIL, pêche et chasse en France

Aujourd'hui, pêche et chasse sont moins des moyens de subsistance que des loisirs, pratiqués par des millions de personnes dans les campagnes et rivières de France…

La pêche

La pêche est un des loisirs les plus pratiqués en France. La Fédération française de pêche, avec 1,6 million d'adhérents, est la deuxième fédération nationale en nombre d'adhérents après la Fédération française de football. Au sein de cette structure, on compte quelque 40 000 bénévoles. Ils gèrent, en liaison avec les services départementaux, la surveillance des populations de poissons. Ils organisent les campagnes de repeuplement des rivières et les purges de nettoyage des plans d'eau artificiels. La pêche loisir a un impact économique non négligeable dans notre pays, s'élevant à 2 milliards d'euros chaque année.

▲ *Pêche à la ligne,* de Gustave Caillebotte, 1878 (collection particulière).

Pêche en eau douce

La France compte sur son territoire rien moins que 500 000 km de cours d'eau, dont 15 000 km de fleuves. Il y a de quoi satisfaire du coup tous les pêcheurs et on peut pratiquer tous les types de pêche. Un des intérêts de ce loisir est effectivement la multitude des pratiques et des techniques. Chacune est adaptée à la prise espérée et au lieu de pêche. La pêche à la mouche est un art pour ceux qui la maîtrisent. Plaisir du beau geste et de la pratique dans des sites somptueux, c'est la pêche qui nécessite aussi une connaissance parfaite des milieux aquatiques et des habitudes des animaux. La truite, la perche, le brochet sont les poissons les plus recherchés par ceux qui pratiquent la mouche. La pêche au coup est en revanche celle des débutants. C'est l'Image d'Épinal de la pratique : une gaule, un fil, un bouchon, des plombs et un hameçon. Elle peut devenir très technique dès que l'on utilise les longues cannes, pouvant aller jusqu'à 14 mètres de long. Pêche à la tirette, pêche au vif, pêche au leurre… La pêche est un loisir moderne et divers. Et on peut espérer rentrer avec quelques poissons qui font partie des 83 espèces différentes qui vivent dans les rivières, les torrents, les lacs et les étangs. De la brême à la carpe, du brochet au gardon, c'est vraiment la truite et le brochet qui restent les stars. Les amateurs attendent chaque année avec impatience la date de l'ouverture de chacune des pêches. En contrepoint, la pêche professionnelle en eau douce concerne moins de 800 pêcheurs en France. Les prises se répartissent

Pêcheurs à la ligne, 1922.

principalement sur les estuaires de la Loire, de la Gironde et de l'Adour. Mais on en trouve aussi autour de certains lacs, comme les lacs alpins à Annecy et sur le Léman, où l'omble chevalier règne encore pour le plaisir des gastronomes.

▲ Trois cannes à pêche : métallique pour lancer lourd en mer ; en fibre de verre pour lancer léger en rivière ; en carbone pour lancer léger en eau douce.

Pêche en mer

La pêche en mer est un des rares métiers ayant généré une littérature d'aventures passionnantes. Il faut dire que les campagnes de pêche à la morue sont à l'origine de légendes, de traditions, et que ces métiers faisaient vivre des villes entières. Aujourd'hui, il y a en France autour de 20 000 marins pêcheurs qui travaillent sur une flotte comptant 5 000 navires. Le littoral français compte encore une trentaine de criées dans lesquelles on vend poissons, coquillages, oursins, crustacés et autres gastéropodes pêchés par les bateaux.

La chasse

La chasse en France est une activité extrêmement réglementée et surveillée. Comme pour la pêche, on ne parle pas de production mais de prélèvement. Chaque chasseur doit donc être conscient de la richesse que constitue le gibier et ainsi respecter ce bien naturel pour mieux le préserver. L'attribution du permis de chasse va de plus en plus dans ce sens. Avec plus de 1,1 million de pratiquants, c'est le 3e loisir des Français alors que la société n'a jamais été aussi urbaine. Certains parlent de pratiques d'un autre temps, les chasseurs expliquent que c'est un art de vivre. Toujours est-il que les chasseurs régulent de manière indéniable les populations d'animaux sauvages lorsque cela est nécessaire et il faut constater que la chasse est une filière qui pèse 3,6 milliards d'euros chaque année en France.

▲ Une meute de chasse à courre.

▲ Scène de chasse dans *la Règle du jeu*, de Jean Renoir, 1939.

▲ Un équipage de chasse à courre.

▲ Des bateaux de pêche dans le port de Honfleur.

Différents types de chasse

La **chasse à tir** se pratique avec une arme en solitaire ou en groupe. C'est la chasse la plus simple, la plus pratiquée. Le chasseur cherche la grive, le faisan, le chevreuil… On peut aussi chasser en battue – les rabatteurs poussant le gibier vers les chasseurs.

La **chasse à courre** est la plus traditionnelle des chasses, la plus codifiée dans ses pratiques mais aussi la plus critiquée par les opposants. La grande vénerie concerne le cerf et le sanglier. Et elle engage un équipage avec des valets de chiens et des chiens en plus des chasseurs eux-mêmes.

Trésors du patrimoine

La RICHESSE des MUSÉES de nos régions

Les musées contribuent à entretenir et promulguer la richesse de notre patrimoine culturel. Beaucoup d'entre eux sont dédiés à l'art, la gastronomie, la science, l'artisanat… français.

Le musée du Louvre, à Paris.

Le musée du Louvre, à Paris

Ancien palais des rois, le « Muséum français », constitué avec les collections royales (François Ier, Louis XIV…), est inauguré le 10 août 1793. C'est l'ébauche du musée du Louvre qui, sans cesse augmenté, comporte aujourd'hui huit départements : antiquités orientales, antiquités égyptiennes, antiquités grecques, étrusques et romaines, peintures (toutes les écoles depuis le Moyen Âge), sculptures, objets d'art, arts graphiques et arts de l'Islam. Les œuvres les plus célèbres sont *la Joconde*, la *Vénus de Milo*, la *Victoire de Samothrace*, *le Radeau de la Méduse*, *les Noces de Cana* ou encore *le Sacre de l'empereur Napoléon Ier*.

Le musée des Confluences, à Lyon

Chef-d'œuvre architectural, inauguré en 2014, le musée des Confluences, à Lyon, est un musée à la convergence des savoirs. Les collections s'articulent autour de trois domaines majeurs : les sciences naturelles, les sciences humaines et les sciences et techniques. Aiguiser la curiosité du visiteur et mieux comprendre l'humanité et la Terre depuis ses origines, tel est donc l'objectif que vise ce musée à travers des expositions construites autour d'une scénographie originale et accessibles à tout public (les momies animales et les fossiles de Cerin).

La Cité internationale de la dentelle et de la mode, à Calais

La « Cité internationale de la dentelle et de la mode », labellisée « musée de France », a ouvert ses portes en 2009, dans les locaux d'une ancienne usine de la fin du XIXe siècle. Le travail de la dentelle de qualité étant très prisé par la haute couture, les expositions temporaires consacrées à la mode sont prédominantes et attirent un large public. Le reste de la visite s'articule autour de la présentation de la chaîne de fabrication de la dentelle, d'une exposition de plus de 3 000 pièces des plus grands couturiers, et d'une tissuthèque.

Le Centre Pompidou-Metz

Inauguré en 2010, le Centre Pompidou-Metz est dans la lignée du projet de décentralisation culturelle engagé au début des années 1980. Tout comme son homologue parisien, le Centre est dédié à l'art moderne et contemporain dans un espace de plus de 10 000 m². Trois galeries d'exposition s'articulent autour d'une flèche centrale de 77 m de hauteur, permettant ainsi la présentation d'œuvres aux dimensions gigantesques. Le projet culturel du musée est principalement la présentation d'expositions temporaires et la programmation de spectacles vivants.

La Cité du vin, à Bordeaux

Située dans le nouvel écoquartier de Bordeaux, la Cité du vin accueille les visiteurs sur plus de 13 000 m², répartis sur dix niveaux. Dans ce musée un peu particulier qui ambitionne de promouvoir l'œnotourisme, béotiens et experts sont invités à participer à un voyage culturel dont le but est de dévoiler la richesse et la diversité viticoles mondiales. Pour cela, une large sélection de vins est proposée à la dégustation dans le prolongement de la visite.

Le musée d'Art moderne et d'Art contemporain, à Nice

Dédié à l'art moderne et l'art contemporain des années 1950 à nos jours, le MAMAC, à Nice, présente des collections permanentes fondées sur des œuvres d'artistes européens du « nouveau réalisme » et d'artistes américains de l'« art de l'assemblage » et du pop art new-yorkais. Inauguré en 1990, le musée possède de nombreuses œuvres emblématiques, comme le *Stabile-Mobile* d'Alexander Calder, le *Monstre du loch Ness* de Niki de Saint Phalle ou *Dollar Sign* d'Andy Warhol, complétées par des expositions temporaires d'artistes internationaux.

La Cité des sciences et de l'industrie, à Paris

Ouverte au public en 1986, la Cité constitue la plus grande structure de vulgarisation scientifique et technique au monde, avec une surface de 150 000 m². Plus qu'un musée, cette innovation architecturale, qui est issue de la transformation des anciens abattoirs de la Villette, à Paris, se veut à la fois un lieu de rencontre entre science et culture et une véritable cité avec des activités et des services. Expositions permanentes et temporaires, actualités scientifiques, rencontres, débats, médiathèque… : entre les spectacles ludiques et les conférences approfondies, le visiteur de la Cité peut choisir parmi une multitude de possibilités.

La Piscine de Roubaix

Le musée d'art et d'industrie André-Diligent, plus connu sous l'appellation « la Piscine de Roubaix » en raison du cadre exceptionnel de l'ancienne piscine Art déco sur lequel il a été implanté, présente des collections originales d'arts appliqués et des beaux-arts. Les peintures et les statues du XIXe siècle, regroupées autour du bassin, sont magnifiées par la lumière provenant de la superbe verrière Art déco.

La France au FIL de l'EAU

▲ Rogny-les-Sept-Écluses, seul village de l'Yonne traversé par le canal de Briare.

Pendant des siècles, les voies navigables ont constitué le moyen le plus sûr et le plus rapide de se déplacer. Maintenant, elles servent aussi aux loisirs, le « tourisme fluvial » étant en pleine expansion. Petit tour d'horizon des plus belles promenades au fil de l'eau…

Le canal de Briare

C'est le plus ancien des canaux français, reliant la Loire à la Seine, et le modèle de tous les autres. Construit dans la première moitié du XVIIe siècle, sur ordre de Sully, long de 54 km, il a établi une voie de communication essentielle dans le Loiret, entre Briare et le Loing, près de Montargis. Le pont-canal de Briare, ouvrage étonnant qui fait circuler un canal sur un pont pour éviter d'avoir à traverser la Loire, n'est pas situé sur le canal de Briare, mais sur le canal latéral à la Loire. Le pont-canal permet toutefois de faciliter le passage d'un canal à l'autre.

◀ Le pont-canal de Briare.

Les Voies navigables de France

Toutes les voies navigables (fleuves, canaux et rivières aménagés) relèvent du service des VNF (Voies navigables de France), qui a à sa charge 6 700 km de voies navigables, près de 4 000 ouvrages d'art (barrages, écluses, tunnels, ponts-canaux), ainsi que 40 000 ha de domaine public fluvial. Leur but est de développer le trafic sur la voie navigable, qu'il s'agisse de transport de marchandises ou de tourisme fluvial, ainsi que de protéger la biodiversité des fleuves, canaux et rivières grâce, notamment, à une gestion responsable de l'eau.

Le canal du Midi. ▲

Le canal du Midi

Le canal du Midi, conçu par Pierre Paul de Riquet et achevé en 1681, relie Toulouse à la Méditerranée ; il est inscrit depuis 1996 sur la liste du patrimoine mondial de l'Unesco. Ses 241 km le font passer au seuil de Naurouze, point le plus haut du parcours, à Castelnaudary, à Carcassonne, avant qu'il ne se jette à Sète dans l'étang de Thau. Ses platanes centenaires, la quiétude de ses eaux et les contrastes des paysages en font une destination privilégiée du tourisme fluvial, comme le montre le nombre de compagnies qui proposent de la location de péniches sans permis.

Le canal de Bourgogne

Le canal de Bourgogne, long de 242 km, permet de relier le bassin de la Seine et celui du Rhône. Malgré la prouesse technique qu'il constitue, il n'a jamais eu beaucoup de succès, notamment en raison d'un tunnel sur son tracé, qui rendait impossible le croisement des péniches et ralentissait considérablement le trafic. De plus, la construction de la ligne de chemin de fer « PLM » (Paris-Lyon-Marseille) l'a très vite rendu obsolète. Actuellement, il sert essentiellement à la navigation de plaisance, et mise sur le tourisme : à Pouilly-en-Auxois a été inauguré Cap Canal, un centre de découverte du canal, sur des plans tracés par l'architecte japonais Shigeru Ban.

Le canal du Rhône au Rhin

Achevé en 1832, date à laquelle un navire de commerce effectue la jonction entre le Rhône et le Rhin (par la Saône et le Doubs), et long de 375 km, ce canal était essentiel pour la communication entre les ports de la mer du Nord et ceux de la Méditerranée. Son gabarit ne permettant pas, sauf par endroits, la circulation des bateaux à fort tonnage des dernières années, il est désormais dévolu au tourisme, doublé par une piste cyclable sur une grande partie de son parcours, et permet de découvrir en douceur les paysages verdoyants de l'est de la France.

Les écluses

Une écluse est, selon le *Petit Larousse*, un « ouvrage aménagé entre deux plans d'eau de niveau différent pour permettre aux embarcations de passer de l'un à l'autre grâce à la manœuvre d'éléments mobiles (portes et vannes) ». Autrefois tenues par des éclusiers, qui actionnaient les différentes vannes et portes, les écluses sont désormais, pour la plupart, automatiques. Les « éclusières », maisons des éclusiers, sont transformées en lieux de loisirs, voire en musées.

◀ Une écluse sur le canal du Midi.

▲ Vue aérienne du canal du Rhône au Rhin.

Les merveilles de la BRESSE

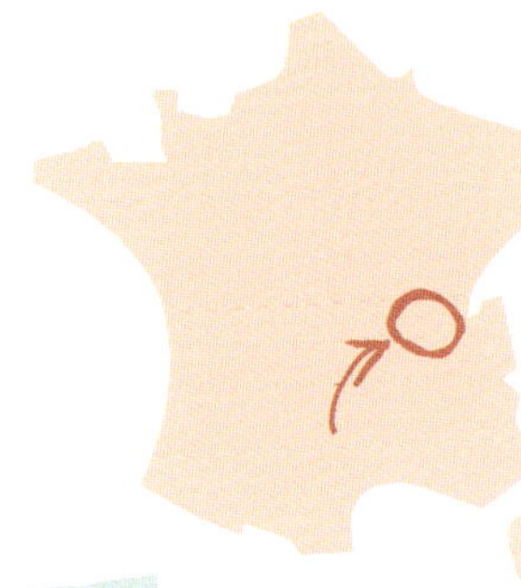

Volaille de Bresse à la crème

POUR 4 PERSONNES

* * *

PRÉPARATION : **30 MIN** - CUISSON : **40 MIN**

- 1 poulet de Bresse de 1,5 kg environ
- 1 échalote
- 60 g de beurre
- 10 cl de vin blanc très sec
- 25 cl de crème fraîche
- sel et poivre

1 Coupez le poulet en 8 morceaux. Pelez et émincez finement l'échalote.

2 Faites revenir le poulet dans une sauteuse à feu vif avec le beurre, en retournant les morceaux pour qu'ils soient dorés de tous côtés. Baissez le feu, ajoutez l'échalote, salez, poivrez, puis couvrez et laissez mijoter doucement pendant 40 minutes.

3 Retirez les morceaux de poulet de la sauteuse, disposez-les sur le plat de service et maintenez-les au chaud.

4 Augmentez le feu et déglacez la sauteuse avec le vin, en raclant le fond avec une cuillère en bois pour récupérer tous les sucs. Ajoutez la crème et laissez cuire à petits bouillons jusqu'à ce que la sauce épaississe et nappe la cuillère. Rectifiez l'assaisonnement, versez sur le poulet et servez aussitôt.

LES VOLAILLES DE BRESSE

Il y a deux siècles, les gastronomes célébraient déjà la qualité des poulardes de Bresse. Mais il fallut attendre les concours agricoles de la fin du XIXe, appelés « les Glorieuses », pour consacrer la réputation de la race bressane. Depuis, la production ne fait que croître. Ces volailles AOC se distinguent par un plumage entièrement blanc, une crête rouge et des pattes bleues, d'où le surnom de « volailles tricolores ». Élevé sur parcours herbeux, le poulet de Bresse est nourri de produits laitiers et de céréales, puis est abattu à l'âge de 4 mois minimum. Élevée de la même manière, la poularde est ensuite mise en épinette, petite cage, et abattue à l'âge de 5 mois. Le chapon de Bresse, mâle sélectionné et castré, est aussi engraissé en épinette avant d'être abattu à 8 mois.

Cuisses de grenouille de la Dombes sautées

POUR 4 PERSONNES

* * *

PRÉPARATION : **20 MIN** - TREMPAGE : **1 H**
CUISSON : **6 À 8 MIN**

- 4 douzaines de cuisses de grenouille
- lait
- 1 gousse d'ail
- farine
- 2 cuill. à soupe de persil plat ciselé
- 300 g de beurre
- sel et poivre

1 Coupez l'extrémité des pattes de grenouille au ciseau. Rincez les cuisses de grenouille à l'eau vinaigrée puis faites-les tremper 1 heure dans un saladier rempli de lait. Égouttez-les et épongez-les avec soin. Épluchez l'ail, hachez-le très finement et mélangez-le au persil.

2 Passez les cuisses de grenouille dans la farine et essuyez-les délicatement ; la farine doit former une couche fine.

3 Posez 2 grandes poêles sur un feu vif. Faites fondre 100 g de beurre dans chacune et mettez-y les grenouilles en les répartissant bien. Salez et poivrez. Dès qu'elles commencent à dorer, retournez-les l'une après l'autre et baissez le feu. Poursuivez la cuisson à feu doux pour faire dorer l'autre côté.

4 Disposez les cuisses de grenouille sur un plat chaud et versez le beurre de cuisson dessus. Faites fondre le reste de beurre à feu doux et versez-le également dans le plat dès qu'il commence à mousser. Parsemez de persillade et servez aussitôt.

Saveurs et spécialités de nos terroirs

Vins fruités de SAVOIE

Entre lacs et montagnes, champs de céréales et pâturages vallonnés, le vignoble savoyard s'étage sur des coteaux situés entre 300 et 600 m d'altitude, du lac Léman jusqu'à Chambéry. Il a donné naissance à une large et séduisante diversité de vins.

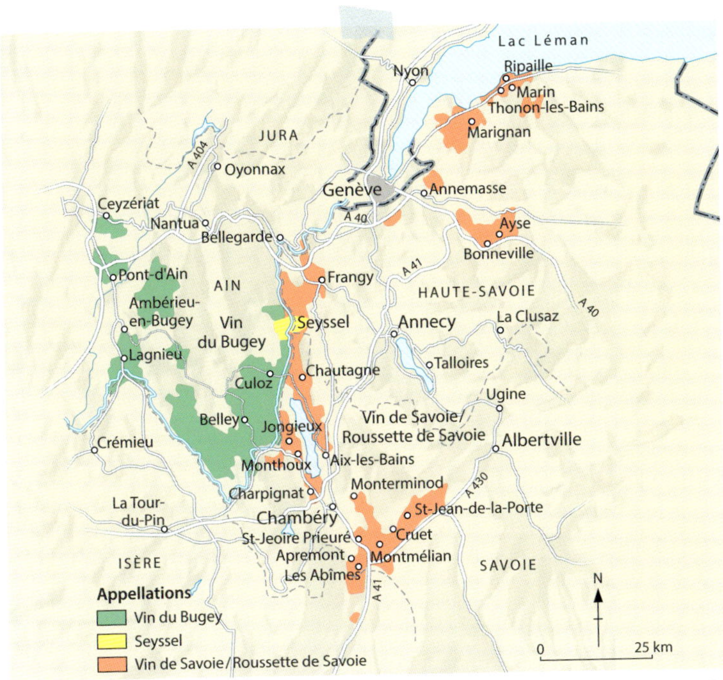

Le paysage viticole

La Savoie est dotée d'un climat continental, avec des hivers rigoureux, des étés chauds et des arrière-saisons ensoleillées, tempéré par la présence des lacs. Les sols sont très variés avec une prédominance d'éboulis calcaires, de moraines caillouteuses et de molasses gréseuses. La vigne est ici cultivée depuis l'époque romaine. Le vignoble connaît son apogée au XIXe siècle, où il dépasse les 8 000 ha. La crise phylloxérique le réduit à moins de 2 000 ha. Sa remontée est lente, mais s'accélère à partir des années 1950, et il est depuis en constante augmentation (2 200 ha en 2015).

Les AOC de Savoie

- Crémant de Savoie
- Roussette de Savoie (avec ou sans un nom de cru)
- Roussette de Seyssel
- Vin de Savoie (avec ou sans un nom de cru)

Les cépages et les styles de vins

La Savoie dispose d'une large variété de cépages, autochtones et très originaux, surtout blancs, qui donnent des vins très stylés.

La jacquère. Cépage blanc le plus répandu, elle donne des vins frais et légers, tranquilles ou effervescents (Crémant de Savoie). C'est le cépage principal des crus Abymes et Apremont.

La roussette (ou altesse). En pleine expansion, ce cépage donne des vins riches et fruités, avec quelques notes épicées. Il est à la base des vins de l'AOC Roussette de Savoie.

La roussanne (ou bergeron). Produite en très petite quantité, elle donne des vins de qualité, parfois même des vins exceptionnels et de grande garde, notamment à Chignin sous l'AOC Chignin-Bergeron.

Le chasselas. Il occupe 70 % du vignoble et constitue la base unique des crus Marin, Marignan, Ripaille et Crépy.

La molette. Elle donne un vin blanc clair, léger, assez alcoolique et très fruité, avec quelques notes herbacées. De forte acidité, elle entre dans la composition du Seyssel mousseux.

Le gringet. Équivalent du savagnin jurassien, il produit le célèbre mousseux d'Ayze.

Le chardonnay. Introduit dans les années 1960, il est cultivé pratiquement sur tout le territoire savoyard. Seul ou en assemblage, il donne ici des vins vifs et fruités.

Le gamay. C'est le cépage rouge dominant, qui donne des vins frais et légers. Il trouve dans le Chautagne sa meilleure expression.

La mondeuse. Ce cépage très ancien donne traditionnellement des vins rouges bien charpentés et tanniques, notamment à Arbin où il est le seul utilisé.

Le persan. Cet ancien cépage rouge avait pratiquement disparu. Il est aujourd'hui cultivé de nouveau par quelques vignerons de la Combe de Savoie et en Maurienne, et donne des vins tanniques, bien colorés et de bonne garde.

Petit vignoble voisin

Entre le Jura et la Savoie, le Bugey s'étend sur quelque 500 ha et trois territoires de production – Cerdon, Montagnieu, Belley –, sur des sols silico-calcaires et silico-argileux. Il produit essentiellement des vins blancs tranquilles et effervescents à partir de cépages savoyards et bourguignons. On mentionnera tout particulièrement les Bugey-Cerdon, des mousseux ou des pétillants, blancs ou rosés, obtenus par la méthode ancestrale.

Vignoble de Chignin.

Que la MONTAGNE est belle !

▲ La pulsatille rouge est une espèce endémique du Massif central.

Les paysages que nous offrent les **montagnes** françaises sont parmi les plus fabuleux qui soient. Au cœur des Alpes, des Pyrénées, du Massif central, des Vosges et du Jura, la faune et la flore resplendissent.

Le Massif central

Le Massif central correspond à la majeure partie de l'Auvergne et du Limousin, mais englobe aussi des parties de Midi-Pyrénées, du Languedoc-Roussillon, de Rhône-Alpes et de la Bourgogne. Ces hautes terres du centre et du sud de la France couvrent environ 80 000 km^2, culminant à 1 885 m au puy de Sancy, mais d'une altitude moyenne de 714 m. C'est un ensemble primaire « rajeuni » par le contrecoup du plissement alpin, qui l'a basculé vers le nord-ouest. Les bordures orientale et méridionale (Morvan, Charolais, Mâconnais, Beaujolais, monts du Lyonnais, Vivarais, Cévennes, Montagne Noire) ont été fortement soulevées. Le centre (Auvergne et Velay) a été affecté par le volcanisme (chaîne des Puys, monts Dore, Cantal) et disloqué par les fractures qui ont délimité des dépressions (Limagnes). L'ouest (Limousin) a été moins bouleversé. Le tourisme et le thermalisme animent certains centres, dont Vichy, par exemple.

Le puy de Dôme

Montagne volcanique d'Auvergne, le puy de Dôme, à l'ouest de Clermont-Ferrand culmine à 1 465 m. Formé par une extrusion de domite (variété de trachyte), le sommet du puy de Dôme, atteint par une route, offre un panorama sur l'ensemble de la chaîne des Puys et sur la Limagne. Il possède un observatoire météorologique, un relais de télévision et des vestiges d'un temple de Mercure. Le puy de Dôme a reçu le label « grand site de France » en 2008. Il s'agit du premier site touristique naturel de la région Auvergne, avec 400 000 visiteurs en moyenne chaque année.

Le puy de Dôme.

Les Alpes

Principal système montagneux d'Europe, il se développe en un arc de cercle dissymétrique long de 1 200 km, entre le golfe de Gênes (Italie) et Vienne (Autriche). Sa largeur maximale dépasse 250 km sur le méridien du Brenner, mais n'est que de 130 km au niveau du mont Blanc (4 810 m), point culminant de la chaîne des Alpes et de l'Europe. D'une superficie d'environ 300 000 km^2, les Alpes sont partagées entre la France, l'Italie, la Suisse, l'Allemagne, le Liechtenstein, l'Autriche et la Slovénie. Malgré leur altitude, ces montagnes sont pénétrables grâce à de profondes vallées (Rhône, Rhin, Isère, Inn, Enns, Drave, Adige), élargies par les glaciers quaternaires. Cette chaîne est franchie par de nombreuses routes et voies ferrées (Mont-Blanc, Grand-Saint-Bernard, Simplon, Saint-Gothard, Brenner), souvent en tunnel.

▲ Le bouquetin, symbole des Alpes.

Le col du Galibier

Col des Alpes, à l'ouest du sommet du Grand Galibier (3 229 m), le Galibier est emprunté par la route (2 645 m) qui relie Briançon à la Maurienne.

▲ Le col du Galibier.

Les Pyrénées

Chaîne de montagnes aux confins de la France et de l'Espagne, les Pyrénées culminent au pic d'Aneto, à 3 404 m. Elles s'étendent sur 430 km, allant du golfe de Gascogne au golfe du Lion. Le versant nord appartient à la France, le versant sud à l'Espagne. Par leur âge, les Pyrénées se rattachent au système alpin, mais elles diffèrent des Alpes mêmes. Les sommets sont moins hauts et les cols plus élevés, d'où un aspect massif lié à l'importance des roches cristallines et la faiblesse relative de l'érosion glaciaire (altitudes et latitude plus basses que dans les Alpes). Cette chaîne n'a jamais constitué une barrière humaine infranchissable (les Basques et les Catalans peuplent les deux versants).

Les Pyrénées sont franchies par le rail et, surtout, la route (Somport, tunnels de Bielsa et de Viella, col de Puymorens). Mais la circulation ouest-est demeure difficile en raison de la disposition méridienne des cours d'eau, qui explique le cloisonnement du relief. Celui-ci a imposé une économie de subsistance fondée sur les cultures vivrières, l'élevage transhumant, celui des ovins surtout (associé à l'industrie textile), l'exploitation de la forêt et du sous-sol. Cette économie est parfois animée par l'industrie (liée à l'hydroélectricité) et, aujourd'hui, par le tourisme.

▲ Le vautour fauve des Pyrénées.

Le cirque de Gavarnie

Ce site des Pyrénées françaises se loge au sud du village de Gavarnie, dans les Hautes-Pyrénées. Cet amphithéâtre, de 1 700 m de hauteur et 14 km de circonférence, formé de trois gradins étagés au pied du Marboré, ferme la haute vallée du gave de Gavarnie (l'une des branches mères du gave de Pau). Les neiges et glaces éparses sur les gradins et les cascades font de ce cirque le plus beau des Pyrénées et un site touristique notable. Le gave, alimenté par des névés situés en territoire espagnol, y tombe par une cascade d'environ 420 m de haut. Au-dessus du cirque se trouve la brèche de Roland (2 807 m). Le cirque de Gavarnie fait partie du massif du Mont-Perdu, inscrit sur la liste du patrimoine mondial de l'Unesco depuis 1997. Située sur les chemins de Saint-Jacques-de-Compostelle en France, l'église paroissiale de Gavarnie est inscrite, à ce titre, sur la liste du patrimoine mondial de l'Unesco depuis 1998.

Les Vosges

Massif de l'est de la France, partagé entre la Lorraine (versant ouest) et l'Alsace (versant est), les Vosges culminent à 1 424 m au Grand Ballon. D'abord unies à la Forêt-Noire, les Vosges en ont été séparées par la formation du fossé rhénan. Les hautes Vosges, au sud, aux sommets (« ballons ») parfois arrondis et aux cols élevés (Bussang, Schlucht), s'opposent aux basses Vosges, au nord, aux formes tabulaires, plus franchissables (col de Saverne). L'exploitation de la forêt, alimentant scieries et papeteries, constitue aujourd'hui la principale ressource de la montagne, qui bénéficie, en outre, de l'essor du tourisme.

▲ Le lynx des Vosges.

▲ Le cirque de Gavarnie dans les Pyrénées.

▲ Panorama du Jura.

Le ballon d'Alsace

Le ballon d'Alsace est une montagne de l'extrémité sud du massif des Vosges, culminant à 1 247 m d'altitude. Situé au cœur du parc naturel régional des Ballons des Vosges, c'est un site classé Natura 2000 et un espace protégé. Il offre un panorama sur la Forêt-Noire, la chaîne des Alpes bernoises et sur le mont Blanc et le Jura suisse. Principalement recouvert de forêts (sapins, hêtres, épicéas), le massif abrite chamois, grands tétras, faucons pèlerins, casse-noix mouchetés, becs-croisés des sapins, pinsons des arbres, grands corbeaux, belettes, hermines, martres, renards et lynx et une flore variée (œillets de Chartreux, orchidées, gentianes jaunes, jonquilles et anémones).

▲ Le sommet du ballon d'Alsace dans les Vosges.

Le Jura

Chaîne de montagnes de France et de Suisse, le Jura se prolonge en Allemagne par des plateaux calcaires, culminant au crêt de la Neige, à 1 718 m d'altitude. Le Jura franco-suisse comprend un secteur oriental plissé, plus élevé au sud qu'au nord, et un secteur occidental moins accidenté, au-dessus des plaines de la Saône. L'orientation et l'altitude expliquent l'abondance des précipitations, favorables à l'extension des forêts et des prairies. Aussi, l'exploitation forestière et les produits laitiers (fromages) constituent les principales ressources, complétées par le tourisme et, surtout, par de nombreuses petites industries.

▲ Le sabot-de-Vénus, de la famille des orchidées.

Le col de la Faucille

Depuis le col de la Faucille et les crêtes de la haute chaîne du Jura, le panorama sur le Bassin lémanique (Genève, lac Léman) est un des plus beaux d'Europe et la vue sur la chaîne des Alpes et le mont Blanc est tout aussi époustouflante. Le col de la Faucille est le point de départ de nombreuses randonnées dans le parc naturel régional du Haut-Jura.

Nos LACS, quels joyaux !

La tranquillité et la beauté du lac d'Annecy. ▲

Partez à la découverte des plus beaux **lacs français** au gré des sentiers ou des rives aménagées !

Le lac du Lauzon

Petite randonnée courte et agréable à faire en famille grâce à un sentier balisé, la montée jusqu'au **lac du Lauzon** offre un décor grandiose dans le parc national des Écrins, dans les Hautes-Alpes. Les panoramas sur les cascades et les sommets ravissent les randonneurs jusqu'au lac du Lauzon, situé sur un plateau à 2 000 m d'altitude. La vue est alors saisissante sur le cirque glaciaire du Gioberney.

▲ Le lac du Lauzon et son magnifique panorama.

Le lac de Vassivière

Le **lac de Vassivière** est une retenue d'environ 1 000 ha, créée par un barrage sur la Maulde, aux confins de la Creuse et de la Haute-Vienne. Idéalement situé dans le parc naturel régional de Millevaches en Limousin, il bénéficie d'un environnement naturel préservé, d'où l'on peut rayonner afin de découvrir les principaux sites du Limousin. Une base nautique y est aménagée, avec de nombreuses activités comme le canoë-kayak, le ski nautique, le Pédalo, la baignade ou la pêche. Ses 45 km de rives sont propices à la promenade, et ses plages de sable, à un repos bien mérité !

◀ Le lac de Vassivière au cœur du parc naturel régional de Millevaches en Limousin.

Le lac de Sainte-Croix

La couleur émeraude du **lac de Sainte-Croix**, situé dans les Alpes-de-Haute-Provence, confère à cette étendue d'eau un aspect irréel et déroutant. Alimentée par le Verdon, cette retenue artificielle s'étend sur une superficie de 2 200 ha propice aux activités nautiques (planche à voile, canoë-kayak, Pédalo, catamaran, etc.), à la baignade avec ses plages ou à la pêche. Une petite randonnée jusqu'au village de Sainte-Croix-du-Verdon est vivement conseillée !

▲ Le lac de Sainte-Croix et ses eaux vert émeraude.

Le lac du Salagou

D'une superficie de 750 ha, le **lac du Salagou** est un barrage et une retenue du département de l'Hérault, au pied des Cévennes. Les paysages qui l'entourent dévoilent de belles collines rouges dans un cadre naturel calme et authentique. Il est possible de pratiquer la pêche, certains loisirs nautiques et, à partir du village d'Octon, des randonnées sont organisées qui offrent une vue sur le lac et des panoramas magnifiques sur la région.

Le lac du Salagou au cœur des collines de ruffe (roche rouge).

Le lac de Serre-Ponçon

Le **lac de Serre-Ponçon** se situe à la limite des départements des Hautes-Alpes et des Alpes-de-Haute-Provence. C'est le deuxième plus vaste lac artificiel d'Europe. Il a été créé suite à la construction d'un barrage sur la Durance. De nombreux sentiers pédestres permettent d'admirer ce lac entouré de montagnes ainsi que ses eaux turquoise. En été, la pratique des activités nautiques et la baignade sont possibles.

Le lac d'Annecy

Le **lac d'Annecy**, d'une superficie de 27 km², est situé dans le département de la Haute-Savoie. Surnommé le « lac bleu », il borde la commune d'Annecy, aussi appelée « la petite Venise des Alpes ». Long de 12 km et large de 800 m à 3,20 km, le lac d'Annecy, qui représente une masse d'eau de plus de 1 milliard de mètres cubes, est d'origine glaciaire. Depuis le lac, la vue sur les Alpes est divine et la promenade sur les rives satisfait tous les promeneurs, qu'ils soient à pied ou à vélo. De nombreuses activités nautiques et sportives (baignade, plongée, ski nautique, parapente, bateau et pêche) ravissent petits et grands, tout comme les plages aménagées pour la détente.

Le lac d'Allos

Le **lac d'Allos** se situe à environ 2 220 m d'altitude dans le parc national du Mercantour, au cœur du département des Alpes-de-Haute-Provence. S'étendant sur environ 50 ha, ce lac est réputé pour être l'un des plus vastes lacs naturels de montagne d'Europe. Une très belle randonnée pédestre permet aux promeneurs d'admirer de magnifiques panoramas et de découvrir une flore très variée.

Le lac de Serre-Ponçon.

Le lac d'Allos sur les hauteurs du parc national du Mercantour. ▲

Le lac Gentau

Le **lac Gentau** se situe dans le département des Pyrénées-Atlantiques, au pied du refuge d'Ayous. Il culmine à environ 1 940 m d'altitude et offre un splendide panorama sur le pic du Midi d'Ossau. Site de toute beauté, c'est un petit paradis pour les randonneurs !

Vue imprenable sur le lac Gentau ▲ et le pic du Midi d'Ossau.

Le lac Pavin

Le **lac Pavin** se situe dans le département du Puy-de-Dôme, dans les monts Dore en Auvergne, non loin des stations de Besse et de Superbesse. D'origine volcanique, ce lac culmine à environ 1 197 m d'altitude. Les amoureux de randonnée pédestre pourront emprunter un sentier qui leur permettra de faire le tour du lac et d'admirer au passage les magnifiques pins, épicéas et hêtres qui bordent le lac.

Le lac du Bourget

Le **lac du Bourget** se situe dans le département de la Savoie, au cœur des Alpes. Avec une superficie de 44 km², il reste le plus grand lac naturel d'origine glaciaire de France. Lorsqu'on se promène sur les rives de ce lac entouré de collines et de montagnes, on peut contempler le massif de l'Épine, le mont Revard, les Bauges et le mont du Chat. Adapté à la pratique des activités nautiques et sportives, le lac abrite plusieurs ports de plaisance comme Aix-les-Bains.

▲ Les eaux tranquilles du lac du Bourget.

Le lac d'Oô

Le **lac d'Oô** se situe dans le département de la Haute-Garonne, dans les Pyrénées, et culmine à environ 1 504 m d'altitude. Une magnifique cascade de 275 m de haut constitue le joyau de ce lac naturel.

Le lac d'Oô et sa cascade. ▶

▼ Le lac de Capitello cerné par les montagnes abruptes de Corse.

Le lac de Capitello

Le **lac de Capitello** est situé dans le département de la Haute-Corse, à quelques kilomètres de Corte. Il culmine à 1 930 m. De très belles randonnées en montagne permettent de découvrir ce lac, qui se trouve non loin du lac de Melo et est réputé pour être le quatrième lac naturel de montagne. Entouré de montagnes s'élevant à plus de 2 230 m d'altitude, il reste gelé une bonne partie de l'année.

Le lac de Guéry

Le **lac de Guéry** est situé dans le département du Puy-de-Dôme, dans les monts Dore, au cœur du Massif central. Ancré à environ 1 268 m d'altitude, c'est un des plus hauts lacs d'Auvergne. De jolies promenades en famille sont possibles autour du lac et permettent d'admirer le massif du Sancy et la chaîne des Puys. Une des grandes originalités de ce lac est que l'on peut y pratiquer la pêche sous la glace.

▲ Le lac de Guéry sous la glace hivernale.

Le lac Vert de Fontanalbe

Le **lac Vert** de Fontanalbe se situe dans le département des Alpes-Maritimes. Les amoureux de la marche pourront y découvrir des gravures rupestres de la vallée des Merveilles datant d'environ 4 000 ans.

La France, berceau des arts

Le pays de la GASTRONOMIE

La France est connue comme le pays de la gastronomie. Depuis plus de deux siècles, en effet, la cuisine est devenue un art, avec ses maîtres et ses écoles…

▲ Frontispice « Les audiences d'un gourmand » de *l'Almanach des gourmands, servant de guide dans les moyens de faire excellente chère,* de Grimod de La Reynière, 1804.

Les fondateurs

Anthelme Brillat-Savarin (1755-1826)
Magistrat et écrivain, il fut le premier gastronome français, auteur de *la Physiologie du goût* (1826).

Alexandre Balthasar Laurent Grimod de La Reynière (1758-1838)
Avec son fameux *Almanach des gourmands* (1803-1812), il est l'initiateur de la presse gastronomique.

Marie-Antoine Carême (1784-1833)
Fondateur de la cuisine française d'apparat, il est l'auteur d'ouvrages d'art culinaire.

Jules Gouffé (1807-1877)
Il est l'auteur d'un *Livre de cuisine* (1867) célèbre.

Auguste Escoffier (1846-1935)
Ses écrits font toujours référence. Il est notamment le créateur de la pêche Melba.

Maurice Edmond Sailland, dit Curnonsky (1872-1956)
Élu en 1927 « prince des gastronomes », il fut un ardent défenseur de la cuisine du terroir.

Fernand Point (1897-1955)
Son restaurant « La Pyramide », à Vienne, a été le creuset de la nouvelle école culinaire française de l'après-guerre.

Raymond Oliver (1909-1990)
Il exerça ses talents au Grand Véfour, à Paris, et fut l'un des premiers cuisiniers à dispenser son savoir à la télévision.

▲ Édition de 1848 de *la Physiologie du goût,* de Brillat-Savarin, illustrée par Bertall (musée des Arts décoratifs, Paris).

▲ « Tête de veau en tortue », planche dessinée par Ronjat, extraite du *Livre de cuisine* de Jules Gouffé, 1867.

Les maîtres du XXe siècle

Paul Bocuse (1926-2018)
Descendant d'une lignée de chefs cuisiniers, il est l'un des rénovateurs, mondialement connu, de l'art culinaire français.

▲ Le restaurant « Paul Bocuse » à Collonges-au-Mont-d'Or, près de Lyon.

Paul Bocuse.

Pierre Troisgros (1928-2020)
Avec son frère **Jean** (1926-1983), il a fait, à partir de 1954, de l'hôtel familial, à Roanne, un haut lieu gastronomique. Son fils **Michel** (né en 1958) lui a succédé en 1993.

Michel Guérard (1933-2024)
D'abord pâtissier, puis pionnier de la nouvelle cuisine, créateur de plats fameux (homard à la cheminée) et de desserts d'anthologie (soufflé au citron), il développe ses propres recherches diététiques sous le nom de « cuisine minceur ».

Alain Chapel (1937-1990)
À partir de 1969, à Mionnay (Ain), il relance le restaurant familial, où s'allient tradition et harmonie des saveurs nouvelles, et acquiert une notoriété internationale.

Alain Senderens (1939-2017)
Il travaille notamment à la Tour d'Argent, à Paris, avant d'ouvrir l'Archestrate (1968), où il crée un art culinaire original et savoureux. Il prend ensuite la direction du restaurant « Lucas Carton » (1985), qu'il transforme et rebaptise « Senderens » (2005-2013).

Georges Blanc (né en 1943)
Ayant repris en 1968 l'auberge familiale créée en 1872 à Vonnas (Ain), il y perpétue la tradition tout en la revisitant avec une créativité qui sublime des produits de haute qualité (notamment la volaille de Bresse).

▼ L'auberge familiale de Georges Blanc à Vonnas (Ain).

Michel Bras (né en 1946)
Dans un espace moderne bâti en 1992 au cœur de l'Aubrac, en osmose avec le paysage, au-dessus de Laguiole, il propose une cuisine qui, sublimant les légumes et associant herbes et fleurs des alentours, allie fidélité au terroir familial et créativité gustative et visuelle. Il transmet progressivement son art à son fils Sébastien.

Bernard Loiseau (1951-2003)
Dans son restaurant de Saulieu (aujourd'hui dirigé par sa femme, Dominique, et animé en cuisine par le chef Patrick Bertron), il a développé un style de cuisine très épuré, visant à sublimer le goût original des produits du terroir.

De la France au monde

Joël Robuchon (1945-2018)
À la tête de ses restaurants parisiens « Jamin » (1981-1993) et « Joël Robuchon » (1994-1996), il devient le symbole de la grande cuisine française. Ses recettes, que caractérise le souci du détail innovant, exaltent les saveurs du terroir.

Bernard Pacaud (né en 1947)
Formé tout jeune chez Eugénie Brazier (1895-1977) à Lyon, puis chez Claude Peyrot (né en 1934) à Paris, il crée sa propre cuisine de produits d'exception qui sont travaillés avec minutie et sensibilité, dans le respect de leur goût naturel et à leur saison.

Pierre Gagnaire (né en 1950)
D'abord à Saint-Étienne, à Paris depuis 1996, puis de par le monde, particulièrement en Asie, et dans d'autres régions françaises, il signe une cuisine qui mêle innovation et maîtrise technique, sens artistique et fantaisie.

Guy Savoy (né en 1953)
Propriétaire d'un restaurant parisien prestigieux, il a aussi ouvert plusieurs bistrots où l'on sert une cuisine plus traditionnelle.

Alain Ducasse (né en 1956)
Son exigence de qualité et sa grande créativité ont fait la renommée de son art, notamment dans ses trois plus prestigieux restaurants, à Monte Carlo, Paris et New York.

Alain Passard (né en 1956)
Dès 2000, ce virtuose du goût met l'accent sur une cuisine « légumière », très technique, où les productions de la terre, dont il contrôle l'origine grâce à ses propres potagers et vergers, se marient à celles de la mer.

Anne-Sophie Pic (née en 1969)
À Valence, elle perpétue la tradition d'excellence inaugurée en 1889 par son arrière-grand-mère, Sophie Pic (1867-1952), puis illustrée par son grand-père, André Pic (1893-1984), et par son père, Jacques Pic (1932-1992). Elle exerce aussi son art à Lausanne (2009) et à Paris (2012).

▲ Statue de cire d'Anne-Sophie Pic au musée Grévin, première femme chef à avoir cet honneur.

Les pâtissiers

Gaston Lenôtre (1920-2009)
Dès l'ouverture de sa première boutique à Paris, en 1957, il révolutionne son art en créant des gâteaux raffinés, à base de mousses légères et de glaçages. Son succès se confirme avec la création d'une activité restauration-traiteur (1964), développée à l'international, et d'une école de pâtisserie (1971).

Pierre Hermé (né en 1961)
Formé chez Gaston Lenôtre, il est célèbre pour ses étonnantes associations de goûts (gâteau « ispahan » rose-litchi, macaron huile d'olive-vanille) et ses variations sur le chocolat.

▼ « L'Atelier de Joël Robuchon » à Las Vegas, dans le Grand Hôtel MGM.

Saveurs et spécialités de nos terroirs

Recettes de SAVOIE et du DAUPHINÉ

Tartiflette savoyarde

POUR 4 PERSONNES

* * *

PRÉPARATION : **30 MIN** - CUISSON : **50 MIN**

- 600 g de pommes de terre
- 1 oignon
- 250 g de reblochon fermier
- 200 g de lardons fumés
- 1 cuill. à soupe d'huile d'arachide
- 30 cl de crème liquide

1 Épluchez et lavez les pommes de terre. Faites-les cuire 20 minutes dans de l'eau salée. Égouttez-les, rafraîchissez-les sous l'eau froide puis coupez-les en tranches.

2 Pelez et émincez l'oignon. Coupez le reblochon en deux dans l'épaisseur.

3 Dans une poêle, mettez à chauffer l'huile et faites-y saisir les lardons.

4 Préchauffez le four à 180 °C (th. 6). Répartissez les tranches de pomme de terre, les lardons et l'oignon en couches dans un grand plat à gratin. Recouvrez toute la surface avec les trois quarts du reblochon posé croûte vers le bas.

5 Dans une casserole, faites chauffer la crème avec le reste du reblochon, à feu doux. Mélangez soigneusement pour faire fondre le fromage puis versez la crème au reblochon dans le plat.

6 Faites cuire au four de 25 à 30 minutes. Servez aussitôt, avec une salade verte.

LES POISSONS DES LACS

La plupart des restaurateurs installés au bord des trois grands lacs alpins – les lacs d'Annecy, du Bourget et Léman – proposent du poisson à leur menu. Les techniques de pêche au filet pratiquées dans ces lacs sont adaptées aux différentes espèces. La lote, poisson d'eau douce différant de la lotte de mer, ou baudroie, se pêche au tramail dans le Léman. La truite des lacs alpins, à la chair saumonée, est recherchée par les pêcheurs professionnels ainsi que par les amateurs, tout comme l'omble chevalier, poisson noble proche du saumon. Autre salmonidé, la féra, dont la chair est très fine, vit dans le Léman et le lac d'Annecy ; le lavaret est son homologue du lac du Bourget. La friture de perchot, jeune perche, est une autre spécialité de ce lac. La perche est pêchée dans les trois lacs et consommée en filets.

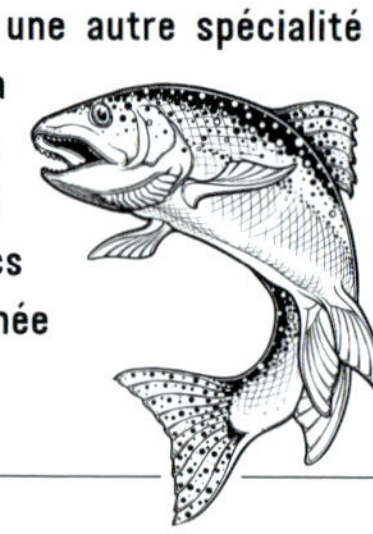

Gratin dauphinois

POUR 4 À 6 PERSONNES

* * *

PRÉPARATION : **15 MIN** - CUISSON : **50 MIN ENVIRON**

- 1 kg de pommes de terre à chair ferme
- 2 gousses d'ail
- 80 g de beurre
- 150 g d'emmental râpé
- noix de muscade
- 50 cl de lait
- 25 cl de crème fraîche épaisse
- sel et poivre

1 Épluchez les pommes de terre et coupez-les en fines rondelles. Pelez les gousses d'ail.

2 Préchauffez le four à 220 °C (th. 7-8). Frottez un plat à gratin avec l'ail, puis beurrez-le généreusement.

3 Disposez les pommes de terre en couches régulières dans le plat en recouvrant chaque étage d'emmental râpé, d'un peu de sel, de poivre et de noix de muscade râpée.

4 Portez à ébullition le lait avec la crème fraîche épaisse dans une casserole. Ajoutez un peu de sel.

5 Versez ce mélange sur les pommes de terre, puis parsemez de noisettes de beurre. Enfournez et faites cuire 50 minutes. Servez brûlant.

Les fromages de Savoie

* * *

La Savoie est une terre d'alpages réputée pour ses fromages de vache. L'abondance, fabriqué dans la vallée du même nom, et le beaufort, dont le terroir regroupe Beaufortin, Tarentaise et Maurienne, sont tous deux à pâte pressée cuite. Le reblochon, à pâte semi-pressée et à croûte lavée, est né dans la vallée de Thônes. Ces fromages, au lait cru, bénéficient d'une AOC. La tomme de Savoie est une pâte pressée non cuite, qui se décline selon différents taux de matières grasses. Il ne faut pas confondre la raclette de Savoie avec celle du Valais (Suisse), même si cette dernière possède une AOC. Au chapitre des bleus, celui de Termignon, fromage local à pâte persillée,est produit dans le parc de la Vanoise.

Gratin de blettes à la voironnaise

POUR 4 PERSONNES

* * *

PRÉPARATION : **15 MIN** - CUISSON : **25 MIN + 10 MIN**

- 30 cl de bouillon de bœuf
- 1 kg de côtes de blettes
- 80 g de beurre
- 50 g d'emmental râpé
- 2 œufs
- sel et poivre

1 Versez le bouillon dans une petite casserole et faites-le réduire à feu vif pour ne conserver que 3 ou 4 cuillerées à soupe de liquide.

2 Préparez les blettes. Après avoir retiré la partie verte s'il en reste encore, épluchez-les délicatement et coupez les côtes en tronçons de 5 à 6 cm de long : cassez-les d'abord en retirant au fur et à mesure les fils qui dépassent avant d'égaliser les extrémités au couteau. Faites-les cuire 25 minutes à l'eau bouillante salée puis égouttez-les.

3 Préchauffez le four à 190 °C (th. 6-7). Mettez le beurre à fondre dans une poêle et faites revenir les blettes à feu moyen pendant une dizaine de minutes. Ajoutez le bouillon réduit, et mélangez. Rectifiez l'assaisonnement et déposez les blettes dans un plat à gratin.

4 Cassez et battez les œufs dans un bol ; salez et poivrez légèrement. Versez-les sur les blettes, ajoutez le fromage et faites gratiner pendant 10 minutes. Servez aussitôt.

Crozets

POUR 6 PERSONNES

* * *

PRÉPARATION : **30 MIN** - CUISSON : **10 MIN**

- 3 pommes de terre moyennes
- 300 g de farine de froment
- 200 g de farine de sarrasin
- 4 œufs
- 1 cuill. à café d'huile de noix

La noix de Grenoble

* * *

La présence des noyers dans la région remonte à l'époque néolithique. Autrefois, en plus du fruit dont on tirait l'huile, le noyer était cultivé aussi pour son bois. Les techniques mécanisées entraînent de nos jours la culture d'arbres de petite taille. La noix de Grenoble bénéficie d'une AOC, qui s'applique à trois variétés : mayette, franquette et parisienne. Les noix fraîches doivent être consommées dans les quinze jours qui suivent leur récolte. Sèches, elles accompagnent les salades et peuvent être dégustées nature ou en dessert, avec du miel.

1 La veille, faites cuire les pommes de terre avec leur peau pendant environ 30 minutes puis égouttez-les et réservez-les.

2 Le jour même, pelez-les et passez-les au moulin à légumes à grille fine. Mettez cette purée dans un saladier avec les farines et mélangez bien. Incorporez les œufs l'un après l'autre sans cesser de travailler la pâte, puis ajoutez juste assez d'eau pour qu'elle soit homogène mais très épaisse. Ajoutez l'huile de noix et pétrissez jusqu'à ce que la pâte soit bien souple.

3 Si la quantité de pâte est trop importante, partagez-la en 2 ou 3 morceaux. Étalez-la en grands rectangles de 3 à 4 mm d'épaisseur et coupez ceux-ci en lanières d'environ 8 mm de large. Recoupez ces lanières en petits carrés.

4 Faites cuire les crozets comme des pâtes, en les plongeant pendant 10 minutes dans une grande quantité d'eau bouillante salée. Égouttez-les puis servez-les dans un plat creux avec un gros morceau de beurre.

Gâteau aux noix de Grenoble

POUR 6 À 8 PERSONNES

* * *

PRÉPARATION : **30 MIN** - CUISSON : **50 MIN**

- 250 g de cerneaux de noix
- 5 œufs
- 180 g de sucre en poudre
- 5 cl de rhum brun
- 100 g de fécule

POUR LE DÉCOR

- 150 g de sucre glace
- 1 cuill. à soupe d'eau
- 2 cuill. à soupe d'extrait de café
- 50 g de sucre en poudre
- 10 cerneaux de noix entiers

1 Broyez les noix assez grossièrement en les passant au mixeur. Cassez les œufs et séparez les blancs des jaunes.

2 Mettez les jaunes d'œufs et le sucre dans un saladier et travaillez le mélange à la spatule jusqu'à ce qu'il blanchisse. Ajoutez le rhum.

3 Préchauffez le four à 190 °C (th. 6-7). Beurrez largement un moule à manqué. Tapissez le fond de papier sulfurisé beurré.

4 Battez les blancs en neige ferme puis incorporez-les délicatement au mélange jaunes-sucre. Ajoutez ensuite les noix hachées puis la fécule en mélangeant bien. Versez la préparation dans le moule, enfournez et faites cuire pendant 50 minutes.

5 Sortez le gâteau du four, laissez-le tiédir un peu puis démoulez-le sur une grille pour le faire refroidir.

6 Délayez le sucre glace dans l'eau et l'extrait de café. Étalez ce glaçage à la spatule sur le gâteau refroidi.

7 Mettez le sucre en poudre dans une petite casserole, mouillez de quelques gouttes d'eau, portez à ébullition et faites cuire quelques minutes. Hors du feu, trempez-y les cerneaux de noix piqués sur une aiguille pour les coller à la surface du gâteau.

La France championne

Les ÉTOILÉS du SKI FRANÇAIS

La France possède le plus vaste territoire au monde aménagé pour la pratique du **ski**. Avec un tel atout, il eût été dommageable que les skieurs français ne s'illustrent pas lors des grandes compétitions mondiales.

Des sœurs en or et en argent

Lors des Jeux de 1964, à Innsbruck, les **sœurs Goitschel** réalisent une performance inédite. **Christine** (19 ans) enlève la médaille d'or du slalom spécial ; **Marielle** (18 ans) obtient la médaille d'argent. Deux jours plus tard, lors du slalom géant, Marielle devance cette fois sa sœur pour la médaille d'or ; Christine se contente, si l'on peut dire, de la médaille d'argent.

▼ La Française Marion Bertrand, en 2008.

▲ Jean-Claude Killy (à gauche) et Guy Périllat, le 9 février 1968.

Le triplé de « Toutoune »

Jean-Claude Killy, que ses amis appellent familièrement « Toutoune », est une légende du sport français. Légende écrite en lettres d'or en une semaine, lorsqu'il remporte les trois médailles d'or attribuées en ski alpin, lors des Jeux de Grenoble en 1968.

Le skieur de Val-d'Isère commence sa moisson par l'épreuve de descente, le 9 février. Il devance son compatriote Guy Périllat, de huit centièmes. Il enchaîne avec le slalom géant : le 12 février, après une première manche parfaite, il s'impose encore une fois, avec deux secondes d'avance.

Le 17 février, lors de l'épreuve du slalom spécial disputée dans un épais brouillard, Jean-Claude Killy remporte sa troisième médaille d'or dans d'étranges circonstances. L'Autrichien Karl Schranz prétend avoir été gêné par un spectateur qui aurait traversé la piste devant lui. Il obtient le droit de recourir et accomplit un meilleur temps que Jean-Claude Killy. Mais, après visionnage de sa course par le jury, il s'avère qu'il a manqué deux portes avant d'être gêné ; il est donc disqualifié, au

Le Français Guillermo Fayed, en 2012.

grand dam de la délégation autrichienne. Après ces Jeux, Jean-Claude Killy prend sa retraite à 24 ans, au sommet de la gloire. Outre ses trois médailles d'or olympiques, il a gagné six titres de champion du monde et les deux premières Coupes du monde.

Les belles descentes des skieurs français

Les skieurs français font preuve d'une remarquable régularité aux Jeux. Sur les seize descentes disputées, de 1948 à 2014, ils en ont en effet remporté cinq : **Henri Oreiller** (1948) ; **Jean Vuarnet** (1960) ; **Jean-Claude Killy** (1968) ; **Jean-Luc Crétier** (1998) ; **Antoine Dénériaz** (2006). Seuls les skieurs autrichiens ont fait mieux, avec sept victoires.

Nous n'aurions garde d'oublier la skieuse **Carole Montillet**, qui s'est imposée dans ce même type d'épreuve en 2002, à Salt Lake City.

Edgar Grospiron : le boss des bosses

Lorsque l'épreuve de bosses devient discipline olympique à part entière, en 1992, aux Jeux d'Albertville, la France découvre un champion charismatique, **Edgar Grospiron**. Aussi souple qu'un gymnaste, il semble voler sur les bosses et remporte facilement la médaille d'or. Toujours vêtu de combinaisons excentriques, fêtard invétéré, gouailleur et quelque peu fanfaron au micro des commentateurs, il dominera sa discipline pendant plusieurs années (trois titres de champion du monde ; quatre victoires au classement général de la Coupe du monde) avant de se reconvertir comme consultant en entreprise et vanter l'ambition comme moteur de la réussite.

Luc Alphand : toujours en piste

Avec des parents moniteurs de ski, c'est naturellement que, dès son plus jeune âge, **Luc Alphand** dévale les pistes de Serre-Chevalier. À 18 ans, en 1983, il est champion du monde junior. Il débute alors en Coupe du monde. Mais, handicapé par de nombreuses blessures, il ne verra ses efforts récompensés qu'en 1995, lorsqu'il remporte le petit Globe de cristal de la Coupe du monde de descente. Il conserve son trophée en 1996, se classant par ailleurs troisième de la descente des Championnats du monde. Sa carrière atteint son apogée en 1997, lorsqu'il remporte une troisième Coupe du monde de descente, le même trophée en super-géant et, surtout, le classement général de la Coupe du monde.

Le Français Alexis Pinturault, en 2017.

Raphaël Poirée : des regrets olympiques

Le biathlète **Raphaël Poirée** a permis aux Français de découvrir, au début des années 2000, ce sport qui combine l'endurance qu'exige le ski de fond, au calme et à l'adresse nécessaires au tir.

Bien qu'il n'ait jamais réussi à devenir champion olympique, il a brillé dans toutes les autres compétitions internationales : dix-huit médailles aux Championnats du monde, dont huit en or ; quarante-quatre victoires en Coupe du monde, pour un total de cent trois podiums lors des épreuves individuelles ; quatre Globes de cristal pour le classement général, ainsi que dix autres Globes de spécialités (sprint, individuel et *mass start*).

Le ski-cross en vedette aux Jeux de Sotchi

Pour la première fois de l'histoire des Jeux d'hiver, la France réalise un triplé dans une épreuve, en l'occurrence le ski-cross. Au départ de la finale, le 20 février 2014, il y a un Canadien accompagné de trois Français. À quelques hectomètres de l'arrivée, le Canadien chute et les trois Français raflent les trois médailles : l'or pour **Jean-Frédéric Chapuis** (champion du monde en titre), l'argent pour **Arnaud Bovolenta** et le bronze pour **Jonathan Midol**, même si ce dernier chute sur la ligne d'arrivée.

Martin Fourcade : la classe, tout simplement

Si le Norvégien Bjørndalen fut longtemps le roi du biathlon mondial, **Martin Fourcade** en a été l'empereur ! Avec ses six médailles d'or olympiques (une aux Jeux de Vancouver en 2010, deux aux Jeux de Sotchi en 2014, trois aux Jeux de Pyeongchang en 2018), il est le sportif français le plus médaillé d'or aux Jeux.

Irrésistible sur les skis, calme et précis au tir, il n'a cessé d'étoffer son palmarès : treize titres de champion du monde, sept victoires consécutives du classement général de la Coupe du monde de 2012 à 2018, avec quatre-vingt-trois victoires, cent cinquante podiums et vingt-six petits Globes de cristal attribués au vainqueur de chacune des épreuves individuelles.

▲ Martin Fourcade aux Jeux de Pyeongchang, en 2018.

Saveurs et spécialités de nos terroirs

Vigoureux vins du RHÔNE

La vallée du Rhône présente une double personnalité, granitique et plutôt monocépage au nord, calcaire et multicépage au sud. La vogue mondiale de ses cépages et le talent de ses producteurs expliquent une réussite actuelle bien méritée.

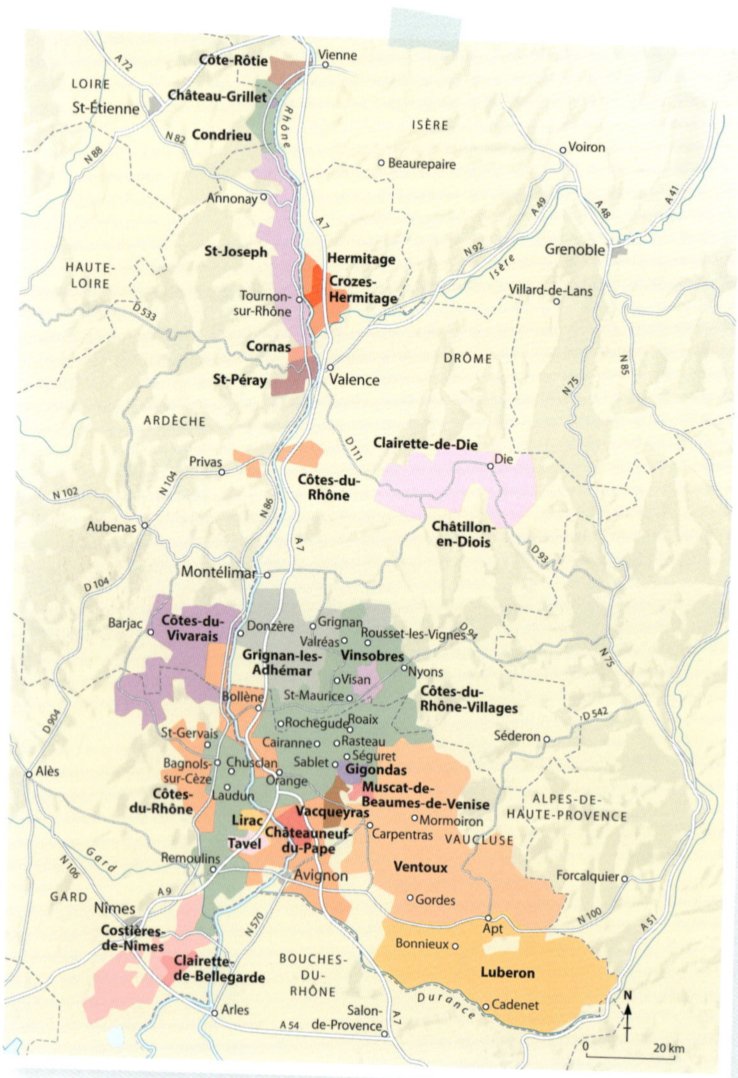

L'histoire du vignoble

Au sud, vers Marseille, il semble que la vigne ait déjà été présente à l'époque grecque, vers le VIe siècle avant Jésus-Christ. Au nord, dans la région de Vienne, il existait autour de l'an 0 un vin réputé, au « goût de poix » (Pline l'Ancien), issu d'un cépage probablement local dénommé *Allobrogica*. L'effondrement de l'Empire romain marque un coup d'arrêt au développement du vignoble rhodanien, privé de ses débouchés, sauf pour les vignobles proches des ports méditerranéens et le vignoble du Nord, qui alimentera surtout Lyon. La présence de la cour pontificale en Avignon pendant la plus grande partie du XIVe siècle encourage les plantations dans les campagnes autour de Châteauneuf, Tarascon, Avignon, Arles. À la fin du XIXe siècle se produit une profonde mutation : le phylloxéra décime les vignes dans une grande partie de la vallée, en particulier en Provence. Dans le même temps, les zones sablonneuses du Gard, du Vaucluse, et du Languedoc proche, se couvrent rapidement de vignes, l'insecte ne pouvant prospérer sur ce type de terrain. La crise de surproduction qui s'ensuit amène à la création des coopératives, encore très présentes aujourd'hui, en particulier dans le Sud.

Deux régions en une

Les appellations de la vallée sont réparties sur six départements. On trouve, du nord au sud, la Côte-Rôtie dans le département du Rhône, Château-Grillet, Condrieu et Saint-Joseph dans la Loire, une autre partie de Saint-Joseph, puis Cornas et, plus au sud, les Côtes-du-Vivarais en Ardèche, Hermitage, Crozes-Hermitage et les appellations du Diois dans la Drôme.

La partie méridionale commence dans la Drôme provençale, avec Vinsobres et Grignan-les-Adhémar. Châteauneuf-du-Pape, Gigondas, Vacqueyras, Beaumes-de-Venise, Ventoux et Luberon sont dans le Vaucluse. Le Gard oriental est le territoire de Lirac, Tavel et des Costières-de-Nîmes.

Malgré certaines différences climatiques – un peu plus de soleil et de vent au sud, un peu plus de fraîcheur et de pluie au nord –, le phénomène de sécheresse touche tous les vignobles de la vallée du Rhône. Durant la période 2003-2008, les déficits pluviométriques se sont accumulés, en particulier sous l'influence du réchauffement climatique (prouvé par la précocité croissante des dates de vendanges). En résultent une baisse des rendements, la mort d'une partie des plants, parfois des déséquilibres dans les vins. Si ce manque d'eau nécessite une meilleure attention à la vie de la plante, il permet parfois de diminuer les traitements chimiques.

La chapelle Saint-Christophe de Tain-l'Hermitage, au milieu des vignes, surplombant le Rhône.

Le baron vigneron

Le baron Pierre Le Roy de Boiseaumarié (1890-1967), héros de la Première Guerre mondiale, puis vigneron par mariage à Châteauneuf-du-Pape, porta le combat pour la reconnaissance des caractéristiques de cette appellation en justice, puis par décret en 1933. Le cahier des charges qui fut élaboré collectivement à cette occasion constitua par la suite le modèle de tous les décrets des AOC françaises : délimitation de l'aire d'appellation, cépages, usages, modes de culture, degré alcoolique minimal, tries de la vendange. Mais son action porta aussi sur les Côtes-du-Rhône, une dénomination ancienne, reconnue par décret en 1937, dont il présida également le syndicat. Il participa à la fondation de l'Institut national des appellations d'origine (INAO), qu'il présida (1947-1967), ainsi que de l'Office international de la vigne et du vin.

Les AOC de la vallée du Rhône

- Beaumes-de-Venise
- Cairanne
- Château-Grillet
- Châteauneuf-du-Pape
- Châtillon-en-Diois
- Clairette de Die
- Condrieu
- Cornas
- Costières-de-Nîmes
- Coteaux-de-Die
- Côte-Rôtie
- Côtes-du-Rhône
- Côtes-du-Rhône-Villages
- Côtes-du-Vivarais
- Crémant de Die
- Crozes-Hermitage
- Duché d'Uzes
- Gigondas
- Grignan-les-Adhémar
- Hermitage, vin de paille
- Lirac
- Luberon
- Muscat de Beaumes-de-Venise (VDN)
- Rasteau (vin doux naturel), rancio
- Saint-Joseph
- Saint-Péray
- Tavel
- Vacqueyras
- Ventoux
- Vinsobres

Des cépages en vogue

Les vins de la vallée du Rhône jouissent d'un grand intérêt dans les pays anglo-saxons parce qu'ils sont en phase avec une tendance mondiale. Issus d'un climat chaud, ils peuvent avoir le goût de fruit concentré des vins du Nouveau Monde. Trois cépages rhodaniens sont aujourd'hui très prisés. La syrah, cépage autochtone, est très plantée en Australie mais aussi en Afrique du Sud et en Californie. Les analyses génétiques ont démontré qu'elle est issue du croisement de la mondeuse blanche, un cépage savoyard, et du dureza, un cépage noir ardéchois, qui aurait une lointaine parenté avec le pinot noir. Également descendant de la mondeuse blanche, le viognier est cultivé aux États-Unis, en Argentine et en Afrique du Sud. Enfin, le grenache, le grand cépage du Sud, est très cultivé en Espagne d'où il est originaire, en particulier en Catalogne, en Navarre ou dans la Rioja.

Cela n'empêche pas d'apprécier la subtilité d'autres souches. En rouge, on trouve le difficile mourvèdre, à la personnalité âpre mais tellement attachante, le léger cinsaut, parfait pour les vins de soif, parfois le carignan, délicieux quand il est très mûr. En blanc, c'est l'opulent grenache, la florale clairette, les corpulents marsanne et bourboulenc, les aromatiques roussanne et muscat, et l'onctueux rolle.

Les millésimes récents

Entre 1998 et 2010, la vallée du Rhône a bénéficié d'une série impressionnante de bons millésimes, mis à part 2002, très faible en raison des fortes pluies au moment des vendanges, et, dans une moindre mesure, le millésime 2008. Quant aux grandes années, on signalera surtout 2005, 2007, 2009 et 2010, qui ont donné des vins rouges mûrs, puissants et de bonne garde. Les années qui ont suivi ont été plus inégales, notamment 2013 et 2014, montrant que le réchauffement climatique ne va pas de pair avec des maturités toujours optimales.

La France en MUSIQUE

◀ Page du *Codex Médicis*, « Inviolata », de Josquin des Prés, 1518 (Biblioteca Medicea Laurenziana, Florence).

La France a toujours entretenu une grande tradition musicale, dont voici les principaux initiateurs et représentants, de la chanson polyphonique médiévale aux redécouvertes du xxe siècle…

La chanson polyphonique française

C'est Guillaume de Machaut (v. 1300-1377) qui fut l'un des créateurs de l'école polyphonique française par ses motets, ses ballades et sa *Messe Notre-Dame*. Il a fixé les règles musicales et littéraires de l'art lyrique pour le lai, le virelai, la ballade et le rondeau. Josquin des Prés et Clément Janequin (xve-xvie siècles) développèrent la chanson polyphonique, influencés respectivement par l'Italie et par le milieu parisien.

Le Grand Siècle de la musique

Jean-Baptiste Lully ou Lulli (1632-1687)
Surintendant de la Musique, il obtint une sorte de monopole de la production musicale. Il fut le créateur de l'opéra français et composa une douzaine de tragédies lyriques (*Armide*, 1686), des ballets, des divertissements pour les comédies de Molière (*le Bourgeois gentilhomme*, 1670) et de grands motets.

Marc Antoine Charpentier (1643-1704)
Auteur de motets, de messes, d'oratorios, d'un opéra (*Médée*, 1693) et de divertissements (*les Arts florissants*), il fut l'un des créateurs en France de la cantate profane (*Orphée*, v. 1683).

François Couperin, dit le Grand (1668-1733)
Il fut le plus grand maître français du clavecin (quatre livres de 27 séries, ou « ordres », de pièces) et composa motets, sonates, concerts royaux, leçons de ténèbres et pièces de violes.

Jean-Philippe Rameau (1683-1764)
Claveciniste et organiste, il contribua à fixer la science de l'harmonie (*Traité de l'harmonie*, 1722). Dans ses tragédies lyriques (*Hippolyte et Aricie*, 1733) et ses opéras-ballets (*les Indes galantes*, 1735), il porta l'émotion et le sentiment dramatique à leur sommet. On lui doit aussi cantates, livres de pièces de clavecin, suites et des *Pièces de clavecin en concerts*.

▲ Jean-Philippe Rameau par Jacques André Joseph Aved (musée des Beaux-Arts, Dijon).

Du romantisme au renouveau

Hector Berlioz (1803-1869)
Ses œuvres sont remarquables par la puissance du sentiment dramatique et par la somptuosité de l'écriture orchestrale : la *Symphonie fantastique* (1830), la *Grande Messe des morts* (1837), *Roméo et Juliette* (1839), *la Damnation de Faust* (1846). Il a laissé de nombreux écrits sur la musique.

Jacques Offenbach (1819-1880)
Il est l'auteur d'opérettes, qui reflètent avec humour la joie de vivre du second Empire (*Orphée aux Enfers*, 1858 et 1874 ; *la Belle Hélène*, 1864 ; *la Vie parisienne*, 1866), et d'un opéra fantastique, *les Contes d'Hoffmann*.

Jacques Offenbach photographié par Nadar. ▶

Camille Saint-Saëns (1835-1921)
Virtuose du piano et de l'orgue, improvisateur-né, attaché à la perfection formelle et à l'école française, il écrivit notamment des ouvrages lyriques (*Samson et Dalila*, 1877), une symphonie avec orgue, des poèmes symphoniques et *le Carnaval des animaux*.

Georges Bizet (1838-1875)
Il écrivit pour le théâtre lyrique des chefs-d'œuvre pleins de vitalité et de pittoresque (*l'Arlésienne*, 1872 ; *Carmen*, 1875).

Gabriel Fauré (1845-1924)
Organiste, il composa 3 recueils de mélodies, de la musique de chambre, des pièces pour piano, un *Requiem* (1900), des œuvres lyriques (*Prométhée*, 1900). Son langage séduit par la richesse de l'harmonie.

▼ Gabriel Fauré par John Singer Sargent, 1889 (collection particulière).

▲ Claude Debussy à Luzancy déchiffrant la partition de *Boris Godounov* (Moussorgski), vers 1893.

Claude Debussy (1862-1918)
Échappant par son indépendance d'esprit à l'influence wagnérienne dans l'opéra, il créa un style de récitatif (*Pelléas et Mélisande*, 1902) et proposa un nouveau raffinement sonore dans ses œuvres pour piano (*Préludes, Études*) et pour orchestre (*Prélude à l'après-midi d'un faune*, 1894 ; *la Mer*, 1905).

Erik Satie (1866-1925)
Précurseur du dadaïsme et du surréalisme, il prôna d'abord le dépouillement (3 *Gymnopédies*, 6 *Gnossiennes*, pour piano), puis s'intéressa à la forme, mais avec humour et dérision (*Trois Morceaux en forme de poire*), avant de nier l'art pour expérimenter la « musique d'ameublement », entouré chez lui de quelques disciples (école d'Arcueil).

Maurice Ravel (1875-1937)
Il fut le plus classique des créateurs modernes français. Attiré par la musique symphonique (*Daphnis et Chloé*, 1912 ; *Boléro*, 1928),

il a également écrit pour le piano (*Concerto pour la main gauche*, 1931), composé des cycles de mélodies (*Shéhérazade*, 1904) et, pour la scène, la fantaisie lyrique *l'Enfant et les sortilèges* (1925). Son œuvre est remarquable par la précision de son dessin mélodique et l'éclat de son orchestration.

▲ Maurice Ravel, estampe d'Achille Ouvré, 1909.

▲ Olivier Messiaen à son domicile en 1986.

Le siècle de la réinvention

Olivier Messiaen (1908-1992)
Son langage musical, d'inspiration souvent mystique, s'est affirmé au contact de rythmiques exotiques et des chants d'oiseaux (*Vingt Regards sur l'Enfant Jésus*, 1945 ; *Turangalîla-Symphonie*, 1949 ; *Catalogue d'oiseaux*, 1959). Il renoua également avec la tradition de l'opéra.

Henri Dutilleux (1916-2013)
Héritier de Debussy et de Ravel, il a développé un langage musical riche et coloré, dans une orchestration raffinée (*Métaboles*, 1964 ; *Mystère de l'instant*, 1989 ; *The Shadows of Time*, 1997 ; *le Temps l'horloge*, 2007-2009).

Pierre Boulez (1925-2016)
Héritier de Debussy et de Webern, il poursuivit la tradition du sérialisme (*le Marteau sans maître*, 1955 ; *Pli selon pli*, 1958 et 1984) et aborda la forme ouverte (*Troisième Sonate pour piano*, 1957).

Pierre Henry (1927-2017)
Représentant de la musique concrète, puis électroacoustique, il travailla avec Pierre Schaeffer (*Symphonie pour un homme seul*, 1950) et avec Maurice Béjart (*Variations pour une porte et un soupir*, 1963). Il évolua ensuite vers des œuvres de vastes dimensions (*l'Art de la fugue odyssée*, 2011) ou plus personnelles (*le Fil de la vie*, 2012).

Le groupe des Six

Association de six compositeurs français fondée à Paris en 1918, le groupe des Six comprenait Louis Durey, Arthur Honegger, Darius Milhaud, Francis Poulenc, Georges Auric et Germaine Tailleferre, qui, réagissant contre l'influence de Debussy, prirent Satie comme chef de file. Le groupe se manifesta en deux œuvres collectives : *les Mariés de la tour Eiffel* (1921) et un *Album des Six*.

Les musiques de film

Maurice Jarre (1924-2009)
Directeur de la musique au TNP, il a composé des musiques de film (*Docteur Jivago*, D. Lean, 1965).

Michel Legrand (1932-2019)
Son sens de la mélodie et de l'orchestration caractérise la musique qu'il a créée notamment pour le cinéma français (en particulier pour Jacques Demy : *les Parapluies de Cherbourg, les Demoiselles de Rochefort, Peau d'âne*).

Vladimir Cosma (né en 1940)
La qualité émotionnelle et rythmique de ses mélodies a fait de lui l'un des créateurs les plus populaires de musiques de film (*le Grand Blond avec une chaussure noire, les Aventures de Rabbi Jacob, la Boum*).

Alexandre Desplat (né en 1961)
Musicien de formation classique, il est reconnu mondialement pour ses musiques de film intimistes ou grandioses, primées à plusieurs reprises (*De battre mon cœur s'est arrêté*, J. Audiard, 2005 ; *The Grand Budapest Hotel*, W. Anderson, 2014).

Michel Legrand à Kiev en 2015. ▲

Sur les routes de France

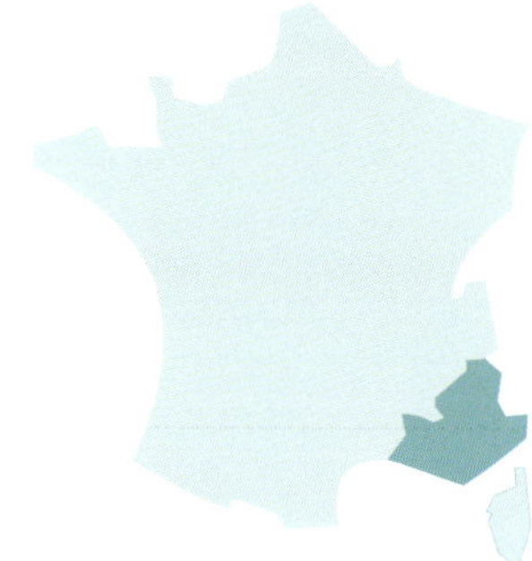

PROVENCE-ALPES-CÔTE D'AZUR, une mosaïque de paysages

Partez à la découverte de la deuxième région touristique de France, de son climat ensoleillé, de ses impressionnants sites gallo-romains, de sa magnifique Côte d'Azur.

Digne-les-Bains, aux portes des Préalpes

Ancienne capitale des *Bodiuntici*, cité gallo-romaine (*Dinia*), la ville devient évêché dès le IVe siècle. Place administrative et commerciale importante, elle souffre des guerres de Religion, puis est dévastée par la peste de 1629. Avec la Révolution, Digne devient le chef-lieu du département des Basses-Alpes. La ligne de chemin de fer à voie métrique Nice-Digne, ou « train des Pignes », fut construite entre 1891 et 1911.

Les gorges du Verdon

Les gorges du Verdon sont les plus grandes d'Europe. Creusées par l'érosion de la rivière du Verdon, leurs parois sont formées par de gigantesques falaises de roches calcaires dont certaines peuvent atteindre 700 m de haut, et offrent des vues spectaculaires sur plus de 21 km. Explorées entièrement pour la première fois en 1905 par le spéléologue Édouard Martel, elles sont aujourd'hui un lieu touristique très convoité, pour expérimenter les plaisirs de la randonnée autant que ceux de la varappe, du canoë ou du rafting.

Gap, à la croisée des chemins

Camp militaire fondé par Auguste (14 avant J.-C.), pour surveiller un carrefour de routes, Gap devient cité en 378, puis passe au royaume de Bourgogne et d'Arles, subit les invasions lombardes (570) et sarrasines. Au Xe siècle, les évêques de Gap deviennent seigneurs de la ville. En 1202, Gap passe au Dauphiné et profite, au XIVe siècle, de l'installation des papes à Avignon, qui crée au travers des Alpes un courant de commerce. Elle reçoit en 1378 une charte. Très marquée par la Réforme (Guillaume Farel était originaire de la ville), elle est dévastée par les guerres de Religion.

Les gorges du Verdon. ▶

▲ Le barrage de Serre-Ponçon sur la Durance.

Un barrage contre la Durance

Achevé en 1961, le barrage de Serre-Ponçon est la pièce maîtresse de l'aménagement de la Durance. Ce barrage en terre, le plus grand de ce type en Europe, a créé une retenue utile de plus d'un milliard de mètres cubes, couvrant environ 3 000 hectares (lac de Serre-Ponçon), alimentée par l'Ubaye et la Durance. Il a permis d'irriguer 100 000 hectares de cultures, de régulariser le cours de la Durance, et il alimente en eau potable les villes de Marseille et de Sisteron. Les villages d'Ubaye et de Savines ont été submergés par les eaux du lac. Savines a été reconstruit sur sa rive méridionale.

Nice la belle

Fondée au Ve siècle avant J.-C. par les Massaliotes (les Marseillais), annexée au comté de Provence (Xe siècle), ville libre (XIe siècle), Nice passa sous la domination des Angevins de Provence (1246), puis sous celle de la maison de Savoie (1388). Française de 1793 à 1814, la ville fut définitivement cédée à la France par le Piémont en 1860.

▲ Vue de Nice et de la promenade des Anglais.

▲ Calanques de l'île de Porquerolles.

Le parfum de Grasse

Ville de tanneurs jusqu'au XVIe siècle, Grasse se spécialise ensuite dans l'industrie des gants parfumés pour ne plus se consacrer qu'à l'industrie du parfum au XVIIIe siècle. Grasse bénéficiera d'un micro-climat favorable depuis des siècles aux cultures florales : roses, jasmin et lavande. Aujourd'hui, Grasse est devenue le principal centre mondial de la parfumerie et emploie plus de 5 000 personnes. Cependant, cette industrie est fragilisée par des coûts de main-d'œuvre importants et des préoccupations liées à l'environnement, qui pourraient bien l'obliger à se délocaliser.

Marseille, la cité phocéenne

Colonie fondée au VIe siècle avant J.-C. par les Phocéens, *Massalia* connut une longue prospérité au temps des Romains. Siège d'une vicomté vassale du comte de Provence au Xe siècle, la ville retrouva son activité au temps des croisades (XIIe-XIIIe siècles). Française en 1481, elle devint un grand centre d'affaires après l'ouverture du canal de Suez (1869).

▲ Le port de Marseille et Notre-Dame-de-la-Garde.

Beauté sauvage en Camargue

La Camargue se situe entre les deux bras principaux du delta du Rhône. Elle couvre 60 000 hectares, dont près de la moitié en marais et en étangs. Elle a été édifiée par les divagations du Rhône : marécages, étangs, bras abandonnés se succèdent, séparés par des levées d'alluvions. Le delta progresse au sud-est, secteur où débouche le Grand Rhône et où se trouvent des marais salants (Salin-de-Giraud), et a tendance à reculer vers l'embouchure du Petit Rhône, à l'ouest. Au centre, des cordons littoraux isolent de vastes nappes d'eau, dont la plus étendue, l'étang de Vaccarès, est en communication épisodique avec la mer par un pertuis. La Camargue souffre de la présence du sel, qui rend sa mise en valeur difficile, mais offre le spectacle d'une belle végétation originale (sansouire), en partie protégée dans une réserve zoologique et botanique.

▲ Flamants roses sauvages en Camargue.

La Camargue a trouvé son aspect actuel dans la seconde moitié du XIXe siècle, à la suite de grands travaux de drainage et d'endiguement. On y compte peu d'habitants, essentiellement à la tête de grands domaines, des éleveurs (manadiers) de chevaux et de taureaux, encadrés par des gardians.

La création du parc naturel régional, en 1970, était mue par une double volonté : protéger une nature originale et contrôler le tourisme, qui avait connu un extraordinaire développement autour du village des Saintes-Maries-de-la-Mer, tout en préservant les activités agricoles (riziculture).

Toulon et son passé militaire

Lors du rattachement de la Provence à la France (1481), Toulon n'est qu'une petite bourgade pourvue d'un excellent mouillage. Henri IV y édifie un arsenal, et le port devient au XVIIe siècle la base des voiliers, Marseille restant celle des galères. De 1679 à 1701, Vauban aménage et fortifie le port. En 1748, les galères sont supprimées, et Toulon reçoit 2 000 forçats pour les travaux de l'arsenal (le bagne ne sera supprimé qu'en 1873). En 1793, la municipalité contre-révolutionnaire appelle les Anglais, qui occupent la ville le 27 août et neutralisent les vaisseaux français ; le 17 décembre, ils évacuent la ville sous les coups de l'artillerie de Bonaparte. La Convention remplace le nom de Toulon par celui de Port-de-la-Montagne et prend des mesures de répression. Sous l'Empire, la rade est bloquée par les navires anglais, mais, après 1815, Toulon devient le centre de la puissance navale française. Pendant la Première Guerre mondiale, Toulon est la base des forces navales alliées en Méditerranée. Lors de la Seconde Guerre mondiale, le 27 novembre 1942, la flotte française se saborde pour ne pas tomber aux mains des Allemands.

▲ Le port de Toulon.

Juillet en Avignon

Le Festival d'Avignon a été initié en 1947 par Jean Vilar. Chaque été, au mois de juillet, les spectateurs ont le choix entre une multitude de propositions artistiques au cœur même du palais des Papes. Aujourd'hui, le Festival accueille aussi bien les pièces de théâtre que les spectacles de danse, de mime, de marionnettes et de théâtre musical.

Les îles d'Or

Peuplé par les plus grandes civilisations (Celtes, Ligures, Étrusques, Grecs et Romains), l'archipel des îles d'Hyères constitue l'extrême pointe méridionale de la Provence et s'étend sur 22 km d'est en ouest. Composé de trois îles (Porquerolles, Port-Cros et Levant), l'archipel offre de magnifiques fonds sous-marins d'une richesse exceptionnelle. La flore sous-marine est constituée de gorgones, posidonies, fenouils de mer où se mêlent poissons de roches ou de sable, araignées de mer, mérous, congres, murènes, chapons se faufilant dans les coins sombres de mystérieuses épaves...

Avignon, la cité des papes

Siège de la papauté de 1309 à 1376, Avignon fut achetée en 1348 par Clément VI à Jeanne Ire, reine de Sicile, comtesse de Provence. Résidence des papes dits « d'Avignon » lors du Grand Schisme d'Occident (1378-1417), la ville, demeurée à l'Église jusqu'en 1791, fut alors réunie à la France en même temps que le Comtat Venaissin.

▲ Le pont Saint-Bénezet et le palais des Papes à Avignon.

Saveurs et spécialités de nos terroirs

Les délices de PROVENCE

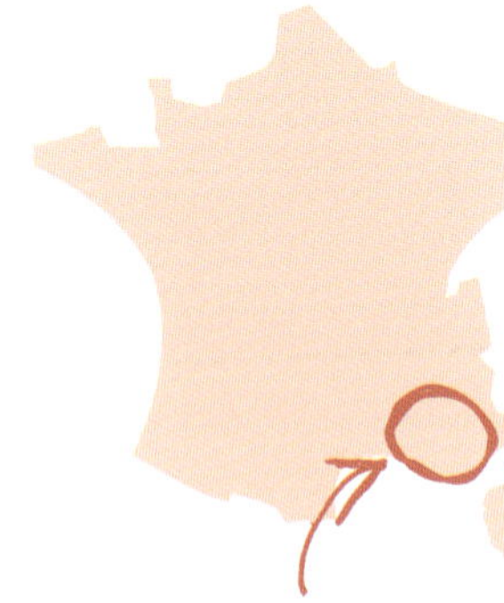

Grand aïoli

POUR 6 PERSONNES

* * *

PRÉPARATION : **1 H**
DESSALAGE DE LA MORUE : **12 H**
CUISSON : **30 À 40 MIN**

- 6 filets de morue de 150 g chacun
- 2 bottes de petites carottes fines
- 2 bottes de navets à longues fanes
- 3 gros artichauts ou 6 artichauts poivrades
- 1 chou-fleur moyen
- 6 pommes de terre moyennes
- 6 œufs
- 1 l de moules
- 5 cl de vin blanc sec
- 1 échalote
- 2 betteraves cuites
- gros sel
- poivre (facultatif)

POUR L'AÏOLI

- 10 à 12 gousses d'ail
- 3 ou 4 pincées de sel
- 3 jaunes d'œufs
- 75 cl d'huile d'olive

1 La veille, mettez les filets de morue à dessaler dans un grand récipient d'eau fraîche. Changez l'eau 2 ou 3 fois.

2 Le jour même, épluchez les carottes et les navets. Cassez la queue des artichauts. Parez le chou-fleur. Lavez tous ces légumes y compris les pommes de terre (ne les épluchez pas).

3 Mettez tous les légumes à cuire séparément dans de l'eau bouillante salée : 10 à 15 minutes pour les carottes et les navets, 20 à 30 minutes pour les artichauts (15 minutes s'ils sont petits), 12 à 15 minutes pour le chou-fleur, 20 minutes pour les pommes de terre. Faites durcir les œufs. Nettoyez les moules et réservez-les.

4 Préparez l'aïoli. Épluchez l'ail, mettez-le dans un mortier et pilez-le avec le sel. Ajoutez les jaunes d'œufs et mélangez pendant 2 minutes environ.

5 Laissez alors reposer 5 minutes. Puis versez l'huile d'olive goutte à goutte d'abord, en filet ensuite, en tournant avec une cuillère en bois toujours dans le même sens. Poivrez éventuellement. L'aïoli doit être très ferme.

6 Faites chauffer de l'eau et plongez-y, avant qu'elle ne bouille, les filets de morue pendant 3 à 4 minutes en conservant de légers frémissements. Égouttez-les bien et mettez-les sur le plat de service ; gardez l'eau de cuisson. Mettez les moules dans une casserole, ajoutez le vin et l'échalote ciselée. Couvrez et faites cuire en remuant de temps à autre. Dès que les moules sont ouvertes, jetez la cuisson et réservez-les.

7 Égouttez tous les légumes et disposez-les sur le plat de service, ainsi que les betteraves que vous aurez réchauffées. Si vous avez utilisé des gros artichauts, coupez-les en deux. Ajoutez les œufs durs et les moules dont vous aurez retiré une valve. Servez l'aïoli à part.

LES OLIVES

Qu'elle soit récoltée avant maturité (verte) ou à maturité (noire), l'olive doit subir une désamérisation pour être consommée. L'olive noire de Nyons (AOC), de variété tanche, est désamérisée par trempage dans une saumure. L'olive noire de la vallée des Baux (AOC), de variété grossane, est piquée au sel sec ou préparée en saumure. L'olive cassée de la vallée des Baux (AOC) est verte, de variétés salonenque ou berruguette (le cassage a pour but d'enlever l'amertume). On trouve également en Provence des olives vertes de table de variétés picholine et lucques.

Bar entier au fenouil

POUR 4 PERSONNES

* * *

PRÉPARATION : **15 MIN**
CUISSON : **30 MIN**

- 4 fenouils
- 1 bar de 1,7 à 2 kg vidé par le poissonnier
- 4 cuill. à soupe de graines de fenouil
- 1/2 bouquet d'aneth frais
- 6 cuill. à soupe d'huile d'olive
- 40 g de beurre
- sel, baies roses et poivre

1 Préchauffez le four à 220 °C (th. 7-8). Lavez les fenouils, coupez leur base, ainsi que les branches vertes et découpez-les en quatre. Portez à ébullition de l'eau salée dans une casserole et faites-y cuire les fenouils pendant environ 10 minutes. Égouttez-les.

2 Lavez le bar et essuyez-le délicatement. Posez-le dans un grand plat ou sur la plaque du four. Salez, parsemez de baies roses, de graines de fenouil, glissez des feuilles d'aneth dans le ventre du poisson et arrosez-le avec l'huile d'olive. Enfournez pour 30 minutes.

3 Pendant ce temps, faites fondre le beurre dans une poêle et faites cuire les fenouils en les retournant régulièrement afin qu'ils soient bien braisés. Poivrez.

4 Dégustez le poisson avec les fenouils poêlés.

Jarret de veau à la provençale

POUR 4 À 6 PERSONNES

* * *

PRÉPARATION : **15 MIN** - CUISSON : **1 H 40 ENVIRON**

- 4 à 6 tranches de jarret de 180 g
- 2 oignons
- 6 à 8 tomates
- 2 gousses d'ail
- 3 cuill. à soupe d'huile d'olive
- 20 cl de vin blanc
- 1 bouquet garni
- 15 cl de bouillon de veau
- sel et poivre

1 Salez et poivrez le jarret. Pelez et hachez les oignons. Plongez les tomates pendant 20 secondes dans de l'eau bouillante, puis rafraîchissez-les à l'eau froide. Pelez-les, épépinez-les, puis coupez-les en morceaux. Pelez et écrasez les gousses d'ail.

2 Faites chauffer l'huile dans une sauteuse et mettez-y à dorer, de chaque côté, les tranches de jarret.

3 Ajoutez l'oignon et faites-le blondir. Puis ajoutez les tomates, le vin blanc et le bouquet garni. Remuez bien et laissez cuire 5 minutes.

4 Ajoutez le bouillon et l'ail. Couvrez et faites cuire pendant 1 h 20 à feu doux. Laissez ensuite réduire la sauce pendant 10 minutes à découvert. Servez bien chaud.

L'HUILE D'OLIVE

Largement utilisée dans la cuisine méditerranéenne, l'huile d'olive jouit d'une grande réputation gastronomique depuis l'Antiquité. Elle peut être qualifiée de « vierge » ou de « vierge extra » selon un taux maximal d'acidité oléique. Certaines huiles bénéficient d'une AOC, comme celles d'Aix-en-Provence, de Corse, de Haute-Provence, de la vallée des Baux-de-Provence, de Nice, de Nîmes, de Nyons ou de Provence. Techniques de pressage, variétés d'olives, macérations sont autant de spécificités de ces types d'huile d'olive.

Les herbes de Provence

* * *

Longtemps cueillis à la main, romarin, origan, sarriette, thym et basilic sont les plantes qui composent ce mélange aromatique si particulier. S'il n'a pas, ou pas encore, d'AOC ou d'IGP, des producteurs se sont cependant regroupés et suivent un cahier des charges label rouge, afin de valoriser la production régionale.

Tian de légumes

POUR 4 PERSONNES

* * *

PRÉPARATION : **15 MIN** - CUISSON : **1 H 15 ENVIRON**

- 4 courgettes
- 6 tomates
- 2 aubergines
- 2 oignons blancs
- 2 gousses d'ail
- 2 branches de thym
- 1 feuille de laurier
- 3 cuill. à soupe d'huile d'olive
- quelques feuilles de basilic
- sel et poivre

1 Préchauffez le four à 160-170 °C (th. 5-6). Lavez les courgettes, les tomates et les aubergines. Coupez-les en rondelles. Pelez les oignons et l'ail, émincez-les.

2 Huilez un plat à four et déposez les rondelles de légumes, à la verticale, en les alternant. Parsemez d'oignon et d'ail. Effeuillez le thym au-dessus du plat et ajoutez la feuille de laurier. Arrosez du reste d'huile, salez et poivrez.

3 Faites cuire au four pendant environ 1 h 15. Parsemez le tian de basilic ciselé et servez directement dans le plat de cuisson avec, par exemple, des côtelettes d'agneau et du riz basmati.

4 Variante : vous pouvez également peler les courgettes avec un Économe en laissant une bande de peau sur deux.

Sur les routes de France

Les plus pittoresques des GORGES

Façonnées par les cours d'eau durant des millions d'années, **les gorges** françaises sont aussi belles que spectaculaires.

◀ Le rocher du vase de Chine dans les gorges de la Jonte.

Les gorges du Tarn ▲

Le Tarn naît au sud du mont Lozère. Après avoir reçu le Tarnon, il s'encaisse entre le causse de Sauveterre et le causse Méjean, formant des gorges exceptionnelles entre Sainte-Enimie (Lozère) et Peyreleau (Aveyron). Les sites réputés et variés des gorges du Tarn (cirques, cascades, falaises calcaires pouvant atteindre 500 m de hauteur) attirent de nombreux touristes. Les gorges se découvrent par la rivière, le sentier pédestre, la route ou les airs. Ponctuées de sites remarquables et de villages typiques, les gorges du Tarn sont labellisées « grand site de France ».

Les gorges du Verdon

Rivière des Alpes du Sud, le Verdon, descendu du massif des Trois-Évêchés, passe à Allos, Saint-André-les-Alpes, Castellane. Il entre ensuite dans des gorges où la hauteur des falaises calcaires varie entre 250 et 700 m de hauteur. Après le lac de Sainte-Croix, son cours se jette dans la Durance. Une route touristique, dite « de la Corniche sublime », longe la rive sud du plus grand canyon d'Europe sur une vingtaine de kilomètres et offre des points de vue à couper le souffle. Prisé par les sportifs, ce site est propice à la pratique du canoë, du kayak, de l'escalade, du parapente et de la randonnée pédestre.

Les gorges de l'Ardèche

Née dans les Cévennes, à 1 467 m d'altitude, l'Ardèche coule presque entièrement dans le département auquel elle a donné son nom. Mais c'est dans le cours aval, et surtout à partir de Vallon-Pont-d'Arc (après avoir reçu son principal affluent, le Chassezac), que la vallée est particulièrement pittoresque, donnant naissance aux gorges de l'Ardèche, entaillées entre les plateaux calcaires, passant sous l'arche naturelle du pont d'Arc. Sur 32 km, jusqu'à Saint-Martin-d'Ardèche, classées réserve naturelle, les gorges sont spectaculaires et offrent aux visiteurs, par la route touristique, en canoë ou en kayak, des paysages sublimes ainsi qu'un panel d'activités allant de l'observation de la faune à la visite de grottes et avens en passant par la pratique d'activités sportives ou le farniente.

▲ Gorges de l'Ardèche, au niveau de l'arche du pont d'Arc.

Les gorges de Galamus

Les gorges de Galamus s'étendent sur seulement 2 km mais sont considérées comme un site naturel exceptionnel au cœur du massif des Fenouillèdes, entre l'Aude et les Pyrénées-Orientales. Avant de rejoindre la Méditerranée, les eaux de l'Agly ont creusé des parois dans le calcaire sur plus de 500 m de profondeur, forgeant ainsi ces gorges praticables en canyoning.

◀ Canyoning dans les gorges de Galamus.

Les gorges de la Jonte

À la frontière entre la Lozère et l'Aveyron, juste avant de rejoindre le Tarn, la Jonte, dont la source est localisée au mont Aigoual, forme des gorges sur 20 km. Les paysages sur les Cévennes et les Grands Causses sont admirables et les falaises de calcaires dolomitiques façonnent un canyon aux allures vertigineuses. Ce site est réputé pour l'observation des oiseaux et plus particulièrement des vautours fauves, busards et aigles royaux, depuis le belvédère de la maison des Vautours à Saint-Pierre-des-Tripiers. Les amateurs d'escalade seront comblés avec environ 300 voies à découvrir, réparties sur l'ensemble du site. Pour les randonneurs, à pied, à VTT, à cheval ou en âne, les étapes pourront laisser libre cours à de multiples activités, comme le canyoning, le canoë, la spéléologie, l'escalade jusqu'aux fameux vase de Sèvres et vase de Chine, ou tout simplement la baignade et la découverte des petits villages alentour.

Canoë dans les gorges du Verdon.

Trésors du patrimoine

PRESTIGIEUSES abbayes de France

▲ L'abbaye de Silvacane à La Roque-d'Anthéron.

Monde du silence et du recueillement, les abbayes apportent la sérénité à qui les visite. Au cours de ce voyage tant spirituel que culturel, le charme est toujours au rendez-vous.

L'abbaye de Silvacane

À la différence de ses « sœurs » cisterciennes, Sénanque et Le Thoronet, l'abbaye de Silvacane domine le cours de la Durance. Située dans l'arrière-pays provençal, elle est fondée en 1144, et est ainsi la dernière venue des trois abbayes surnommées les « trois sœurs provençales ». Tout y rappelle la volonté cistercienne de dépouillement et de beauté impulsée par saint Bernard dans toute l'Europe chrétienne, entre le XIIe et le XIVe siècle. Impression qui transparaît à l'identique dans le cloître et dans les bâtiments conventuels, parmi lesquels le réfectoire du XVe siècle.

L'abbaye de Fontenay, en Bourgogne

Ancienne abbaye fondée en 1119 par saint Bernard de Clairvaux, l'abbaye de Fontenay est un des exemples les plus aboutis de l'architecture cistercienne : église couverte en berceau brisé, cloître, dortoir des moines et salle capitulaire. Émouvante par sa simplicité et son austérité, elle est très bien conservée, son ensemble constituant un chef-d'œuvre de l'art roman. L'abbaye de Fontenay, située au cœur de la Bourgogne, dans le département de la Côte-d'Or, est inscrite sur la liste du patrimoine mondial de l'Unesco depuis 1981.

La salle capitulaire de l'abbaye cistercienne de Fontenay, en Bourgogne. ▲

L'abbaye de Fontevraud, en Anjou

L'abbaye Notre-Dame de Fontevraud, abbaye chef d'ordre, fut fondée en 1101 par Robert d'Arbrissel. Soumis à la règle de saint Benoît, l'ordre réunit sous le gouvernement d'une abbesse des couvents d'hommes et de femmes. Après avoir compté jusqu'à trente maisons en Europe, l'ordre fut supprimé en 1792. Occupés de 1804 à 1963 par une prison, les bâtiments conventuels de l'abbaye principale ont été remis en valeur et abritent, depuis 1975, le Centre culturel de l'Ouest. L'église, du XIIe siècle, conserve les gisants des premiers souverains Plantagenêts. Sa nef surmontée de quatre coupoles, le cloître du XVIe siècle et la cuisine avec ses 21 cheminées constituent des trésors architecturaux.

▲ Le cloître de l'abbaye de Fontevraud.

L'abbaye de Moissac, dans le Tarn-et-Garonne

Sommet de l'art roman, l'abbaye de Moissac fut fondée, selon la tradition, par Clovis en 506 et, plus vraisemblablement, par saint Ansbert vers 648. Dévastée par les Arabes et les Normands, l'abbaye connut un essor extraordinaire quand elle fut rattachée à Cluny au XIe siècle. Une nouvelle abbatiale fut consacrée en 1063 ; le décor sculpté du portail principal, inspiré de l'Apocalypse de saint Jean, et le cloître furent achevés vers 1130. Le cloître, creuset de toute la sculpture romane languedocienne, conserve au long de ses quatre galeries 76 colonnes de marbre surmontées de chapiteaux. Situés sur les chemins de Saint-Jacques-de-Compostelle en France, l'abbaye de Moissac et son cloître sont inscrits à ce titre sur la liste du patrimoine mondial de l'Unesco depuis 1998.

L'abbaye de Fontfroide, dans l'Aude

Enfouie dans un vallon sauvage, l'abbaye de Fontfroide est dotée de la plus belle architecture cistercienne méridionale. Fondée à la fin du XIe siècle par un vicomte de Narbonne, elle fut rattachée à Cîteaux en 1146 et connut un développement immense du XIIe au XIVe siècle. Détruite à la Révolution, elle a été admirablement restaurée au début du XXe siècle. Avec ses jardins à l'italienne et ses cours fleuries, le cadre est enchanteur. Le cloître gothique est un joyau avec ses galeries voûtées d'ogives. L'église abbatiale, élevée au XIIe siècle, est une merveille de proportion et d'harmonie. On retrouve la sobre élégance cistercienne dans la salle capitulaire, portée par neuf voûtes romanes reposant sur des colonnes de marbre.

Les FILMS INOUBLIABLES du cinéma français

Inventé par des Français, les frères Lumière, le cinéma est une part essentielle de la vie culturelle au XXe siècle, comme le montre la création du Festival de Cannes… Voici quelques-uns des chefs-d'œuvre du cinéma français.

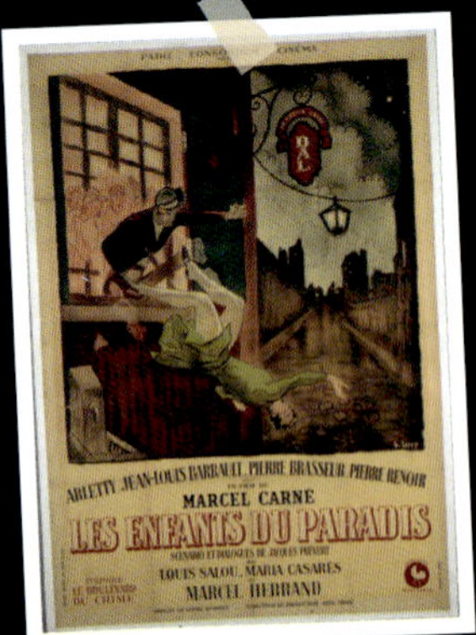

La Grande Illusion

1916 sur le front allemand. Le capitaine de Boëldieu, un aristocrate joué par Pierre Fresnay, et le lieutenant d'aviation Maréchal, un homme du peuple interprété par Jean Gabin, se retrouvent prisonniers dans un oflag. Ce dernier prépare une évasion avec le lieutenant Rosenthal, fils de famille juif. Il sera aidé dans sa fuite par une paysanne allemande dont il tombe amoureux. D'un réalisme poétique puissant, le film montre que les classes sociales peuvent diviser plus que les frontières mais que le besoin d'amitié et de fraternité finit par triompher.

▲ Pierre Fresnay et Erich von Stroheim dans *la Grande Illusion* (1937), de Jean Renoir.

La Femme du boulanger

L'art de Marcel Pagnol atteint son apogée dans *la Femme du boulanger*, comédie bouffe sous le ciel provençal. Depuis que son épouse Aurélie l'a quitté pour un berger, le boulanger Aimable Castanier fait la grève du pain. Tout le village se mobilise alors pour lui ramener l'infidèle. Un film sur la démocratie villageoise chère à Pagnol, avec une savoureuse galerie de portraits dominée par le grand Raimu dans le rôle du mari trompé, qu'il incarne tout en retenue et humanité.

▲ Raimu dans *la Femme du boulanger* (1939), de Marcel Pagnol, photographie de tournage (collection particulière).

Les Enfants du paradis

Emblématique du réalisme poétique, le film *les Enfants du paradis* (1945) est le fruit du tandem Carné (à la réalisation) et Prévert (au scénario), déjà à l'œuvre dans *le Quai des brumes* en 1938, *Le jour se lève* en 1939 et *les Visiteurs du soir* en 1942. Sur le boulevard du Crime, haut lieu du spectacle parisien en 1830, comédiens, aristocrates et filles du peuple affrontent les affres de l'amour et de la passion, la mort, la trahison. La gouailleuse et libre Garance (Arletty) est amoureuse de Baptiste (Jean-Louis Barrault) et aimée du truculent Frédérick (Pierre Brasseur). Tourné pendant la guerre, le chef-d'œuvre dont Joseph Kosma avait composé la musique ne sortira qu'à la Libération.

La Belle et la Bête

La Belle et la Bête (1946) de Jean Cocteau donne au cinéma un nom : magie (acronyme d'image). Car dans cette adaptation du célèbre conte par Jean Cocteau, tout relève de la féerie. Le réalisateur compose en effet un décor merveilleux, donnant vie à des candélabres humains sortis de la pierre. Son héroïne (Josette Day) glisse sous une lumière surréaliste prolongeant les ombres. Et puis, bien sûr, il y a la Bête, avec ses yeux de velours sous le masque de la sauvagerie et sa voix troublante, incarnée par le grand Jean Marais.

▲ Arletty et Marcel Herrand dans *les Enfants du paradis* (1945), de Marcel Carné.

Le plus populaire

Louis de Funès et Bourvil font rire la France entière dans *la Grande Vadrouille*, de Gérard Oury, en 1966. Les deux compères avaient joué ensemble dans *le Corniaud* mais, cette fois, ils forment un tandem irrésistible mettant en scène, sous l'Occupation, un chef d'orchestre irascible et un peintre en bâtiment un peu naïf, fuyant ensemble l'armée allemande lancée à leurs trousses. Le réalisateur a laissé aux comédiens toute liberté pour imaginer des gags que leur personnalité rend hilarants.

◀ Louis de Funès et Bourvil dans *la Grande Vadrouille* (1966), de Gérard Oury.

À bout de souffle

Tourné en moins d'un mois, *À bout de souffle* (1960) de Jean-Luc Godard réveille une production française jugée trop académique. Bousculant les codes narratifs, il colle au plus près du présent et de la réalité de la cavale de son personnage principal, un jeune voleur de voitures (Jean-Paul Belmondo) qui vient de tuer un policier. Mais l'Américaine qu'il dit aimer (Jean Seberg) le dénonce. Tentant de fuir, il est abattu en pleine rue. C'est le début de la nouvelle vague, dont Godard, qui « a fait table rase. Table rase de la psychologie, de la sociologie, de la logique, de la morale, et bien entendu du cinéma traditionnels » (Jean Collet), est un des cinéastes les plus audacieux.

Hiroshima mon amour

Hiroshima mon amour, film d'Alain Resnais écrit par Marguerite Duras, met face à face une jeune actrice française (Emmanuelle Riva), venue tourner un film sur la paix à Hiroshima, et un architecte japonais. Leur brève idylle dans un univers vitrifié d'après la catastrophe atomique fait rejaillir le passé de la jeune femme, qui a, pendant la guerre, aimé un soldat allemand à Nevers. Un poème lyrique, psalmodié et ponctué d'ellipses, certainement l'une des œuvres les plus anticonformistes de l'histoire du cinéma.

Les Quatre Cents Coups

Les Quatre Cents Coups est le premier film de François Truffaut, et sans doute le plus abouti de la Nouvelle Vague. Il inaugure la saga consacrée au jeune Antoine Doisnel (Jean-Pierre Léaud), rêveur et insolent, dont le cinéaste raconte le parcours, de l'enfance à l'âge adulte. Après avoir menti sur la mort de sa mère, il se trouve entraîné dans de menus larcins, se livre à des provocations et fugue. Il est alors placé dans un centre d'observation pour délinquants où la discipline est rude. Un jour, il s'évade et court, à perdre haleine. *Les Quatre Cents Coups* sera suivi de *Antoine et Colette* (1962), *Baisers volés* (1968), *Domicile conjugal* (1970) et *l'Amour en fuite* (1979).

À nos amours

Les personnages d'*À nos amours* (1983), de Maurice Pialat, souffrent ou font souffrir, la vie leur échappe et le cinéaste filme leur douleur sur le vif. Le film, récompensé par deux césars en 1984, est le portrait cinglant d'une adolescente (Sandrine Bonnaire) tentant de survivre au sein d'une famille toxique. Quelques années plus tard, en 1991, Pialat filmera du même œil acéré le mal de vivre du peintre Van Gogh, incarné par Jacques Dutronc.

▲ Sandrine Bonnaire et Pierre-Loup Rajot dans *À nos amours* (1983), de Maurice Pialat.

Le plus international

Clé, *le Fabuleux Destin d'Amélie Poulain* l'est car son auteur, Jean-Pierre Jeunet, a ouvert avec ce film la boîte aux rêves, pleine de fées, de princes et de bonheurs oubliés. Amélie, une jeune fille sage, serveuse dans un café de Montmartre, découvre que sa véritable vocation est de rendre les gens heureux. Elle s'y emploie alors en aidant des personnages croqués avec poésie et tendresse. Jeunet signe une œuvre guidée par l'imaginaire, originale et malicieusement caustique. Le spectateur est entraîné dans un Paris mythique, au cœur d'une vie rêvée et presque enfantine, le grain de folie en plus.

◀ *Les Quatre Cents Coups* (1959), de François Truffaut, affiche.

Le Fabuleux Destin d'Amélie Poulain (2001), de Jean-Pierre Jeunet, affiche. ▶

Eiji Okada et Emmanuelle Riva dans *Hiroshima mon amour* (1959), d'Alain Resnais. ▶

La France, berceau des arts

DERRIÈRE la CAMÉRA, les grands réalisateurs

Ce sont des Français qui ont inventé le procédé cinématographique ; le septième art est donc loin, en France, d'être accessoire. Travelling dans le temps, depuis l'invention du cinéma jusqu'aux grands bouleversements de l'après-guerre...

Les inventeurs

Émile **Reynaud** (1844-1918), créateur du « praxinoscope » (1876) et du « théâtre optique », avec lequel il assura de 1892 à 1900 plus de 10 000 projections publiques, fut l'un des pionniers du dessin animé. Georges **Méliès** (1861-1938) fut un pionnier du spectacle cinématographique. Illusionniste, inventeur des premiers trucages, constructeur des premiers studios, il réalisa plus de 500 petits films (*le Voyage dans la Lune*, 1902 ; *20 000 Lieues sous les mers*, 1907).

▲ *Le Voyage dans la Lune* (1902), de Georges Méliès.

Les **frères Lumière** (Louis, 1864-1948, et Auguste, 1862-1954) sont des inventeurs et industriels. Louis, aidé de son frère, inventa le Cinématographe, pour lequel il tourna de nombreux films. Parmi ceux-ci, on connaît surtout *l'Arroseur arrosé*, *l'Arrivée du train en gare de La Ciotat* (1895-1896).

Auguste et Louis Lumière. ▶

▲ Le praxinoscope d'Émile Reynaud, 1877 (collection particulière).

L'avant-guerre : les premières années

Abel Gance (1889-1981)
Inventeur de plusieurs procédés techniques, auteur ambitieux et inspiré (*J'accuse*, 1919 ; *Napoléon*, 1927), il fut un pionnier du langage cinématographique.

Jean Renoir (1894-1979)
Fils d'Auguste Renoir, il a imposé un style sensuel et lumineux, mélange de réalisme et de théâtralité, qui fait de lui l'un des plus grands cinéastes français : *Partie de campagne* (1936), *la Grande Illusion* (1937), *la Règle du jeu* (1939).

Marcel Pagnol (1895-1974)
Ses comédies (*Topaze, Marius, Fanny*), ses recueils de souvenirs (*la Gloire de mon père*) et ses films (*Angèle*, 1934 ; *la Femme du boulanger*, 1938) évoquent avec tendresse sa Provence natale.

Marcel Pagnol. ▶

Julien Duvivier (1896-1967)
Auteur prolifique et varié, brillant technicien, il a réalisé *la Belle Équipe* (1936), *Pépé le Moko* (1937), *le Petit Monde de Don Camillo* (1952).

René Chomette, dit René Clair (1898-1981)
Il a marqué les années 1920 et 1930 par des films empreints de fantaisie poétique et d'ironie joyeuse (*À nous la liberté*, 1931 ; *les Grandes Manœuvres*, 1955).

Claude Autant-Lara (1901-2000)
Un humour caustique et de réelles qualités d'écriture caractérisent ses meilleures œuvres : *le Diable au corps* (1947), *la Traversée de Paris* (1956).

Christian Maudet, dit Christian-Jaque (1904-1994)
Son brio et sa verve lui ont valu de grands succès : *les Disparus de Saint-Agil* (1938), *Fanfan la Tulipe* (1952).

Marcel Carné (1906-1996)
Avec la collaboration de Jacques Prévert, scénariste de la plupart de ses films, il fut l'un des chefs de file du réalisme poétique, privilégiant les atmosphères sombres et les dénouements fatals : *Drôle de drame* (1937), *le Quai des brumes* (1938), *Hôtel du Nord* (id.), *les Enfants du paradis* (1945), *les Portes de la nuit* (1946).

René Clair sur le tournage ▼ des *Grandes Manœuvres*, en 1955.

Entre classicisme et innovation

Henri-Georges Clouzot (1907-1977)
Maître du suspense et des atmosphères troubles, il a réalisé *L'assassin habite au 21* (1942), *le Corbeau* (1943), *Quai des Orfèvres* (1947), *le Salaire de la peur* (1953).

Jacques Tatischeff, dit Jacques Tati (1907-1982)
Reposant sur une observation minutieuse et ironique du quotidien, ses œuvres (*Jour de fête*, 1949 ; *les Vacances de M. Hulot*, 1953 ; *Mon oncle*, 1958) ont renouvelé le film d'humour français.

▲ Jacques Tati dans *Mon oncle* (1958).

Jean Delannoy (1908-2008)
Il est l'auteur de films dramatiques et psychologiques (*l'Éternel Retour*, 1943 ; *la Princesse de Clèves*, 1961).

René Clément (1913-1996)
Un style rigoureux et un réalisme souvent pessimiste caractérisent ses films (*Jeux interdits*, 1952 ; *Paris brûle-t-il ?*, 1966).

▲ Jean-Paul Belmondo et Jean Desailly dans *le Doulos* (1963), de Jean-Pierre Melville.

Jean-Pierre Grumbach, dit Jean-Pierre Melville (1917-1973)
Après *le Silence de la mer* (d'après Vercors, 1949), il s'imposa comme l'auteur de films noirs, rigoureux et dépouillés : *le Doulos* (1963), *le Samouraï* (1967).

Max Gérard Houry, dit Gérard Oury (1919-2006)
Ses comédies (*le Corniaud*, 1965 ; *la Grande Vadrouille*, 1966 ; *la Folie des grandeurs*, 1971 ; *les Aventures de Rabbi Jacob*, 1973) comptent parmi les plus gros succès du cinéma français.

Achod Malakian, dit Henri Verneuil (1920-2002)
Il dirigea une pléiade de grands acteurs dans des films humanistes ou d'action (*la Vache et le Prisonnier*, 1959 ; *Un singe en hiver*, 1962 ; *le Clan des Siciliens*, 1969).

Claude Sautet (1924-2000)
Dans ses films doux-amers se reflètent les incertitudes de la société contemporaine (*les Choses de la vie*, 1970 ; *César et Rosalie*, 1972 ; *Nelly et M. Arnaud*, 1995).

Maurice Pialat (1925-2003)
Filmant la souffrance et l'affrontement passionnel, il a réalisé *Nous ne vieillirons pas ensemble* (1972), *Loulou* (1980), *À nos amours* (1983), *Sous le soleil de Satan* (1987).

Georges Lautner (1926-2013)
Ses films, souvent dialogués par Michel Audiard, introduisent dans le cinéma policier ou d'action une dimension parodique et populaire (*les Tontons flingueurs*, 1963 ; *le Professionnel*, 1981).

Claude Beri Langmann, dit Claude Berri (1934-2009)
Il fut l'homme-orchestre du cinéma français, cumulant succès de réalisation (*Tchao pantin*, 1983 ; *Jean de Florette* et *Manon des sources*, 1986 ; *Germinal*, 1993) et de production (*Bienvenue chez les Ch'tis*, Dany Boon, 2008).

La nouvelle vague

Jean-Marie Maurice Schérer, dit Éric Rohmer (1920-2010)
L'œuvre de ce pionnier de la nouvelle vague, organisée en cycles, se présente comme une série de variations élégantes sur les comportements affectifs et sociaux (*Ma nuit chez Maud*, 1969 ; *les Nuits de la pleine lune*, 1984 ; *Conte d'automne*, 1998). Il a aussi réalisé des adaptations d'œuvres littéraires et des films historiques (*Perceval le Gallois*, 1979).

Alain Resnais (1922-2014)
Il capta avec la même grâce les élans du cœur, le sillage d'une pensée ou les méandres de la mémoire (*Nuit et Brouillard*, 1955 ; *Hiroshima mon amour*, 1959 ; *l'Année dernière à Marienbad*, 1961). Il fut aussi l'auteur de films au ton plus léger (*On connaît la chanson*, 1997).

Agnès Varda (1928-2019)
Après *la Pointe courte* (1955), qui annonçait la nouvelle vague, elle a réalisé notamment *Cléo de 5 à 7* (1962), *Sans toit ni loi* (1985). Son art s'exprime aussi dans des installations. Elle a reçu en 2017 un Oscar d'honneur.

Claude Chabrol (1930-2010)
Pionnier de la nouvelle vague (*le Beau Serge*, 1959), il excella à peindre les mœurs bourgeoises avec un humour corrosif (*Violette Nozière*, 1978 ; *Merci pour le chocolat*, 2000).

▲ Alain Resnais sur un tournage.

Jean-Luc Godard (1930-2022)
Cinéaste de la nouvelle vague, il a remis en question les codes idéologiques et esthétiques pour explorer de nouvelles relations entre le spectateur et le film : *À bout de souffle* (1960), *le Mépris* (1963), *Pierrot le Fou* (1965), *Adieu au langage* (2014). Dans *Histoire(s) du cinéma*, à la fois livre (1998) et ensemble d'émissions pour la télévision, il donne à voir toute la force du septième art.

▲ Jean-Luc Godard.

Jacques Demy (1931-1990)
Ses films, à la fois tendres et amers, entre réalisme et onirisme (*Peau d'âne*, 1970), sont parfois chantés (*les Parapluies de Cherbourg*, 1964 ; *les Demoiselles de Rochefort*, 1967).

François Truffaut (1932-1984)
Critique de cinéma, il devient avec *les Quatre Cents Coups* (1959) le cinéaste le plus populaire de la nouvelle vague. Son intelligence du récit, sa sensibilité romanesque et la vérité de ses personnages font de lui un maître du cinéma français (*Jules et Jim*, 1962 ; *la Nuit américaine*, 1973 ; *le Dernier Métro*, 1980).

▲ François Truffaut sur le tournage du *Dernier Métro* en 1980.

Les plus BEAUX PARCOURS d'escalade et d'alpinisme

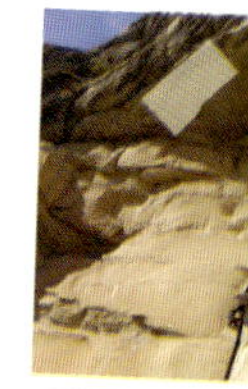

▲ Le site d'Annot
ses blocs de grè

Découvrir la montagne en **escaladant** les monts les plus spectaculaires des Alpes ou des Pyrénées est un privilège réservé aux grimpeurs les plus aguerris. Lorsqu'on parvient au sommet de la falaise ou de la montagne, le panorama s'offre comme la récompense suprême !

Le mont Aiguille et sa paroi rocheuse. ▲

Le mont Aiguille

Impressionnant avec sa paroi rocheuse de 200 m, le mont Aiguille, dans le Vercors, culmine à 2 087 m de hauteur. C'est Antoine de Ville qui réalise la première ascension en 1492 et ouvre la voie de l'alpinisme en France. La plupart des voies d'ascension de cette citadelle de calcaire sont très accessibles et offrent aux alpinistes, chevronnés ou en herbe, l'occasion de savourer un panorama à 360° sur le Vercors, le massif des Écrins, la chaîne de Belledonne, le Grand Ferrand, les falaises du Grand Veymont et la vallée grenobloise.

Le Vignemale

Point culminant des Pyrénées françaises, dans le département des Hautes-Pyrénées, le Vignemale culmine à 3 298 m. La première ascension a été réalisée par H. Cazaux et B. Guilhembet, en 1837, par le versant du glacier d'Ossoue. Beaucoup plus difficiles sont les ascensions de ce sommet par le couloir du Clot de la Hount (H. Brulle et J. Bazillac avec les guides Sarettes et Bordenave, 1879), et surtout par la face nord (H. Barrio et R. Bellocq, 1933). Au point culminant de ce fantastique éventail de muraille, la vue est saisissante sur la demi-douzaine de sommets de plus de 3 000 m qui l'entourent.

▲ Le Vignemale, point culminant des Pyrénées françaises.

Le mont Blanc

Sommet emblématique et « toit de l'Europe », le mont Blanc culmine à 4 810 m et constitue le point dominant de la chaîne des Alpes. Accessible au plus grand nombre sur le versant français et aux grimpeurs les plus chevronnés du côté italien, où les voies sont plus ardues, le sommet du mont Blanc devient chaque année l'objectif à atteindre pour les alpinistes venant du monde entier.

▲ Alpinistes sur le mont Blanc.

La barre des Écrins

Réservée aux alpinistes expérimentés, l'ascension de la barre des Écrins, dans les Alpes, offre à ceux qui parviennent à la vaincre un panorama exceptionnel sur les quatre glaciers qui l'entourent : au nord-ouest du sommet, le glacier de Bonne Pierre ; au nord-est, le glacier Blanc ; au sud-ouest, le glacier du Vallon de la Pilatte et enfin, au sud-est, le glacier Noir. Deux voies principales : la voie normale traverse le glacier Blanc et remonte les pentes du versant nord, tandis que la face sud, plus rocheuse et plus sauvage, propose plus de 1 000 m de grandes voies d'escalade. La première ascension de cette montagne majestueuse, culminant à 4 102 m, date de 1864.

La barre des Écrins ▶
dans les Alpes.

La Meije ou la « reine Meije »

La Meije est un sommet des Alpes françaises (aux confins des Hautes-Alpes et de l'Isère), dans le nord du massif de l'Oisans, au-dessus de la vallée de la Romanche. Dominant la vallée des Étançons au sud et celle de la Romanche au nord, la Meije se présente comme une gigantesque arête orientée ouest-est et comprenant successivement la brèche de la Meije, le Grand Doigt et le grand pic de la Meije, point culminant à 3 983 m ; l'arête s'abaisse ensuite à la brèche Zsigmondy et se redresse au pic Central, ou doigt de Dieu ; au-delà de la brèche Joseph-Turc se dresse enfin la Meije orientale. Dernier sommet majeur des Alpes à être gravi (1877), la traversée de la Meije est une grande classique des Alpes ; les refuges du Promontoire (face sud) et de l'Aigle (face nord) en facilitent l'accès.

La Meije.

L'aiguille Verte

L'aiguille Verte, qui culmine à 4 122 m, est un des plus beaux sommets du massif du Mont-Blanc et le plus haut sommet à être entièrement français. Sa position centrale offre un magnifique panorama sur tout le massif. Elle présente quatre faces et quatre arêtes, qui constituent les principales voies d'ascension ; aucune n'est facile et certaines sont même très difficiles. La première ascension a été réalisée par Whymper et ses guides Almer et Biener, qui empruntèrent le versant de Talèfre le 29 juin 1865.

L'aiguille Verte et ses quatre arêtes. ▲

Les Grandes Jorasses

Entre la France et l'Italie se dressent les Grandes Jorasses. Montagne mythique des Alpes, elle se présente sous la forme d'une arête longue où se détachent six pointes – Young (3 596 m), Marguerite (4 065 m), Hélène (4 045 m), Croz (4 110 m), Whymper (4 184 m) et Walker (4 208 m) –, encadrées par le col des Hirondelles et le col des Grandes Jorasses. La pointe Walker est le point culminant des Grandes Jorasses à 4 208 m. La traversée des Grandes Jorasses reste une grande course classique du massif du Mont-Blanc.

◀ Les Grandes Jorasses, d'où se détachent les six pointes.

Les calanques de Marseille et de Cassis

Dans les **Calanques**, le cadre est sublime… La beauté du lieu entre ciel, terre et mer constitue une ambiance de choix pour

▲ La roche calcaire des falaises dans les calanques de Cassis.

escalader les **fabuleuses falaises** de roche calcaire qui longent le littoral entre Marseille, Cassis et La Ciotat. Un très large éventail de voies est proposé pour les plus expérimentés comme pour les plus novices, à condition d'être accompagné d'un moniteur d'escalade.

La forêt de Fontainebleau

Située à une heure de Paris, la **forêt de Fontainebleau** est, avec ses grands espaces, le site idéal pour tous les Franciliens qui veulent faire de l'**escalade en milieu naturel**. Réputé mondialement pour ses 27 000 blocs d'escalade de grès accessibles à tous, Fontainebleau comporte plusieurs centaines de voies et de circuits adaptés au niveau de chacun !

▲ Blocs de grès dans la forêt de Fontainebleau.

La falaise de Buoux

Célèbre pour son **calcaire à trous**, la mythique **falaise de Buoux,** située dans le Vaucluse, au cœur du Luberon, a joué un rôle majeur dans le développement de l'escalade de haut niveau dans les années 1980. Ses parois rectilignes de 50 à 130 m de hauteur, avec plus de 450 voies d'escalade telles que la Rose des Sables, le Viol de Corbeau, la Choucas et Azincourt, comptent parmi les plus belles du sud-est de la France.

Céüse, une paroi de légende dans les Hautes-Alpes

Surnommée « **la plus belle falaise de calcaire du monde** » avec ses lignes pures et parfaites, la **falaise de Céüse** offre 4 km de paroi aux grimpeurs du monde entier. Environ 400 voies sont réparties sur 14 secteurs dans un cadre magnifique, avec un panorama sur le massif de l'Oisans et les massifs alentour. Avec la voie ouverte par Jean-Christophe Lafaille en 1989, la « Biographie » reste encore aujourd'hui l'une des voies les plus dures au monde.

Les gorges du Tarn et de la Jonte

Dans le massif des Grandes Causses, dans le parc national des Cévennes, les **falaises des gorges du Tarn et de la Jonte** proposent des spots d'escalade de renommée internationale. Sur des parois de dolomie calcaire parsemées de trous de toutes dimensions et de toutes formes, tel un récif corallien, la roche poreuse est exceptionnelle et procure un toucher unique au monde. Le cirque des Baumes, situé en plein cœur du grand site des gorges du Tarn, cadre féerique et sauvage, est le site d'escalade par excellence des grimpeurs confirmés.

▲ La falaise de Buoux au cœur du Luberon.

◀ Les magnifiques falaises des gorges du Tarn.

Chamonix-Mont-Blanc

En Haute-Savoie, le **granit de Chamonix-Mont-Blanc** attire de nombreux grimpeurs de tous niveaux. Le site fait partie des rendez-vous mondiaux de l'escalade.

Les gorges du Verdon

C'est au cœur du **plus grand canyon d'Europe** (sur les départements des Alpes-de-Haute-Provence et des Alpes-Maritimes) que les férus d'escalade, du débutant au grimpeur chevronné, se retrouvent pour grimper sur l'une des 1 500 voies d'escalade ouvertes dans le **site fabuleux que sont les gorges du Verdon**. Pour les amoureux des paysages grandioses, les itinéraires sont variés avec des parcours de 20 m jusqu'à 300 m pour la plus grande voie, pratiquée par les amateurs de sensations fortes. Les parois calcaires de ces falaises de 250 à 700 m de profondeur et la vue sur les gorges en font l'un des plus beaux sites d'escalade de France.

Falaises des gorges du Verdon.

Le site d'Annot

Perché dans l'arrière-pays montagnard, dans les Alpes-de-Haute-Provence, le **site d'Annot** se trouve à environ 90 m de Nice et à 200 km de Marseille. Devenu l'un des **paradis de l'escalade les plus prisés**, cet *Indian Creek* français représente un fabuleux terrain de jeu, avec des voies équipées, des blocs de grès très lisses et des voies traditionnelles, cachés au cœur de la forêt.

Les saveurs du PAYS NIÇOIS

Salade niçoise

POUR 4 À 6 PERSONNES

* * *

PRÉPARATION : **40 MIN** - CUISSON : **10 MIN**

- 5 œufs
- 1 petite laitue
- 6 à 8 tomates
- 1 botte d'oignons nouveaux
- 12 à 18 filets d'anchois salés
- 1 poivron
- 3 branches de céleri
- 1 citron
- 3 ou 4 fonds d'artichauts violets
- 2 cuill. à soupe de vinaigre de vin blanc
- 5 cuill. à soupe d'huile d'olive
- 1 boîte de thon à l'huile ou au naturel
- 100 g de petites olives noires de Nice
- sel et poivre

1 Faites durcir les œufs pendant 10 minutes à l'eau bouillante.

2 Lavez la laitue, épongez les feuilles. Coupez les tomates en quartiers. Épluchez les oignons et hachez un peu de vert de la queue (la partie proche de l'oignon).

3 Dessalez les anchois sous le robinet. Rincez le poivron, épépinez-le et coupez-le en fines lanières. Lavez les branches de céleri et coupez-les en tout petits dés. Citronnez les fonds d'artichaut et coupez-les en lamelles. Rafraîchissez et écalez les œufs puis coupez-les en quartiers.

4 Préparez la vinaigrette avec le vinaigre, l'huile, du sel et du poivre.

5 Dans un grand plat creux, disposez quelques feuilles de salade, puis un peu de tomates, des tranches d'artichaut, des lanières de poivron, des miettes de thon, quelques oignons, 2 ou 3 pincées de céleri et de queue d'oignon hachée. Continuez ainsi jusqu'à épuisement des ingrédients.

6 Versez la vinaigrette sur la salade et remuez-la. Disposez les quartiers d'œuf et les anchois par-dessus. Décorez avec les olives.

LA COURGETTE ET LA BLETTE DE NICE

Il existe trois variétés de courgettes de Nice : la demi-longue, la ronde et la longue, qui n'est pas cannelée mais cylindrique. Les fleurs de courgette, de couleur jaune orangé, sont récoltées sur ces trois variétés. À Nice, on prépare les courgettes en beignets, farcies, à la niçoise et, mélangées à d'autres légumes, en ragoût, dans la ratatouille et le tian. Les fleurs de courgette sont cuisinées en beignets ou farcies. La blette, ou bette, ou poirée, est une autre plante cultivée dans le Pays niçois. On distingue la poirée verte à cardes blanches de Nice et la petite blette de Nice, dont on ne consomme que les feuilles.

Le citron de Menton

* * *

Chaque année, en février-mars, on célèbre à Menton la fête du Citron. Les défilés de chars et les jardins décorés exhibent des monceaux d'agrumes qui témoignent de la culture des citronniers, pratiquée dans la région depuis des siècles. Le citronnier, dont on fait trois récoltes, fleurit toute l'année. Les variétés cultivées sont l'eureka et le santa-teresa. Fruit de table, le citron sert également à la fabrication de boissons et de confiseries. L'huile essentielle de citron est utilisée en parfumerie et en pharmacie.

Pissaladière

POUR 4 À 6 PERSONNES

* * *

PRÉPARATION : **15 MIN** - REPOS : **1 H** - CUISSON : **45 MIN**

- 500 g de pâte à pain (à acheter chez votre boulanger)
- 12 cl d'huile d'olive
- 1 kg d'oignons
- 3 gousses d'ail
- 1 branche de thym
- 1/2 feuille de laurier
- 1 cuill. à soupe de câpres
- 25 filets d'anchois salés
- 20 olives noires de Nice
- sel
- poivre

1 Déposez la pâte à pain sur le plan de travail saupoudré de farine, aplatissez-la légèrement, puis versez dessus 4 cuillerées à soupe d'huile d'olive. Pétrissez à la main pour incorporer l'huile, roulez la pâte en boule et laissez-la lever 1 heure à température ambiante.

2 Pelez et émincez les oignons. Pelez et écrasez l'ail. Dans une grande poêle, mettez le reste d'huile d'olive, ajoutez les oignons et faites-les fondre doucement à couvert, pendant 25 minutes environ, avec très peu de sel, un peu de poivre, l'ail écrasé, le thym, le laurier et les câpres.

3 Préchauffez le four à 240 °C (th. 8). Aplatissez la pâte en un disque de 1,5 cm d'épaisseur environ et déposez-la sur la plaque recouverte de papier sulfurisé. Étalez la purée d'oignons, sans aller tout à fait jusqu'au bord.

4 Dessalez les filets d'anchois sous le robinet, épongez-les et répartissez-les sur la purée de façon qu'ils forment un quadrillage. Disposez les olives en les enfonçant légèrement.

5 Façonnez tout le tour de la pâte pour former un rebord qui maintienne la garniture. Faites cuire au four pendant 20 minutes. Servez tiède ou froid.

Socca

POUR 3 OU 4 PERSONNES

* * *

PRÉPARATION : **15 MIN** - CUISSON : **7 OU 8 MIN**

- 125 g de farine de pois chiches
- 50 cl d'eau
- 4 cuill. à soupe d'huile d'olive
- 3 pincées de sel
- poivre

1 Préchauffez le four à 250 °C (th. 8-9) pendant 30 minutes au moins. Dans un grand saladier, versez la farine puis délayez-la avec l'eau et 3 cuillerées d'huile en fouettant vivement. Salez, mélangez bien puis passez la pâte au chinois : il ne doit rester aucun grumeau.

2 Huilez une plaque ronde en fer battu étamé de 50 cm de diamètre ou un plat rond allant au four et mettez cette plaque au four pendant 10 minutes pour bien la chauffer.

3 Versez la pâte sur la plaque chaude, étalez-la sur une épaisseur de 3 mm au maximum. Enfournez la plaque près du gril. Au bout de 2 minutes, éteignez le four et allumez le gril. Laissez cuire jusqu'à ce que la socca soit bien dorée et même un peu brûlée. Si des cloques se forment, percez-les avec la pointe d'un couteau.

4 Sortez la socca du four. Poivrez-la généreusement et coupez-la en lambeaux, que vous dégusterez brûlants.

La farine de pois chiches

* * *

La farine de pois chiches est la base de la socca, spécialité niçoise qui se présente sous la forme d'une grande et fine galette. Cuite au four à pizza, ou au brasero, sur de grandes plaques rondes en cuivre étamées, la socca connaît un vif succès à Nice et dans les environs, où on la déguste sur les marchés, chaude et saupoudrée de poivre.

Soupe au pistou

POUR 4 À 6 PERSONNES

* * *

PRÉPARATION : **1 H** - CUISSON : **1 H 30**

- 400 g de haricots blancs et rouges avec leurs cosses
- 250 g de gros haricots verts, plats de préférence
- 1 poireau
- 2 petites courgettes
- 1 oignon
- 5 gousses d'ail
- 1 carotte
- 4 pommes de terre moyennes, vieilles de préférence
- 1/2 botte de persil
- 2 grosses tomates bien mûres
- 5 cl d'huile d'olive
- 150 à 200 g de coquillettes (facultatif)
- 2 feuilles de sauge ou de basilic

>POUR LE PISTOU

- 5 gousses d'ail
- 1 gros bouquet de basilic
- 75 g de parmesan râpé
- 10 cl d'huile d'olive
- sel
- poivre

1 Écossez les haricots. Effilez puis équeutez les haricots verts et coupez-les en cubes. Coupez le vert du poireau (gardez-le pour une autre utilisation), fendez le blanc dans la longueur et passez-le sous le robinet pour bien le nettoyer. Coupez-le en fines rondelles ou hachez-le. Essuyez les courgettes, coupez les extrémités, puis détaillez-les en cubes. Épluchez l'oignon et l'ail et hachez-les. Épluchez la carotte et les pommes de terre, et coupez-les en dés. Effeuillez le persil.

2 Faites bouillir de l'eau dans une petite casserole. Plongez-y les tomates pendant quelques instants pour mieux les peler. Coupez-les en quartiers et épépinez-les soigneusement.

3 Faites chauffer 2,5 l d'eau. Dans une grande cocotte, mettez l'huile à chauffer puis faites blondir les oignons.

4 Ajoutez ensuite le poireau, l'ail puis les tomates. Laissez réduire un peu pendant 10 minutes. Ajoutez alors tous les légumes, le persil et la sauge, mélangez bien et versez l'eau bouillante. Laissez cuire pendant 1 heure à petits frémissements. Goûtez le bouillon, salez et poivrez. Écrasez grossièrement les pommes de terre avec une fourchette pour lier la soupe. Si vous le souhaitez, ajoutez les pâtes et continuez la cuisson.

5 Préparez le pistou. Épluchez les gousses d'ail, hachez-les et mettez-les dans le mortier. Effeuillez le basilic, lavez-le, séchez-le bien puis coupez-le avec des ciseaux au-dessus du mortier. Pilez bien le tout avec un pilon jusqu'à obtenir une pommade. Ajoutez ensuite le parmesan et malaxez-le avec les dents d'une fourchette.Versez alors l'huile d'olive goutte à goutte d'abord puis en filet, en tournant comme pour monter une mayonnaise.

6 Versez le pistou dans une soupière. Délayez-le avec une louche de bouillon, puis ajoutez le reste de la soupe. Mélangez et servez aussitôt.

Au cœur de nos LIQUEURS

Impossible de parler de la France sans évoquer les innombrables liqueurs, apéritifs et alcools nationaux ou régionaux ! En voici un petit aperçu, évidemment non exhaustif.

Le repas gastronomique des Français

En 2010, le « repas gastronomique des Français » a été inscrit au patrimoine culturel immatériel de l'humanité par l'Unesco en tant que pratique sociale coutumière. C'est surtout le moment de convivialité, centré autour du « bien manger », mais aussi du « bien boire », qui est mis en avant. Le repas gastronomique commence donc par un apéritif et finit par un digestif ; il comprend au moins quatre plats entre les deux.

- **Absinthe**
Plante aromatique contenant une essence amère, dont on tire une liqueur ; cette liqueur.
- **Alexandra**
Cocktail composé de cognac, de crème fraîche et de crème de cacao.
- **Anisette**
Liqueur composée avec de l'esprit d'anis vert, de l'alcool, de l'eau et du sucre.
- **Armagnac**
Eau-de-vie de vin de la région d'Armagnac.

▲ Affiche publicitaire pour une absinthe extra-supérieure, liqueur Mont-Christ, de Leonetto Cappiello, vers 1900.

▲ Affiche publicitaire pour l'anisette Pastis 51.

- **Bénédictine**
Liqueur préparée à l'origine par des bénédictins, à partir de plantes macérées dans l'alcool.

◀ Le palais Bénédictine à Fécamp, construit par Alexandre-Prosper Le Grand, qui commercialisa une version retravaillée de la bénédictine.

- **Calvados**
Eau-de-vie de cidre.
- **Chartreuse**
Liqueur aromatique fabriquée autrefois au couvent de la Grande-Chartreuse, aujourd'hui à Voiron (Isère).
- **Chouchen**
Hydromel fabriqué en Bretagne et où l'eau est parfois remplacée par du jus de pomme ou du cidre.
- **Cidre bouché**
Cidre pétillant conservé dans des bouteilles fermées d'un bouchon de liège et d'un muselet.
- **Cognac**
Eau-de-vie de vin produite dans la région de Cognac.

La « fée verte »

L'absinthe devient vraiment populaire au XIXe siècle ; d'un vert puissant, elle titre alors 68 à 72°, et est diluée avec de l'eau. Au début du XXe siècle, un verre d'absinthe est moins cher qu'un verre de vin. Mais elle est accusée de provoquer la folie, en raison des composés qu'elle contient (et notamment le méthanol). En France, elle est donc interdite de 1915 à 2011. La maison Pernod, qui commercialisait surtout de l'absinthe, se reconvertit en 1915 dans le pastis. Depuis 2011, l'absinthe a fait son retour en France, puisque la thuyone, molécule toxique présente dans sa composition, a été réglementée et est désormais contrôlable.

Un verre d'absinthe avec la cuillère traditionnelle : on verse de l'eau goutte à goutte sur le sucre, ce qui a pour effet de troubler l'absinthe et de dissoudre le sucre.

Distillerie de calvados.

La Grande-Chartreuse, à l'origine de la liqueur. ▲

• **Curaçao**
Liqueur faite avec des écorces d'oranges, du sucre et de l'eau-de-vie.

• **Eau-de-vie**
Boisson alcoolique extraite par distillation du vin, du marc, de certains fruits, etc.

▲ La distillation du cognac.

Le calvados de Normandie

Le calvados est une eau-de-vie de cidre distillée soit en une fois sur colonne pour les calvados génériques de Normandie (AOC), soit en double chauffe sur alambic traditionnel pour les calvados AOC du pays d'Auge et du Domfrontais. Ce dernier doit être issu du poiré, moût fermenté contenant au moins 30 % de poires. Une fois distillé, le calvados vieillit en fût de chêne. Selon son âge et son origine industrielle ou fermière, il reçoit diverses dénominations. Du plus jeune au plus âgé, on distingue ainsi les classes : fine, vieux, réserve, vieille réserve, hors d'âge. Un calvados devra avoir 2 ans en fine, puis 1 an de plus par classe. Pour le calvados fermier, il aura 2 à 3 ans en fine, mais 5 à 7 ans en réserve et plus de 12 ans en hors d'âge.

• **Fine**
Eau-de-vie naturelle (de vin, de cidre) de grande qualité, provenant exclusivement d'une région ou d'une ville déterminée (Cognac, Calvados, Béziers, etc.).

• **Fine champagne**
Cognac de qualité supérieure.

• **Génépi**
Nom usuel de certaines armoises de haute montagne et de l'achillée musquée, avec lesquelles on prépare une liqueur.

• **Genièvre**
Fruit du genévrier, utilisé pour aromatiser le gin et certains plats.

▲ Des baies de genièvre.

• **Gentiane**
Boisson obtenue par macération de cette racine dans l'alcool.

• **Grog**
Boisson composée d'eau-de-vie ou de rhum, d'eau chaude sucrée et de citron.

• **Guignolet**
Liqueur ou boisson apéritive préparée à partir de guignes ou de griottes macérées dans l'alcool.

• **Hydromel**
Boisson alcoolique obtenue par fermentation du miel dans de l'eau.

• **Kir**
Apéritif constitué par un mélange de vin blanc et de liqueur de cassis.

• **Kir royal**
Kir où le vin blanc est remplacé par du champagne.

▲ Un verre de kir royal.

• **Marc**
Eau-de-vie obtenue en distillant du marc de raisin.

• **Mauresque**
Pastis additionné de sirop d'orgeat.

• **Pastis**
Boisson apéritive alcoolisée parfumée à l'anis, qui se boit étendue d'eau.

▲ Un verre de pastis.

• **Perroquet**
Boisson composée de pastis et de sirop de menthe.

• **Poiré**
Boisson provenant de la fermentation du jus de poires fraîches.

• **Punch**
Boisson aromatisée à base de rhum, de sirop de canne et de jus de fruits. Aux Antilles, le punch désigne surtout du rhum aromatisé par macération (fruits, épices).

• **Punch planteur ou planteur**
Cocktail à base de rhum, de sirop de canne et de jus de fruits.

• **Ratafia**
Boisson alcoolique aromatique sucrée, obtenue par macération de fruits, de fleurs, de tiges, etc., ou par mélange de marc et de moût de raisin.

• **Rhum**
Eau-de-vie obtenue par la fermentation et la distillation soit de jus de canne à sucre (on parle alors de rhum agricole), soit de mélasses.

• **Ti-punch**
Boisson composée de rhum blanc, de sirop de canne à sucre et de citron vert.

• **Trappistine**
Liqueur fabriquée par les trappistes.

Le chanoine Kir

Félix Kir (1876-1968), plus connu sous le nom de chanoine Kir, est ordonné prêtre en 1901, et devient chanoine honoraire de Dijon en 1931. Il est élu maire de la ville en 1945, et le reste jusqu'à sa mort. Il n'a pas inventé la boisson qui porte son nom, un mélange de vin blanc et de liqueur de cassis ; elle était régulièrement servie par la mairie de Dijon depuis le début du siècle. Mais c'est le chanoine Kir qui l'a popularisée, en l'emportant jusque sur les bancs de l'Assemblée nationale, où il était député. Et il autorise en 1952 la maison Lejay-Lagoutte à utiliser son nom pour une publicité.

Des bouteilles de punch sur un marché.

Le royaume des FESTIVALS

La notoriété des **festivals français** dépasse nos frontières. Ces grands festivals de cinéma, de musique, de théâtre ou de bande dessinée et la culture française rayonnent dans le monde entier.

Le Festival des Vieilles Charrues à Carhaix-Plouguer

L'idée d'une kermesse organisée entre amis a fait son chemin… Depuis 1995, la kermesse s'est transformée non pas en carrosse mais en un festival de musique où le lien entre le territoire et la population ne faiblit pas. L'association qui est née du **Festival des Vieilles Charrues** joue un rôle majeur dans l'économie du Centre Bretagne, impliquant les entreprises locales dans de nombreux secteurs d'activité. De renommée internationale, cet événement musical et culturel attire durant quatre jours, au mois de juillet, les artistes du monde entier qui aiment à se produire devant un public hétéroclite et intergénérationnel, au milieu d'un champ, en plein centre de la Bretagne !

Le Festival de Cannes

Fondé en 1946, le **Festival de Cannes** célèbre chaque année, au mois de mai, le septième art. Depuis sa création, le festival a pour ambition de détecter les grands cinéastes de demain et de révéler et mettre en valeur des œuvres privilégiant le cinéma d'auteur. De nombreux prix sont distribués parmi lesquels la distinction la plus prestigieuse, la Palme d'or, puis le Grand Prix, le prix du Jury, les prix du meilleur acteur et de la meilleure actrice, etc. C'est aujourd'hui l'un des festivals les plus médiatisés au monde, qui séduit par son côté glamour et par le casting toujours impressionnant de stars françaises et internationales qui acceptent volontiers de se prêter au jeu de la montée des marches et des séances photo sur le tapis rouge !

Le Festival international de la BD d'Angoulême

La notoriété du **Festival de la BD d'Angoulême** a largement dépassé les frontières de l'Hexagone puisque son rayonnement s'étend aujourd'hui dans toute l'Europe francophone. Événement incontournable tous les ans au mois de janvier depuis 1974, le grand jury du festival y remet plus d'une dizaine de prix (les Fauves) récompensant les albums et les auteurs en compétition dans les différentes sélections. La plus haute distinction, le Grand Prix du jury, est décernée à un auteur pour l'ensemble de son œuvre et le Fauve d'or récompense un album paru l'année précédente.

La Folle Journée

Festival de musique classique mis en place en 1995, la **Folle Journée** se déroule à Nantes et dans 14 autres villes de la métropole, de la fin du mois de janvier au début du mois de février. Pendant cinq jours, les férus de musique classique, les mélomanes ou les novices ont la possibilité d'assister à 300 concerts de musique baroque, romantique ou contemporaine, réunissant 2 000 artistes internationaux, jeunes talents ou amateurs.

Le Festival de Marciac

Pendant trois semaines, de fin juillet à mi-août, le petit village de **Marciac**, dans le Gers, accueille les plus grands noms du **jazz pour un festival hors du temps**. Les concerts de prestige sont programmés sous le grand chapiteau tandis que, sur la place du village et dans les petites rues alentour, les orchestres d'amateurs côtoient les brocanteurs et les vendeurs de produits régionaux dans une heureuse ambiance où artistes et spectateurs swinguent jusqu'au bout de la nuit !

Les Chorégies d'Orange

Créées à l'origine en 1869, les **Chorégies d'Orange** sont le plus ancien des festivals français. Spécialisé dans l'art lyrique depuis 1971, il se tient au théâtre d'Orange, lieu chargé d'histoire antique, où les amateurs d'opéra et de musique classique se retrouvent chaque été, en juillet et en août. La notoriété du festival attire des spectateurs du monde entier en raison d'un lieu scénique et sonore idéal, mais surtout grâce au prestige des plus grands chefs d'orchestre et des plus grands noms lyriques qui s'y produisent.

Le Festival d'Avignon

Fondé en 1947 par Jean Vilar, le **Festival d'Avignon** est la plus importante manifestation internationale de théâtre et de spectacle vivant contemporain. Chaque année, en juillet, le festival convie une quarantaine de spectacles (théâtre, danse, arts plastiques, musique) créés à travers les cinq continents et prend en charge les frais d'exploitation et d'accueil des compagnies invitées. Et, pour encore mieux pénétrer l'univers des artistes invités, le programme du festival inclut des lectures, des expositions, des films et des débats.

Le Festival de Carcassonne

C'est au cœur de la **cité médiévale de Carcassonne**, dans un cadre d'exception, que le théâtre de la Cité se métamorphose, durant le mois de juillet, en un haut lieu de spectacle accueillant artistes nationaux et internationaux. Outre les concerts dédiés au rock ou à la variété française, une place de choix est réservée à l'opéra, au théâtre et à la danse dans ce lieu féerique, intimiste et chargé d'Histoire qu'est le château comtal. Ce sont environ 200 000 personnes qui viennent assister chaque année, depuis 2006, à cet événement unique, composé de 120 spectacles, dont 80 entièrement gratuits.

Le Festival interceltique de Lorient

La première édition de ce **festival créé en 1971** avait pour origine une compétition de bagadoù (le bagad est une fanfare bretonne traditionnelle) et prit pour nom « Fête des cornemuses ». Depuis, le festival n'a cessé d'évoluer pour se consacrer aujourd'hui à la musique et à la culture celtiques. Musiciens, chanteurs, danseurs, plasticiens, cinéastes, sportifs, artisans et universitaires en provenance d'Écosse, d'Irlande, du pays de Galles, mais aussi des Asturies, des Cornouailles, de Galice, etc, assurent spectacles, défilés, concerts, expositions, courses et événements en tout genre. Durant dix jours, plus de 750 000 spectateurs profitent de ces festivités et 60 000 d'entre eux assistent à la grande parade du premier dimanche, qui rassemble 3 500 musiciens, chanteurs et danseurs en costume traditionnel provenant des pays celtes invités.

Le Hellfest

Festival de tous les extrêmes, le **Hellfest** affiche les records du plus gros budget de tous les festivals de France et du plus grand nombre de groupes (entre 140 et 170 selon les années). Depuis 2006, durant trois jours, les fans de metal et de hard-rock se retrouvent chaque année, au mois de juin, à Clisson, en Loire-Atlantique. Centrée sur les musiques extrêmes (rock, heavy, black metal ou hard-core), la programmation est répartie sur les 6 scènes du festival. Avec son ambiance unique et bienveillante, le Hellfest mérite son succès et est reconnu pour être le plus grand festival de metal en France.

Figures RÉVOLUTIONNAIRES

Sans se limiter à la Révolution française, mythe national, voici un petit tour d'horizon des figures révolutionnaires ayant marqué l'histoire française.

Olympe de Gouges, pionnière du féminisme

Fille adultérine d'un marquis occitan, veuve à 18 ans, Marie Gouze, dite Olympe de Gouges (1748-1793), fut une femme de lettres libre et engagée. Militante des droits des femmes et précurseur en matière sociale, elle préconise dans ses pamphlets au roi un impôt sur le revenu, une assistance sociale et la féminisation des noms de métiers. En 1791, la *Déclaration* qu'elle rédige sur les droits de la femme, dédiée à la reine, affirme que la femme « naît libre et demeure égale à l'homme en droits ». Dérangeante pour Robespierre, dont elle dénonce la sanglante dérive dictatoriale, elle est accusée de remettre en cause la république. Elle est alors guillotinée pour avoir « oublié les vertus qui conviennent à son sexe ».

Maximilien de Robespierre, « l'Incorruptible »

En 1790, le jeune avocat du tiers état d'Arras, Maximilien de Robespierre (1758-1794), est élu président du club des Jacobins, haut lieu de l'agitation révolutionnaire. Il y séduit les députés et les sans-culottes par ses discours austères, intransigeants et violemment antimonarchistes. En 1791, il participe à l'insurrection du Champs-de-Mars et entre à la Convention en 1792, après la chute de la monarchie. L'« incorruptible » Robespierre élimine tous ceux qui s'opposent à la Révolution et instaure la Terreur. À la mort de Danton, il amplifie la répression, avant d'être lui-même guillotiné le 28 juillet 1794.

▲ Maximilien de Robespierre, peinture anonyme (musée Carnavalet, Paris).

Mirabeau, l'orateur

Orateur fougueux, son éloquence séduisante lui valut le titre d'« orateur du peuple ». Acquis aux idéaux de la Révolution, militant pour une monarchie constitutionnelle, ce député du tiers état a fait le serment en 1789, au Jeu de paume, de donner une Constitution à la France : « Allez dire à votre maître que nous sommes ici par la volonté du peuple et que nous n'en sortirons que par la force des baïonnettes. » Après la chute de la monarchie, il s'allie par un revirement inattendu et secret aux époux royaux, avant de mourir subitement. En 1793, quand cette connivence s'ébruite, sa dépouille, qui avait été installée au Panthéon, est déplacée.

Danton

Figure du parti des Montagnards avec Marat et Robespierre, fondateur du club des Cordeliers en 1790, Georges Jacques Danton (1759-1794) ne peut empêcher la Révolution de se radicaliser et en accompagne les excès. Après le renversement de la monarchie en 1792, il est nommé ministre de la Justice. Il crée le Tribunal révolutionnaire et le Comité de salut public en 1793, qui multiplient les exécutions. Accusé de corruption, celui que l'on nomme « le Mirabeau de la canaille » est évincé par Robespierre, puis guillotiné le 5 avril 1794 alors qu'il tentait de mettre fin à la Terreur.

▲ Mirabeau, par Joseph Boze (musée Granet, Aix-en-Provence).

▲ *Marat assassiné*, peinture de Louis David, 1793 (Musées royaux des beaux-arts de Belgique, Bruxelles).

Marat

Médecin d'âge mûr quand la Révolution éclate, Jean-Paul Marat (1743-1793) est le fondateur du journal *l'Ami du peuple* et celui qui conduisit les sans-culottes à l'assaut des Tuileries en 1792. Élu à la Convention, il vote la mort du roi et soutient la création du Tribunal révolutionnaire. Ses formules, qui sont autant d'appels au meurtre, font mouche, et sa rhétorique n'est pas étrangère aux massacres de septembre 1792. Elle causera également sa perte : pour venger le sang versé, c'est lui que Charlotte Corday choisit d'assassiner le 13 juillet 1793. Cette mort brutale en a fait un des martyrs de la Révolution.

Camille Desmoulins

Le jeune avocat Camille Desmoulins (1760-1794) s'enthousiasme dès 1789 pour les idéaux révolutionnaires. Il harangue la foule au Palais-Royal et appelle les Parisiens à marcher sur la Bastille. Il devient un proche de Mirabeau, puis de Robespierre et de

Danton, qu'il rejoint au ministère de la Justice. S'opposant à la Terreur, il réclame la liberté de la presse et soutient Danton contre Robespierre. Il sera guillotiné en 1794.

▲ Camille Desmoulins, miniature sur ivoire de François Dumont, 1790 (musée du Louvre, Paris).

Saint-Just

Louis Antoine Saint-Just (1767-1794) est élu député après la prise de la Bastille. Il entre au Comité de salut public en 1793 et propose de donner aux pauvres les biens enlevés aux contre-révolutionnaires. Grand promoteur de la Terreur, il fait voter la loi des suspects permettant d'arrêter quiconque n'est pas engagé pour la Révolution. Il gère l'approvisionnement et la discipline des armées et remporte contre les Autrichiens la bataille de Fleurus. Il sera arrêté et guillotiné en 1794.

▲ Saint-Just, par Louis David (collection particulière).

Emmanuel Sieyès

On doit à Emmanuel Joseph Sieyès (1748-1836) la rédaction du serment du Jeu de paume et la proclamation de l'Assemblée nationale. Prudent pendant les années de Terreur, cet ancien vicaire est passionné par les questions sociales *(Qu'est-ce que le tiers état ? Tout. Qu'a-t-il été jusqu'à présent ? Rien. Que veut-il devenir ? Quelque chose*, 1789). À la tête du Directoire en 1799, conscient que la République ne survivra pas et que seul un homme à poigne pourra mettre au pas les parlementaires, il contribue à l'arrivée au pouvoir de Napoléon Bonaparte.

Toussaint Louverture ou la naissance d'Haïti

Esclave affranchi, Toussaint Louverture (1743-1803) se joignit au soulèvement des Noirs en 1791 puis se rallia au gouvernement révolutionnaire qui venait d'abolir l'esclavage (1794). De 1795 à 1798, il combattit contre les occupants anglais et espagnols. Maître de l'île en 1801, il capitula devant l'expédition de Leclerc, envoyée par Bonaparte (1802). Il fut ensuite interné en France, au fort de Joux, dans le Doubs, où il mourut sans avoir vu l'indépendance d'Haïti (acquise en 1804).

▲ Toussaint Louverture, gravure anonyme.

▲ Emmanuel Sieyès, membre du Directoire exécutif, en grand costume, gravure, 1799.

Victor Schœlcher, la lutte contre l'esclavage

Grand bourgeois d'esprit libéral, Victor Schœlcher (1804-1893) n'avait pas vocation à apparaître parmi les figures révolutionnaires. Mais il se fait l'apôtre de l'abolition de l'esclavage, présidant la Commission d'application du décret d'abolition en 1848 et préparant le décret de libération immédiate des esclaves. Républicain, député de la Martinique puis de la Guadeloupe, il est proscrit pour son opposition au coup d'État de 1851. De retour de Londres en 1870, réélu député de la Martinique, il demande l'abolition de la peine de mort.

◀ Victor Schœlcher, photographié par Étienne Carjat.

Louise Michel, la communarde

Louise Michel (1830-1905), fille d'un châtelain et d'une servante, obtient le brevet d'institutrice mais refuse de prêter serment à l'Empire. Très populaire dans le XVIIIe arrondissement de Paris, Louise Michel est élue au Comité de vigilance après la chute de l'Empire, participe à la résistance au siège de Paris en janvier 1871. Surtout, elle se montre l'une des militantes les plus actives de la Commune. Arrêtée, elle s'évade, puis se livre lorsqu'elle apprend que sa mère a été aussi arrêtée. Condamnée à six ans de réclusion, elle est déportée en Nouvelle-Calédonie en août 1873. Amnistiée avec les autres communards, elle revient à Paris (1880).

Louise Michel parlant aux communards, camaïeu sur bois de Jules Girardet (musée d'Art et d'Histoire, Saint-Denis). ▶

La France en SYMBOLES

Les éléments qui symbolisent la France et la République française sont issus du grand creuset qu'est la Révolution. Mais la plupart se voient interdits sous l'Empire et les derniers rois, et il faudra attendre la IIIe République pour en faire des emblèmes officiels.

Rouget de Lisle chantant « la Marseillaise » pour la première fois, Isidore Pils, 1849 (Musée historique, Strasbourg).

Le drapeau tricolore

Le drapeau tricolore naît en 1789 en même temps que la cocarde, et remplace en 1790 le drapeau blanc de la monarchie. Défendue devant l'Assemblée par Jacques François de Menou et soutenue par Mirabeau, l'adoption d'une nouvelle bannière suscita pourtant de très vifs débats. Le blanc, symbole du royaume, perd rapidement dans le drapeau tricolore sa connotation monarchique, tout comme on oublie vite que le bleu et le rouge sont les couleurs de Paris. Ensemble, les trois couleurs représentent maintenant la France. La Révolution se montre parfois fantaisiste dans la disposition des couleurs et ce n'est qu'en 1812 que l'Empire en fixera l'ordre définitif : trois bandes verticales de même largeur, bleue à partir de la hampe, puis blanche et rouge. Sous la Restauration, entre 1814 et 1830, la France retrouve le drapeau blanc des rois, avant que Louis-Philippe ne revienne au drapeau tricolore (définitivement, cette fois) en 1830. Le comte de Chambord,

« La Marseillaise »

La Marseillaise est composée à Strasbourg le 26 avril 1792 par le capitaine Claude Joseph Rouget de Lisle. D'abord intitulée *Chant de guerre pour l'armée du Rhin*, elle devient *la Marseillaise* quand les fédérés venus de Marseille arrivent à Paris en la chantant à tue-tête. L'air symbolise si bien la Révolution qu'un décret du 26 messidor an III (14 juillet 1795) en fait l'hymne officiel de la République. Elle est interdite sous l'Empire et la Restauration, fait son retour en 1830, et est de nouveau déclarée hymne national par la loi du 14 février 1879, qui stipule que le décret du 14 juillet 1795 est toujours valable. Une version officielle est composée, et les cendres de Rouget de Lisle sont transférées en 1915 aux Invalides. Depuis 2005, les écoles primaires intègrent obligatoirement l'apprentissage de cet hymne national et de son histoire.

La cocarde

La cocarde existait avant la Révolution, mais la première à entrer dans l'Histoire est celle que Camille Desmoulins improvise avec des feuilles de marronnier et arbore dans les jardins du Palais-Royal le 12 juillet 1789. Elle est donc… verte ! Bientôt les Parisiens confectionnent des rubans et des cocardes aux couleurs de la ville de Paris, rouge et bleu, voire tricolores. C'est d'ailleurs une cocarde tricolore, qui mêle les couleurs municipales au blanc de la monarchie française, que Bailly et La Fayette offrent à Louis XVI le 17 juillet 1789 à l'Hôtel de Ville.

Des drapeaux français devant un monument aux morts de la Première Guerre mondiale.

héritier des rois en 1870, conditionne son retour à l'adoption du drapeau blanc, ce qui signe la fin des espoirs monarchistes.

Le bonnet phrygien

Le bonnet phrygien, ou « bonnet de la liberté », est le symbole des esclaves affranchis dans l'Antiquité grecque. S'il devient la coiffure préférée des sans-culottes, il le doit aussi, par analogie, au bonnet rouge que portent les bagnards et dont se coiffaient volontiers les fédérés marseillais. Lors de la journée insurrectionnelle du 20 juin 1792, le peuple parisien envahit les Tuileries et malmène le roi qui est obligé de se coiffer d'un bonnet phrygien.

Marianne

Marianne est une allégorie de la Liberté et de la République. C'est la Convention qui, en 1792, décrète que le sceau de l'État « portera pour type la France sous les traits d'une femme vêtue à l'antique, debout, tenant de la main droite une pique surmontée du bonnet phrygien ». Mais, pour l'heure, cette femme n'a pas de nom. Il faudra pour cela une chanson occitane, datée elle aussi de 1792, *la Garisou de Marianne*, composée par un poète et cordonnier de Puylaurens dans le Tarn, Guillaume Lavabre.

La Prise de la Bastille, peinture anonyme (musée Carnavalet, Paris). ▼

La Bastille

La Bastille, édifiée au XIVe siècle par Charles V, n'a été prise d'assaut que parce qu'on voulait y trouver de la poudre et des munitions. Les révolutionnaires en font rapidement le symbole du despotisme et de l'arbitraire de l'Ancien Régime parce qu'on pouvait y être « embastillé » sur simple lettre de cachet. C'est pourquoi on décide de la détruire aussitôt et des Bastilles sculptées dans les pierres de la vieille forteresse sont envoyées dans chaque département. En 1789, la Bastille avait cessé d'être une véritable prison et, le 14 juillet, il n'y avait dans les cellules que sept prisonniers : deux fous, un jeune noble débauché et quatre faussaires… Cela n'empêche que le 14 juillet est devenu, par une loi de 1880, sous la IIIe République, le jour de la fête nationale française, marquant à la fois l'anniversaire de la prise de la Bastille et celui de la fête de la Fédération de 1790.

Liberté, égalité, fraternité

Liberté, égalité, fraternité : la devise de la République française voit le jour dès les premières heures de la Révolution. Un libraire et imprimeur parisien, Antoine François Momoro, qui se disait lui-même « premier imprimeur de la Liberté », en a toujours réclamé la paternité. Du moins jusqu'à sa mort sous le couperet de la guillotine, en 1794.

La « Déclaration des droits de l'homme et du citoyen »

L'Assemblée constituante décide que la future Constitution sera précédée d'une *Déclaration des droits de l'homme et du citoyen*, dont la rédaction s'élabore en août 1789. Inspiré par la *Déclaration d'Indépendance américaine* et les idéaux des Lumières, le texte, exemplaire, intemporel et universel, concerne tout le genre humain, sans distinction. L'article 1er – « Les hommes naissent et demeurent libres et égaux en droits. Les distinctions sociales ne peuvent être fondées que sur l'utilité commune » – servira de base à tous les combats futurs contre les discriminations.

DÉCLARATION DES DROITS DE L'HOMME ET DU CITOYEN

▲ *Déclaration des droits de l'homme et du citoyen*, gravure de la fin du XVIIIe siècle.

Les droits de l'homme dans la Constitution

Le préambule de la Constitution de la IVe République, en 1946, renvoie à la *Déclaration des droits de l'homme*. Dès 1947, la jurisprudence établit que la *Déclaration* peut être invoquée en droit. Le préambule de la Constitution de la Ve République renvoie explicitement à la fois à la *Déclaration* de 1789 et à la précédente Constitution. Depuis une décision du Conseil constitutionnel de 1971, ce préambule a la même valeur juridique que la Constitution. Les principes énoncés dans la *Déclaration* de 1789 entrent alors dans le « bloc de constitutionnalité », c'est-à-dire l'ensemble des principes et normes qui fondent les décisions du Conseil constitutionnel.

Chaleureux vins de PROVENCE

Le soleil, les vacances et le rosé : c'est l'image de la Provence. Et, de fait, celle-ci élabore plus de 85 % de vins rosés. Mais le vignoble provençal produit aussi de grands vins rouges et blancs qui méritent le détour.

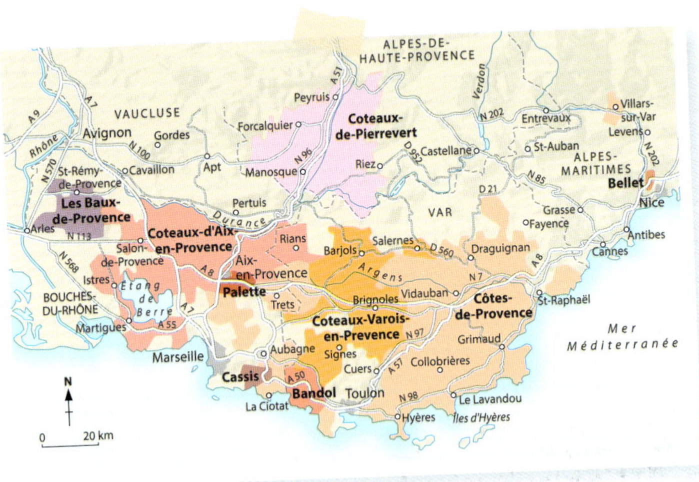

Un vignoble très ancien

La culture de la vigne a été introduite en Provence au VIe siècle avant Jésus-Christ par les Phéniciens ou les Phocéens – les historiens hésitent encore –, qui ont fait du vignoble provençal le tout premier vignoble français. La vigne se développe et prospère harmonieusement sous l'influence des grands ordres monastiques. À partir du XVe siècle, le vignoble subit de nombreux désastres : la peste, les guerres… À peine s'en est-il remis que s'abat sur lui au XIXe siècle le phylloxéra, qui ruine tous les efforts. Au XXe siècle, la reconstruction a lieu, avec un seul mot d'ordre dans toutes les appellations : la qualité.

Le rosé

6 % des vins rosés de la planète proviennent de Provence. Celle-ci est aussi la première région productrice de rosés en France (40 % de la production nationale). La couleur des rosés est donnée par leur mode de vinification (saignée ou pressurage direct). Elle se décline en neuf teintes (selon une classification établie par le Centre de recherche et d'expérimentation sur le vin rosé de Vidauban, pôle de référence en la matière) : groseille, bois de rose, framboise, chair, marbre rose, saumon, pelure d'oignon, brique, corail.

◄ Fête des vendanges en Provence.

Les cépages

Les principaux cépages rouges. Le grenache, très employé tant pour les rouges que pour les rosés, apporte rondeur, charme et arômes élégants de fruits rouges. Le cinsaut confère fraîcheur, finesse et fruité aux vins rosés, alors que le tibouren leur offre un riche bouquet. Le mourvèdre, le cépage vedette du Bandol, donne à ce dernier sa force, sa complexité et ses notes épicées. Le carignan produit des vins épicés avec de la fraîcheur.

Les principaux cépages blancs. Le rolle, présent notamment dans l'AOC Bellet et en Corse, donne des vins aux parfums d'agrumes et de poire, gras, équilibrés et fins. La clairette apporte aux vins arômes et bouquet, et le bourboulenc leur confère finesse et rondeur.

Les styles de vins

Trois appellations, Côtes-de-Provence, Coteaux-d'Aix-en-Provence et Coteaux-Varois, concentrent l'essentiel de la production. Les vins rosés sont en général aromatiques, fruités, floraux, secs et frais. Mais on trouve aussi des rosés plus complexes, structurés et charnus, aux arômes plus épicés, capables d'accompagner un repas gastronomique. Les vins rouges relèvent de deux grandes catégories. Il y a des vins gouleyants et fruités, aux arômes de fruits rouges et de fleurs, qui se boivent dans leur jeunesse ; et des vins plus élaborés, plus concentrés, plus tanniques, qui ont un beau potentiel de garde. Quant aux blancs, ils offrent en général une belle complexité aromatique avec une agréable onctuosité.

Les AOC de Provence

- Bandol
- Bellet
- Cassis
- Coteaux-d'Aix-en-Provence
- Coteaux-de-Pierrevert
- Coteaux-Varois-en-Provence
- Côtes-de-Provence
- Les Baux-de-Provence
- Palette

▼ Vignoble à Bandol.

Divins vins de CORSE

La Corse figure parmi les plus anciens vignobles de France. Sa production réserve de belles surprises, favorisée par une situation entre mer et montagne, et par un ensoleillement exceptionnel…

▲ Vigne, commune de Morsiglia, en Corse.

Plus de 2 500 ans d'histoire

Vieux de plus de 2 500 ans, le vignoble de Corse s'est développé sous les influences grecque et romaine. Au XVIIe siècle, les vignes occupent une grande partie du territoire et la viticulture constitue la ressource essentielle de la quasi-totalité de la population. Mais, comme ailleurs, le phylloxéra ravage tout le vignoble. Il faudra attendre les années 1960 et l'arrivée des rapatriés d'Afrique du Nord pour que le vignoble renaisse. Après une période de productivité à outrance, il s'est définitivement orienté vers la qualité et la typicité.

Le climat et les sols

Plus qu'une île, la Corse est un puissant massif montagneux. Elle bénéficie d'un climat méditerranéen tempéré par les influences conjuguées de la mer et de la montagne, particulièrement favorable à la maturation du raisin. Sur ce relief tourmenté, on trouve une grande diversité de terroirs : schistes à l'est, sols granitiques sur la côte ouest et au sud.

Les cépages

À côté des cépages méridionaux (grenache, syrah), la Corse fait la part belle à ses cépages originaux. Apparenté au cépage sangiovese (région de Chianti), le nielluccio est à la base des vins rouges de Patrimonio auxquels il confère des arômes de petits fruits rouges, de violette, d'épices et d'abricot. Un autre cépage rouge, le sciacarello, est cultivé essentiellement dans la Corse granitique du Sud ; il se révèle d'une grande finesse alliée à un bouquet poivré inoubliable. Parmi les cépages blancs, le plus caractéristique est le vermentino, appelé aussi malvoisie. Il donne un vin très typé, aux arômes floraux forts, avec beaucoup de gras. Il est également utilisé pour l'élaboration de rosés à forte personnalité.

Les styles de vins

Les vins corses rosés et blancs possèdent une grande richesse aromatique et un bel équilibre. Ils sont à boire jeunes. Les vins rouges sont en général légers, mais ceux de Patrimonio ou d'Ajaccio présentent des tanins concentrés, avec de belles longueurs en bouche, et acceptent quelques années de vieillissement.

Les AOC de Corse

- Ajaccio
- Muscat du Cap-Corse
- Patrimonio
- Vin de Corse (avec ou sans dénomination géographique)

La CORSE, entre mer et montagne

Que vous visitiez la Corse à pied, à vélo ou en bateau, l'île de Beauté saura vous séduire par ses paysages grandioses, ses criques naturelles et ses petits villages pittoresques.

Ajaccio, la ville natale de l'Empereur

Connue dès l'Antiquité romaine, la ville a occupé deux sites qu'elle a abandonnés ensuite au cours du Moyen Âge. Son noyau actuel a été édifié à la fin du XVe siècle par l'Office de Saint-Georges, sur un promontoire situé entre le fond du golfe et les îles Sanguinaires. La cathédrale (XVIe siècle) et la maison Bonaparte, où naquit le futur Napoléon Ier, sont situées dans la partie de la vieille ville proche de la citadelle. Au-delà, vers l'est, la rue Fesch, où s'élèvent le palais Fesch (1837) et la Chapelle impériale (1858), perpétue, entre le cours Napoléon et le port, l'orientation initiale du premier faubourg d'Ajaccio, le Borgo. Après sa réunion à la France (1768), elle devient chef-lieu du département du Liamone, puis de la Corse (1811).

Le port d'Ajaccio. ▲

Chez les premiers Corses

Le site préhistorique de Filitosa, non loin de Propriano, est devenu célèbre pour ses émouvantes « statues menhirs » à visage humain et pour ses habitats de l'âge du bronze final (1200-700 av. J.-C.). Mais on y relève des vestiges s'étendant du néolithique à l'occupation romaine. Ce site important, qui atteste une présence très ancienne sur l'île, ne fut pourtant découvert qu'en… 1946.

▲ Les statues menhirs dans la vallée de Filitosa.

Bastia, une ville d'art et d'histoire

Bastia est une création génoise (XIVe siècle). La citadelle et la calanque servant de port qu'elle protégeait ont donné naissance aux vieux quartiers, qui forment encore le cœur de la ville et qui ont nécessité une réhabilitation. Le palais des Gouverneurs (XIVe-XVIe siècles), des églises et chapelles (XVIe-XVIIIe siècles), souvent décorées avec éclat par les confréries, rappellent que les relations avec la péninsule italienne ont assuré la croissance de la ville dès la fin du Moyen Âge et l'ont enrichie à l'époque moderne.

La Castagniccia

Montagne très peuplée jusqu'au début du XXe siècle, la Castagniccia a été entièrement aménagée entre les XVe et XVIIe siècles pour la culture du châtaignier, de 500 à 800 m d'altitude.

Vue de Bastia.

La réserve naturelle de Scandola

Créée en 1976, cette réserve, dont le site est classé par l'Unesco, a été la première de France à double vocation, terrestre et marine. Considérée comme le fleuron du parc naturel régional de Corse, Scandola compte quelque 920 hectares sur terre et un millier sur mer. Le maquis recouvre la majeure partie de la réserve : dans sa partie élevée règnent en maîtres l'arbousier et la bruyère arborescente qui atteint 3 à 4 m de haut. Les fonds marins sont d'une très grande richesse. Coraux, langoustes, gorgones, coquillages et poissons prolifèrent. La faune insulaire est extrêmement variée. Elle compte toutes les espèces du maquis : renards, belettes boccamelles au ventre coloré et à la queue très longue, rats noirs et rats surmulots. On y trouve également des représentants du molosse, la chauve-souris la plus grande d'Europe, signalée dans la baie d'Elbo. L'étude de la faune ornithologique a permis de dénombrer plus de 50 espèces différentes : cormorans huppés, balbuzards pêcheurs, martinets pâles, goélands argentés, merles noirs et bleus, grives mauvis et musiciennes, fauvettes à tête noire, grisettes, pitchous, mésanges noires, bleues, charbonnières, troglodytes mignons, rouges-gorges, roitelets à triple bandeau au sourcil blanc souligné de noir, etc. La réserve de Scandola a été le refuge des derniers phoques moines de Corse.

▲ Merveilleuse crique dans la réserve naturelle de Scandola.

Corte, la secrète

Le village de Corte est situé dans le centre de la Corse, au confluent de la Restonica et du Tavignano. Adossée à un rocher escarpé qui porte la citadelle (XVe siècle), la ville haute, où subsiste le Palais national, siège du gouvernement de Paoli, a été la capitale de la Corse de 1755 à 1769.

Sur les hauteurs de Calvi

Ancienne place forte génoise, la ville haute (la citadelle), entourée de murailles et sillonnée de rues étroites, est construite sur un promontoire rocheux au pied duquel se trouve le quartier du port, la Marine. Calvi est un centre touristique très fréquenté.

▲ Vue de la ville haute de Calvi.

Les aiguilles de Bavella

Visibles depuis le col du même nom, les aiguilles de Bavella se situent dans le parc naturel régional de Corse. Ces pics déchiquetés, dominant d'immenses forêts de pins Laricio, offrent un spectacle époustouflant de couleurs qui vont du rouge au gris et enchantent les nombreux randonneurs.

Les pittoresques calanques de Piana, à l'ouest de l'île, sont inscrites sur la liste du patrimoine mondial de l'Unesco. ▶

Les aiguilles de Bavella dominent le massif et ses forêts de pins.

Saveurs et spécialités de nos terroirs

La CORSE, île de gourmandise

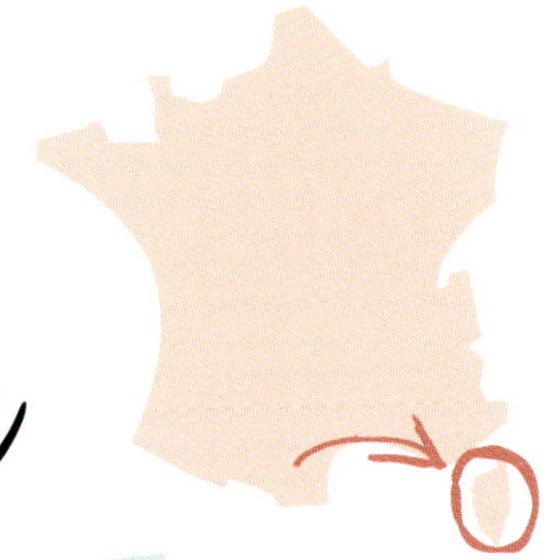

Storzapreti à la bastiaise

POUR 4 PERSONNES

* * *

PRÉPARATION : **30 MIN** - CUISSON : **10 À 15 MIN**

- 1 kg d'épinards frais ou 3 bottes de blettes ou 400 g d'épinards et 2 bottes de blettes
- herbes aromatiques (persil, cerfeuil, marjolaine, menthe)
- 3 œufs
- 400 g de brocciu frais
- farine
- 2 cuill. à soupe d'huile d'olive
- 20 cl de coulis de tomates
- 100 g de fromage râpé
- 30 g de beurre
- sel et poivre

1 Lavez les épinards ou les blettes. Séparez les cardes et le vert des blettes. Réservez les cardes pour une autre préparation. Faites bouillir de l'eau salée dans un faitout, plongez-y ces légumes et égouttez-les 1 minute après la reprise de l'ébullition. Pressez-les bien entre les mains pour en extraire le maximum d'eau, puis hachez-les le plus finement possible. Hachez aussi les fines herbes. Battez les œufs dans un bol avec sel et poivre.

2 Dans un saladier, mettez le brocciu et écrasez-le bien à la fourchette. Ajoutez les légumes, les fines herbes et les œufs. Mélangez bien, goûtez et rectifiez l'assaisonnement.

3 Faites bouillir de l'eau salée dans une grande casserole. Façonnez des boulettes de la taille d'une petite mandarine en les roulant dans vos mains farinées, puis roulez-les ensuite dans une assiette remplie de farine. Jetez quelques boulettes dans l'eau bouillante. Elles ne doivent pas se toucher. Quand elles remontent à la surface, retirez-les avec une écumoire et déposez-les sur du papier absorbant. Faites cuire ainsi toutes les boulettes.

4 Allumez le gril du four. Huilez un plat, rangez-y les storzapreti, nappez-les de coulis de tomates, puis saupoudrez-les de fromage râpé et de noisettes de beurre. Faites gratiner pendant 10 minutes environ.

LES CHARCUTERIES CORSES

Base traditionnelle de l'alimentation carnée des paysans, la charcuterie corse doit sa qualité et sa réputation aux spécificités insulaires de l'élevage porcin. Issus d'une race locale améliorée, les porcs sont élevés en liberté. Ils passent l'été en montagne et engraissent, durant l'automne, au pied des chênes et des châtaigniers. Âgés de 14 à 36 mois, ils sont abattus en hiver. La coppa (AOC) est de l'échine de porc, poivrée, embossée et cousue en boyau, puis séchée au frais plusieurs mois. Le ficatellu, saucisse de foie et d'abats très originale, se consomme frais ou sec. Le lonzu (AOC) est de la longe de porc ficelée dans un boyau et séchée ; la panzetta, de la poitrine de porc plate ou roulée. Le salamu est un saucisson sec très maigre, pur porc. Le prisuttu (AOC), le jambon sec corse, est toujours présenté avec l'os.

Les agrumes

* * *

Le climat méditerranéen corse est propice aux agrumes. La production de citrons est faible, bien que le citronnier soit très présent dans les jardins. La clémentine corse, qui a supplanté la mandarine, est commercialisée sur le continent. Les oranges sont surtout produites dans la plaine orientale.

Soupe de pois chiches

POUR 4 À 6 PERSONNES

* * *

PRÉPARATION : **10 MIN**
TREMPAGE DES POIS CHICHES : **24 H**
CUISSON : **4 H**

- 500 g de pois chiches
- 1 pied de porc
- 3 gousses d'ail
- 3 feuilles de sauge
- 2 branchettes de romarin
- 125 g de poitrine de porc demi-sel
- 2 cuill. à soupe d'huile d'olive
- 4 à 6 tranches de pain
- gros sel
- sel et poivre

1 La veille, faites tiédir une grande casserole d'eau avec une petite poignée de gros sel. Mettez les pois chiches dans un saladier, recouvrez-les de cette eau et laissez-les tremper pendant 24 heures.

2 Le jour même, nettoyez le pied de porc et plongez-le dans de l'eau bouillante. Égouttez les pois chiches, rincez-les à l'eau tiède sous le robinet. Épluchez l'ail.

3 Faites chauffer de l'eau dans une casserole. Quand elle bout, jetez-y les pois chiches, l'ail, la sauge, le romarin, le pied de porc et la poitrine de porc. Poivrez et salez légèrement.

4 Ajoutez l'huile d'olive. Quand l'ébullition est revenue, couvrez et laissez cuire à très petit feu pendant 4 heures. Surveillez la cuisson et ajoutez un peu d'eau si nécessaire.

5 Grillez le pain. Égouttez le pied et la poitrine de porc, et coupez-les en petits morceaux. Mettez du pain dans chaque assiette, ajoutez les morceaux de pied de porc et de poitrine, puis recouvrez de soupe. Servez bien chaud.

Morue à la tomate

POUR 6 PERSONNES

* * *

PRÉPARATION : **30 MIN**
DESSALAGE DE LA MORUE : **12 H**
CUISSON : **45 MIN**

- 1 kg de morue
- 2 gros oignons
- 1 kg de tomates
- 2 gousses d'ail
- 15 cl d'huile d'olive
- 1 branchette de thym
- 1/2 feuille de laurier
- farine
- sel
- poivre

1 La veille, coupez la morue en gros morceaux. Mettez-les à dessaler dans un grand saladier rempli d'eau.

2 Épluchez les oignons et coupez-les finement. Plongez les tomates dans de l'eau bouillante, pelez-les, coupez-les en morceaux, épépinez-les puis hachez-les grossièrement. Épluchez et écrasez l'ail.

3 Faites chauffer 2 cuillerées à soupe d'huile dans une sauteuse et mettez les oignons à fondre. Ils doivent devenir juste dorés. Ajoutez ensuite les tomates, l'ail, le thym et le laurier. Mélangez, couvrez et faites cuire doucement pendant 30 minutes environ.

4 Faites chauffer le reste d'huile dans une poêle. Égouttez la morue et séchez-la dans un papier absorbant. Étalez de la farine dans une assiette, roulez-y les morceaux de morue puis mettez-les dans la poêle et faites-les frire pendant 3 à 4 minutes. Égouttez-les sur un papier absorbant.

5 Ajoutez la morue dans la sauteuse, mélangez bien et laissez cuire tout doucement pendant 15 minutes.

LA CHÂTAIGNE

On dit qu'il existe en Corse vingt-huit façons différentes de consommer les châtaignes. Présent sur l'île quelque 8 000 ans avant notre ère, l'« arbre à pain » permettait, à l'origine, aux insulaires de faire face aux disettes éventuelles. La farine de châtaigne (AOC) remplaçait le froment dans le pain et servait aussi à confectionner la pulenda, boule de pâte que l'on servait découpée en tranches avec la charcuterie ou le fromage. De nos jours, la châtaigne entre encore dans la composition de flans, gâteaux, beignets et confitures. Elle fait également le bonheur des porcs qui vivent en liberté dans le maquis.

Le brocciu

* * *

C'est le fromage corse par excellence. La fabrication du brocciu (AOC) est liée à celle d'autres fromages de brebis et de chèvre — il n'existe pratiquement pas de vaches laitières en Corse — dont on récupère le lactosérum au cours de leur élaboration. Le brocciu, obtenu après chauffage et écumage de ce lactosérum additionné de lait, est blanc, moelleux et sans croûte. Il se consomme frais, dans les 5 jours qui suivent sa fabrication. Le brocciu pasu, sec et salé, est affiné pendant plus de 15 jours.

Fiadone

POUR 4 PERSONNES

* * *

ÉGOUTTAGE DU BROCCIU : **3 H** - PRÉPARATION : **20 MIN**
CUISSON : **35 MIN**

- 250 g de brocciu frais
- 1/2 citron ou 1 cuill. à soupe d'acquavita (eau-de-vie de marc ou de fruit)
- 3 œufs
- 100 g de sucre
- 1 pincée de sel
- 20 g de beurre

1 Enveloppez le brocciu dans une mousseline et mettez-le à égoutter dans une passoire.

2 Prélevez un zeste de citron de 7 ou 8 cm de long et faites-le blanchir pendant 3 minutes dans de l'eau bouillante. Égouttez-le et hachez-le finement.

3 Cassez les œufs en séparant les blancs des jaunes. Mettez les jaunes d'œufs dans un saladier, ajoutez le sucre et mélangez jusqu'à ce que la préparation soit lisse et crémeuse. Ajoutez le brocciu et le zeste de citron ou l'acquavita.

4 Préchauffez le four à 180 °C (th. 6). Battez les blancs en neige avec le sel, puis très délicatement incorporez-les au mélange brocciu-œufs, en tournant toujours dans le même sens.

5 Beurrez un moule à manqué, versez-y la préparation, égalisez la surface, enfournez et laissez cuire pendant 35 minutes environ. La lame d'un couteau plantée au centre du gâteau doit ressortir sèche quand il est cuit.

Des MARÉCHAUX à tous les coins de rue…

Quelle ville de France ne compte pas d'avenue ou de boulevard portant le nom d'un maréchal ? Mais que leur doit-on exactement ?

Louis Nicolas Davout, huile de Tito Marzocchi de Bellucci (musée national du château de Versailles).

Murat, roi de Naples

Joachim Murat (1767-1815), parce qu'il a épousé Caroline, la sœur de l'Empereur, a été fait roi de Naples en 1808. Cheville ouvrière du coup d'État du 18 brumaire, il était déjà aux côtés de Bonaparte lors de l'insurrection royaliste de vendémiaire (octobre 1795) et il connaîtra presque tous les épisodes de l'épopée napoléonienne, malgré les brouilles. Mortifié de n'être pas rappelé par Napoléon en 1815, il ne se battra pas à Waterloo. Cherchant à reconquérir son trône de Naples, il est fusillé en Italie le 13 octobre 1815.

Joachim Murat, par Louis Charles Ruotte, aquatinte colorée d'après A.-J. Gros.

Statue du maréchal Ney, place Camille-Jullian, à Paris, à l'endroit où il a été fusillé en 1815.

Lannes, l'ami

Le maréchal Lannes (1769-1809), comme d'autres, s'est battu en Italie, en Égypte, avant d'être nommé commandant de la Garde consulaire. Le grand soldat enchaîne les batailles : Austerlitz, Iéna, Eylau, Wagram, Friedland, jusqu'en Espagne. Lannes est mortellement blessé à Essling en mai 1809, arrachant des pleurs à Napoléon qui fera déposer sa dépouille au Panthéon.

Davout, jusqu'à Waterloo

Louis Nicolas Davout (1770-1823) a connu les champs de bataille de la Révolution, d'Italie, d'Égypte et il n'a que 34 ans quand il est fait maréchal en 1804. Ses prochains exploits lui valent les titres de duc d'Auerstaedt et de prince d'Eckmühl, et Napoléon lui confie la tâche de gouverner le grand-duché de Varsovie avant de le nommer gouverneur de Hambourg. Durant les Cent-Jours, Davout est ministre de la Guerre ; c'est lui qui, après Waterloo, signera l'acte de capitulation.

La Mort du maréchal Lannes, gravure anonyme du XIXe siècle.

Le « bâton de maréchal »

Le titre de maréchal de France était autrefois le plus haut grade militaire de l'armée de terre (l'équivalent de l'amiral dans la marine). Actuellement, c'est une dignité, et non plus un grade, que l'on peut refuser (comme l'a fait le général de Gaulle en 1946). Le maréchal reçoit comme insigne un bâton recouvert de velours bleu et décoré de fleurs de lys sous les rois, puis d'étoiles sous la République. Signe de sa reconnaissance internationale, le maréchal Foch avait reçu trois bâtons de maréchal, de la France, du Royaume-Uni et de la Pologne.

Ney, mort fusillé

Le maréchal Ney (1769-1815) a souvent emporté la décision dans les batailles, comme à Friedland et plus encore lors de la campagne de Russie où il conquiert son titre de prince de la Moskova. Rallié à Louis XVIII qui le charge d'arrêter Napoléon lors de son retour de l'île d'Elbe, Ney rejoint finalement l'Empereur, retrouve la victoire à la bataille des Quatre-Bras et mène sa dernière charge intrépide à Waterloo. Condamné pour trahison par Louis XVIII, il est fusillé le 7 décembre 1815 en lançant au peloton : « Soldats, visez droit au cœur ! »

▲ André Masséna, huile anonyme (musée Masséna, Nice).

Masséna, « l'Enfant chéri de la Victoire »

André Masséna (1758-1817) a gagné ses lauriers lors de la campagne d'Italie (Rivoli, Marengo) et conquiert le royaume de Naples en 1806. Duc de Rivoli, prince d'Essling, il commande le corps expéditionnaire au Portugal et échoue devant les régiments de Wellington avant d'abandonner le pays en 1811. Lui aussi se ralliera aux Bourbons et mourra en 1817.

Bazaine, ou la capitulation de Metz

Achille Bazaine, fait maréchal de France sous le second Empire, est nommé en août 1870 commandant en chef de l'armée du Rhin, en première ligne de la guerre franco-prussienne. Alors qu'il aurait pu pousser son avantage contre les troupes ennemies, il se replie sur Metz avec ses 180 000 hommes. Coupée de la France encore libre, son armée manque de tout et Bazaine finit par capituler le 28 octobre, avec ses hommes et leurs armes, sans tenter une dernière sortie. L'armée prussienne libérée peut alors soutenir les troupes qui assiègent Paris. Bazaine est jugé en 1873 et condamné à mort pour trahison, mais le jury qui le condamne demande en même temps sa grâce au président de la République, et sa peine est commuée en 20 ans de détention. Lui n'a pas de rue à son nom…

Joffre, la victoire de la Marne

Joseph Joffre (1852-1931) avait tout juste 18 ans quand il défendait Paris en 1870 contre les Prussiens, c'est dire si, 44 ans plus tard, il les attend de pied ferme ! Au déclenchement de la guerre, il est commandant en chef des armées du Nord et du Nord-Est, et il comprend vite son erreur, lui qui prévoyait une guerre d'offensive qui devait bousculer l'adversaire… La victoire de la Marne lui vaut d'être auréolé de gloire et un bâton de maréchal. Ses certitudes pourtant ne faiblissent pas et il s'évertue à ordonner des attaques aussi vaines que meurtrières, si bien qu'il est remplacé par le général Nivelle en 1916.

▲ Le maréchal Joffre.

Foch, maréchal de trois pays

▲ Le maréchal Foch.

Ferdinand Foch (1851-1929) commence la guerre par une sévère défaite… et se ressaisit lors de la bataille de la Marne. S'il n'est pas un fin tacticien, Foch est un habile diplomate. C'est pourquoi il est nommé chef d'état-major des armées sous les ordres de Pétain, puis, en avril 1918, commandant en chef des forces alliées, dont l'action conjointe mènera à la victoire.

De Lattre de Tassigny, jusqu'en Allemagne

Général de corps d'armée, Jean de Lattre de Tassigny (1889-1952) refuse l'ordre de ne plus combattre lorsque les troupes allemandes envahissent la zone libre française en 1942. Arrêté et condamné à la prison, il s'évade, rejoint Londres, puis Alger, et se rallie au général de Gaulle. Il prend les commandes de l'armée B, future première armée française, participe aux offensives à l'ouest pour refouler les Allemands jusqu'au Rhin, et débarque aux côtés des Américains en Provence en août 1944. En mars 1945, il entre en Allemagne sur ordre de De Gaulle et représente la France à Berlin lors de la signature de la capitulation. Il sera fait maréchal à titre posthume.

Leclerc et la 2e DB

Refusant de déposer les armes, Philippe de Hauteclocque (1902-1947), qui ajoutera en 1945 à son patronyme son nom de guerre « Leclerc », rejoint le général de Gaulle à Londres en 1940. Il joue alors un rôle décisif dans le ralliement du Gabon à la France libre et prend part aux campagnes de Tripolitaine et de Tunisie. En juin 1944, il débarque avec les Alliés en Normandie à la tête de la 2e division blindée (DB) et entre le premier dans Paris, où il reçoit la reddition allemande. Après la guerre, il poursuit sa carrière en Indochine, puis en Afrique du Nord. Il sera fait maréchal à titre posthume en 1952.

Le maréchal Leclerc. ▶

▲ Entrée des troupes françaises du maréchal de Lattre de Tassigny à Marseille, le 17 août 1944.

Des JUDOKAS renversants

Désormais, dans bien des catégories, le judo français conteste la suprématie japonaise. Avec soixante-quatre médailles d'or aux Championnats du monde et dix-huit médailles d'or aux Jeux, la France est la deuxième nation la plus titrée.

Jean-Luc Rougé : la moustache conquérante

Au Championnat du monde de 1975, dans la catégorie des moins de 93 kg, lorsque le moustachu **Jean-Luc Rougé** affronte en finale le Japonais Michinori Ishibashi, personne ne doute de la victoire de ce dernier tant il a dominé ses adversaires lors des tours précédents. Bien décidé à semer le doute dans la tête du Japonais, le Français prend les devants et marque des points en déséquilibrant son adversaire à plusieurs reprises. Puisant dans ses réserves physiques, Jean-Luc Rougé parvient à conserver son avantage et offre à la France son premier titre mondial de judo.

La voie de la souplesse

À l'origine, en provenance du Japon, le **judo** (mot signifiant « voie de la souplesse ») était une méthode visant au développement physique, moral et spirituel. Il n'est donc pas surprenant que les judokas nippons aient dominé les compétitions lorsque le courant sportif s'imposa après la Seconde Guerre mondiale et son inscription aux Jeux en 1964.

Angelo Parisi : un judoka européen

Né en Italie, médaillé de bronze pour l'Angleterre (où son père a émigré) aux Jeux de Munich en 1972, **Angelo Parisi** rencontre l'amour lors d'un tournoi à Avignon. Naturalisé grâce à son mariage, il intègre aussitôt l'équipe de France. Aux Jeux de Moscou, en 1980, il remporte la médaille d'or des poids lourds et la médaille d'argent toutes catégories. Quatre ans plus tard, à Los Angeles, il se contentera d'une médaille d'argent, celle des poids lourds, battu par un Japonais de 160 kg !

Thierry Rey : le Chat des tatamis

Thierry Rey découvre le judo à l'âge de 9 ans ; bien que chétif (il pesait à peine 30 kg !), il est vif comme un chat et ne tarde pas à s'affirmer dans les différentes catégories de jeunes. En 1979 il n'a que 20 ans, mais il est sélectionné pour le Championnat du monde. Après une finale acharnée, il remporte la médaille d'or dans la catégorie des moins de 60 kg. Un an plus tard, à Moscou, il décroche le titre olympique toujours dans la même catégorie. En 1983, sa réussite est totale lorsqu'il ajoute une troisième médaille d'or à sa collection, celle de champion d'Europe des moins de 65 kg. C'est peut-être en fêtant ses victoires précédentes qu'il a pris un peu de poids…

David Douillet : un vrai poids lourd

À 11 ans, **David Douillet** mesure déjà 1,80 m, pèse 80 kg et adore le judo ! Il fréquente donc une section sports-études. Après divers titres chez les juniors, il participe à ses premiers Jeux en 1992, à Barcelone ; il remporte sa première médaille de bronze. L'année suivante, à 24 ans, il est le premier Français sacré champion du monde dans la catégorie des poids lourds. En 1995, au Championnat du monde, il conserve d'abord son titre des poids lourds, puis conquiert le titre toutes catégories ; il devient le premier non-Japonais à réussir pareil doublé.

Mais son véritable objectif est l'or olympique. Favori lors des Jeux d'Atlanta, en 1996, David Douillet va parfaitement tenir son rang et monter sur la plus haute marche du podium. Mieux, il récidive en 2000, à Sydney, en dominant en finale le Japonais Shinichi Shinohara. Double champion olympique, quadruple champion du monde, David Douillet prend sa retraite et entre en politique avec autant de succès que sur les tatamis : il sera ministre des Sports de 2011 à 2012.

Teddy Riner, alias Teddy Winner

Vu son gabarit (2,04 m, 131 kg), le judoka français **Teddy Riner** évolue dans la catégorie des plus de 100 kg. Rapidement repéré pour ses qualités physiques hors normes, il intègre la filière élite du judo national, malgré les réticences de certains dues à son âge puisqu'il n'est encore qu'un cadet ! Il ne décevra pas les espoirs placés en lui : en mai 2007, il est champion d'Europe et, quelques mois plus tard, champion du monde après avoir éliminé, dès le premier tour, le redoutable Japonais Kosei Inoue, champion olympique et triple champion du monde. Teddy Riner, qui n'a que 18 ans, devient le plus jeune champion du monde masculin. Depuis cette date, il a remporté deux médailles d'or olympiques (2012, 2016), dix titres de champion du monde et cinq titres de champion d'Europe.

Sa seule faiblesse, si l'on peut dire, concerne les combats contre des gauchers, qu'il a plus de mal à déséquilibrer. C'est d'ailleurs l'un d'eux, l'Ouzbek Abdullo Tangriev, qui lui a barré l'or olympique à Pékin, en 2008.

▲ Teddy Riner.

Les reines du tatami

Bien que les épreuves féminines de judo n'aient été organisées que tardivement (1980 pour les Championnats du monde ; 1992 pour les Jeux), le palmarès des judokas françaises n'a rien à envier à celui des hommes. Sur les dix-huit médailles d'or olympiques, sept ont été attribuées aux femmes, qui ont raflé également trente-quatre titres de championnes du monde. Impossible de toutes les citer ; néanmoins, faisons une mention spéciale pour celles qui ont réalisé le doublé Jeux / Championnats du monde : **Cécile Nowak**, or mondial en 1991, or olympique en 1992 ; **Marie-Claire Restoux**, or mondial en 1995 et 1997, or olympique en 1996 ; **Séverine Vandenhende**, or mondial en 1997, or olympique en 2000 ; **Lucie Décosse**, or mondial en 2005, 2010 et 2011, or olympique en 2012 ; **Clarisse Agbegnenou**, or mondial en 2014, 2017, 2018, 2019, 2021 et 2023, or olympique en 2020.

Médailles d'or françaises aux Jeux

Angelo Parisi	plus de 95 kg	Moscou	1980
Thierry Rey	moins de 60 kg	Moscou	1980
Marc Alexandre	moins de 71 kg	Séoul	1988
Cécile Nowak	moins de 48 kg	Barcelone	1992
Catherine Fleury	moins de 61 kg	Barcelone	1992
David Douillet	plus de 95 kg	Atlanta	1996
Marie-Claire Restoux	moins de 52 kg	Atlanta	1996
Djamel Bouras	moins de 78 kg	Atlanta	1996
David Douillet	plus de 95 kg	Sydney	2000
Séverine Vandenhende	moins de 63 kg	Sydney	2000
Teddy Riner	plus de 100 kg	Londres	2012
Lucie Décosse	moins de 70 kg	Londres	2012
Teddy Riner	plus de 100 kg	Rio de Janeiro	2016
Émilie Andéol	plus de 78 kg	Rio de Janeiro	2016
Clarisse Agbegnenou	moins de 63 kg	Tokyo	2020
Teddy Riner	plus de 100 kg	Paris	2024

Citations et mots HISTORIQUES

Souvent controversés, apocryphes ou mutilés, les mots historiques cimentent notre société lorsqu'elle a besoin de s'inventer des repères et de se forger des modèles emblématiques.

Après nous le déluge.
Mots prêtés au roi de France Louis XV, qui ne les a sans doute jamais prononcés. À cette époque, le mathématicien Maupertuis avait prévu le retour de la comète de 1680, qui provoquerait, croyait-il, un déluge.

Le bonheur est une idée neuve en Europe.
Saint-Just, *Rapport à la Convention*, 3 mars 1794.

Ce n'est pas possible, m'écrivez-vous ; cela n'est pas français.
Réponse de Napoléon Ier, le 9 juillet 1813, au général Lemarois, commandant de Magdebourg, qui avait des difficultés à tenir la place. Elle est à l'origine du dicton « Impossible n'est pas français ».

L'État, c'est moi.
L'attribution de ce mot à Louis XIV est controversée.

— C'est une révolte ?
— Non, Sire, c'est une révolution.
Dialogue entre Louis XVI et son grand maître de la garde-robe, La Rochefoucauld-Liancourt, qui annonçait au roi la prise de la Bastille.

De l'audace, encore de l'audace et toujours de l'audace !
Exhortation lancée par Danton à la fin de son discours du 2 septembre 1792 à l'Assemblée législative pour soulever la nation contre « les ennemis de la République ».

Mirabeau

Allez dire à ceux qui vous envoient que nous sommes ici par la volonté nationale et que nous n'en sortirons que par la puissance des baïonnettes.

Apostrophe de Mirabeau à Dreux-Brezé, grand maître des cérémonies du roi, le 23 juin 1789, telle qu'elle est gravée sur le buste de Mirabeau par Houdon. Elle est plus souvent citée sous la forme : « Allez dire à votre maître que nous sommes ici par la volonté du peuple et que nous n'en sortirons que par la force des baïonnettes. »

▼ La bataille des Pyramides, remportée par le général Napoléon Bonaparte, 21 juillet 1798.

L'exactitude est la politesse des rois.
Formule du roi de France Louis XVIII, citée par le banquier Laffitte dans ses *Souvenirs*.

Faites-nous de bonne politique et je vous ferai de bonnes finances.
Le baron Louis, ministre des Finances sous la Restauration, puis sous la monarchie de Juillet, énonça cette maxime devant Guizot (qui l'a rapportée) au cours d'un Conseil des ministres en 1830.

La France a perdu une bataille, mais la France n'a pas perdu la guerre.
Cette phrase célèbre de Charles de Gaulle ne figure pas dans l'appel du 18 juin 1940 ; mais elle est le début d'une proclamation affichée en juillet à Londres.

La guerre ! c'est une chose trop grave pour la confier à des militaires.
Mots de Clemenceau, cités par Suarez dans *Soixante Années d'histoire française : Clemenceau* (Tallandier).

Cambronne

La Garde meurt et ne se rend pas.

Le général Cambronne, on le sait, acquiert une gloire immortelle à Waterloo quand il ne reste plus que d'héroïques bataillons de la Garde pour résister aux Anglais. À l'ennemi qui lui propose de se rendre, il rétorque fièrement : « La Garde meurt et ne se rend pas ! » Cette audace toute française, il l'aurait, dit la légende, manifestée tout autrement, avec un sonore et définitif : « Merde ! » lancé à la face des Anglais. Cambronne niera toujours avoir prononcé la phrase ou le mot. Et il avait pour cela un argument imparable : « Non seulement je ne suis pas mort, mais en plus je me suis rendu. »

▼ Affiche placardée à Londres suite à l'appel du 18 juin 1940.

A TOUS LES FRANÇAIS

La France a perdu une bataille!
Mais la France n'a pas perdu la guerre!

Des gouvernants de rencontre ont pu capituler, cédant à la panique, oubliant l'honneur, livrant le pays à la servitude. Cependant, rien n'est perdu!

Rien n'est perdu, parce que cette guerre est une guerre mondiale. Dans l'univers libre, des forces immenses n'ont pas encore donné. Un jour, ces forces écraseront l'ennemi. Il faut que la France, ce jour-là, soit présente à la victoire. Alors, elle retrouvera sa liberté et sa grandeur. Tel est mon but, mon seul but!

Voilà pourquoi je convie tous les Francais, où qu'ils se trouvent, à s'unir à moi dans l'action, dans le sacrifice et dans l'espérance.

Notre patrie est en péril de mort.
Luttons tous pour la sauver!

VIVE LA FRANCE !

TO ALL FRENCHMEN..

LONG LIVE FRANCE!

C. de Gaulle

GÉNÉRAL DE GAULLE

QUARTIER-GÉNÉRAL,
4, CARLTON GARDENS,
LONDON, S.W.1.

Reproduction Institut Charles de Gaulle 5 rue de Solférino 75007 Paris

Je veux qu'il n'y ait si pauvre paysan en mon royaume qu'il n'ait tous les dimanches sa poule au pot.
Déclaration attribuée à Henri IV.

Je vous ai compris !
Première phrase du discours prononcé par le général de Gaulle, le 4 juin 1958, devant la population européenne et musulmane d'Alger.

J'y suis, j'y reste.
Mots prêtés à Mac-Mahon refusant d'abandonner le fort de Malakoff aux Russes (1855).

La Fayette, nous voici !
Mots prononcés le 4 juillet 1917 par le colonel Charles Stanton sur la tombe du marquis de La Fayette, peu après l'entrée des États-Unis en guerre.

Messieurs les Anglais, tirez les premiers.
Réponse d'un officier français à un officier anglais qui le sommait d'engager les hostilités lors de la bataille de Fontenoy (11 mai 1745).

Le nez de Cléopâtre : s'il eût été plus court, toute la face de la terre aurait changé.
Pensée de Blaise Pascal.

Notre but reste le pouvoir des Soviets, mais ce n'est pas pour ce soir ni pour demain matin… Alors il faut savoir terminer une grève dès que satisfaction est obtenue.
Paroles prononcées par Maurice Thorez le 11 juin 1936 après la signature des accords de Matignon.

Ô liberté ! que de crimes on commet en ton nom !
Phrase prononcée devant l'échafaud par Mme Roland de La Platière s'inclinant devant la statue de la Liberté.

Paris vaut bien une messe.
Mot attribué à Henri IV.

Péripéties que tout cela, mais qui n'ont que trop duré. La réforme, oui, la chienlit, non ! Il faut que cela se sache.
De Gaulle, en mai 1968.

Quand la France aura fait entendre sa voix souveraine, croyez-le bien, messieurs, il faudra se soumettre ou se démettre.
Phrase d'un discours électoral de Gambetta prononcé en 1877 à Lille.

Que d'eau, que d'eau !
Mac-Mahon aurait prononcé ces mots devant le spectacle de graves inondations à Toulouse en 1875.

Qui m'aime me suive.
Mots lancés par Philippe VI de Valois à ses barons rechignant à partir en campagne et rapportés dans les *Chroniques de Saint-Denis.*

Ralliez-vous à mon panache blanc !
Harangue d'Henri IV devant ses troupes à la bataille d'Ivry, le 14 mars 1590 : « Si vous perdez vos enseignes, ralliez-vous à mon panache blanc ! Vous le trouverez toujours sur le chemin de l'honneur et de la victoire. »

▼ Statue équestre d'Henri IV.

Soldats, visez au cœur !
Exhortation du maréchal Ney aux soldats de son peloton d'exécution, le 7 décembre 1815.

Bonaparte

Soldats, songez que, du haut de ces pyramides, quarante siècles vous contemplent.

Phrase que Bonaparte aurait prononcée lors de la campagne d'Égypte, citée pour la première fois dans un ouvrage anonyme en 1803. Napoléon Ier reprit la formule à son compte.

Toute ma vie, je me suis fait une certaine idée de la France.
Phrase de Charles de Gaulle (*Mémoires de guerre,* l'Appel).

Tout est perdu, fors l'honneur.
Formule attribuée à François Ier prisonnier après le désastre de Pavie.

Tu montreras ma tête au peuple, elle en vaut bien la peine.
Paroles de Danton (qui était fort laid) au bourreau avant de périr sur l'échafaud.

Danton conduit à l'échafaud. ▶

▼ Le général de Gaulle en Normandie, en juin 1944, après le débarquement.

Sur les routes de France

Le paradis des RANDONNEURS

Nul besoin de partir à l'autre bout du monde pour prendre un grand bol d'air frais ! La France, avec ses 60 000 km de sentiers balisés, regorge de paysages sublimes. Que vous vous rendiez à la montagne, à la campagne ou en bord de mer, il vous sera toujours possible de prendre part à une **belle randonnée**.

La Corse, entre mer et montagne

C'est incontestablement l'une des **plus belles randonnées**. La Corse offre, le long de ses côtes ou au cœur de ses massifs montagneux, des paysages à couper le souffle. L'île de Beauté mérite bien son nom, comme le prouve le superbe col de **Bavella** dès qu'on l'aperçoit. Il vous faudra deux semaines pour parcourir les 180 km du **GR 20**, mais vous pouvez aussi découvrir la Corse grâce aux magnifiques sentiers **Mare e monti** ou **Mare e mare**.

Le GR 20 en Corse. ▲

La traversée des Pyrénées

Parcourir les 850 km qui jalonnent la grande traversée des Pyrénées, pour rejoindre Banyuls-sur-Mer sur la Côte Vermeille en partant d'Hendaye sur la côte basque, est une véritable prouesse. D'autant qu'il faut au moins deux mois pour y parvenir, via le **GR 10**. Le clou de cette magnifique randonnée est sans aucun doute la découverte du cirque de **Gavarnie**, cet amphithéâtre de 1 700 m de hauteur sur 14 km de circonférence, inscrit depuis 1997 au patrimoine mondial de l'Unesco. On peut également y admirer la plus grande cascade d'Europe (413 m de haut) et la fameuse Brèche de Roland, une impressionnante trouée naturelle, de 100 m de haut sur 40 m de large.

Les côtes de la Bretagne

Deux choix s'offrent à ceux qui veulent découvrir la Bretagne à pied. Soit on la traverse d'est en ouest par le **GR 37**, soit on longe ses superbes côtes via le **GR 34**. Les sentiers du **GR 37** vous feront pénétrer dans la forêt de Brocéliande, à l'atmosphère ensorcelante. Ceux du **GR 34** vous mèneront du Mont-Saint-Michel au golfe du Morbihan et vous dévoileront les merveilles du littoral breton. En parcourant le vivifiant sentier des Douaniers du **GR 34**, on passe successivement devant d'anciennes tours de guet, des criques magnifiques et d'impressionnantes falaises ! Les 530 km du **GR 37** peuvent être parcourus en 12 jours, tandis que les 1 600 km du **GR 34** nécessitent un minimum de 73 jours de randonnée.

▼ Le cirque de Gavarnie dans les Pyrénées.

Les Cévennes.

Sur le chemin de Saint-Jacques-de-Compostelle

Pour se rendre à **Saint-Jacques-de-Compostelle**, il existe quatre voies différentes qui fusionnent toutes aux portes de l'Espagne, non loin de Saint-Jean-Pied-de-Port, en plein cœur du Pays basque. La plus impressionnante des quatre est sans doute la **via Podiensis** que longe le **GR 65**. Sur ce sentier, allant de Puy-en-Velay aux Pyrénées, nombreux sont les monuments à admirer et les abris naturels où il fait bon s'arrêter. Il vous faudra un bon mois pour arpenter les 750 km du **GR 65**.

Le chemin de Stevenson dans les Cévennes

« Voyage avec un âne dans les **Cévennes** » retrace le chemin de Stevenson qui, aux côtés de son ânesse Modestine, emprunta les **sentiers** du pays des camisards pour oublier un terrible chagrin d'amour. Si, comme Stevenson, vous avez du vague à l'âme ou tout simplement un goût prononcé pour les paysages somptueux, empruntez ces 274 km qui vous mèneront de Monastier-sur-Gazeille à Saint-Jean-du-Gard. Vous passerez entre les plateaux du Velay et du Gévaudan, alternant petites et grandes étapes ; puis, entre les blocs de granit du mont Lozère, pour finir sur la vallée du Tarn. Dans les Cévennes, les jolis villages de Saint-Germain-de-Calberte et de Saint-Étienne-Vallée-Française méritent de s'y arrêter. Comptez 11 jours pour venir à bout des 215 km du **GR 70**.

Le Tour du mont Blanc : une expérience hors du commun

Le **Tour du mont Blanc** est tout simplement mythique et, bien qu'il fasse un petit détour par l'Italie et la Suisse, c'est tout de même l'une des **plus belles randonnées de France**. Summum pour les randonneurs : ils peuvent admirer pendant quasiment tout le parcours le célèbre massif de glace et de granit. Point culminant de la chaîne des Alpes (4 810,50 m d'altitude), le mont Blanc n'a pas toujours eu bonne réputation. Jusqu'au XVIIIe siècle, il était même appelé « la montagne maudite ». Il faut attendre les 8 et 9 août 1786 pour que Jacques Balmat et le docteur Michel Paccard réalisent la première ascension du « toit de l'Europe ». Il faut compter 7 à 10 jours de randonnée pour parcourir ces 170 km et 10 000 m de dénivelé.

La grande traversée des Alpes

La **grande traversée des Alpes**, qui part de Briançon et va jusqu'à Menton, permet de gravir des cols impressionnants, de découvrir des villages magnifiques, comme Sospel ou Saint-Martin-Vésubie, et d'admirer des paysages fabuleux, comme ceux de la **vallée des Merveilles**. Dominée par le mont Bego (2 873 m d'altitude), cette vallée située dans le parc national du **Mercantour** est mondialement connue pour son ensemble de gravures rupestres. Il s'agit du plus vaste de ce type en Europe occidentale, avec pas moins de 40 000 gravures préhistoriques et 100 000 gravures historiques. Remontant à la fin du néolithique (entre – 3 200 et – 1 500 av. J.-C.), elles représentent des formes géométriques assez simples (quadrillages), des animaux ou des chefs de tribus. Il vous faudra une quinzaine de jours pour traverser les 250 km de ce superbe parcours.

Le lac d'Allos dans le parc national du Mercantour.

La Martinique, un cadre paradisiaque

Avec ses paysages grandioses et ses longues plages de sable fin, la Martinique représente le cadre idéal pour faire de la randonnée. Parmi les plus belles randonnées : l'ascension de la **montagne Pelée** par l'Aileron mais aussi la magnifique **Trace des Caps** ou encore le chemin côtier de la **réserve de la Caravelle**… La **Trace des Caps**, l'une des plus célèbres et des plus belles randonnées de l'île, permet de découvrir la côte sur une trentaine de kilomètres suivant ainsi le pourtour de la presqu'île de Sainte-Anne, depuis la plage du Petit Macabou, au Vauclin, jusqu'à l'anse Caritan. Un très bel itinéraire qui traverse mangroves, pointes rocheuses, étendues désertiques ou boisées.

▲ Vue sur le massif du Mont-Blanc.

Plage sur la presqu'île de Sainte-Anne, en Martinique. ▶

Ils ont fait la France

Une moisson de PRIX NOBEL

▲ Albert Schweitzer en 1952.

Avec 70 lauréats du prix Nobel (fin 2024), la France figure dans le haut du tableau. C'est même le pays qui a remporté le plus grand nombre de distinctions en littérature. Petite revue de quelques-uns des « nobélisés » français…

Nobel de physique

Henri Becquerel (1852-1908)
Il découvrit la radioactivité en 1896, sur les sels d'uranium. Il a donné son nom à l'unité de mesure d'activité d'une source radioactive (symbole Bq). (Prix Nobel 1903.)

Pierre Curie (1859-1906)
Il découvre la piézo-électricité (1880) ; il étudie aussi le magnétisme des corps en fonction de la température et en déduit le « principe de symétrie » (1894) : les éléments de symétrie des causes d'un phénomène physique doivent se retrouver dans les effets produits. Enfin, il se consacre, avec sa femme, à l'étude des phénomènes radioactifs. (Prix Nobel 1903.)

▼ Marie Curie, recevant en 1931 la médaille de l'Institut de radiologie.

Jean Perrin (1870-1942)
Il montra que les rayons cathodiques sont constitués de corpuscules d'électricité négative (1895) et détermina le nombre d'Avogadro, apportant ainsi une preuve décisive de l'existence des atomes. (Prix Nobel 1926.)

Louis, duc de Broglie (1892-1987)
Physicien français, il a établi une relation traduisant son hypothèse selon laquelle les particules matérielles, comme l'électron, présentent un caractère ondulatoire. La mécanique ondulatoire ainsi développée est à l'origine de la mécanique quantique. (Prix Nobel 1929.)

Alfred Kastler (1902-1984)
Spécialiste de l'électronique quantique et de l'optique physique, il a mis au point le procédé de « pompage optique » (1950), qui a trouvé d'importantes applications dans les lasers et les masers. (Prix Nobel 1966.)

Une seule femme, deux prix Nobel !

Marie Curie, née Skłodowska (1867-1934), est la première et la seule femme à avoir reçu deux prix Nobel. Arrivée à Paris en 1892, elle épouse P. Curie en 1895. Première femme titulaire d'une chaire à la Sorbonne, elle découvre la radioactivité du thorium, identifie, avec son mari, le polonium en 1898 et, avec A. Debierne, isole le radium en 1910. Son laboratoire a été transformé en musée. Ses cendres ont été transférées au Panthéon, avec celles de P. Curie, en 1995. (Prix Nobel de physique 1903, de chimie 1911.)

Pierre-Gilles de Gennes (1932-2007)
Il a fourni des contributions théoriques marquantes dans des domaines variés : semi-conducteurs, supraconductivité, cristaux liquides, polymères, etc. (Prix Nobel 1991.)

Georges Charpak (1924-2010)
Chercheur au Cern, il y conçut de nombreux détecteurs de particules. Ses appareils sont également utilisés en biologie et en médecine. (Prix Nobel 1992.)

Claude Cohen-Tannoudji (né en 1933)
Spécialiste de physique atomique, il développe la théorie du refroidissement et du piégeage d'atomes par laser. Il met au point une procédure pour atteindre des températures très proches du zéro absolu. (Prix Nobel 1997.)

Albert Fert (né en 1938)
Il a découvert la magnétorésistance géante (1988) et contribué au développement de l'électronique de spin. (Prix Nobel 2007.)

Serge Haroche (né en 1944)
Ses recherches ont permis de tester certains postulats de la mécanique quantique et de réaliser des prototypes de systèmes de traitement quantique de l'information. (Prix Nobel 2012.)

Nobel de chimie

Henri Moissan (1852-1907)
Il a développé l'usage du four électrique pour la préparation des oxydes métalliques et des ferroalliages, et isolé le fluor. (Prix Nobel 1906.)

Paul Sabatier (1854-1941)
Auteur de travaux sur les hydrogénations catalytiques réalisées grâce au nickel réduit, il a effectué la synthèse de nombreux hydrocarbures. (Prix Nobel 1912.)

Irène Joliot-Curie (1897-1956)
Jean Frédéric Joliot, dit Joliot-Curie (1900-1958)
Ils obtinrent le prix Nobel en 1935 pour leur découverte de la radioactivité artificielle. Irène Joliot-Curie découvrit le neutron et fut sous-secrétaire d'État à la Recherche scientifique en 1936 ; Frédéric Joliot fut le premier haut-commissaire à l'Énergie atomique (1946-1950).

▲ Irène et Frédéric Joliot-Curie en 1935.

Jean-Marie Lehn (né en 1939)
Il a réalisé la synthèse des cryptands, molécules creuses dont la cavité peut fixer très fortement un ion ou une molécule, employées notamment en pharmacologie. (Prix Nobel 1987.)

Yves Chauvin (1930-2015)
Auteur de travaux relatifs à la catalyse et à la polymérisation, il jeta les bases théoriques de la métathèse, une méthode de synthèse organique appliquée à présent dans l'industrie. (Prix Nobel 2005.)

Jean-Pierre Sauvage (né en 1944)
Il a optimisé la synthèse des chaînes moléculaires formées d'anneaux entrelacés (« caténanes ») et a ainsi contribué au développement des machines moléculaires, capables de reproduire, à l'échelle microscopique, les mouvements de systèmes mécaniques (ascenseurs, voitures). [Prix Nobel 2016.]

Le « Nobel des maths »

Il n'y a pas de prix Nobel de mathématiques ; on cite souvent la médaille Fields, créée en 1936, comme en étant l'équivalent, mais, à la différence des Nobel, elle est décernée à des mathématiciens de moins de 40 ans, tous les 4 ans. Les Français sont très bien représentés parmi les récipiendaires de la Médaille Fields, illustrant ainsi la qualité de l'école française de mathématiques : on peut citer Alexandre Grothendieck en 1966, Pierre-Louis Lions et Jean-Christophe Yoccoz en 1994, Wendelin Werner en 2006 ou Cédric Villani en 2010.

Nobel de physiologie ou médecine

Alphonse Laveran (1845-1922)
Il a découvert l'hématozoaire responsable du paludisme. (Prix Nobel 1907.)

François Jacob (1920-2013)
André Lwoff (1902-1994)
Jacques Monod (1910-1976)
Ils reçurent le prix Nobel de médecine en 1965 pour avoir élucidé le mécanisme de la régulation génétique au niveau cellulaire (ARN messager).

Jean Dausset (1916-2009)
Spécialiste d'hématologie et d'immunologie, il découvrit le système d'antigènes HLA (1958), autorisant notamment d'importants progrès dans les greffes d'organes. Il fonda aussi en 1984, avec D. Cohen, le Centre d'étude du polymorphisme humain. (Prix Nobel 1980.)

Luc Montagnier (1932-2022)
Françoise Barré-Sinoussi (née en 1947)
Luc Montagnier a dirigé, à l'Institut Pasteur, l'équipe qui a découvert en 1983 le virus de l'immunodéficience humaine (VIH), responsable du sida et dont faisait partie Françoise Barré-Sinoussi. Tous deux ont reçu pour cette découverte le prix Nobel en 2008.

Jules Hoffmann (né en 1941)
Les travaux qu'il a menés avec ses collaborateurs sur les mécanismes de défense antimicrobienne chez la drosophile ont permis des avancées majeures dans la connaissance de l'immunité innée. (Prix Nobel 2011.)

Nobel de la paix

Henry (ou Henri) Dunant (1828-1910)
Pionnier de l'action humanitaire, il fit adopter la Convention de Genève (1864) et fut le principal fondateur de la Croix-Rouge. (Prix Nobel 1901.)

Léon Bourgeois (1851-1925)
Douze fois ministre (1888-1917), président du Conseil (1895-1896), il fut l'un des promoteurs de la SDN. (Prix Nobel 1920.)

Aristide Briand (1862-1932)
Militant socialiste, il fut vingt-cinq fois ministre (en particulier des Affaires étrangères) et onze fois président du Conseil. Ardent pacifiste et partisan d'une politique de réconciliation avec l'Allemagne, il signa l'accord de Locarno (1925) et fut l'un des animateurs de la SDN. (Prix Nobel 1926.)

Ferdinand Buisson (1841-1932)
Collaborateur de Jules Ferry, il fut l'un des fondateurs de la Ligue des droits de l'homme. (Prix Nobel 1927.)

Albert Schweitzer (1875-1965)
Symbole du colonialisme à visage humain, il fonda l'hôpital de Lambaréné, au Gabon. (Prix Nobel 1952.)

René Cassin (1887-1976)
Il contribua à la fondation de l'Unesco et fit adopter la *Déclaration universelle des droits de l'homme* (1948). Ses cendres ont été transférées au Panthéon en 1987. (Prix Nobel 1968.)

▲ La délégation française à la Société des Nations, en 1924. Au premier rang, de gauche à droite : Édouard Herriot, Léon Bourgeois, Aristide Briand et Paul Boncour.

Nobel de littérature

René François Armand Prudhomme, dit Sully Prudhomme (1839-1907)
Collaborateur au Parnasse contemporain, il évolua d'une inspiration intimiste (*les Solitudes*, 1869) à une veine plus didactique (*la Justice*, 1878).

Frédéric Mistral (1830-1914)
Poète d'expression provençale (*Mireille*, *les Îles d'or*), l'un des fondateurs du félibrige, il en reste le plus illustre représentant.

Romain Rolland (1866-1944)
Le culte des êtres d'exception et un humanisme pacifiste animent son œuvre romanesque (*Jean-Christophe*, 1904-1912) et dramatique, et son journal. Il fonda la revue *Europe* en 1923.

Anatole France (1844-1924)
Ses romans historiques ou de mœurs (*la Rôtisserie de la reine Pédauque*, 1893 ; *Les dieux ont soif*, 1912) sont empreints d'ironie et de scepticisme.

Roger Martin du Gard (1881-1958)
Humaniste rationaliste, il a, dans ses romans (*les Thibault*) et ses pièces de théâtre, relié à l'histoire de son temps les crises individuelles, sexuelles et intellectuelles.

François Mauriac (1885-1970)
Ses romans, peintures cruelles de la vie provinciale, évoquent les conflits de la chair et de la foi (*Thérèse Desqueyroux*, 1927 ; *le Nœud de vipères*, 1932).

Alexis Leger, dit Saint-John Perse (1887-1975)
Ses recueils aux amples versets et aux mots éclatants offrent une méditation épique sur les éléments, les civilisations et le destin humain (*Anabase*, 1924 ; *Exil*, 1942 ; *Amers*, 1957).

Gao Xingjian (né en 1940)
Figure de proue du modernisme, il quitte la Chine pour la France en 1988. Essayiste, dramaturge et romancier (*la Montagne de l'âme*, 1995), il se consacre aussi à la peinture dans la tradition des lettrés.

▲ Le Mahatma Gandhi en visite chez Romain Rolland, à Villeneuve (Suisse), 1931.

Les « prix Nobel d'économie »

Ce que l'on appelle couramment le « prix Nobel d'économie » est en fait le prix de la Banque de Suède en sciences économiques. Il a été décerné à trois Français depuis sa création en 1969 : en 1983, Gérard Debreu (1921-2004) pour ses travaux sur l'équilibre général ; en 1988, Maurice Allais (1911-2010) pour sa contribution à la théorie des marchés ; en 2014, Jean Tirole (né en 1953) pour son analyse de la puissance des marchés et de la régulation.

Jean-Marie Gustave, dit J.M.G. Le Clézio (né en 1940)
D'abord romancier du désarroi contemporain (*le Procès-verbal*, 1963), il puise ensuite dans toutes les formes d'altérité les ressources d'un humanisme moderne (*Désert*, 1980 ; *Ourania*, 2006).

Patrick Modiano (né en 1945)
Ses romans, mêlant histoire intime et fiction, expriment une quête de l'identité à travers l'exploration d'un passé douloureux ou énigmatique (*la Place de l'Étoile*, 1968 ; *Dora Bruder*, 1997 ; *l'Herbe des nuits*, 2012).

Les prix Nobel de littérature

1901 : Sully Prudhomme	1957 : Albert Camus
1904 : Frédéric Mistral	1960 : Saint-John Perse
1915 : Romain Rolland	1964 : Jean-Paul Sartre (qui le refuse)
1921 : Anatole France	1985 : Claude Simon
1927 : Henri Bergson	2000 : Gao Xingjian
1937 : Roger Martin du Gard	2008 : J.M.G. Le Clézio
1947 : André Gide	2014 : Patrick Modiano
1952 : François Mauriac	2022 : Annie Ernaux

Sur les routes de France

Au CŒUR des FORÊTS de France

▲ Le bouvreuil pivoine niche sur les branches des arbres, dans les buissons ou les taillis.

Randonneurs et adeptes des promenades sur les sentiers arborés, partez à la découverte des **forêts** les plus singulières de France !

Une bécasse des bois.

La forêt des Landes

Le massif forestier des Landes est le plus grand d'Europe occidentale, avec environ 1 million d'hectares de forêts, surtout privées, mais aussi commerciales et domaniales. Le Massif landais a été très efficacement protégé contre les incendies de forêt qui, autrefois, le ravageaient périodiquement. Les rares vestiges de la forêt originelle sont essentiellement constitués de chêne pédonculé, de chêne tauzin et de chêne-liège.

La forêt de Vizzavona

La forêt de Vizzavona, en Haute-Corse, est l'une des forêts les plus fréquentées de Corse. Magnifique domaine de 1 600 ha peuplé de hêtres et de pins Larici, la forêt est située sur le célèbre sentier de grande randonnée, le GR 20. Pour se rafraîchir, l'extraordinaire site des cascades des Anglais, où l'on peut admirer, en enfilade, plus d'une vingtaine de vasques naturelles creusées dans la roche, offre un lieu magique pour la baignade dans des eaux cristallines. L'automne est une très belle saison pour admirer les couleurs chatoyantes de la forêt et ramasser des châtaignes !

▼ Une des cascades des Anglais dans la forêt de Vizzavona, en Haute-Corse.

La forêt de Compiègne, ancien domaine royal

Ancien domaine des rois de France, la forêt de Compiègne, située dans l'Oise, est aujourd'hui la 3e forêt française par sa superficie (14 357 ha). Pour les randonneurs, le balisage des sentiers pédestres a été complètement rénové en vue du projet de labellisation « forêt d'exception ». Pour les amateurs de vélo, les pistes sont nombreuses et les deux principales permettent de partir du Carrefour royal, à Compiègne, pour aller au château de Pierrefonds par Saint-Jean-aux-Bois (15 km) et d'en revenir sur une autre piste par Vieux-Moulin. Autrefois théâtre des chasses à courre, la vie animale y est foisonnante et les amoureux de la faune et de la flore pourront se délecter de rencontres fortuites au cœur d'une forêt aux arbres centenaires (hêtres et chênes principalement). Autre trésor de cette magnifique forêt, l'allée des Beaux-Monts, longue de 4 km, offre une perspective originale sur le château.

▲ Cerfs et biches dans la forêt de Compiègne.

La forêt de Brocéliande est peuplée d'arbres aux ramifications étranges. ▲

Le bois de Païolive, envoûtant et énigmatique

Surnommé le « bois des fados », c'est-à-dire le bois des fées, par les Ardéchois, le bois de Païolive exerce sur les promeneurs une véritable fascination avec ses sculptures naturelles de blocs calcaires mêlées aux chênes blancs. Celle de l'ours et du lion, semblant livrer un combat, est la plus emblématique de ce fantastique décor surplombant le Chassezac. Les sentiers qui le traversent sont nombreux et la plupart sont balisés dans ce lieu classé « zone naturelle sensible » par le Conseil départemental de l'Ardèche.

La forêt de Brocéliande, une terre de légendes

La forêt de Brocéliande est la forêt bretonne des légendes arthuriennes, qui abritait l'enchanteur Merlin. Aussi appelée forêt de Paimpont, c'est la plus vaste et la plus connue de Bretagne. Dans cette région, les légendes sont tenaces et l'ambiance féerique qui se dégage de la forêt accentue les croyances comme celle qui affirme que la forêt serait peuplée d'elfes et de fées. Les lieux magiques et pittoresques sont nombreux : l'amoncellement de pierres qui serait le tombeau de Merlin, la fontaine de Barenton et la fontaine de Jouvence où la fée Viviane aurait rencontré Lancelot du Lac, le miroir aux Fées, le château de Trécesson, le jardin aux Moines et enfin le chêne de Guillotin, âgé au moins de 1 000 ans.

La forêt sauvage d'Iraty

La forêt d'Iraty, au cœur du Pays basque, s'étend entre la France et l'Espagne, sur plus de 17 300 ha, constituant la plus grande hêtraie d'Europe. Sentinelle aux allures majestueuses et sauvages, la forêt ravive aux confins de son territoire les légendes basques les plus secrètes. Le pastoralisme étant encore très présent dans les Pyrénées, les promeneurs chanceux peuvent croiser au détour d'un sentier des troupeaux de vaches, de brebis ou de chevaux évoluant en liberté. Dans ce cadre sublime, la faune et la flore sauvages réservent aux randonneurs des moments magiques !

La sérénité de la forêt de la Grande-Chartreuse

Situé entre les départements de l'Isère et de la Savoie, le massif de la Grande-Chartreuse est recouvert à plus de 60 % par la forêt. Cette forêt qui tient son nom de l'ordre monastique des pères chartreux, anciens propriétaires du domaine, est aujourd'hui labellisée « forêt d'exception » avec ses paysages de sapins et de hêtres. Caché au cœur de la forêt, le monastère, encore habité par les moines, n'est pas ouvert à la visite, mais une zone de silence de 800 ha, délimitée autour de ce dernier, permet aux promeneurs de s'imprégner de la sérénité ambiante.

La forêt d'Eawy, une vaste hêtraie

Située en Normandie, entre la vallée de la Béthune et celle de la Varenne, à 15 km au sud de Dieppe et à 35 km au nord de Rouen, la forêt domaniale d'Eawy, ancienne propriété des ducs de Normandie, s'étend sur près de 7 000 ha. Les lieux de découverte sont nombreux comme l'allée des Limousins, qui traverse la forêt du nord au sud sur 14 km ; la pelouse de Pimont, qui abrite des orchidées protégées, et l'arboretum du jardin du roi de Rome, qui se fait le gardien d'une trentaine d'espèces d'arbres. Cette forêt où domine le hêtre (mais chênes, charmes, frênes, merisiers, érables sont également présents) est entrecoupée de clairières agricoles et on y dénombre plus de 180 mares forestières. La faune et la flore y sont très riches et très diversifiées : cerfs, chevreuils, sangliers, renards, blaireaux, bécasses, fouines, faisans.

La forêt domaniale de Ribeauvillé, toute en hauteur

Située sur les contreforts des Vosges, dans le Haut-Rhin, la forêt domaniale de Ribeauvillé s'étend sur plus de 1 000 ha. Peuplée à 77 % de résineux et à 23 % de feuillus, cette forêt est célèbre pour abriter un séquoia géant de 58,10 m de hauteur. Lointain cousin des séquoias géants de Californie, il a été planté en 1856 afin de célébrer la naissance du fils de Napoléon III et de l'impératrice Eugénie. Autre curiosité du domaine, un groupe de dix sapins Douglas de plus de 50 m de haut, dont le plus grand culmine à 62 m !

▲ Sanglier sauvage dans le parc de Chambord.

Le parc de Chambord, grande réserve naturelle

Plus grand domaine forestier clos d'Europe avec ses 32 km de murs d'enceinte, le domaine national de Chambord, dans le Loir-et-Cher, s'étend sur plus de 5 400 ha. Cette immense réserve naturelle, où sangliers sauvages, daims, biches, cerfs et chevreuils côtoient 150 espèces d'oiseaux dont les fauvettes et les martins-pêcheurs, se visite à pied ou à vélo sur plus de 20 km de sentiers. Ancien terrain de chasse de François Ier, la chasse y est toujours autorisée pour des battues de régulation.

▲ Groupe de cerfs dans la forêt d'Eawy.

Sur les routes de France

L'OCCITANIE, la perle du Sud

Le château de Foix. ▲

Partez à la découverte des vallées de la Garonne et de l'Aube, des Pyrénées, du Massif central, des Cévennes et des Causses, et enfin de la plaine littorale méditerranéenne, qui s'étend de la confluence du Rhône à la Côte Vermeille.

Foix, une histoire médiévale

La ville s'étend autour d'un oratoire fondé par Charlemagne, qui, au Xe siècle, devient l'abbaye de Saint-Volusien. Au début du XIe siècle, le château est construit par Bernard Roger, comte de Carcassonne. En 1036, son fils Roger prend le titre de comte de Foix. En 1229, la suzeraineté du roi de France est reconnue ; elle est remise en cause en 1272 et Philippe le Hardi assiège alors Foix, qui doit se rendre. Le château est partiellement reconstruit par Gaston Phébus (Gaston III de Foix) en 1362.

Mourir à Montségur

Perché à 1 200 m d'altitude, le château de Montségur abrite en 1242 une importante population cathare, relativement épargnée par la croisade des albigeois et par les persécutions de l'Inquisition. Pour venger certains des leurs, une soixantaine de défenseurs commandés par Pierre-Roger de Mirepoix se rendent en Avignonnet afin d'y exécuter les membres du tribunal de l'Inquisition. Un an plus tard, une croisade contre leur forteresse est décidée par le concile de Béziers. Après un siège de dix mois, les assiégés sont contraints de négocier les conditions de leur reddition. Ils refusent de se convertir et 207 d'entre eux périssent sur le bûcher en mars 1244.

Si Rodez m'était « comté »...

La *Segodunum* des Gaulois devint la capitale du Rouergue (*Rutenorum civitas*) sous les Romains : elle était, au IVe siècle, une cité importante. Évêché dès cette époque, Rodez fut comté au IXe siècle. Confisqué aux Armagnacs par Louis XI, le comté de Rodez vint aux d'Albret et, par Henri IV, fut rattaché à la Couronne (1598).

▲ La nef de la cathédrale gothique de Rodez.

Un pont neuf

Depuis 2005, les automobilistes peuvent franchir le Tarn, près de Millau, sur le plus haut viaduc à haubans du monde (244,80 m au-dessus du sol) avec un tablier de 2 460 m de long soutenu par les 11 paires de haubans de 7 piles en béton. Dernier maillon de l'autoroute A75, l'ouvrage permet d'éviter le classique « bouchon » de Millau. Le viaduc a été dessiné par l'architecte britannique Norman Foster et conçu par l'ingénieur français Michel Virlogeux.

Toulouse, la ville rose

Romaine à partir de 120-100 avant J.-C, Toulouse fut capitale du royaume wisigothique (Ve siècle) puis du royaume franc d'Aquitaine et, enfin, du comté de Toulouse, fondé par Raimond Ier (852-864). Au XIIe siècle, ses magistrats municipaux, les capitouls, assurèrent son émancipation vis-à-vis des comtes. Elle souffrit lors de la croisade contre les albigeois (XIIIe siècle), et Simon de Montfort fut tué en faisant le siège de la ville (1218). L'ordre des Dominicains et une université (1229) y furent fondés pour combattre l'hérésie. Le comté de Toulouse, qui atteignit les confins de la Provence, entra dans le domaine royal en 1271.

▲ Le Capitole, siège de la municipalité de Toulouse.

▲ Le château de Montségur, perdu entre ciel et terre.

Les eaux qui guérissent

On traite à Bagnères-de-Luchon, grâce aux propriétés de ses eaux chaudes sulfureuses, les affections respiratoires, les rhumatismes et les séquelles de traumatismes ostéo-articulaires. À la grande époque du thermalisme, à la fin du XIXe siècle et au début du XXe, nombre de célébrités vinrent « prendre les eaux » pour soigner discrètement des maladies… vénériennes. À l'activité thermale se sont ajoutés depuis longtemps les sports d'hiver à Superbagnères.

La cathédrale d'Auch et la statue ▲ de d'Artagnan au premier plan.

Ave, Auch !

Auch est l'ancienne *Elimberris*, centre d'une peuplade ibère, les *Auscii*, soumise par Crassus, lieutenant de César. Bien que la capitale des *Novempopulani* fût alors à *Elusa* (Eauze), Auch prospéra sous la domination romaine. À la fin du VIIIe siècle, elle supplanta définitivement Eauze comme capitale du pays qui devint l'Armagnac. Son évêché, fondé au VIe siècle, devint une métropole dont le titulaire se para plus tard du titre de primat d'Aquitaine. La ville fut le siège d'une généralité en 1716.

Divin foie gras

Réputé pour sa gastronomie, le Gers, l'un des départements les plus ruraux de France, est le premier producteur de foie gras d'oie et de canard traditionnel. Très stricts sur l'alimentation, constituée de maïs, et sur la durée de l'élevage qui permet à l'animal de grandir naturellement et en plein air, 1 500 des 1 800 producteurs fermiers indépendants ont choisi de vendre leurs produits directement au consommateur.

▲ Le pont Valentré, à Cahors, construit, selon la légende, avec l'aide du diable.

Cahors, la rebelle

Capitale du peuple gaulois des Cadurci, *Divona Cadurcorum* sous les Romains, évêché (dont le titulaire était seigneur de la ville) vers 300, la ville fut maintes fois assaillie et pillée avant de revenir aux Anglais, comme tout le Quercy, par le traité de Brétigny (1360). Cahors refusa de reconnaître Henri IV, qui vint l'assiéger et s'en rendit maître en 1580.

L'entrée du diable

Excavation naturelle profonde de 75 m, le gouffre de Padirac mène à un cours d'eau souterrain, la rivière de Padirac, qui coule à 103 m sous terre pendant 3 km environ dans des corridors étroits ou sous des voûtes immenses, puis qui rejoint la Dordogne. Appelé « l'entrée du diable », exploré pour la première fois en 1889 par Édouard-Alfred Martel, le gouffre a été aménagé sur 500 m pour la visite (lac de la Pluie, salle du Grand Dôme, lac Supérieur) et constitue l'un des grands sites touristiques des Causses.

▼ L'entrée du gouffre de Padirac.

Rocamadour, ancien haut lieu du monde chrétien

Bourg de pèlerinage dans un site pittoresque et escarpé, conservant un château en partie du XIVe siècle, des restes de fortifications, une église romane et diverses chapelles, des maisons anciennes, Rocamadour est aujourd'hui un des principaux centres touristiques du Quercy. Situées sur les chemins de Saint-Jacques-de-Compostelle en France, l'église Saint-Sauveur et la crypte Saint-Amadour sont inscrites à ce titre sur la liste du patrimoine mondial de l'Unesco depuis 1998.

Tarbes, un destin lié à la Bigorre

Bigorra, conquise par Crassus, devient *Turba*, capitale de la Bigorre. Évêché au Ve siècle, dévastée au IXe siècle par les Normands, elle est rebâtie par le comte Raimond Ier de Bigorre, puis cédée aux Anglais par le traité de Brétigny (1360-1406). Elle est rattachée au domaine royal (1607) avec la Bigorre.

La grotte miraculeuse

Du 11 février au 16 juillet 1858, une enfant de quatorze ans, Bernadette Soubirous, eut près de la grotte de Massabielle 18 visions dans lesquelles une femme vêtue de blanc se déclarait être « l'Immaculée Conception ». Le culte public ayant été autorisé (1862), une basilique fut construite en 1876, une autre, souterraine, en 1958 ; une nouvelle basilique a été inaugurée en 1988. Le pèlerinage marial de Lourdes est l'un des plus importants du monde (environ 5 millions de pèlerins par an).

La basilique Notre-Dame-du-Rosaire à Lourdes. ▶

▲ Le site de Rocamadour à flanc de falaise.

Le musée Toulouse-Lautrec installé dans le palais de la Berbie, à Albi. ▲

Albi, la rouge

Albi devient au VIIIe siècle le siège d'une seigneurie autonome, réunie deux cents ans plus tard au comté de Toulouse. Elle sera alors le théâtre de nombreuses querelles entre le pouvoir temporel des vicomtes et celui des évêques jusqu'à la ruine définitive des Toulousains, à la suite de la croisade en Albigeois. En 1249, Albi est rattachée au royaume de France. Durant les guerres de Religion, Albi est un bastion des catholiques.

Lautrec et La Tour

Albi est la ville d'Henri de Toulouse-Lautrec, qui y est né : le musée d'Albi porte son nom, et les salles qui lui sont consacrées sont fort riches (affiches, lithographies, dessins, pastels et peintures). Albi est aussi un des hauts lieux de l'œuvre de Georges de La Tour : c'est dans une chapelle du chœur de la cathédrale qu'était accrochée, depuis la Révolution, la série des *Apôtres*. Le musée d'Albi possède deux originaux et neuf copies de ces peintures longtemps oubliées.

Montauban, le fief protestant

Près de la bourgade de Montauriol (datant du haut Moyen Âge) est fondée, en 1144, la ville neuve de Montauban par le comte de Toulouse, Alphonse Jourdain. Une charte de pariage (1149) accorde aux moines de l'abbaye voisine de Saint-Théodard des droits sur la ville. Vite prospère, celle-ci est le siège d'un évêché dès 1317 et d'une Cour des aides. Elle devient l'une des places de sûreté protestantes (traité de Saint-Germain, 1570) et le siège de plusieurs synodes (de 1578 à 1584) ; les armées royales l'assiègent plusieurs fois en vain (1562 et 1621), mais, la ville ayant dû demander la paix, Richelieu en fait raser les fortifications (1629). Louis XIV y fait pratiquer les dragonnades, et la ville, décimée par les envois aux galères, la peste et l'émigration, ne retrouvera partiellement sa prospérité qu'au XIXe siècle. Dotée de nouveau d'un évêché en 1822, chef-lieu du Tarn-et-Garonne après avoir été sous-préfecture du Lot, Montauban a possédé une importante faculté de théologie protestante, actuellement installée à Montpellier.

▲ Le pont Vieux et le musée Ingres de Montauban, au bord du Tarn.

Plus de 2 000 ans d'histoire à Carcassonne

Colonie latine au Ier siècle après J.-C., réunie plus tard à la cité de Narbonne, Carcassonne est occupée par les Wisigoths, puis par les Arabes (725-759 environ) avant de devenir un comté indépendant (IXe siècle), qui appartient un temps à la maison de Comminges, puis passe à la famille vicomtale des Trencavel (1082). Prise en 1209 par Simon de Montfort (chef de la croisade contre les albigeois), la ville est cédée au roi de France en 1247.

La cité de Carcassonne

La cité, qui forme l'ensemble de fortifications urbaines le plus complet du Moyen Âge, comprend deux enceintes et une citadelle dénommée château comtal. Sa chronologie s'échelonne entre l'époque gallo-romaine et la fin du XIIIe siècle. Elle a fait l'objet d'une restauration générale par Viollet-le-Duc. À l'intérieur de la cité se trouve l'ancienne cathédrale Saint-Nazaire, formée d'une nef romane et d'un chœur gothique rayonnant, extraordinairement lumineux (v. 1270 – v. 1330). La cité de Carcassonne est inscrite au patrimoine mondial de l'Unesco depuis 1997.

Chasselas doré de Moissac

La vigne, présente dans le bas Quercy dès le Moyen Âge, passe à la fin du XVIIIe siècle d'une consommation familiale à une culture commerciale. C'est en 1971 que le chasselas de Moissac est le premier fruit à obtenir l'appellation d'origine contrôlée, la seule donnée à un raisin de table. Un uvarium (du latin *uva*, « raisin ») est érigé au début du XXe siècle : on y vient consommer le chasselas pour se remettre en forme et se prémunir des maladies cardio-vasculaires. Le raisin, cueilli de septembre à novembre, fait l'objet de méthodes de production très exigeantes.

La face ouest de la cité de Carcassonne, avec le château comtal.

Nîmes, cité romaine

Nîmes doit son origine à une célèbre fontaine, et son nom au génie de cette fontaine, *Nemausus*. Elle devient romaine en 120 avant J.-C. et Auguste y installe une colonie de vétérans. De nombreux monuments y sont élevés. Son évêché est attesté depuis 396. Ravagée par les Vandales (407) et par les Sarrasins (725), Nîmes appartient ensuite aux comtes de Toulouse (1185). Lors de la croisade des albigeois, la ville est prise par Louis VIII (1226), puis annexée au royaume de France (1229). Le protestantisme y trouve un terrain favorable. Après le soulèvement huguenot de 1621, Nîmes se soumet à Louis XIII (1629). Enrichie par l'industrie de la soie, du velours et du sucre, la ville, fief protestant, souffre de la révocation de l'édit de Nantes (1685).

Les arènes de Nîmes

Leur construction fut ordonnée par l'empereur Auguste et commença aux alentours de l'an 100 après J.-C. C'est l'un des plus grands amphithéâtres de la Gaule romaine et l'un des mieux conservés de notre époque. Il est composé de 120 arches réparties sur deux niveaux atteignant 21 m de hauteur. Plus de 20 000 spectateurs pouvaient assister aux combats de gladiateurs, aux jeux aquatiques ainsi qu'aux courses de taureaux. Après avoir été transformées en forteresse par les Wisigoths, les arènes accueillent aujourd'hui les corridas données durant la feria de Nîmes.

Montpellier, la surdouée

Formée de deux villages, Montpellier et Montpelliéret, dépendant de l'évêché de Maguelonne, la ville passe en 1204 dans la famille d'Aragon. Elle est florissante par son commerce, renommée pour son école de médecine, fondée en 1221, et son université, établie en 1289 par Nicolas IV. En 1349, le roi de France, Philippe de Valois, l'achète à Jacques III de Majorque. L'évêché de Maguelonne y est transféré en 1536. Au XVIe siècle, Montpellier est en proie aux luttes entre catholiques et calvinistes, et devient une citadelle du protestantisme (1567). En 1622, Louis XIII la prend et signe avec les protestants une paix leur laissant leurs privilèges politiques.

Saint-Guilhem-le-Désert

En 804, Guillaume (ou Guilhem) le Grand, comte de Toulouse et duc d'Aquitaine, fonda sur cet emplacement une dépendance de l'abbaye bénédictine d'Aniane, qui prit son nom. L'église, construite au cours du XIe siècle, permet de suivre les progrès du premier art roman méridional. Sa crypte est un vestige de l'église antérieure, du Xe siècle. Dominé par les ruines d'un château du XIIIe siècle, le village garde des restes de fortifications et des maisons anciennes.

▲ L'abbaye de Saint-Guilhem-le-Désert accrochée aux gorges du Verdus.

Mende

Petit bourg à l'époque gallo-romaine, Mende devint le siège épiscopal du Gévaudan au début du Ve siècle. Les évêques suzerains de la ville durent la partager en 1306 avec Philippe le Bel. En 1579 et en 1580, les protestants la saccagèrent : une citadelle y fut élevée par le duc de Joyeuse, puis détruite après la soumission à Henri IV. Mende eut pour évêque le futur pape Urbain V.

La légende de la « bête »

De 1765 à 1768, un groupe de loups affamés s'attaqua aux hommes (surtout aux enfants) en Gévaudan et en Auvergne, faisant plus d'une centaine de victimes. L'imagination populaire transforma ces fauves en une bête unique, mi-lion, mi-hyène, anthropophage et diabolique comme une sorcière. La littérature populaire et les gazettes s'emparèrent de l'histoire qui réactivait l'ancestrale peur du loup-garou. De véritables expéditions furent dirigées contre cette bête. Louis XV envoya en Gévaudan son louvetier, Antoine de Beauterne. En 1768, un paysan nommé Chastel tua le dernier loup de la région.

Perpignan, la Catalane, entre France et Espagne

Fondée au Xe siècle, Perpignan, capitale du Roussillon, est réunie avec lui à l'Aragon en 1172. Capitale du royaume de Majorque (1276-1344), Pierre IV la réunit de nouveau à l'Aragon (1344) et y fonde une université (1349), qui existera jusqu'à la Révolution. Au XVe siècle, Perpignan s'enrichit grâce à la draperie et au commerce maritime, que favorise l'expansion aragonaise en Méditerranée. Occupée par les Français de 1463 à 1473, puis de 1475 à 1493, la ville revient ensuite à Ferdinand d'Aragon. Prise par les Français en 1642, cédée par l'Espagne à Louis XIV (1659), elle est le siège d'un Conseil souverain (1660) et la capitale d'une généralité. En 1790, Perpignan devient le chef-lieu des Pyrénées-Orientales.

Le Castillet défendait, au XIVe siècle, l'entrée de la ville de Perpignan. ▶

Plus fort que 10 000 soleils

Le four solaire d'Odeillo à Font-Romeu, construit à l'initiative du professeur Félix Trombe en 1968, est l'un des deux plus grands et plus puissants fours solaires du monde. Un miroir parabolique (2 500 m²) recueille et concentre le rayonnement solaire, la température pouvant atteindre 20 000 °C environ. Ce lieu de recherche (création de nouveaux matériaux destinés, entre autres, aux sondes spatiales) est cependant accessible au public, qui peut y recueillir des explications sur le fonctionnement du four solaire et l'utilisation de l'énergie.

Mets de l'AUBRAC et du ROUERGUE

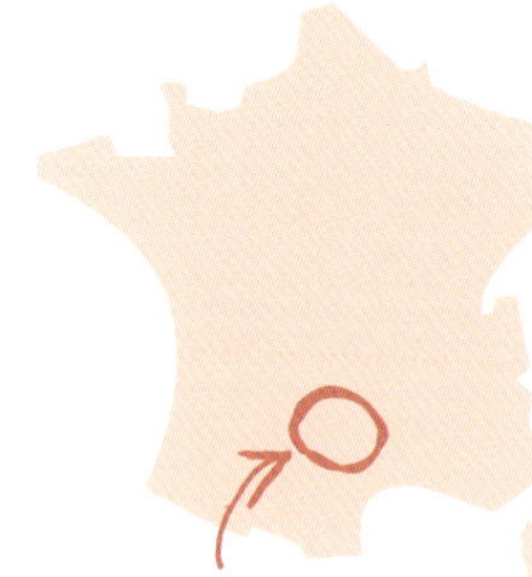

LE BŒUF D'AUBRAC

Animal de labour originellement, le bœuf d'Aubrac était aussi apprécié pour sa viande. Élevé en plein air en Lozère et en Aveyron, marchant beaucoup mais nécessitant peu de surveillance, il supporte une alimentation irrégulière et de grands écarts climatiques. Le croisement aubrac-charolais, alliant les qualités des deux races, convient bien à la production de veaux lourds. Il était de coutume de manger à Pâques un bœuf engraissé pendant l'hiver.

Aligot

POUR 6 PERSONNES

* * *

PRÉPARATION : **30 MIN** - CUISSON : **20 À 30 MIN**

- 1 gousse d'ail
- 500 g de tomme fraîche de Laguiole
- 1 kg de pommes de terre
- 100 g de beurre
- 25 à 30 cl de crème fraîche
- sel

1 Pelez et écrasez la gousse d'ail. Coupez le fromage en fines lamelles.

2 Lavez les pommes de terre soigneusement et faites-les cuire, avec leur peau, à l'eau bouillante salée, pendant 20 à 30 minutes. Égouttez-les puis épluchez-les encore chaudes et passez-les au moulin à légumes à grille fine. Incorporez le beurre et la crème fraîche pour obtenir une purée épaisse mais souple. Ajoutez l'ail et salez légèrement.

3 Mettez la purée dans une cocotte et maintenez une chaleur douce. Ajoutez le fromage en une seule fois et remuez vigoureusement avec une spatule en bois, sans tourner mais en soulevant la masse par le dessous. Brassez ainsi sans cesse, avec énergie, jusqu'à ce que le mélange « file « et forme un ruban bien lisse quand on soulève la spatule. Servez aussitôt car ensuite le fromage « casse « et devient granuleux.

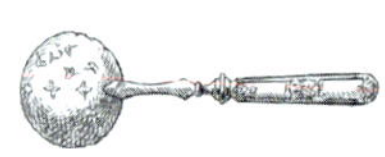

Coufidou

POUR 6 PERSONNES

* * *

PRÉPARATION : **30 MIN** - CUISSON : **3 H AU MOINS**

- 1,2 à 1,5 kg de bœuf à braiser (collier, poitrine, joue)
- 2 oignons
- 300 g de tomates
- 2 gousses d'ail
- 150 g de poitrine demi-sel
- 3 cuill. à soupe de saindoux
- 2 cuill. à soupe de farine
- 1 bouquet garni
- 75 cl de vin rouge
- sel et poivre

1 Coupez la viande en gros cubes. Épluchez et émincez les oignons. Pelez les tomates après les avoir rapidement plongées dans de l'eau bouillante, épépinez-les et concassez-les. Épluchez les gousses d'ail. Faites blanchir la poitrine demi-sel pendant 2 à 3 minutes dans de l'eau bouillante puis égouttez-la et coupez-la en petits lardons après avoir retiré la couenne.

2 À feu modéré, dans une cocotte, faites revenir au saindoux les morceaux de bœuf, en les retournant plusieurs fois jusqu'à ce qu'ils soient bien dorés.

3 Ajoutez les oignons, saupoudrez de farine, mélangez bien et laissez cuire quelques minutes. Ajoutez les tomates, les lardons, l'ail et le bouquet garni. Mouillez avec le vin rouge, salez et poivrez. Portez à ébullition, puis baissez le feu, couvrez et laissez mijoter très doucement pendant au moins 3 heures.

4 Retirez le bouquet garni et servez bien chaud, dans un plat creux.

Estofinado

POUR 8 À 10 PERSONNES

* * *

PRÉPARATION : **45 MIN** - CUISSON : **20 À 30 MIN**

- 2 kg de stockfisch ou de morue
- 500 g de pommes de terre
- 4 ou 5 gousses d'ail
- 3 cuill. à soupe de persil plat ciselé
- 5 œufs durs
- 5 œufs
- 30 cl d'huile de noix
- crème fraîche (facultatif)
- sel et poivre

1 Faites tremper le stockfisch pendant au moins 4 jours (2 seulement si vous utilisez de la morue) dans un récipient d'eau froide fréquemment renouvelée et maintenez au frais.

2 Le jour de la cuisson, égouttez le stockfisch et épongez-le. Mettez-le dans un faitout, recouvrez-le d'eau froide et portez doucement à ébullition. Faites cuire 20 minutes puis arrêtez le feu. Laissez refroidir un peu le poisson dans le bouillon de cuisson puis égouttez-le et effeuillez-le.

3 Faites cuire les pommes de terre, en même temps que le stockfisch, avec leur peau à l'eau bouillante salée, de 20 à 30 minutes selon leur taille ; égouttez-les et pelez-les. Écrasez-les à la fourchette en purée assez grossière. Pelez et écrasez les gousses d'ail.

4 Mélangez la purée de pommes de terre, le poisson, l'ail et le persil. Salez et poivrez un peu.

5 Écalez les œufs durs, coupez-les en rondelles et réservez. Cassez les autres œufs et battez-les en omelette.

6 Faites chauffer l'huile de noix puis incorporez-la au mélange en purée, en alternance avec les œufs battus, par petites quantités et en attendant, avant de continuer, que ce que vous venez d'ajouter soit bien incorporé. Au besoin, réchauffez à feu très doux.

7 Goûtez, rectifiez l'assaisonnement et ajoutez éventuellement un peu de crème fraîche pour assouplir l'estofinado. Décorez avec les rondelles d'œufs avant de servir.

LE LAGUIOLE

Ce fromage de vache qui porte le nom de la ville de Laguiole (prononcer « laïole ») est fabriqué à partir de lait de vache cru et entier. Il bénéficie d'une appellation d'origine contrôlée (AOC) depuis 1961 et son terroir couvre trente communes des départements de l'Aveyron, du Cantal et de la Lozère. Une « pièce » de laguiole est un cylindre d'une quarantaine de centimètres de hauteur et de largeur pour un poids de 45 à 48 kg. Avec la tomme de Laguiole, on prépare le célèbre aligot, la truffade et la soupe au laguiole.

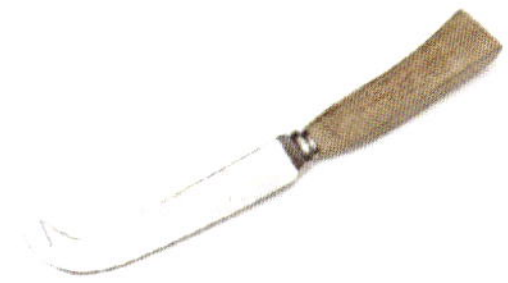

Le roquefort et le bleu des Causses

* * *

Ces deux fromages ont en commun leur zone de production (le Rouergue et les Causses), leur forme cylindrique, leur méthode de fabrication (ensemencement du caillé par *Penicillium roqueforti*), les lieux de leur affinage (des caves creusées dans les éboulis calcaires et ventilées naturellement par les « fleurines ») et l'aspect de leur pâte veinée de bleu. Mais une différence fondamentale les éloigne : le roquefort est un fromage de brebis, le bleu des Causses, lui, est fait au lait de vache. Mondialement connu, le roquefort fut, en 1925, le premier fromage à recevoir une AOC.

Tarte à l'encalat

POUR 6 PERSONNES

* * *

PRÉPARATION : **30 MIN** - REPOS DE LA PÂTE : **2 H** - CUISSON : **55 MIN**

POUR LA PÂTE
- 150 g de beurre ramolli
- 1/4 de cuill. à café de sel
- 1 cuill. à café de sucre en poudre
- 1 œuf
- 1 cuill. à soupe de lait
- 170 g de farine

POUR LA GARNITURE
- 500 g de fromage blanc en faisselle
- 3 œufs
- 100 g de sucre en poudre
- 1 cuill. à soupe d'eau de fleur d'oranger
- 1 zeste d'orange, finement râpé (facultatif)
- 1/4 de cuill. à café de sel

1 Préparez la pâte. Travaillez le beurre à la spatule jusqu'à ce qu'il soit parfaitement onctueux et prenne une consistance crémeuse. Ajoutez ensuite le sel, le sucre, l'œuf et le lait tout en remuant. Quand le mélange est bien homogène, incorporez peu à peu la farine sans cesser d'amalgamer. Travaillez la pâte le moins longtemps possible. Ramassez-la en boule, enveloppez-la dans un film alimentaire et laissez-la reposer au moins 2 heures au réfrigérateur.

2 Préchauffez le four à 200 °C (th. 6-7). Abaissez la pâte, garnissez-en un moule à tarte de 24 cm de diamètre, beurré. Tapissez le fond d'un papier sulfurisé, recouvrez de légumes secs, enfournez et faites cuire 20 minutes. Sortez du four, laissez refroidir puis retirez les légumes secs et le papier.

3 Mélangez les ingrédients de la garniture en fouettant jusqu'à obtenir un mélange bien lisse et assez liquide. Versez dans le fond de tarte, enfournez et faites cuire pendant 35 minutes environ. Quand la garniture a la consistance d'un flan, sortez la tarte du four et laissez-la refroidir.

Le COCHON, ça se fête !

Aujourd'hui, dans de nombreuses régions de France, renaissent des fêtes de la Saint-Cochon, Jours du cochon ou Tue-cochon, célébrant ce jour, important pour le monde rural, où l'on tuait le cochon pour assurer l'approvisionnement des réserves familiales pendant des mois. Jusqu'au développement massif des élevages industriels, chaque ferme nourrissait au moins un cochon pour la famille.

Merci saigneur

Le jour où l'on tuait le cochon, souvent à la fin de l'hiver, était une véritable institution. Engraissé comme il faut après avoir été nourri à l'œil, un an durant, de restes de toutes sortes, de quignons de pain rassis, de bouillie de céréales et d'eaux grasses, il était tué pour finir en pâtés, rillettes, confits, jambons, saucisses, boudins, côtelettes et autres cochonnailles. Pour ce faire, au petit matin, un tueur attitré était appelé. Les gens alentour venaient aider à la confection des victuailles. Les festivités pouvaient ensuite commencer autour de la table où étaient partagées les charcuteries qui ne se conservaient pas.

Les fêtes dans nos régions

Dans les villages, en vue de la fête du cochon, on réserve l'animal quelques mois à l'avance chez un éleveur local pour le griller à la broche le jour attendu. L'âge et le poids ont, bien sûr, leur importance. On peut nourrir une vingtaine de personnes avec un cochon de quelques semaines pesant entre 10 et 15 kg ! Quelques exemples de fêtes (liste non exhaustive !) :

- **En Auvergne**, en décembre, tuer le cochon, c'est faire « mongogne ».
- **À Bordeaux**, la fête de la Tue-cochon permet aux habitants de se régaler de tricandilles, carbonnades, soupe de boudin, saucisses et sauce de Pire.
- **En Gascogne**, le jour du cochon est appelé la « pelère », on y mange le foie grillé en tranches.
- **Dans le Perche**, le porc est sacrifié au printemps et la tête est cuite dans une soupe avec tous les légumes de saison.
- **En Normandie**, un ragoût est préparé avec les abats qui ne sont pas intégrés dans les salaisons, et une partie du sang est cuite à la poêle avec des oignons et du lard.
- **En Saintonge**, au menu de la « goraille », en plus des boudins aux herbes et des saucisses au vin blanc, est ajoutée une sorte de civet avec les os, la couenne, les abats, cuits dans du vin rouge lié au sang.

Les mots du BOUCHER

Abats : partie consommable du cinquième quartier qui comprend les abats blancs (estomac, intestins, pieds) et les abats rouges (foie, rate, reins, rognons, cœur, poumons, langue, cervelle, joue désossée).

Aiguillette : mince tranche de viande. En boucherie, on distingue **l'aiguillette de romsteck**, située sur la zone externe de ce morceau, et **l'aiguillette baronne**, morceau de forme pyramidale qui adhère au romsteck.

Araignée : morceau de la cuisse du bœuf (mais aussi du veau, du porc et du mouton) que l'on détache au droit du trou ovale de l'os du bassin. Ces muscles sont sillonnés de fibres, comme une toile d'araignée. Très juteuse, l'araignée est appréciée en grillades, une fois dénervée.

Barde : bande de lard tirée de la bardière (gras dorsal) du porc ; sert à envelopper les pièces à rôtir.

Bas de carré : morceau du veau comprenant le collier et les côtes découvertes.

Basses côtes : muscles entourant les 5 premières vertèbres dorsales du bœuf.

Bavette : muscles plats de l'abdomen des bovins.

Bifteck : tranche de viande de bœuf prélevée dans tous les morceaux de la cuisse, sauf dans les gîtes.

Carré : ensemble de côtelettes de mouton, de veau ou de porc.

Cinquième quartier : ensemble des organes et produits qui ont été séparés de la carcasse au cours des opérations d'abattage et qui comprend les abats (blancs et rouges) et les issues (cuir, suif, sang, glandes, cornes, sabots, vessie, utérus, etc.).

Collier (ou collet) : chairs de la région du cou (bœuf, veau et mouton).

Côte de bœuf : prélevée dans le train de côtes, débarrassée de la vertèbre ou du talon.

Crépine : membrane veinée de gras entourant les intestins du porc. Sert à envelopper les saucisses plates, les roulades.

Dessus-de-côtes : partie du train de côtes que l'on détache et vend à part. Surtout utilisé pour le pot-au-feu, la daube, le bourguignon.

Échine : morceau de la région cervicale et dorsale du porc, donnant une viande moelleuse, où l'on taille des côtes ou des rôtis.

Épaule : morceau correspondant au membre antérieur (mouton, veau), à l'ensemble du collier et du paleron (bœuf).

Escalope : tranche mince de veau prélevée dans la noix ou la noix pâtissière. Elle est tranchée perpendiculairement aux fibres musculaires de la viande, puis aplatie à l'aide d'une batte.

Faux-filet : partie de l'aloyau du bœuf qui vient à la suite du romsteck.

Filet mignon : ensemble de muscles longs du bœuf, du veau et du porc, situés dans la cage thoracique, de part et d'autre des premières vertèbres dorsales. Pièce tendre et savoureuse utilisée pour le bœuf en bourguignon ou en bifteck ; le filet mignon de porc est en général servi rôti ou poêlé.

Flanchet : partie inférieure des muscles abdominaux du bœuf ou du veau. Le flanchet de bœuf est un morceau à pot-au-feu ; celui de veau se cuisine en blanquette ou en sauté.

Génisse : vache de 2 ans ou plus qui n'a pas encore vêlé.

Gigot : cuisse de mouton avec la région lombaire (gigot entier). La cuisse seule est dite gigot raccourci.

Gîte : sert à désigner la partie charnue et osseuse de la jambe (gîte-gîte ou gîte arrière) et aussi la face externe de la cuisse (gîte noix).

Grenadin : tranche de veau épaisse (2 cm) et large de 6 ou 7 cm, prélevée dans le filet, la noix ou la sous-noix. Le grenadin se cuisine grillé ou poêlé.

Griffe : morceau peu épais (sans os) représenté par un muscle qui descend de la tête, va vers l'humérus et recouvre la pointe de l'épaule du bœuf. Bon morceau à pot-au-feu.

Jambon : cuisse du porc.

Jambonneau : jarret avant ou arrière du porc, situé au-dessous du jambon ou de l'épaule.

Jarret : partie inférieure musclée des pattes d'un bœuf à cuisiner en pot-au-feu ; chez le veau, on l'utilise en osso-buco ou en sauté ; chez le porc, on en fait du jambonneau ou du sauté ; chez le mouton, c'est le morceau que l'on appelle « souris » du gigot.

Joue : région du maxillaire inférieur du bœuf, du veau ou du porc. Sert à faire d'excellents pot-au-feu ou bourguignons.

Jumeaux : deux morceaux placés bout à bout et levés en même temps par le boucher sur le paleron, dans sa partie antérieure et supérieure, d'où le nom de jumeaux.

Longe : région cervicale et dorsale du porc comprenant l'échine, le carré de côtes et le filet ; chez le veau, la longe est formée des 5 demi-vertèbres lombaires fendues en long et des muscles qui y sont attachés, prolongés par les muscles abdominaux. On y taille des côtes ou des rôtis.

Macreuse : pièce de bœuf située dans l'épaule, du côté opposé aux jumeaux.

Maturation ou mûrissement : délai nécessaire à la viande pour améliorer sa tendreté.

Médaillon : morceau de viande rond ou ovale détaillé dans une viande, comme le grenadin sur la noix pâtissière ou la sous-noix.

Moelle osseuse : tissus gras contenus dans la cavité des os longs des animaux de boucherie (veau et bœuf).

Noix : se dit en boucherie des pièces de viande plutôt sphériques. Dans le veau, c'est la pièce interne du cuisseau ; l'appellation a été étendue à la **noix pâtissière** et à la **sous-noix**. Dans le bœuf, la **noix d'entrecôte** est la partie centrale du morceau, tandis que la **noix de côtelette** en est la partie la plus charnue. La **noix de jambon** est un produit de salaison, découpé en très fines tranches après séchage.

Nourrice : morceau de la région de la rotule du bœuf, destiné au pot-au-feu.

Onglet : muscle du diaphragme du bœuf, du mouton et du porc. C'est un morceau à fibres longues, donnant une viande tendre et savoureuse.

Paleron : morceau de viande de bœuf composé des muscles de la face externe de l'omoplate, à l'exception du jumeau à bifteck.

Panne : graisse qui tapisse la face interne de la paroi abdominale du porc et les rognons. Fondue, on en tire le saindoux, et on l'utilise pour les boudins et les rillettes.

Panoufle : paquet de graisse de l'aine (bœuf et veau) servant à barder les rôtis.

Panse : troisième poche de l'estomac des ruminants (ou rumen). Vidée, lavée, retournée, échaudée, elle sert à préparer le gras-double, les tripes ou le tablier de sapeur. La panse de mouton sert à cuisiner les tripoux et le haggis écossais.

Parage : opération consistant à éliminer au couteau les parties non utilisables d'une viande.

Piccata : petite escalope de veau ronde, prélevée sur la sous-noix, la noix ou la noix pâtissière.

Plat de côtes : morceau de bœuf correspondant au tiers de la partie latérale de la paroi thoracique.

Poitrine : pièce de viande constituée par les muscles pectoraux (bœuf, veau, mouton) et la région costo-abdominale chez le porc. Chez le bœuf, elle comprend la poitrine et le tendron ; chez le veau, elle comprend la poitrine, le tendron et le flanchet.

Quasi : morceau de cuisseau de veau taillé dans la région de l'os du bassin et vendu désossé.

Ris : thymus du veau.

Romsteck : partie de l'aloyau, en arrière du faux-filet.

Rosbif : tout morceau de bœuf destiné à être rôti peut porter cette appellation. Il est prélevé dans l'aloyau, dans certains morceaux de la cuisse ou même de l'épaule.

Tende-de-tranche : morceau de bœuf (découpe de demi-gros) correspondant à la partie interne de la cuisse. On détache de cette partie des biftecks dans le merlan, la poire, le dessus-de-tranche, ainsi que des rôtis.

Tendron : partie moyenne de la poitrine du bœuf et du veau. Viande entrelardée et moelleuse, pour des cuissons lentes (pot-au-feu). Le tendron de veau sert au veau marengo, à la blanquette ou au sauté.

Tournedos : tranche de filet de bœuf de 2 cm environ d'épaisseur, prélevée dans la partie la moins large du filet et entourée d'une barde et d'une ficelle.

Tranche : région antérieure de la cuisse du bœuf, le plus souvent séparée en trois parties : le mouvant, le plat de tranche et le rond de tranche, qui donnent des pièces maigres à rôtir ou à griller.

Travers : partie supérieure de la poitrine du porc. De forme allongée, plat et étroit, le travers est utilisé pour les potées et la choucroute, ainsi que pour les *spare ribs* ou les préparations à l'aigre-doux.

Veau « sous la mère » : veau élevé exclusivement au lait maternel ; vers 4 à 6 mois, il donne une viande blanche.

La SUPRÉMATIE du handball français

L'équipe de France masculine est la première équipe de l'histoire du handball à avoir remporté six titres mondiaux. À ce palmarès exceptionnel s'ajoutent quatre titres européens et trois titres olympiques.

Barcelone 2012, la médaille de bronze des « Bronzés »

Aux Jeux de Barcelone, en 1992, les handballeurs français ne font pas partie des favoris. Pourtant, dès le premier match, ils surprennent les Espagnols, trop confiants. Ils confirment par la suite en gagnant face à l'Allemagne, à l'Égypte et à la Roumanie, avant de parvenir en demi-finale où ils s'inclinent devant la Suède, future championne olympique. Les Français se contenteront de la médaille de bronze en battant l'Islande. C'est la première médaille française dans une compétition internationale de handball. Depuis cette date, l'habitude sera prise de donner un surnom aux équipes françaises. Aux « Bronzés » (1992-1995) ont succédé les « Barjots » (1995-2001), les « Costauds » (2001-2008) puis les « Experts » (depuis 2008).

▲ Thierry Omeyer (le troisième en partant de la gauche) et l'équipe de France avant un match contre l'Islande.

Le premier sacre mondial des « Barjots »

Trois ans après la médaille de bronze des Jeux de Barcelone et deux ans après la deuxième place aux mondiaux de 1993, l'équipe de France veut gravir une marche supplémentaire sous la direction de l'entraîneur **Daniel Costantini**. Après une phase initiale en demi-teinte (trois victoires, mais deux défaites), elle se qualifie pour les huitièmes de finale. L'Espagne, la Suisse et l'Allemagne (pourtant équipe invaincue jusqu'aux demi-finales) sont tour à tour éliminées par les Français en pleine confiance. En finale, contre la Croatie, les « Barjots » sont intraitables et l'emportent 23 à 19. Ce trophée est le premier titre mondial remporté par la France, tous sports collectifs confondus. Les « Barjots » ont parfaitement justifié leur surnom par leurs excentricités, sur le terrain et au-dehors. Aux Championnats du monde, chaque joueur fait ainsi le pari de jouer la demi-finale soit le crâne rasé, soit la chevelure teinte en blond canari !

Thierry Omeyer : l'ultime rempart

Compétiteur né, le gardien de but **Thierry Omeyer** s'appuie sur un inlassable travail de visionnage pour connaître par cœur les qualités et les défauts des tireurs adverses. Il sait se transcender lors des événements cruciaux. On se souvient de sa prestation exceptionnelle (48 % d'arrêts) contre l'Islande, en finale du tournoi olympique de Pékin en 2008. Fort de 358 sélections en équipe de France, il est double champion olympique, quintuple champion du monde et triple champion d'Europe. Il est le joueur international français le plus titré, avec dix médailles d'or.

La roucoulette de Jackson Richardson

Arborant toujours de superbes dreadlocks, **Jackson Richardson** a évolué 417 fois sous le maillot tricolore, au poste de demi-centre. Double champion du monde (1995, 2001), il est élu meilleur joueur du monde en 1995. Son style, tout en improvisation, et son instinct ont fait de lui un des joueurs les plus doués de sa génération.
Il réussissait notamment un geste technique aussi difficile à décrire qu'à réaliser : « la roucoulette ». Le ballon ne semble pas prendre la direction du but, lorsqu'un effet rotatif – donné par le poignet au moment du shoot – ouvre l'angle de tir et remet le ballon dans le droit chemin, au grand dam du gardien adverse surpris par cet effet inattendu.

Nikola Karabatic : quel bras !

Désigné par trois fois meilleur handballeur mondial (2007, 2014, 2016), **Nikola Karabatic** est considéré comme l'un des plus illustres joueurs de l'histoire de ce sport, capable de tirer à plus de 110 km/h ! Sa puissance physique (1,95 m pour 102 kg), son habileté technique et son intelligence tactique en font un joueur complet et polyvalent, capable d'influencer le jeu tant en attaque qu'en défense.

Daniel Narcisse : Air France !

Doté d'une remarquable détente verticale – d'où son surnom –, **Daniel Narcisse** fut de pratiquement toutes les épopées de l'équipe de France, de 2000 à 2017 : deux médailles d'or olympiques, quatre titres de champion du monde et trois titres de champion d'Europe. Il compte 311 sélections au cours desquelles il a marqué 943 buts. Il a été élu meilleur handballeur mondial de l'année en 2012.

Claude Onesta : le chef d'orchestre

Si le palmarès de l'équipe de France de handball masculin est exceptionnel, elle le doit certes à des joueurs talentueux, mais on ne saurait oublier l'entraîneur, de 2001 à 2016, **Claude Onesta**. Meneur d'hommes affirmé, il a réussi à faire cohabiter des joueurs aux qualités singulières et aux egos quelquefois affirmés. Son objectif était d'identifier et de sublimer les potentiels afin de composer le groupe susceptible de générer la meilleure coopération possible.

Les handballeuses françaises ne sont pas en reste

L'équipe de France féminine devient championne du monde lors du mondial 2003. En finale, les Tricolores prennent le dessus sur la Hongrie, après la prolongation. Mais que d'émotions avant de l'emporter ! À sept minutes de la fin du match, les Hongroises comptaient 7 buts d'avance. Mais une défense intraitable et une gardienne, **Valérie Nicolas**, en état de grâce (elle sera élue meilleure joueuse du tournoi), donnent le droit aux Françaises de disputer la prolongation. Celle-ci voit la France triompher 32 à 29.
L'équipe de France féminine – notamment sous la houlette de leur entraîneur, jusqu'en 2024, **Olivier Krumbholz** – ouvre une nouvelle ère pour le sport féminin français, puisque suivront trois médailles d'argent aux Championnats du monde (2009, 2011, 2021), trois médailles olympiques (une en or en 2020 et deux en argent en 2016 et 2024), et deux autres titres au Championnat du monde (2017 , 2023).

Allison Pineau : la Féline

Avant d'opter pour le handball, **Allison Pineau** s'est essayée à divers sports – dont le tennis de table, par lequel elle a gagné un titre de championne de France scolaire ! Elle a intégré l'équipe de France de handball en 2007 et, depuis, ne l'a plus quittée. Demi-centre redoutable, elle a vécu toutes les aventures de l'équipe de France au cours de ses 145 sélections. Elle a été élue meilleure joueuse du monde en 2009.
D'autre part, avec ses différents clubs européens, elle a la particularité d'avoir remporté les Championnats de France (Metz), de Roumanie (Vâlcea) et de Macédoine (Skopje).

▲ Nikola Karabatic lors d'un match contre la Pologne, à l'Euro 2016.

Au cœur du LEXIQUE OCCITAN

Langue latine qui fleure bon le soleil et les vacances, l'occitan est toujours en usage dans le sud de la France. Derrière ce langage « fleuri », retrouvez la subtilité et le charme d'une région riche de mille et une saveurs.

Canha

Se prononce « ca-nio ». Flemme. *Aver la canha*, être nonchalant, paresser, avoir la *cagne*. « Il se tient une de ces *cagnes*, c'est un gros *cagnas* »… Un gros fainéant. « Cette chaleur, ça me donne la *cagne* »… Il fait si chaud que je n'ai envie de rien. Le *cagnard* (ou *cagnas*), c'est également la grosse chaleur, la canicule. « Il tombe un de ces *cagnards* ! »… « Quel *cagnas*, ce matin ! »… Il fait horriblement chaud ! Vous avez dit canicule ? *Canicula*, en latin, signifie « petite chienne ». La raison ? Les Romains avaient remarqué que les plus grosses chaleurs (caniculaires) sévissent au moment où Sirius (dite « la Petite Chienne »), étoile principale de la constellation du Grand Chien, se lève et se couche en même temps que le Soleil (du 22 juillet au 22 août). Comment dit-on « chienne », en occitan ? On dit *canha* ! Flemme, canicule, chienne… Tout s'explique !

▲ Pont du Gard.

Qu'es aquò ?
Qu'est-ce que cela ?
Adopté par le français officiel : *Quèsaco ?* (Qu'est-ce que c'est ?) figure avec cette orthographe dans le dictionnaire.

Me fas virar lo cap !
Tu me fais tourner la tête !
Tu me soûles, tu me flanques le tournis !

Adieu

Se prononce « a-di-ou ». Occitan par excellence, *adieu* s'emploie aussi bien pour dire « bonjour » que pour dire « au revoir » à un familier que l'on tutoie. *Té, adieu, tu ! Vas plan ?* : « Eh, adieu, toi ! Tu vas bien ? » *Me'n vau ! Adieu…* : « Allez, je m'en vais ! Adieu… » À une personne que l'on vouvoie ou à un groupe de personnes, on dira : *Adieussiatz !*

L'as panat, lo capel ?
Tu l'as volé, le chapeau ?

L'as pagat, lo capel ?
Tu l'as payé, le chapeau ?
Se dit à quelqu'un qui arbore un chapeau neuf (ou un nouveau vêtement) qui le rend vaguement ridicule, qui ne lui va pas.

Vai t'en cagar a la vinha !
Va-t'en faire tes besoins à la vigne !
Bonne manière d'envoyer quelqu'un se faire voir : « Fiche le camp, fous-moi la paix ! » Il est possible d'ajouter : **« e pòrta me la clau »** (« et rapporte-moi la clé »), histoire de se gausser un peu plus de l'importun.

Romegues pas e passa davant !
Rouspète pas et passe devant !
Se lit sur les autocollants placardés à l'arrière des voitures pour inciter un suiveur pressé à doubler et ficher la paix à celui qui promène.

Aqueste còp, será pas l'autre.
Ce coup-ci, ce ne sera pas l'autre.
Ce coup-ci sera le bon. Après un échec, on annonce une réussite.

Fa luna.
Il fait lune. Il fait clair de lune.
Ou, de manière humoristique : Il fait très chaud. Le soleil darde. Phébus cogne !

Susar la camisa.
Suer la chemise.
Mouiller la chemise (en transpirant) tellement on travaille dur.

Canta, canta, cigalon !
Chante, chante, petite cigale !

Canta, galineta…
Chante, ma poulette…
Cause toujours, tu m'intéresses ! Je n'en ferai qu'à ma tête, je n'écouterai pas tes conseils…

Tan que vira, fai de torns.
Tant qu'il tourne, il fait des tours.
Il rôde sans savoir où il va et il pourrait tourner longtemps comme cela.

Es un tavan.
C'est un taban (taon).
Il est collant, ou bien il n'est capable de rien, c'est un maladroit (le taon est un insecte qui harcèle le bétail et qui a un vol désordonné).

Es bona pasta.
Il est bonne pâte.
Il est très gentil, bon, aimable… souple comme peut l'être la pâte à pain, la pâte dont sont faits les gâteaux.

Es un cigalon.
C'est un cigalou (petite cigale).
Il est petit, chétif, malingre.

Fai maissant.
Il fait méchant.
Il fait mauvais, il ne fait pas beau, il va pleuvoir (neiger).

Los cats fan pas de chins.
Les chats ne font pas des chiens.
Tel père, tel fils.

Las agaças fan pas de perdigals.
Les pies ne font pas des perdreaux.
Le perdreau, gibier de roi, ne peut être détrôné par des oiseaux « ignobles » (contraire de « nobles » en termes de fauconnerie).

De raça lo chin caça.
Un chien de race sera bon chasseur.
Le talent est héréditaire. Bon chien chasse de race.

Tondriá los uòus per vendre la lana.
Il tondrait les œufs pour vendre la laine.
Il est avare (ou niais).

Pegar

Signifie « coller ». Le mot vient de *pega*, la poix. Il a donné *péguer*. « Il *pègue*, ton baiser... Tes lèvres sont toutes *pégouses* »... Elle vient de manger de la confiture. « Ne me *pègue* pas comme ça ! »... Elle trouve son cavalier un peu trop entreprenant, il devient carrément collant.

Canal du Midi. ▲

Pinha

Signifie « pomme de pin ». Le mot a donné *pigne*. « Ce pin porte beaucoup de *pignes* »... Les écureuils vont se régaler avec les pignons. « Si tu continues, je te balance une *pigne* »... Un marron, une tarte, une baffe. « Il a *pigné* sa voiture »... Elle est toute cabossée.

Cal pas voler la mar, aprèp los peisses.
Il ne faut pas vouloir la mer, après les poissons.
Il ne faut pas vouloir le beurre et l'argent du beurre.

La cabra que vòl sautar sauta e sautarà.
La chèvre qui veut sauter saute et sautera.
Cette personne est obstinée comme une chèvre. Rien ne l'arrêtera.

Cada topin tròba sa cabucèla.
Chaque pot trouve son couvercle.
Chacun peut espérer trouver l'âme sœur.
Chacun trouve chaussure à son pied.

Un pèl de cabra a pas jamai estofat un lop.
Un poil de chèvre n'a jamais étouffé un loup.
Il ne faut pas s'inquiéter pour des broutilles.

Lo buòu vièlh fa la rega drecha.
Le vieux bœuf fait le sillon droit.
De l'importance de l'expérience.
C'est dans les vieux pots qu'on fait les meilleures soupes.

Quand lo chin jaupa, quicòm i a.
Quand le chien jappe, c'est qu'il se passe quelque chose.
Il n'y a pas de fumée sans feu.

Sabròt

Chabrot (ou *chabrol*). *Faire* (prononcer « faïre ») *sabròt* : faire chabrot. Laissez un peu de bouillon chaud au fond de votre assiette. Versez-y un trait de vin rouge. Saisissez-la à deux mains et buvez. N'utilisez surtout pas votre cuillère ! En revanche, après avoir *fait chabrot*, vous pouvez essuyer vos lèvres d'un élégant revers de manche.

Plòu totjorn sus los pus banhats.
Il pleut toujours sur les plus mouillés.
Un malheur n'arrive jamais seul.

Se la barba donava de sen, totas las cabras serián doctors.
Si la barbe donnait du bon sens, toutes les chèvres seraient docteurs.
Il ne faut pas se fier aux apparences.
L'habit ne fait pas le moine.
La barbe ne fait pas le sage.

Tota l'aiga que deu te banhar es pas encara tombada.
Toute l'eau qui doit te mouiller n'est pas encore tombée.
Il t'en arrivera d'autres (mésaventures).

Fariá escriure un cat sus una codena e lo fariá legir per un chin.
Il pourrait faire écrire un chat sur une couenne et il le ferait lire par un chien.
Il est capable de tout pour réussir.
Il vendrait père et mère.

Voldriá ensenhar al curat a dire la messa.
Il voudrait apprendre au curé à dire la messe.
Il ne se prend pas pour rien, il parle de ce qu'il ne connaît pas.

Annada nevosa, annada abondosa.
Année neigeuse, année d'abondance.
Une bonne année, dit-on encore, est celle où la neige recouvre sept fois le sol.

Per Santa Magdalena, la noga es plena.
Pour la Sainte-Madeleine, la noix est pleine.
Dès le 22 juillet (Sainte-Madeleine), le paysan peut évaluer sa récolte.

Cal pas gastar lo blat de la semença.
Il ne faut pas gâter le blé de la semence.
Il faut toujours penser à l'avenir, préserver toutes ses chances.
Il ne faut pas mettre tous ses œufs dans le même panier.

I a un temps que trempa, un autre que destrempa.
Il y a un temps qui mouille, un autre qui sèche.
Après la pluie vient le beau temps.

Impressionnants GOUFFRES et GROTTES

Curiosités naturelles pour leurs draperies de concrétions calcaires ou historiques pour leurs peintures et gravures pariétales, **les grottes** et **les gouffres** français sont connus et reconnus dans le monde entier.

Le gouffre de Padirac

Gouffre du causse de Gramat, dans le Lot, profond de 75 m. le gouffre de Padirac mène à un cours d'eau souterrain, la rivière de Padirac, puis rejoint la Dordogne. Après une descente vertigineuse, la visite en barque débouche sur des stalactites géantes, dont la Grande Pendeloque, haute de 25 m, suspendue au-dessus du lac de la Pluie. Exploré par Édouard-Alfred Martel en 1889, le gouffre a été aménagé pour la visite et constitue l'un des grands sites touristiques des Causses et, avec près de 480 000 visiteurs annuels, le premier site du monde souterrain en France.

Le gouffre de Padirac.

Le gouffre géant de Cabrespine

Situé dans le massif de la Montagne Noire, dans l'Aude, le gouffre de Cabrespine est la plus grande salle aménagée du monde souterrain avec plus de 250 m de profondeur ! Il abrite de nombreuses salles, dont plusieurs communiquent avec la surface, constituant ainsi des écrins de cristaux d'aragonite et de calcite scintillant de mille feux ! Aragonites, draperies, colonnes, cascades contribuent à la richesse des formations souterraines, tandis que, suspendus à la voûte, certains des cristaux appelés « disques » sont gigantesques et pèsent des centaines de kilos.

Le gouffre de Proumeyssac

Situé en Dordogne, au cœur du Périgord noir, le gouffre de Proumeyssac est surnommé la « cathédrale de cristal » en raison des milliers de stalactites, de stalagmites et de monolithes qui forment des cristaux sur ses parois. Pour ceux qui souhaitent revivre la descente dans le gouffre telle que l'ont vécue les pionniers, il est possible de descendre en nacelle, avec une vue sur le gouffre à 360° sur 50 m.

▲ L'aven d'Orgnac en Ardèche.

L'aven d'Orgnac

Gisement préhistorique du paléolithique ancien et moyen découvert en 1935, l'aven d'Orgnac est labellisé « grand site de France ». Situé sur le plateau des gorges de l'Ardèche, le gouffre compte 5 km de galeries et 3 salles principales : la salle Rouge, la salle du Chaos et la salle Robert de Joly. Le foisonnement et la diversité des concrétions invitent le visiteur à laisser libre cours à son imagination. Certains verront des palmiers géants ou des piles d'assiettes, mais nul n'échappera à l'emblématique Pomme de pin, qui culmine à plus de 11 m de hauteur.

L'aven Armand, voyage au centre de la Terre

Gouffre du causse Méjean, en Lozère, l'aven Armand est ouvert au public depuis 1927. Pour rejoindre l'entrée du gouffre située à plus de 100 m sous terre, il faut emprunter un funiculaire qui mène directement à une salle aux dimensions hors normes qui abrite plus de 400 stalagmites (le Palmier, le Dindon, les Draperies, les Méduses, le Chou-fleur, la Mâchoire du tigre…), dont la plus haute mesure 30 m ! Ce gouffre des « Mille et Une Nuits » brille et scintille comme un diamant !

Le gouffre de la Fage

À environ 8 km au sud de Brive-la-Gaillarde, en Corrèze, le gouffre de la Fage, divisé en deux galeries, est classé « site Natura 2000 ». Tous les types de concrétions y sont représentés : colonnes, forêts de stalactites et de stalagmites, draperies excentriques, bassins naturels, ponts de calcite, cascades pétrifiées et formes imaginaires. Outre la richesse de ses concrétions, ce gouffre, situé à une profondeur de seulement 25 m, abrite un gisement paléontologique et une colonie de chauves-souris.

▼ L'aven Armand en Lozère.

La grotte Chauvet

Cette grotte ornée fut découverte en 1994 par trois spéléologues amateurs – dont Jean-Marie Chauvet – au lieu-dit la Combe d'Arc (aux environs de Vallon-Pont-d'Arc, en Ardèche). Ses peintures et gravures pariétales, datées approximativement de 30000 avant Jésus-Christ, compteraient au nombre des plus anciennes qu'on connaisse à ce jour. Parmi les quelque 300 animaux inventoriés (rhinocéros, lions, mammouths, chevaux, bisons, ours, aurochs, bouquetins, cerfs, etc.), figurés seuls ou par groupes, certains (hyènes, hiboux, panthères) n'avaient jamais été observés auparavant dans l'art préhistorique. À quelques kilomètres de la grotte Chauvet, afin de préserver les peintures et gravures pariétales de la grotte originelle, une réplique de la cavité est ouverte au public en 2015, baptisée « La caverne du Pont-d'Arc ».

▲ Peinture de rhinocéros dans la grotte Chauvet.

La grotte de Lascaux

Située à Montignac, en Dordogne, la grotte de Lascaux fut découverte en 1940. C'est une des plus importantes grottes ornées paléolithiques du monde, appartenant à la fin du solutréen et au début du magdalénien (vers 15000 av. J.-C.). La disposition de la grotte permet d'envisager un sanctuaire aux parois ornées de bovidés, chevaux, cerfs, bouquetins, félins, etc. Cernées d'un large trait noir, ces figurations d'un naturalisme puissant sont associées à des signes symboliques dont le sens est encore incertain. Depuis 1963, afin de préserver les peintures, la grotte n'est plus visitable et a subi plusieurs traitements chimiques ; un fac-similé a été réalisé pour le public à proximité de l'original. La grotte de Lascaux a été inscrite sur la liste du patrimoine mondial de l'Unesco en 1979.

La grotte de la Madeleine

La grotte de la Madeleine se trouve au cœur d'un site préhistorique de la Dordogne, à Tursac, sur la rive droite de la Vézère, en amont des Eyzies. Ce site a donné son nom au magdalénien, une des principales cultures du paléolithique supérieur. La grotte elle-même a été inscrite sur la liste du patrimoine mondial de l'Unesco en 1979.

▲ La grotte de la Madeleine en Dordogne.

La grotte des Demoiselles

La grotte des Demoiselles, l'une des plus célèbres cavités naturelles à concrétions, est située dans l'Hérault, en bordure du Massif central. La première partie de la grotte est accessible en funiculaire et la seconde à pied, au milieu des stalactites et stalagmites géantes, des coulées de calcite et des draperies translucides. Dans une mise en lumière et sonore éblouissante, la visite se poursuit dans la salle de la Cathédrale, où le spectacle est féerique : des sculptures de calcaire prennent des formes de silhouettes gigantesques, insolites et envoûtantes.

▲ La grotte des Demoiselles dans l'Hérault.

La grotte de Clamouse

Sublime grotte découverte en 1945, réputée mondialement pour la richesse et la diversité de ses concrétions, dont les plus anciennes remontent à plus de 1 million d'années, la Clamouse offre un véritable voyage dans le temps. Sur une boucle d'environ 1 km, les très rares cristaux d'aragonite, les perles des cavernes et les coupelles de calcite sont magnifiés par un jeu de lumières qui transforme la grotte en un lieu fantastique.

▲ La grotte de Clamouse dans l'Hérault.

La grotte de Saint-Marcel

Découverte en 1836, la grotte de Saint-Marcel, en Ardèche, possède 60 km de galeries et est connue pour ses gours, des petits bassins de calcite étagés et remplis d'eau aux reflets bleutés. Hormis cette particularité unique en Europe, le reste de la grotte se compose de grandes salles comme la table des Rois ou la galerie des Peintres, parcourues de concrétions et de cathédrales naturelles.

La grotte de Choranche

Dans le département de l'Isère, au cœur du massif du Vercors, découvrez un monde souterrain aux reflets émeraude et cristallins avec la grotte de Choranche. Lieu unique en Europe, la visite débute avec la gigantesque salle d'entrée et son lac couleur émeraude. Elle se poursuit par la galerie du Siphon, où des milliers de stalactites fistuleuses (stalactites de calcite très fines) peuvent atteindre 3 m de long, puis par la galerie Serpentine, avec sa succession de cascades et de gours. La salle de la Cathédrale, mise en valeur par un spectacle son et lumière, clôt cette découverte stupéfiante de la grotte.

▲ La grotte de Choranche en Isère.

La grotte de Saint-Marcel en Ardèche.

Saveurs et spécialités de nos terroirs

TOULOUSE, la patrie du cassoulet

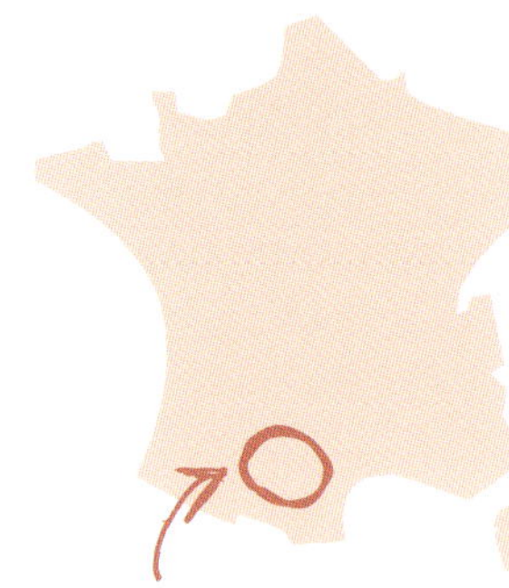

Cassoulet de Toulouse

POUR 6 PERSONNES

* * *

TREMPAGE DES HARICOTS : **6 À 12 H** - PRÉPARATION : **40 MIN**
CUISSON : **2 H 45 ENVIRON**

- 800 g de haricots blancs secs (lingots)
- 250 g de couenne de porc
- 500 g d'épaule ou de collet de mouton ou d'agneau (facultatif)
- 3 oignons
- 11 gousses d'ail
- 200 g de graisse d'oie
- 25 cl de bouillon de volaille
- 300 g de longe ou d'échine de porc
- 250 g de travers de porc
- 150 g de jambon cru de pays
- 2 carottes
- 1 bouquet garni
- noix de muscade
- 400 g de confit d'oie ou de canard
- 250 g de saucisse de Toulouse
- sel et poivre

1 Faites tremper les haricots pendant 6 heures au moins dans un récipient d'eau froide, en changeant l'eau plusieurs fois. Dans un autre récipient, faites tremper la couenne.

2 Coupez l'agneau en morceaux. Épluchez et coupez 2 oignons en rondelles, épluchez l'ail. Mettez 50 g de graisse d'oie à chauffer dans une cocotte, et faites bien rissoler l'agneau, puis les oignons et 4 gousses d'ail. Salez, poivrez et versez le bouillon. Couvrez la cocotte et laissez mijoter pendant 40 minutes.

3 Égouttez la couenne, émincez-la en petites lanières. Ébouillantez-la pendant 10 minutes puis égouttez. Détaillez la viande de porc en gros cubes et le jambon en dés. Épluchez et émincez les carottes et l'oignon restant.

4 Dans une cocotte, faites chauffer 50 g de graisse d'oie et faites tout revenir pendant 10 minutes. Salez et poivrez. Égouttez les haricots et ajoutez-les ainsi que la couenne, 6 gousses d'ail et le bouquet garni. Râpez un peu de muscade. Faites chauffer de l'eau et recouvrez-en les haricots (3 cm au-dessus environ). Couvrez et laissez cuire à petits frémissements, en écumant souvent, pendant 45 à 50 minutes.

5 Ajoutez éventuellement l'agneau et mélangez doucement. Débarrassez le confit de sa graisse et mettez-le dans la cocotte. Couvrez et laissez cuire pendant 30 minutes.

6 Piquez la saucisse avec une fourchette. Faites chauffer 50 g de graisse d'oie dans une poêle et faites bien rissoler la saucisse, puis égouttez-la et coupez-la en six.

7 Préchauffez le four à 200 °C (th. 6-7). Frottez un plat en terre avec la dernière gousse d'ail. Avec une écumoire, prélevez des morceaux de viande et disposez-les dans le plat en une couche, puis recouvrez d'une couche de haricots et répétez l'opération jusqu'à ce qu'il ne reste plus rien dans la cocotte. Ajoutez les morceaux de saucisse en les enfonçant bien dans le plat. Passez le bouillon de cuisson et versez-en 2 louchées bien pleines. Répandez le reste de graisse d'oie sur le plat. Enfournez et laissez cuire de 30 à 45 minutes. Servez brûlant.

LES CASSOULETS

C'est principalement le choix des viandes qui différencie les cassoulets. Celui de Castelnaudary ne comprend que du porc et, éventuellement, du confit d'oie. Dans celui de Carcassonne, on ajoute volontiers gigot de mouton et perdrix en période de chasse. Enfin, certains prônent la chapelure pour obtenir une belle croûte, d'autres considèrent cela comme une hérésie !

Estouffat de bœuf toulousain

POUR 6 PERSONNES

* * *

PRÉPARATION : **15 MIN** - CUISSON : **3 H**

- 5 morceaux de couenne
- 1,5 kg de collier ou de joue de bœuf
- 3 carottes
- 3 oignons
- 3 cuill. à soupe de graisse de porc
- 2 cuill. à soupe de farine
- 50 cl de vin rouge
- 1 bouquet garni
- sel et poivre

1 Tapissez le fond d'une cocotte avec la couenne. Coupez la viande en gros cubes. Épluchez les carottes et les oignons et coupez-les en rondelles.

2 Dans une poêle, faites chauffer 2 cuillerées de graisse et faites dorer légèrement les morceaux de bœuf ; salez un peu. Égouttez-les et disposez-les dans la cocotte.

3 Mettez à chauffer le reste de graisse dans la poêle. Quand elle est bien chaude, faites dorer les carottes et les oignons, puis saupoudrez-les de farine et remuez bien. Salez. Versez alors le vin et portez à ébullition en remuant.

4 Versez le contenu de la poêle dans la cocotte, ajoutez le bouquet garni. Rectifiez l'assaisonnement. Dès que l'ébullition commence, baissez le feu. Posez une feuille de papier sulfurisé ou d'aluminium avant de mettre le couvercle pour que la cuisson se fasse de façon hermétique. Laissez cuire tout doucement pendant 3 heures.

Gigot d'agneau à la couronne d'ail

POUR 8 PERSONNES

* * *

PRÉPARATION : **30 MIN** - CUISSON : **45 MIN**

- 300 g de gousses d'ail
- 4 filets d'anchois à l'huile
- 1 gigot d'agneau ou de mouton raccourci de 1,8 à 2 kg
- 1 cuill. à soupe d'huile
- 10 cl de bouillon de bœuf
- sel
- poivre

1 Épluchez 6 gousses d'ail. Coupez-les en lamelles. Rincez les filets d'anchois sous le robinet et coupez-les en morceaux.

2 Préchauffez le four à 250 °C (th. 8-9). Avec la pointe d'un couteau, faites des incisions dans le gigot et introduisez les lamelles d'ail et les morceaux d'anchois. À l'aide d'un pinceau, badigeonnez le gigot d'huile. Salez et poivrez. Mettez le gigot dans la lèchefrite. Enfournez et laissez cuire pendant 15 minutes.

3 Baissez la température du four à 200 °C (th. 6-7). Versez alors 10 cl d'eau dans la lèchefrite, retournez le gigot et laissez-le cuire encore 20 à 25 minutes. Éteignez le four, couvrez le gigot avec une feuille d'aluminium et laissez-le reposer pendant 10 minutes.

4 Pendant ce temps, faites cuire les autres gousses d'ail non épluchées dans de l'eau bouillante, pendant 15 minutes. Mettez-les dans une passoire et rincez-les à l'eau froide.

5 Déposez le gigot dans le plat de service. Versez le jus de la lèchefrite dans une casserole, ajoutez le bouillon et les gousses d'ail. Faites réduire d'un tiers environ, à feu bien vif. Découpez la viande, versez le contenu de la casserole dans le plat et disposez les gousses d'ail autour des tranches de gigot.

Milhassou au potiron

POUR 8 PERSONNES

* * *

PRÉPARATION : **30 MIN** - CUISSON : **1 H**

- 500 g de chair de potiron
- 80 g de beurre
- 200 g de farine de maïs
- 150 g de sucre en poudre
- 5 œufs
- 50 cl de lait
- 5 cl de rhum
- extrait de vanille
- sel

1 Débarrassez le potiron des filandres et des graines et coupez-le en morceaux. Dans une casserole, mettez 20 cl d'eau et les morceaux de potiron, couvrez et faites cuire à feu doux jusqu'à ce qu'il s'écrase. Égouttez-le puis passez-le au moulin à légumes ou au mixeur. Faites ramollir le beurre.

2 Versez la purée de potiron dans un récipient. Ajoutez la farine de maïs. Quand elle est incorporée, versez le sucre, le beurre ramolli, puis les œufs un par un et 1 pincée de sel. Mélangez bien chaque fois. Mettez le lait peu à peu, puis le rhum et quelques gouttes d'extrait de vanille.

3 Préchauffez le four à 200 °C (th. 6-7). Beurrez une tourtière. Versez-y la pâte, enfournez et laissez cuire pendant 1 heure. Démoulez le gâteau avec précaution et servez-le tiède ou froid.

Navettes tarnaises

POUR 1 KG ENVIRON DE NAVETTES

* * *

PRÉPARATION : **30 MIN** - CUISSON : **10 À 15 MIN**

- 200 g d'amandes mondées
- 230 g de sucre en poudre
- 400 g de farine
- 200 g de beurre ramolli
- 2 œufs
- 5 cl de rhum

1 Dans un saladier ou, mieux encore, dans un mortier, pilez les amandes avec 50 g de sucre.

2 Versez la farine dans un récipient. Creusez une fontaine et ajoutez 150 g de sucre, le beurre, les œufs, le rhum et les amandes pilées, en mélangeant chaque fois que vous mettez un nouvel ingrédient. Travaillez la pâte jusqu'à ce qu'elle soit bien homogène et lisse.

3 Préchauffez le four à 180 °C (th. 6). Séparez la pâte en petites boules et, à la main, façonnez ces boules en navettes. Disposez-les sur la plaque du four recouverte d'un papier sulfurisé. Saupoudrez-les avec le reste du sucre. Enfournez et laissez cuire pendant 10 à 15 minutes, jusqu'à ce qu'elles soient bien dorées.

L'ail rose de Lautrec

* * *

L'ail rose de Lautrec est réputé pour sa saveur marquée et pour la conservation exceptionnelle de ses bulbes séchés. Un marché spécialisé se tient dans ce village, chaque vendredi, de fin juillet à fin mars. Très prisé dans le Sud-Ouest, l'ail se prête à de nombreux usages : entier, pour accompagner viandes et poissons ; pilé au mortier, dans les sauces et l'aïoli ; finement haché, dans les salades ; frotté sur des croûtons de pain huilés ou encore dans l'« aigu bushido », soupe à l'ail.

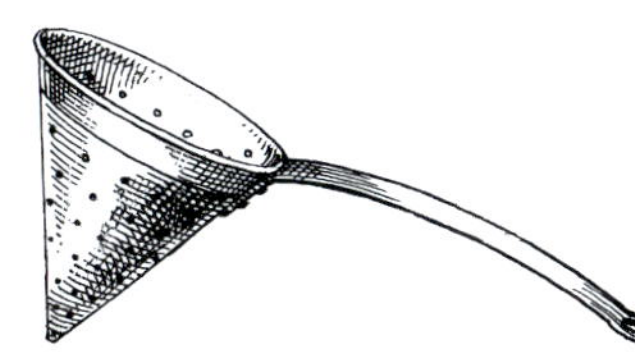

Plats du LANGUEDOC et du ROUSSILLON

Gardiane de taureau

POUR 4 PERSONNES

* * *

PRÉPARATION : **10 MIN** - MARINADE : **24 H**
CUISSON : **3 H ENVIRON**

- 1 kg de viande de taureau
- 1 l de vin rouge, type costières
- 5 cuill. à soupe de vinaigre (facultatif)
- 1 branchette de thym
- 1 branchette de romarin
- 1 pincée de gros sel
- 1 pincée de poivre
- 2 oignons piqués de 1 clou de girofle chacun
- 2 cuill. à soupe d'huile d'olive
- 2 cuill. à soupe de farine

1 La veille, préparez la marinade. Coupez la viande de taureau en morceaux de 60 à 80 g environ. Versez le vin et, éventuellement, le vinaigre dans un grand saladier. Émiettez le thym et le romarin. Ajoutez sel, poivre et oignons. Mélangez bien, puis mettez les morceaux de taureau et laissez mariner pendant 24 heures.

2 Le jour même, égouttez et épongez la viande. Farinez-la légèrement. Filtrez la marinade et hachez les oignons grossièrement.

3 Dans une cocotte, mettez l'huile à chauffer et faites revenir les morceaux de taureau ainsi que les oignons pendant 10 minutes environ. Versez la marinade, mélangez bien et laissez cuire doucement à découvert pendant 45 minutes, puis à tout petit feu et à couvert pendant 2 heures.

4 Passez la sauce dans un tamis fin en écrasant bien la pulpe d'oignon. Servez bien chaud avec du riz de Camargue.

Bourride sétoise

POUR 4 À 6 PERSONNES

* * *

PRÉPARATION : **30 MIN** - CUISSON : **40 MIN ENVIRON**

- 1,2 à 1,5 kg de queue de lotte (ou baudroie, terme employé dans le bassin méditerranéen), pelée et coupée en tronçons par le poissonnier
- 1 blanc de poireau
- 2 oignons
- 2 carottes
- 1 tomate
- 3 brins de persil
- 6 gousses d'ail
- 20 cl d'huile d'olive
- 25 cl d'eau
- 25 cl de vin blanc
- 1 jaune d'œuf
- sel et poivre

1 Épluchez et détaillez en rondelles le blanc de poireau, les oignons et les carottes. Mondez la tomate et coupez-la en morceaux. Hachez le persil. Pelez toutes les gousses d'ail et hachez 2 d'entre elles.

2 Dans une cocotte, faites fondre à feu doux le poireau, les oignons, les carottes et la tomate avec 2 cuillerées d'huile. Ajoutez le persil et l'ail hachés. Mélangez puis versez l'eau, salez et poivrez. Couvrez et laissez cuire pendant 15 minutes en remuant souvent. Puis ajoutez le vin.

3 Dans une poêle, faites chauffer 2 cuillerées d'huile. Salez les tronçons de poisson et faites-les cuire à feu doux pendant 3 à 4 minutes de chaque côté. Égouttez-les et recueillez l'eau qu'ils ont rendue.

4 Écrasez les légumes de la cocotte ou passez-les au moulin à légumes. Remettez la cocotte sur le feu et ajoutez le poisson, puis l'eau rendue.

5 Baissez le feu et laissez mijoter à couvert de 10 à 15 minutes.

6 Préparez l'aïoli. Dans un mortier, pilez l'ail restant avec 1 pincée de sel. Ajoutez le jaune d'œuf et mélangez environ 2 minutes. Laissez reposer pendant 5 minutes. Versez l'huile goutte à goutte d'abord, en filet ensuite, en tournant avec une cuillère toujours dans le même sens comme pour une mayonnaise. Poivrez légèrement.

7 Égouttez les morceaux de poisson, mettez-les dans le plat de service et gardez au chaud. Rectifiez l'assaisonnement de la sauce et faites-la réduire un peu si elle est trop longue. Retirez du feu et ajoutez l'aïoli en fouettant vivement. Nappez le poisson de cette sauce. Servez avec des pommes de terre cuites à l'eau, coupées en grosses rondelles, ou avec des croûtons de pain grillé.

L'ANCHOIS DE COLLIOURE

La pêche, la salaison et le commerce des poissons constituaient au Moyen Âge la principale activité de Collioure. Exempté de gabelle par Louis XI, ce petit port se consacra par la suite exclusivement à l'anchois. De nos jours, la pêche s'est déplacée vers Port-Vendres, mais la conservation par la saumure se pratique toujours à Collioure, avec l'apport de poissons pêchés dans l'Atlantique. Les anchois (IGP) sont vendus salés ou à l'huile, entiers ou sous forme de filets.

Le riz de Camargue

* * *

Les premières cultures du riz en Camargue datent du XIXe siècle. La riziculture débuta réellement avec l'endiguement du Rhône, qui permit d'éviter la remontée de la salinité du sous-sol. En fait, la zone de production du riz de Camargue (IGP) s'étend au-delà du delta du fleuve. En Languedoc, on distingue deux aires de production : l'une dans le Gard à l'ouest du Petit Rhône, l'autre dans l'Aude à l'est de Carcassonne sur l'étang asséché de Marseillette. Le riz de type long grain représente la majorité des semis.

Brandade de Nîmes

POUR 4 À 6 PERSONNES

* * *

DESSALAGE : **24 H ENVIRON** - PRÉPARATION : **15 MIN**
CUISSON : **15 À 20 MIN**

- 1 kg de filets de morue (ou de miettes)
- 45 cl d'huile d'olive
- 40 cl de lait
- poivre blanc

1 La veille, faites dessaler la morue en la laissant pendant 24 heures au moins dans un grand récipient d'eau fraîche que vous changerez deux ou trois fois.

2 Le jour même, mettez les filets de morue dans un faitout ou une grande casserole, recouvrez-les largement d'eau et portez doucement à ébullition. Puis laissez-les pocher pendant 8 minutes à très petits frémissements. Égouttez la morue et, après avoir retiré la peau et les arêtes, effeuillez-la avec les doigts. Mettez-la dans une casserole et pilez-la un peu à l'aide d'une cuillère en bois pour l' écraser.

3 Dans 2 casseroles différentes, faites chauffer 40 cl d'huile et tout le lait.

4 Mettez la casserole contenant la morue à feu très doux. Versez alternativement 1 cuillerée d'huile chaude et 1 cuillerée de lait chaud en travaillant le mélange avec une cuillère en bois et en tournant comme pour une mayonnaise. Elle va prendre la consistance d'une purée de pommes de terre. Poivrez. En principe, on n'a pas besoin de ressaler.

Oreillettes

POUR 3 DOUZAINES ENVIRON

* * *

PRÉPARATION ET ÉTIRAGE : **30 MIN** -
RÉFRIGÉRATION : **12 H** -
CUISSON : **30 MIN ENVIRON**

- 300 g de farine
- 1/2 cuill. à café de sel
- 80 g de beurre ramolli
- 50 g de sucre en poudre
- 4 jaunes d'œufs
- 2 cuill. à soupe d'eau de fleur d'oranger (ou le zeste de 1 citron)
- huile de friture (tournesol ou arachide)
- sucre glace pour saupoudrer

1 La veille, préparez la pâte. Mettez la farine en fontaine sur le plan de travail, ajoutez le sel, le beurre, le sucre et les jaunes d'œufs dilués dans l'eau de fleur d'oranger. Pétrissez en ajoutant juste ce qu'il faut d'eau pour obtenir une pâte bien souple qui ne colle plus aux doigts, pendant 10 minutes environ (on peut utiliser un robot muni d'un crochet pétrisseur).

2 Enveloppez la pâte de film alimentaire et mettez au réfrigérateur pour une nuit.

3 Le jour même, étalez la pâte sur un plan de travail huilé, le plus finement possible, au rouleau ou à l'aide d'une machine à pâtes. Elle doit être translucide.

4 Faites chauffer l'huile : elle doit être bien chaude mais non fumante. Découpez la pâte à l'aide d'une roulette en formes régulières ou aléatoires. Faites-les frire au fur et à mesure. Idéalement une personne les étire pendant que l'autre les fait cuire.

5 Faites cuire les oreillettes par deux ou trois à la fois ; elles doivent cuire en une douzaine de secondes seulement et doivent être blondes et cassantes. Maintenez-les sous l'huile à l'aide d'une écumoire et retournez-les à mi-cuisson. Égouttez-les aussitôt sur du papier absorbant. Servez saupoudré de sucre glace, tiède ou froid.

Les huîtres de Bouzigues

* * *

Sur le bassin de Thau (Hérault) se situe l'activité ostréicole la plus importante de Méditerranée. Dans ce bassin où l'on exploitait jadis une implantation naturelle d'huîtres plates, l'élevage de Bouzigues relève d'une technique particulière, du fait de l'absence de marée. Collées au ciment sur des cordes de Nylon, les jeunes huîtres sont immergées, accrochées en surface à des tables métalliques plantées au fond du bassin. Les huîtres de Bouzigues, très majoritairement creuses, se dégustent nature.

L'ABRICOT ROUGE DU ROUSSILLON

Les Latins appelaient ce fruit venu de Chine par l'Arménie « prune d'Arménie » ou « fruit précoce ». C'est ce *praecoquum* qui, après son passage par le grec tardif puis par l'arabe, est devenu « abricot » en français au XVIe siècle. Comme le pêcher, l'abricotier a longtemps poussé dans les vignes. Cultivé en verger, l'abricot rouge du Roussillon représente la moitié de la production régionale. Il se consomme cru ou transformé (conserves, jus, liqueurs).

Saveurs et spécialités de nos terroirs

Vins ensoleillés du LANGUEDOC et du ROUSSILLON

Ces deux régions comptent parmi les plus anciennes. Elles ont longtemps souffert de leur image de producteurs de vins ordinaires. Aujourd'hui, elles fournissent plus du tiers de la production nationale, et méritent largement qu'on redécouvre leurs vins.

Le paysage viticole

Le Languedoc viticole couvre trois départements : le Gard, l'Hérault et l'Aude. C'est une région bordée au nord par les derniers contreforts du Massif central, et au sud par la Méditerranée et le massif des Corbières. Des sols très divers – schistes, terrasses à cailloux roulés, grès, marnes, calcaires, alluvions… – donnent aux vins leur caractère affirmé. Le climat méditerranéen, avec des températures élevées l'été, des pluies irrégulières et des vents importants, assure l'unité de la région et permet une bonne maturation des raisins.

Le vignoble du Roussillon occupe un vaste amphithéâtre tourné vers la Méditerranée, entre le massif des Corbières au nord, le Canigou à l'ouest et la chaîne des Albères au sud. Il bénéficie d'un climat méditerranéen particulièrement ensoleillé, avec des hivers cléments et des étés chauds. Les sols sont d'origines très diverses : schistes noirs et bruns, arènes granitiques, sols argilo-calcaires.

Languedoc : hier et aujourd'hui

Si les Grecs apportent la vigne dans la région au VIe siècle avant Jésus-Christ, ce sont les Romains qui la développent sous l'empereur Domitien après que celui-ci eut créé la vaste province Narbonnaise. Malgré les aléas de l'Histoire, comme l'occupation par les Wisigoths, la vigne se maintient, bénéficiant même au IXe siècle

L'abbaye de Lagrasse.

Vignoble de Collioure-Banyuls.

de l'expansion des abbayes (Lagrasse, Caunes…). L'ouverture du canal du Midi en 1681 et le développement au XIXe siècle des chemins de fer favorisent l'essor de la viticulture. Cependant, à la fin du XIXe siècle, le phylloxéra anéantit le vignoble. Celui-ci va renaître, mais la qualité est alors sacrifiée à la productivité. Aujourd'hui, le vignoble a retrouvé son identité et son authenticité, et affirme son rôle moteur. Après son énorme bond en avant réalisé ces trente dernières années, la région est devenue un terrain de chasse particulièrement attractif pour l'amateur. Trois appellations, Corbières, Languedoc et Minervois, représentent les trois quarts des ventes.

Languedoc : les cépages et les styles de vins

Les principaux cépages rouges. Le carignan, qui trouve ici son terroir de prédilection, apporte aux vins structure, tenue et fraîcheur. Le grenache donne chaleur et largesse aromatique, la syrah, les tanins, les parfums et la structure. Quant au mourvèdre, il produit des vins corsés, complexes et aptes au vieillissement. Le cinsaut est surtout utilisé pour l'élaboration des rosés.

Les principaux cépages blancs. Le grenache blanc produit des vins corsés, ronds, peu acides, avec une finale de belle longueur. Le maccabeu donne des vins secs, colorés, assez gras et fins, aux arômes relativement subtils et au nez de fruits mûrs. Le picpoul apporte un support acide et de la fraîcheur, et le bourboulenc est à l'origine de vins frais et floraux. Sont également cultivés le chardonnay (Limoux) et la marsanne, associés à la roussanne, ainsi que le rolle.

Des vins secs et des vins doux naturels. D'une façon générale, les vins rouges du Languedoc arborent une belle robe rouge grenat. Ils sont puissants, généreux, robustes, avec de plus en plus d'élégance. Outre les vins d'appellation contrôlée, il existe des vins IGP très divers, essentiellement rouges. Certains d'entre eux sont reconnus comme de très grands vins. La région élabore également des blancs, souvent amples et gras, des vins effervescents (Blanquette de Limoux, Crémant de Limoux) et quelques vins doux naturels (Muscat de Lunel, Muscat de Frontignan) de qualité remarquable, mais relativement confidentiels.

Roussillon : un peu d'histoire

Le commerce du vin remonte ici à l'Antiquité grecque. Si les vins du Roussillon se font connaître dès le Moyen Âge, le véritable développement du vignoble s'effectue à partir du milieu du XVIIe siècle. Mais le phylloxéra dévaste une partie des vignes, entraînant une crise économique. La reconstruction se fait en misant sur la qualité, travail récompensé avec les AOC de Rivesaltes, Banyuls et Maury, dès 1936. C'est en effet la patrie des exceptionnels vins doux naturels (VDN), dont ces trois vins sont les principaux représentants. La région produit 80 % des VDN de France, mais offre également une jolie gamme de vins traditionnels de qualité.

Roussillon : les cépages et les styles de vins

Les cépages. On retrouve ici toutes les variétés méditerranéennes, carignan, grenache noir, mourvèdre, syrah, cinsaut pour les vins rouges et rosés, grenache blanc, maccabeu, roussanne et marsanne pour les blancs. Et quelques cépages autochtones comme la malvoisie du Roussillon blanche, qui donne des vins couleur d'or, gras, fins, assez aromatiques et à l'acidité élevée, ou le lledoner pelut (appelé aussi grenache poilu), qui donne des vins secs colorés. Le muscat d'Alexandrie et le muscat à petits grains, cépages d'une très grande richesse aromatique, sont utilisés en assemblage dans les vins doux naturels.

Les vins doux naturels. Issus du grenache (Banyuls, Maury) ou du muscat (Rivesaltes, Muscat de Rivesaltes), ce sont des vins tout à la fois puissants, élégants et floraux. Très injustement méconnus, ils souffrent encore d'une image négative de « vins cuits » ou de « vins d'apéritif bon marché ». C'est dommage, car ils méritent d'être redécouverts pour ce qu'ils sont, de grands vins de gastronomie avec une capacité de vieillissement remarquable.

Les vins traditionnels. Les rouges sont soit fins et légers, à boire jeunes, soit puissants, concentrés et aptes au vieillissement (Côtes-du-Roussillon-Villages). Les rosés allient finesse et puissance. Les rares vins blancs (Côtes-du-Roussillon) sont aromatiques, fruités et bien équilibrés.

▲ Des vins doux naturels pour accompagner le chocolat : Banyuls, Maury et Porto (La cave de Tolbiac, Paris).

Les AOC

Languedoc
- Blanquette de Limoux
- Cabardès
- Clairette du Languedoc
- Corbières
- Corbières-Boutenac
- Crémant de Limoux
- Faugères
- Fitou
- La Clape
- Languedoc
- Languedoc avec dénomination
- Limoux
- Malepère
- Minervois
- Minervois-La Livinière
- Muscat de Frontignan
- Muscat de Lunel
- Muscat de Mireval
- Muscat de Saint-Jean-de-Minervois
- Picpoul de Pinet
- Saint-Chinian
- Saint-Chinian Berlou
- Saint-Chinian Roquebrun
- Terrasses du Larzac

Roussillon
- Banyuls
- Banyuls Grand Cru
- Collioure
- Côtes-du-Roussillon
- Côtes-du-Roussillon-Les Aspres
- Côtes-du-Roussillon-Villages
- Maury
- Muscat de Rivesaltes
- Rivesaltes

La France championne

Le XV de FRANCE au cœur de la mêlée

Si les Britanniques ont longtemps dominé le **rugby** international, ce sont désormais les équipes de l'hémisphère Sud qui leur succèdent. Cependant, le XV de France parvient, en certaines occasions, à remporter de beaux succès.

Jean Prat : Monsieur Rugby

En 1922, dans le cadre du Tournoi des Cinq Nations, les Français ont déjà réalisé un exploit en obtenant un match nul en terre anglaise, mais jamais ils n'ont pu y vaincre. Ce sera chose faite le 24 février 1951, à Twickenham. Emmenée par son capitaine **Guy Basquet**, auteur d'un essai, la France mène 5 à 3 à la mi-temps. Mais l'homme du match, c'est assurément **Jean Prat**. Avec un essai et une pénalité en seconde période, il corse l'addition et les Bleus s'imposent 11 à 3.

Compétiteur rugueux et meneur d'hommes capable de galvaniser les énergies, Jean Prat jouait troisième ligne, mais il avait débuté à l'arrière car il possédait un excellent coup de pied, comme en témoignent les quinze pénalités, les vingt-sept transformations et les six drops qu'il a marqués avec l'équipe de France.

Lucien Mias : Docteur Pack

Lucien Mias, deuxième ligne de devoir, n'était ni le plus grand, ni le plus fort, ni le plus rapide, mais il était capable de métamorphoser une équipe en véritable commando. En cet été 1958, on ne donnait pas cher des chances des Français venus affronter les redoutables Sud-Africains. Et pourtant… Lors du premier des deux tests matchs, à la surprise générale, la France arrache le match nul au Cap : 3 à 3.

Le second test se déroule à l'Ellis Park de Johannesburg devant 80 000 spectateurs, dont une tribune réservée aux supporteurs noirs – apartheid oblige. Ce jour-là, Lucien Mias fit le match de sa vie, au point que le talonneur **Robert Vigier** déclara après le match, remporté 9 à 5 : « Lucien fut si grand ce jour-là que je m'arrêtais de jouer pour l'admirer », et Lucien Mias de répliquer : « Si je l'avais vu s'arrêter, je lui aurais botté les fesses ! »

▼ La mêlée française lors du match France-Géorgie en 2007.

23 mars 1968 : premier Grand Chelem du XV de France

Après trois succès contre l'Écosse, l'Irlande et l'Angleterre, la France affronte le pays de Galles à Cardiff, avec l'espoir de réaliser le Grand Chelem dans le Tournoi des Cinq Nations.

Sur un terrain détrempé, dans les bourrasques et sous une pluie glacée, les trois-quarts français ne peuvent développer leur jeu, le fameux « *french flair* ». Ils vont s'en remettre à l'héroïsme de leurs avants, emmenés par le plus jeune capitaine qu'ait connu l'équipe de France, **Christian Carrère**, et à la botte de **Guy Camberabero**, bien servi par la longue passe de son demi de mêlée, son frère **Lilian**. Succès final, 14 à 9. La France attendait ce Grand Chelem depuis cinquante-huit ans ! Une révolution dans le monde de l'ovalie.

14 juillet 1979 : la prise de l'Eden Park

Quelle meilleure manière de venger la cuisante défaite subie à Christchurch (23 à 9), une semaine auparavant, que de s'offrir une première victoire en terre néo-zélandaise ? Et les Français vont y mettre la manière en pratiquant un jeu flamboyant, à l'image du capitaine **Jean-Pierre Rives**, dit « Casque d'or ». Ils marqueront quatre essais (**Jérôme Gallion, Alain Caussade, Jean-Luc Averous, Didier Codorniou**), contre deux, à leurs adversaires. Ce n'était pas la Bastille, mais l'Eden Park d'Auckland, terrain fétiche des All Blacks.

▲ Angleterre-France au stade de Twickenham, à Londres.

Le 31 octobre 1999 : la France élimine les All Blacks

En demi-finale de la Coupe du monde, à Twickenham, personne n'aurait parié un penny sur les chances du XV de France de battre la mythique équipe de Nouvelle-Zélande, impressionnante d'adresse, de maîtrise technique et de puissance. Quatre mois plus tôt, les Bleus n'avaient-ils pas subi une déroute humiliante à Wellington, 54 à 7 ?
À la 45e minute, l'ailier All Black Jonah Lomu marque son second essai et les Néo-Zélandais mènent 24 à 10. Beaucoup pensent, alors, que la France ne reviendra pas au score. Mais c'était compter sans l'orgueil des Bleus. En moins de dix minutes, l'ouvreur **Christophe Lamaison** enchaîne deux drops et deux pénalités, puis **Christophe Dominici** marque un essai entre les poteaux. **Richard Dourthe** et **Philippe Bernat-Salles** ajoutent chacun un essai et, en trente-trois minutes, la France réussit un 33 à 0. Le dernier essai néo-zélandais ne changera rien à l'issue de la partie : la France l'emporte 43 à 31.

Le demi de mêlée Morgan Parra et le pack français lors du match France-Roumanie à Londres, durant la Coupe du monde 2015. ▲

Le 6 octobre 2007 : la France surprend de nouveau les All Blacks

Cette fois, c'est en quart de finale de la Coupe du monde que la France retrouve la Nouvelle-Zélande, de nouveau favorite de l'épreuve. Comme huit ans auparavant, les All Blacks dominent le début de la partie et mènent 13 à 0, après trente minutes de jeu. Petit à petit, les Français reviennent à égalité grâce à une pénalité de **Lionel Beauxis** et un essai transformé de **Thierry Dusautoir**. Les All Blacks s'installent alors dans les vingt-deux mètres français et marquent un essai en force, qui ne sera pas transformé. C'est alors que **Frédéric Michalak** perce dans son style si particulier et transmet à **Yannick Jauzion** pour un essai, transformé celui-ci. Le score de 20 à 18 ne variera pas, grâce à une défense acharnée des Bleus.
Pour la première et unique fois de leur histoire, les All Blacks ne feront pas partie du dernier carré d'une Coupe du monde.

Un traitement de faveur

Le meilleur hommage rendu au talent de **Serge Blanco** fut peut-être, paradoxalement, celui des Anglais. Persuadés que, à lui seul, il pouvait leur faire perdre le quart de finale de la Coupe du monde 1991, ils préméditèrent une stratégie d'agressions systématiques à son encontre. Leur demi d'ouverture montait des chandelles sur Serge Blanco, qui était soit plaqué à retardement, soit piétiné. Il faut dire qu'il n'y avait pas, à l'époque, d'arbitrage vidéo.

▼ Serge Blanco lors du Tournoi des Cinq Nations, en 1987.

Serge Blanco : le Pelé du rugby

Excellent en sport, le jeune **Serge Blanco** a failli accomplir une carrière de footballeur ! Sollicité par le FC Nantes, il préféra le rugby, sport emblématique du Pays basque ; le XV de France avait failli passer à côté d'un des plus talentueux arrières du monde. Fidèle au Biarritz Olympique (avec lequel il ne sera pourtant jamais champion de France), il compte 93 sélections en équipe de France, de 1980 à 1991. Il fut dix-sept fois capitaine et détient toujours le record du nombre d'essais marqués en sélection (38).

Les plus beaux vestiges GALLO-ROMAINS

Le terme de « gallo-romain » a été imaginé par les historiens modernes pour désigner la rencontre entre la civilisation romaine, implantée en Gaule, et la civilisation celtique de la Gaule indépendante.

Le pont du Gard.

Le pont du Gard

Le pont du Gard, chef-d'œuvre du génie civil romain, est aujourd'hui le vestige d'un aqueduc qui alimentait Nîmes depuis Uzès, construit sans doute au Ier siècle et demeuré en service durant six siècles. La prouesse technique est remarquable : les ingénieurs ont su calculer la déclivité du terrain afin d'acheminer l'eau jusqu'à Nîmes sur une distance de 50 km. Le pont qui franchit le Gard (l'aqueduc est au-dessus de la troisième rangée d'arcades) culmine à 50 m.

L'amphithéâtre de Nîmes

L'amphithéâtre de Nîmes, improprement dénommé « arènes », est le plus vaste édifice gallo-romain encore conservé et dont la construction s'est achevée à la fin du Ier siècle. Il se veut une réplique du Colisée de Rome, preuve de l'essor économique sans précédent des cités gallo-romaines après la conquête. Tombé en désuétude après le Ve siècle, le monument a été transformé en citadelle dans laquelle la population venait trouver refuge lors des grandes invasions.

▲ Les « arènes » de Nîmes.

La Maison carrée

À Nîmes, la Maison carrée est sans conteste le plus beau monument du forum antique, un temple édifié au Ier siècle, consacré au culte impérial instauré par Auguste et dédié aux fils adoptifs de l'empereur, Caius et Lucius. Le monument a été magnifiquement conservé malgré les nombreux usages qui en ont été faits (il fut un temps une écurie et servit même de préfecture !). Baptisé « Maison carrée », le temple est pourtant un rectangle, long de 26 m et large de 13 m !

▲ La Maison carrée, à Nîmes.

La Gaule ou les Gaules

La Gaule a été entièrement conquise par l'Empire romain vers 50 avant J.-C, après la victoire romaine d'Alésia en - 52, mais les premières villes romaines sont apparues plus tôt dans le sud de la France (la province romaine de Narbonnaise date de 118 avant J.-C. et c'est une province romaine, non une colonie). Les autres « Gaules » sont la Gaule Aquitaine, la Gaule Celtique et la Gaule Belgique. La Gaule forme donc un ensemble disparate, aussi bien sur le plan ethnique que sur les plans administratif ou politique.

Le théâtre d'Arles

Dédié à la tragédie, le théâtre antique d'Arles prouve mieux que tout l'importance accordée au spectacle dans le monde romain. Et, à Arelate (Arles), comme ailleurs dans une Gaule romanisée, on s'empare rapidement des modes, des coutumes et de la culture du vainqueur. On le fait d'autant mieux à Arles que la cité entretient depuis longtemps de fructueux échanges commerciaux avec l'ensemble du monde méditerranéen. Les dimensions monumentales de son théâtre sont la preuve de l'opulence de la ville.

L'enceinte du Mans

L'enceinte gallo-romaine du Mans le prouve : tous les monuments gallo-romains ne sont pas dans le sud de la France et la ville du Mans, dans la Sarthe, peut s'enorgueillir de posséder une enceinte bâtie au IIIe siècle de notre ère. Si elle a l'apparence d'une enceinte médiévale avec ses poternes reconnaissables, il s'agit bien à l'origine d'une muraille construite sous le règne de Dioclétien. La *pax romana* est alors révolue, et les cités gallo-romaines doivent se protéger des invasions barbares qui déferlent sur la Gaule.

▲ La muraille dite « romaine » du Mans.

Vue du théâtre d'Orange. ▲

▲ Le trophée des Alpes, dominant la ville de La Turbie.

Le temple d'Auguste et de Livie

Le temple d'Auguste et de Livie à Vienne, en Isère, a été édifié en l'honneur de l'empereur et de son épouse Livie. L'empereur n'est plus seulement un chef politique, il est devenu l'égal d'un dieu qui doit être vénéré dans l'ensemble du monde romain et on bâtit pour lui des temples. En mettant en place le culte impérial, Auguste a favorisé l'essor urbain de nombreuses cités et, dans le sud de la Gaule, la plupart des villes ont adopté les canons architecturaux romains du Ier siècle avant J.C.

Orange

La ville d'Orange dans le Vaucluse, fondée vers 35 avant J.-C. par des vétérans des légions de César, s'est construite sur le modèle des cités romaines et s'est dotée d'un théâtre qui compte aujourd'hui parmi les plus beaux et les mieux conservés. Le théâtre d'Orange pouvait accueillir 9 000 ou 10 000 spectateurs. Derrière la scène large d'une soixantaine de mètres se dresse un mur massif percé d'une niche abritant une statue monumentale de l'empereur Auguste.

Glanum

Le site antique de Glanum, situé à Saint-Rémy-de-Provence dans les Bouches-du-Rhône, a été construit dès le Ier siècle sur les ruines d'une cité grecque beaucoup plus ancienne. Les fouilles archéologiques ont permis de mettre au jour les vestiges d'une cité gallo-romaine avec tous ses monuments reconnaissables et typiques de l'urbanisme romain : forum, basilique, temple, arc de triomphe, réseau d'adduction d'eau, égouts... Le site de Glanum témoigne de la profonde transformation de la Gaule sous la *pax romana*.

Les arènes de Lutèce

Les arènes de Lutèce comptent parmi les rares vestiges antiques que la capitale (du peuple des Parisii) a conservés. Avec les thermes et le tracé axial des rues (le *cardo*), les arènes rappellent que Paris fut une ville gallo-romaine de première importance, en raison de sa situation géographique et du cours de la Seine, axe vital de communication. Mais Paris, toujours en évolution, a vite perdu le souvenir de cette époque et les arènes, situées dans l'actuel Ve arrondissement, n'ont été redécouvertes qu'au XIXe siècle, à l'occasion des grands travaux d'urbanisme.

Le trophée de La Turbie

Le trophée de La Turbie (ou trophée des Alpes) est un monument à part, une sorte de phare érigé sur un promontoire surplombant la baie de Monaco et destiné à éblouir le voyageur venu par la mer ou par les terres. L'empereur Auguste a instauré la *pax romana*, la paix romaine, en venant à bout des dernières velléités de résistance de la part de quelques peuples du sud de la Gaule. Pour témoigner dans la pierre du triomphe de l'empire, Auguste fait édifier ce trophée, symbole de la puissance romaine et de sa propre gloire.

Le site de Glanum, à Saint-Rémy-de-Provence. ▶

Vaison-la-Romaine

Vasio, dans l'actuel Vaucluse, était au Ier siècle avant J.-C. une des deux capitales du peuple celte des Voconces et, grâce au statut que lui confère Rome, c'est l'une des villes importantes de la Narbonnaise. Le grand historien latin Tacite en était peut-être originaire. La ville actuelle doit son nom à l'importance de ses vestiges romains, notamment le « pont romain », un pont à arche unique datant du Ier siècle après J.-C., le site de la Villasse (qui comprend une rue avec boutiques, un ensemble thermal), et le site de Puymin, qui regroupe les restes d'un théâtre antique, deux maisons et un sanctuaire à portiques.

▲ Le pont romain de Vaison-la-Romaine.

Les plus belles VOIX françaises

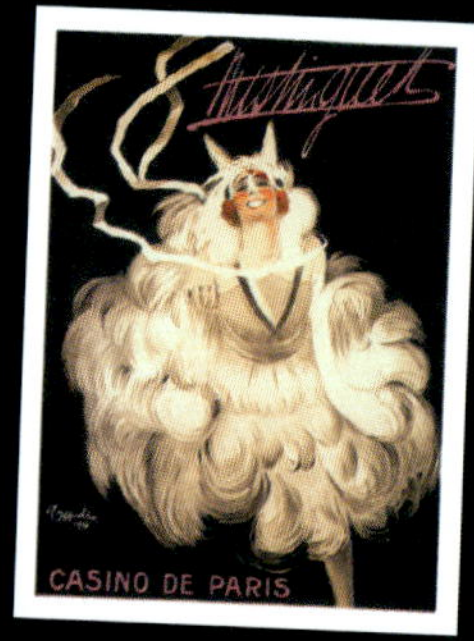

Impossible de mentionner ici tous les musiciens français qui mériteraient d'être connus... mais voici un florilège des plus belles voix françaises qui se sont tues trop tôt.

Jeanne Bourgeois, dite Mistinguett (1875-1956)
Artiste française de music-hall, elle triompha au Moulin-Rouge, aux Folies-Bergère et au Casino de Paris. Elle interpréta de nombreuses chansons à succès (*Mon homme*, 1920 ; *la Java*, 1922 ; *C'est vrai*, 1935).

◀ Mistinguett en robe de scène.

Charles Trenet (1913-2001)
Chanteur, parolier, parfois compositeur, il créa des chansons pleines de poésie et de fantaisie (*Y a de la joie*, *Douce France*, *la Mer*), souvent influencées par le jazz.

Léo Ferré (1916-1993)
Chanteur, parolier et compositeur, il a interprété des chansons poétiques ou de tonalité anarchiste, mêlant lyrisme et argot (*Jolie Môme*, 1960 ; *Ni dieu, ni maître*, 1965 ; *C'est extra*, 1968 ; *Avec le temps*, 1970). Il a aussi mis en musique de nombreux poètes.

Henri Salvador (1917-2008)
Chanteur, parolier et compositeur, fantaisiste-né, il a interprété dès les années 1950 d'immenses succès (*Le lion est mort ce soir, Syracuse, Zorro est arrivé, Le travail c'est la santé*) et mené une carrière d'une remarquable longévité (*Chambre avec vue*, 2000).

Ivo Livi, dit Yves Montand (1921-1991)
Chanteur et acteur, il se rendit populaire grâce à ses chansons chaleureuses (*les Feuilles mortes, les Grands Boulevards*) et à ses rôles au théâtre et au cinéma (*le Salaire de la peur*, H.-G. Clouzot, 1953 ; *Z*, Costa-Gavras, 1969 ; *César et Rosalie*, C. Sautet, 1972 ; *Jean de Florette et Manon des Sources*, C. Berri, 1986).

◀ Yves Montand dans *le Salaire de la peur*, d'Henri-Georges Clouzot, 1953.

Lucien Ginsburg, dit Serge Gainsbourg (1928-1991)
Chanteur, acteur et cinéaste, il a écrit et composé de nombreuses chansons, riches en jeux de mots et en innovations musicales, grinçantes et désenchantées, cultivant ainsi son image provocatrice (*le Poinçonneur des Lilas*, 1958 ; *la Javanaise*, 1962).

Serge Gainsbourg ▶ dans *Je vous aime*, de Claude Berri, photographie, 1980.

La « Môme » (1915-1963)

La « Môme » Édith Piaf, de sont vrai nom Édith Gassion, fait ses débuts en 1935 sur la scène du Gerny's, un cabaret des Champs-Élysées. Celle qu'on surnomme le « Moineau » ou la « Môme » fait un triomphe, et sa voix puissante n'a d'égale que sa silhouette menue de gosse de la rue. Car Édith a connu une enfance malheureuse. Née en 1915 à Belleville, elle est la fille d'un saltimbanque et a été élevée par sa grand-mère, tenancière d'une maison close. Pour gagner sa vie, elle chante dans les rues, où elle a été remarquée par Louis Leplée, directeur du Gerny's. Sa présence sur scène, sa voix, ses chansons poignantes, ainsi que sa vie tumultueuse (sa relation avec Marcel Cerdan notamment), la rendirent populaire en France et dans le monde. Elle écrivit certaines de ses chansons (*la Vie en rose, l'Hymne à l'amour*), mais d'autres sont dues notamment à Raymond Asso (*Mon légionnaire*), Georges Moustaki (*Milord*), Michel Vaucaire (*Non, je ne regrette rien*).

▼ Édith Piaf à l'Olympia, en 1958.

▲ Georges Brassens en concert au Théâtre d'Annecy, en 1966.

Georges Brassens (1921-1981)

Inconnu du grand public, il monte sur la scène des Trois-Baudets en 1952 à l'invitation de la reine du cabaret, Patachou. Le succès est tel que paraît la même année chez Polydor son premier album, *la Mauvaise Réputation*, où l'on peut entendre *le Petit Cheval, Hécatombe, la Chasse aux papillons* et surtout *le Gorille*, chanson qui ne plaît pas à tout le monde et se voit aussitôt interdite sur les ondes. Chanteur, parolier et compositeur, Brassens est l'auteur de chansons poétiques, pleines de verve et de non-conformisme *(Chanson pour l'Auvergnat, Supplique pour être enterré sur la plage de Sète)*.

Claude Nougaro (1929-2004)
Ses chansons, qu'il écrit et compose, conjuguent textes poétiques et ludiques, influence du jazz et musiques contemporaines en une interprétation très personnelle *(Une petite fille, Toulouse, Paris Mai, Tu verras)*.

Monique Serf, dite Barbara (1930-1997)
Chanteuse et auteure-compositrice, s'accompagnant souvent au piano, elle dit avec une sensibilité rare et une grande élégance d'écriture le sentiment amoureux et la mélancolie des déchirements (*Nantes*, 1964 ; *Göttingen*, 1965 ; *Ma plus belle histoire d'amour*, 1967 ; *l'Aigle noir*, 1970).

Jean Tenenbaum, dit Jean Ferrat (1930-2010)
Il a écrit, composé et interprété des chansons poétiques et engagées (*Nuit et brouillard*, 1963 ; *C'est beau, la vie*, id. ; *la Montagne*, 1964 ; *Potemkine*, 1965). Il a mis en musique de nombreux poèmes d'Aragon (*Que serais-je sans toi*, 1964).

Guy Béart (1930-2015)
Chanteur et auteur-compositeur, il eut un grand succès populaire, grâce à son sens de la mélodie et à son talent de poète tour à tour grave et désinvolte *(l'Eau vive, le Grand Chambardement)*.

Yolanda Gigliotti, dite Dalida (1933-1987)
Chanteuse, symbole de la variété glamour, elle a incarné un exotisme tout méditerranéen avec des succès comme *Bambino* (1956), *Il venait d'avoir 18 ans* (1973) ou *Gigi l'Amoroso* (1974).

Giuseppe Mustacchi, dit Georges Moustaki (1934-2013)
Chanteur et auteur-compositeur, après avoir écrit notamment pour Édith Piaf *(Milord)* et Barbara *(la Longue Dame brune)*, il interpréta ses propres chansons, ponctuant sa carrière de succès au tendre humanisme (*le Métèque*, 1969 ; *Ma liberté*, 1970 ; *les Amis de Georges*, 1974).

▲ Tombe de Dalida, avec la sculpture d'Alain Aslan, au cimetière de Montmartre, Paris.

Joseph, dit Joe Dassin (1938-1980)
Chanteur et compositeur, il a réalisé la parfaite fusion entre folklore américain et chanson fantaisiste ou sentimentale à la française *(les Dalton, Siffler sur la colline, les Champs-Élysées, l'Amérique, l'Été indien)*.

Claude François (1939-1978)
Chanteur et parolier, il connut le succès à partir de 1962 avec la vague yé-yé *(Belles, belles, belles ; Comme d'habitude ; Le téléphone pleure ; Alexandrie, Alexandra)*.

Jacques Higelin (1940-2018)
Chanteur et auteur-compositeur, il marque la scène française par son esprit libertaire et réussit une brillante fusion entre la chanson et le rock (albums *BBH 75*, 1974 ; *Illicite*, 1991 ; *Amor Doloroso*, 2006 ; *Higelin* 75, 2016).

Michel Berger (1947-1992)
Chanteur, parolier et compositeur, pianiste virtuose, il a enrichi la variété française d'une touche pop anglo-saxonne, écrivant en particulier pour son épouse, France Gall. Il a donné naissance à l'opéra rock francophone (*Starmania*, 1978).

Alain Bashung (1947-2009)
Chanteur et auteur-compositeur, influencé par Ferré et Gainsbourg, nourri de culture rock, il tint une place tout à fait originale sur la scène française *(Gaby oh Gaby, Vertige de l'amour, Osez Joséphine, Ma petite entreprise)*.

Johnny (1943-2017)

Johnny Hallyday, de son vrai nom Jean-Philippe Smet, anime avec ses copains (Richard Anthony, Sylvie Vartan, Franck Alamo, les Chats sauvages…) une « nuit du rock », place de la Nation, le 22 juin 1963. L'initiative en revient à Frank Ténot et Daniel Filipacchi qui veulent ainsi fêter le premier anniversaire de leur magazine *Salut les copains* et promouvoir leur émission du même nom sur Europe 1. 150 000 jeunes étaient présents à cette folle et bruyante soirée qui a donné lieu à de regrettables incidents. « Il y avait 1 000 voyous et 149 999 copains », écrit *France-Soir*. Dans *le Figaro*, Philippe Bouvard s'interroge : « Quelle différence entre le twist de Vincennes et les discours d'Hitler au Reichstag ? » Pionnier du rock and roll, Johnny bâtit sa légende sur sa présence scénique et surtout sur sa voix, qui lui permit de s'adapter à tous les styles musicaux *(Retiens la nuit, Noir, c'est noir, Que je t'aime, Quelque chose de Tennessee)*. Sa mort, en décembre 2017, a été entourée d'une immense émotion populaire.

Sur les routes de France

NOUVELLE-AQUITAINE, quel dynamisme !

Bienvenue dans l'une des plus vastes régions de France, à la croisée des cultures basque, occitane et poitevine, et dotée de puissants ports, de grands vignobles et de stations balnéaires prisées depuis le XIXe siècle.

▲ La cathédrale Saint-Front de Périgueux.

Périgueux, la capitale du Périgord

Périgueux est l'antique Vésone ou *Vesuna*, chef-lieu de la cité des *Petrocorii*. Capitale du Périgord au IXe siècle, déchirée par les luttes des évêques et des comtes, affranchie au XIIe siècle, la ville se donna à Philippe Auguste en 1204. Elle résista aux Anglais en 1356, mais fut ravagée par les guerres de Religion, de 1575 à 1591, et par la Fronde (1651-1653).

Les fêtes de Bayonne

Elles constituent, au tout début du mois d'août, une des plus grandes manifestations de France, réunissant chaque année environ un million de personnes. Une foule habillée de blanc avec un foulard rouge – la tenue de rigueur – envahit alors la ville, pendant cinq jours. Ces couleurs sont relativement récentes : lors des premières fêtes, en 1932, créées par les joueurs de rugby de l'Aviron bayonnais, le bleu et le blanc étaient à l'honneur.

Bordeaux, la belle endormie

Capitale du duché d'Aquitaine depuis 1032, Bordeaux est de 1154 à 1453 un port anglais à la suite du mariage d'Aliénor d'Aquitaine avec Henri Plantagenêt, et connaît une ère de prospérité (exportation en Angleterre du vin de la région, le « claret »). Au XVIIIe siècle, la ville retrouve cette prospérité grâce au commerce (sucre et esclaves) avec les Antilles. À partir du traité franco-anglais de 1860, le port contrôle les relations maritimes directes avec le Sénégal, les Antilles, le Brésil et les États de la Plata. Le gouvernement de la France se transporta à Bordeaux en 1870, 1914 et 1940.

La porte Cailhau, à Bordeaux, commémore la victoire de Charles VIII à Fornoue (Italie). ▶

Des vins historiques

La région autour de Saint-Émilion est constituée par les coteaux de la rive droite de la Dordogne. Elle est réputée pour produire les meilleurs vins rouges du Bordelais. L'appellation s'étend à la plupart des communes de l'ancienne juridiction de Saint-Émilion, « filleule » de Bordeaux. Celle-ci, en tant que paysage viticole historique, est inscrite au patrimoine mondial depuis 1999.

Vignoble sur la commune de Saint-Émilion. ▼

Mont-de-Marsan, la ville aux trois rivières

Mont-de-Marsan fut au XIIe siècle la capitale de la vicomté de Marsan ; entrée dans le Béarn en 1256, elle fut réunie à la Couronne à l'avènement d'Henri IV. En 1790, le nouveau département des Landes engloba les Landes, la Chalosse et le Marsan, avec Mont-de-Marsan pour chef-lieu. La base aérienne a été créée en 1946.

La forêt des Landes. ▲

▲ La façade de la cathédrale d'Angoulême, qui compte pas moins de 75 personnages.

La bande d'Angoulême

Depuis 1974, les artistes et les éditeurs du monde entier se pressent à Angoulême au mois de janvier pour le rendez-vous annuel du Festival international de la bande dessinée. La ville est envahie par près de 10 000 m² de « bulles » ou tentes aménagées qui abritent les stands des éditeurs, où les auteurs dédicacent leurs ouvrages. De nombreuses expositions, représentations et animations se tiennent dans divers endroits de la ville, où les noms des rues sont des bulles de B.D. et où les murs sont décorés de personnages plus ou moins connus.

Des pins dans les marécages

Aujourd'hui forêt unique en Europe, les Landes de Gascogne ne furent qu'un vaste marécage durant plusieurs siècles. La région, assainie par les paysans propriétaires à la fin du XVIIIe siècle, est plantée de pins maritimes (ou pins des Landes) au XIXe siècle. De nos jours, la forêt des Landes, plus grande réserve de bois d'Europe occidentale, est privée à 90 %. L'objectif des propriétaires n'est plus la production de la gemme (résine du pin) mais celle du bois d'œuvre de qualité.

Les pruneaux d'Agen

C'est la prune d'ente qui, une fois séchée, devient le pruneau. Il faut entre 3 et 3,5 kg de prunes fraîches, pour produire 1 kg de pruneaux. Aujourd'hui, les fruits ne sèchent plus au soleil, mais sont déshydratés dans un tunnel de séchage, à l'air chaud, ce qui les préserve et favorise la qualité gustative du pruneau. Depuis 2002, le pruneau d'Agen est protégé dans toute l'Union européenne par une indication géographique protégée.

Agen, à la croisée des chemins

L'origine d'Agen (en latin *Aginnum*) remonte à un oppidum qui se développa à l'époque romaine. C'était un carrefour de routes : la voie venant de Bourges y rejoignait celle qui reliait Bordeaux à Narbonne par la vallée de la Garonne. La ville s'est développée sur une terrasse de la Garonne, entre le bas Quercy et la Gascogne. Cette situation favorable explique sans doute pourquoi Agen, capitale de l'Agenais au Moyen Âge, fut une cité longtemps disputée entre la France et l'Angleterre.

Pau, capitale des rois de Navarre

La ville, dont le nom apparaît au XIIe siècle, est dotée d'une charte communale en 1464, et est le siège de foires et des états de Béarn. Capitale des rois de Navarre (1512), elle reçoit (1520) un Conseil souverain et une Chambre des comptes. Le futur Henri IV y naît en 1553. Les troupes de Charles IX s'en emparent, mais elle est reprise par Jeanne d'Albret (1569). Catherine de Bourbon, sœur d'Henri IV, y gouverne le Béarn au nom de son frère. Après la révolte de 1619, Louis XIII occupe la ville (octobre 1620), transforme le Conseil souverain en parlement de Navarre et réunit le Béarn à la Couronne. Entourée d'une nouvelle enceinte (1649), Pau est dotée d'une université en 1722. Depuis 1796, Pau est le chef-lieu du département des Basses-Pyrénées, devenu les Pyrénées-Atlantiques en 1969.

Angoulême, une cité internationale

L'ancienne cité d'Angoulême, constituée à la fin du IVe siècle pour des raisons militaires, soumise aux Wisigoths au début du VIe siècle, occupée par Clovis après 507, est alors érigée en pays (*pagus Engolismensium*) administré par un comte mérovingien. Après être resté sous l'autorité de Louis le Pieux, l'Angoumois est uni au Périgord, à l'Agenais et peut-être au Poitou et à la Saintonge. À l'époque capétienne, il demeure dans la mouvance des comtes de Poitiers, ducs d'Aquitaine. Après un sursaut d'indépendance (1221-1242), il est incorporé par Philippe le Bel à son royaume (1308). Cédé à l'Angleterre par le traité de Brétigny (1360), reconquis par Charles V (1373), enfin concédé à une branche cadette des Valois-Orléans, il est réuni définitivement à la Couronne à l'avènement de François Ier, en 1515, et érigé en duché-pairie.

Le château natal d'Henri IV, à Pau, abrite un musée national.

La Rochelle, port vers l'Amérique

Rupella (*Rochella*) n'apparaît dans l'histoire qu'en 1023. Anglaise de 1152 à 1226, puis de 1360 à 1372, elle devient, du XIVe au XVIIe siècle, un des principaux ports français. De La Rochelle partent nombre de colons pour l'Amérique et surtout pour le Canada. Étant l'un des centres de la Réforme, la ville subit un siège de six mois en 1573, puis un autre – plus héroïque encore et plus meurtrier – en 1627-1628. Ses privilèges lui ayant été retirés, La Rochelle se donne tout entière au commerce maritime, avec la Nouvelle-France (Canada) notamment, puis avec les Antilles. La révocation de l'édit de Nantes (1685), la cession du Canada à l'Angleterre (1763), la perte de la Louisiane et de Saint-Domingue sous la Révolution et l'Empire, le Blocus continental frappent durement le grand port, dont l'activité se ralentit au XIXe siècle.

Un château dans l'estuaire

En avant-poste à l'entrée de l'estuaire de la Gironde, le phare de Cordouan est le plus ancien des phares français en activité. Sa construction, commencée en 1584, ne fut terminée qu'en 1610, et il entra en service en 1611. C'est peut-être le plus beau, en tout cas le plus luxueux, des phares du monde entier. Il possède même une chapelle intérieure. On l'appelle souvent « le Versailles de la mer ».

Une rivière et un fleuve

De très nombreux départements français portent le nom d'un cours d'eau. Neuf d'entre eux portent le nom de deux cours d'eau (Eure-et-Loir, Ille-et-Vilaine, Indre-et-Loire, Loir-et-Cher, Lot-et-Garonne, Maine-et-Loire, Meurthe-et-Moselle, Seine-et-Marne, Tarn-et-Garonne). Celui des Deux-Sèvres est le seul à porter le nom de deux cours d'eau homonymes. L'un est une rivière (Sèvre Nantaise, affluent de la Loire), et l'autre, un fleuve côtier (Sèvre Niortaise).

◄ Le phare de Cordouan.

Niort, aux portes du Canada

Novioritum, bourg gallo-romain, est saccagée par les Normands au Xe siècle et recréée près d'un château des comtes de Poitiers. Principal port du Poitou en relation avec la Flandre, anglaise (XIIe siècle), prise par Louis VIII (1224), donnée aux Anglais par la paix de Brétigny (1360), Niort est délivrée par Du Guesclin (1372). Gagnée à la Réforme (1557), conquise par les catholiques (1569) et reprise par Henri de Navarre (1588), Niort est démantelée par ordre du roi (1627), mais demeure un actif foyer protestant. Le port étend ses relations aux Poitevins du Canada, et le commerce des fourrures favorise l'implantation de la mégisserie, qui utilise le blanc de baleine. Cette activité sera gravement affectée ensuite par la révocation de l'édit de Nantes et la perte du Canada.

▲ Le Donjon, à Niort, a été édifié entre 1160 et 1175 sur les ordres de Henri II Plantagenêt.

Poitiers, foyer religieux de la Gaule

Située sur le chemin de Saint-Jacques-de-Compostelle, la ville voit affluer de nombreux pèlerins, qui viennent notamment y vénérer les reliques de sainte Radegonde, fondatrice au VIe siècle de l'abbaye Sainte-Croix, première abbaye de femmes, ou de saint Hilaire, qui aurait évangélisé la cité au IVe siècle.

Les batailles de Poitiers

Deux célèbres batailles portent le nom de Poitiers. La première fut remportée par Charles Martel en 732 et brisa l'offensive musulmane en Occident.

La seconde fut remportée, le 19 septembre 1356, par les Anglais du Prince Noir sur le roi de France Jean le Bon et son fils Philippe le Hardi. La défaite française, avec, pour résultat, la captivité du souverain, entraîna la perte du sud-ouest du royaume, tout en provoquant de graves désordres en France.

◄ Le cœur historique de La Rochelle.

L'hôtel de ville de Poitiers. ▲

Tulle, la ville de la Résistance

Née près d'une abbaye bénédictine (VIIe siècle), Tulle devient évêché (1317) et lutte contre ses seigneurs-évêques pour acquérir des libertés. Prise par les Anglais, (novembre 1346), décimée par la Peste noire (1348), réoccupée par les Anglais (1369 et 1373), elle est reconquise par le duc de Bourbon et reçoit du roi une charte d'affranchissement. Enlevée lors de la Ligue par le vicomte de Turenne, qui la pille (1585), elle se relève rapidement et a un collège de jésuites (1620). Au XVIIIe siècle, elle profite de l'intendance de Turgot, qui l'embellit. Au lendemain du débarquement allié de Normandie, le 9 juin 1944, les Allemands, voulant briser l'action de la Résistance en Corrèze, exécutent par pendaison 99 otages pris parmi les habitants de la ville.

Le tulle de Tulle

Le mot « tulle », qui désigne un « tissu léger et transparent à mailles rondes ou polygonales » (*Petit Larousse*), vient du nom de la ville de Tulle. Au XVIe siècle y était fabriquée une sorte de tissu brodé au « point de Tulle », léger et peu coûteux, qui connut un grand succès jusqu'à la fin du XVIIIe siècle. Quant à la fabrication du tulle tel que nous le connaissons aujourd'hui, elle demeura longtemps l'apanage de l'Angleterre avant de s'installer vers 1815 près de Calais, puis de se répandre ailleurs en France.

Guéret

La ville est située à l'emplacement de l'ancien oppidum gallo-romain du Puy-Gaudy ; elle s'est formée au VIIe siècle, près du monastère de Saint-Pardoux. Au XIIIe siècle, elle devint la capitale de la Marche et, au XVIIe siècle, elle reçut un siège présidial.

Les tapis d'Aubusson

La tapisserie s'est développée à Aubusson au XVIe siècle. Henri IV la favorisa en l'exemptant de douane à l'entrée de Paris, puis Colbert autorisa la collectivité des artisans à se déclarer Manufacture royale. Mais la ville fut ruinée après la révocation de l'édit de Nantes et il fallut les efforts de quelques peintres comme Jean Lurçat (1892-1966) ou Marcel Gromaire (1892-1971) pour relancer l'activité de la manufacture et lui redonner son lustre.

Limoges, grande cité d'Aquitaine

Capitale des Lémovices, *Augustoritum* à l'époque romaine, Limoges est probablement évangélisée au IIIe siècle par saint Martial, premier évêque. Elle est l'une des grandes cités de l'Aquitaine septentrionale sous les Mérovingiens et les Carolingiens. C'est alors une ville d'art, avec ses ateliers monétaires et ses officiers d'orfèvrerie et d'émaillerie. Elle est deux fois pillée par les Normands et forme au XIIe siècle une puissante vicomté. Les consuls sont souvent en lutte contre le vicomte et l'abbé de Saint-Martial, qui partagent leur suzeraineté avec l'évêque. Au XIIIe siècle, les monastères se multiplient. L'union à la Couronne a lieu à l'avènement d'Henri IV.

La porcelaine de Limoges

Un gisement d'argile blanche (le kaolin de Saint-Yrieix) fut découvert en 1768, par le chirurgien Darnet. On put alors fabriquer la porcelaine dure, comparable à la porcelaine chinoise. En 1771, Massié, Grellet et Fournerat fondèrent à Limoges la première porcelainerie limousine, qui fut ensuite jumelée avec celle de Sèvres (1784). Au cours du XIXe siècle et jusqu'à nos jours, des fabricants comme Alluaud, Tharaud, Baignol, Pouyat, Haviland, Bernardaud, etc., contribuèrent à l'industrialisation de la production (mécanisation de l'outillage, modernisation de la cuisson), sans négliger pour autant son caractère artistique, en faisant appel à de nombreux décorateurs.

▲ Ancien four à porcelaine.

Prestigieux vins du BORDELAIS

▲ Château Plainpoint, étiquette de vin Fronsac, 1925.

Région viticole par excellence, le Bordelais se décline en réalité en plusieurs régions et plusieurs appellations. Petit tour de ces vignobles mondialement connus…

Une renommée de longue date

Le vignoble bordelais voit le jour au début du Ier siècle, avec l'arrivée des légions romaines. Ses vins deviennent bientôt célèbres ; au IVe siècle, le poète Ausone en fait déjà les louanges. Mais le Bordelais ne connaît un véritable essor qu'au XIIe siècle, après le mariage en 1152 d'Aliénor d'Aquitaine avec le futur roi d'Angleterre Henri II Plantagenêt qui marque le début des échanges commerciaux entre les vins de Bordeaux et l'Angleterre. Une nouvelle ère commerciale s'ouvre au XVIIe siècle avec l'arrivée des Hollandais qui achètent les vins pour les distiller. À la même époque naissent les grands châteaux comme Haut-Brion. Au XVIIIe siècle, on commence à commercialiser le vin en bouteille et les exportations se développent. Le XIXe siècle constitue le siècle d'or du vignoble bordelais, marqué notamment par le classement des grands crus du Médoc, en 1855, qui établit une hiérarchie entre les crus de la rive gauche de la Garonne. Mais, à la fin du XIXe siècle, le vignoble est profondément attaqué par le phylloxéra et le mildiou ; viennent ensuite la guerre, la crise économique, puis de nouveau la guerre. Il faudra attendre les années 1950 pour que le vignoble se relève. De nouveaux classements – ceux des Graves, de Saint-Émilion, des crus bourgeois – sont créés et témoignent de l'excellence bordelaise.

Les styles de vins

Les vins de Bordeaux se caractérisent par une grande diversité. On élabore des rouges, des rosés, des blancs secs, des blancs liquoreux, des effervescents. Leurs styles peuvent être différents, même à l'intérieur d'une appellation, tant les terroirs, les climats et les assemblages sont variés et cela malgré l'unité apparente

Le plus ancien

La plus ancienne propriété viticole du Bordelais est Château Pape Clément. Elle date de la fin du XIIIe siècle. Quand Bertrand de Goth est nommé, en 1299, nouvel archevêque de Bordeaux, il reçoit de son frère aîné ce domaine de Pessac. Six ans plus tard, il devient pape (Clément V) et donne son nom au château. Depuis, ce dernier n'a cessé de produire des vins qui figurent parmi les meilleurs crus bordelais.

◀ Château et vignoble, Château d'Yquem, au sud de Bordeaux.

que constituent les cépages communs et les techniques de vinification.

Les rouges. Ils peuvent être légers, à boire rapidement sur le fruit (Bordeaux) ; corsés avec une trame tannique fine, à boire dans les 5 ans (Bordeaux supérieur) ; corsés et souples avec une bonne aptitude au vieillissement (Saint-Émilion, Pomerol, Fronsac) ; enfin complexes et tanniques lorsqu'ils sont jeunes, mais avec une très grande capacité de vieillissement (Pauillac, Saint-Julien…).

Les rosés. Produits sur tout le département de la Gironde sous deux appellations, Bordeaux rosé et Bordeaux clairet, ce sont des vins fruités, à boire rapidement.

Les blancs secs. Produits dans tout le département de la Gironde, ils sont gouleyants et agréables à boire (Entre-deux-Mers, Blaye-Côtes-de-Bordeaux et la vaste appellation Bordeaux), mais aussi plus corsés et puissants avec une bonne aptitude au vieillissement (Pessac-Léognan, Graves).

Les blancs doux, moelleux ou liquoreux. Avec pour emblème le Sauternais et le Château d'Yquem, ces vins se trouvent sous les appellations Sauternes, Cérons, Cadillac, Sainte-Croix-du-Mont, Barsac et Loupiac (quelque 3 000 ha). Mais d'autres régions peuvent également en produire (Graves supérieur, Côtes-de-Bordeaux-Saint-Macaire…). Certains sont des vins de très grande garde.

Les effervescents. Blancs ou rosés, ils sont produits sur l'ensemble de la région bordelaise et connaissent un certain engouement.

▲ Bouteille de Petrus Pomerol, grand vin.

Les « stars » du Bordelais

Ils sont une dizaine de grands crus prestigieux à faire rêver la planète, à hanter l'imaginaire de tous les amoureux du vin, des collectionneurs et des spéculateurs. Chaque domaine possède une personnalité unique, une âme. Leur nom ? Château Margaux, fleuron du Médoc, Château d'Yquem, le seul vin de Bordeaux qui ait droit à la mention de « premier cru supérieur », le « top du top » des vins blancs liquoreux du monde, Château Haut-Brion (Pessac-Léognan), qui fit tant, dans le passé, pour la renommée des bordeaux outre-Manche, Petrus (Pomerol), un vin culte, Château Latour (Pauillac), l'exemple achevé du cabernet-sauvignon, Château Cheval-Blanc, Château Ausone, Château Angélus, Château Pavie (les quatre premiers grands classés A de Saint-Émilion), des vins rares, Château Lafite-Rothschild, premier des premiers crus en 1855, et Château Mouton-Rothschild (Pauillac), classé premier cru en 1973, célèbre non seulement pour la qualité de ses vins mais aussi pour ses étiquettes signées d'artistes.

◀ Bouteille de premier grand cru classé, Château Cheval-Blanc, 1995.

Les AOC du Bordelais

Appellations régionales et génériques

- Bordeaux
- Bordeaux clairet
- Bordeaux rosé
- Bordeaux sec
- Bordeaux supérieur
- Côtes-de-Bordeaux
- Crémant de Bordeaux

Rive gauche de la Garonne

- Barsac
- Cérons
- Graves
- Graves supérieur
- Haut-Médoc
- Listrac-Médoc
- Margaux
- Médoc
- Moulis-en-Médoc
- Pauillac
- Pessac-Léognan
- Saint-Estèphe
- Saint-Julien
- Sauternes

Rive droite de la Garonne

- Blaye
- Blaye-Côtes-de-Bordeaux
- Cadillac
- Cadillac-Côtes-de-Bordeaux
- Canon-Fronsac
- Castillon-Côtes-de-Bordeaux
- Côtes-de-Blaye
- Côtes-de-Bourg
- Francs-Côtes-de-Bordeaux
- Fronsac
- Lalande-de-Pomerol
- Lussac-Saint-Émilion
- Montagne-Saint-Émilion
- Pomerol
- Puisseguin-Saint-Émilion
- Saint-Émilion
- Saint-Émilion Grand Cru
- Saint-Georges-Saint-Émilion

Entre la Garonne et la Dorgogne

- Côtes-de-Bordeaux-Saint-Macaire
- Entre-deux-Mers
- Entre-deux-Mers-Haut-Benauge
- Loupiac
- Sainte-Croix-du-Mont
- Sainte-Foy-Bordeaux

Les PIONNIERS de la République

Jusqu'à la fin du XIXe siècle, chaque épisode républicain est menacé par les tentations monarchistes, voire bonapartistes, d'une partie de la classe politique. Les pionniers de notre République française ont donc eu fort à faire !

Dupont de l'Eure

Jacques Charles Dupont (1767-1855), dit Dupont de l'Eure, est la figure républicaine par excellence, qui a commencé sa carrière politique sous la Révolution, avant de voir la révolution de 1830, puis celle de 1848. Député de l'Eure (d'où son nom) en 1795, il est ministre de Louis-Philippe avant de rejoindre l'opposition et de devenir, en 1848, président du gouvernement provisoire, après avoir proclamé la IIe République.

Léon Gambetta

Léon Gambetta (1838-1882), brillant avocat, député de Belleville, est l'artisan du « programme démocratique radical », le socle sur lequel la République va se construire. Organisateur de la Défense nationale, il se fait, après la défaite de 1870, l'inlassable promoteur du programme politique d'une République jeune et fragile. « Commis voyageur » du nouveau régime, il rallie les provinces encore hésitantes et combat farouchement les partisans de « l'ordre moral » rangés derrière Mac-Mahon, lequel est sommé de « se soumettre ou se démettre ». L'Église est elle aussi rappelée à l'ordre : « Le cléricalisme, voilà l'ennemi ! »

Léon Gambetta.

Jules Ferry

Jules Ferry (1832-1893) a fait ses armes au sein de l'opposition républicaine dans les dernières années du second Empire et se fait élire député des Vosges en 1871. Une fois le régime républicain conforté, il en devient la cheville ouvrière, nommé à deux reprises à la présidence du Conseil. Mais son grand œuvre demeure l'instauration des lois scolaires et la création d'une école de la République qui reste aujourd'hui le modèle – nostalgique – de l'instruction publique. Ferry sera en revanche moins heureux dans ses ambitions colonialistes qui entraîneront sa chute politique.

Jules Ferry, photographié par Eugène Pirou.

L'amendement Wallon

Henri Wallon (1812-1904), historien et homme politique, est surtout connu pour avoir, le premier, employé le terme de « république » pour définir juridiquement le régime qui s'est imposé en 1870. Il propose, lors de la discussion des lois constitutionnelles (janvier 1875), un amendement qui évoque le mode d'élection du « président de la République ». Ce texte, voté à une voix de majorité (30 janvier), assure l'établissement du régime républicain. Ministre de l'Instruction publique et des Cultes (mars 1875 - mars 1876), Henri Wallon fait voter la loi sur la liberté de l'enseignement supérieur.

Émile Combes

Émile Combes (1835-1921), surnommé « le petit père Combes » en raison de son passé de séminariste, est un farouche anticlérical, promoteur des lois qui desserrent l'emprise de l'Église catholique sur l'enseignement. Sa politique entraîne la rupture diplomatique avec le Saint-Siège mais prépare la séparation de l'Église et de l'État.

Émile Combes.

Georges Clemenceau

Georges Clemenceau (1841-1929) s'impose dans l'arène politique par son tempérament querelleur qui en fait un « tombeur de ministères ». Refusant les compromissions, il n'accède que tardivement aux responsabilités ministérielles, en 1906, à l'âge de 65 ans, et c'est avec la même intransigeance – voire brutalité – qu'il fait face aux conflits sociaux. Au ministère de l'Intérieur, le « premier flic de France » devient « le Tigre », redouté pour ses coups de griffes. En 1917, il redevient président du Conseil en pleine Première Guerre mondiale, refusant toute paix négociée.

Georges Clemenceau dans son cabinet de travail de la rue Franklin, en 1898.

Jean Jaurès

Jean Jaurès (1859-1914), député de Carmaux dont il défend ardemment les mineurs en grève, est un fervent socialiste. Travaillant sans relâche à unifier les différents partis de la gauche, il crée en 1905 la SFIO (Section française de l'Internationale ouvrière) après avoir fondé l'année précédente le journal *l'Humanité*. Tribun éloquent pétri d'humanisme, il est de tous les combats (abolition de la peine de mort, affaire Dreyfus, anticolonialisme…) et met en garde contre les dangers que la politique revancharde et belliciste fait courir aux nations européennes. Son pacifisme ne portera pas ses fruits : Jean Jaurès meurt assassiné le 31 juillet 1914.

Le Petit Journal

Le Petit Journal

SUPPLÉMENT ILLUSTRÉ

Le Supplément illustré

Huit pages : CINQ centimes

ABONNEMENTS

Sixième année

DIMANCHE 20 JANVIER 1895

Numéro 218

ALFRED DREYFUS DANS SA PRISON

▲ « Alfred Dreyfus dans sa prison », couverture du *Petit Journal* du 20 janvier 1895.

Raymond Poincaré

Raymond Poincaré (1860-1934) est élu président de la République en 1913 avec les voix de la droite, laquelle fait confiance à ce Lorrain pour ne pas hésiter à engager la France dans la guerre qui s'annonce. Il quitte l'Élysée en 1920 mais n'abandonne pas la politique. Nommé président du Conseil à deux reprises, il met en œuvre une politique de fermeté à l'égard de l'Allemagne et décide de l'occupation de la Ruhr. Sa politique de stabilité financière aboutit en 1928 à l'instauration du « franc Poincaré », qui remplace le franc germinal.

▲ Jean Jaurès par Jean-François Batut (musée Jean-Jaurès, Castres).

L'affaire Dreyfus, une « affaire » fondatrice

La République modérée (1879-1899) traverse une série de crises. En proie aux doutes et à l'humiliation, au désir de revanche et à l'aspiration à l'ordre, le régime républicain s'oriente vers un nationalisme agressif. En 1894, Alfred Dreyfus (1859-1935), officier français de confession israélite, est condamné (à tort) pour espionnage au profit de l'Allemagne. La campagne de révision du procès (1897-1899), au cours de laquelle Émile Zola publie un violent réquisitoire contre l'état-major (« J'accuse », 1898), oppose les dreyfusards, antimilitaristes groupés autour de la Ligue des droits de l'homme, et les antidreyfusards, antisémites ou ultranationalistes, que rassemblent la Ligue de la patrie française puis le comité de l'Action française. Alfred Dreyfus est gracié en 1899 et réhabilité en 1906.

▲ Raymond Poincaré, photographié par Nadar.

Mort à l'Élysée

Le président de la République Félix Faure (1841-1899), élu en janvier 1895 et qualifié de « Président-Soleil », en raison de son goût immodéré pour le faste, meurt brutalement à l'Élysée le 16 février 1899. Les raisons du décès sont vite connues du public : le Président est mort dans les bras de sa maîtresse, Marguerite Steinheil, bientôt surnommée « la pompe funèbre »… Clemenceau, qui n'aimait guère Félix Faure, aurait eu ce mot célèbre : « Il se croyait César, il ne fut que Pompée. »

Félix Faure, chromolithographie à partir de son portrait officiel. ▲

Délices BORDELAIS

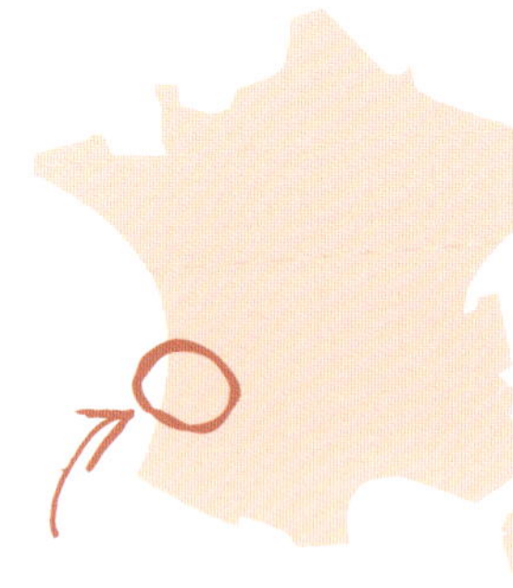

Cèpes à la bordelaise

POUR 4 PERSONNES

* * *

PRÉPARATION : **30 MIN** - CUISSON : **10 MIN ENVIRON**

- 800 g de cèpes
- 2 échalotes
- 1/2 bouquet de persil
- 10 cl d'huile d'olive + 1 filet
- le jus de 1/2 citron
- 50 g de mie de pain
- sel et poivre

1 Nettoyez les cèpes. Coupez-les en tranches s'ils sont très gros, coupez-les en deux dans le sens de la hauteur s'ils sont moyens, ou laissez-les entiers s'ils sont petits.

2 Épluchez et hachez les échalotes.

3 Hachez le persil de façon à obtenir 2 cuillerées à soupe de hachis. Mélangez une cuillerée avec les échalotes et réservez le reste.

4 Faites chauffer 10 cl d'huile d'olive dans une sauteuse et mettez-y les cèpes. Ajoutez le jus de citron, salez et poivrez, puis faites cuire à couvert pendant 5 minutes, en remuant de temps en temps. Égouttez les cèpes sur du papier absorbant.

5 Faites chauffer le reste d'huile d'olive dans une poêle. Mettez-y les cèpes, salez, poivrez, et faites-les rissoler vivement pendant 2 à 3 minutes avec les échalotes. Ajoutez la mie de pain émiettée.

6 Égouttez, parsemez du persil haché restant, mélangez et servez très chaud.

Gigot d'agneau de Pauillac

POUR 6 PERSONNES

* * *

PRÉPARATION : **15 MIN** - CUISSON : **30 À 35 MIN**

- 1 gigot d'agneau de lait de 1,5 kg environ
- les parures et l'os du quasi concassé
- 1/2 tête d'ail
- 1 bouquet garni

POUR LA PERSILLADE

- 100 g de mie de pain
- 2 cuill. à soupe de persil plat
- 2 gousses d'ail
- sel et poivre

1 Préchauffez le four à 220 °C (th. 6-7). Disposez le gigot dans un plat à feu avec les parures, l'os du quasi concassé, la demi-tête d'ail et le bouquet garni. Salez et poivrez. Mettez à cuire pendant 25 à 30 minutes. Retournez le gigot plusieurs fois pour qu'il dore tout autour et arrosez-le régulièrement.

2 Pendant ce temps, mouillez la mie de pain, pressez-la bien. Lavez le persil et pelez l'ail, hachez-les. Mélangez-les intimement à la mie de pain. Salez et poivrez. Réservez au frais.

3 En fin de cuisson, sortez le gigot du four. Enveloppez-le dans une feuille d'aluminium et laissez-le reposer pendant 10 à 20 minutes.

4 Mettez sur feu le plat à rôtir avec les parures et la demi-tête d'ail. Déglacez avec 30 cl d'eau en diluant les sucs. Baissez le feu et faites réduire de moitié. Passez ensuite au chinois et rectifiez l'assaisonnement. Versez la sauce dans une saucière et réservez au chaud.

5 Allumez le gril du four. Étalez à la main le hachis de mie de pain et de persil sur la surface du gigot. Mettez sous le gril et faites colorer jusqu'à ce que la persillade forme une belle croûte dorée.

6 Servez ce gigot très parfumé avec des pommes de terre sautées ou des haricots verts.

Savoureuse GASCOGNE

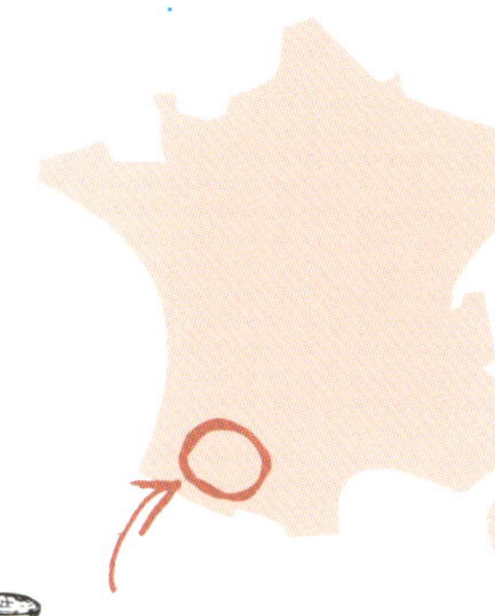

Poule au pot béarnaise

POUR 8 PERSONNES

* * *

PRÉPARATION : **30 MIN** - CUISSON : **1 H 30 À 2 H**

- 1 poule de 3 kg environ avec foie, cœur et gésier
- 200 g de mie de pain rassise
- 2 oignons
- 1 gousse d'ail
- 1/2 botte de persil plat
- 200 g de jambon de Bayonne
- 2 œufs
- 8 carottes
- 4 navets
- 4 poireaux
- 1 petit chou vert frisé
- 1 branche de céleri
- 2 clous de girofle
- 1 bouquet garni
- pain de campagne rassis
- sel et poivre

1 Videz la volaille. Émiettez la mie de pain. Épluchez les oignons et l'ail, effeuillez le persil.

2 Hachez le jambon, 1 oignon, l'ail, le persil, le foie, le cœur et le gésier de la volaille puis ajoutez la mie de pain, les œufs, du sel et du poivre, et malaxez bien le tout. Placez cette farce à l'intérieur de la poule et recousez bien l'ouverture.

3 Mettez la poule dans un grand faitout et recouvrez-la d'eau froide. Portez à ébullition, écumez plusieurs fois. Salez, couvrez à demi, baissez le feu et laissez cuire 30 minutes à petits frémissements.

4 Épluchez et lavez les légumes. Coupez-les ; piquez l'oignon avec les clous de girofle. Mettez-les dans le faitout, avec quelques grains de poivre et le bouquet garni.

5 Continuez la cuisson de la poule encore 1 heure à 1 h 30, jusqu'à ce que les chairs soient tendres.

6 Faites dorer quelques tranches de pain au four ou au toaster puis disposez-les au fond d'une soupière.

7 Sortez la poule et dressez-la dans un plat. Égouttez les légumes, mettez-les dans un plat à part ou entourez-en la volaille. Passez le bouillon sur les tranches de pain. Après avoir présenté la volaille à vos convives, découpez-la, coupez la carcasse, extrayez la farce et tranchez-la. Servez bien chaud.

Garbure

POUR 8 PERSONNES

* * *

TREMPAGE : **12 H** - PRÉPARATION : **40 MIN**
CUISSON : **2 H ENVIRON**

- 1 talon de jambon de Bayonne
- 300 g de haricots blancs secs
- 200 g de fèves fraîches ou surgelées
- 500 g de pommes de terre
- 2 carottes
- 2 navets
- 2 échalotes
- 3 gousses d'ail
- 2 blancs de poireau
- 1 branche de céleri
- 1/4 de chou vert
- 2 saucisses de Toulouse
- 3 cuisses de canard confit
- 1 bouquet garni
- 2 l de bouillon de volaille
- 20 cl de vin blanc sec
- 6 à 8 tranches de pain de campagne
- 1 cuill. à soupe de persil haché
- sel et poivre

1 La veille, mettez le jambon à tremper dans de l'eau froide avec les haricots pendant une nuit.

2 Le jour même, plongez le jambon dans de l'eau bouillante pendant 10 minutes. Écossez les fèves puis retirez la peau blanche qui entoure chaque graine. Si vous les employez surgelées, faites-les décongeler.

3 Épluchez les pommes de terre, les carottes et les navets ; coupez-les en petits morceaux. Pelez et hachez les échalotes et 2 gousses d'ail. Émincez finement les blancs de poireau et le céleri. Détaillez en lanières les feuilles de chou.

4 Préchauffez le four à 220 °C (th. 7-8). Mettez les saucisses et le confit de canard dans un plat à rôtir et faites-les dorer au four pendant 15 minutes. Égouttez-les, dégraissez-les et coupez-les en gros morceaux. Réservez-les.

5 Mettez le jambon, les haricots et le bouquet garni dans une marmite. Versez le bouillon de volaille (ou de l'eau), portez à ébullition et faites cuire pendant 45 minutes.

6 Déglacez le plat à rôtir avec le vin blanc sec, puis versez ce jus dans la marmite.

7 Dans une sauteuse, faites revenir échalotes, carottes, navets, poireaux et céleri avec un peu de graisse de confit, 5 minutes. Salez, poivrez puis mettez le tout dans la marmite et laissez mijoter 30 minutes.

8 Faites blanchir le chou en le plongeant 5 à 8 minutes dans de l'eau bouillante salée, sans couvrir. Ajoutez-le dans la marmite ainsi que les pommes de terre. Laissez mijoter 30 minutes. Ajoutez les fèves et faites cuire 5 minutes. Salez, poivrez et ôtez le bouquet garni.

9 Frottez les tranches de pain préalablement grillées avec l'ail.

10 Découpez le talon de jambon en tranches de 1 cm d'épaisseur et mettez-les dans la soupière avec les morceaux de saucisse et de confit. Versez par-dessus le bouillon très chaud et ses légumes, parsemez de persil haché, portez à ébullition et rectifiez l'assaisonnement en donnant quelques tours de moulin à poivre. Servez bien chaud, avec les croûtons à l'ail.

Saveurs et spécialités de nos terroirs

Gourmandises du SUD-OUEST

Tourte périgourdine à la truffe

POUR 6 PERSONNES

* * *

PRÉPARATION : **30 MIN** - REPOS DE LA PÂTE : **2 H**
CUISSON : **50 MIN**

- 40 g de truffe fraîche ou de brisures de truffe en conserve
- 40 cl de consommé ou de bouillon de volaille (ou de veau)
- 10 cl de madère
- 200 g de blanc de volaille ou de veau maigre
- 150 g de lard gras
- 1 jaune d'œuf pour la dorure
- sel et poivre

POUR LA PÂTE

- 250 g de farine
- 125 g de beurre
- 1 jaune d'œuf
- 3 cuill. à soupe d'eau froide
- 1 pincée de sel

1 Préparez la pâte. Tamisez la farine dans un saladier, creusez un puits au centre et mettez-y le beurre, le jaune d'œuf, l'eau et le sel. Pétrissez rapidement du bout des doigts jusqu'à l'obtention d'une pâte homogène. Roulez-la en boule, enveloppez-la dans un linge et laissez-la reposer pendant au moins 2 heures.

2 Lavez et brossez soigneusement la truffe. Coupez-la en lamelles.

3 Versez le consommé et le madère dans une petite casserole, portez à ébullition et faites réduire à feu vif pour ne conserver que le tiers du liquide.

4 Hachez finement la viande maigre et le lard gras, salez et poivrez légèrement puis mélangez bien pour obtenir une farce homogène.

5 Préchauffez le four à 200 °C (th. 6-7). Beurrez une tourtière à fond amovible de 28 cm de diamètre.

6 Étalez la pâte, conservez-en le tiers pour le couvercle de la tourte et garnissez le moule avec le reste. Étalez la moitié de la farce en couche régulière dans le fond puis répartissez les lamelles de truffe, salez et poivrez. Recouvrez avec le reste de farce et versez la sauce réduite. Posez la pâte restante, humidifiez légèrement les bords et soudez bien en pressant avec le bout des doigts.

7 Quadrillez la surface avec la pointe d'un couteau, dorez avec le jaune d'œuf battu et glissez un petit rouleau de carton dans un trou ménagé au centre, en guise de cheminée. Enfournez et laissez cuire environ 50 minutes. Démoulez et servez chaud.

LES TRUFFES

Champignon souterrain, la truffe noire du Périgord (*Tuber melanosporum*) se développe en symbiose avec le système racinaire d'un arbre hôte, le plus souvent un chêne. Elle apparaît dans les terrains bien exposés, sur des sols calcaires. La récolte dans les truffières se fait toujours avec un animal sensible à son parfum, un chien dressé, plus rarement un cochon. Pour naturaliser la production truffière, on plante des arbres « mycorhizés » (arbres dont on a préparé les racines à entrer en symbiose avec le champignon), mais cette culture reste encore hasardeuse. En Périgord comme en Quercy, ce « diamant noir » a ennobli la cuisine et inspiré quantité de recettes, des plus simples – l'omelette ou les œufs brouillés aux truffes – aux plus élaborées comme la tourte périgourdine ou le foie gras truffé.

Terrine de foie gras mi-cuit

POUR UNE TERRINE DE 1 KG

* * *

PRÉPARATION : **15 MIN** - MARINADE : **12 H**
CUISSON : **40 MIN**

- 1 kg de foie gras de canard ou d'oie
- 16 g de sel
- 5 g de poivre blanc
- 2 g de quatre-épices
- 10 cl de porto blanc

1 Dénervez les lobes de foie gras. Mettez-les dans un plat, saupoudrez les des deux côtés de sel, de poivre blanc, de quatre-épices et arrosez-les de porto. Laissez-les mariner 12 heures au réfrigérateur ; durant ce temps, retournez-les deux ou trois fois.

2 Préchauffez le four à 100 °C (th. 3-4). Déposez les lobes de foie dans une terrine en tassant bien, de façon qu'il ne reste aucune poche d'air. Mettez la terrine dans un plat à bords hauts et versez de l'eau bouillante jusqu'à mi-hauteur. Faites cuire au four pendant 40 minutes.

3 Sortez la terrine du four et laissez refroidir. Posez dessus une planchette et un poids de 250 g, puis mettez au réfrigérateur.

4 Retirez la planchette lorsque la graisse est figée. Mettez cette graisse dans une casserole ou dans le four chaud pour la faire fondre, puis coulez-la sur le dessus de la terrine.

5 Démoulez la terrine avant de la servir et coupez-la en tranches. Cette terrine peut se garder environ 15 jours au réfrigérateur.

Salade landaise

POUR 4 PERSONNES

* * *

PRÉPARATION : **20 MIN**
CUISSON : **3 MIN POUR LES GÉSIERS**

- 200 g de gésiers de canard fumé
- 2 cuill. à soupe de vinaigre de xérès
- 60 g de cerneaux de noix
- mesclun pour 4 personnes
- 4 tranches de foie gras de canard de 60 g chacune environ
- 20 tranches de magret de canard fumé

POUR LA VINAIGRETTE

- 1 cuill. à soupe de vinaigre de vin
- 1 cuill. à café de moutarde
- 3 cuill. à soupe d'huile de noix
- sel et poivre

1 Chauffez les gésiers de canard dans une casserole pour faire fondre la graisse. Égouttez-les et coupez-les en morceaux. Saisissez-les pendant 3 minutes dans une poêle pour les faire légèrement dorer. Versez le vinaigre de xérès dans la poêle et mélangez pour détacher les sucs de cuisson. Éteignez le feu et ajoutez les cerneaux de noix.

2 Préparez la vinaigrette. Mélangez le vinaigre avec la moutarde. Salez, poivrez, puis ajoutez l'huile de noix. Assaisonnez-en le mesclun.

3 Coupez les tranches de foie gras en morceaux. Répartissez le mesclun dans quatre assiettes, puis disposez dessus les tranches de magret, les morceaux de foie gras, les morceaux de gésiers et les noix. Servez aussitôt.

LE FOIE GRAS

Si, en Aquitaine, l'élevage des oies et des canards se pratiquait dès le Moyen Âge, la technique du gavage et le commerce du foie gras dans cette région ne remontent qu'au XIXe siècle. Emblème de la gastronomie française et élément incontournable des repas de fêtes de fin d'année, le foie gras est aujourd'hui produit par milliers de tonnes dans le Sud-Ouest. Déveiné, paré et assaisonné, le foie d'oie, ou de canard, est cuit et mis en conserve selon différents procédés. La dénomination « foie gras » est réservée aux produits qui ne contiennent que du foie : foies gras entiers et blocs de foie gras. En cuisine, le foie gras peut être préparé en escalopes, sauté comme du foie de veau, et servi chaud. Le foie gras « mi-cuit », en terrine, assaisonné d'épices, d'alcool ou simplement de sel et de poivre, est cuit au bain-marie.

Magrets de canard aux pêches fondantes

POUR 4 PERSONNES

* * *

PRÉPARATION : **20 MIN** - CUISSON : **25 À 30 MIN**

- 2 magrets de canard
- 8 pêches fraîches
- 30 g de beurre
- le jus de 1 orange
- le jus de 1/2 citron
- 25 g de sucre en poudre
- sel et poivre

1 Incisez les magrets de canard côté peau.

2 Portez de l'eau à ébullition dans une casserole. Plongez les pêches dans l'eau pendant 3 minutes pour les pocher. Égouttez les pêches, rafraîchissez-les sous l'eau froide, puis pelez-les. Coupez-les en deux et réservez.

3 Dans une poêle, faites fondre le beurre. Ajoutez les jus d'orange et de citron, les oreillons de pêches, et saupoudrez de sucre. Faites cuire 15 minutes sur feu doux en laissant les fruits caraméliser (ajoutez 1 cuillerée à soupe d'eau, si nécessaire).

4 Pendant ce temps, poêlez les magrets dans une autre poêle sans matière grasse pendant environ 5 minutes sur feu moyen, côté peau d'abord. Jetez la graisse rendue par les magrets et remettez à cuire encore 5 minutes de chaque côté. Salez et poivrez.

5 En attendant de les servir, maintenez-les au chaud dans du papier aluminium, puis dégustez aussitôt avec les pêches rôties.

La noix du Périgord

* * *

Depuis des siècles, la noix fait partie de l'économie agricole du Périgord et du Bergeracois. Utilisées avant tout pour l'huile, les multiples variétés locales laissèrent place à d'autres, comme la franquette, mieux adaptées au commerce des noix en coque. Aujourd'hui, la Dordogne, le Lot et la Corrèze assurent une grande part de la production nationale. La noix fraîche est vendue au moment de la récolte, en automne. La noix séchée arrive plus tard sur le marché. Les cerneaux sont utilisés en pâtisserie, en confiserie et en fromagerie. Depuis 2002, la noix du Périgord bénéficie d'une AOC.

▼ Le village de Monpazier, en Dordogne.

Les merveilles de la PRÉHISTOIRE

C'est au XIXe siècle que naît l'intérêt pour la préhistoire. On redécouvre alors des restes de repas et de chasse mais également des œuvres d'art et des représentations parfois abstraites, peintes sur les parois de cavernes ou de grottes.

Aurignac et les débuts de la paléontologie

L'abri-sous-roche d'Aurignac, découvert au milieu du XIXe siècle et classé monument historique en 1921, a contribué à l'essor de la paléontologie. Les restes retrouvés ont permis de mettre au jour une nouvelle culture préhistorique dans le paléolithique supérieur, l'aurignacien (autour de 30 000 ans avant le présent).

Les cultures préhistoriques aux noms français

Les paléontologues ont pris l'habitude de désigner les cultures préhistoriques du nom du lieu où elles ont été mises au jour pour la première fois. On trouve ainsi notamment en Europe, par ordre chronologique : l'acheuléen (de Saint-Acheul, près d'Amiens), le moustérien (de Moustier, en Dordogne), l'aurignacien, le gravettien (du site de La Gravette, à Bayac, en Dordogne), le solutréen (de la Roche de Solutré, près de Mâcon), le magdalénien (de La Madeleine, en Dordogne).

L'homme de Cro-Magnon

L'abri de Cro-Magnon se trouve sur la commune des Eyzies-de-Tayac-Sireuil, en Dordogne. À l'occasion de la construction d'une route, on y découvre en 1868 des ossements d'*Homo sapiens*, avec des outils et autres objets. Pendant des dizaines d'années, le terme « homme de Cro-Magnon » désigne ainsi l'homme anatomiquement moderne, avant que l'expression ne soit rejetée par la communauté scientifique.

Tautavel et la Caune de l'Arago

Cette caverne (« caune »), située sur le territoire de la commune de Tautavel, dans les Pyrénées-Orientales, surplombe la rivière du Verdouble. Des campagnes de fouilles, annuelles depuis 1964, ont permis de mettre au jour des fossiles humains : l'« homme de Tautavel », qui remonterait à 400 000-500 000 ans. En 2015, le musée de la Préhistoire de Tautavel a annoncé la découverte d'une dent vieille de 550 000 à 560 000 ans, ce qui en fait le reste le plus ancien du site.

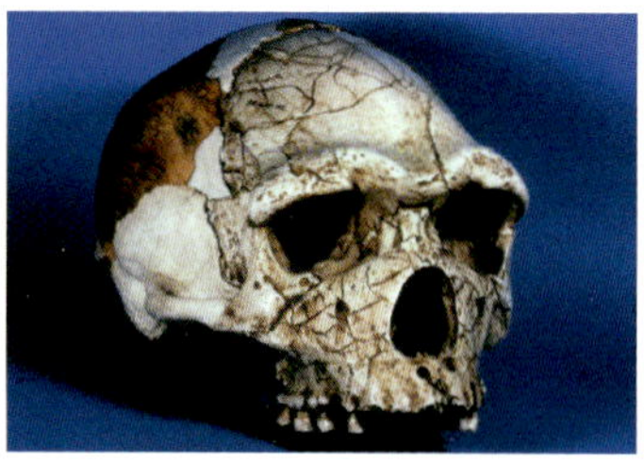

▲ Le crâne de l'homme de Tautavel (musée de la Préhistoire de Tautavel).

La grotte Chauvet

La grotte Chauvet, découverte en 1995 en Ardèche, abrite des milliers de peintures et de gravures de l'époque très ancienne de l'aurignacien, vers 29 000 avant J.-C. Les œuvres témoignent d'une variété très grande de techniques picturales, du raclage à l'estompe en passant par le dessin. Réservée aux chercheurs et aux conservateurs, elle a été, comme Lascaux, l'objet d'une reconstitution minutieuse aujourd'hui ouverte au public.

La grotte Cosquer, un trésor protégé

La grotte Cosquer, dans la calanque de la Triperie, près de Marseille, est une grotte ornée datant du paléolithique, découverte en 1985 par le plongeur professionnel Henri Cosquer, qui a donné son nom à la grotte, classée monument historique en 1992. La grotte, dont l'entrée, suivie d'un couloir noyé de 175 m, se trouve à 37 m sous le niveau de la mer, n'est ouverte que pour des inventaires ponctuels ; son entrée a été scellée par des blocs de béton pour éviter tout accident.

▼ Scène de lionnes en chasse (grotte Chauvet).

La Dame de Brassempouy

La Dame de Brassempouy est le premier visage humain connu, une minuscule tête gravée dans de l'ivoire de mammouth (3,5 cm) vieille de près de 20 000 ans. La « Dame à la capuche » a été découverte dans les Landes, à l'intérieur de la grotte du Pape, en 1894. Élégante, fine et énigmatique avec sa chevelure tressée, elle a ému plus d'un archéologue et bousculé les idées toutes faites : nos ancêtres de la préhistoire, réputés sauvages et peu raffinés, ont pourtant été capables de saisir et de reproduire une telle beauté...

La Dame à la capuche (musée d'Archéologie nationale, Saint-Germain-en-Laye). ▶

Grotte de Lascaux, la frise des aurochs dans la Rotonde.

Pech-Merle

Pech-Merle, dans le Lot, est un des joyaux de la peinture préhistorique de l'ère magdalénienne : un nombre important de figures y sont représentées avec un soin accordé aux détails tout à fait exceptionnel. On y découvre notamment des chevaux à la robe pommelée très réalistes et d'émouvantes représentations de mains humaines. Imprimées en négatif sur les parois, elles ont été obtenues en soufflant la peinture à travers un roseau, puis en l'étalant au doigt.

Lascaux, le chef-d'œuvre

La grotte est découverte en Dordogne par des adolescents au cours de l'année 1940. Quatre jeunes gens découvrent le 8 septembre, lors d'une promenade, l'entrée d'une grotte inexplorée. C'est leur chien Robot qui les aurait mis sur la voie. Après plusieurs jours d'exploration à la lueur des torches, ils aperçoivent d'étranges représentations. Les parois peintes de la « chapelle Sixtine » de la préhistoire constituent, par leur richesse picturale, un maillon essentiel de l'histoire de l'art. Nos ancêtres, chasseurs et nomades de l'ère magdalénienne (15 000 à 8 000 avant J.-C.), y ont représenté de mémoire les animaux qu'ils côtoyaient : des taureaux s'affrontant, un cheval resté inachevé, des cerfs. Pour préserver ces chefs-d'œuvre, la grotte est aujourd'hui fermée au public mais les peintures restent visibles dans une grotte reconstituée à l'identique.

Bison se léchant, bois de renne gravé (Musée national de Préhistoire, Les Eyzies-de-Tayac-Sireuil).

Le Bison de la Madeleine

Le Bison de la Madeleine, sculpté dans un bois de renne entre 13 000 et 10 000 avant J.-C., est cette délicate figurine animale aux détails très fins découverte dans la grotte de la Madeleine en Dordogne. Elle faisait probablement partie d'un outil nommé propulseur, une baguette de bois terminée par un crochet qui permettait de lancer une sagaie. Parfois la chasse rime avec art...

Les alignements de Carnac

Carnac, en Bretagne, dans le Morbihan, est l'un des ensembles mégalithiques les plus vastes du monde. Près de 3 000 menhirs et dolmens y ont été alignés sur plus de 4 km par nos ancêtres du néolithique, vraisemblablement entre 5 000 et 2 000 avant J.-C. Nombreuses sont les légendes qui cherchent à percer le mystère de ces pierres dressées. Sont-elles des soldats romains pétrifiés ? Des traces de cultes sacrés ? Les archéologues supposent aujourd'hui que le site était associé au culte des morts ou à celui du Soleil.

Les alignements mégalithiques de Carnac.

La vallée des Merveilles, entre préhistoire et protohistoire

On a découvert dans ce lieu exceptionnel du massif du Mercantour (Alpes méridionales) plus de 30 000 gravures rupestres, dont 20 000 figuratives, datant de 5 000 ans avant nos jours, et réparties sur plusieurs hautes vallées autour du mont Bégo (2 872 m d'altitude), dont la vallée des Merveilles.

La France championne

Nos ESCRIMEURS, quels champions !

Dès l'Antiquité, les hommes se sont affrontés à l'arme blanche. Avec l'apparition des armes à feu, sabres, fleurets et épées perdent leur raison d'être et sont un temps réservés aux duels d'honneur, puis, au début du XXe siècle, à la pratique sportive.

1924 : triomphe aux Jeux de Paris

Même si on doit lui reconnaître l'avantage qu'elle a de disputer la compétition à domicile, l'équipe de France rafle la moitié des six médailles d'or et d'argent attribuées aussi bien en individuel que par équipe. Il faut dire qu'elle compte deux escrimeurs polyvalents, capables de combattre dans les trois armes. **Roger Ducret** est médaillé d'or au fleuret et à l'épée, ainsi que médaillé d'argent au sabre. **Lucien Gaudin** est également médaillé d'or au fleuret et à l'épée ; il renouvellera sa performance en 1928, avec deux nouvelles médailles d'or.

Au palais de l'Élysée, assaut d'armes ▲ chez le président de la République.

« D'Artagnan » : le fleurettiste Christian d'Oriola

Entraîné par son père dès l'âge de 9 ans, **Christian d'Oriola** dispute ses premières compétitions quatre ans plus tard. À 18 ans, en 1947, il enlève son premier titre mondial en battant successivement cinq Italiens, alors les spécialistes du fleuret. C'est le début d'une longue aventure : quatre médailles d'or olympiques, deux en individuel et deux par équipe ; huit titres de champion du monde, quatre en individuel et quatre par équipe.
Tireur éclectique, il fut également champion de France dans les trois armes, fleuret, sabre et épée !

« Jeff » : le sabreur Jean-François Lamour

Formé dès l'âge de 8 ans par le maître d'armes Augustin Parent, **Jean-François Lamour** accède à la notoriété nationale quelques années plus tard avec plusieurs titres de champion de France. Mais c'est grâce au maître d'armes hongrois László Szepesi qu'il se révèle au niveau international : cinq médailles olympiques, dont deux consécutives en or à Los Angeles (1984) puis Séoul (1988), et trois médailles aux Championnats du monde, dont une en or (1987).
À 37 ans, il se retire des pistes d'escrime pour entamer une carrière politique : il fut ministre des Sports durant cinq ans, de 2002 à 2007.

La « Guêpe » : l'épéiste Laura Flessel-Colovic

Originaire de la Guadeloupe, **Laura Flessel-Colovic** est une épéiste quintuple médaillée olympique (deux médailles d'or, une d'argent, deux de bronze), six fois championne du monde et une fois championne d'Europe. Vainqueur de la Coupe du monde à trois reprises, de 2002 à 2004, la Française détient le record du nombre de victoires en individuel dans cette compétition (22). Lors de sa participation à ses cinquièmes Jeux, en 2012, elle fut le porte-drapeau de l'équipe de France. Surnommée la « Guêpe » en raison de sa spécificité à toucher l'adversaire au pied, elle est la plus décorée des escrimeuses françaises. Elle a été ministre des Sports de mai 2017 à septembre 2018.

Les bretteurs français brillent aux Jeux

Le palmarès exceptionnel de l'escrime française en fait le premier sport olympique national, avec 130 médailles remportées (45 en or, 47 en argent, 38 en bronze) sur un total de 849 décernées.

La France championne

Le CYCLISME TRICOLORE, quel sprint !

Si les cyclistes français ont souvent brillé sur les routes du Tour de France, ils se sont également illustrés lors des **classiques** d'un jour, sur la **piste des vélodromes** ou sur les pentes escarpées des **circuits de VTT**.

Une longévité exceptionnelle

Si elle n'a remporté qu'un seul titre olympique (course en ligne en 1996, à Atlanta), **Jeannie Longo-Ciprelli** possède, en trente-cinq ans de carrière, un palmarès unique, avec cinquante-neuf titres nationaux (y compris sur piste et en VTT), treize titres de championne du monde, trois victoires au Tour de France féminin, meilleure performance dans l'heure féminine (48,159 km) – distance qui n'a toujours pas été améliorée à ce jour. Elle a gagné son premier titre mondial en 1985, alors que les rivales qu'elle a battues à l'occasion de ses derniers titres (2010-2011) n'étaient pas encore nées !

En piste !

Que ce soit aux Jeux ou aux Championnats du monde, les pistards français détiennent les records du nombre de médailles : 98 aux Jeux, dont 42 en or ; 376 aux Championnats du monde, dont 137 en or. Aucune nation n'a fait mieux !

Ils furent nombreux, essentiellement dans les épreuves de vitesse, à faire retentir *La Marseillaise*. Quelques-uns se détachent néanmoins : **Daniel Morelon**, **Pierre Trentin**, **Florian Rousseau**, **Laurent Gané**, **Arnaud Tournant**, et, plus récemment, **François Pervis** ou **Grégory Baugé**.

On n'aurait garde d'oublier **Félicia Ballanger**, qui possède incontestablement le plus beau palmarès de vitesse du cyclisme sur piste féminin : trois médailles d'or olympiques, dix titres de championne du monde ! Elle a détenu pendant cinq ans, de 1993 à 1998, le record du monde du 500 m départ arrêté.

Les Français champions du monde sur route

Georges Speicher (1933) ; Antonin Magne (1936) ; Louison Bobet (1954) ; André Darrigade (1959) ; Jean Stablinski (1962) ; Bernard Hinault (1980) ; Luc Leblanc (1994) ; Laurent Brochard (1997).

Julien Absalon : le VTT dans le sang

Le Français **Julien Absalon** découvre le VTT un peu par hasard, grâce à un voisin avec lequel il effectue des randonnées à travers bois. Celui-ci lui conseille de s'inscrire à des compétitions. Après seulement trois courses, Julien se qualifie pour le Championnat de France cadets ; il termine quatrième sur un vélo prêté par un ami, tant le sien, dira-t-il, faisait peine à voir !

Julien Absalon est le coureur le plus titré de tous les temps en VTT. Il a remporté deux titres olympiques, cinq titres de champion du monde, cinq titres de champion d'Europe, sept Coupes du monde et quatorze titres de champion de France.

Julie Bresset : une championne démonstrative

Aux Jeux de Londres, en 2012, la Française **Julie Bresset** termine la course VTT avec plus d'une minute d'avance sur l'Allemande Sabine Spitz. Elle prend le temps d'attraper un drapeau tricolore avec lequel elle franchit la ligne d'arrivée. Pour manifester sa joie, elle effectue plusieurs tours sur elle-même, son vélo tenu à bout de bras au-dessus de sa tête. Un mois plus tard, elle deviendra championne du monde. Un doublé exceptionnel !

Les Françaises championnes du monde sur route

Geneviève Gambillon (1972, 1974) ; Josiane Bost (1977) ; Jeannie Longo (1985, 1986, 1987, 1989, 1995) ; Catherine Marsal (1990) ; Pauline Ferrand-Prévot (2014).

Le PAYS BASQUE, des saveurs pimentées

Œufs à la piperade

POUR 6 PERSONNES

* * *

PRÉPARATION : **15 MIN** - CUISSON : **1 H 30**

- 3 gros oignons
- 24 piments verts et doux de pays ou 6 poivrons
- 1,5 kg de tomates bien mûres
- 2 gousses d'ail
- 3 cuill. à soupe d'huile d'olive
- 6 œufs
- sel et poivre

1 Pelez et émincez les oignons. Lavez, essuyez et épépinez les piments, coupez-les en lanières. Pelez les tomates après les avoir ébouillantées pendant 1 minute, concassez-les. Épluchez l'ail et hachez-le.

2 Faites chauffer l'huile dans une cocotte, faites-y fondre les oignons pendant 5 minutes à feu doux, puis les piments et l'ail pendant 2 minutes. Ajoutez la chair des tomates et mélangez. Salez, poivrez. Faites évaporer, à grand feu, l'eau de végétation des tomates. Ensuite, baissez le feu, couvrez et laissez mijoter pendant 1 heure en remuant de temps à autre.

3 Battez les œufs en omelette, versez-les dans la cocotte en les mélangeant continuellement jusqu'à ce qu'ils prennent. Dégustez aussitôt.

LE PORC NOIR DU PAYS BASQUE

Ce porc à l'aspect particulier – tête et arrière-train noirs sur fond rose, oreilles tombantes sur le groin – peuplait autrefois une grande partie des forêts pyrénéennes et contribuait à la réputation du fameux jambon de Bayonne. Mais les déboisements successifs et la recherche de productivité menaient cette race vers la disparition. Grâce à un plan de sauvegarde, l'élevage du porc noir prit un nouvel essor, notamment dans la vallée des Aldudes (Pyrénées-Atlantiques). Ce porc vit exclusivement en plein air. Durant sa courte vie (15 à 18 mois), il passe deux hivers en forêt, où il se nourrit de faines, de châtaignes et de glands, puis il reçoit une alimentation complémentaire d'engraissement. Il entre dans la fabrication de la charcuterie traditionnelle : jambon de la vallée des Aldudes, ventrèche, boudin basque, etc.

La confiture de cerises d'Itxassou

* * *

La cerise d'Itxassou concerne trois variétés locales du Pays basque, la peloa, la plus précoce, la xapata et la beltxa, la plus tardive. Les producteurs, regroupés en GIE (groupement d'intérêt économique), ont relancé sa culture qui déclinait vers la fin des années 1980, en plantant de nouveaux cerisiers autour du village d'Itxassou. La confiture de cerises noires d'Itxassou est prisée pour enrichir le gâteau basque ou accompagner la tomme de brebis.

Achoa d'Espelette

POUR 4 PERSONNES

* * *

PRÉPARATION : **30 MIN** - CUISSON : **1 H**

- 1 gros oignon
- 2 gousses d'ail
- 12 piments verts et doux de pays ou 3 poivrons
- 1 kg d'épaule de veau
- 100 g de jambon de Bayonne avec du gras
- 1 bouquet garni
- 15 cl de bouillon
- 1 ou 2 pincées de piment d'Espelette
- sel

1 Pelez et hachez l'oignon. Écrasez grossièrement l'ail pelé. Lavez, essuyez et épépinez les piments, coupez-les en lanières.

2 Coupez la viande en petits cubes. Faites fondre le gras de jambon (s'il n'y en a pas suffisamment, ajoutez un petit morceau de lard gras) dans une sauteuse. Mettez à dorer la viande et le jambon coupé en petits dés. Ajoutez l'oignon haché puis les piments doux. Faites revenir pendant 7 à 8 minutes en remuant régulièrement. Ajoutez l'ail écrasé et le bouquet garni. Salez.

3 Mouillez avec le bouillon et laissez mijoter à couvert pendant 45 minutes. Une dizaine de minutes avant la fin de la cuisson, ajoutez le piment d'Espelette et retirez le couvercle pour faciliter la réduction.

Piments « piquillos » farcis à la morue

POUR 6 PERSONNES

* * *

PRÉPARATION : **45 MIN** - DESSALAGE DE LA MORUE : **12 H**
CUISSON : **15 MIN ENVIRON (+ 10 MIN POUR LES POIVRONS)**

- 1 kg de morue
- 2 gros oignons
- 1 gousse d'ail
- 24 piments piquillos (ou 6 poivrons rouges)
- 2 cuill. à soupe d'huile d'olive
- 1 pincée de piment d'Espelette
- 20 cl de coulis de tomates
- sel

1 La veille, coupez la morue en gros morceaux. Faites-la dessaler pendant 12 heures dans un grand récipient d'eau froide, en changeant l'eau plusieurs fois.

2 Mettez la morue dans une marmite, recouvrez-la largement d'eau froide. Démarrez la cuisson à feu vif et, au premier frémissement, éteignez le feu et couvrez. Laissez la morue encore 5 minutes dans son bouillon.

3 Égouttez la morue, débarrassez-la de sa peau et de ses arêtes, puis effeuillez-la.

4 Pelez et émincez les oignons. Écrasez l'ail au presse-ail après avoir ôté son germe. Équeutez les piquillos et enlevez les graines. Si vous utilisez des gros poivrons rouges, faites-les griller entiers sous le gril du four. Quand leur peau se boursoufle, sortez-les du four et enveloppez-les chacun dans du papier mouillé. Laissez refroidir, puis ôtez la peau.

5 Faites revenir doucement les oignons avec l'huile d'olive. Ajoutez la morue effeuillée, l'ail écrasé et la pincée de piment. Couvrez et laissez cuire à tout petit feu pendant 15 minutes. Versez ce mélange dans un plat creux et écrasez-le en purée à l'aide d'une fourchette. Salez (très modérément) si nécessaire.

6 Farcissez les piments (ou les poivrons) avec la purée de morue. Servez aussitôt avec le coulis de tomates tiède ou froid.

LE JAMBON DE BAYONNE

C'est Henri de Navarre, le futur Henri IV, qui fit connaître le jambon basque à Paris. Les porcs étaient alors élevés en troupeaux dans les forêts de chênes ou de hêtres. Aujourd'hui, le jambon de Bayonne, produit dans tout le Sud-Ouest, est toujours doucement salé au sel gemme du bassin de l'Adour. Le jambon est d'abord massé, puis maturé pendant 2 mois, graissé et séché de 7 à 12 mois, ce qui lui confère son moelleux caractéristique.

Le piment d'Espelette

* * *

Ce piment conique rouge, long de 7 à 14 cm, issu d'une seule variété, est produit dans dix communes des Pyrénées-Atlantiques. Il se présente sous trois formes : frais et entier, en corde (sorte de guirlande comportant 20, 30, 40 et jusqu'à 100 piments) ou en poudre. Depuis 2000, le piment d'Espelette est la seule épice française à bénéficier d'une AOC. Il possède sa fête annuelle (qui se tient le dernier week-end d'octobre), mais aussi sa confrérie.

Gâteau basque

POUR 6 À 8 PERSONNES

* * *

PRÉPARATION : **30 MIN** - REPOS DE LA PÂTE : **1 H**
CUISSON : **40 MIN**

- 300 g de farine
- 150 g de sucre en poudre
- 1 pincée de sel
- 1/2 sachet de levure chimique
- 1 œuf entier
- 3 jaunes d'œufs
- 150 g de beurre ramolli
- 1 ou 2 cuill. à soupe de rhum
- 400 g de confiture de cerises noires d'Itxassou

1 Préparez la pâte. Dans un saladier, mélangez la farine, le sucre, le sel et la levure. Faites un puits, mettez-y l'œuf entier et 2 jaunes d'œufs, le beurre coupé en petits morceaux ainsi que le rhum. Commencez par amalgamer les ingrédients en partant du centre à l'aide d'une cuillère en bois, puis pétrissez la pâte à la main jusqu'à ce qu'elle soit homogène. Roulez-la en boule et laissez reposer 1 heure au frais.

2 Divisez la pâte en 2 portions inégales (deux tiers, un tiers). Beurrez généreusement un moule à manqué de 26 cm de diamètre. Étalez la plus grosse portion au fond de ce moule en faisant largement remonter la pâte sur les bords.

3 Préchauffez le four à 200 °C (th. 6-7). Répartissez la confiture de cerises noires sur la pâte. Étalez le reste de pâte pour former le couvercle. Mettez-le en place et soudez les bords en les mouillant. Dorez la surface avec 1 jaune d'œuf battu dans 1 cuillerée de lait.

4 Enfournez le gâteau et laissez cuire 20 minutes, puis baissez la température à 180 °C (th. 6) et poursuivez la cuisson encore 20 minutes. Sortez le gâteau du four et laissez-le tiédir avant de le démouler. Servez tiède ou froid.

Petits trésors de la LANGUE BASQUE

Voici un florilège de mots et d'expressions basques qui vous emmèneront, entre mer et montagne, à la découverte de l'**art de vivre** basque.

Aberri

Aberri [abéri] désigne le mot « patrie ». L'*Aberri Eguna* [abéri égouna] est le jour de la fête nationale basque, le « jour de la Patrie ». Le premier *Aberri Eguna* fut célébré le dimanche de Pâques 1932 à Bilbao. L'*Aberri Eguna* fut totalement censuré durant le franquisme, soit quarante années d'interdiction de tous droits pour les Basques. On le célébrait au Pays basque nord, en Argentine, à Paris, au fronton Chiquito de Cambo. Le « jour de Noël » se dit *Euguberri* [eougoubéri], en reprenant les deux dernières syllabes d'*aberri*.

Aldi luzeak, guztia ahaztu.
Avec le temps, tout s'oublie.

Arriak bigunduko ditu.
Ramollir les pierres.
Se dit d'une chose impossible à faire.

Aski ez duena, deusik ez duena.
Ne pas avoir assez est comme ne rien avoir.

Agur

Les Basques se saluent de manières différentes et variées. *Agur* [agourr] est synonyme d'« adieu » ; il est employé dans le sud de la France et peut servir à dire « bonjour » ou « au revoir ». On le compare souvent au latin *augur*, « augure », mais il est plus précisément l'expression de la révérence, de l'adoration. Ainsi, saluer quelqu'un par le mot *agur*, c'est manifester une forme de respect.

Astoaren aoari eztia ez daoka ongi.
Le miel n'a pas été créé pour la bouche de la mule.
Donner des perles aux pourceaux.

Batzue atzaro, bestiak uz da oro.
Les uns sont renommés et les autres cardent la laine.
Se dit d'imposteurs qui font les intéressants, tandis que d'autres gardent le silence et travaillent sans se montrer.

Elur

Elur [élourr], « neige ». Cette neige chère aux montagnes basques. Si jamais l'on vous parle d'*elurtegi betikorra* [élourrtégui bétikorra], il s'agit des « neiges éternelles ». Les flocons de neige qui tombent l'hiver venu, les Basques les appellent *elurluma* [élourlouma] (« plume de neige »), *elurmalo* [élourmalo] (« épouvantail de neige ») ou *elurmaluta* [élourmaloutta] (« flocon de neige »).

Besteren aoaz, mingañaz itzegitea.
Parler avec la bouche d'une oie.
C'est ainsi que l'on désigne les hâbleurs qui parlent à tort et à travers.

Egiak esan eta adiskideak gal.
À dire la vérité on perd ses amis.

Egizu beti on, ez jakinarren non.
Fais toujours du bien, peu importe à qui.

Ez hits eman, gero damutzekotan.
Ne promets pas si c'est pour le regretter après.

Gaizki esanak barkatu, ondo esanak ondo hartu.
Oublie le mal qui se dit, retiens le bien qui se dit.

Etxe

Etxe [itchi] signifie « maison », un mot qui a été francisé en *etche*. On croit souvent que les Basques s'appellent tous *Etche*-quelque chose. En fait, ce préfixe patronymique vient des familles qui se sont installées dans un lieu où les habitants les désignaient du nom de l'emplacement de leur logis. Ainsi le nom *Etxemendi*, *Etchemendi* [itchimenndi] ou *Etchemendy*, dit la maison de la montagne ; *Etxebarne* ou *Etchebarne* [itchibarrné], la maison de l'intérieur ; *Etxebeste* [itchibèchté], ou *Etchebeste*, l'autre maison ; *Etxeverry*, *Etcheberry*, *Etxebarria*, *Etchebarria* [itchibéri, itchibarria], la maison neuve.

Gizon prestuak, egungo egunean, bakhan erein dire.
Les hommes de bien sont aujourd'hui clairsemés.
Les honnêtes hommes sont rares.

Gutxiegia eta larregia, beti kaltegarria.
Trop peu ou trop, tous deux sont nocifs.

▲ Des chisteras.

Kirola

On joue beaucoup au Pays basque. *Kirol* (« jeu ») devient *kirola* (« le jeu ») et *kirolak* (« les jeux »). On a besoin de *kirol gaiak*, du « matériel sportif », et aussi de *kirol zelai* [çélaï], un « terrain de sport ». On devient ainsi un *kirolari*, un « sportif ». Vous pourrez jouer à *pala* (« raquette de bois »), au *txistera* (« chistera »), gant d'osier de taille différente, avec le fronton comme adversaire.

Igaroa, igaro.
Le passé est le passé.

Jakiteko hartzen, ikas ezazu ematen.
Pour savoir recevoir, il faut apprendre à donner.

Itsasoak adarik ez.
La mer n'a pas de branches.
Cela est une mise en garde pour qui veut affronter la mer ; on est seul face aux éléments et rien ne peut vous aider, sinon le respect à avoir envers elle.

Izena bat, izana bestea.
Le nom, c'est une chose, être en est une autre.
Mieux vaut l'être que le paraître. Avoir un nom connu c'est bien, se faire un prénom est plus difficile.

Lan lasterra, lan alferra.
Travail rapide, travail inutile.

Nahi dukana hiretzat, besterentzat.
Ce que tu veux pour toi, désire-le pour les autres.

Nolako irina, halako ogia.
Telle farine, tel pain.

Nolakoakin ibilli ainbatean irudi.
Dis-moi avec qui tu vas, je te dirai qui tu es.
C'est par ses fréquentations que l'on se révèle.

Txoruen itz belarria itx.
À folles paroles, oreilles sourdes.
Tout flatteur vit aux dépens de celui qui l'écoute.

Urrutiago, berriak handiago.
Plus on s'éloigne, plus grandes sont les nouvelles.

Zenbat buru, hainbat aburu.
Autant de têtes, autant d'opinions.

Zuharrari ez eska gari.
Ne demande pas de blé à l'orme.
Avoir conscience qu'il ne faut pas demander des choses impossibles à réaliser.

Haize

Haize [aïçé], « vent ». Le vent frais venu de la mer et qui annonce la tempête est l'*enbata* [ènnbata]. *Hego haizea* [égo aïçéa], ou « vent du sud », est un vent chaud qui bénéficie du fœhn venant des montagnes. Le vent du nord est *iparra haizea* [iparra]. *Iduzki haizea* [idousski] est le vent chaud venant de l'est, et *ipar gorri haizea* le vent violent et sec venant du nord-ouest. Le « coup de vent » se dit *haize buhunba* [bouhhounnba]. *Haizegailua* [aïçégaïloua] est le « ventilateur », *hazeihara* [aïçéhharra] le « moulin à vent ». Enfin, par fortes chaleurs, les belles de Saint-Sébastien se promènent avec un *haizemaile* [aïçémaïlé] à la main, un « éventail ».

Eroriz ikasten da oinez.
C'est en tombant que l'on apprend à marcher.

Zenbat eta ipurdia gorago, orduan eta burua beherago.
Plus le cul est haut, plus la tête est basse.
Le prétentieux pourrait marcher sur sa tête.

Etxeko sua etxeko hautsez estali behar da.
On éteint le feu de la maison avec la poussière de la maison.
Laver son linge sale en famille.

Errota onari bihia.
Au bon moulin la bonne meule.
Il faut savoir s'entourer de bons ouvriers.

Osasuna, munduko ondasuna.
La santé est la richesse du monde.

Hartzaile bizkor, emaile koxkor.
Plus rapide à recevoir qu'à payer.
Habile à ramasser, maladroit à donner.

Izena duena, da.
Ce qui ne se chiffre pas n'existe pas.

Egiak ez ditu bi bide.
La vérité ne passe que par un chemin.

Hitza hitz.
La parole est la parole.
La parole donnée est ce qu'il y a de plus important chez les Basques. Celui qui ne tient pas parole n'est plus digne de vivre au Pays basque. Il vaut mieux le quitter.

Eskuko behatzak ere, ez zituen Jainkoak berdinak egin.
Même les doigts, Dieu ne les a pas créés identiques.
Les êtres sont tous différents, il faut de tout pour faire un monde.

Medikuak gorputza garbitu, apaizak arima, abokatuak poltsa.
Le médecin te lave le corps, le curé l'âme et l'avocat ta bourse.

Jainkoa lagun duenari, nihork ezin kalterik egin ahal izan.
À qui Dieu aide, nul ne peut nuire ni faire du mal.
Qui est aidé par Dieu ne peut être malmené par autrui, car il est protégé d'une manière absolue.

Eguzki bera on eta gaiztoentzat.
Le soleil est le même pour les bons ou les méchants, il luit pour tous.

Egur zaharra, su txarra.
Vieux bois, mauvais feu.
On ne peut rien tirer de bon de quelque chose de mauvais.

Egiazko lagunak, makila eta txakurra.
Les véritables amis, le makila et le chien.
Les véritables amis sont le chien pour sa fidélité et le makila, la canne basque, parce qu'elle sert à se défendre et que l'on peut s'appuyer dessus.

Aditzaile onari, hitz gutxi.
Si tu veux qu'on t'écoute, parle peu.

Maita ezak belea, aterako dik begia.
Élève un corbeau et il t'arrachera les yeux.
Prends garde à celui que tu aides, il pourrait ensuite te trahir.

Hoa antzarrak perratzera !
Va ferrer les oies !
Va te faire cuire un œuf !

Astoa, zaldiz jantzi arren, beti asto.
Même si l'âne s'habille en cheval, il sera toujours un âne.

Azeria solas ematen zaukanean ari, gogo emak heure oiloari.
Quand le renard engage la conversation, gardez un œil sur votre poule.
Ne pas se laisser distraire.

Gilen, bihar hilen, etzi ehortziren, etzidamu ahantziren.
Guillaume, demain tu mourras, après-demain ils t'enterreront, et le jour d'après ils t'oublieront.
Loin des yeux, loin du cœur.

Adiskidegabeko bizitza, auzogabeko heriotza.
Vie sans amis, c'est mort sans compagnie.

Zenbaki

Zenbaki [çennbaki], « chiffre », « numéro ». Ici, il faut connaître *zenbakizti*, l'« arithmétique », afin de pouvoir *zenbatu*, « compter », afin aussi de connaître *zenbatekoa*, « la quantité », et *zenbatekotasuna* [çennbatékotaschounna], « la quantification ». Ainsi, vous pourrez aller faire vos courses et demander *zenbat ?* : « combien ? ». Pour « numéro de téléphone », vous direz *urrutiskena zenbakia* [ourroutischkénaçenbakia], et pour « code postal » *posta zenbakia*. Les chiffres : 0 : *zero* ; 1 : *bat* ; 2 : *bi* ; 3 : *hiru* [irou] ; 4 : *lau* [lawo] ; 5 : *bost* [boschtt] ; 6 : *sei* [scheï] ; 7 : *zazpi* [çasspi] ; 8 : *zortzi* [çortçi] ; 9 : *beredatzi*.

Les PLUS BEAUX SPOTS de plongée et de surf

Le littoral français est un véritable paradis pour les amoureux de surf et pour les passionnés de plongée sous-marine !

La pointe de la Torche

Dans le sud-est du Finistère, en Bretagne, la pointe de la Torche est considérée comme l'un des meilleurs spots de surf d'Europe. Sa réputation est assurée par la qualité et la fréquence de ses vagues. Plusieurs options : la plage de Tronoën au nord ou la baie de Pors Carn au sud s'offrent aux surfeurs en fonction des sensations recherchées. Ce spot a pour particularité d'avoir un plateau continental qui va loin dans l'océan, avec des plages assez plates, ce qui lui assure toutes les orientations de la houle. C'est un lieu idéal pour débuter et pour pratiquer à l'année.

▲ La pointe de la Torche dans le Finistère.

Les spots de La Nord et de La Gravière, à Hossegor

Avec ses vagues rondes et puissantes, le spot de la plage La Nord, à Hossegor dans les Landes, est réputé pour être l'un des *beach breaks* (spot à fond sableux) les plus célèbres au monde avec ses vents forts et ses vagues pouvant atteindre 6 m en *outside* (vague cassant au large). La Gravière, autre spot pour surfeurs expérimentés situé à l'est de la plage centrale d'Hossegor, est, avec celui de La Nord, l'un des spots incontournables de la côte landaise, idéal pour les amateurs de sensations fortes avec ses vagues creuses et courbées. La capitale européenne du surf accueille depuis 2001 une étape des championnats du monde de surf.

▲ Le spot de la plage La Nord, à Hossegor.

Le spot des Cavaliers à Anglet, pour surfeurs expérimentés

Côté basque, s'offrent aux surfeurs 11 spots de surf dont le plus réputé est celui des Cavaliers, sur 4,5 km de sable blanc, depuis la digue de la Barre jusqu'à la falaise du cap Saint-Martin. Référence internationale grâce à ses belles vagues tubulaires, le spot des Cavaliers accueille chaque année plusieurs compétitions professionnelles, attirant les surfeurs du monde entier. Au mois d'août, les professionnels viennent à Anglet pour s'affronter lors de l'étape du circuit mondial de surf professionnel, organisé par la World Surf League, sur la plage de la Petite Chambre d'Amour !

▲ La Grande Plage de Biarritz.

Le spot de La Sauzaie

Mondialement connu, le spot de La Sauzaie, près de Brétignolles-sur-Mer, est une référence dans la région vendéenne pour tous les amateurs de surf. La Sauzaie est une vague de *reef* (la vague casse de manière relativement prévisible, ce qui est très rare en France) qui peut atteindre 2 m de hauteur. Plusieurs compétitions nationales et internationales y sont organisées chaque année.

Le spot de Biarritz, la doyenne du surf urbain

Doyenne des cités européennes du surf, Biarritz a obtenu en 2015 le label « Ville de surf » 3 étoiles, décerné par la Fédération française de surf. Le *beach break* (les vagues se cassent sur un fond sableux) le plus réputé de Biarritz est celui de la Côte des Basques avec ses surfeurs en longboard. Autre spot renommé, celui de la Grande Plage, situé en plein centre-ville. Les vagues y sont puissantes et rapides et le spot reste l'un des lieux mythiques des grandes compétitions de surf.

◀ Vague tubulaire.

Lacanau-Océan

Lacanau, à seulement 50 km de Bordeaux, est le lieu idéal pour les surfeurs de tous niveaux. Sa très grande plage abrite une multitude de spots (La Centrale, La Nord, Le Lion et L'Écureuil sont les plus connus). Durant le mois d'août, chaque année depuis 1979, Lacanau organise la compétition « Lacanau Pro », l'une des étapes majeures du championnat du monde de surf.

L'archipel des Glénan

Dans le Finistère, en Bretagne, l'archipel des Glénan prend un air tropical avec sa plage de sable blanc et la couleur de ses eaux transparentes tirant sur le jade ou le turquoise. Ces 5 000 ha de massifs rocheux immergés permettent d'explorer les richesses de la faune et de la flore. Les plongeurs peuvent découvrir le *Pietro Orsoleo*, un cargo italien de 140 m de long transformé en forceur de blocus. C'est une des destinations de plongée les plus réputées de l'Atlantique.

Les eaux couleur émeraude des îles Glénan. ▲

Les épaves de Normandie

Plongez dans l'Histoire en partant à la découverte d'épaves disséminées près des côtes normandes, vestiges du débarquement des troupes alliées en 1944. Dans les eaux profondes d'Arromanches, vous pourrez observer plus d'une centaine d'épaves assez bien conservées, accessibles à tous les niveaux, accueillant une faune et une flore très diversifiées. Profitez d'immersions alliant plaisir et devoir de mémoire pour explorer des épaves aussi célèbres que l'*USS Meredith III*, le *Norfolk* ou encore le *TSC 523*. Dans l'ensemble, ces épaves sont à moins de 30 m de fond.

Plongée sous glace à Tignes

Spectacle silencieux où les reflets du soleil flirtent avec la surface gelée du lac, la plongée sous glace dans le lac de Tignes est une expérience hors du commun. Sous la glace, épaisse d'une dizaine de centimètres, et équipé d'une combinaison intégralement étanche, découvrez un spectacle lumineux : une palette exceptionnelle de bleus, filtrés par la surface gelée du lac. Situé à plus de 2 000 m d'altitude, le lac de Tignes est, de plus, une vraie patinoire naturelle, au cœur de la station.

La tranquillité du lac de Tignes. ▶

Plongée dans le golfe de Porto

Le golfe de Porto, situé sur la façade occidentale de la Corse, offre des paysages à couper le souffle. L'exploration des fonds marins de la réserve naturelle de Scandola et des calanques de Piana (classées au patrimoine naturel de l'Unesco) a de quoi satisfaire les plongeurs venus du monde entier. La biodiversité de la flore et de la faune marines y est spectaculaire. Les spots de pointe de Scopa, le Sec de Senino, Monte Rosso, Punta Munchillina et Vardiola, ainsi que celui de Capo Rosso à l'extrême sud du golfe, sont parmi les plus prisés de la région.

Un cadre idéal pour une découverte des fonds marins de Port-Cros. ▶

Le parc national de Port-Cros

Premier parc terrestre et marin d'Europe, le parc national de Port-Cros, dans l'archipel côtier d'Hyères, est un haut lieu de la plongée en Europe. Comme l'ensemble du parc, les îles de Port-Cros et de Porquerolles font partie du sanctuaire Pelagos, protégeant les mammifères marins. Le cadre est idéal pour découvrir la flore et la faune marines de la Méditerranée : gorgones, spongiaires, mérous, barracudas, dentis, poissons-lunes, raies-aigles, murènes, grandes nacres et girelles. Les sites de plongée les plus visités sont l'îlot de la Gabinière, les pointes du Vallon et de la Croix. Le *Donator* et *le Grec* à Porquerolles, le *Rubis*, rare sous-marin accessible, et la *Barge aux congres* raviront les spécialistes et les passionnés des épaves !

Le Ressel

Pour les amateurs de sensations fortes et les passionnés de plongée, l'exploration de grottes souterraines dans le Lot, le Lot-et-Garonne et en Dordogne est un véritable challenge ! La résurgence de Ressel, près de Marcilhac-sur-Célé (Lot), comporte plus de 5 km de galeries et 5 siphons dont le plus long fait 1,85 km et descend jusqu'à 81 m de profondeur ! La grotte creusée dans le calcaire offre une eau cristalline qui permet une visibilité idéale pour la plongée.

La magnifique côte échancrée du Capo Rosso et ses eaux transparentes.

Charmants vins du SUD-OUEST

▲ Les vignes près du pont Valentré, à Cahors.

Les vignobles du Sud-Ouest, les plus diversifiés de France, couvrent une grande variété de terroirs, de cépages et d'appellations. Éparpillés sur 10 départements, les vins du Sud-Ouest cultivent leur typicité et offrent de véritables perles.

L'histoire du vignoble

Comme pour de nombreux autres vignobles français, c'est l'occupation romaine qui apporte la culture de la vigne dans cette région. Dès le Moyen Âge, certains vins – Cahors, Madiran, Gaillac, par exemple – sont très appréciés par les rois de France, et leur notoriété s'étend à toute l'Europe (Angleterre, Pays-Bas). Mais la région subit la domination et la jalousie de ses puissants et prestigieux voisins bordelais, qui interdisent l'accès de leur port tant que leurs propres vins ne sont pas écoulés. À la fin du XIXe siècle, la crise du phylloxéra détruit la quasi-totalité du vignoble. Il faudra attendre les années 1970 pour que celui-ci renaisse sous la houlette des caves coopératives dynamiques et de vignerons passionnés qui jouent la carte de la qualité et de la typicité.

Les régions viticoles

Si le Sud-Ouest se distingue par l'hétérogénéité de ses régions viticoles, on peut néanmoins y délimiter quatre pôles viticoles.

Le Bergeracois. Sur les deux rives de la Dordogne, il englobe l'appellation Bergerac, bien sûr, mais aussi Monbazillac, Pécharmant, Montravel…

Les vignobles de la Garonne. Ils s'étendent le long des deux rives de la Garonne, en amont de Bordeaux, de Langon à Agen. C'est le fief des appellations Côtes-de-Duras, Côtes-du-Marmandais et Buzet.

Les vignobles du « Haut-Pays ». Cette zone au nord et nord-ouest de Toulouse englobe les appellations Gaillac, Fronton, Cahors…

Les vignobles des Pyrénées. Situés au sud, entre l'Adour et les Pyrénées, ils regroupent quelques appellations phares : Madiran, Irouléguy, Pacherenc-du-Vic-Bilh, Jurançon…

Les styles de vins

Le Sud-Ouest élabore une gamme de vins très variée : rouges, rosés et blancs, dont une belle déclinaison de vins doux. Les rouges issus de tannat, de malbec et de cabernet sont puissants, structurés, tanniques avec un nez aromatique et épicé. Ce sont des vins de garde. On trouve aussi des vins plus légers, à boire plus rapidement, qui rappellent parfois certains vins du Bordelais. Les vins blancs secs offrent beaucoup de variétés d'expressions. La plupart sont bien équilibrés, sans lourdeur, avec une belle fraîcheur et des tonalités aromatiques qui dépendront du cépage et des types d'élevage. Les blancs moelleux se montrent fins et élégants ; certains, par leur richesse, n'ont rien à envier à leurs voisins sauternais.

▲ Le vignoble d'Irouléguy, dans le Pays basque.

Les AOC du Sud-Ouest

- Béarn
- Béarn-Bellocq
- Bergerac
- Brulhois
- Buzet
- Cahors
- Coteaux du Quercy
- Côtes-de-Bergerac
- Côtes-de-Duras
- Côtes-de-Millau
- Côtes-de-Montravel
- Côtes-du-Marmandais
- Entraygues-le-Fel
- Estaing
- Fronton
- Gaillac
- Gaillac doux
- Gaillac mousseux
- Gaillac-Premières-Côtes
- Haut-Montravel
- Irouléguy
- Jurançon
- Jurançon sec
- Madiran
- Marcillac
- Monbazillac
- Montravel
- Pacherenc-du-Vic-Bilh
- Pécharmant
- Rosette
- Saint-Mont
- Saint-Sardos
- Saussignac
- Tursan

Spécialités du LIMOUSIN

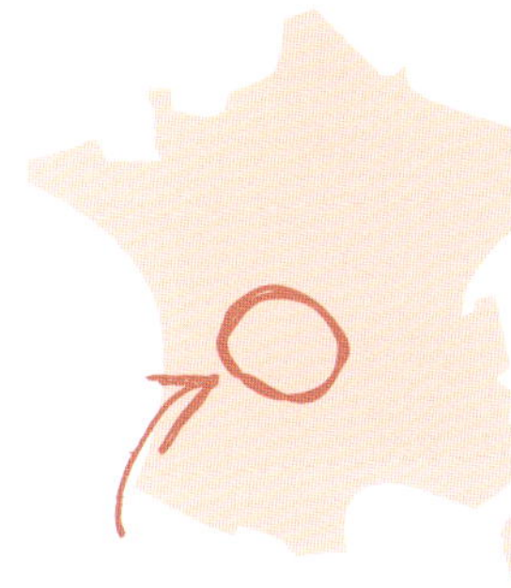

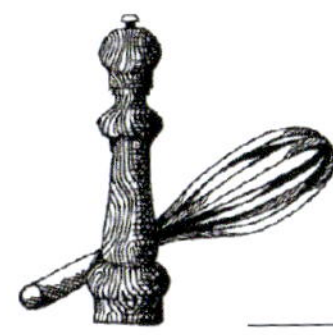

Rôti de veau fermier aux noix

POUR 4 PERSONNES

* * *

PRÉPARATION : **20 MIN** - CUISSON : **1 H 20**

- 2 échalotes
- 1 oignon
- 2 carottes
- 30 g de saindoux
- 15 cl de crème fraîche
- 1 rôti de veau fermier de 1 kg environ (de préférence dans le quasi ou la longe)
- 20 cl de vin blanc sec
- 1 bouquet garni
- 100 g de cerneaux de noix
- sel et poivre

1 Pelez les échalotes et l'oignon, puis émincez-les finement. Épluchez les carottes et détaillez-les en fine brunoise (très petits dés).

2 Faites fondre le saindoux dans une cocotte, puis faites revenir le rôti, en le tournant souvent, jusqu'à ce que sa surface soit bien dorée.

3 Retirez-le et remplacez-le par les échalotes, les carottes et l'oignon. Faites revenir 2 minutes en remuant pour les colorer très légèrement. Remettez le rôti dans la cocotte, ajoutez le vin, le bouquet garni, salez et poivrez. Couvrez et laissez mijoter 1 heure, en retournant le rôti de temps à autre.

4 Quand le rôti est cuit, retirez-le de la cocotte et tenez-le au chaud.

5 Passez le fond de cuisson au chinois, en écrasant au pilon les légumes, afin d'obtenir un jus bien concentré. Reversez-le dans la cocotte. Ajoutez les cerneaux de noix, que vous aurez pilés ou passés grossièrement au mixeur, ainsi que la crème fraîche. Donnez un bouillon, goûtez et rectifiez l'assaisonnement.

6 Découpez le rôti en tranches. Disposez-les sur le plat de service et nappez-les avec la sauce aux noix. Servez aussitôt.

Gâteau aux noisettes

POUR 6 PERSONNES

* * *

PRÉPARATION : **30 MIN** - CUISSON : **45 MIN**

- 100 g de noisettes (fraîches de préférence)
- 1/2 paquet de levure chimique
- 180 g de farine
- 3 œufs
- 180 g de sucre
- 150 g de beurre

1 Préchauffez le four à 170 °C (th. 5-6). Concassez les noisettes grossièrement au mixeur. Mélangez la levure avec la farine.

2 Séparez les blancs des jaunes d'œufs. Dans une terrine, fouettez les jaunes avec le sucre et le beurre ramolli mais non fondu. Puis incorporez le mélange farine-levure ainsi que les noisettes concassées.

3 Battez les blancs en neige ferme avec une pincée de sel. Ajoutez-les au mélange en soulevant délicatement la pâte avec une spatule.

4 Beurrez un moule à manqué. Versez-y la pâte, enfournez et faites cuire pendant 45 minutes.

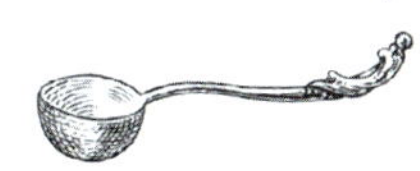

LA RACE LIMOUSINE

Le Limousin produit une viande bovine réputée depuis le XVIIe siècle. Réformés vers l'âge de dix ans, les bœufs de labour de race limousine étaient engraissés à l'herbe, au foin sec, aux raves et aux farines de céréales puis convoyés vers Paris. Aujourd'hui, cette race au pelage roux, dit « froment vif », donnant une chair colorée particulièrement tendre, continue de prospérer en Limousin et reste très appréciée dans toute la France.

Les champignons

* * *

Le Limousin offre des conditions idéales pour l'exploitation des champignons : 550 000 hectares de forêts aux essences variées (chênes, châtaigniers, épicéas), douceur du climat et savoir-faire des cueilleurs professionnels. Les champignons, ramassés tôt le matin, sont expédiés le jour même vers l'Europe entière. De janvier à décembre se succèdent, dans l'ordre : truffes, morilles, mousserons, girolles, cèpes, trompettes-de-la-mort, coulemelles, lactaires et pieds-de-mouton.

Saveurs et spécialités de nos terroirs

Belles recettes des CHARENTES et du POITOU

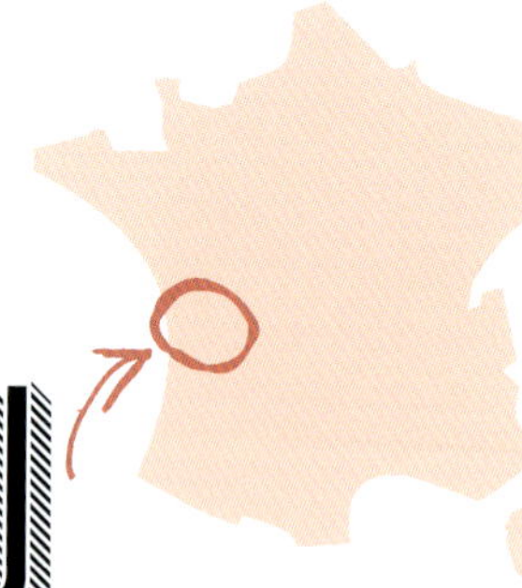

Mouclade

POUR 4 PERSONNES

* * *

PRÉPARATION : **40 MIN** - CUISSON : **20 MIN**

- 4 l de moules de bouchot
- 2 verres de vin blanc sec
- 50 g d'échalotes
- 2 gousses d'ail
- 1 bouquet garni
- 30 cl de crème épaisse
- 1 dose de safran
- 1 cuill. à soupe rase de curry
- 1 pointe de piment de Cayenne
- 2 jaunes d'œufs
- 1 cuill. à soupe de persil haché

1 Grattez soigneusement les moules et lavez-les. Faites-les ouvrir à feu vif dans un grand faitout, avec le vin blanc sec, les échalotes, l'ail haché et le bouquet garni.

2 Versez-les dans une passoire ; gardez l'eau de cuisson. Ôtez la coquille supérieure des moules et rangez-les dans un plat creux une par une. Tenez-les au chaud pendant le temps de préparation de la sauce.

3 Filtrez le jus de cuisson dans une casserole. Ajoutez la crème fraîche et le safran. Laissez réduire à feu doux, avant d'y mettre le curry et la pointe de piment de Cayenne. Retirez du feu et incorporez les jaunes d'œufs en fouettant.

4 Versez la préparation sur les moules, parsemez de persil haché et servez aussitôt.

LE BEURRE CHARENTES-POITOU

À la suite de l'épidémie de phylloxéra qui détruisit leur vignoble à la fin du XIXe siècle, de nombreux Charentais se reconvertirent dans l'élevage des vaches laitières. Ils se groupèrent en coopératives avec leurs voisins de la Vendée, des Deux-Sèvres et de la Vienne. Le beurre Charentes-Poitou, qui provient de laits travaillés le jour même de la collecte, se reconnaît à son goût de noisette. Il bénéficie de l'AOC, qui est commercialisée sous trois dénominations : beurre Charentes-Poitou, beurre des Charentes et beurre des Deux-Sèvres.

Le chabichou du Poitou

* * *

La légende veut que ce fromage fût fabriqué à l'origine par des Sarrasins restés sur place (avec leurs chèvres) après la bataille de Poitiers, en 732. Le chabichou du Poitou, AOC, se présente sous la forme d'un petit tronc de cône, ou « bonde », de 5 à 6 cm de diamètre. Sa fine croûte blanche teintée de gris-bleu peut se couvrir progressivement de petites taches rouges et jaunes. Le terroir du chabichou du Poitou se limite à une partie des départements de la Vienne, des Deux-Sèvres et de la Charente.

Mojettes piattes

POUR 4 PERSONNES

* * *

PRÉPARATION : **30 MIN** - CUISSON : **1 H 15**

- 1 kg de haricots blancs frais à écosser (ou mojettes piattes)
- 8 petits oignons nouveaux
- 2 gousses d'ail
- 3 carottes
- 100 g de beurre
- 1 bouquet garni : 2 branchettes de thym, 1/2 feuille de laurier, 1 branchette de sarriette, 3 brins de persil plat
- clou de girofle
- sel et poivre

1 Écossez les haricots (mojettes). Réservez-les. Pelez les petits oignons, les gousses d'ail, fendez-les en deux et retirez les germes. Épluchez les carottes et coupez-les en dés.

2 Faites chauffer 50 g de beurre dans une cocotte, ajoutez-y les petits oignons et les carottes. Faites revenir doucement, sans laisser colorer, en remuant avec une cuillère en bois pendant 10 minutes.

3 Ajoutez les mojettes. Mélangez pendant 2 à 3 minutes. Ajoutez les gousses d'ail, le bouquet garni et le clou de girofle. Mouillez d'eau, juste pour couvrir. Mettez le couvercle et faites mijoter pendant 1 heure environ. Salez et poivrez à mi-cuisson. Surveillez régulièrement le niveau de liquide et ajoutez de l'eau si nécessaire.

4 Environ 20 minutes avant la fin de la cuisson, retirez le couvercle et laissez cuire à découvert jusqu'à ce que l'eau ne recouvre plus les haricots, qui doivent être cuits à point, sans s'écraser.

5 Ôtez le bouquet garni. Avant de servir, incorporez le reste du beurre et saupoudrez de persil haché.

▲ Le Marais poitevin.

LES HUÎTRES MARENNES-OLÉRON

L'élevage des huîtres creuses, au rythme des marées, est une tradition du bassin de Marennes-Oléron (IGP). Après plusieurs années passées dans les parcs, en mer, les huîtres sont affinées en « claire », anciens marais salants aménagés à l'embouchure de la Seudre. Là, en contact avec une algue microscopique, la navicule bleue, elles prennent leur couleur verte caractéristique. Elles méritent alors les appellations « fines de claire » ou « spéciales claires », selon la durée et les conditions de l'affinage.

Betteraves à la poitevine

POUR 4 PERSONNES

* * *

PRÉPARATION : **10 MIN** - CUISSON : **15 À 20 MIN**

- 1 kg de betteraves rouges cuites
- 4 gros oignons jaunes
- 80 g de beurre
- 2 cuill. à soupe de farine
- 1 cuill. à soupe de vinaigre de vin
- sel et poivre

1 Épluchez les betteraves et coupez-les en tranches de 1 cm environ. Pelez les oignons et émincez-les.

2 Faites fondre le beurre dans une casserole, ajoutez les oignons, mélangez bien et faites-les cuire à feu moyen en tournant régulièrement, jusqu'à ce qu'ils soient blonds et fondants. Salez et poivrez. Saupoudrez de farine, mélangez bien et laissez cuire encore doucement pour obtenir une consistance veloutée. Délayez avec 1 ou 2 cuillerées d'eau si la sauce est trop épaisse.

3 Ajoutez les betteraves. Mélangez-les bien pour les recouvrir entièrement de sauce. Laissez cuire pendant 3 à 4 minutes, toujours à feu doux.

4 Versez le vinaigre, mélangez, retirez aussitôt du feu et servez sans attendre.

Jarret de veau de Chalais au pineau des Charentes

POUR 6 PERSONNES

* * *

PRÉPARATION : **40 MIN** - CUISSON : **1 H 30**

- 1,5 kg de jarret de veau
- farine
- 3 gros poireaux
- 3 carottes
- 1 gousse d'ail
- 100 g de beurre
- 700 g de tomates
- 2 cuill. à soupe d'huile
- 20 cl de pineau des Charentes
- 1 bouquet garni
- sel et poivre

1 Demandez à votre boucher de découper le jarret en rouelles de 3 cm d'épaisseur.

2 Farinez les morceaux de viande, secouez-les pour faire tomber l'excès de farine. Épluchez les poireaux pour ne conserver que les blancs et le vert tendre, émincez-les. Pelez et coupez les carottes en rondelles. Pelez l'ail.

3 Dans une cocotte, faites fondre doucement les poireaux et les carottes avec 70 g de beurre, sans les laisser colorer. Ajoutez les tomates épluchées et épépinées et grossièrement concassées. Laissez-les fondre.

4 Pendant ce temps, faites dorer les rouelles de veau à la poêle dans 30 g de beurre et l'huile. Salez, poivrez. Mettez les rouelles dans la cocotte où elles finiront de cuire.

5 Versez le pineau dans la poêle et remuez à l'aide d'une cuillère en bois pour bien diluer les sucs. Donnez un bouillon ou deux et versez ce jus dans la cocotte. Ajoutez l'ail et le bouquet garni. Assaisonnez si nécessaire. Couvrez et faites mijoter à petit feu pendant 1 heure au moins.

Le cognac et le pineau des Charentes

* * *

Le cognac est une eau-de-vie élaborée autour de la petite ville du même nom, en Charente. Il provient de la distillation de vins blancs, récoltés et élaborés dans une zone bien délimitée. La première distillerie de cognac fut créée en 1624. La plus ancienne maison de cognac, Augier, fut fondée en 1643. Le vignoble comprend 6 grandes sous-appellations (AOC) : la Grande Champagne, la Petite Champagne, les Borderies, les Fins Bois, les Bons Bois, les Bois ordinaires. On sert le cognac en digestif, dans un grand verre ballon, en le réchauffant au creux de la main et en le faisant tourner sur lui-même. Le pineau des Charentes, dont l'origine remonterait à l'époque de François Ier, est un vin de liqueur obtenu par l'ajout de cognac à un moût en début de fermentation. Les moûts proviennent de raisins récoltés dans l'aire géographique du cognac. Le vin est ensuite vieilli en fût. Il existe des pineaux blancs et rosés. Ils se boivent frais, à l'apéritif, en entrée avec du melon ou sur un foie gras poêlé.

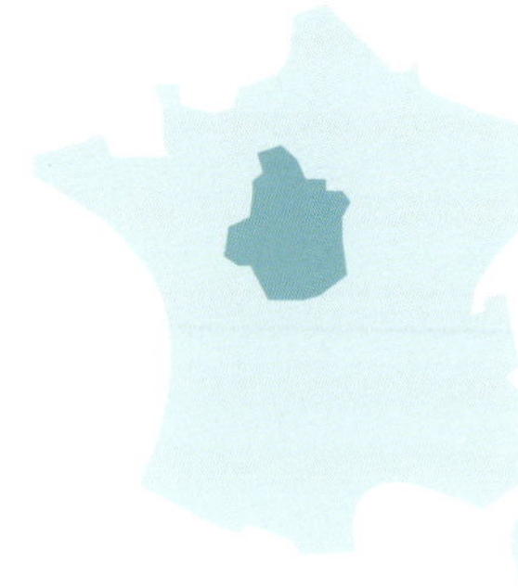

Le CENTRE-VAL DE LOIRE, ou la vie de château

Grâce à ses riches forêts giboyeuses et à son climat doux et tempéré, le Val de Loire a de tout temps séduit les rois. Cette région, qui fut longtemps un domaine royal, a attiré écrivains, dignitaires et riches marchands et a été à l'origine d'un art de vivre brillant et d'une économie prospère.

Bourges, capitale historique du Berry

Réunie au domaine royal au XIIe siècle, la ville devint la résidence du « roi de Bourges » (Charles VII) et le centre de la résistance aux Anglais à la fin de la guerre de Cent Ans. Elle s'enrichit au temps de Jacques Cœur mais souffrit des guerres de Religion.

▲ L'hôtel Jacques-Cœur à Bourges.

La cathédrale de Bourges

Construite à partir de 1195, la cathédrale Saint-Étienne de Bourges est l'un des plus grands chefs-d'œuvre de l'architecture gothique. Moderne pour son époque, elle se distingue par son absence de transept et par la hauteur de sa nef, qui atteint plus de 37 m. Consacré au thème du Jugement dernier, son portail central est un joyau de la sculpture du XIIIe siècle et lui vaut, avec la splendeur de ses vitraux, d'être inscrite au patrimoine mondial depuis 1992.

Chartres, ancienne ville des Carnutes

L'antique *Autricum* tire son nom actuel du peuple gaulois des Carnutes. Elle est, à l'époque gauloise, le centre le plus actif du culte druidique. D'après la légende, on y vénérait dans une grotte « la Vierge qui devait enfanter ». Le culte de Notre-Dame-sous-Terre, lié à cette légende, daterait du IIIe siècle. Siège d'un évêché dès le début du IVe siècle, Chartres résiste cependant en 911 aux attaques de Rollon. Devenue, au Xe siècle, la capitale d'un comté, la ville appartient à la maison de Champagne et de Blois (XIe siècle), puis à la maison de Châtillon-sur-Marne, qui y renoncera en faveur du roi (XIIIe siècle) et finalement (1286) la cédera à Philippe le Bel. Chartres sera annexée par les Bourbons en 1417 et rendue au roi de France en 1432. Henri IV y sera sacré roi de France en 1594.

▼ Détails de la cathédrale de Chartres.

▼ La cathédrale de Bourges.

Notre-Dame de Chartres

Ce sanctuaire de pèlerinage prit toute son ampleur avec le don du « voile de la Vierge » par Charles le Chauve. Le portail royal ainsi que la fameuse relique ont survécu aux nombreux incendies des XIe et XIIe siècles et, surtout, au

Vue du château d'Azay-le-Rideau.

terrible incendie de 1194 qui ravagea la ville entière. La cathédrale actuelle fut reconstruite aussitôt après. Vers 1220, le gros œuvre de cet édifice était achevé, sauf les façades du transept, légèrement postérieures. Des vitraux contemporains de la construction garnissent les baies. Le labyrinthe, héritage médiéval rare, est le mieux préservé de France.

Châteauroux, un château pour origine

Châteauroux (*Castrum Radulphi*) doit son origine à un château établi au xe siècle par les seigneurs de Déols sur une colline dominant l'Indre. La ville est prise par Henri II d'Angleterre en 1177, par Philippe Auguste en 1187. La terre est érigée en comté en 1616 au profit d'Henri II de Condé. Vendue à Louis XV en 1737, Châteauroux est donnée par ce dernier, en 1743, à la maîtresse de Louis XV, la marquise de la Tournelle, devenue duchesse de Châteauroux.

La bonne dame de Nohant

C'est à Nohant, commune de l'Indre, dans le Boischaut, que George Sand passa son enfance. Elle revint s'y installer après 1848, passé le temps des grandes passions sentimentales (Musset, Chopin) et des grands engagements politiques. La vie rustique du Berry inspira des romans comme *La Petite Fadette* (1849) et *Les Maîtres sonneurs* (1853), qui succédaient à *La Mare au diable* (1846) et à *François le Champi* (1847-1848), déjà d'une veine champêtre.

Le château d'Ussé, situé à 35 km de Tours.

Tours, la capitale des châteaux

Capitale des Turons, la ville devient sous les Romains capitale de la IIIe Lyonnaise (IVe siècle). Siège d'un évêché, Tours sera, grâce à saint Martin (371-397) et à saint Grégoire de Tours (573-594), un centre religieux important. Prise par les Wisigoths (vers 473), puis par Clovis (507), Tours est à l'époque carolingienne une cité prospère, que pillent les Normands (853, 903). C'est la résidence de Charles VI, de Charles VII et de Louis XI (Plessis-lez-Tours), qui y crée l'industrie de la soie et des draps d'or (1470). La soierie, pratiquée par les huguenots, est développée par Henri IV et Richelieu, mais la révocation de l'édit de Nantes (1685) provoque l'émigration des soyeux et le déclin économique de la ville. Tours est le siège de la délégation du gouvernement provisoire de la Défense nationale, du 12 septembre au 9 décembre 1870.

Châteaux de rois

Élevés principalement au cours du XVe et du XVIe siècle, les châteaux de la Loire ont été les portes d'entrée de l'influence italienne, qui touche d'abord (légèrement) Amboise en 1495, du fait de l'arrivée des ouvriers transalpins appelés par Charles VIII. Le château de Blois constitue un répertoire de tous les styles successifs. Azay-le-Rideau, petit mais raffiné, est construit en 1518. Chenonceau est édifié de 1515 à 1522 sur 6 arches enjambant le Cher. Le joyau de cette époque est le grandiose château de Chambord, chef-d'œuvre d'un style composite dont le célèbre escalier double pourrait avoir été suggéré par Léonard de Vinci.

Orléans, la ville fidèle à Jeanne

Orléans est l'antique *Genabum*, ville commerçante des Carnutes, qui se révolte contre César (52 avant J.-C.). Siège d'un évêché au plus tard au début du IVe siècle, devenue *Aurelianum* (Ve siècle), elle est vainement assiégée par Attila en 451. Clovis s'en empare (498), y réunit le premier concile de l'Église de Gaule (511) et en fait la capitale du royaume d'Orléans, créé pour son fils Clodomir (511). Charles le Chauve se fait sacrer roi d'Aquitaine à Orléans, en 848. En 855 et 895, les Normands ravagent Orléans. Au Xe siècle, la ville passe aux Capétiens. Fidèle à son duc Louis, assassiné en 1407, elle résiste aux assauts des Anglais jusqu'à sa délivrance par Jeanne d'Arc (la Pucelle d'Orléans), le 8 mai 1429. Le prince Louis de Condé, chef des huguenots, y est assiégé par le chef du parti catholique, François de Guise, qui est assassiné aux abords de la ville (1563). En 1790, Orléans devient le chef-lieu du Loiret.

La cathédrale et le pont Georges à Orléans.

Pithiviers et autres délices

Pithiviers a donné son nom à un délicieux gâteau maintenant fort répandu. D'abord simple galette aux amandes, le pithiviers est aujourd'hui un gâteau rond fait d'une double abaisse de feuilletage fourrée d'une crème aux amandes, dont le dessus est glacé au sucre et souvent décoré de fruits confits. Pithiviers est aussi réputée pour son pain d'épices, tandis que le Gâtinais l'est pour son miel.

Blois, la favorite des rois

Aile François-Ier du château de Blois.

Siège d'un comté qui appartint d'abord à la maison de Champagne, Blois passa par mariage à la maison de Châtillon (1241) et fut achetée, en 1391, par Louis Ier de France, duc d'Orléans. Au XVIe siècle, ce fut la résidence favorite des rois de France, ce dont témoignent les traités de Blois (1504) et les états généraux de 1576 et de 1588. Lors de ces derniers, le duc de Guise fut assassiné sur l'ordre d'Henri III. En 1814, la régente Marie-Louise y transporta son gouvernement.

Maison troglodyte dans la vallée de la Loire.

Les maisons troglodytes

En Anjou et en Touraine, de nombreuses maisons souterraines ont été creusées dans les bancs de tuffeau (calcaire crayeux). Abandonnées au début du XXe siècle, elles connaissent aujourd'hui un regain d'intérêt. Ce type d'habitat est attesté dans plusieurs autres régions françaises : dans la vallée crayeuse de la Seine, à partir de Mézières, des abris naturels autrefois habités servent toujours de granges et de celliers.

Ils ont fait la France

PHILOSOPHER en France

De Montaigne à Derrida, de l'humanisme au déconstructionnisme, les philosophes français ont tracé une voie originale, modelée par un certain rapport à la religion. Parmi eux, plusieurs grandes figures sont incontournables…

Les initiateurs

Michel Eyquem de Montaigne (1533-1592)

Conseiller à Périgueux, puis au parlement de Bordeaux, où il rencontre Étienne de La Boétie, autre grand humaniste, il se démet de sa charge (1570) pour se consacrer à sa bibliothèque. Au fil de ses lectures, il note ses réflexions : ainsi s'élaborent les *Essais* (1580). Jusqu'à sa mort, il enrichira cet ouvrage, dont l'édition définitive paraîtra en 1595. Il s'y peint lui-même, mais, à travers les contradictions de sa propre nature, il découvre l'impuissance de l'homme à trouver la vérité et la justice.

René Descartes (1596-1650)

Convaincu de l'unité de la science, Descartes définit une méthode déductive, ayant l'évidence pour critère, pour reconstruire tout l'édifice du savoir. En quête d'une assise métaphysique, il fixe dès le *Discours de la méthode* (1637) un cheminement qui va du doute systématique à la première certitude absolue (le « cogito ») et, de là, aux démonstrations de l'existence de Dieu et à la déduction de l'existence du monde. Cette démarche, développée dans les *Méditations métaphysiques* (1641) et à nouveau exposée dans les *Principes de la philosophie* (1644), lui permet de jeter les bases d'une éthique nouvelle (*les Passions de l'âme*, 1649).

▲ Blaise Pascal, ronde-bosse en terre cuite d'Augustin Pajou, XVIIIe siècle (musée national de Céramique, Sèvres).

▲ Michel Eyquem de Montaigne, école française, XVIe siècle (musée Condé, Chantilly).

▲ René Descartes, d'après Frans Hals (musée du Louvre, Paris).

Blaise Pascal (1623-1662)

Blaise Pascal a d'abord une vocation de scientifique. Le 23 novembre 1654, après une nuit d'extase mystique, il décida de consacrer sa vie à la foi. Il prit alors le parti des jansénistes. Dans *les Provinciales* (1656-1657), publiées sous un nom d'emprunt, il attaqua leurs adversaires, les jésuites. Il mourut avant d'avoir achevé une *Apologie de la religion chrétienne*, dont les fragments ont été publiés sous le titre de *Pensées*. Pascal a souligné la misère de la condition humaine, livrée à l'ennui qu'on cherche vainement à fuir par le divertissement ; la science ne repose sur aucun fondement démontrable. Seules la foi en Dieu et l'espérance du salut peuvent donner un ancrage à l'existence.

Nicolas Malebranche (1638-1715)

Il remodela la pensée cartésienne dans un sens profondément religieux. Sa métaphysique résout le problème de la communication de l'âme et du corps, et montre comment se conformer à l'ordre établi par Dieu, sous ses deux aspects d'ordre naturel et d'ordre de la grâce (*Entretiens sur la métaphysique et la religion*, 1688).

Le plus parisien des Genevois

Jean-Jacques Rousseau (1712-1778), citoyen genevois, n'était pas français, mais il a vécu une grande partie de sa vie en France, à Paris et à la campagne. La réflexion sur la liberté constitue l'unité de son œuvre singulière et complexe : liberté originelle de l'homme à l'état de nature, liberté du solitaire abîmé dans la rêverie, liberté politique fondée sur le contrat. Rousseau a montré le lien étroit qui unit égalité et liberté, et est ainsi un penseur majeur des Lumières.

▲ Voltaire (anonyme, d'après Quentin de La Tour, XVIIIe siècle, musée national du château de Versailles).

Les Lumières

Charles de Secondat, baron de Montesquieu (1689-1755)

Grand libéral, esprit rigoureux, il est l'auteur des *Lettres persanes*, des *Considérations sur les causes de la grandeur des Romains et de leur décadence* (1734) et de *De l'esprit des lois* (1748).

François Marie Arouet, dit Voltaire (1694-1778)

Ses débuts dans les lettres coïncident avec le commencement de ses démêlés avec le pouvoir. Après un exil de trois ans en Angleterre, il cherchera sans cesse la sécurité, notamment auprès de Frédéric de Prusse, puis dans ses domaines. Il est surtout connu comme un prince de l'esprit et des idées philosophiques, qu'il diffuse par ses poèmes, ses contes *(Zadig, Candide)*, ses essais historiques, son *Dictionnaire philosophique* (1764) et ses campagnes en faveur des victimes d'erreurs judiciaires (Calas).

Denis Diderot (1713-1784)

Considéré par son époque comme « le philosophe » par excellence, il manifeste un génie multiple, créant la critique d'art (*Salons*, 1759-1781), une nouvelle forme romanesque (*Jacques le Fataliste*), clarifiant le rapport entre science et métaphysique (*Lettre sur les aveugles*), définissant une nouvelle esthétique dramatique (*Paradoxe sur le comédien*, 1830), brossant le portrait tumultueux de sa vie et de son art (*le Neveu de Rameau*). Mais il doit sa gloire à l'*Encyclopédie*, qu'il anima pendant vingt ans.

Étienne Bonnot de Condillac (1714-1780)
Son empirisme radical (*Traité des sensations*, 1754), qualifié de sensualisme, accorde une place importante au langage.

Jean Le Rond d'Alembert (1717-1783)
Sceptique en religion et en métaphysique, défenseur de la tolérance, il exposa, dans son *Discours préliminaire* de l'*Encyclopédie*, la philosophie naturelle et l'esprit scientifique qui présidaient à l'œuvre entreprise.

▲ D'Alembert (en haut) et Diderot, entourés de 14 des auteurs de l'*Encyclopédie*.

Marie Jean Antoine Caritat, marquis de Condorcet (1743-1794)
Député pendant la Révolution, il présenta un plan grandiose d'instruction publique. Accusé comme Girondin, il se cacha pendant huit mois, composant l'*Esquisse d'un tableau historique des progrès de l'esprit humain* ; arrêté, il s'empoisonna. Il est l'auteur de nombreux écrits scientifiques et philosophiques, et collabora à l'*Encyclopédie*. Ses cendres ont été transférées au Panthéon en 1989.

Le marquis de Condorcet (anonyme, XVIIIe siècle, musée national du château de Versailles). ▶

Penser la modernité

Auguste Comte (1798-1857)
Son *Cours de philosophie positive* (1830-1842) est à l'origine du positivisme. Il est considéré comme l'un des fondateurs de la sociologie.

Charles Alexis Clérel de Tocqueville (1805-1859)
Magistrat, il étudia aux États-Unis le système pénitentiaire et en tira un ouvrage politique capital, *De la démocratie en Amérique* (1835-1840). En 1856, il publia *l'Ancien Régime et la Révolution*, qui mettait en évidence les éléments de continuité entre la Révolution et la monarchie française.

Henri Bergson (1859-1941)
Sa philosophie spiritualiste fait de l'intuition le seul moyen de connaissance de la durée et de la vie (*Matière et mémoire*, 1896 ; *l'Évolution créatrice*, 1907).

Gaston Bachelard (1884-1962)
Il est l'auteur d'une épistémologie historique et d'une psychanalyse de la connaissance scientifique (*la Formation de l'esprit scientifique*, 1938), ainsi que d'analyses de l'imaginaire poétique (*l'Eau et les Rêves*, 1942).

L'Encyclopédie

L'*Encyclopédie* ou *Dictionnaire raisonné des sciences, des arts et des métiers* est une publication inspirée par un ouvrage similaire de Chambers (1728) et dirigée par Diderot, comprenant 35 volumes, dont 11 de planches (1751-1772). Elle visait à rendre compte du progrès humain dans tous les domaines, une place majeure étant accordée aux techniques. L'ouvrage eut 150 collaborateurs, dont de nombreux spécialistes, médecins ou ingénieurs. Il imposa l'idée du progrès économique et, dans sa prétention à favoriser en tout la raison contre les préjugés, annonça un nouvel ordre des choses.

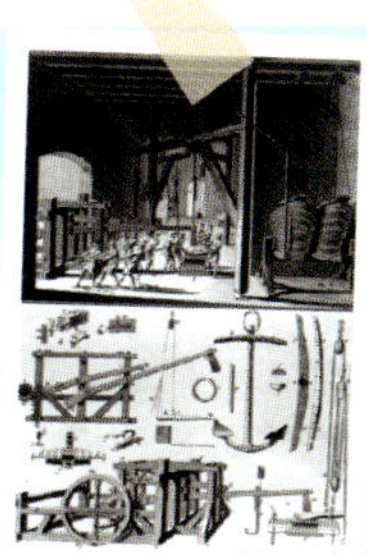

▲ Planche de l'*Encyclopédie* consacrée au forgeage d'une ancre marine.

▲ Henri Bergson.

Vladimir Jankélévitch (1903-1985)
Sa réflexion, à portée existentielle, est marquée par de nombreuses publications (*Traité des vertus*, 1949 ; *le Je-ne-sais-quoi et le Presque-rien*, 1957 et 1980). Il s'est aussi intéressé à la musique (*Ravel*, 1939).

Jean-Paul Sartre (1905-1980)
Marqué par la phénoménologie, il a élaboré une théorie existentialiste, d'abord axée sur le rapport de l'homme à sa liberté (*l'Être et le Néant*, 1943) puis soumise à l'influence du matérialisme dialectique et au culte de l'engagement (*Critique de la raison dialectique*, 1960-1985). Sartre a développé ses idées notamment dans des romans (*la Nausée*, 1938), des drames (*Huis clos*, 1944 ; *les Mains sales*, 1948 ; *le Diable et le Bon Dieu*, 1951), des nouvelles (*le Mur*, 1939), des essais (*Situations*, 1947-1976). En 1964, il refusa le prix Nobel de littérature.

Maurice Merleau-Ponty (1908-1961)
Dans le courant de la phénoménologie, il a pensé l'incarnation de l'homme à partir d'une réflexion sur la perception (*Phénoménologie de la perception*, 1945).

Émile Michel Cioran (1911-1995)
Il a développé une philosophie pessimiste sous forme d'aphorismes (*Précis de décomposition*, 1949 ; *Aveux et Anathèmes*, 1987).

Paul Ricœur (1913-2005)
Marqué par la phénoménologie et l'existentialisme, il a construit, avec les apports de la psychanalyse, une philosophie de l'interprétation. Il s'est attaché à explorer les questions de la volonté, du temps, de l'altérité, des valeurs, dans la perspective morale d'un humanisme chrétien (*Philosophie de la volonté*, 1950-1960 ; *Temps et récit*, 1983-1985 ; *Soi-même comme un autre*, 1990).

Gilles Deleuze (1925-1995)
Penseur de la « différence », il a défendu contre les institutions les droits du désir et de la production inconsciente (*Qu'est-ce que la philosophie ?*, 1991, en collaboration avec Félix Guattari). Historien de la philosophie (*Nietzsche et la philosophie*, 1962), il s'est également intéressé au cinéma et à la peinture.

Michel Foucault (1926-1984)
Son analyse des institutions répressives (l'asile, la prison) est étayée par une conception nouvelle de l'histoire, marquée selon lui par des « coupures épistémologiques », et une critique radicale des sciences humaines (*les Mots et les Choses*, 1966).

Jacques Derrida (1930-2004)
Il a poursuivi une démarche de « déconstruction » des textes et des pensées, allant de la redéfinition des rapports de la littérature et de la philosophie (*l'Écriture et la différence*, 1967) à la généralisation d'exercices d'interprétation critique (*Marges de la philosophie*, 1972).

▲ Portrait de Gaston Bachelard par Albert Flocon, frontispice des *Châteaux en Espagne*, 1957.

Saveurs et spécialités de nos terroirs

Les PAYS du CENTRE, une cuisine délicate

Feuilletés au sainte-maure

POUR 6 PERSONNES

* * *

PRÉPARATION : **30 MIN** - CUISSON : **10 MIN**

- 1 sainte-maure de Touraine
- 20 cl de crème fraîche
- 400 g de pâte feuilletée étalée
- 1 œuf
- 1 cuill. à soupe de lait
- sel et poivre

1 Dans un saladier, écrasez le sainte-maure à la fourchette. Incorporez la crème fraîche jusqu'à l'obtention d'un mélange lisse et homogène. Salez et poivrez.

2 Découpez la pâte feuilletée à l'aide d'un emporte-pièce de 8 cm de diamètre. Préchauffez le four à 220 °C (th. 7-8).

3 Déposez 1 cuillerée à soupe de garniture au centre de la moitié des disques de pâte. Mouillez les bords à l'eau. Recouvrez avec les cercles de pâte restants. Dorez à l'œuf battu dans le lait.

4 Beurrez une plaque à four sur laquelle vous disposerez les feuilletés. Enfournez-les et faites-les cuire 10 minutes environ. Servez aussitôt.

LE SAINTE-MAURE DE TOURAINE

Remarqué en son temps par Honoré de Balzac, le sainte-maure bénéficie aujourd'hui d'une AOC. C'est un fromage au lait entier de chèvre, à pâte molle, en forme de long cylindre, d'aspect cendré quand il est frais, et/ou fleuri blanc bleuâtre quand il est affiné. La paille qui le traverse lui donne un aspect singulier et unique ; son rôle est d'améliorer la résistance mécanique de ce fromage fragile quand il est jeune. Selon les goûts, le sainte-maure s'apprécie onctueux ou sec, en particulier à la fin du printemps.

Les asperges de Sologne

* * *

Les asperges se plaisent dans le sol sablonneux de la Sologne. Elles sont renommées depuis la fin du XVIIIe siècle. En 1804, Grimod de La Reynière écrivait que les meilleures venaient de Vendôme et de Romorantin. Cette réputation, plus tard acquise aussi par les asperges de Vineuil, n'a fait que s'accroître jusqu'à la Première Guerre mondiale. Aujourd'hui, la production de l'« asperge de Sologne » se maintient autour de Vineuil, de Contres, de Soing et de Romorantin, en Loir-et-Cher. La première récolte s'effectue 3 ans après la plantation. Au printemps, la tige souterraine émet des pousses appelées « turions », ou asperges, qui doivent leur couleur nacrée à l'absence de lumière ; les turions percent le sable et sont récoltés chaque matin, à la main, sans blesser la tige, qui doit rester intacte pour la récolte suivante.

Potage d'asperges

POUR 6 PERSONNES

* * *

PRÉPARATION : **30 MIN** - CUISSON : **40 MIN ENVIRON**

- 1 kg d'asperges vertes
- 50 cl de lait
- 2 jaunes d'œufs
- 50 g de beurre
- 50 g de farine
- 3 cuill. à soupe de crème fraîche
- 1 petit bouquet de cerfeuil
- sel et poivre

1 Pelez les asperges et supprimez les parties de tiges les plus dures et les plus filandreuses. Lavez-les puis faites-les cuire 20 minutes environ à l'eau bouillante salée. Égouttez-les et réservez l'eau de cuisson. Coupez les pointes des asperges, que vous réserverez pour la décoration.

2 Dans une casserole à fond épais, faites fondre le beurre et ajoutez la farine. Laissez blondir, en remuant à la cuillère en bois. Mouillez avec 1 l d'eau de cuisson et le lait. Salez et poivrez. Ajoutez les asperges, excepté les pointes réservées. Laissez mijoter pendant 10 minutes.

3 Passez le potage à la moulinette. Faites chauffer. Pendant ce temps, délayez les jaunes d'œufs dans la crème, versez le tout dans le potage. Ajoutez les pointes d'asperge. Rectifiez l'assaisonnement et parsemez de cerfeuil haché. Réchauffez à feu très doux, sans faire bouillir, et servez immédiatement.

Pâté berrichon

POUR 4 PERSONNES

* * *

PRÉPARATION : **30 MIN** - CUISSON : **1 H 30**

- 1 gros oignon
- 2 échalotes
- 60 g de beurre
- 300 g de veau haché (rôti ou restes divers)
- 100 g de chair à saucisse
- 1 œuf
- 1 cuill. à soupe de persil haché
- 1 cuill. à café de thym
- 4 œufs durs
- 300 g de pâte feuilletée en rouleau
- 1 jaune d'œuf
- 2 cuill. à soupe de lait
- sel et poivre

1 Épluchez l'oignon et les échalotes, hachez-les finement. Faites-les revenir dans le beurre, puis ajoutez le veau et la chair à saucisse. Faites dorer en écrasant le mélange à la fourchette de façon à bien amalgamer le tout, salez et poivrez (attention, la chair est déjà salée). Couvrez et laissez cuire environ 20 minutes. Lorsque le hachis est cuit, mélangez-le avec l'œuf, le persil et le thym.

2 Préchauffez le four à 180 °C (th. 6). Déroulez la pâte feuilletée, découpez 2 disques de 20 cm de diamètre. Sur chaque moitié de disque, disposez la moitié de la farce et 2 œufs durs coupés en deux. Recouvrez avec l'autre moitié de la pâte de façon à obtenir un chausson. Dorez avec le jaune d'œuf battu dans le lait. Enfournez et faites cuire pendant 1 heure environ.

LE GIBIER DE SOLOGNE

La Grande Sologne fut longtemps un pays de landes et de marécages. Au XIXe siècle, la mise en valeur par drainage et par boisements de pins en avait fait une campagne où se côtoyaient les petites cultures, l'élevage et la pisciculture d'étang. Cette contrée naturellement giboyeuse fut ensuite radicalement transformée par la chasse. Malgré le coût élevé de l'entretien, on trouve encore aujourd'hui en Sologne quelques-unes des plus grandes chasses de France. On y chasse le lièvre, le faisan, le perdreau, et le gibier d'eau sur les innombrables étangs. Le cerf est abondant et la tradition de la chasse à courre maintenue. Le chevreuil et surtout le sanglier sont chassés au chien courant. La cuisine de la région fait évidemment la part belle au gibier.

Pithiviers

POUR 8 PERSONNES

* * *

PRÉPARATION : **1 H ENVIRON** - CUISSON : **45 MIN**

- 700 g de pâte feuilletée
- 250 g d'amandes en poudre
- 7 jaunes d'œufs
- 250 g de sucre en poudre
- 1 sachet de sucre vanillé
- 200 g de beurre
- 3 cuill. à soupe de rhum
- 1 œuf
- 1 cuill. à soupe de lait

1 Préparez la pâte feuilletée ou utilisez de la pâte feuilletée toute prête.

2 Confectionnez le fourrage : dans un saladier, mélangez la poudre d'amandes avec 6 jaunes d'œufs en remuant énergiquement. Incorporez ensuite le sucre en poudre et le sucre vanillé de façon à obtenir un mélange bien homogène. Ajoutez enfin le beurre ramolli et le rhum.

3 Préchauffez le four à 230 °C (th. 7-8). Divisez la pâte feuilletée en deux parts : l'une de 300 g, l'autre de 400 g. Étalez chacune d'elles en un disque de même diamètre.

4 Garnissez le disque le plus mince avec la crème aux amandes en laissant tout autour une marge de 1,5 cm. Badigeonnez le pourtour avec un pinceau trempé dans l'eau.

5 Posez ensuite le second disque sur la crème et soudez soigneusement les bords. Avec la pointe d'un couteau, festonnez le tour du pithiviers en faisant de petites incisions et tracez des motifs en losanges ou en rosaces sur le dessus. Dorez ensuite avec un œuf battu dans le lait.

6 Enfournez le gâteau et laissez-le cuire 45 minutes. Lorsque la surface est bien dorée, baissez la température à 200 °C (th. 6-7). Servez tiède ou froid.

Trésors du patrimoine

CHÂTEAUX de la Renaissance

Après les guerres d'Italie, sous Charles VIII, d'anciennes forteresses médiévales françaises sont transformées en autant de chefs-d'œuvre exprimant le nouveau canon architectural venu d'Italie. L'Île-de-France et la vallée de la Loire sont les deux régions les plus représentatives de cette influence.

Le château de Chambord.

Le château de Blois

À Blois, le château féodal cède la place sous Louis XII à une demeure royale qui deviendra vite le château préféré des rois de France (sept rois et dix reines de France en feront leur résidence, davantage que Versailles !). C'est à François Ier que l'on doit la construction de l'aile Renaissance (qui porte son nom), flanquée de sa pièce maîtresse : le monumental escalier en vis, un tour de force architectural jamais égalé. Manifeste de l'art du XVIe siècle, le château de Blois est aussi un haut lieu de l'histoire de France.

▲ L'escalier du château de Blois.

Le château de Chambord

Chambord est plus qu'un château : c'est un rêve, que François Ier fit réaliser dans la pierre à partir de 1519. Un rêve aux dimensions démesurées et un chantier titanesque dont le roi, mort en 1547, ne verra jamais l'achèvement. D'une élégante symétrie et avec des façades ouvragées de clochetons et de disques d'ardoise, il abrite en son centre un escalier à claire-voie dont la montée et la descente s'effectuent par deux rampes en hélices séparées. Un des plus beaux exercices de style d'inspiration italienne de la Renaissance. Au point que certains y ont vu la main de Léonard de Vinci... Les vicissitudes de l'histoire, et particulièrement les guerres de Religion ne permettront jamais à Chambord d'être véritablement une résidence royale. Le plus somptueux des châteaux de la Loire est aussi le plus inutile... qui faillit être démoli au XIXe siècle.

Le château de Valençay

Le château de Valençay, dans l'Indre, est construit à partir de 1520. Mais les embellissements successifs commandés par la famille d'Estampes dureront jusqu'au milieu du XVIIe siècle pour transformer un manoir féodal en un palais Renaissance, qui se donne encore des allures de château médiéval. Le plus illustre de ses propriétaires reste le prince de Talleyrand, au XIXe siècle.

Le château d'Azay-le-Rideau ▼

Azay-le-Rideau est édifié par le financier Gilles Berthelot entre 1518 et 1529. Mais le château n'est pas terminé lorsque François Ier le confisque pour l'offrir à son capitaine des gardes. La demeure passera ensuite entre de nombreuses mains. S'il est de dimensions modestes, Azay-le-Rideau est l'un des plus charmants châteaux de la Loire, construit sur pilotis sur l'Indre, et il témoigne des premiers emprunts faits à l'architecture italienne de la Renaissance.

Le château d'Amboise, qui surplombe la ville. ▲

Le château d'Amboise

Le château d'Amboise a été très tôt rattaché à la Couronne par Charles VII mais c'est Charles VIII qui entreprend les premiers travaux transformant une citadelle fortifiée en une vaste demeure royale. En 1495, il y invite de nombreux artistes italiens découverts lors de ses campagnes militaires transalpines. Dominique de Cortone et Fra Giocondo transforment alors totalement le château gothique, tandis que le moine horticulteur Pacello da Mercogliano y aménage de sublimes jardins. Les successeurs de Charles VIII en poursuivront l'agrandissement, puis les parties les plus anciennes seront en grande partie démantelées, ce qui donne au château d'Amboise ce caractère hétéroclite, où la fin du Moyen Âge côtoie les temps modernes.

La demeure du maître

Le Clos Lucé, demeure de brique rose et de pierre de tuffeau, est aujourd'hui indissociable de Léonard de Vinci qui s'y est éteint en 1519. L'artiste y était reçu à partir de 1516 par François Ier, que son talent fascinait. Restauré à partir des années 1960, le manoir a conservé sa cuisine, sa grande salle du conseil du temps où il servait de résidence d'été à la Couronne, et la chambre. Au sous-sol, quarante machines imaginées par Léonard sont présentées au public.

Le château de Chenonceau

Chenonceau, qui jette les arcades de sa grande galerie au-dessus du Cher, est pour certains le plus adorable des châteaux de la Loire, ce qu'il doit à la présence de Diane de Poitiers à qui Henri II l'a offert en 1547. À la mort du roi, Catherine de Médicis se l'approprie et entreprend les embellissements qui lui donneront son aspect actuel avec les deux galeries construites sur le pont. D'autres grandes dames en feront leur résidence : Louise de Lorraine, qui s'y retire après la mort d'Henri III, puis Gabrielle d'Estrées, favorite d'Henri IV. En 1940, la ligne de démarcation coupe le château en deux. C'est en empruntant la galerie que beaucoup purent ainsi passer de zone occupée en zone libre.

Le château d'Écouen

À Écouen (Val-d'Oise), le connétable Anne de Montmorency fait raser un de ses nombreux châteaux pour bâtir un palais dans lequel ce grand soldat, qui a combattu en Italie, veut abriter les sculptures de Michel-Ange qu'Henri II lui a offertes. Les plus grands artistes de l'époque sont mis à contribution : l'architecte Jean Bullant, le sculpteur Jean Goujon, le céramiste Bernard Palissy. Le château d'Écouen accueille aujourd'hui le musée national de la Renaissance.

▼ Le château de Chenonceau, qui surplombe le Cher.

Le château de Fontainebleau

Fontainebleau est le lieu de chasse préféré de François Ier, qui y fait bâtir un « logis » sur les ruines d'un château médiéval. Le spectaculaire palais, avec sa galerie décorée par le Rosso, devient un musée avant l'heure qui abrite *la Joconde*, des Titien envoyés de Venise, des œuvres de Raphaël offertes par Laurent le Magnifique et le pape Léon X. Proche de Paris, jamais Fontainebleau ne sera délaissé par les rois de France, qui y ont tous séjourné jusqu'à Napoléon III.

Le château de Fontainebleau et la Cour d'honneur.

Saveurs et spécialités de nos terroirs

Les bonnes manières à TABLE !

Si les bons produits sauront vous régaler, encore faut-il connaître quelques règles indispensables de savoir-vivre et de savoir-manger en famille ou si vous recevez des invités ! Ils n'en auront que plus de saveur. Du repas à la bonne franquette au dîner tiré à quatre épingles, découvrez un florilège parfois salé des bonnes manières à la française…

Soyez dans votre (bonne) assiette

• **Bonne nouvelle !** Aujourd'hui, toutes les formes, couleurs et matières d'assiettes sont admises, même celles dépareillées !

• **Les trois sortes.** La grande assiette est utilisée pour le plat principal ; l'assiette creuse, pour le potage ; la petite assiette, pour l'entrée, le fromage ou le dessert. Vous pouvez placer à l'avance l'assiette creuse sur l'assiette principale, mais ne superposez jamais plus de deux assiettes en même temps.

• **Faut-il les changer ?** Dans un repas tiré à quatre épingles, il est d'usage de changer les assiettes après chaque plat. Dans un repas plus simple (ou si faire la vaisselle est pour vous une corvée terrassante !), changez-les au moins une fois après le plat principal ou le fromage.

Voyez le verre à moitié plein

• **Éviter la casse !** Le nombre de verres dépend de la solennité du repas. Pour un dîner simple et convivial, un verre à eau et un verre à vin suffisent. Quoi qu'il en soit, ne disposez jamais plus de cinq verres côte à côte !

• **À chaque verre son usage.** Placez les verres, de gauche à droite, par ordre décroissant de taille : le verre à eau (le plus grand), celui « à bourgogne » (le moyen), celui « à bordeaux », celui « à vin blanc » (le plus petit) et terminez par la coupe ou la flûte de champagne. (On ne vous en voudra pas si vous n'avez pas retenu cette liste en détail…)

Les couverts sans mettre les pieds dans le plat

• **Les règles de base.** En France, la fourchette se place à gauche et le couteau à droite (ainsi que la grande cuillère), quel que soit le type de repas ! Il y a certainement du bon sens derrière cela : les droitiers étant plus nombreux que les gauchers, la main droite est plus à son aise pour manier le couteau. De manière générale, n'oubliez pas de porter vos couverts à votre bouche et non l'inverse (cela vous évitera aussi quelques courbatures à force de pencher votre buste vers votre assiette !).

• **La valse des autres couverts.** Ne placez pas plus de trois couverts de chaque côté de l'assiette. Si vous souhaitez placer d'autres couteaux ou cuillères, positionnez-les à droite dans l'ordre où ils seront utilisés, en commençant toujours par l'extérieur. Retirez les couverts à poisson après usage et installez les couverts à dessert le moment venu.

• **Et les pointes ?** Elles doivent être tournées vers l'intérieur, tout comme le côté tranchant du couteau.

Ça ne mange pas de pain de le savoir

• **Avec ou sans corbeille ?** Il est d'usage de présenter le pain coupé en tranches fines dans une corbeille posée sur la table. Mais si vous êtes entre proches, ceux-ci vous pardonneront de l'apporter directement en l'état. Dans ce cas, coupez-le avec un couteau et non avec les doigts.

• **Votre morceau de pain et vous…** Comment le manger ? Une chose est sûre, ne mordez pas dedans ! Rompez-le en petits morceaux au fur et à mesure que vous le consommez.

• **Envie d'une petite tartine au cours du repas ?** Ne la beurrez pas à l'avance ! Posez un morceau de beurre sur le rebord de votre assiette et beurrez de petits morceaux au fur et à mesure que vous les mangez.

• **L'art de saucer.** Lécher votre assiette est totalement exclu ! Et théoriquement, saucer son assiette avec du pain ne se fait pas dans un repas « officiel »… Si vous ne pouvez pas résister tant la sauce était bonne, préférez piquer un morceau de pain au bout de votre fourchette au lieu de le prendre avec les doigts.

• Satanées miettes ! Même si vous brûlez d'envie de rassembler les quelques miettes disséminées autour de votre assiette avec votre petit doigt, faites-vous douce violence, on a vu plus poli.

N'ayez pas le vin mauvais

• Un ou plusieurs vins ? Choisissez toujours le vin en fonction du repas prévu ; un caviste pourra vous conseiller. Pour un repas entre proches, un seul vin suffit. Si vous en avez prévu plusieurs, le vin servi ne doit pas faire regretter le précédent ni annihiler le suivant ! Par exemple, servez le vin jeune avant le vieux, le plus léger avant le plus corsé, le plus simple avant le plus complexe…

• Déboucher la bouteille. À l'exception du champagne et des vins mousseux qui risqueraient de s'éventer, la règle traditionnelle veut qu'on ne débouche pas le vin à table devant les convives (rassurez-vous, nous avons tout de même vu plus choquant !). En général, une bouteille de **vin rouge** s'ouvre 30 minutes avant d'être servie, pour lui permettre d'atteindre sa pleine saveur. Le **vin blanc**, lui, ne s'ouvre que 10 minutes avant et peut éventuellement rester dans un seau à glace sur une desserte, pour conserver sa fraîcheur.

• Laisser décanter ? Si le vin a reposé longtemps en cave, il est conseillé de le transvaser dans une carafe à décanter et de le laisser reposer au moins 30 minutes dedans sans la boucher.

• Faites le service. Traditionnellement, on offre le vin à sa droite après l'avoir nommé. Tenez la bouteille par le corps (seuls les serveurs la tiennent par le fond). Pour éviter qu'une malheureuse goutte ne tombe sur votre belle nappe, opérez une petite rotation du poignet en relevant la bouteille. Remplissez les verres au maximum aux deux tiers de leur contenance et veillez à ce qu'ils ne soient jamais vides.

• Champagne ! Si la bouteille est bien froide (pas trop, sans quoi il perd de sa saveur), elle s'ouvrira plus facilement, sans que le bouchon saute. Les flûtes ont l'avantage de conserver le pétillant du vin plus longtemps que les coupes.

Il était une fois le foie gras

• La bonne température. Servez le foie gras frais mais pas trop froid ! L'idéal est de mettre la boîte ou le bocal au réfrigérateur la veille au soir, puis de l'ouvrir une heure avant de servir. Découpez des tranches à l'aide d'un couteau que vous aurez préalablement trempé dans de l'eau chaude.

• N'en faites pas des tartines ! Dégustez le foie gras à la fourchette, sans le tartiner, en en déposant un petit morceau sur une bouchée de pain. Ne le mangez pas accompagné de beurre ni de sauce acide ou vinaigrée. Pour les férus de sucré-salé, accompagnez-le d'une tranche de pain d'épices, d'un peu de gros sel ou d'un bon confit (oignon, figue…).

Du côté de la viande

• Le B.A.-BA. Prévoyez des couteaux à dents bien aiguisés pour ne pas avoir à vous battre contre la viande !

• L'art et la manière… Coupez-la au fur et à mesure que vous mangez. Pour une volaille, ne prenez pas les os à pleines mains pour les porter à votre bouche : calez l'os avec la fourchette et, avec le couteau, détachez la chair, que vous piquez ensuite avec la fourchette. Après avoir mangé, rassemblez les os dans un coin de l'assiette.

Soyez comme un poisson dans l'eau

• Un champ de bataille dans l'assiette ? Si le poisson vous a été servi entier, incisez-le en suivant l'arête principale à l'aide du couteau dans la main droite et de la fourchette dans la main gauche. Faites ensuite glisser les filets sur le côté de l'assiette. Après avoir mangé les premiers filets, retournez le poisson et procédez de même de l'autre côté. Pour finir, repoussez les arêtes et la peau sur le côté de votre assiette.

• SOS arêtes… En mâchant, vous constatez qu'une arête est restée dans votre bouchée. Crachez-la discrètement sur la fourchette, sans essayer de l'extirper avec les doigts !

Au moment du fromage

• Obligatoire ? « Un repas sans fromage est une belle à qui il manque un œil ! », selon le gastronome Brillat-Savarin (1755-1826). Aujourd'hui, même si le fromage permet de prolonger agréablement le repas, il n'est plus jugé indispensable.

• Un plateau digne de ce nom ! Utilisez un petit plateau en bois ou une grande assiette plate. Il doit comprendre au moins trois variétés (ou alors un seul fromage en entier). L'idéal est un fromage doux à pâte cuite, un deuxième fermenté et un troisième de brebis ou de chèvre. Il est inutile de préciser qu'il ne faut l'apporter à table qu'au moment de le déguster, pour ne pas incommoder les invités par son odeur !

• La découpe… Coupez le fromage dans le sens de sa forme afin de ne pas laisser la croûte au convive suivant, et prenez obligatoirement un peu de croûte avec votre morceau. Avant de reposer le couteau, raclez-le légèrement sur le bord de votre assiette (ou essuyez-le avec un morceau de pain) afin de ne pas passer au voisin des miettes de roquefort s'il veut du brie !

Les pionniers de l'OBJECTIF

▲ Un omnibus à Paris à la fin du XIXe siècle, photographie d'Eugène Atget.

Des premiers procédés photographiques du XIXe siècle, qui nécessitaient des heures de pose, aux grands photographes du XXe siècle, voici un instantané de la photographie française...

Les inventeurs et précurseurs

Nicéphore Niépce (1765-1833)
À partir de 1816, il testa la photosensibilité de diverses matières, notamment le bitume de Judée, et obtint ainsi, vers 1826-1827, la première photographie connue.

La Table servie, une des premières photographies, Nicéphore Niépce, vers 1826. ▲

Louis Jacques Daguerre (1787-1851)
Associé à Nicéphore Niépce, puis seul, il perfectionna la photographie et obtint, en 1837, les premiers *daguerréotypes* (publiés en 1838).

Félix Tournachon, dit Nadar (1820-1910)
Il photographia les célébrités de son époque *(le Panthéon de Nadar)*, réalisa les premières photographies aériennes prises en ballon (1858) et fut l'un des premiers utilisateurs de la lumière artificielle (en 1861, dans les catacombes).

Maxime Du Camp (1822-1894)
Ami de Flaubert, il est l'auteur de récits de voyages, de recueils de souvenirs et l'un des premiers grands reporters photographes.

Étienne Carjat (1828-1906)
Ses portraits d'écrivains et d'artistes privilégient la sobriété du cadre et l'absence de décor. Il fut également caricaturiste et poète.

▲ Le Sphinx photographié par Maxime Du Camp en 1849.

Eugène Atget (1856-1927)
En utilisant le grand format et une technique très simple, il a capté l'atmosphère magique d'un Paris souvent désert, presque irréel.

Saisir l'instant

Jacques-Henri Lartigue (1894-1986)
Toute son œuvre demeure le reflet de la joie de vivre et de la spontanéité de l'enfant qu'il était lorsqu'il réalisa ses premières images (*Instants de ma vie,* 1973).

Gyula Halász, dit Brassaï (1899-1984)
Un climat fantomatique d'ombre et de lumière amplifie dans son œuvre l'étrange et l'insolite, qui rappellent ses liens avec les surréalistes.

Henri Cartier-Bresson (1908-2004)
On lui doit quantité de reportages, tous révélateurs de ce qu'il a lui-même défini comme étant « l'instant décisif ».

Willy Ronis (1910-2009)
Son regard humaniste aime à saisir les gens et les gestes simples, surtout à Paris (*Belleville-Ménilmontant,* 1954 ; *Sur le fil du hasard,* 1980 ; *Mon Paris,* 1985). Il travailla aussi pour la mode et l'industrie et mena une carrière d'enseignant.

Robert Doisneau (1912-1994)
Paris et sa banlieue lui inspirèrent quantité d'images, où verve et humour s'allient à une chaleureuse complicité.

Gisèle Freund (1912-2000)
De nombreux portraits d'écrivains témoignent de son regard à la fois perspicace et retenu.

Édouard Boubat (1923-1999)
Il privilégie un réel serein (paysages et hommes fixés dans leur quotidien), baigné d'une lumière subtile (*la Survivance*, 1976).

Marc Riboud (1923-2016)
Proche de Cartier-Bresson, voyageur passionné, il livra des visions du monde chargées de sens et d'émotion (*Femmes du Japon,* 1959 ; *Chine : instantanés de voyage,* 1980 ; *Gares et trains,* 1983).

▲ La place du Tertre, à Paris, photographiée par Eugène

▲ *Le Petit Parisien*, photographie de Willy Ronis, 1952.

Made in GAULE

Pour ceux qui seraient étonnés d'apprendre que les Gaulois ont inventé un meilleur contenant pour le vin que l'amphore, voici quelques exemples d'innovations et d'inventions que nous devons sans doute à nos ancêtres, les Gaulois.

Représentation de Vercingétorix ▲ (avec ses braies) sur une carte de bon point destinée aux bons élèves.

Après l'amphore...

Alors que l'amphore est le récipient le plus utilisé dans le commerce méditerranéen, les Romains découvrent le **tonneau** de bois en Gaule, où les artisans sont réputés pour leur savoir-faire en matière de ferronnerie comme de menuiserie. Après la conquête romaine, le tonneau remplacera les fragiles et malcommodes amphores.

Les premiers pantalons

Les quelques historiens comme Strabon qui nous ont laissé des descriptions des Gaulois ont été frappés par leur habitude de se battre entièrement nus. Mais leur vêtement a aussi attisé la curiosité, notamment par la qualité des tissus et par le port de « **braies** », un pantalon de toile totalement iconnu dans le monde romain. C'est du mot « braies » (*braca* en latin) que nous vient le mot « braguette ».

Labourage et pâturage...

Inlassables défricheurs, les Gaulois ont su mettre les terres en valeur notamment grâce à l'usage de la **charrue** équipée d'un soc en fer. L'outil a permis de labourer mieux et plus rapidement les terres lourdes, argileuses, et a contribué à l'opulence des campagnes gauloises.

La mise en bière

En attendant que la culture de la vigne se répande en Gaule et, avec elle, la consommation de vin, les Gaulois boivent à chaque repas de la **cervoise**, ancêtre de notre bière, faite à partir d'eau et de grains fermentés comme l'orge, le blé, le méteil, l'avoine ou le pois. La cervoise restera en usage durant des siècles mais, rapidement, les Gaulois prirent goût – sans aucune modération, nous dit Pline – au vin venu d'Italie.

Technologie gauloise

Appelée *vallus* chez les Romains, la **moissonneuse**, cette invention remarquable, est attestée par l'historien Pline l'Ancien dans son *Histoire naturelle* : « Dans les grands domaines des Gaules, de puissantes moissonneuses, pourvues de dents, sont poussées sur deux roues à travers la moisson par une bête de trait attelée en sens contraire : elles arrachent les épis qui tombent dans la moissonneuse. »

◀ La « Moissonneuse des Trévires », bas-relief du IIe siècle (musée Gaumais, Virton).

Faux et usages de faux

Pour couper les récoltes ou faucher l'herbe, la faucille est l'outil le plus fréquemment utilisé par les paysans de l'Antiquité, mais ce sont les Gaulois qui ont inventé la **faux** avec sa longue lame incurvée et son manche équipé d'une poignée.

Du lard et du cochon

Pas de sanglier à la table des Gaulois ! Mais du porc en quantité. Avant même l'apparition de la gastronomie française, les Gaulois sont passés maîtres dans la salaison des jambons et la confection de toutes sortes de **charcuteries** dont la réputation est grande jusque sur les marchés de Rome.

Paysan fauchant, miniature extraite du martyrologe d'Usuard (mois ▼ de juin), vers 1270.

À dix contre un

Depuis la plus haute Antiquité, les guerriers se protègent le corps avec des armures faites le plus souvent de cuir ou de plaques de métal. Mais ce sont les Gaulois, habiles artisans des métaux, qui, les premiers, ont confectionné des **cottes de mailles**, plus souples et plus légères. Les guerriers gaulois se battaient le plus souvent nus et le port d'une cotte de mailles, qui restait un objet rare et précieux, ne s'est répandu que très lentement.

Savoir-faire à la française

Les ARTISANS, la richesse de la France

Les artisans sont les meilleurs ambassadeurs du savoir-faire français. Et lorsqu'on voyage au cœur de cet univers parfois méconnu, on croise nombre de talents et de personnalités totalement incroyables, dont voici une infime partie !

Filature Arpin (Séez, Savoie)

Arpin, pour tous les amoureux de la montagne, représente une idée de la perfection, le nom d'une filature qui, depuis près de deux siècles, confectionne les plus beaux tissus de laine qui soient. Le drap de Bonneval est connu depuis le XVIIe siècle. On tissait alors du chanvre et du lin. Les conditions de vie étant difficiles en montagne, on a commencé à tisser des draps de laine permettant de se protéger du froid. Au début du XXe siècle, ce drap avait acquis une réputation bien au-delà de Séez. Ici, la laine ne subit aucun traitement chimique. Elle va passer par 14 machines classées au patrimoine national avant de devenir une partie de l'esprit alpin. Lorsqu'on s'emmitoufle dans un plaid signé Arpin, on est réchauffé par une histoire et un héritage ancestraux.

Pinceaux Léonard (Saint-Brieuc, Côtes-d'Armor)

Qu'ils soient ronds, bombés, plats, courts, carrés ou biseautés, on trouve dans le catalogue Léonard plus de 4 000 références de pinceaux qui servent aussi bien aux aquarellistes et peintres utilisant la gouache

ou l'acrylique qu'aux experts en calligraphie chinoise. Léonard, c'est une maison spécialisée dans les pinceaux d'art depuis 1840. C'est à cette date que Gabrielle Bullier rachète la maison Cherion, un des tout premiers ateliers de fabrication de pinceaux du monde occidental, la manufacture est transférée à Saint-Brieuc en 1866. Elle n'en bougera plus. Et, bien sûr, comme dans l'univers du pinceau, l'essentiel reste le poil, chez Léonard, il n'y a pas de discussion sur la qualité de cette matière première. Martre, blaireau, putois…, on prend soin du corps de chaque poil qui va de la racine jusqu'à l'extrémité pointue, dénommée la « fleur ». La tradition n'interdit pas l'innovation. Léonard est à l'origine du pinceau « 2.0 » pour peindre sur tablette. Mais là, point de poil !

Parfumerie Fragonard (Grasse, Alpes-Maritimes)

Au cœur de Grasse, la maison Fragonard est installée dans des bâtiments de 1782. On y fait perdurer l'art de la parfumerie qui vit le jour à la Renaissance. À Grasse, il y avait des tanneries. Catherine de Médicis est à l'origine de la mode des gants parfumés. Des parfums permettant des masquer les odeurs des peaux parfois puissantes. Le climat se prêtant particulièrement au jasmin ou à la rose centifolia, les gantiers devinrent bientôt parfumeurs. Depuis le XIXe siècle, on produit les matières premières naturelles, ces senteurs de base recherchées par les « nez » les plus fameux. Fragonard continue en parallèle de créer des fragrances. Et tout cela fait de Grasse la capitale mondiale du parfum.

▲ La parfumerie Fragonard à Grasse.

▲ Peinture à la main des émaux à Longwy.

Papiers peints Zuber (Rixheim, Haut-Rhin)

Oubliez l'image du rouleau de papier peint et point de marouflage ! En évoquant la maison Zuber, on évoque les décors peints qui ornaient les couloirs, les salles de bains ou les châssis de cheminée. À partir de 1802, Jean Zuber va porter l'art du papier peint à son apogée grâce à des qualités artistiques et à des techniques d'impression innovantes. Et aujourd'hui, Zuber utilise toujours les 150 000 planches classées aux Monuments historiques et les techniques d'impression traditionnelle à la main. Il faut une planche par couleur imprimée. Et il ne faut pas moins de 1 000 à 2 000 planches pour imprimer un seul décor. La manufacture ne travaille que de l'exceptionnel et donne toutes ses lettres de noblesse à cet art décoratif méconnu.

Clous forgés Rivière (Creil, Oise)

Cette clouterie, installée dans l'Oise depuis 1888, est la dernière de France. Et parmi les 2 800 références proposées, on trouve toutes les tailles. Il y a les clous minuscules pour les maquettes ou les très grands formats pour les coques de bateaux. Ils sont en acier, en laiton, en cuivre ou en maillechort, alliage noble de cuivre, de zinc et de nickel, qui sert notamment dans la fabrication de pièces de maroquinerie de luxe. Et ces clous se retrouvent partout ! Dans les chaussures, les tapisseries mais aussi dans la restauration des monuments historiques ou les couteaux, notamment sur les Laguiole avec le caractéristique clou à petite tête dite « tête homme ».

Faïenceries et Émaux de Longwy (Meurthe-et-Moselle)

Cette manufacture est fondée en 1798 et son meilleur ambassadeur fut Napoléon Ier. Après une visite à Longwy, il passa commande de services de table destinés aux maisons impériales de la Légion d'honneur.

Un siècle plus tard, en 1925, les décors dessinés pour l'Exposition internationale des Arts décoratifs de Paris font un triomphe. Il y a un secret ! La manufacture détient l'exclusivité en France des émaux cloisonnés au trait noir sur faïence. Cette technique délicate consiste à imprimer le décor en noir sur le biscuit brut, et à remplir goutte à goutte chaque alvéole ainsi cernée avec un émail coloré. Cette technique manuelle ne peut être réalisée que par un artisan chevronné et il faut parfois plus de 50 heures de travail pour réaliser une pièce. La faïencerie est sortie d'un demi-siècle de léthargie grâce à un gros travail de modernisation des formes, des décors et des couleurs.

Fabrique d'hameçons VMC (Morvillars, Territoire de Belfort)

En 1910, la famille Viellard-Migeon se lance dans la fabrication d'hameçons. Et vingt ans plus tard, l'activité est devenue si florissante qu'elle décide d'installer les ateliers de l'entreprise à Morvillars. En 1950, la firme se place au premier rang du marché français de l'hameçon et cela malgré la situation économique critique de la fin de la Seconde Guerre mondiale et la baisse importante de la qualité des matières premières. Et grâce à la mise au point de machines uniques, VMC prend un virage technologique décisif. Cela permet de produire à Morvillars un million d'hameçons triples chaque jour. La méthode est secrète : impossible d'en savoir plus sur la vingtaine de machines et sur les artisans qui mettent en forme, soudent, aiguisent, décapent et trempent les hameçons. Ils sont formés sur place et acquièrent un savoir-faire et une dextérité qui leur assurent toute une carrière dans l'entreprise. Et bien que VMC se place au premier rang mondial pour la fabrication de l'hameçon triple, il s'agit toujours d'un travail d'artisan réalisé à la main.

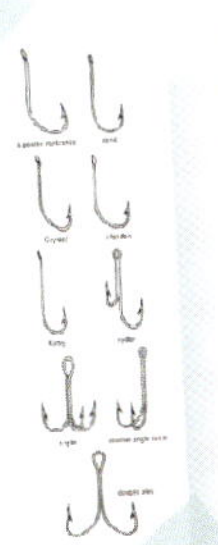

Savonnerie Marius Fabre (Salon-de-Provence, Bouches-du-Rhône)

Voilà une des quatre dernières fabriques de savon de Marseille existantes en France. La fabrication du savon de Marseille est née et s'est développée pendant des siècles uniquement de façon empirique, basée sur l'observation et la sensibilité humaine. Une sensibilité particulière est utilisée, celle du goût ! Car, chez Marius Fabre, le savon est directement goûté dans les chaudrons pour s'assurer de sa parfaite fabrication. Si la pâte pique la langue, c'est que le savon nécessite un dernier lavage à l'eau pure. Il faut quatorze jours pour fabriquer un vrai savon de Marseille selon un procédé ancestral. On parle de cuisson « à grand feu ». En effet, même si l'utilisation du chaudron se fait de plus en plus rare, chez Marius Fabre, il est hors de question de fonctionner autrement.

◀ Entrée du musée du savon de Marseille (dans la savonnerie Marius Fabre).

Robinetterie Volevatch (Tully, Somme)

L'histoire commence aux puces de Saint-Ouen, au début des années 1970. Serge Volevatch tombe en admiration devant une baignoire en cuivre du XIXe siècle. Il la rapporte en Picardie, où il habite, bien décidé à lui rendre sa superbe d'antan. Il n'imaginait pas que cet art du bain allait devenir une passion. C'est Rudolf Noureïev qui le fit accéder au succès et à la reconnaissance. À la demande du danseur étoile, il conçoit une salle de bains entièrement composée de pièces d'antiquités du XIXe siècle, qu'il restaure puis adapte aux normes contemporaines. Cette aventure providentielle sera le point de départ de prestigieuses collaborations avec des institutions comme le château de Versailles ou des marques de luxe comme Guerlain… Chez Volevatch, on invente un robinet comme une robe de haute couture, donnant une esthétique unique et provoquant des émotions uniques pour des objets de la vie quotidienne. Cet artisanat d'exception est inscrit à l'inventaire des métiers rares de l'Unesco.

Fabrique de cannes Fayet (Orléat, Puy-de-Dôme)

Dans la famille Fayet, on fait des cannes de père en fils dans le Puy-de-Dôme depuis 1909. Bien sûr, on fait des orthèses mais ce sont surtout la canne d'agrément, l'objet de mode et les cannes à système les spécialités de la maison. Chez Fayet, on peut tout faire ou presque. On travaille les essences de bois ordinaires aussi bien que le titane en passant par toute une gamme de bois exotiques. Les poignées sont courbes ou à pommeau en ivoire, en argent ou en os. Le travail est entièrement manuel et il y a un véritable savoir-faire. Pour une canne-épée par exemple, chez Fayet, on perce la canne pour y insérer l'épée. Dans toutes les autres fabriques, on coupe la canne et on la recolle ensuite. Et parfois, on réalise pour les passionnés des répliques comme celle de la canne de Toulouse-Lautrec qui, évidée, cachait un verre et une bouteille tout en longueur.

Coutellerie Savignac (Foix, Ariège)

Depuis 1754, on fait des couteaux dans la même famille. Le savoir-faire passe ainsi de main en main au fil du temps. Aujourd'hui, c'est Olivier Montariol qui est à la tête de cette coutellerie très familiale donc ! Les couteaux Savignac sont exclusivement taillés, selon la tradition, soit dans des pointes de cornes, soit dans des essences de buis, de genévrier, de chêne, de noyer, de merisier, de poirier ou prunier ; tous originaires d'Ariège. Et si les lames sont forgées à Thiers, elles restent ajustées, aiguisées et ciselées à Foix. Avoir un couteau Savignac est le gage d'avoir un outil unique.

▼ Un atelier de polissage des lames à Thiers, au XIXe siècle.

Sur les routes de France

Les FLEUVES et RIVIÈRES de France

▲ La Durance et le rocher de la Baume à Sisteron.

Sillonner la France au fil de ses grands **fleuves et rivières** permet de découvrir en profondeur notre beau pays. Issus des montagnes, certains de ces fleuves et rivières se jettent dans la Manche, l'Atlantique, la Méditerranée et traversent les plus grandes villes françaises.

La Loire

La Loire est le plus long fleuve (1 020 km) et le seul grand fleuve entièrement français par son bassin (115 120 km²). Née au mont Gerbier-de-Jonc, à 1 408 m d'altitude, elle rejoint l'Atlantique par un estuaire. La Loire se dirige d'abord vers le nord, avant de recevoir l'Allier en aval de Nevers. Le fleuve, sorti du Massif central, décrit alors une vaste boucle, dont Orléans constitue le sommet. Il coule dans le Val de Loire et reçoit successivement, après Tours, le Cher, l'Indre, la Vienne et la Maine. La Loire débouche, 16 km après Nantes, sur l'Atlantique à Saint-Nazaire en un large estuaire, long de 35 km.

▲ La Loire à Orléans.

La Seine

Née sur le plateau de Langres, à 471 m d'altitude, la Seine traverse la Champagne et passe à Troyes. Entre son confluent avec l'Aube et l'Yonne, elle longe la côte de l'Île-de-France. Peu en amont de Paris, elle reçoit son affluent le plus long, la Marne. Elle décrit alors de très grands méandres et reçoit l'Oise. Après le confluent de l'Eure, elle forme de nouveau des méandres très allongés et passe à Rouen. Après avoir parcouru 776 km, elle se jette dans la Manche par un vaste estuaire, sur lequel est établi Le Havre. La Seine demeure une voie navigable utilisée surtout entre Paris et la Manche.

Le Rhône

Fleuve de Suisse et de France, né à 1 750 m d'altitude, dans le massif de l'Aar-Gothard, le Rhône rejoint, après 812 km (dont 522 en France), la Méditerranée par un vaste delta. Le Rhône draine d'abord le couloir du Valais, où il est alimenté par de grands glaciers, puis entre dans le lac Léman. Au sortir du lac, à Genève, il entre en France, traverse le Jura, remonte vers le nord-ouest, reçoit l'Ain, puis vient se heurter, à Lyon, au Massif central. Il coule alors vers le sud, entre le Massif central et les Alpes, et reçoit l'Isère, puis, en aval d'Avignon, la Durance. À partir d'Arles commence le delta.

▲ Les eaux paisibles du Rhône.

Le Rhin

Fleuve d'Europe, né en Suisse, le Rhin se jette dans la mer du Nord aux Pays-Bas après un parcours de 1 320 km. Né de la réunion de deux torrents alpins, le Rhin traverse le lac de Constance, franchit le Jura, reçoit l'Aar avant d'atteindre Bâle. Il s'écoule ensuite vers le nord et reçoit l'Ill, le Neckar et le Main. Après Mayence, il se grossit de la Moselle et de la Lahn. À Bonn, le Rhin entre définitivement en plaine, reçoit la Ruhr et la Lippe, pénètre aux Pays-Bas, où il rejoint la mer du Nord par trois bras principaux. C'est la plus importante artère navigable d'Europe, desservant la Suisse, la France de l'Est, une partie de l'Allemagne et les Pays-Bas.

▲ Le Rhin et le pont Pierre-Pflimlin, qui relie la France à l'Allemagne.

La Garonne

Fleuve du sud-ouest de la France, né en Espagne au val d'Aran, à 1 870 m d'altitude, la Garonne rejoint la Dordogne pour former l'estuaire de la Gironde (650 km et 575 en excluant la Gironde). Elle entre en France au Pont-du-Roi et sort des

▼ La Garonne à Toulouse, au pont Neuf.

Pyrénées en aval de Saint-Gaudens. Elle reçoit alors l'Ariège, traverse Toulouse et reçoit le Tarn et le Lot, avant d'atteindre Bordeaux, un peu en amont de l'estuaire.

La Marne

Rivière de France, née sur le plateau de Langres et qui se jette dans la Seine entre Charenton et Alfortville après un parcours de 525 km, la Marne passe à Chaumont, Saint-Dizier, Vitry-le-François, Châlons-en-Champagne, Épernay, Château-Thierry et Meaux. Près de Saint-Dizier, une retenue (réservoir Marne, ou lac du Der-Chantecoq) forme un lac de près de 5 000 ha.

Pratique de l'aviron sur la Marne. ▲

La Meuse

La Meuse est un fleuve de France, de Belgique et des Pays-Bas, né dans le Bassigny. Elle parcourt 950 km et passe à Verdun, à Sedan et à Charleville-Mézières et traverse l'Ardenne au fond d'une vallée encaissée. En Belgique, elle passe à Namur et à Liège. Son cours inférieur, à travers les Pays-Bas, s'achève par un delta dont les branches se mêlent à celui du Rhin.

▲ La Meuse à Verdun.

Le Lot

Né près du mont Lozère, le Lot est une rivière du Massif central et du bassin d'Aquitaine et un affluent de la Garonne. Long de 480 km, il passe à Mende et coule en gorges, entre le Gévaudan et l'Aubrac au nord, les Causses au sud, reçoit la Truyère, puis entre dans le Quercy et passe à Cahors et à Villeneuve-sur-Lot. Il atteint enfin la plaine un peu en amont de Villeneuve.

▲ Rafting sur l'Allier en Auvergne.

La Saône

La Saône est une rivière de l'est de la France, née dans le département des Vosges, à 396 m d'altitude. La Saône passe à Gray, Chalon-sur-Saône, Mâcon et conflue dans le Rhône après avoir traversé Lyon. C'est une rivière calme, qui entre en plaine (plaines de la Saône) au-delà de Vesoul ; abondante (plus de 400 m³/s en moyenne), elle régularise le régime du Rhône grâce à ses hautes eaux hivernales.

L'Allier

Rivière de France longue de 410 km, qui coule dans le Massif central, l'Allier prend sa source dans l'est de la Lozère, près du Moure de la Gardille (1 503 m). C'est le plus long affluent de la Loire, drainant un bassin d'environ 15 000 km². Il draine les Limagnes, puis le Bourbonnais, passe à Vichy et à Moulins, et conflue près de Nevers au bec d'Allier.

La Moselle

Née dans les Vosges, la Moselle est une rivière de France, du Luxembourg et d'Allemagne, longue de 550 km. Elle passe à Épinal et à Metz, sert de frontière entre le Luxembourg et l'Allemagne, avant d'entailler le Massif schisteux rhénan par une vallée portant des vignobles et animée aussi par le tourisme, confluant enfin à Coblence, où elle rejoint le Rhin. La Meurthe et surtout la Sarre sont ses principaux affluents.

La Durance

Rivière des Alpes du Sud, née près du col de Montgenèvre, la Durance est un cours d'eau montagnard au débit torrentiel et à la pente forte jusqu'à la confluence de l'Ubaye. Longue de 305 km, elle passe à Briançon, Embrun, Sisteron. Son aménagement, en aval de Serre-Ponçon (barrages avec centrales hydrauliques et canaux d'irrigation), a entraîné la dérivation de la plus grande partie de ses eaux, à partir de Mallemort, vers l'étang de Berre et la Méditerranée.

La Dordogne

Rivière du sud-ouest de la France, née au pied du Sancy, la Dordogne, longue de 472 km, rejoint la Garonne au bec d'Ambès. Elle s'écoule vers l'ouest, reçoit successivement la Cère, la Vézère et l'Isle, passe à Bergerac et à Libourne en Gironde.

Le Doubs

Affluent de la Saône, le Doubs est une rivière de France et de Suisse, née dans le Jura français. Long de 430 km, le Doubs traverse les lacs de Saint-Point et de Chaillexon (d'où il sort par le saut du Doubs) et passe en Suisse avant de traverser Besançon et Dole.

Le Tarn

Rivière du sud de la France, née au sud du mont Lozère, le Tarn est un affluent de la Garonne. Sur 375 km, il traverse les Grands Causses en de pittoresques canyons (gorges du Tarn), passe à Millau, Albi et Montauban.

Une belle gabare (embarcation traditionnelle) ▶ sur la Dordogne.

Trésors du patrimoine

PARCS et JARDINS à la française

▲ Le « jardin anglais » du domaine de Chantilly.

Prétexte à un art de l'éphémère, à un art vivant, le jardin est un lieu de mémoire dynamique qui a une place toute particulière dans notre imaginaire. La France a créé le « jardin à la française » et développé tout un univers autour des jardins dont voici quelques magnifiques exemples.

Le jardin à la française

Le jardin dit « à la française » respecte les canons de l'architecture classique. L'idée est moins de mettre en valeur une nature pittoresque (comme le jardin « à l'anglaise ») que de présenter une nature organisée par l'homme, géométrique et symétrique. On admire alors les prouesses techniques qui permettent à l'homme de dépasser les lois naturelles, d'imposer son regard en organisant le jardin autour d'un axe perspectif dominant, de canaliser l'énergie de l'eau pour actionner des théâtres d'automates, des orgues hydrauliques, des jets d'eau, pour en faire le centre de spectacles extraordinaires et créer une atmosphère irréelle. C'est ce qu'André Le Nôtre (1613-1700) a somptueusement réalisé à Versailles, dont les jardins ont servi de modèle à l'Europe entière.

Les jardins de Villandry, en Val de Loire

Le château de Villandry, érigé entre le XIVe et le XVIe siècle, possède de magnifiques jardins à trois niveaux de parterres, restitués dans l'esprit de la Renaissance. Site exceptionnel avec ces six jardins remarquables à thème (le jardin potager, d'ornement, d'eau, du soleil, des simples et le labyrinthe), Villandry est un lieu de promenade élégant et époustouflant.

Les jardins du château de Villandry. ▼

▲ Une allée de bambous verts dans la bambouseraie d'Anduze.

La bambouseraie en Cévennes

Jardin unique en Europe, près d'Anduze dans le Gard, c'est un petit coin de forêt tropicale que nous offre la bambouseraie en Cévennes. Créée en 1856 par Eugène Mazel, la bambouseraie abrite sur 15 ha plusieurs variétés de bambous géants aux tiges vertes, jaunes et noires. Au fil des décennies, ce lieu magique s'est enrichi d'espèces originales : séquoias, ginkgos bilobas, lotus, palmiers de Chine et plantes carnivores. Dans un cadre très agréable, on flâne au long des allées de bambous dans le jardin japonais, les serres Mazel, le village laotien ou le jardin aquatique.

Le domaine de Chantilly

André Le Nôtre, concepteur des jardins de Versailles, a également élaboré les plans du grand parterre à la française de Chantilly, qui offre un point de vue exceptionnel avec ses miroirs d'eau. Il est à noter que tout le réseau hydraulique a été restauré en 2009, ce qui permet un fonctionnement identique à celui du XVIIe siècle. Le parc du château de Chantilly propose également un spectacle très varié : on y trouve un « jardin anglo-chinois » datant de 1773, comprenant cinq maisonnettes rustiques, qui a inspiré le hameau de la Reine à Versailles, et un « jardin anglais » du XIXe siècle, où des vues romantiques, changeant au gré des saisons, s'offrent aux visiteurs.

▲ Le jardin espagnol de la villa Ephrussi de Rothschild.

▲ Art topiaire dans les jardins du manoir d'Eyrignac.

Le jardin des Cinq Sens

Le jardin des Cinq Sens se trouve dans le village médiéval d'Yvoire, au bord du lac Léman, à l'emplacement de l'ancien potager du château. Il a été créé dans les années 1980 selon les principes du jardin médiéval, et propose aujourd'hui 1 500 variétés de plantes. Il comprend un labyrinthe végétal s'adressant aux cinq sens (les visiteurs sont ainsi invités à toucher, sentir, voire goûter les plantes, l'ouïe étant sollicitée par le murmure de l'eau et le chant des oiseaux), ainsi que des espaces de verdure thématiques (prairie alpine, sous-bois, cloître végétal…). C'est un véritable enchantement à parcourir en famille…

La roseraie du Val-de-Marne

C'est la doyenne des roseraies : elle a été créée de 1894 à 1899 par Jules Gravereaux, et elle rassemble aujourd'hui plus de 11 000 rosiers et près de 2 900 espèces et variétés, le tout réparti en 13 collections. Le parc se situe à L'Haÿ-les-Roses, qui lui doit son nom (depuis 1914). Le but des créateurs de cette roseraie était de prouver qu'un jardin de collection pouvait aussi être un jardin d'agrément, et les rosiers forment ainsi un jardin à la française. Il est conseillé de venir l'admirer en juin, période optimale pour la floraison des rosiers.

Les jardins de la villa Ephrussi de Rothschild

La villa Ephrussi de Rothschild, palais de style Renaissance construit au début du XXe siècle sur la Côte d'Azur, à Saint-Jean-Cap-Ferrat, est entourée de huit jardins, aménagés à sa construction ou dans un second temps. Le promeneur peut ainsi flâner dans un jardin à la française, visible depuis les salons, un jardin lapidaire, exposant des statues et bas-reliefs anciens, un jardin japonais, organisé autour d'une cascade, un jardin espagnol, avec grotte et pergola, un jardin exotique, dans lequel on se fraie un chemin à travers les cactus, un jardin florentin, reconnaissable à ses cyprès, un jardin provençal, rempli de pins, d'oliviers et de lavande, et enfin une roseraie, où les fleurs entourent un petit temple hexagonal.

Les jardins du manoir d'Eyrignac

Le manoir d'Eyrignac, situé en Dordogne, dans le Périgord noir, est surtout connu pour ses jardins, ouverts au public depuis 1987 : il s'agit d'une recréation de jardins à la française, datant des années 1960, soutenue par une inspiration tirée de la Renaissance italienne, et d'espaces plus sauvages, à la périphérie, ce qui rend ce lieu à la fois inclassable et exceptionnel. Les massifs taillés (buis et ifs) présentent près de 300 sculptures végétales ; on parle d'« art topiaire ».

Le parc de Sceaux

Le parc de Sceaux, qui couvre 181 ha sur les communes de Sceaux et d'Antony, dans les Hauts-de-Seine, a été conçu par André Le Nôtre à la demande de Colbert, dans la tradition des jardins à la française. C'est un des plus beaux parcs de la région parisienne ; il offre des espaces variés pour se détendre et se promener et accueille de nombreuses activités. Chaque année est organisé dans le bosquet nord, à l'ouest du Grand Canal, un *hanami*, c'est-à-dire la célébration japonaise du printemps, symbolisé par la floraison des cerisiers du Japon, particulièrement nombreux dans cette zone du parc.

▲ Le château et son jardin, à Yvoire.

La roseraie de L'Haÿ-les-Roses. ▶

Les PAYS DE LA LOIRE, la terre des châteaux

Grande région touristique, les **Pays de la Loire** attirent les voyageurs grâce à leur riche patrimoine culturel. De la côte vendéenne au Val de Loire, classé au patrimoine mondial de l'Unesco, en passant par Nantes ou La Baule, les sites somptueux se succèdent.

Nantes, la cité des ducs

Nantes est évêché dès le IVe siècle. Elle devient résidence habituelle des rois, puis des ducs de Bretagne jusqu'à la réunion à la France (1524). Fief catholique, Nantes, durant les guerres de Religion, se donne à la Ligue. En 1598, Henri IV y promulgue l'édit qui accorde aux protestants la liberté de pratiquer leur religion. L'apogée du port de Nantes, le premier de France entre 1700 et 1730, est lié à l'exploitation de l'Amérique. Vers 1750, Nantes assure plus du tiers de la traite française. La Révolution et l'Empire provoquent un brutal déclin, qu'accentue la chouannerie. Les vendéens veulent prendre la ville, restée républicaine, mais sans succès (29 juin 1793), et la Terreur est très rude (noyades de Nantes).

Angers, une ville stratégique

Oppidum gaulois des Andécaves, cité romaine marchande prospère (*Juliomagus*), Angers devint, grâce aux Plantagenêts, la capitale d'un grand État féodal (Anjou). À partir du château qui la dominait, la ville s'étendit et annexa le quartier de la Doutre au-delà de la Maine. Réunie à la France, elle dut à sa position aux portes de Bretagne de jouer un rôle stratégique important. Aux XVIIe et XVIIIe siècles, pour profiter du trafic fluvial, on créa des industries à Angers (textiles, corderies, raffineries) et, aux XIXe et XXe siècles, la construction de nouvelles voies de communication accrut encore l'importance de la ville. On construisit des faubourgs au-delà de ses boulevards vers Les Ponts-de-Cé et Trélazé et le long de la route du Mans.

▲ Le château d'Angers.

Le château des ducs de Bretagne à Nantes. ▲

De l'« Apocalypse » au « Chant du monde »

La tenture de l'*Apocalypse* est un remarquable ensemble de tapisseries conservé au château d'Angers. L'œuvre illustre fidèlement le texte de saint Jean. Le peintre Jean de Bruges en livra les cartons en 1376 et le tapissier parisien Nicolas Bataille en commença le tissage en 1377. Il en reste 69 tableaux et 9 fragments, composant un ensemble de 107 m de large sur 4,30 m de haut. Lui fait écho, à l'hôpital Saint-Jean, la composition de Jean Lurçat, le *Chant du monde*, ensemble de 10 tapisseries mesurant 500 m², réalisé de 1956 à 1965.

▲ Le château de Laval domine la Mayenne.

L'automobile durant 24 heures

Tout commence le 26 mai 1923 quand l'Automobile Club de la Sarthe (créé en 1906) organise pour la première fois les 24 Heures du Mans. Au fil des décennies, cette course deviendra la course automobile la plus célèbre du monde (aujourd'hui 190 pays diffusent ses images). Les plus grandes marques de voiture (Bugatti, Alfa-Romeo, Jaguar, Porsche, Mazda, Mercedes, Ferrari, Renault, Peugeot, McLaren) mais aussi les plus grands pilotes (victoire de Lagache et Léonard en 1923, Nuvolari, Chinetti, Fangio, Ickx, Pescarolo) viendront s'affronter sur ce circuit d'un peu plus de 13 km.

La Roche-sur-Yon doit tout à Napoléon

C'est Napoléon Ier qui, voulant créer un poste militaire en Vendée, encore peu sûre, fonda cette ville, en 1804, sur l'emplacement d'un bourg brûlé durant les guerres de Vendée. La Roche-sur-Yon devait être colonisée par une population non royaliste (1804) ; prévue pour 15 000 habitants, elle n'en avait que 1 500 à la fin de l'Empire. Elle s'appela Napoléon-sur-Yon sous le premier Empire et Napoléon-Vendée sous le second Empire, Bourbon-Vendée sous la Restauration. Elle a été bâtie sur un plan régulier en damier, avec, au centre, la place Napoléon.

Laval, fière de son château

La ville s'est développée surtout autour du château, mais celui-ci lui donna une importance telle qu'elle devint la capitale du Bas-Maine et le principal marché de la région. Sa situation à un carrefour de routes y est pour beaucoup. Prise par Talbot en 1428, elle fut rendue l'année suivante et devint le chef-lieu d'un comté. Elle fut disputée entre les partis au moment des guerres de Religion. Les vendéens vainquirent Westermann près de Laval en 1793.

▲ Les 24 Heures du Mans.

Les retables de la Mayenne

Reflets de la ferveur religieuse ou obligations épiscopales aux XVIIe et XVIIIe siècles, les retables des églises font partie du patrimoine artistique. Ce sont des constructions verticales portant un décor peint ou sculpté, élevées sur un autel ou en retrait de celui-ci. Même s'ils ne sont pas les plus anciens, les retables de la Mayenne sont parmi les plus remarquables. Décorés de marbres liés au tufeau et exécutés par des architectes, ils témoignent ainsi des divers courants artistiques qui ont jalonné ces deux siècles.

Le Mans, une histoire mouvementée

Oppidum gaulois, capitale des Cénomans, la cité est fortifiée par les Romains et intégrée à la IIIe Lyonnaise. Elle est conquise par les Francs au VIe siècle. Après les invasions normandes (IXe-Xe siècles), les comtes du Maine dépossèdent ses évêques tuteurs, mais doivent la céder à Guillaume de Normandie, qui réprime le mouvement communal (XIe siècle). Celui-ci ne connaîtra qu'une expansion tardive sous les Plantagenêts, avec l'essor de la bourgeoisie, qui profite de ce carrefour de routes importantes. Prise par Philippe Auguste (1189), qui la cède aux Anglais (1204), la ville n'est rendue à la France qu'après la guerre de Cent Ans (1481). Pillée pendant les guerres de Religion, elle voit, sous la Révolution, la victoire décisive de Marceau sur les chouans (décembre 1793).

Maison médiévale au Mans. ▼

Petits plats de NANTES à la VENDÉE

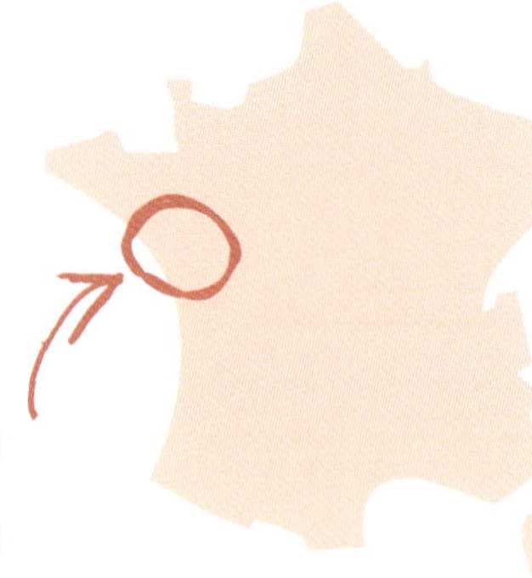

Coquilles Saint-Jacques à la nantaise

POUR 4 PERSONNES

* * *

PRÉPARATION : **30 MIN** - CUISSON : **10 MIN**

- 8 coquilles Saint-Jacques
- 100 g de mie de pain
- 15 cl de lait
- 2 échalotes
- 1 gousse d'ail
- 60 g de beurre
- 2 cuill. à soupe de persil ciselé
- chapelure
- sel et poivre

1 Ouvrez les coquilles Saint-Jacques en supprimant seulement la partie noire collée au muscle. Rincez bien les noix et le corail. Lavez longuement les barbes pour éliminer tout le sable, pressez-les bien pour extraire toute l'eau et hachez-les très finement. Conservez quatre coquilles creuses et nettoyez-les avec soin.

2 Faites tremper la mie de pain dans le lait. Égouttez-la puis pressez-la entre les doigts. Épluchez et hachez finement les échalotes et l'ail. Faites-les fondre avec 40 g de beurre jusqu'à ce qu'ils soient transparents puis mélangez-les à la mie de pain. Ajoutez les barbes, le persil ciselé, salez, poivrez et remuez.

3 Répartissez la moitié du mélange dans les quatre coquilles creuses. Coupez les noix de saint-jacques en deux horizontalement et posez-les dans les coquilles avec le corail. Recouvrez avec le reste de la préparation.

4 Préchauffez le four à 220 °C (th. 7-8). Parsemez la surface des coquilles de chapelure, répartissez le reste de beurre en noisettes et passez au four une dizaine de minutes. Servez très chaud.

La pomme de terre de Noirmoutier

* * *

Produit fétiche de l'île, la bonnotte a bel et bien failli disparaître ! Du début des années 1920 à la fin des années 1960, c'est la production phare de l'île. Cependant, les plants dégénèrent et la récolte ne supporte pas la mécanisation. Devenue rare, elle est soudain très recherchée. Sauvé par les laboratoires de recherches agronomiques de Rennes et de Nantes, le fragile tubercule à la chair jaune et au grain fin est aujourd'hui vanté dans les recettes de grands chefs.

Bar en croûte de sel de Guérande

POUR 4 PERSONNES

* * *

PRÉPARATION : **15 MIN** - CUISSON : **35 À 45 MIN**

- 1 bar de 1,2 à 1,5 kg
- 2 kg de gros sel de Guérande

POUR LA SAUCE HOLLANDAISE

- 3 cuill. à soupe de vinaigre de vin blanc
- 4 jaunes d'œufs
- 250 g de beurre fondu

1 Videz le bar sans l'écailler. Lavez-le puis séchez-le avec soin.

2 Préchauffez le four à 240 °C (th. 8). Étalez régulièrement la moitié du sel dans un plat à four ou dans la lèchefrite tapissée d'une feuille d'aluminium, posez le poisson dessus puis recouvrez-le complètement avec le reste du sel. Enfournez et faites cuire pendant 35 à 45 minutes.

3 Préparez la sauce hollandaise. Versez le vinaigre dans une petite casserole à fond épais, faites réduire de moitié à feu vif puis laissez tiédir. Mettez la casserole dans un bain-marie moyen (pas plus de 80 °C), ajoutez 3 cuillerées à soupe d'eau froide, les jaunes d'œufs et fouettez jusqu'à ce que le mélange épaississe un peu. Versez alors le beurre fondu, peu à peu, sans cesser de fouetter. Salez, poivrez et réservez.

LE SEL DE GUÉRANDE

Le sel de Guérande est récolté dans les marais salants qui s'étendent sur 2000 hectares, de la petite ville médiévale de Guérande jusqu'à Assérac, situé plus au nord. Lors des marées, l'eau pénètre dans une succession de bassins où elle va devenir de plus en plus saturée en sel, jusqu'à ce que – le soleil et le vent aidant – une cristallisation se produise. Les paludiers récoltent quotidiennement le sel dans ces bassins de cristallisation appelés « œillets ». Le las, sorte de pelle à long manche (5 m), sert à récolter le gros sel. Quant à la lousse, elle est utilisée pour cueillir la fleur de sel, blanche et fine, à la surface des œillets.

▲ Une des portes de Guérande.

Histoire du sel

* * *

Connu depuis l'Antiquité et utilisé dès le Moyen Âge, le sel de Guérande tient sa richesse de la grande diversité des sels minéraux et des oligoéléments qui le composent.

▲ Les salines de Guérande.

LA BRIOCHE ET LA GÂCHE

La brioche et la gâche accompagnent les différentes fêtes vendéennes, qu'il s'agisse de Pâques, des baptêmes, des mariages (occasions de la danse de la brioche), etc. Connue depuis le Moyen Âge, la gâche est une sorte de brioche qui se présente sous la forme d'un pain. Depuis 2013, elle porte d'ailleurs une IGP. On reconnaît la brioche vendéenne à son tressage.

Grands ÉCRIVAINS d'avant 1789

De Chrétien de Troyes, un des premiers auteurs à écrire en ancien français, à la Révolution, la langue française ne va pas cesser d'évoluer.

Du Moyen Âge à la Renaissance

Chrétien de Troyes (v. 1135-v. 1183)
Auteur de romans de chevalerie où mythe et folklore s'unissent pour former des récits de quête, il est l'initiateur de la littérature courtoise en France : *Lancelot ou le Chevalier de la charrette*, *Yvain ou le Chevalier au lion*, *Perceval ou le Conte du Graal*.

François Villon (1431-1463)
Il mena une vie aventureuse et risqua plusieurs fois la potence. Auteur du *Lais*, ou *Petit Testament*, et du *Grand Testament*, de *l'Épitaphe Villon* (dite *Ballade des pendus*), il apparaît comme le premier en date des grands poètes lyriques français modernes.

◄ *Vie inestimable du grand Gargantua,* de François Rabelais, gravure de Gustave Doré pour l'édition de 1873

François Rabelais (1494-1553)
Tour à tour franciscain, bénédictin, étudiant errant, médecin, puis curé de Meudon, il a écrit une œuvre qui s'inscrit dans la lignée de la littérature d'almanach (*Horribles et Épouvantables Faits et Prouesses du très renommé Pantagruel, Vie inestimable du grand Gargantua*) et qui s'efforce de concilier culture savante et tradition populaire (*Tiers Livre*, 1546 ; *Quart Livre*, 1552). Rabelais est le parfait modèle des humanistes de la Renaissance, qui luttent avec enthousiasme pour renouveler l'idéal philosophique et moral de leur temps. Écrivain pittoresque, il témoigne d'un don prodigieux de l'invention verbale.

Clément Marot (1496-1544)
Valet de chambre de François Ier, il fut soupçonné de sympathie pour la Réforme et dut s'exiler à plusieurs reprises. Fidèle aux formes du Moyen Âge (rondeau, ballade), il est aussi un poète de cour élégant dans ses *Épîtres*, ses *Épigrammes* et ses *Élégies*.

Agrippa d'Aubigné (1552-1630)
Calviniste ardent, compagnon d'armes d'Henri IV, il mit son talent au service de ses convictions en écrivant notamment une épopée prophétique et accusatrice (*les Tragiques*, 1616). Ses poèmes d'amour (*le Printemps*) sont caractéristiques de la poésie baroque. Madame de Maintenon était sa petite-fille.

L'âge classique

François de Malherbe (1555-1628)
D'abord poète baroque (*les Larmes de saint Pierre*), il rompit avec la poésie savante de la Pléiade et imposa, comme poète de cour et chef d'école, un idéal de clarté et de rigueur qui est à l'origine du goût classique (*Consolation à Du Périer*).

La Pléiade

On désigne sous ce nom un groupe de sept poètes, sous Henri II, comprenant, autour de Ronsard et de Du Bellay, Rémi Belleau, Jodelle, Baïf, Pontus de Tyard, Jacques Peletier du Mans, remplacé à sa mort par Dorat. Prenant pour modèle le lyrisme antique, ouverte à toutes les recherches de l'humanisme, la Pléiade a profondément renouvelé la poésie française (*Défense et illustration de la langue française*, de Du Bellay). Ses deux membres les plus illustres sont Pierre de Ronsard (1524-1585), dont le recueil de poèmes le plus célèbre est *Amours* (1552-1578), et Joachim Du Bellay (1522-1560), à qui on doit notamment *les Regrets* (1558).

▲ *Lancelot ou le Chevalier de la charrette,* miniature sur vélin du XIVe siècle

Pierre Corneille (1606-1684)
Avocat, il débute au théâtre par des comédies (*la Place Royale*, 1633-1634 ; *l'Illusion comique*, 1635-1636) et devient célèbre avec une tragi-comédie, *le Cid* (1637), qui provoque une querelle littéraire. Sensible aux critiques, il se consacre alors à la tragédie (*Cinna*, 1642), sans abandonner la comédie à la mode espagnole (*le Menteur*, 1643) et les divertissements de cour (*Andromède*, 1650). Il connaît avec *Pertharite* (1651) un échec qui l'éloigne du théâtre pendant sept ans. Il définit alors les principes de son théâtre dans les *Examens* de ses pièces et trois *Discours* (1660). Revenu à la scène (*Œdipe*, 1659), il voit le public lui préférer Racine (*Tite et Bérénice*, 1670). Corneille peint des héros « généreux » pour qui l'honneur et la gloire méritent tous les sacrifices.

Jean de La Fontaine (1621-1695)
On doit à l'auteur des *Fables* de nombreux *Contes et Nouvelles* en vers (1664-1685), récits galants imités de l'Arioste et de Boccace. Courtisan mais ami sincère, il fut notamment le protégé de Fouquet et de Madame de La Sablière.

Jean-Baptiste Poquelin, dit Molière (1622-1673)
Fils d'un tapissier, il fait des études de droit, avant de se tourner vers le théâtre. Il crée avec une famille de comédiens, les Béjart, l'Illustre Théâtre (1643), qui

n'a pas de succès. Il dirige alors pendant quinze ans (1643-1658) une troupe ambulante qui interprète ses premières comédies, inspirées de la farce italienne. À partir de 1659, protégé de Louis XIV, il donne de nombreuses pièces en vers ou en prose. Acteur et directeur de troupe, il crée véritablement la mise en scène et dirige avec précision le jeu des acteurs. Auteur, il joue sur toute la gamme des effets comiques, de la farce la plus bouffonne jusqu'à la psychologie la plus élaborée. Ses principales comédies sont *les Précieuses ridicules* (1659), *l'École des femmes* (1662), *Dom Juan* (1665), *le Misanthrope* (1666), *l'Avare* (1668), *le Tartuffe* (1669), *le Bourgeois gentilhomme* (1670), *les Fourberies de Scapin* (1671), *les Femmes savantes* (1672), *le Malade imaginaire* (1673). Molière meurt quelques heures après une représentation de cette dernière pièce.

Charles Perrault (1628-1703)

Il entra en 1671 à l'Académie française, où il se signala dans la querelle des Anciens et des Modernes en prenant parti pour les Modernes (*le Siècle de Louis le Grand, Parallèle des Anciens et des Modernes*).

Nicolas Boileau (1636-1711)

Imitateur d'Horace dans des poèmes satiriques (*Satires*, 1666-1668 ; 1694-1705) ou moraux (*Épîtres*, 1669-1695), chef du parti favorable aux Anciens dans la querelle des Anciens et des Modernes, il contribua à fixer l'idéal littéraire du classicisme (*Art poétique*, 1674).

Jean Racine (1639-1699)

Orphelin, il est recueilli par les religieuses de Port-Royal, où il reçoit une éducation janséniste. Puis il se consacre au théâtre. Il fait jouer *la Thébaïde* (1664), puis *Alexandre le Grand* (1665), mais c'est le succès de la tragédie *Andromaque* (1667) qui assure sa réputation. Il donne ensuite *Britannicus* (1669), *Bérénice* (1670), *Iphigénie en Aulide* (1674), *Phèdre* (1677). Nommé historiographe du roi, réconcilié avec les jansénistes, il renonce alors au théâtre. Mais, à la demande de Madame de Maintenon, il écrit encore pour les élèves de Saint-Cyr les tragédies bibliques *Esther* (1689) et *Athalie* (1691). Le théâtre de Racine, réalisant l'idéal de la tragédie classique, peint la passion comme une force fatale, qui détruit celui qui en est possédé.

▲ Portrait de Molière dans le rôle de César dans *la Mort de Pompée*, de Pierre Corneille, vers 1656 (collection de la Comédie-Française, Paris).

▼ *Le Loup et l'Agneau*, de Jean de La Fontaine, illustration de Jean-Baptiste Oudry pour l'édition de 1751 (Musée d'art et d'histoire, Metz).

▲ *Le Cid*, de Pierre Corneille, frontispice de l'édition de 1663.

Du marivaudage à la subversion

Pierre Carlet de Chamblain de Marivaux (1688-1763)

Il renouvelle la comédie en la fondant sur l'amour naissant, traduit en un langage délicat, qu'on a appelé le « marivaudage » : *la Double Inconstance* (1723), *le Jeu de l'amour et du hasard* (1730), *les Fausses Confidences* (1737). On lui doit également deux romans : *la Vie de Marianne* (1731-1741) et *le Paysan parvenu* (1735).

Pierre Augustin Caron de Beaumarchais (1732-1799)

Aventurier et libertin, célèbre par ses spéculations et ses procès, il fit dans *le Barbier de Séville* (1775) et *le Mariage de Figaro* (1784) une critique hardie et spirituelle de la société française. Mais la Révolution, qu'il avait contribué à préparer, ne lui inspira qu'un drame larmoyant, *la Mère coupable* (1792).

Beaumarchais par Jean-Marc Nattier, vers 1760 (collection particulière, Paris). ▶

Henri Bernardin de Saint-Pierre (1737-1814)

Son roman *Paul et Virginie*, ses *Études de la nature* (1784), puis ses *Harmonies* sont à la source des thèmes poétiques et des émotions religieuses du romantisme.

Paul et Virginie, de Bernardin de Saint-Pierre, gravure du XIXe siècle. ▶

Donatien Alphonse François, dit le Marquis de Sade (1740-1814)

Son œuvre, qu'on a longtemps considérée uniquement sous l'angle du sadisme, forme le double névrotique et subversif des philosophies naturalistes et libérales du siècle des Lumières (*les Cent Vingt Journées de Sodome*, 1782-1785 ; *Justine ou les Malheurs de la vertu*, 1791 ; *la Philosophie dans le boudoir*, 1795). Depuis les surréalistes, de nombreux écrivains ont salué dans son œuvre la revendication d'une liberté absolue face à la contrainte sociale.

Pierre Choderlos de Laclos (1741-1803)

Il est sutout connu pour ses *Liaisons dangereuses* (1782), chef-d'œuvre du roman épistolaire et de la stratégie libertine.

Le XIXe siècle, ÂGE D'OR de notre littérature

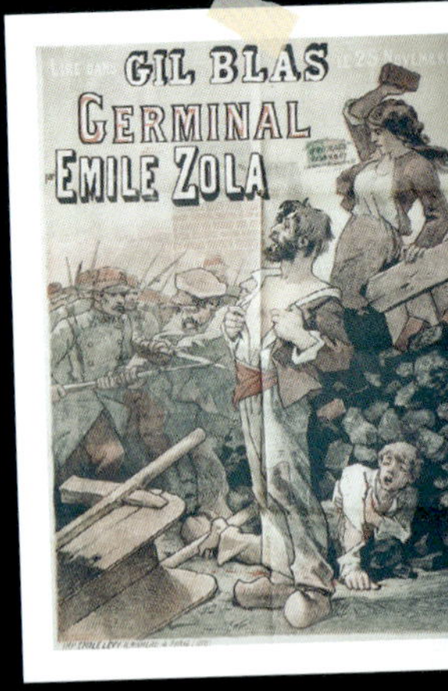

Le XIXe siècle est marqué par des génies littéraires et par des œuvres monumentales comme *la Comédie humaine* ou *les Rougon-Macquart*…

L'essor des romans et nouvelles

Henri Beyle, dit Stendhal (1783-1842)
Méconnu, il fait paraître *le Rouge et le Noir* (1830), mais il est persuadé que son œuvre ne peut être immédiatement comprise. Vivant en Italie, il publie pendant un congé à Paris *la Chartreuse de Parme* (1839) et les *Chroniques italiennes* (id.). Son style nerveux anime dans une action rapide des héros lyriques (Julien Sorel) qui dissimulent une grande sensibilité sous un apparent cynisme.

Honoré de Balzac (1799-1850)
Il est l'auteur de *la Comédie humaine*, qui, à partir de 1842, rassembla des romans formant une fresque de la société française. Plus de 2 000 personnages composent une société hantée par le pouvoir de l'argent et de la presse, livrée à des passions dévorantes, et que décrivent ces 90 romans. Les principaux sont : *la Peau de chagrin* (1831), *le Colonel Chabert* (1832), *le Père Goriot* (1834-1835), *le Lys dans la vallée* (1835), *Illusions perdues* (1837-1843), *Splendeurs et misères des courtisanes* (1838-1847).

Honoré de Balzac, dessin de Nadar (fusain rehaussé de gouache), 1850 (maison de Balzac, Paris).

Gustave Flaubert (1821-1880)
Son œuvre, qui s'imposa par un succès de scandale (*Madame Bovary*, 1857), compose, dans son double parti pris de réalisme désenchanté et d'extrême rigueur stylistique, une tentative pour dominer à la fois la bêtise d'une époque bourgeoise qu'il exécra et la tentation romantique qui ne cessa de l'obséder (*Salammbô*, 1862 ; *l'Éducation sentimentale*, 1869 ; *Bouvard et Pécuchet*, 1881).

Jules Verne (1828-1905)
Sa série des *Voyages extraordinaires* inaugure le genre du roman scientifique d'anticipation (*Voyage au centre de la Terre*, 1864 ; *De la Terre à la Lune*, 1865 ; *20 000 Lieues sous les mers*, 1870 ; *le Tour du monde en quatre-vingts jours*, 1873 ; *Michel Strogoff*, 1876).

20 000 Lieues sous les mers, de Jules Verne, couverture de la première édition, 1870 (Centre international Jules-Verne, Amiens).

Émile Zola (1840-1902)
Chef de l'école naturaliste, il voulut appliquer la rigueur scientifique à la description des faits humains. Accordant une importance capitale aux déterminations héréditaires des passions humaines, il entreprit un grand cycle romanesque reposant sur une minutieuse enquête préalable, *les Rougon-Macquart, histoire naturelle et sociale d'une famille sous le second Empire* (1871-1893). Attiré par les théories socialistes, puis évoluant vers une vision messianique de l'avenir, il prit parti en faveur de Dreyfus (« J'accuse », 1898).

Émile Zola photographié par Eugène Pirou.

Guy de Maupassant (1850-1893)
Il publia sa première nouvelle (*Boule-de-Suif*) dans le manifeste du naturalisme des Soirées de Médan (1880). Il est l'auteur de contes et de nouvelles réalistes, évoquant la vie des paysans normands, des petits-bourgeois, narrant des aventures amoureuses ou les hallucinations de la folie : *la Maison Tellier* (1881), *le Horla* (1887). Il publia également des romans (*Une vie*, 1883 ; *Bel-Ami*, 1885). Atteint de troubles nerveux, il mourut dans un état voisin de la démence.

Victor Hugo photographié par Étienne Carjat en 1873.

Poésie : du romantisme
au symbolisme

Alphonse de Lamartine (1790-1869)

Son premier recueil lyrique, les *Méditations poétiques* (1820), qui contient notamment son célèbre poème « le Lac », lui assura une immense célébrité, et il fut pris pour maître par la jeune génération des poètes romantiques. Il publia ensuite notamment les *Harmonies poétiques et religieuses* (1830), puis mit son talent au service des idées libérales (*Histoire des Girondins,* 1847). Membre du gouvernement provisoire et ministre des Affaires étrangères en 1848, il fut en fait, durant quelques semaines, le véritable maître de la France. Candidat malheureux à l'élection présidentielle, il n'écrivit plus alors que des récits autobiographiques.

Victor Hugo (1802-1885)

Fils d'un général de l'Empire, il est d'abord un poète classique et monarchiste (*Odes*, 1822). Mais la publication de la *Préface* de son drame historique *Cromwell* (1827) et des *Orientales* (1829), puis la représentation d'*Hernani* font de lui la meilleure incarnation du romantisme en poésie (*les Feuilles d'automne*, 1831 ; *les Rayons et les Ombres*, 1840), au théâtre (*Le roi s'amuse*, 1832 ; *Ruy Blas*, 1838) et dans ses romans historiques (*Notre-Dame de Paris*, 1831), tandis qu'il évolue vers les idées libérales et le culte napoléonien. Après l'échec de sa trilogie dramatique des *Burgraves* (1843) et la mort de sa fille Léopoldine, il se consacre à la politique (il est pair de France en 1845). Député en 1848, il s'exile à Jersey, puis à Guernesey, après le coup d'État du 2 décembre 1851. C'est alors qu'il donne les poèmes satiriques des *Châtiments* (1853), dirigés contre Napoléon III, le recueil lyrique des *Contemplations* (1856), l'épopée de *la Légende des siècles* (1883), ainsi que des romans (*les Misérables* ; *les Travailleurs de la mer*, 1866). Rentré en France en 1870, partisan des idées républicaines, il est un personnage honoré et officiel, et, à sa mort, ses cendres sont transférées au Panthéon.

Charles Baudelaire (1821-1867)

Héritier du romantisme et fidèle à la prosodie traditionnelle, il exprime à la fois le tragique de la destinée humaine et une vision de l'univers, où il découvre de secrètes « correspondances ». Après *les Fleurs du mal* (1857), qui lui valurent une condamnation pour immoralité, son œuvre critique (*Curiosités esthétiques,* 1868) et ses *Petits Poèmes en prose* (1869) sont à la source de la réflexion sur la modernité.

Charles Baudelaire photographié par Nadar vers 1855.

Stéphane Mallarmé (1842-1898)

Il a publié quelques poèmes dans le *Parnasse contemporain* de 1866, une scène d'*Hérodiade* (1871) et *l'Après-midi d'un faune* (1876), lorsque son éloge par Huysmans, dans *À rebours,* lui apporte la célébrité. Son poème *Un coup de dés jamais n'abolira le hasard* (1897) forme le premier mouvement de son projet de « Livre » absolu. Son œuvre difficile, brève et inachevée, a été déterminante pour l'évolution de la littérature au XXe siècle.

Paul Verlaine (1844-1896)

Il écrit des poèmes où se mêlent mélancolie et désirs (*Poèmes saturniens,* 1866 ; *Fêtes galantes,* 1869). Après un répit, il rencontre Rimbaud, qui le fascine et bouleverse sa vie jusqu'à le conduire en prison (1873). Il aspire alors à une poésie musicale (*Romances sans paroles,* 1874) et revient au catholicisme (*Sagesse,* 1881). Promu initiateur du symbolisme, il mène une vie errante d'hôpitaux en cafés (*Jadis et Naguère,* 1884). Il a laissé une poésie tantôt nostalgique et crépusculaire, tantôt vive et libre, animée par le ton parlé et l'imprévu des rythmes impairs.

Arthur Rimbaud (1854-1891)

Génie précoce, il vient à Paris à l'âge de 17 ans, avec *le Bateau ivre*. Sa liaison orageuse avec Verlaine se termine par une scène violente : blessé d'un coup de revolver, Rimbaud compose, sous le choc, les poèmes en prose d'*Une saison en enfer* (1873). À 20 ans, il cesse quasiment toute activité d'écrivain. Il mène alors une existence errante à Java, à Chypre, à Aden, à Harar (Éthiopie). En 1886, *la Vogue* publie son recueil de proses et de vers libres *Illuminations*. Il meurt à l'hôpital

▲ *Un coin de table,* de Fantin-Latour, 1872 (musée d'Orsay, Paris). Paul Verlaine et Arthur Rimbaud sont à gauche.

de Marseille au moment où sa poésie commence à être reconnue. Nourrie de révolte, auréolée de légende, revendiquée par le surréalisme, l'œuvre de Rimbaud a profondément influencé la poésie moderne.

Les inclassables ou touche-à-tout

François René, vicomte de Chateaubriand (1768-1848)

Il assiste aux débuts de la Révolution, puis part en Amérique (*Voyage en Amérique,* 1791). Ensuite émigré en Angleterre, il juge son époque, et rentre en France pour contribuer à la restauration de l'ordre moral (*Génie du christianisme,* 1802). Il rompt avec Bonaparte après l'assassinat du duc d'Enghien et illustre sa conception de l'épopée chrétienne (*les Martyrs,* 1809). Déçu par la Restauration mais légitimiste par fidélité, il groupe autour de lui la jeunesse romantique et libérale, avant de se consacrer au poème nostalgique de sa vie et de son temps (*Mémoires d'outre-tombe,* 1848-1850).

François René de Chateaubriand par Girodet-Trioson, 1811 (musée national du château de Versailles).

Alexandre Dumas, dit Dumas père (1802-1870)

Aidé de plusieurs collaborateurs, il signa près de 300 ouvrages et fut le plus populaire des écrivains de l'époque romantique avec ses drames (*Antony, la Tour de Nesle*) et ses romans (*les Trois Mousquetaires, Vingt Ans après, le Vicomte de Bragelonne, le Comte de Monte-Cristo, la Reine Margot*). Ses cendres ont été transférées au Panthéon en 2002.

Prosper Mérimée (1803-1870)

Auteur de romans historiques (*Chronique du règne de Charles IX,* 1829), il doit sa célébrité à ses nouvelles (*la Vénus d'Ille, Colomba, Carmen*). Romantique par le choix des sujets et le goût de la couleur locale, Mérimée appartient à l'art classique par la concision de son style.

Gérard Labrunie, dit Gérard de Nerval (1808-1855)

Participant aux premiers combats romantiques, menant une vie bohème, atteint de graves troubles psychiques, il trouve refuge dans l'écriture. Du *Voyage en Orient* (1851) jusqu'à *Aurélia* (1855), en passant par *les Filles du feu* (1854), il tente de fuir le réel dans l'ailleurs et le rêve, avant de se pendre dans une ruelle parisienne.

Alfred de Musset (1810-1857)

Il se fait connaître par ses *Contes d'Espagne et d'Italie* (1830). Des essais malheureux au théâtre, puis une liaison orageuse avec George Sand bouleversent sa vie. Musset publie des pièces destinées à la lecture, dont *On ne badine pas avec l'amour* et *Lorenzaccio* (1834), des poèmes (*les Nuits,* 1835-1837), un roman autobiographique (*la Confession d'un enfant du siècle,* 1836). Ses textes expriment les contradictions de sa personnalité : poète de la douleur et des sentiments exacerbés, il est aussi le poète de la fantaisie légère

La France, berceau des arts

Grands ÉCRIVAINS du XXe siècle

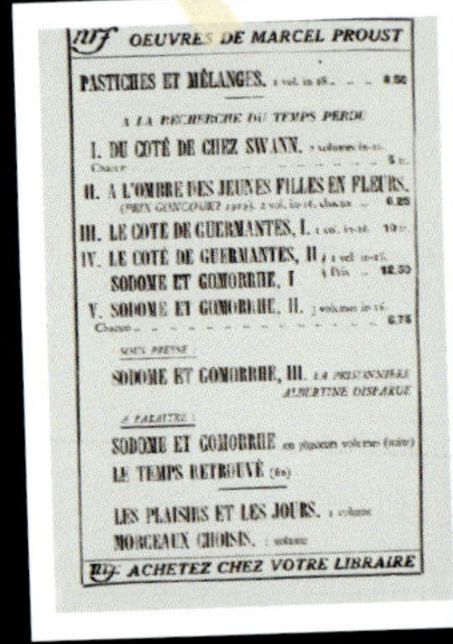
OEUVRES DE MARCEL PROUST

PASTICHES ET MÉLANGES.

A LA RECHERCHE DU TEMPS PERDU

I. DU COTÉ DE CHEZ SWANN.

II. A L'OMBRE DES JEUNES FILLES EN FLEURS.

III. LE COTÉ DE GUERMANTES, I.

IV. LE COTÉ DE GUERMANTES, II. SODOME ET GOMORRHE, I

V. SODOME ET GOMORRHE, II.

SODOME ET GOMORRHE, III.

SODOME ET GOMORRHE

LE TEMPS RETROUVÉ

LES PLAISIRS ET LES JOURS.

MORCEAUX CHOISIS.

ACHETEZ CHEZ VOTRE LIBRAIRE

Du symbolisme au nouveau roman, le XXe siècle est celui de la remise en cause des conventions d'écriture, et celui des traumatismes nationaux.

La narration réinventée

André Gide (1869-1951)
Son œuvre, animée par la passion de la liberté (*les Nourritures terrestres*, 1897) et de la sincérité (*l'Immoraliste*, 1902), et marquée par la volonté d'engagement, cherche à définir un humanisme moderne conciliant la lucidité de l'intelligence et la vitalité des instincts (*la Symphonie pastorale*, 1919 ; *les Faux-Monnayeurs*, 1926 ; *Journal*, publié à partir de 1939).

André Gide.

Marcel Proust (1871-1922)
Auteur d'essais (*Contre Sainte-Beuve*, publié en 1954) et de récits, il domine l'histoire du roman français au XXe siècle avec *À la recherche du temps perdu* (1913-1927) : le bonheur que son héros, le Narrateur, a recherché vainement dans la vie mondaine, l'amour, la contemplation des œuvres d'art, il le découvre dans le pouvoir d'évocation de la mémoire instinctive qui réunit le passé et le présent en une même sensation retrouvée.

Marcel Proust par Jacques-Émile Blanche, 1892 (musée d'Orsay, Paris).

Louis-Ferdinand Céline (1894-1961)
Ses romans (*Voyage au bout de la nuit*, 1932 ; *Mort à crédit*, 1936 ; *D'un château l'autre*, 1957) et ses pamphlets, emportés vers la dénonciation de la société bien-pensante, puis vers la vitupération antisémite sous le régime de Vichy, recréent, dans un flux épique, un parler trivial et quotidien parfois nauséeux.

Jean Giono (1895-1970)
Romancier de la haute Provence (*Regain*, 1930), apôtre d'un idéal de vie naturelle et rustique (*le Chant du monde*, 1934 ; *Que ma joie demeure*, 1935), il évolua vers une philosophie et un art plus classiques (*le Hussard sur le toit*, 1951).

Joseph Kessel (1898-1979)
L'un des premiers grands reporters, il exalte, dans ses romans, la fraternité virile dans la guerre (*l'Armée des ombres*) et l'aventure (*le Lion*). Il est l'auteur, avec son neveu Maurice Druon, des paroles du *Chant des partisans* (1943).

Antoine de Saint-Exupéry (1900-1944)
Ses romans (*Vol de nuit*, 1931 ; *Pilote de guerre*, 1942) et ses récits symboliques (*le Petit Prince*, qu'il illustra lui-même) cherchent à définir le sens de l'action et des valeurs humanistes dans une société vouée au progrès technique.

André Malraux (1901-1976)
Son œuvre romanesque (*la Voie royale*, 1930 ; *la Condition humaine*, 1933 ; *l'Espoir*, 1937), critique (*les Voix du silence*, 1951) et autobiographique cherche dans l'engagement politique et dans l'art les moyens de lutter contre la corruption du temps et l'instinct de mort.

André Malraux vers 1933.

Raymond Queneau (1903-1976)
Fondateur de l'Oulipo (OUvroir de LIttérature POtentielle), il a fait de son œuvre romanesque (*Zazie dans le métro*, 1959) et poétique (*les Ziaux*, 1943) une expérimentation systématique, à la fois humoristique et mélancolique, des possibilités de la langue (*Exercices de style*, 1947).

Zazie dans le métro, affiche pour le film de Louis Malle, d'après le roman de Raymond Queneau, 1960.

Albert Camus (1913-1960)
Il a traduit dans ses essais (*le Mythe de Sisyphe*, 1942), ses romans (*l'Étranger*, 1942 ; *la Peste*, 1947 ; *la Chute*, 1956) et son théâtre (*Caligula*, 1945 ; *les Justes*, 1949) le sentiment de l'absurdité du destin humain né du choc de la Seconde Guerre mondiale.

Claude Simon (1913-2005)
Ses récits, qui tentent de saisir une réalité complexe et fragmentée en un flux langagier ample, mêlant inextricablement époques et lieux, font de lui l'un des principaux représentants du nouveau roman (*la Route des Flandres*, 1960 ; *Leçon de choses*, 1975 ; *le Tramway*, 2001).

Romain Gary (1914-1980)
Romancier des mensonges du monde moderne (*les Racines du ciel*) et de l'angoisse face au vieillissement et à la mort, il se suicida. Il s'était inventé un double littéraire : Émile Ajar, nom sous lequel il publia *La Vie devant soi*, qui lui valut un second prix Goncourt, en 1975.

Alain Robbe-Grillet (1922-2008)
Théoricien (*Pour un nouveau roman*, 1963) et représentant du nouveau roman, il est l'auteur de récits qui rejettent la psychologie traditionnelle et opposent l'homme à une réalité impénétrable (*les Gommes*, 1953 ; *la Jalousie*, 1957 ; *Djinn*, 1981). Scénariste du film d'Alain Resnais *l'Année dernière à Marienbad*, il fut aussi réalisateur (*Glissements progressifs du plaisir*, 1974).

Les surréalistes

Alfred Jarry (1873-1907)
Auteur dramatique, romancier et poète, créateur du personnage d'Ubu (*Ubu roi*, *Ubu enchaîné*, *Ubu cocu*) et de la pataphysique, il est l'un des ancêtres du surréalisme.

Paul Éluard (1895-1952)
Poète, il passa du surréalisme (*Capitale de la douleur*, 1926) à l'engagement dans la Résistance (*Poésie et Vérité*, 1942), puis au parti communiste, restant toujours fidèle à l'exaltation de l'amour et des sensations immédiates (*la Rose publique*, 1934).

André Breton (1896-1966)
Principal fondateur du surréalisme, il s'efforça de théoriser et de sauvegarder l'originalité de ce mouvement (*Manifestes du surréalisme*, 1924 et 1930), qu'il illustra par son œuvre poétique et narrative (*Nadja*, 1928).

Louis Aragon (1897-1982)
Il fut l'un des fondateurs du surréalisme (*le Paysan de Paris*, 1926). Devenu communiste, il orienta ses romans vers la critique sociale (*les Beaux Quartiers*, 1936). Pendant la Résistance, il accentua l'aspect traditionnel de sa poésie (*les Yeux d'Elsa*, 1942). Il mêla enfin à sa création romanesque une réflexion sur l'art et l'écriture (*Théâtre/Roman*, 1974).

Le groupe dada (André Breton et René Hilsum à l'arrière ; Louis Aragon et Paul Éluard devant ; tous grimés), 1919 (bibliothèque littéraire Jacques-Doucet, Paris). ▲

Robert Desnos (1900-1945)
Il évolua du surréalisme, où il fut le meilleur explorateur du rêve, le praticien du jeu verbal et de l'humour (*Corps et biens*, 1930), vers un lyrisme familier (*Domaine public*, 1953).

Le renouveau du théâtre

Paul Claudel (1868-1955)
Poète (*Connaissance de l'Est*, 1895-1905), il montra dans ses drames que les aspirations contradictoires de l'homme, le conflit entre la chair et l'esprit ne peuvent être résolus que grâce à un dépassement de soi-même et par la reconnaissance de l'amour sauveur de Dieu (*Partage de midi*, 1905 ; *le Soulier de satin*, 1943).

Jean Giraudoux (1882-1944)
Ses romans et ses pièces de théâtre (*La guerre de Troie n'aura pas lieu*, 1935 ; *Électre*, 1937 ; *la Folle de Chaillot*, 1945) mêlent les grands thèmes classiques et les préoccupations contemporaines dans un univers précieux, fait d'humour et de fantaisie.

◀ Jean Giraudoux avec Louis Jouvet et Valentine Tessier, pendant une répétition de *La guerre de Troie n'aura pas lieu*, 1935 (collection J.-P. Giraudoux).

Jean Cocteau (1889-1963)
Sa virtuosité, sa vivacité brillante se sont exprimées dans des poèmes, des romans (*les Enfants terribles*, 1929), des drames (*les Parents terribles*, 1938), des scénarios et des films (*la Belle et la Bête*, 1946 ; *Orphée*, 1950), ainsi que dans de nombreux dessins.

▲ Portrait de Cocteau par Modigliani, dans *Appogiatures*, de Jean Cocteau, 1953.

Eugène Ionesco (1909-1994)
Son théâtre dénonce l'absurdité de l'existence et des rapports sociaux à travers un univers parodique et symbolique (*la Cantatrice chauve*, 1950 ; *la Leçon*, 1951 ; *les Chaises*, 1952 ; *Rhinocéros*, 1960 ; *Le roi se meurt*, 1962).

Jean Anouilh (1910-1987)
Son théâtre va de la fantaisie des pièces « roses » *(le Bal des voleurs)* et de l'humour des pièces « brillantes » ou « costumées » *(l'Alouette)* à la satire des pièces « grinçantes » (*Pauvre Bitos* ou *le Dîner de têtes*), « farceuses » *(le Nombril)* et au pessimisme des pièces « noires » *(Antigone)*.

Jean Genet (1910-1986)
Dans ses romans (*Notre-Dame-des-Fleurs*, 1944), ses poèmes et son théâtre (*les Bonnes*, 1947 ; *les Paravents*, 1961), ce chantre du désir homosexuel, des voleurs et des marginaux a évoqué sa jeunesse abandonnée et délinquante et fustigé les hypocrisies du monde contemporain.

Les poètes

Paul Valéry (1871-1945)
Disciple de Mallarmé, il publie des poèmes, puis se tourne vers l'étude des mathématiques et retrouve le goût de la création artistique en cherchant à établir l'unité créatrice de l'esprit. Il se compose une éthique intellectuelle et revient à la poésie (*Charmes*, 1922, où figure « le Cimetière marin »). Il poursuit cependant ses réflexions sur le langage, la peinture, la musique, les sciences, dans des essais (*Variété*, 1924-1944), des dialogues de forme socratique (*l'Âme et la Danse*, 1923). Ses *Cahiers* furent le laboratoire de son œuvre.

◀ Paul Valéry par M. B. Boukoalkaa Wolkonsky (bibliothèque littéraire Jacques-Doucet, Paris).

Guillaume Apollinaire (1880-1918)
Chantre des avant-gardes artistiques (*les Peintres cubistes*, 1913), théoricien (*l'Esprit nouveau et les poètes*, 1917), auteur d'un « drame surréaliste », burlesque et nationaliste (*les Mamelles de Tirésias*, 1917), il fut un poète inventif et libre (*Alcools*, 1913 ; *Calligrammes*, 1918).

Jacques Prévert (1900-1977)
Il allie l'image insolite à la gouaille populaire (*Paroles*, 1946 ; *la Pluie et le Beau Temps*, 1955). Il fut le scénariste de plusieurs films célèbres (*Drôle de drame, les Visiteurs du soir, les Enfants du paradis* de Carné, notamment).

René Char (1907-1988)
Son œuvre, marquée par le surréalisme *(le Marteau sans maître)* puis par son engagement dans la Résistance *(Feuillets d'Hypnos)*, cherche l'accord entre forces naturelles et aspirations humaines *(Fureur et Mystère, la Parole en archipel)*.

Aimé Césaire (1913-2008)
Influencé par le surréalisme *(Soleil cou coupé*, 1948), il a cherché à retrouver les sources de la « négritude » (*Cahier d'un retour au pays natal*, édité en revue dès 1939). Il fut député de la Martinique de 1946 à 1993 et maire de Fort-de-France de 1945 à 2001. La nation l'a honoré par le dépôt d'une plaque au Panthéon en 2011.

Une saison au Congo, d'Aimé Césaire, mise en scène de Jean-Marie Serreau, au Théâtre de l'Est parisien, 1967 (collection particulière). ▶

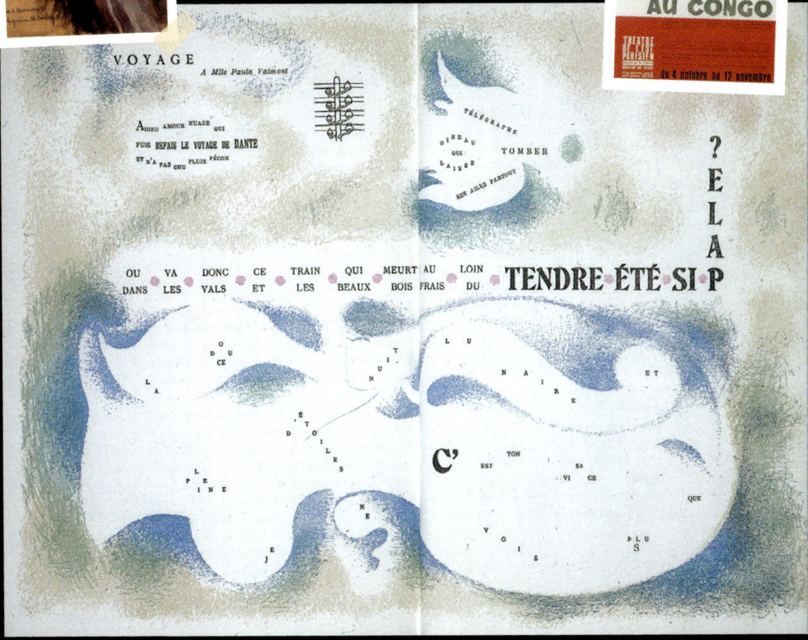

▲ « Voyage », de Guillaume Apollinaire, *Calligrammes*, 1918.

La France championne

Les SKIPPEURS FRANÇAIS, maîtres des océans

Avec ses 7 000 km de côtes, il n'est pas surprenant que la France ait toujours compté d'excellents marins. Aussi, depuis que les **courses au large à la voile** se sont multipliées, les navigateurs français ont-ils souvent eu bon vent.

▲ Les Sables-d'Olonne.

◀ Éric Tabarly sur son voilier *Pen Duick V*, en 1969.

Bernard Moitessier : le Vagabond des mers du Sud

En 1968, **Bernard Moitessier** participe à la première course autour du monde, en solitaire et sans escale. Alors qu'il est annoncé vainqueur, il renonce à franchir la ligne d'arrivée, abandonne la course et continue, toujours sans escale, en direction de l'océan Indien. Après dix mois de navigation, son périple s'arrête en Polynésie où il vivra plusieurs années. Auteur de livres relatant ses voyages et ses expériences, Bernard Moitessier a suscité bien des vocations maritimes, dont celles de **Titouan Lamazou** et **Isabelle Autissier**.

Éric Tabarly : à la barre du Pen Duick, la « petite tête noire »

Officier de marine, **Éric Tabarly** demande un détachement pour participer à la course transatlantique en solitaire, épreuve imaginée par des marins anglais, dont la première édition, en 1960, fut remportée par sir Francis Chichester.

Pour relever le défi, il a conçu un ketch de 13,60 m, baptisé *Pen Duick II* en souvenir du premier bateau qu'avait acquis son père. Il franchit en tête la ligne d'arrivée le 18 juin 1964, après 27 jours de mer, mettant ainsi fin à la domination anglaise dans ce type de course. Il réitérera sa victoire en 1976. Éric Tabarly a formé toute une génération de coureurs océaniques (**Alain Colas**, **Olivier de Kersauson**, **Éric Loizeau**, **Titouan Lamazou**) en les prenant à son bord lors de ses nombreuses traversées.

Il disparaît tragiquement en mer d'Irlande dans la nuit du 12 au 13 juin 1998, alors qu'il convoie son cher *Pen Duick* pour un rassemblement de voiliers en Écosse.

On sait moins qu'Éric Tabarly était également un excellent pilote de l'aéronavale, qui effectua plus de 1 000 heures de vol, en particulier au cours de la guerre d'Indochine.

La Solitaire du Figaro : la mère des courses au large

Créée en 1970, la **Solitaire du Figaro** réunit chaque année les marins hexagonaux les plus talentueux. Particularité de cette course par étapes, tous les concurrents barrent en solitaire des bateaux identiques, des monocoques. Le classement reflète donc exactement les qualités de chacun à manœuvrer dans les mêmes conditions atmosphériques. À ce jour, cinq navigateurs ont remporté trois fois cette course : **Philippe Poupon**, **Jean Le Cam**, **Michel Desjoyeaux**, **Jérémie Beyou** et **Yann Eliès**, dont le père a triomphé en 1979 ; Yann n'avait que 5 ans…

Le Vendée Globe : l'Everest des mers

Créé par **Philippe Jeantot**, le Vendée Globe est une course autour du monde, sur des voiliers monocoques, en solitaire, sans escale et sans assistance. Cette course se déroule tous les quatre ans, le départ ayant lieu au mois de novembre aux Sables-d'Olonne et le retour s'effectuant au même endroit. En 1990, la première édition, dont le parrain n'est autre que **Bernard Moitessier**, a été remportée par **Titouan Lamazou** en 109 j 8 h 47 min 55 s. **Charlie Dalin** détient depuis 2025 le record actuel en 64 j 19 h 22 min 49 s. Un seul marin, **Michel Desjoyeaux**, a réussi à gagner deux fois (2001 et 2009). Le Vendée Globe est l'événement majeur de la voile sportive auprès des passionnés de voile et du grand public.

Alain Colas : la légende *Manureva* hante toujours l'Atlantique

En 1978, **Alain Colas**, qui a fait ses premières armes auprès d'Éric Tabarly, participe à la première édition de la **Route du Rhum** à bord de son trimaran *Manureva*. Alors qu'il passe au large des Açores, il envoie son dernier message radio, le 16 novembre : « Je suis dans l'œil du cyclone. Il n'y a plus de ciel ; il y a des montagnes d'eau autour de moi. » Que s'est-il passé ? De nombreuses recherches vont être menées, mais personne ne retrouvera ni le marin ni le bateau.

Florence Arthaud : la Petite Fiancée de l'Atlantique

Le 18 novembre 1990, la navigatrice Florence Arthaud remporte, à 33 ans, la **Route du Rhum**, célèbre course transatlantique. C'est la première femme à inscrire son nom au palmarès.
Au départ de Saint-Malo, pour la quatrième édition de cette course dont l'arrivée est jugée à Pointe-à-Pitre, trente et un navigateurs sont sur la ligne de départ. En ce mois de novembre, les dépressions se succèdent, les avaries se multiplient pour nombre de bateaux. Florence Arthaud n'est pas épargnée par la malchance, avec des ennuis mécaniques à répétition et des problèmes de santé. Bien qu'elle soit en tête de la course, la navigatrice songe à déclencher sa balise de détresse, mais elle se ravise et finalement gagne, après 14 jours et 10 heures passés seule en mer. En 1997, elle remporte la Transpacifique comme équipière de Bruno Peyron. Elle participera ensuite à diverses courses au large avec les plus prestigieux navigateurs ; elle met fin à sa carrière de navigatrice en 2010.
Elle perd la vie le 9 mars 2015 dans un accident d'hélicoptère, alors qu'elle participe au tournage d'une émission de téléréalité en Argentine, en compagnie d'autres sportifs français.

Le Trophée Jules-Verne : une course contre le temps

En 1985, à la suite d'une boutade lancée un soir d'agapes entre marins par **Yves Le Cornec** : « Et si on faisait le tour du monde en 80 jours ? », **Florence Arthaud** et **Titouan Lamazou** vont concevoir une nouvelle aventure océanique pour réitérer le pari romanesque lancé, en 1872, par Jules Verne à son flegmatique Phileas Fogg. Le défi est simple : faire le tour du monde d'ouest en est, à bord de tout type de bateaux à voiles, avec tout type d'équipage, sans assistance et sans escale. La date du départ est laissée à l'appréciation des équipages, qui consultent longuement les prévisions météorologiques.
Le 20 avril 1993, **Bruno Peyron** boucle le premier tour du monde en 79 j 6 h 15 min 56 s. Il devient le premier détenteur du trophée Jules-Verne.
Sur les huit tentatives couronnées de succès depuis 1993, sept sont à mettre au crédit de marins français : **Bruno Peyron** (deux fois), **Olivier de Kersauson** (deux fois), **Franck Cammas**, **Loïck Peyron** et **Francis Joyon**, lequel a réussi, en 2017, à diviser pratiquement par deux la durée du parcours, avec un temps de 40 j 23 h 30 min 30 s.

Un MONDE à découvrir

L'appel du large a toujours été irrésistible, la France métropolitaine (hors Corse) possédant à peu près autant de frontières terrestres que de littoraux. Voici un florilège des principaux explorateurs français.

▲ Samuel de Champlain (gravure anonyme).

Terre-Neuve

Thomas Aubert est l'un des premiers marins dieppois à reconnaître, en 1508, les côtes de Terre-Neuve au Canada. Il est surtout le premier à ramener en France sept indigènes (de la tribu des Micmacs) qui firent grande impression à la cour et furent aussitôt baptisés. La narration de son voyage suscita un vif engouement pour la pêche à la morue dans les eaux de Terre-Neuve et encouragea les rois de France à lancer des expéditions vers les Amériques.

Fondation de Montréal

Jacques Cartier (1491-1557), originaire de Saint-Malo, fait route vers Terre-Neuve en 1534 et atteint le golfe du Saint-Laurent. Un second voyage l'année suivante lui permet de remonter le grand fleuve jusqu'au site de l'actuel Québec. Ensuite, il atteint le village iroquois d'Hochelaga et donne à la colline proche le nom de Mont-Royal (Montréal). En 1540, il installe à Québec une colonie de peuplement, puis revient en France avec une lourde cargaison de diamants… en réalité de simples cristaux de quartz.

Fondation de Québec

Samuel de Champlain (1574 ?-1635) entame en 1604 l'exploration du fleuve Saint-Laurent et fonde en 1608 la ville de Québec, non loin du village iroquois de Stadaconé, à partir de laquelle il découvre et cartographie la région. Nommé en 1612 lieutenant général de la Nouvelle-France, il met en place les structures politiques et administratives du premier « empire outre-mer » français.

Les corsaires

Jean Bart (1650-1702), originaire de Dunkerque, a fait ses armes dans la marine hollandaise. Mais c'est sous le pavillon du roi de France qu'il s'illustre dès 1674. Il entreprend dès lors une inlassable « guerre de course » contre les vaisseaux anglais ou hollandais qu'il capture au nom du roi. Ses exploits lui valent d'être anobli par Louis XIV.
René Duguay-Trouin (1673-1736), corsaire malouin, est le digne héritier de Jean Bart. Comme lui, il multiplie les exploits dans la guerre de course et son plus remarquable succès est la prise de Rio de Janeiro en 1711. À la tête d'une modeste escadre, il s'empare de la cité portugaise, mettant la main sur des dizaines de navires marchands et sur un formidable butin.

▲ Jacques Cartier, peinture anonyme (musée d'Histoire de la ville de Saint-Malo, Saint-Malo).

Naissance de la Louisiane

Robert Cavelier de La Salle (1643-1687) a exploré les Grands Lacs américains et reconnu le cours de l'Ohio, avant de descendre en 1682 le cours du Mississippi jusqu'à son embouchure. Prenant possession au nom de la Couronne des vastes territoires qui s'étendent de chaque côté du fleuve, il baptise cette région « Louisiane », en l'honneur de Louis XIV qui aurait jugé cette découverte… « inutile », avant de se raviser. Cavelier meurt en 1687, assassiné par l'un de ses compagnons.

◀ *Cavelier de La Salle et deux messagers avec le calumet* (gravure d'après François-Édouard Zier, XIXe siècle).

▲ Charles Marie de La Condamine.

En Amérique du Sud

Charles Marie de La Condamine (1701-1774) s'est vu confier en 1735 une expédition scientifique au Pérou pour y effectuer des relevés géodésiques. À partir de mai 1743, il entreprend de descendre l'Amazone pour en cartographier le cours et y mener de précieuses observations botaniques, zoologiques et ethnographiques. Il est l'un des premiers à s'intéresser à un arbre, et plus particulièrement à sa sève, que les Indiens appellent… cahuchu.

Le premier tour du monde français

Louis Antoine de Bougainville (1729-1811) quitte Brest en décembre 1766 à bord de *la Boudeuse* pour explorer le Pacifique. Le 2 avril 1768, il touche les côtes de Tahiti où les Français pensent avoir découvert le Paradis. Mais il y a une ombre au paradis : les Anglais y ont accosté les premiers, quelques mois plus tôt ! Bougainville aborde aux Samoa, aux Nouvelles-Hébrides et reconnaît l'archipel des Louisiades (en hommage à Louis XV). De retour en France en mars 1769, Bougainville boucle le premier tour du monde jamais effectué par un marin français.

▲ Lapérouse par Jean-Baptiste Greuze (musée Toulouse-Lautrec, Albi).

La grande expédition

Le comte de Lapérouse (1741-1788) fait voile vers le cap Horn en 1785. Il est à la tête d'une importante mission scientifique et de deux navires, *la Boussole* et *l'Astrolabe*. Une fois dans le Pacifique, les navires remontent vers Hawaï, longent la côte californienne avant de traverser l'océan jusqu'à Macao. Le périple se poursuit vers le nord jusqu'à l'île de Sakhaline, puis Lapérouse vogue plein sud jusqu'en Australie. Louis XVI se passionne pour cette expédition qu'il a ordonnée. Mais, après le 2 février 1788, plus aucune nouvelle. L'épave de *la Boussole* ne sera découverte qu'en 1962, dans le récif de Vanikoro, une des îles Salomon.

L'exploration sous-marine

Le commandant Cousteau (1910-1997) est révélé au grand public après avoir obtenu la Palme d'or à Cannes en 1956 pour son documentaire *le Monde du silence*, coréalisé avec Louis Malle. C'est la première fois que le jury récompense un documentaire. Réalisé à bord de *la Calypso*, filmé en mer Rouge et dans l'océan Indien, l'œuvre de Cousteau obtient un Oscar à Hollywood l'année suivante, qui consacre l'un des premiers défenseurs de l'environnement…

◀ Timbre de la République du Congo à l'effigie du commandant Cousteau.

Les pôles ou les dernières explorations

Jean-Louis Étienne (né en 1946) a été le premier homme à atteindre le pôle Nord géographique à pied et en solitaire (1986), tirant lui-même son traîneau pendant 63 jours. En 1989-1990, co-leader de l'expédition internationale Transantarctica, il réussit en traîneau à chiens la plus longue traversée de l'Antarctique jamais réalisée (7 mois, 6 300 km). Figurant parmi les grands explorateurs du XXe siècle, il a mené plusieurs recherches sur l'environnement arctique et la biodiversité.

L'Astrolabe faisant de l'eau sur un glaçon, lithographie d'après Louis Le Breton, extraite de *Voyage au pôle Sud et dans l'Océanie sur* l'Astrolabe *et* la Zélée. ▶

À la recherche de Lapérouse…

Jules Dumont d'Urville (1790-1842) participe à sa première véritable navigation en 1819, sur *la Chevrette*, chargée de relevés côtiers en Méditerranée orientale. En 1820, il est le premier à signaler une statue à l'ambassadeur de France en Grèce, dans l'idée de la faire acheter par la France : ce sera la *Vénus de Milo*. Il explore le Pacifique, puis l'Océanie, à la recherche de l'expédition de Lapérouse, et il découvre l'épave de *l'Astrolabe*. C'est après cette importante expédition que Dumont d'Urville propose les divisions conservées aujourd'hui pour la description géographique : Polynésie, Micronésie, Malaisie et Mélanésie. De 1837 à 1840, il entreprend une nouvelle expédition, jusqu'en Antarctique, où il donne le nom de sa femme, Adèle Pépin, à la terre découverte : c'est la terre Adélie.

Jean-Louis Étienne (à gauche) pendant l'expédition Transantarctica, en 1990. ▶

Saveurs et spécialités de nos terroirs

La gastronomie des PAYS de LOIRE

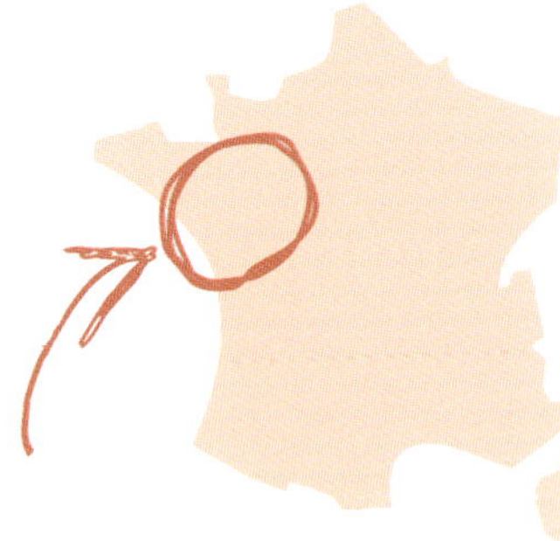

Andouillettes au vouvray

POUR 6 PERSONNES

* * *

PRÉPARATION : **10 MIN** - CUISSON : **20 MIN**

- 6 échalotes
- 6 andouillettes de Vouvray
- 50 g de beurre
- 20 cl de vouvray sec
- 10 cl de crème fraîche
- sel et poivre

1 Hachez finement les échalotes. Préchauffez le four à 200 °C (th. 6-7). Piquez les andouillettes avant de les mettre au four.

2 Dès qu'elles commencent à dorer, disposez les échalotes autour. Parsemez de noisettes de beurre.

3 Lorsque les andouillettes sont cuites, retirez-les et tenez-les au chaud.

4 Déglacez le plat avec le vouvray et faites réduire de moitié. Délayez la crème fraîche dans la sauce et nappez les andouillettes. Servez très chaud avec des frites ou des pommes de terre cuites au four.

LES RILLETTES

Les « rillés », ou rillettes, faisaient partie de la production domestique fabriquée lors de l'abattage du cochon. Les rillettes du Mans, ou rillettes de la Sarthe, sont faites avec des morceaux de porc – épaule, poitrine et palette – cuits lentement puis égouttés, effilochés et mélangés à la graisse. Les rillettes ne contiennent pas d'autres aromates que le sel et le poivre. Les habitants de la Sarthe en font une grande consommation. La Touraine a elle aussi « ses » rillettes (IGP) vantées déjà en 1836 par Honoré de Balzac, natif de Tours. Elles sont composées de morceaux de porc, cuits rapidement, souvent avec le foie. Teintées au colorant naturel, elles sont d'un brun foncé, avec des morceaux et des fibres de viande bien apparents.

LES POISSONS DE LA LOIRE

Depuis toujours, plusieurs espèces de poissons migrateurs remontent la Loire pour se reproduire : l'alose, l'anguille, le brochet, le sandre, la lamproie, etc. Les fluctuations de niveau de population de ces poissons imposent des quotas, voire des interdictions de pêche.

Sandre à la vouvrillonne

POUR 6 PERSONNES

* * *

PRÉPARATION : **30 MIN** - CUISSON : **1 H**

- 1 sandre de 1,5 à 2 kg
- 3 carottes
- 3 branches de céleri
- 300 g de pleurotes
- 1 gousse d'ail
- 4 échalotes
- 50 g de beurre
- 3 branches de thym
- 1 feuille de laurier
- 5 petits oignons
- 75 cl de vouvray sec

1 Faites écailler et vider le sandre par votre poissonnier. Lavez-le rapidement et essuyez-le.

2 Détaillez les carottes et le céleri en petits dés. Coupez les pleurotes en deux, supprimez l'extrémité de leurs pieds s'ils sont secs. Hachez l'ail et les échalotes.

3 Dans une sauteuse, chauffez le beurre et faites-y suer doucement les carottes et le céleri avec le thym et le laurier, ajoutez ensuite les pleurotes et enfin l'ail, les échalotes et les oignons.

4 Préchauffez le four à 200 °C (th. 6-7). Une fois cuits, versez les légumes dans un plat ovale allant au four. Posez le sandre dessus, mouillez avec le vouvray, enfournez et laissez cuire pendant 30 à 40 minutes. Arrosez souvent. Dès que le poisson est doré, baissez la température et couvrez avec une feuille d'aluminium. Saupoudrez de persil haché avant de servir.

Civet de marcassin

POUR 6 PERSONNES

* * *

PRÉPARATION : **20 MIN** - MARINADE : **12 H**
CUISSON : **2 H ENVIRON**

- 1,5 kg de marcassin pris dans l'épaule
- 200 g de lard de poitrine demi-sel coupé en lardons
- 2 cuill. à soupe de saindoux ou d'huile
- 2 cuill. à soupe de farine
- 150 g de champignons de couche
- 40 g de beurre
- 20 petits oignons grelots
- 1 cuill. à café de sucre

POUR LA MARINADE

- 1 l de vin rouge très corsé
- 4 carottes coupées en rondelles
- 2 oignons coupés en rondelles
- 2 échalotes
- 3 gousses d'ail
- 2 cuill. à soupe d'huile
- 10 grains de poivre
- 2 clous de girofle
- 1 bouquet garni
- sel

1 Demandez à votre fournisseur de couper le marcassin en gros morceaux. Dans un saladier, disposez la viande avec tous les éléments de la marinade. Couvrez et laissez mariner pendant 12 heures en remuant deux ou trois fois.

2 Mettez les lardons dans une petite casserole, couvrez d'eau froide, portez à ébullition et faites blanchir pendant 5 minutes.

3 Égouttez dans une passoire les morceaux de marcassin et tous les éléments de la marinade. Réservez-les, ainsi que le vin. Essuyez la viande et mettez-la à dorer dans une cocotte avec le saindoux. Ajoutez les lardons, faites revenir. Saupoudrez de farine et remuez sur feu vif pour enrober tous les morceaux. Mouillez avec le liquide de la marinade, complétez éventuellement avec de l'eau froide pour recouvrir les chairs. Amenez à ébullition.

4 Enfermez dans un nouet tous les éléments de la marinade et ajoutez-les dans la cocotte. Couvrez et laissez cuire à feu doux pendant 2 heures environ en remuant de temps à autre.

5 Pendant ce temps, nettoyez puis émincez les champignons et faites-les sauter au beurre. Faites dorer de la même façon les oignons grelots avec un petit verre d'eau. Lorsque celle-ci se sera évaporée, ajoutez le sucre pour les dorer.

6 Dressez les morceaux de marcassin dans un plat chaud. Retirez le nouet de la cocotte après l'avoir pressé pour en extraire les sucs. Versez la sauce sur la viande, garnissez avec les champignons et les oignons. Servez avec des pommes de terres vapeur ou une purée de légumes.

Potée de lentilles vertes

POUR 8 PERSONNES

* * *

PRÉPARATION : **40 MIN** - CUISSON : **2 H 30 À 3 H**

- 1,5 kg de petit-salé divers (palette, travers, jambonneau, etc.)
- 300 g de poitrine fumée
- 1 queue de cochon
- 2 pieds de porc
- 4 poireaux
- 5 carottes
- 3 navets
- 2 oignons
- 3 clous de girofle
- 2 gousses d'ail
- 1 bouquet garni
- 10 grains de poivre
- 1 petit chou
- 500 g de pommes de terre
- 1 saucisson à l'ail à cuire
- 300 g de lentilles vertes du Berry
- 1 branche de céleri
- gros sel
- sel fin

1 Lavez les viandes à grande eau. Mettez-les dans une marmite et recouvrez-les d'eau froide. Portez à ébullition, écumez à fond. Couvrez et laissez cuire à petits bouillons. Épluchez les légumes, ficelez les poireaux en botte.

2 Après 1 h 30 de mijotage, ajoutez les poireaux, les carottes, les navets, les oignons piqués de clous de girofle, les gousses d'ail, le bouquet garni et le poivre. Poursuivez la cuisson pendant 45 minutes et ajoutez le chou, les pommes de terre et le saucisson piqué avec une fourchette pour éviter qu'il n'éclate à la cuisson. Laissez mijoter encore 30 minutes.

3 Pendant ce temps, vérifiez que les lentilles ont été bien triées, passez-les sous l'eau froide. Placez-les dans une casserole à fond épais avec le céleri et recouvrez largement d'eau froide. Salez et poivrez.

4 Faites partir la cuisson à très petit feu. L'eau doit rester frissonnante et surtout ne jamais bouillir à gros bouillons, sous peine de faire éclater la peau des lentilles vertes qui est particulièrement fragile. En principe, les lentilles sont cuites au bout de 40 minutes environ.

5 Dressez les viandes, les légumes et les lentilles dans un plat chauffé au préalable. Servez en même temps le bouillon dégraissé dans des tasses.

LES FROMAGES DE CHÈVRE BERRICHONS

Les plus fameux fromages de lait de chèvre du Berry bénéficient d'une AOC. Le crottin de Chavignol est, avec le vin, l'autre spécialité du Sancerrois. Le poulgny-saint-pierre, tronc de pyramide très plat à la croûte bleutée, est fabriqué dans l'ouest de l'Indre. Le terroir du selles-sur-cher, tronc de cône très plat couvert de cendre, se situe à cheval sur le Berry, la Sologne et la Touraine. Tandis que celui du valençay, pyramide tronquée, se situe au nord de Châteauroux.

Goûteux vins de LOIRE

▲ Un verre de Muscadet-Sèvre-et-Maine.

La vallée de la Loire compte parmi les régions viticoles les plus étendues de France. Elle produit une palette de vins aux saveurs et textures si différentes qu'il est difficile de leur trouver des caractéristiques communes.

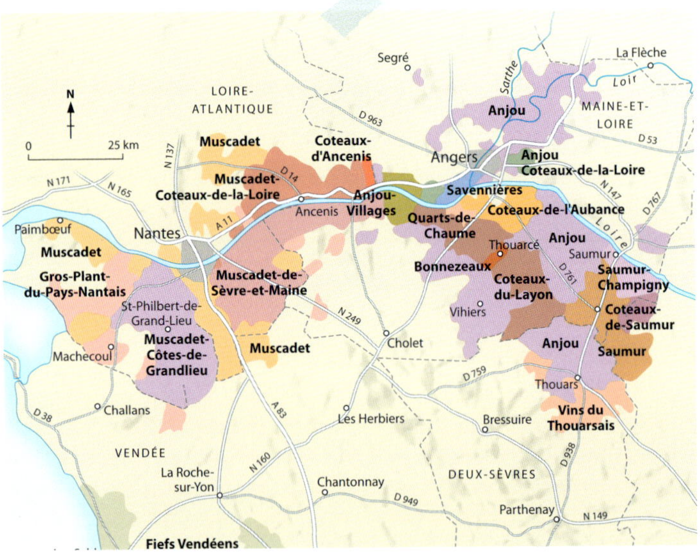

▲ Un vieux pressoir dans les vignes de Sancerre.

Le réchauffement climatique dans la vallée de la Loire

Le millésime 2003 a marqué le monde de la viticulture par son ensoleillement caniculaire et des températures élevées qui ont mené la vie dure à la fois aux raisins et aux dégustateurs. Depuis, les vignerons se sont interrogés sur l'évolution du climat, avec comme certitude le fait qu'il faudra à l'avenir subir le réchauffement de la planète et ses conséquences. Depuis 2007, le Val de Loire est un des sites pilotes d'un vaste programme lancé par le CNRS pour anticiper les effets du réchauffement climatique. L'intérêt de ces recherches est de simuler le climat futur pour proposer aux viticulteurs des changements dans leurs méthodes culturales ou des nouveaux choix en matière de matériel végétal : porte-greffes, clones ou introduction de nouveaux cépages capables de s'adapter à ces changements. Des relevés ont montré que dans certains millésimes, comme 2003, le grenache noir, cépage résolument sudiste, aurait été capable de mûrir à Saumur ! À l'avenir, sans qu'il faille dénaturer l'identité des appellations, les règles en matière d'encépagement ne seront certainement plus les mêmes.

L'héritage du temps

L'origine du vignoble remonterait à l'époque romaine. Au IVe siècle, saint Martin, évêque de Tours, favorise le développement de la viticulture, réservant l'usage du vin aux exigences du culte et aux besoins des malades. Dès le Xe siècle, les moines vignerons des abbayes et des monastères contribuent à l'installation des vignes. Au XIIe siècle, Henri II Plantagenêt, comte d'Anjou devenu roi d'Angleterre, fait servir les vins d'Anjou à sa cour. Jusqu'au milieu du XIXe siècle, les vins de Loire connaissent un bel essor grâce notamment au commerce avec les Pays-Bas via le port de Nantes. Mais la crise du phylloxéra anéantit, comme partout, le vignoble. Celui-ci renaît au XXe siècle et la qualité devient alors le mot d'ordre. Sancerre, Vouvray ou Quincy figureront parmi les premières AOC.

Les régions viticoles

La vallée de la Loire se décompose en plusieurs sous-régions qui ont chacune leur identité propre et leurs styles de vins. Les vignobles bordent les cours d'eau, la Loire, mais aussi ses affluents comme le Cher, l'Indre, l'Allier et la Vienne, parmi les plus importants.

Le vignoble du Centre. Il commence au nord des monts d'Auvergne, s'étend autour de la ville de Bourges et continue ensuite jusqu'aux environs de la ville de Gien. Les vins blancs de sauvignon dominent ici, et les appellations phares sont Sancerre et Pouilly-Fumé.

La Touraine. Elle commence à l'ouest d'Orléans et atteint Chinon aux frontières du Saumurois. Elle compte un nombre important d'appellations. Outre les différentes déclinaisons de l'AOC Touraine,

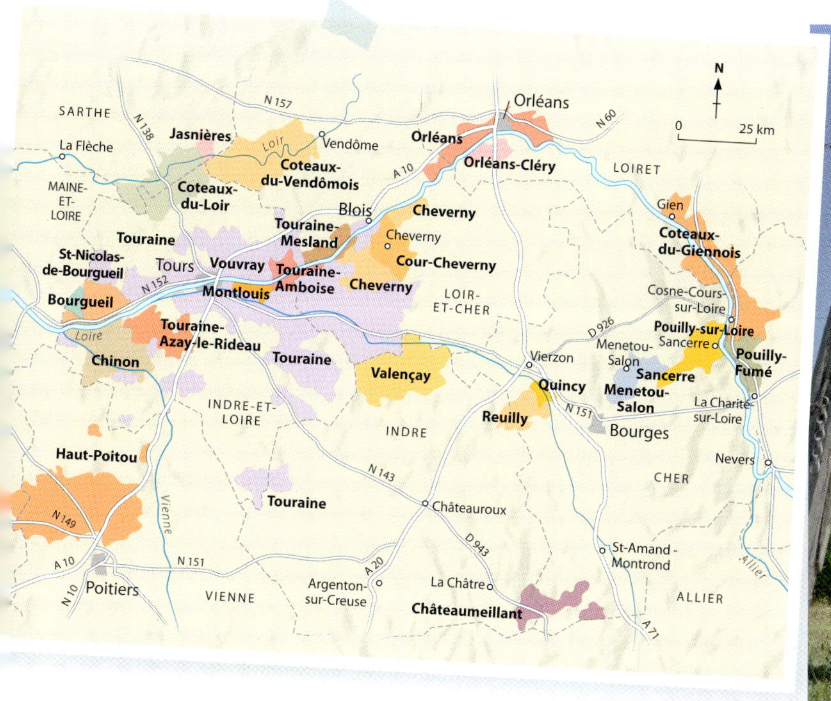

▲ Des vignes près du château de Saumur.

la région possède avec Chinon et Bourgueil deux belles appellations connues pour leurs vins rouges issus du cabernet franc, plutôt souples et fruités mais capables d'exceller dans les grands millésimes et entre les mains des meilleurs producteurs. Leur pendant en blanc est constitué par Vouvray et Montlouis, qui se font face de part et d'autre de la Loire à l'est de Tours. Le chenin blanc y excelle à travers des vins secs ou doux, tranquilles et effervescents. C'est aussi au cœur de cette région que naissent une bonne partie des vins effervescents produits dans la vallée de la Loire, notamment le Crémant de Loire ainsi que les Vouvray et Montlouis-sur-Loire mousseux et pétillants.
L'Anjou et le Saumurois. Cette vaste région s'étend à une vingtaine de kilomètres à l'est de Nantes et longe la Loire jusqu'à Saumur et Angers. On y trouve des appellations célèbres pour leurs vins blancs issus du chenin blanc aussi bien secs, comme Savennières, que moelleux ou liquoreux, comme Coteaux-du-Layon et autres Coteaux-de-l'Aubance. Dans la zone autour de Saumur, on produit aussi plusieurs vins rouges ainsi que des effervescents.
Le Pays nantais et le vignoble de Vendée. Situés aux portes de Nantes et en partie sur les terres vendéennes, ces vignobles proches de l'Océan produisent surtout des vins blancs secs, assez rafraîchissants et aromatiques, parfaits pour accompagner les fruits de mer. Dans l'appellation Muscadet, le cépage melon de Bourgogne trouve sa meilleure expression, donnant des vins frais et légers, parfois légèrement perlants quand ils sont élevés sur lies. Certaines cuvées de muscadets vieillissent magnifiquement. Les vins blancs des coteaux d'Ancenis sont issus du cépage malvoisie alors que la folle-blanche, connue également dans le Sud-Ouest, s'exprime avec fraîcheur et panache dans le Gros-Plant du Pays nantais, un vin acidulé qui accompagne bien la cuisine locale. Isolée quelque peu au sud-ouest de la Loire, l'appellation Fiefs Vendéens, avec ses crus Mareuil, Vix, Brem et Pissotte, produit des vins rouges et quelques blancs parfois très intéressants.

Les AOC de la Loire

Vignoble du Centre
- Châteaumeillant
- Coteaux-du-Giennois
- Menetou-Salon
- Orléans
- Orléans-Cléry
- Pouilly-Fumé (ou Blanc Fumé de Pouilly)
- Pouilly-sur-Loire
- Quincy
- Reuilly
- Sancerre

Touraine
- Bourgueil
- Cheverny
- Chinon
- Coteaux-du-Loir
- Coteaux-du-Vendômois
- Cour-Cheverny
- Jasnières
- Montlouis-sur-Loire
- Saint-Nicolas-de-Bourgueil
- Touraine
- Touraine-Amboise
- Touraine-Azay-le-Rideau
- Touraine-Chenonceau
- Touraine-Mesland
- Touraine-Noble-Joué
- Touraine-Oisly
- Valençay
- Vouvray

Anjou et Saumurois
- Anjou
- Anjou blanc
- Anjou Coteaux-de-la-Loire
- Anjou Gamay
- Anjou mousseux
- Anjou-Villages
- Anjou-Villages-Brissac
- Bonnezeaux
- Cabernet d'Anjou
- Cabernet de Saumur
- Coteaux-de-l'Aubance
- Coteaux-de-Saumur
- Coteaux-du-Layon
- Coteaux-du-Layon-Chaume
- Quarts-de-Chaume
- Rosé d'Anjou
- Saumur
- Saumur-Champigny
- Saumur mousseux
- Saumur Puy-Notre-Dame
- Savennières
- Vins du Thouarsais

Pays nantais, vignobles vendéen et poitevin
- Coteaux-d'Ancenis
- Fiefs Vendéens
- Gros-Plant nantais
- Haut-Poitou
- Muscadet
- Muscadet-Coteaux-de-la-Loire
- Muscadet-Côtes-de-Grandlieu
- Muscadet-Sèvre-et-Maine

Auvergne
- Côte-Roannaise
- Côtes-d'Auvergne
- Côtes-du-Forez
- Saint-Pourçain

Appellations régionales
- Crémant de Loire
- Rosé de Loire

Des AS du VOLANT

Si la Formule 1 est la plus prestigieuse des **compétitions automobiles**, on ne saurait négliger les épreuves d'endurance, comme les 24 Heures du Mans, les rallyes ou les rallyes-raids, courses dans lesquelles les Français pilotent souvent avec brio.

Henri Pescarolo : Monsieur Le Mans

S'il a piloté en Formule 1 (cinquante-six Grands Prix disputés) ou lors du Paris-Dakar à la fin de sa carrière, **Henri Pescarolo** s'est surtout forgé un palmarès en participant aux épreuves d'endurance. Il a gagné toutes les courses mythiques, des 1 000 km du Nürburgring (en Allemagne) aux 24 Heures de Daytona (aux États-Unis) ; mais c'est aux 24 Heures du Mans qu'il s'est illustré. Il compte trente-trois participations et il s'est imposé à quatre reprises (1972, 1973, 1974 et 1984). Lorsqu'il raccroche son casque, en 2000, il fonde sa propre écurie d'endurance pour continuer l'aventure du Mans.

Prost et Senna : les meilleurs ennemis de la F1

Le Français **Alain Prost** et le Brésilien Ayrton Senna – deux pilotes d'exception – ont été des rivaux acharnés pendant plusieurs saisons. Lorsqu'ils couraient dans des écuries différentes, cette rivalité, habilement exploitée par les médias, était de bon aloi. Mais, en 1988, l'écurie McLaren réussit à engager les deux meilleurs pilotes du moment. Sur le plan strictement comptable, la réussite est totale : Ayrton Senna est champion du monde en 1988 et Alain Prost en 1989. Mais la cohabitation est houleuse. Prost se montre agacé par la maestria de Senna, régulièrement plus rapide. Il reproche à Honda de fournir au Brésilien un meilleur matériel qu'à lui-même.

Le paroxysme de cet affrontement se situe lors du Grand Prix du Japon, en 1989, alors que se joue le titre. Alain Prost est en tête, mais Ayrton Senna revient sur lui, fait un écart et l'accroche, contraignant Prost à l'abandon. Senna remporte la course, avant d'être disqualifié ! Le titre revient au Français ; son troisième. Il en ajoutera un quatrième en 1993.

◄ La Renault-Elf RE.40, voiture de Formule 1 d'Alain Prost.

Le Paris-Dakar

Le Paris-Dakar est un rallye-raid qui se dispute chaque année au mois de janvier. C'est le Français **Thierry Sabine** qui eut l'idée d'un raid à travers le désert après qu'il se fut perdu lors de la course Abidjan-Nice à laquelle il participait. La première édition a lieu fin 1978-début 1979. Les éditions suivantes seront malheureusement endeuillées par nombre d'accidents – Thierry Sabine et le chanteur Daniel Balavoine, notamment, trouveront la mort lors d'une chute d'hélicoptère. Face aux risques croissants liés au terrorisme dans la région saharienne, les organisateurs ont innové : la course – désormais rebaptisée « Rallye Dakar » – se déroule en Amérique du Sud de 2009 à 2019, puis en Arabie saoudite à partir de 2020.

Sébastien Loeb : la maîtrise des spéciales

Avec toujours le même copilote en la personne de **Daniel Elena**, **Sébastien Loeb** a remporté le Championnat du monde des rallyes, sans discontinuité, de 2004 à 2011. Mais il ne s'est pas contenté de dominer sans partage sur les routes asphaltées, enneigées ou en terre battue. Il a terminé deuxième des 24 Heures du Mans en 2006 ; il a effectué des essais remarqués en Formule 1 ; il pilote lui-même son hélicoptère et a également volé aux commandes d'un Rafale, subissant des accélérations de 9 G sans conséquences désagréables particulières, sachant qu'une personne normale perd connaissance à 6 G !

Sébastien Loeb en 2018. ▲

La France championne

Nos SPORTIFS ont du TALENT !

Même si elles n'ont pas toujours la faveur des médias, les performances de certains sportifs français méritent d'être soulignées, tant elles ont illustré la **ténacité** et le **panache** français.

Le créateur des Jeux modernes

Sportif accompli, le baron **Pierre de Coubertin** est persuadé que la pratique sportive est source d'épanouissement personnel et facteur de paix entre les peuples. En 1894, il fonde le Comité international olympique et les premiers Jeux se déroulent, symboliquement, à Athènes, en 1896 : 241 athlètes de 14 nations participent aux 43 épreuves. Peu à peu, les Jeux d'été vont prendre une ampleur que leur créateur n'aurait certainement pas soupçonnée. Qu'on en juge : en 2016, aux Jeux de Rio, 204 nations étaient représentées pour 10 500 athlètes qui concouraient dans les 306 épreuves des 43 disciplines ! Quant aux Jeux d'hiver, nés en 1924, ils voient sans cesse la création de nouvelles disciplines.

▼ Pierre de Coubertin.

Tony Estanguet : seul dans les remous

Le canoéiste **Tony Estanguet** s'est particulièrement illustré lors des épreuves de slalom. Après avoir gagné la médaille d'or aux Jeux de Sydney en 2000 et d'Athènes en 2004, il termine neuvième à Pékin en 2008. Loin de s'avouer vaincu, il remporte, à l'âge de 34 ans, une troisième médaille d'or aux Jeux de Londres, en 2012. La retraite sportive venue, Tony Estanguet représente la France au CIO et a beaucoup œuvré pour que Paris organise les Jeux de 2024.

Des lutteurs inséparables

Aux Jeux de Pékin en 2008, les frères **Steeve** et **Christophe Guénot** firent découvrir la lutte gréco-romaine à de nombreux téléspectateurs. Le premier, en remportant la médaille d'or dans la catégorie des moins de 66 kg, fit retentir *La Marseillaise* ; le second, quelques heures plus tard, décrocha la médaille de bronze dans la catégorie des moins de 74 kg.

Il faut dire que, dans la famille Guénot, la lutte était une véritable institution : le père était entraîneur, la mère secrétaire du club, et les deux frères passaient le plus clair de leur temps à s'entraîner ensemble.

La pétanque : au plus près du cochonnet

Loisir incontournable de millions de vacanciers, la pétanque – terme francisé de l'occitan *pès tanca* (« pieds joints ») – est également un sport de haut niveau qui a failli être introduit au programme des Jeux de Paris, en 2024. La France, forte de ses 350 000 licenciés, domine largement les Championnats du monde seniors (vingt-sept médailles d'or pour quarante-sept participations) et les différentes épreuves internationales. Parmi tous ces valeureux pointeurs et tireurs, il faut faire une mention spéciale à **Philippe Quintais**, surnommé « le Zidane de la pétanque », avec ses huit titres de champion du monde en triplette et ses quatre titres au tir de précision. Il est, avec Jeannie Longo, le sportif le plus titré de France.

La pelote basque

La pelote basque tire ses racines d'un jeu très ancien, le jeu de paume, pratiqué par l'aristocratie sous l'Ancien Régime. Très populaire au Pays basque, ainsi que dans les régions comptant une forte colonie basque, elle a ses champions légendaires. Ainsi **Joseph Apesteguy**, dit « Chiquito de Cambo », qui, de 13 à 50 ans, disputa plus de 2 000 parties. On dit de lui que, lors de la guerre 1914-1918, il se distingua dans les tranchées en envoyant, avec son chistera, les grenades dans les tranchées adverses, au grand étonnement des soldats allemands.

Patrice Martin : le Petit Prince du ski nautique

Patrice Martin découvre le ski nautique à l'âge de 4 ans, en 1968. Il remporte sa première compétition internationale six ans plus tard. À 13 ans, il est champion d'Europe ; à 14 ans, champion du monde. Suivront onze titres de champion du monde, trente-quatre titres de champion d'Europe et vingt-cinq records du monde. Avec ses boucles blondes, il enchantera la France pendant une vingtaine d'années avant de prendre sa retraite en 2001, auréolé d'un dernier titre.

Sur les routes de France

L'OUTRE-MER et ses îles paradisiaques

De l'Océanie à la mer des Antilles en passant par l'océan Indien, **les îles paradisiaques de l'outre-mer** regorgent de magnifiques plages de sable fin, de sublimes paysages de montagne et de petits villages pittoresques.

▲ Vue aérienne de l'île de la Guadeloupe.

Basse-Terre en Guadeloupe

Le nom de la « capitale » de la Guadeloupe est aussi celui de la partie la plus élevée de l'archipel, qui culmine à 1 467 m au volcan de la Soufrière. D'abord place militaire (XVIIe siècle), le site se développe au cours du XVIIIe siècle, mais la concurrence de Pointe-à-Pître (fondée vers 1759) se fait rapidement sentir et tournera finalement au profit de cette dernière, dont le site est plus favorable aux échanges commerciaux. En 1976, lors du réveil de la Soufrière, les habitants de la ville furent par précaution évacués vers Grande-Terre. L'alerte dura cinq mois, et une partie des évacués ne revint pas.

▲ Le volcan de la Soufrière toujours en activité.

Le « tue-diable »

La canne à sucre, originaire d'Asie, fut introduite aux Antilles par les Espagnols en 1493. Alors que les Français occupent la Guadeloupe depuis 1635, ce n'est qu'en 1667 que la fabrication de l'alcool de canne, autrement dit le rhum, apparaît sur l'île. Le père Labat améliorera le procédé de fabrication du rhum en perfectionnant le processus de distillation, et les progrès techniques apportés au cours des siècles ne feront qu'améliorer sa qualité. Au début, le rhum était la boisson des esclaves et des marins ; sa consommation atteindra son apogée en France durant la « Grande Guerre » dans le but de réconforter les poilus.

La Martinique, l'île aux fleurs

L'île est constituée par un massif volcanique dominé au nord par la montagne Pelée (1 397 m), dont l'activité demeure menaçante. Le relief est très accidenté, la seule plaine notable étant celle du Lamentin, au centre. Les collines caractérisent le Sud. Le climat est tropical maritime, pluvieux : la température moyenne est de l'ordre de 25 à 27 °C en basse altitude, où l'amplitude thermique est faible. Les pluies sont regroupées de juin à novembre (l'« hivernage »), alors que les mois du « carême », de janvier à mai, sont un peu plus secs. La Martinique se situe dans une zone où les cyclones et tempêtes tropicaux sont fréquents : on compte un cyclone tous les huit ans en moyenne au cours des trois derniers siècles, avec une recrudescence depuis une quarantaine d'années. Les côtes et le milieu marin proche sont propices à la navigation, à la pêche artisanale sur les hauts-fonds coralliens et au tourisme balnéaire (en particulier sur les superbes plages ensoleillées du Sud).

Fort-de-France

Fondée vers 1640 sous le nom de Fort-Royal, et sur un site plus sûr pour les navires que celui de Saint-Pierre, la ville joue dès la fin du XVIIe siècle un important rôle administratif. Elle est âprement disputée par les Anglais au XVIIIe siècle. Déjà victime de nombreux cataclysmes (épidémies, séismes, cyclones), elle est détruite par un incendie en 1890. Reconstruite, elle devient le chef-lieu de la Martinique après la destruction de Saint-Pierre lors de la terrible éruption de la montagne Pelée, en 1902.

▲ Plage de sable fin à la Martinique.

Saint-Denis de La Réunion

L'île, restée longtemps déserte, est découverte par les Portugais au XVIe siècle, mais les Français n'en prennent possession qu'en 1638. Saint-Denis est créée en 1669, pour son site favorable au commerce, par le premier gouverneur français de l'île, Étienne Regnault, et devient chef-lieu en 1738 sous le gouverneur Mahé de La Bourdonnais. Elle est dotée du statut de chef-lieu de département d'outre-mer depuis 1946.

▲ Le cratère du piton de la Fournaise.

La Nouvelle-Calédonie, ou l'île de la Grande Terre

Situé à 1 500 km de l'Australie et à 20 000 km de la métropole, l'archipel de la Nouvelle-Calédonie couvre un vaste ensemble maritime de 1 740 000 km^2, du fait de l'éloignement de certaines îles. Il bénéficie dans sa totalité d'un climat tropical maritime, caractérisé par une faible amplitude des variations saisonnières de température et par la fréquence des vents – y compris des cyclones –. La Grande Terre est une île montagneuse (1 650 m au mont Panié) et un magnifique récif-barrière entoure toute l'île. Le relief se singularise par une grande diversité à l'échelle de l'ensemble de l'archipel : au nord et au sud de la Grande Terre, les îles Bélep et l'île des Pins sont également montagneuses, alors que les îles Loyauté sont des massifs coralliens peu élevés. La végétation est originale (80 % de plantes endémiques), la forêt a été souvent remplacée par la savane piquetée d'arbustes, les niaoulis.

▲ Le cirque de Mafate à La Réunion.

Nouméa, un port de France

La France prend possession de la Nouvelle-Calédonie en 1853. La ville est fondée en 1854 sous le nom de Port-de-France, sur un site choisi par Tardy de Montravel. Elle prend son nom actuel en 1866. Seule ville importante des îles, elle est le témoin des grands événements qui marquent l'histoire de l'archipel : période de la colonie pénitentiaire jusqu'à la fin du XIXe siècle, découverte et exploitation du nickel dans les années 1860, base militaire américaine pendant la Seconde Guerre mondiale, luttes pour l'autonomie et l'indépendance dans la seconde moitié du XXe siècle.

▲ Sculpture en bois à Nouméa.

Papeete, capitale du paradis

Négligé par les premiers colonisateurs et par les missionnaires (protestants), le site de Papeete prend de l'importance lorsque la dynastie royale des Pomaré s'y établit vers 1827. C'est là que les Français débarquent en 1843 pour imposer le protectorat à la reine Pomaré IV. Papeete se transforme alors et s'agrandit rapidement, devenant commune en 1890. De 1964 à 1996, la ville a été le siège de la base arrière du Centre d'expérimentation du Pacifique (CEP), et une grande base aéronavale. Elle conserve ses fonctions de centre administratif et commercial du territoire.

Dessine-moi un tatouage

Parmi les fondements culturels de la Polynésie française, le tatouage était un art exercé dès l'enfance. Les filles étaient tatouées dès huit ou dix ans, alors que les garçons ne l'étaient qu'à l'adolescence. Signe de virilité, le tatouage, pratiqué tout au long de la vie, devait attirer et séduire le conjoint. Cette pratique très ancienne (les dieux l'auraient utilisée à des fins décoratives) et douloureuse (à l'aide de peignes et de maillets) fut interdite au XIXe siècle par les missionnaires pour renaître au début des années 1980.

▲ Tatouages sur un danseur tahitien.

Cayenne, ville multiculturelle

Cayenne est située sur un des rares littoraux favorables de la côte des Guyanes. Les Français l'ont fondée dès 1643, mais ne s'y établissent vraiment qu'en 1664. Alors que la Guyane avait déjà servi, de 1794 à 1805, de lieu de déportation politique (« guillotine sèche »), un bagne y est institué en 1852. Installé sur les îles du Salut, au nord de Cayenne, il fonctionnera jusqu'en 1939, sa suppression effective étant intervenue en 1947. L'un de ses plus célèbres pensionnaires fut le capitaine Dreyfus.

Des fusées dans la forêt tropicale

Choisi en 1964, devenu opérationnel en 1968, le site de lancement de Kourou a été choisi pour sa latitude géographique et pour le profil de la côte, permettant des lancements tous azimuts. En 1976, le gouvernement français a mis le Centre spatial guyanais à la disposition de l'Agence spatiale européenne (ESA) et de ses États membres. L'épopée de la fusée européenne Ariane s'écrit aussi à Kourou.

▼ Vue du littoral à Papeete.

Panorama des œuvres SCANDALEUSES

Toute avant-garde, toute innovation artistique s'expose au risque de choquer. Petit florilège des scandales ayant agité le monde de l'art au XIXe siècle…

Le Radeau de la Méduse

Trop réaliste, trop crue. L'œuvre monumentale de Théodore Géricault représente les horreurs du naufrage de la frégate royale *la Méduse* au large du Sénégal, en 1816. Les personnages, exténués, sont de toute évidence abandonnés par leur commandant. Les critiques français s'empoignent autour de la toile qui pointe l'incompétence de l'officier rentré d'émigration avec Louis XVIII. Quant à *la Gazette de France*, elle écrira qu'on a, dans ce tableau, « oublié de peindre » !

La Liberté guidant le peuple

La Liberté guidant le peuple évoque la révolution des Trois Glorieuses, qui a chassé Charles X du trône et rétabli la République. On reproche rapidement à Eugène Delacroix la crudité avec laquelle il représente le peuple combattant et Marianne. L'allégorie de la liberté a en effet… les seins nus, et, sensuelle et déterminée, elle se confondrait presque avec la figure de Vénus. Le nouveau régime aurait préféré une œuvre plus idéalisée. La force allégorique du tableau en fera pourtant le symbole d'un peuple uni sous le même drapeau.

▲ *La Liberté guidant le peuple*, Eugène Delacroix, 1830 (musée du Louvre, Paris).

Le Radeau de la Méduse, seconde esquisse, Théodore Géricault, 1818 ▲ (musée du Louvre, Paris).

Gargantua

Gargantua est l'une des premières lithographies politiques d'Honoré Daumier. Il dessine le roi Louis-Philippe sur son trône, la tête en forme de poire, accueillant dans sa bouche immense une échelle descendant jusqu'au sol. Des valets déversent dans son gosier des hottes remplies d'écus. À ses pieds, les privilégiés récoltent les miettes. La caricature, exposée dans une galerie parisienne, est saisie et la pierre lithographique brisée pour « grave offense à la personne du roi ». Elle vaut à Daumier une amende de 500 francs et une condamnation à 6 mois de prison.

Bataille d'*Hernani*

Le 25 février 1830, dans la salle de la Comédie-Française, toute la jeunesse romantique assiste à la première d'*Hernani* de Victor Hugo. Les représentations qui suivent sont émaillées de chahuts. C'est que le drame est un manifeste romantique qui déconstruit le vers et revendique le « libéralisme en littérature » (Préface d'*Hernani*). D'un côté, il y a les classiques, partisans d'une hiérarchisation des genres théâtraux ; de l'autre, les romantiques, qui soutiennent les entorses de la pièce au classicisme : « Nous allons combattre cette vieille littérature crénelée, verrouillée… »

La première représentation d'« Hernani » : « Si le drame avait eu six actes, nous tombions tous asphyxiés. » Caricature de Grandville, 1830.

▲ *Le Déjeuner sur l'herbe,* Édouard Manet, 1863 (musée d'Orsay, Paris).

Les Glaneuses

Trois paysannes pauvres glanent des épis négligés. Jean-François Millet juxtapose trois phases du mouvement éreintant et répétitif qu'impose cette âpre besogne : se baisser, ramasser, se relever. À l'arrière-plan, un propriétaire et des paysans terminent la récolte. Le peintre réaliste peint une scène plus politique qu'il n'y paraît, dans laquelle l'austérité des glaneuses s'oppose à l'abondance des moissons. La lumière rasante donne aux femmes un aspect sculptural et dramatique. Et certains critiques y voient une dénonciation sociale virulente. « *Les Glaneuses* ont des prétentions gigantesques, s'emporte le critique Paul de Saint Victor, elles posent comme les trois Parques du paupérisme. »

▲ *Les Glaneuses,* Jean-François Millet, 1857 (musée d'Orsay, Paris).

Les Fleurs du mal

En proie à la mélancolie et au spleen, déçu par le réel, Charles Baudelaire aspire à s'élever vers un idéal toujours inaccessible : la ville, la modernité, les femmes, décrites avec crudité, l'ivresse. Or, le mépris de la morale religieuse fait des *Fleurs du mal* une des œuvres les plus scandaleuses du XIXᵉ siècle. Le recueil est condamné en 1857 pour « outrage à la morale publique » et le livre est censuré. Amputé de six poèmes, l'ouvrage ne sera réhabilité qu'en 1949.

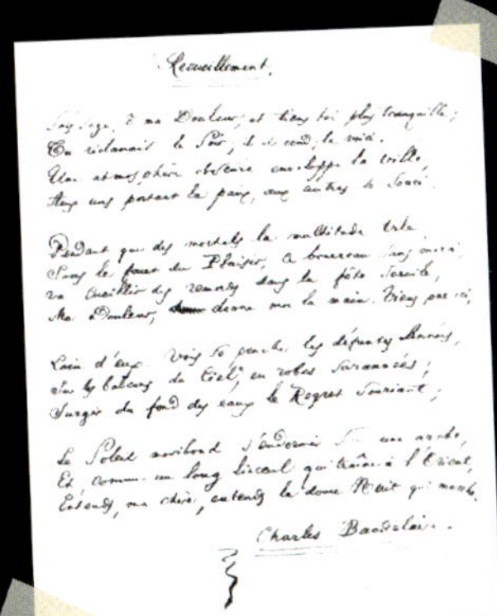

▲ Manuscrit du poème « Recueillement », *Les Fleurs du mal,* Charles Baudelaire, 1857.

Madame Bovary

L'année 1857 est celle des procès littéraires. Comme Charles Baudelaire, Gustave Flaubert est lui aussi mis en accusation (et par le même procureur Ernest Pinard !) pour « outrage à la morale publique et à la religion ». Il doit, lui, son inculpation à *Madame Bovary*, son premier roman : Emma Rouault, fille de paysans normands, mariée à Charles Bovary, un médecin médiocre, s'ennuie. Insatisfaite, rêvant d'amours fabuleuses et de cavalcades romanesques, elle entame une liaison avec Rodolphe, un gentilhomme fermier, puis avec Léon. Déçue, elle finira par se suicider à l'arsenic.

Le Déjeuner sur l'herbe

Présenté au Salon des refusés en 1863, *le Déjeuner sur l'herbe* fait immédiatement scandale. Édouard Manet a beau revendiquer l'héritage du Titien et de Raphaël, la présence d'une femme nue au milieu d'hommes habillés, sans qu'elle soit particulièrement sensuelle ou distinguée, et qui, de plus, regarde effrontément le public, offense les critiques. Aucun prétexte allégorique ne vient justifier sa présence, jugée « obscène ». Les contrastes brutaux entre ombre et lumière, le paysage à peine esquissé et la perspective non conventionnelle choquent également, mais ils feront plus tard du peintre le « père de la peinture moderne ».

L'Origine du monde

L'audace du tableau, chef-d'œuvre du réalisme, dans sa description quasi anatomique du sexe féminin heurte la pudeur. Une manière pour Gustave Courbet de critiquer la bienséance hypocrite du second Empire qui tolère l'érotisme pour la peinture mythologique. *L'Origine du monde*, qui n'a été exposé en public qu'à la fin du XXᵉ siècle, a fait et fera toujours scandale…

Thérèse Raquin

Succès d'estime et de scandale, *Thérèse Raquin* est le troisième roman d'Émile Zola. Il y raconte avec un art consommé du réalisme social le destin d'une femme adultère que sa sensualité, réveillée au contact d'un peintre raté, pousse au crime. À sa parution, Zola est traité de « misérable hystérique qui se plaît à étaler des pornographies ». Lors de la seconde édition l'année suivante, l'écrivain se fendra d'une longue préface ne manquant pas d'humour : « Pas un des pudiques journalistes qui ont rougi en lisant *Thérèse Raquin* ne me paraît avoir compris ce roman. S'ils l'avaient compris, peut-être auraient-ils rougi davantage. »

Les PLUS BELLES BALADES en mer

Grâce aux départements et Régions d'outre-mer, la France peut se targuer de posséder un des domaines maritimes les plus variés… Quoi de mieux que de l'explorer en voilier, catamaran ou autre multicoque, avec un skippeur expérimenté, bien entendu.

Vue aérienne des îles Lavezzi, face à Bonifacio. ▲

Les îles du sud de la Bretagne

La baie de Quiberon offre des vues spectaculaires, une mer turquoise et des falaises découpées. Le bateau reste le meilleur moyen de découvrir la côte bretonne et ses îles. Belle-Île tout d'abord, riche en mouillages et en infrastructures, mais également Houat et Hoëdic. On peut également programmer un itinéraire pour explorer l'intérieur du golfe du Morbihan et profiter des toutes petites îles, l'île aux Moines ou l'île d'Arz, pour ne citer que les plus connues. Quelques jours suffisent pour en faire le tour, avec l'assurance d'une mer plutôt calme (malgré de forts courants dont il faut se méfier), de paysages pittoresques empreints d'Histoire (mégalithes).

▲ Le port de plaisance du Palais, à Belle-Île-en-Mer.

Un sport en plein essor

La voile connaît aujourd'hui beaucoup de succès, grâce à la médiatisation des exploits des grands navigateurs, ainsi qu'à celle des grandes courses. Des écoles de voile ouvrent ; on compte près de 300 000 personnes qui ont obtenu en 2017 un titre (licence, passeport voile) pour pratiquer leur passion en club. C'est évidemment un sport à risques, dans un milieu qu'on ne maîtrise pas, et accomplir ces itinéraires seul peut prendre des années. Mais il est désormais possible de louer un voilier et de s'assurer les services d'un skippeur chevronné.

Autour de la Corse

La Corse est une destination très prisée pour la voile, laquelle permet de découvrir sous un nouveau jour les montagnes corses plongeant dans les criques bleues de la Méditerranée. Un des itinéraires favoris des plaisanciers consiste à partir d'Ajaccio pour rejoindre les falaises de Bonifacio. L'avantage du voilier, c'est qu'il permet de faire escale aux îles Lavezzi, petit archipel de 23 îles et îlots, au sud de la Corse ; attention, le détroit entre Bonifacio et les îles est un des plus dangereux de Méditerranée, en raison des récifs et des courants.

La traversée de l'Atlantique

Il faut prévoir quinze jours à trois semaines pour aller de la France aux Antilles, en automne, avec les vents portants qui permettent de raccourcir le temps de trajet. L'idéal est de passer par le cap Vert pour profiter des alizés. Dans l'autre sens, il n'est pas possible de profiter des vents, le Gulf Stream en revanche peut être un atout précieux. La traversée de l'Atlantique reste un parcours difficile : il ne faut pas minimiser l'isolement, ni les risques. Mais quel plaisir de faire escale sur les îles de l'Atlantique (Açores) et d'arriver sous le soleil des Antilles !

Les îles de Guadeloupe

Les îles de Guadeloupe, en mer des Caraïbes, sont un site privilégié pour le tourisme nautique : autant les Saintes que la Dominique, la Désirade ou Marie-Galante sont des destinations rêvées. Peu de touristes le soir venu (la plupart débarquent le matin de la navette pour repartir le soir même), des plages d'un bleu éblouissant et une nature largement protégée, sans compter des sites de plongée à faire rêver les plus blasés des navigateurs français… La destination

▼ Une plage de Marie-Galante, en Guadeloupe.

Vue des Saintes, en Guadeloupe. ▲

est d'autant plus prisée qu'il faut une semaine environ pour en faire le tour sans se presser. Une fois en Guadeloupe, cependant, rien ne vous interdit de pousser jusqu'à la Martinique, au sud, ou jusqu'à Saint-Martin, au nord…

▲ Vue sur l'île de Moorea (îles de la Société, Polynésie française) pendant l'arrivée au port.

Saint-Pierre-et-Miquelon

Il n'y a pas que les eaux turquoise ! Le nord de l'océan Atlantique peut être une vraie découverte ! Le port de Saint-Pierre, face aux côtes canadiennes, est libre de glace toute l'année, et abrite une marina. La région se prête à de nombreuses excursions, sur les îlots de Saint-Pierre (île aux Pigeons, île aux Vainqueurs, île aux Marins), vers le Grand-Colombier, refuge d'oiseaux migrateurs au nord de l'île Saint-Pierre, ou vers les îles de Langlade et de Miquelon – reliées par un isthme sableux, elles sont bien moins peuplées que leur voisine et leurs côtes sauvages valent le détour. Sur la côte est de Langlade, on peut admirer le célèbre cap Percé et s'en approcher au plus près… De Saint-Pierre-et-Miquelon, il est aussi possible de rejoindre le Canada et le golfe du Saint-Laurent.

Le phare de Saint-Pierre à Saint-Pierre-et-Miquelon. ▲

Les îles d'Hyères

Sans aller très loin, il est possible de découvrir des joyaux, comme les îles d'Hyères, en Méditerranée. Comptant trois îles (Porquerolles, Port-Cros, île du Levant) et deux îlots, elles sont situées au large de la presqu'île de Gien. Sur une partie de leur territoire se trouve le parc national de Port-Cros. La plage Notre-Dame, à Porquerolles, a été élue en 2015 « plus belle plage d'Europe », grâce à « sa nature préservée, la qualité de l'eau, de la faune et de la flore et ses magnifiques forêts de pins ».

▲ La plage Notre-Dame, sur l'île de Porquerolles.

Le tour de La Réunion

La plupart des croisières et excursions à la voile de La Réunion partent de la côte ouest de l'île, là où est située la réserve marine de La Réunion, et particulièrement du port de plaisance de Saint-Gilles-les-Bains, station balnéaire dépendant de la commune de Saint-Paul. Il suffit de s'éloigner un peu des côtes pour croiser, pendant l'hiver austral et avec un peu de chance, des dauphins, des tortues, des poissons volants et même des baleines à bosse… Entre cette faune magnifique de l'océan Indien, les lagons et la vue magnifique, depuis la mer, sur les montagnes réunionnaises, difficile de faire l'impasse sur La Réunion.

◀ Une tortue dans les eaux de l'île de La Réunion.

Tahiti et la Polynésie française

On pourrait l'oublier, mais Bora Bora, dont le nom évoque l'exotisme et la mer turquoise, se trouve en France, plus précisément dans la Polynésie française, au milieu de l'océan Pacifique. Les lagons assurent un mouillage protégé aux voiliers, tout en offrant de superbes points de vue et sites de plongée. Que l'on préfère les mouillages en solitaire ou le confort des marinas, il y a de quoi satisfaire les plus exigeants, des Marquises à l'île de Tahiti elle-même (la marina de Papeete est le premier port de plaisance de Polynésie).

◀ Un requin à pointe noire, aperçu en Polynésie française.

La Nouvelle-Calédonie

Impossible de ne pas évoquer la Nouvelle-Calédonie, entourée de son lagon, qui en fait un paradis pour les plaisanciers et les mordus de voile. Que ce soit pour une excursion à la journée ou pour une navigation de plusieurs jours, les possibilités sont nombreuses. Les îles Loyauté, en mer de Corail, de 100 à 150 km au nord-est de Grande Terre, constituent une bonne destination : Ouvéa, l'une de ces îles, possède un magnifique lagon, ce qui en fait l'un des plus beaux atolls du Pacifique.

Arc-en-ciel sur l'île des Pins, en Nouvelle-Calédonie.

Délices d'OUTRE-MER

Acras de morue

POUR 4 PERSONNES

* * *

PRÉPARATION : **15 MIN** - DESSALAGE : **12 H**
CUISSON : **20 MIN**

- 150 g de morue salée
- 1/2 bouquet de persil
- 2 gousses d'ail
- 1 petit piment rouge
- 3 ciboules
- 200 g de farine
- 1 cuill. à café de levure
- 2 œufs
- 15 cl d'eau
- 1 cuill. à café de thym
- huile de friture

1 Faites dessaler la morue une nuit à l'eau fraîche (pour gagner du temps, vous pouvez aussi trouver de la morue déjà dessalée au rayon surgelés).

2 Mettez-la ensuite dans une casserole d'eau froide, amenez-la à ébullition, puis coupez le feu et laissez la morue pocher 15 minutes. Laissez tiédir, retirez la peau et les arêtes, et émiettez-la.

3 Rincez et épongez le persil, épluchez l'ail. Ouvrez le piment et retirez-en les graines. Hachez ensemble l'ail, les ciboules, le piment et le persil, à la main ou au mixeur.

4 Dans un saladier, mélangez la farine et la levure, rajoutez les œufs et délayez la pâte petit à petit avec l'eau. Rajoutez le hachis, la morue et le thym.

5 Faites chauffer l'huile, déposez-y des cuillerées de pâte et faites frire 3 minutes environ. Égouttez les accras sur du papier absorbant et servez bien chaud.

Blanc-manger coco

POUR 4 PERSONNES

* * *

PRÉPARATION : **10 MIN** - CUISSON : **3 MIN**
RÉFRIGÉRATION : **3 H**

- 3 feuilles de gélatine
- 50 cl de lait de coco
- 125 g de lait concentré sucré
- 1 zeste de citron vert non traité
- 1 bâton de cannelle
- 2 pincées de muscade

1 Mettez la gélatine à ramollir dans un bol d'eau froide.

2 Dans une casserole, amenez à ébullition les deux laits avec le zeste et les épices.

3 Arrêtez le feu et laissez infuser 5 minutes, puis retirez le zeste et le bâton de cannelle.

4 Rajoutez la gélatine égouttée et mélangez bien.

5 Versez la préparation dans des coupelles et laissez prendre au moins 3 heures au réfrigérateur.

Le rhum agricole

* * *

Le rhum agricole, obtenu par distillation du vesou, jus de la canne à sucre, se distingue du rhum industriel, fabriqué à partir de la mélasse, sous-produit de la fabrication du sucre de canne. Le vesou, additionné d'eau, est filtré puis mis à fermenter. Le « vin alcoolique » est ensuite distillé. Le rhum brut, alors pratiquement incolore, est mis à vieillir en cuve d'aluminium ou en fûts de chêne. C'est ainsi que l'on fait le rhum blanc, le rhum paille et le rhum vieux, le plus foncé et que l'on déguste en digestif. Ces différents rhums titrent entre 40 et 60 % vol. Le rhum agricole de la Martinique bénéficie d'une AOC. Les usages du rhum sont nombreux : grog, pâtisserie, cocktails (daïquiris, ti-punch, planteur).

La banane plantain

* * *

Dotée d'une peau jaune clair à maturité et d'une chair jaune et sucrée, assez ferme, la banane plantain est plus grosse que la banane fruit et contient davantage d'amidon et moins de sucre que cette dernière. En ragoût, frite ou en purée, elle accompagne de nombreux plats de la cuisine antillaise.

LA VANILLE BOURBON

Originaire du Mexique, la vanille est arrivée à La Réunion au début du XVIIIe siècle. C'est la seule orchidée qui soit comestible, et la variété Bourbon qui est cultivée sur l'île, *Vanilla fragrans*, en est la plus parfumée. Elle s'épanouit sur un sous-sol volcanique et sous un climat chaud et humide. Pour obtenir les gousses, il est nécessaire de féconder les fleurs, éphémères. Cette opération se fait toujours manuellement. Après la récolte, les gousses sont de couleur verte. L'aspect, d'abord chocolaté, puis complètement brun, s'obtient tout au long du traditionnel processus de maturation, après l'échaudage et l'étuvage. Il faut alors compter au moins six mois pour laisser s'éveiller le parfum de la vanilline naturelle, présent parmi les 200 composants aromatiques de la plante.

Cari de poulet

POUR 4 PERSONNES

* * *

PRÉPARATION : **15 MIN** - CUISSON : **50 MIN ENVIRON**

- 1 poulet fermier de 1,4 kg
- 4 oignons
- 6 gousses d'ail
- 300 g de tomates olivettes
- 3 cuill. à soupe d'huile d'olive
- 1 cuill. à café de curcuma
- sel
- poivre

1 Coupez le poulet en 8 morceaux. Pelez les oignons et l'ail. Hachez finement les oignons et écrasez l'ail. Coupez les tomates en fines tranches.

2 Dans une cocotte, chauffez l'huile et faites-y dorer le poulet. Retournez les morceaux plusieurs fois. Mettez les oignons et l'ail et faites-les aussi rissoler. Ajoutez ensuite les tomates et le curcuma et faites cuire de même pendant 2 à 3 minutes.

3 Baissez le feu et couvrez la cocotte. Laissez mijoter à feu très doux pendant 45 minutes en remuant de temps en temps. Ajoutez au besoin un peu d'eau pour que le cari n'attache pas. Servez bien chaud.

Le crabe de terre

* * *

Selon son espèce, son âge, sa taille et le lieu où il est capturé, le crabe terrestre des Antilles se nomme crabe blanc, « boko », crabe soleil, dos rouge, « krab a bab » ou « toulou-lou ». Ce crabe, qui vit en terrier, ne rejoint la mer qu'en période de reproduction. Jadis complément de nourriture pour les esclaves ou réserve vivante en période de restriction, le crabe de terre est, de nos jours, surtout consommé traditionnellement les lundis de Pâques et de Pentecôte. On le prépare farci ou selon différentes recettes créoles.

LA NOIX DE COCO

Dans la cuisine antillaise, la noix de coco est largement mise à contribution dans de nombreuses confiseries : doucelette à base de lait de coco, cratché, caramel enrobant des lamelles de coco, « tablettes coco ». Lointain cousin du flan à la noix de coco, le « blanc-manger » est un dessert très apprécié. Également très populaire, la confiture de coco est surtout utilisée pour fourrer certains gâteaux, en particulier le fameux « tourment d'amour », inventé, dit-on, par les femmes de pêcheurs de la Guadeloupe pour tromper… leur attente !

L'ananas bouteille

* * *

Cette variété d'ananas, dont la forme allongée explique le nom, n'existe qu'en Guadeloupe. C'est peut-être ce fruit que dégusta Christophe Colomb, qui découvrit l'île en 1493. L'ananas bouteille, appelé également « z'annana », est cultivé au nord de Basse-Terre, en particulier autour de Sainte-Rose et de Lamentin. Il est vendu dans les magasins et sur les marchés locaux. Très sucré, il se consomme frais, nature ou servi dans du vin.

LES PIMENTS

Ce condiment de la famille des solanacées fut introduit en Europe par Christophe Colomb lors de son retour des Amériques. Il existe plus de 200 variétés de piments, vendus frais ou séchés. Aux Antilles, ils sont généralement forts et portent des noms imagés : « piment zozio » ou « piment oiseau » ou « langue de perroquet », « piment lampion » ou « piment sept-courts-bouillons ».

Colombo de porc

POUR 6 PERSONNES

* * *

PRÉPARATION : **20 MIN** - MARINADE : **30 MIN**
CUISSON : **55 MIN**

- 1,2 kg d'échine de porc
- 2 oignons nouveaux
- 1 mangue verte
- 3 aubergines moyennes
- 3 pommes de terre
- 3 cuill. à soupe d'huile d'arachide
- le jus de 1 citron
- 3 cuill. à soupe de poudre de colombo

POUR LA MARINADE

- 2 gousses d'ail
- 1 petit piment
- 3 cuill. à soupe de vinaigre
- sel
- poivre

1 Préparez la marinade. Pelez et écrasez les gousses d'ail, ou hachez-les finement. Coupez le piment en fines lamelles. Mélangez l'ail et le piment dans un plat creux avec le vinaigre, du sel et du poivre.

2 Coupez la viande en cubes. Mettez-la dans la marinade ; roulez les cubes dedans. Laissez mariner 30 minutes.

3 Pendant ce temps, pelez les petits oignons et hachez-les finement. Pelez la mangue, ouvrez-la pour retirer le noyau et coupez-la en morceaux. Épluchez les aubergines et les pommes de terre, rincez-les et coupez-les en cubes.

4 Dans une cocotte, faites chauffer l'huile à feu modéré. Égouttez la viande, mettez-la dans la cocotte avec la mangue et le hachis d'oignon. Faites dorer le tout doucement 5 minutes environ en remuant.

5 Délayez la poudre de colombo dans un peu d'eau et versez-la dans la cocotte. Ajoutez les aubergines et les pommes de terre. Salez, poivrez et mélangez. Versez juste assez d'eau pour recouvrir les ingrédients et portez à ébullition. Baissez ensuite le feu, couvrez la cocotte et laissez cuire 50 minutes.

6 Environ 5 minutes avant la fin de la cuisson, ajoutez le jus de citron. Goûtez et rectifiez l'assaisonnement, puis versez le colombo dans le plat de service. Servez bien chaud avec du riz à la créole.

La France championne

Des ATHLÈTES auréolés de médailles

Sport emblématique des Jeux, l'**athlétisme** compte pas moins de quarante-sept disciplines. Il ne cesse de révéler de grands champions qui procurent de fortes émotions au public français lors de confrontations souvent épiques.

Micheline Ostermeyer : du disque au piano

Micheline Ostermeyer s'est particulièrement distinguée aux Jeux de Londres, en 1948, en remportant deux médailles d'or (lancer du disque et du poids), auxquelles elle ajouta une médaille de bronze… au saut en hauteur ! Athlète complète, elle remporta également treize titres de championne de France dans sept disciplines différentes, aussi bien dans les courses que dans les lancers ou les sauts.

À Londres, le soir de sa victoire au lancer du poids, la jeune femme, qui était également une musicienne brillante, donna un concert de piano et déclara : « Je consacre cinq heures par jour au piano et cinq heures par semaine au sport ! » On n'ose imaginer sa carrière sportive si l'inverse s'était produit.

Une légende : Alain Mimoun

Aux Jeux de Melbourne (1956), le marathonien **Alain Mimoun** va connaître la gloire. Ce jour-là, il est persuadé que trois signes vont lui porter chance : le dossard n° 13 ; la naissance de sa fille Pascale, la veille du départ ; la victoire d'un marathonien français tous les vingt-huit ans (**Michel Théato** en 1900 et **Boughéra El Ouafi** en 1928).

À mi-parcours, il se retrouve seul en tête sous une chaleur accablante : 36 °C. Il connaît une brève défaillance : « J'avais l'impression d'avoir une maison sur la tête. » Lorsqu'il aperçoit l'entrée du stade, il allonge sa foulée de plus belle. Il accomplit le dernier tour de piste sous l'ovation des 100 000 spectateurs : il est champion olympique. Il prend enfin sa revanche sur Emil Zátopek, qui l'avait battu en 1948 et en 1952 sur 5 000 m et 10 000 m.

Alain Mimoun demeure la référence en matière de coureur talentueux, modeste et attachant.

Marie-José Pérec : la gazelle des Antilles

Originaire de Basse-Terre en Guadeloupe, **Marie-José Pérec** se révèle une adolescente à la foulée exceptionnelle, mais elle préfère le basket à la course à pied. Il faut toute la persuasion de sa professeure d'EPS pour qu'elle se décide à quitter son île natale et à venir s'entraîner à Paris. Sa progression sera impressionnante : championne de France sur 200 m et 400 m, championne d'Europe sur 200 m et 400 m, puis championne du monde sur 400 m.

Mais c'est aux Jeux qu'elle va entrer dans la légende de l'athlétisme français.

En effet, elle est la seule athlète française à être triple championne olympique : en 1992, aux Jeux de Barcelone, elle remporte le 400 m (vingt-quatre ans après **Colette Besson**, championne olympique à Mexico) ; en 1996, aux Jeux d'Atlanta, elle conserve le titre du 400 m et ajoute celui du 200 m en battant la Jamaïcaine Merlene Ottey, alors grande favorite.

Tendez-leur la perche !

Depuis près de trente ans, les perchistes français s'illustrent tant aux Jeux qu'aux Championnats du monde. Tout a débuté avec **Thierry Vigneron**, champion d'Europe (1984), avant que **Pierre Quinon** (1984), **Jean Galfione** (1996) et **Renaud Lavillenie** (2012) ne s'emparent tour à tour du titre olympique. Si la discipline fut, un temps, dominée sans partage par l'Ukrainien Sergueï Bubka, Renaud Lavillenie a détenu le record du monde de 2014 à 2020 avec un bond à 6,16 m !

Alain Mimoun en 1952. ▼

Médailles d'or françaises aux Jeux			
Michel Théato	Marathon	Paris	1900
Joseph Guillemot	5 000 m	Anvers	1920
Boughéra El Ouafi	Marathon	Amsterdam	1928
Micheline Ostermeyer	Disque	Londres	1948
Micheline Ostermeyer	Poids	Londres	1948
Alain Mimoun	Marathon	Melbourne	1956
Colette Besson	400 m	Mexico	1968
Guy Drut	110 m haies	Montréal	1976
Pierre Quinon	Saut à la perche	Los Angeles	1984
Marie-José Pérec	400 m	Barcelone	1992
Marie-José Pérec	200 m	Atlanta	1996
Marie-José Pérec	400 m	Atlanta	1996
Jean Galfione	Saut à la perche	Atlanta	1996
Renaud Lavillenie	Saut à la perche	Londres	2012

Marie-José Pérec détient toujours les records de France du 200 m (21 s 99), du 400 m (48 s 25) et du 400 m haies (53 s 21).

Yohann Diniz : la malédiction des Jeux

S'il est une discipline exigeante, c'est assurément la marche athlétique ; le Français **Yohann Diniz** l'a malheureusement appris à ses dépens lors des Jeux de Rio, en 2016. Après un abandon à Pékin en 2008 et une disqualification à Londres quatre ans plus tard, il compte bien prendre une revanche sur le sort. Quadruple champion d'Europe, il figure parmi les favoris de l'épreuve du 50 km.

Dès le début de course, dans son style caractéristique, il devance ses adversaires de plus d'une minute ; il semble intouchable. Hélas, des problèmes gastriques le contraignent à s'arrêter sur le bord de la route au bout d'une trentaine de kilomètres. Il repart au courage, chute, se relève, titube, mais pas question d'abandonner. Au bout de l'effort et de la douleur, il termine finalement huitième.

Yohann Diniz prendra sa revanche l'année suivante en remportant le titre de champion du monde, avec plus de 8 minutes d'avance sur le deuxième.

Mahiedine Mekhissi-Benabbad

Mahiedine Mekhissi-Benabbad est reconnaissant à son institutrice de CE1 d'avoir détecté ses qualités hors normes et de l'avoir incité à rejoindre un club d'athlétisme. Il s'oriente vers le 3 000 m steeple et remporte le titre de champion d'Europe espoirs en 2007.

C'est le début d'une brillante carrière : vice-champion olympique en 2008 et 2012 ; médaillé de bronze aux Jeux de Rio en 2016 ; quintuple champion d'Europe sur 3 000 m steeple et sur 1 500 m ; médaillé de bronze lors des Championnats du monde en 2011 et 2013.

On pourrait ajouter une sixième médaille d'or de champion d'Europe si, alors qu'il avait largement distancé ses adversaires, il n'avait voulu imiter les footballeurs en ôtant son maillot pour franchir la ligne d'arrivée. Les juges l'ont disqualifié !

Avec une perche pour tout attribut

En mars 2009, en quête de sponsors, le perchiste **Romain Mesnil**, vice-champion du monde, décide de faire son propre buzz. Il met en ligne, sur les réseaux sociaux, une vidéo de lui-même en train de mimer une course d'élan, entièrement nu dans les rues de Paris !

Sur les routes de France

Les PARCS, des oasis de verdure protégées

Considérés comme des territoires d'exception, **les parcs naturels régionaux et nationaux** font partie intégrante de l'identité culturelle de notre pays. Domaines de préservation et de valorisation des richesses de notre patrimoine et de notre environnement, les parcs français sont de véritables trésors.

Perroquets loris de Swanson en Guadeloupe.

Le parc naturel régional de Camargue

Le parc naturel régional de Camargue, dans les Bouches-du-Rhône, a été créé en 1970. Le parc couvre environ 101 000 ha, déborde la Camargue proprement dite et englobe la Petite Camargue (au-delà du Petit Rhône, à l'ouest des Saintes-Maries-de-la-Mer). Au bord de la Méditerranée, dans le delta du Rhône, ce parc, unique en Europe, a pour ambition de protéger une faune et une flore encore sauvages, où rizières, marais salants, marécages et étangs constituent l'environnement naturel des flamants roses, des chevaux et taureaux camarguais.

Vue sur les volcans d'Auvergne.

Le parc naturel régional des Volcans d'Auvergne

Plus grand parc naturel régional de France métropolitaine créé en 1977, couvrant 395 000 ha sur les départements du Cantal et du Puy-de-Dôme, le parc naturel régional des Volcans d'Auvergne réunit cinq régions naturelles bien distinctes : la chaîne des Puys, les monts Dore, le Cézallier, les monts du Cantal et le plateau de l'Artense. Plus qu'un parc, ce territoire représente l'identité de l'Auvergne avec ses paysages, ses volcans, mais aussi grâce à une forte unité rurale qui a su préserver sa culture et se renouveler à travers des activités en cohérence avec son patrimoine naturel et ses valeurs.

Flamants roses en Camargue.

Le parc naturel régional de la Haute-Vallée de Chevreuse

Parc naturel régional couvrant 63 300 ha sur le département des Yvelines, le parc naturel de la Haute-Vallée de Chevreuse, créé en 1985, englobe la moitié occidentale de la vallée de Chevreuse et la partie orientale de la forêt de Rambouillet. Rares sont les parcs naturels régionaux à combiner aussi bien patrimoine naturel, historique et architectural. À quelques kilomètres de Paris, la difficulté pour le parc a été de préserver sa ruralité face à l'urbanisation grandissante de la capitale. Églises, abbayes, châteaux, manoirs, parcs offrent une diversité de sites qui se fondent dans un décor naturel où champs agricoles, forêts, rivières et étangs dominent.

Le château de Breteuil dans les Yvelines.

Le parc naturel régional de Corse

Parc naturel régional créé en 1972 et couvrant 350 000 ha, il s'étend du nord du golfe de Porto jusque vers Porto-Vecchio, englobant les principaux massifs et sommets de l'île. La préservation et la valorisation du patrimoine naturel, humain et culturel sont au cœur du projet de développement du parc. Les sites les plus célèbres, comme le col de Bavella,

Le lac de Capitello au cœur du parc naturel régional de Corse.

la réserve naturelle de Scandola, les falaises de Piana ou les gorges de la Restonica, et les nombreux sentiers de randonnée font l'objet d'une attention toute particulière.

Le parc naturel régional de la Forêt d'Orient

Le parc naturel régional de la Forêt d'Orient, créé en 1970, couvre environ 71 500 ha sur le département de l'Aube. Il a pour vocation de protéger quatre régions naturelles bien spécifiques : au centre la Champagne humide, au nord-ouest la Champagne crayeuse, au sud-est un plateau entaillé de vallées et au nord la grande plaine de l'Aube. Pour les randonneurs, de multiples sentiers sont balisés sur tout le territoire et de nombreux lacs-réservoirs, dont celui de la Forêt d'Orient, sont aménagés pour la baignade, les sports et les loisirs.

Le parc naturel régional d'Armorique

Parc régional de la Bretagne occidentale, le parc naturel régional d'Armorique englobe notamment les monts d'Arrée,

La presqu'île de Crozon en Bretagne. ▲

l'estuaire de l'Aulne, le Menez Hom et une partie de l'ouest de la presqu'île de Crozon, ainsi que les îles de Molène et d'Ouessant. Inauguré en 1969, il couvre près de 172 000 ha, dont 60 000 ha en mer. La diversité des paysages terrestres et marins est extraordinaire. Des îles de la mer d'Iroise aux monts d'Arrée en passant par les landes intérieures et littorales, les tourbières, les falaises, les dunes, les bocages et les forêts, ces paysages sont parmi les plus remarquables de Bretagne.

Le parc national de la Guadeloupe

Le parc national de la Guadeloupe a été créé en 1989 afin de préserver et de mettre en valeur le massif forestier de la Basse-Terre. Aujourd'hui, le parc s'étend sur environ 22 000 ha partagés entre la forêt tropicale (17 300 ha) et le milieu humide et marin (3 700 ha). Un fantastique territoire naturel, qui comprend : le volcan de la Soufrière, toujours actif, qui culmine à 1 467 m d'altitude et abrite une forêt humide ; les impressionnantes chutes du Carbet ; la réserve naturelle du Grand Cul-de-Sac marin et sa vaste baie constituée de mangroves, un refuge pour de nombreux oiseaux ; les récifs coralliens ; la faune endémique ; près de 300 km de sentiers de randonnée.

▼ La cascade du Carbet, haute de 115 m, dans le parc national de la Guadeloupe.

Le parc amazonien de Guyane

Le parc amazonien de Guyane a été créé en 2007 et couvre près de 34 000 km^2. Ce parc, qui constitue de loin la plus grande aire protégée de France et de l'Union européenne, couvre près de 40 % de la superficie de la Guyane. S'étendant sur l'un des derniers massifs tropicaux forestiers encore relativement intacts, il comprend des zones cœur, de plus de 2 millions d'ha, intégralement protégées, et, au-delà, une zone de libre adhésion de 1,36 million d'ha. Le parc amazonien de Guyane est relié aux aires voisines du Brésil, notamment au parc des Tumucumaque, avec lesquelles il forme la plus grande zone de forêt tropicale protégée au monde, d'une superficie totale de 12 millions d'ha. C'est l'une des zones à plus forte biodiversité de la planète. La flore recense plus de 5 800 espèces et la faune plus de 400 espèces de poissons d'eau douce, 192 espèces de mammifères, 261 espèces de reptiles et d'amphibiens et 719 espèces d'oiseaux.

Le parc national de La Réunion

Parc national du centre de l'île de La Réunion, couvrant 105 000 ha, le parc national de La Réunion a été créé en 2007. Il couvre 42 % de la superficie de l'île, englobant toutes les zones naturelles du centre montagneux, les « Hauts ». Depuis 2010, l'ensemble de son cœur est inscrit au patrimoine mondial de l'Unesco, préservant ainsi des sites exceptionnels comme le célèbre piton de la Fournaise, le piton des Neiges mais aussi les somptueux cirques de Cilaos, Mafate et Salazie. Les paysages, formés à partir des nombreuses éruptions volcaniques, sont déroutants de beauté et de diversité, et la flore et la faune regorgent d'espèces uniques au monde.

▲ L'ibis rouge, oiseau protégé du parc amazonien de Guyane.

Le parc national de la Vanoise

Le parc national de la Vanoise, créé en 1963 sur 53 300 ha, englobe la majeure partie du massif de la Vanoise, dans les Alpes, regroupant une centaine de sommets de plus de 3 000 m. Haut lieu de protection de la faune (bouquetins, chamois et oiseaux) et de la flore (plus de 1 400 espèces recensées) entre les hautes vallées de la Maurienne et de la Tarentaise, le parc est constitué de cinq réserves naturelles adjacentes à son cœur. Il est jumelé depuis 1972 avec le parc national italien du Grand Paradis, avec lequel il a une frontière commune longue de 14 km.

▲ La joubarbe, fleur protégée du parc national de la Vanoise.

Le cirque de Mafate dans le parc national de La Réunion.

Savoureuses LANGUES CRÉOLES

Guadeloupe, Guyane, Martinique : véritable invitation au rêve, ces noms parlent de soleil, de mer, de sable fin. Voici une sélection de mots et d'expressions qui expriment le **charme savoureux** des langues créoles.

Anmwé

Anmwé est la contraction des deux mots *an* et *mwen*. Il signifie littéralement « à moi ». Traduire : au secours. *Anmwé a lasasin !* : « Au secours, à l'assassin ! » Ce mot est utilisé avec dérision lorsque survient un événement étonnant ou amusant. *Anmwé an ka ri twop an ké mò !* : « Au secours, arrête, c'est trop drôle, je ris trop, je vais mourir de rire ! »

An ja vwè van vanté, koko vèt tonbé, koko sèk rèsté an pyé.
J'ai déjà vu le vent souffler et faire tomber les cocos verts, alors que les cocos secs restent sur le cocotier.
La mort frappe aveuglément, elle peut toucher les jeunes avant les vieux.

Ant dé moun séryé, pawòl sé papyé tenbré.
Entre deux personnes sérieuses, la parole c'est du papier timbré.
Entre deux personnes sérieuses, la parole a la force, la valeur d'un contrat, d'un acte notarié.

A ou menm ka bat ou tanbou, a ou menm ka dansé !
C'est toi qui joues du tambour et c'est toi qui danses ! (Ce qui est physiquement impossible.)
Tu veux faire les questions et les réponses. On ne peut pas être juge et partie.

A pa tout pantalon i ni on nonm adan-y.
Tous les pantalons ne contiennent pas forcément un homme.
Il ne suffit pas de porter un pantalon pour prétendre être un homme ; encore faut-il le prouver par des actes. L'habit ne fait pas le moine.

Dèyè bwa kini bwa.
Derrière les bois, il y a encore les bois.
Se dit d'une tâche dont on n'arrive pas à venir à bout parce qu'on l'a sous-estimée.

Hay chyen di dan ay blan.
Tu peux haïr le chien, mais tu dois reconnaître que ses dents sont blanches.
Il faut rester impartial même face à ses ennemis, et, en dépit de tous ses ressentiments, reconnaître leurs qualités. Se dit couramment pour faire reconnaître à quelqu'un ses torts vis-à-vis d'autrui.

Bitasyon

Campagne. *Bitasyon* vient du mot « habitation », qui désignait les exploitations sucrières des colons. Le mot « habitation » était en général suivi du nom du propriétaire. *An ka rété bitasyon zabim* : « J'habite dans la campagne des Abymes. » *An sé moun bitasyon* : « Je suis de la campagne. »

▲ Anse Noire (Martinique).

I mété dlo an zyé a manman-y.
Il a mis de l'eau dans les yeux de sa mère.
Il a fait pleurer sa mère en lui causant un terrible chagrin.

Kimbé kò a ou !
Tiens ton corps !
Tiens-toi bien, respecte-toi, ne te laisse pas aller. Se dit à quelqu'un qui commet des écarts de conduite ou de langage, ou à quelqu'un qui perd courage.

Lanmè bèl : makak kapitenn.
Lorsque la mer est belle, même un singe peut être capitaine.
Il est facile de mener à bien une affaire qui ne présente aucune difficulté.
À vaincre sans péril, on triomphe sans gloire.

Boukan

Le *boukan* désigne d'abord l'endroit, en extérieur, où les Taïnos font leurs grillades. Ils y fument la viande et le poisson pour les conserver. Le mot désigne aussi un feu de branchages générant une fumée considérable. Ce feu sert à la fumaison des aliments, mais aussi à chasser les insectes. *Fè on boukan ni twop moustik* : « Fais un *boukan*, il y a trop de moustiques. »

Lè chandel mò, chandelyé doré pa ka kléré.
Lorsque la chandelle meurt, le chandelier doré n'éclaire plus rien.
On a beau être puissant, on a toujours besoin de quelqu'un.

Lè vant chat plen i ka prétann rat anmè.
Lorsque le chat a le ventre plein, il prétend que le rat est amer.
Tous les prétextes sont bons pour ne rien faire. Se dit à l'égard d'un fainéant.

Ni défen moun pa ni défen travay.
Les gens meurent, le travail ne meurt jamais.
Profitez de la vie car, de toute façon, vous mourrez en laissant le travail ici-bas.

Ou ka konté kon liméro a kaz.
Tu comptes comme on compte les numéros des maisons. Tu ne sais pas compter.
Cette moquerie vient du fait que les maisons dans une rue sont numérotées de deux en deux.

Sa ki ni mousach o soley véyé lapli.
Celui qui a de la farine de manioc au soleil doit surveiller la pluie.
N'oubliez pas de surveiller vous-mêmes vos intérêts.

Sa ki ta'w ta'w, sa ki pa ta'w pa ta'w.
Ce qui est à toi est à toi, ce qui n'est pas à toi n'est pas à toi. Ne touche pas aux affaires des autres.
Cette tautologie vaut surtout pour son agréable sonorité à l'oreille.

Sauce la ka kouté pli chè ki pwason la.
La sauce coûte plus cher que le poisson.
Le jeu n'en vaut pas la chandelle.

Drivé

Littéralement : « partir à la dérive ». Traduire : se promener. *An kaye drivé* : « Je vais me promener. » Le mot *drivé* s'emploie dans le sens de « douce dérive », « aller sans but précis ». On dit *An kay an driv* : « Je pars en promenade. » Selon le contexte, il peut être péjoratif. *I pati drivé ankò !* : « Il est encore sorti ! »

Séré pawòl an kè pa ka pouri trip.
Garder des paroles (blessantes) dans le cœur ne pourrit pas les tripes.
Il vaut mieux garder pour soi les paroles blessantes que l'on pourrait adresser à autrui, car elles ne nous font pas de mal personnellement.

Anlè kouri gouti, ou ké vwè fòs a chyen.
C'est durant la chasse à l'agouti que la puissance du chien se révélera.
C'est au pied du mur que l'on voit le maçon.

A pa anni an livènaj bèf ka bizwen kyé a-y.
Ce n'est pas uniquement pendant l'hivernage que le bœuf a besoin de sa queue.
Il ne faut pas rendre visite à ses parents et à ses amis uniquement lorsqu'on est dans le besoin.

Moun

Désigne une personne. *Ti moun* : enfant. *Moun* : adulte. *Gran moun* : adulte, personne âgée. *Ti moun dwet respékté gran moun* : « Les enfants doivent respecter les adultes. » *Pa ni vié moun, tini gran moun* : « Il n'existe pas de vieilles personnes, mais des ancêtres. » *Vié* signifie « vieux », « usé », il est mal perçu par les anciens. *Moun an mwen* : littéralement, « personne à moi ». Traduire : mon ami, mon camarade, mon alter ego. *Nicole bon moun an mwen* : « Nicole, mon amie. »

A pa jou pyébwa tonbé an dlo i ka pouri.
L'arbre qui tombe à l'eau ne pourrit pas le jour même.
Il arrive que nous ne payions pas tout de suite les conséquences de nos actes.

A pa lè ou fen pou mété manjé si difé.
Ce n'est pas juste au moment où tu as faim que tu dois commencer à préparer à manger.
Il vaut mieux être prévoyant, ne pas attendre le dernier moment.

Apatoudi menné koulèv lékol, sé fè-y sizé i tout.
Il ne suffit pas d'emmener une couleuvre à l'école, il faut encore réussir à la faire s'asseoir.
Lorsqu'on commence une entreprise, il faut la mener à bien, et c'est cela le plus difficile.

Nèg

Nègre, homme, ami, frère. Ce mot peut être utilisé et ressenti de façon très péjorative, mais le mot *nègre* est utilisé avec fierté depuis qu'Aimé Césaire lui a rendu ses lettres de noblesse dans ses écrits sur la négritude. Il est utilisé de façon bienveillante entre amis. *Ka ou fè, nèg ?* : « Comment vas-tu, mon ami ? » Dans certains cas, le mot ne fait pas référence à la couleur de la peau. Il désigne la personne humaine en général, ou la population. *Sé on bon nèg* : « C'est une bonne personne. » *Nèg matinik* : les gens de Martinique. Au féminin : *nègwès*, « négresse ».

Avan zaboka té bay, makak té ka nouri ich-li.
Avant que l'avocatier ne porte ses fruits, le singe nourrissait déjà ses petits.
Personne n'est indispensable.

Bab blan ka di i vyé, sousi blan di i pli vyé ankò.
La barbe blanche dit qu'elle est vieille, les sourcils blancs disent qu'ils sont encore plus vieux.
On peut aller loin dans la surenchère, mais on trouvera toujours plus fort que soi.

Bennyé bonnè sek vit !
En se baignant tôt, on est sec vite !
Les premiers arrivés sont les mieux servis.

Dèmen sé an kouyon.
Demain est un imbécile.
Il faut savoir profiter de l'instant présent, demain est incertain.
Carpe diem.

Dòktè ka swenyen-w, mé i pa Bondyé.
Le médecin soigne, mais il n'est pas Dieu.
À l'impossible nul n'est tenu.

Fòk ou mantjé néyé pou aprann najé.
C'est en étant sur le point de te noyer que tu apprends à nager.
L'apprentissage empirique est le meilleur. C'est en faisant des erreurs que l'on apprend.

Tòch

Tissu enroulé dont on se sert comme tampon en le posant sur la tête afin de porter les charges lourdes, telles que les paniers à provisions. On peut dire, au sens figuré, *An vwè Albè woye i té an tòch* : « J'ai vu Albert, il était déglingué. » Autrement dit : écrasé par le poids de la vie, comme la *tòch* enroulée sur elle-même est écrasée par le poids des marchandises.

Frékanté chyen, ou ka trapé pis.
Quand tu fréquentes des chiens, tu attrapes des puces.
Les mauvaises fréquentations t'attireront des ennuis.

Pa roté boudin pou mété pay !
N'enlevez pas les tripes pour mettre de la paille.
Il ne faut pas laisser tomber sa famille pour des amis dont on n'est jamais sûr.

Pli ou tou ni, pli chyen ralé'w.
Plus tu es nu, plus les chiens te traînent.
Lorsque tu es dans la difficulté, le sort s'acharne sur toi. Un malheur n'arrive jamais seul.

Sa ki pa bon pou zwa, ka chiré fal a kanna.
Ce qui n'est pas bon pour les oies déchire l'estomac des canards.
Ne faites pas aux autres ce que vous n'aimeriez pas qu'ils vous fassent.

Sa zyé pa wè, tjè pa ka fè mal.
Ce que les yeux ne voient pas ne fait pas mal au cœur.
Ce que tu ignores ne peut t'atteindre.

Sé inki lanmô ki pa ni aranjman.
Il n'y a que la mort qui ne peut s'arranger.
Excepté pour la mort, il y a toujours une solution à tout.

Sa ki an bèk ou pa ta'w, sa ki an fal ou sé ta'w.
Ce qui est dans ton bec n'est pas à toi, ce qui est dans ton estomac est à toi.
Il ne faut pas crier victoire trop tôt.

Sé grès kochon ki tjuit kochon.
C'est la graisse du cochon qui a cuit le cochon.
On est toujours trahi par les siens.

Tini on tan pou chasè, on tan pou jibyé.
Il y a un temps pour les chasseurs et un temps pour le gibier.
La roue tourne. On ne gagne pas à tous les coups.

La FRANCE physique

La FRANCE administrative

La FRANCE *d'outre-mer*

Guadeloupe, Saint-Barthélemy et Saint-Martin

200 500 1000 m

- ch.-l. ou ch.-l. d'arrondissement
- bur. centr. de canton
- commune
- route
- aéroport
- plus de 20 000 h.
- de 10 000 à 20 000 h.
- de 5 000 à 10 000 h.
- moins de 5 000 h.

Martinique

- plus de 50 000 h.
- de 10 000 à 50 000 h.
- de 5 000 à 10 000 h.
- moins de 5 000 h.
- ch.-l. d'arrond.
- commune

200 500 m

Guyane

- aéroport
- plus de 20 000 h.
- de 10 000 à 20 000 h.
- de 2 000 à 10 000 h.
- moins de 2 000 h.
- ch.-l. d'arrond.
- commune

100 200 m

La Réunion

200 1000 2000 m

- plus de 50 000 h.
- de 20 000 à 50 000 h.
- de 10 000 à 20 000 h.
- moins de 10 000 h.
- ch.-l. d'arrondissement
- bur. centr. de canton
- commune
- route
- aéroport

Nouvelle-Calédonie

200 500 m

- plus de 20 000 h.
- de 5 000 à 20 000 h.
- de 2 000 à 5 000 h.
- moins de 2 000 h.
- chef-lieu
- commune
- route
- récif-barrière

La FRANCE d'outre-mer

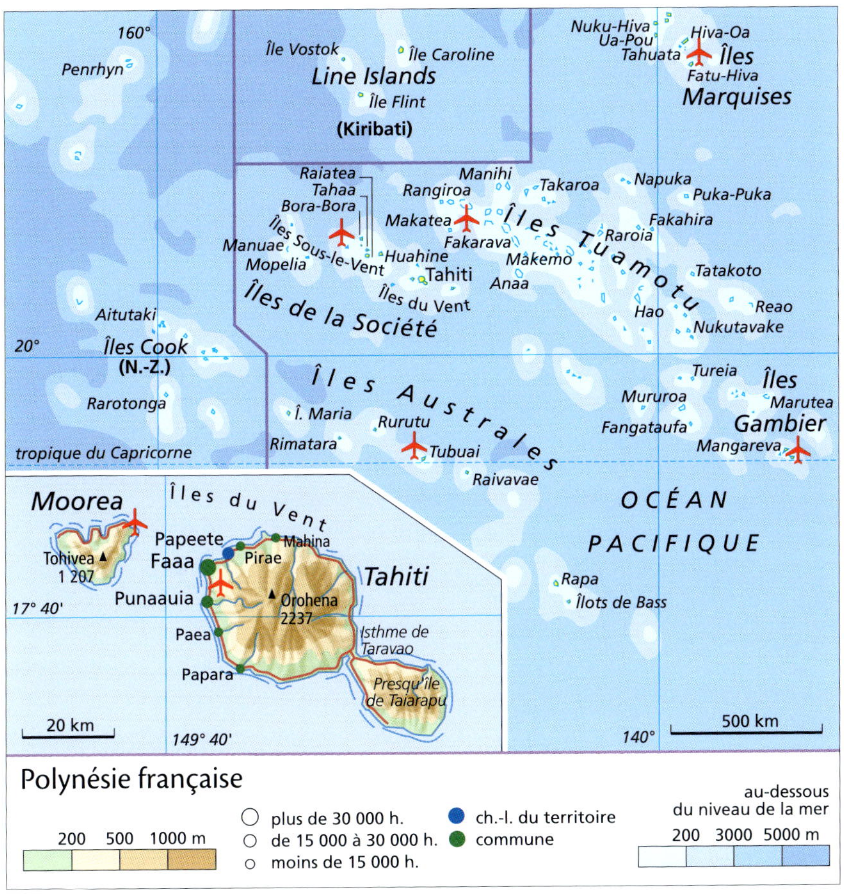

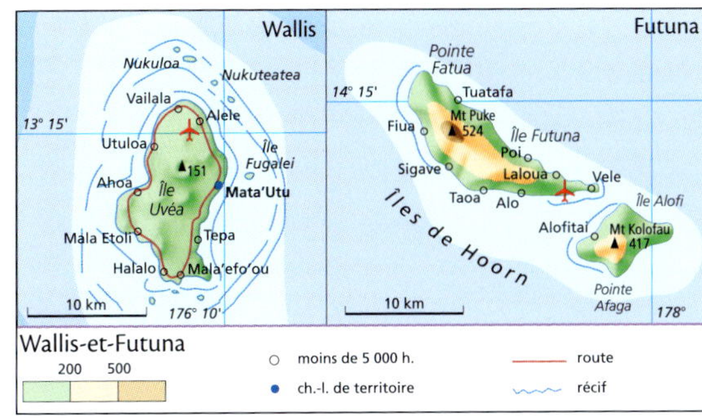

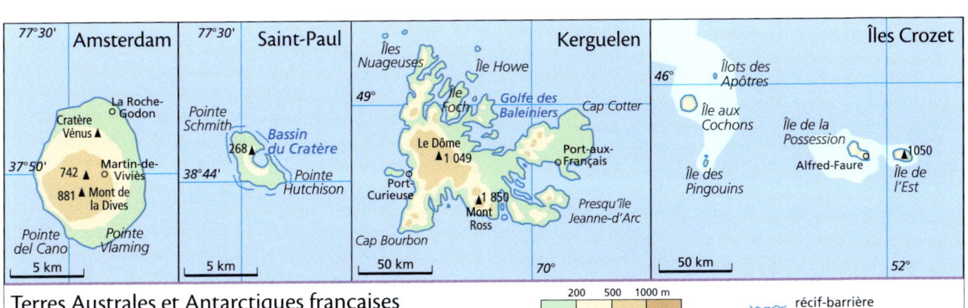

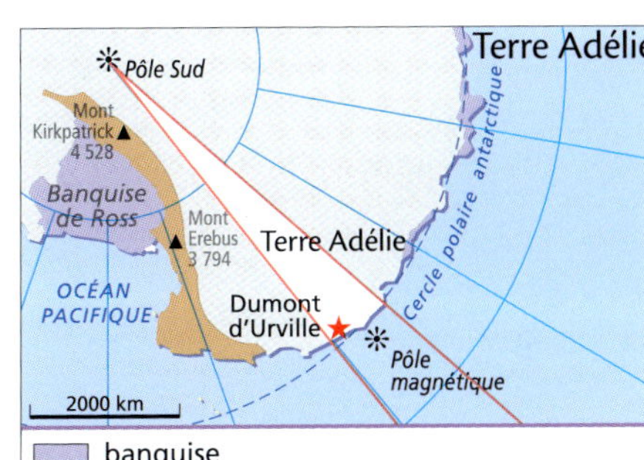

Sites touristiques de FRANCE

CRÉDITS *photographiques*

Les droits de reproduction des illustrations sont réservés en notre comptabilité pour les auteurs ou ayants droit dont nous n'avons pas trouvé les coordonnées malgré nos recherches et dans les cas éventuels où les mentions n'auraient pas été spécifiées.

La lecture s'effectue de haut en bas et colonne après colonne, de gauche à droite.

4. *1.* © Sergii Rudiuk / Shutterstock.com ◆ 2. Ph. Hubert Josse © Archives Larbor ◆ 3. © aterrom/Fotolia.com ◆ 4. © Yvann K/Fotolia.com ◆ 5. Ph. © Etienne Carjat - Coll. Archives Larbor, **5.** *1.* © Dan Breckwoldt/Shutterstock.com ◆ 2. © Ph. Coll. Archives Larbor ◆ 3. © RomainQuéré/Fotolia.com ◆ 4. © Marco Iacobucci EPP/Shutterstock.com ◆ 5. © aterrom/Fotolia.com ◆ 6. Ph. Coll. Archives Larbor, **6.** *1.* Ph. DR - Coll. Archives Larbor ◆ 2. © Pat on stock/Fotolia.com ◆ 3. © Mny-Jhee/Fotolia.com ◆ 4. Ph. Coll. Archives Larousse ◆ 5. Ph. Coll. Archives Larbor, **7.** *1.* Ph. Olivier Ploton © Archives Larousse ◆ 2. Ph. Coll. Archives Larbor ◆ 3. Ph. Olivier Ploton (stylisme Catherine Moreau) © coll. Larousse ◆ 4. Ph. Hubert Josse © Archives Larbor ◆ 5. © Daylight Photo/Fotolia.com ◆ 6. © jorisvo/Fotolia.com , **8.** *1.* © aterrom/Fotolia.com ◆ 2. © Neirfy/Shutterstock.com ◆ 3. © Elisabeth/Fotolia.com ◆ 4. © Photocreo Bednarek/Fotolia.com ◆ 5. © Jonathan Stutz/Fotolia.com ◆ 6. © Annette Schindler/Fotolia.com ◆ 7. © RomainQuéré/Fotolia.com, **9.** *1.* © sergiyzinko/Fotolia.com ◆ 2. © seb hovaguimian/Fotolia.com ◆ 3. © joseph_hilfiger/Fotolia.com ◆ 4. © Pascal Moulin/Fotolia.com ◆ 5. © lustil/Fotolia.com ◆ 6. © Christian Musat/Fotolia.com ◆ 7. © mark e/Fotolia.com ◆ 8. © Francois Poirier / Shutterstock.com, **12.** *1.* © Ivan Lenoble / Fotolia.com ◆ 2. © meunierd / Shutterstock.com, **13.** *1.* © Elenarts / Fotolia.com ◆ 2. © Santi Rodríguez / Fotolia.com, **14.** *1.* © Juan Aunion / Shutterstock.com ◆ 2. © Mikhail Olykainen / Fotolia.com, **15.** © Pierre Leclerc / Shutterstock.com, **16.** *1.* © aterrom/Fotolia.com ◆ 2. © jf Lefèvre/Fotolia.com ◆ 3. © eloleo/Fotolia.com ◆ 4. © bono/Fotolia.com, **17.** *1.* © kavalenkava/Shutterstock.com ◆ 2. © Danielle Bonardelle/Fotolia.com ◆ 3. © thomathzac23/Fotolia.com ◆ 4. © Francois BOIZOT/Shutterstock.com ◆ 5. © Florence Piot/Fotolia.com, **18.** *1.* Ph. Josse © Archives Larbor ◆ 2. Ph. Coll. Archives Larousse ◆ 3. Ph. Coll. Archives Larbor, **19.** *1.* Ph. Hubert Josse © Archives Larbor ◆ 2. © Archives Larbor ◆ 3. Ph. Coll. Archives Larbor ◆ 4. Ph. H.Josse © Archives Larbor, **20.** *1.* © DjiggiBodgi.com/Fotolia.com ◆ 2. © photlook/Fotolia.com ◆ 3. © csimages/Fotolia.com ◆ 4. © david-bgn/Fotolia.com ◆ 5. © DjiggiBodgi.com/Fotolia.com, **21.** *1.* © delkoo/Fotolia.com ◆ 2. © Ivonne Wierink/Fotolia.com ◆ 3. © Mike Fouque/Fotolia.com ◆ 4. © senphi/Fotolia.com ◆ 5. © Tilio & Paolo/Fotolia.com ◆ 6. © ZENPAKU/Fotolia.com ◆ 7. © Tom/Fotolia.com, **22.** *1.* Ph. Franck Schmitt © coll. Larousse ◆ 2. © xamtiw/Fotolia.com ◆ 3. Ph. Franck Schmitt © coll. Larousse, **23.** *1.* Ph. Franck Schmitt © coll. Larousse ◆ 2. © vvoe/Fotolia.com ◆ 3. Ph. Franck Schmitt © coll. Larousse, **24.** *1.* Ph. Coll. Archives Larbor ◆ 2. © alswart / Fotolia.com ◆ 3. © Giuseppe Porzani / Fotolia.com ◆ 4. Ph. © Archives Larbor, **25.** *1.* © PRESSE SPORTS ◆ 2. © Glebstock / Fotolia.com, **26.** *1.* © Ph. Coll. Archives Larousse ◆ 2. © mimon / Fotolia.com, **27.** *1.* © JeanMichel / Fotolia.com ◆ 2. © JeanMichel / Fotolia.com ◆ 3. © « L'Averse », peinture de Paul Sérusier, Musée d'Orsay (Paris) / Coll. Archives Larbor ◆ 4. © PUNTO STUDIO FOTO AG / Fotolia.com, **28.** *1.* Ph. H. Josse © Archives Larbor ◆ 2. © Archives Larbor ◆ 3. Ph. H. Josse © Archives Larbor ◆ 4. © Archives Larbor, **29.** *1.* Ph. Luc Joubert © Archives Larbor ◆ 2. Ph. Hubert Josse © Archives Larbor ◆ 3. Ph. © Archives Nathan, **30.** *1.* © aterrom/Fotolia.com ◆ 2. © jeanmichel deborde/Fotolia.com ◆ 3. © ricky_68fr/Fotolia.com, **31.** *1.* © Olivier/Fotolia.com ◆ 2. © Bildagentur Zoonar GmbH/Shutterstock.com ◆ 3. © Thomas Pajot/Fotolia.com ◆ 4. © stevanzz/Fotolia.com ◆ 5. © galam/Fotolia.com ◆ 6. © AUFORT Jérome/Fotolia.com, **32.** *1.* © first vector trend / Shutterstock.com (œufs) ◆ 2. © Iuliia Pavlenko/Shutterstock.com (nid) ◆ 3. © Martyshova Maria/Shutterstock.com (cadres) ◆ 4. © Rinelle/Shutterstock.com (mh) ◆ 5. Muskoka Stock Photos/Shutterstock.com (gb) ◆ 6. © coll. Photo.com/Jupiterimages/Thinkstock (db) ◆ 7. © scooperdigital/Shutterstock.com (mm) ◆ 8. gravures © Archives Larousse, **33.** *1.* © Iuliia Pavlenko/Shutterstock.com (nid) ◆ 2. © Martyshova Maria/Shutterstock.com (cadres), © Menna/Shutterstock.com (gh) ◆ 3. © coll. Photo.com/Jupiterimages/Thinkstock (gm) ◆ 4. © Bobkeenan Photography/Shutterstock.com ◆ 5. gravures © Archives Larousse, **34.** *1.* © Dominique VERNIER/Fotolia.com ◆ 2. Ph. A.Marnat © Archives Larousse ◆ 3. Ph. A.Marnat © Archives Larousse ◆ 4. Ph.O. Ploton © Archives Larousse, **35.** *1.* Ph. O. Ploton © Archives Larousse - DR ◆ 2. © Olivier DIRSON/Fotolia.com ◆ 3. Prod. Ciné-Alliance. Ph. Coll. Archives Larousse-DR ◆ 4. © ALF photo/Fotolia.com ◆ 5. Ph. J.L. Charmet © Archives Larbor, **36.** *1.* © ivoha/Fotolia.com ◆ 2. © aterrom/Fotolia.com, **37.** *1.* © Sergii Figurnyi/Fotolia.com ◆ 2. © Elena Gueno/Fotolia.com ◆ 3. © PUNTO STUDIO FOTO AG/Fotolia.com ◆ 4. © jorisvo/Fotolia.com ◆ 5. © nico76800/Fotolia.com ◆ 6. © cameris/Fotolia.com, **38.** *1.* Ph. Franck Schmitt © coll. Larousse ◆ 2. Dessin - Archives Larousse ◆ 3. Ph. Franck Schmitt © coll. Larousse, **39.** *1.* Ph. Franck Schmitt © coll. Larousse ◆ 2. Ph. Franck Schmitt © coll. Larousse ◆ 3. © Alexander Raths/Shutterstock.com, **40.** *1.* © Aliaksandr Kazlou/Fotolia.com ◆ 2. Ph. O. Ploton © Archives Larousse ◆ 3. © philippe paternolli/Fotolia.com, **41.** *1.* © Richard Villalon/Fotolia.com ◆ 2. Ph. O. Ploton © Archives Larousse ◆ 3. © B. Piccoli/Fotolia.com ◆ 4. Ph. O. Ploton © Archives Larousse ◆ 5. © M.studio/Fotolia.com, **42.** *1.* © coll. Photo.com/Jupiterimages/Thinkstock (fond) ◆ 2. © coll. iStock/SasinParaksa/Thinkstock (pancarte) ◆ 3. © Macrovector/Shutterstock.com (viandes) ◆ 4. © Ohn Mar/Shutterstock.com (verres), **43.** *1.* © coll. Photo.com/Jupiterimages/Thinkstock (fond) ◆ 2. © soniazhel/Shutterstock.com (fromages) ◆ 3. © Ohn Mar/Shutterstock.com (verres), **44.** *1.* Ph. Ralph Kleinhempel © Archives Larbor ◆ 2. Ph. Hubert Josse © Archives Larbor, **45.** *1.* Ph. H. Josse © Archives Larousse ◆ 2. Ph. Coll. Archives Larbor ◆ 3. © Archives Larbor ◆ 4. © Archives Larbor, **46.** *1.* © PRESSE SPORTS ◆ 2. © likoper / Fotolia.com ◆ 3. © SGr / Fotolia.com, **47.** *1.* © BrunoRosa / Shutterstock.com ◆ 2. Ph. © Sportlibrary / Fotolia.com, **48.** *1.* Ph. Coll. Archives Larbor ◆ 2. Ph. O. Ploton © Archives Larousse, **49.** *1.* © 360b/Shutterstock.com ◆ 2. Ph. Michel Didier © Archives Larbor ◆ 3. Ph. Manuel © Archives Larbor, **50.** *1.* © photogolfer/Shutterstock.com ◆ 2. © Radu Razvan/Fotolia.com, **51.** *1.* © Boulet arnaud/Shutterstock.com ◆ 2. © Circumnavigation/Shutterstock.com ◆ 3. © Natalia Bratslavsky/Fotolia.com ◆ 4. © Paul J Martin/Shutterstock.com, **52.** *1.* © Production Perig/Fotolia.com ◆ 2. © jccuvelier/Fotolia.com ◆ 3. © Delphotostock/Fotolia.com ◆ 4. © saxoph/Fotolia.com, **53.** *1.* © Elisabeth/Fotolia.com ◆ 2. © Francois/Fotolia.com ◆ 3. © Christophe/Fotolia.com ◆ 4. © Arap/Fotolia.com ◆ 5. © borisb17/Fotolia.com ◆ 6. © arenysam/Fotolia.com ◆ 7. © Alexander Kholodov/Fotolia.com, **54.** *1.* Ph. Laetitia Vasseur © coll. Larousse ◆ 2. Ph. Laetitia Vasseur © coll. Larousse, **55.** Ph. Caroline Faccioli (stylisme Sabine Paris) © coll. Larousse, **56.** *1.* Ph. Coll. Archives Larbor ◆ 2. Ph. Coll. Archives Larbor ◆ 3. Ph. O. Ploton © Archives Larousse © Gallimard, **57.** *1.* Ph. Coll. Archives Larousse ◆ 2. Ph. Patrice Pascal © Archives Larbor ◆ 3. Prod. Wheel Productions/Ph. Coll. Archives Larbor, **58.** *1.* © chris32m/Fotolia.com ◆ 2. © Alexi Tauzin/Fotolia.com ◆ 3. © ricochet64/Shutterstock.com ◆ 4. © Maurice Metzger/Fotolia.com ◆ 5. © IMAREVA/Fotolia.com, **59.** *1.* © ahavelaar/Fotolia.com ◆ 2. © B. Piccoli/Fotolia.com ◆ 3. © Alexi Tauzin/Fotolia.com ◆ 4. © Bernard GIRARDIN/Fotolia.com ◆ 5. © Brad Pict/Fotolia.com, **60.** *1.* © rafikovayana / Fotolia.com ◆ 2. © .shock / Fotolia.com ◆ 3. © PRESSE SPORTS, **61.** *1.* Ph. © Les Arts Décoratifs, Paris / Jean Tholance / akg-images. © Pierre Paulin. ◆ 2. Ph. O. Ploton © Archives Larousse. © Adagp, Paris, 2025. ◆ 3. Ph. O. Ploton © Archives Larousse. © 2025 Niki Charitable Art Foundation / Adagp, Paris., **62.** *1.* Ph. J.-L. Charmet © Archives Larousse ◆ 2. © Production Perig / Fotolia.com, **63.** *1.* © Image'in / Fotolia.com ◆ 2. © Ph. Coll. Archives Larbor, **64.** *1.* © catwalkphotos / Fotolia.com ◆ 2. © catwalkphotos / Fotolia.com, **65.** *1.* Ph. © Anastasya Sh / Fotolia.com ◆ 2. © catwalkphotos / Fotolia.com ◆ 3. © David Hughes / Shutterstock.com, **66.** *1.* © Barbara Cerovsek/Fotolia.com ◆ 2. © M_Ilie/Fotolia.com ◆ 3. © altitudedrone/Fotolia.com, **67.** *1.* © joseph_hilfiger/Fotolia.com ◆ 2. © hakanozturk/Fotolia.com ◆ 3. © Yvann K/Fotolia.com ◆ 4. © Christophe Cappelli/Fotolia.com ◆ 5. © Pecold/Fotolia.com, **68.** *1.* Ph. O. Ploton © Archives Larousse ◆ 2. Ph. O. Ploton © Archives Larousse ◆ 3. © Ph. Coll. Archives Nathan, **69.** *1.* Ph. Luc Joubert © Archives Larbor ◆ 2. Ph. O. Ploton © Archives Larousse ◆ 3. © Ph. Coll. Archives Larbor, **70.** *1.* © Leonid Andronov/Shutterstock.com ◆ 2. © Gaspar Janos/Shutterstock.com ◆ 3. © panosud360/Fotolia.com ◆ 4. © Francois/Fotolia.com, **71.** *1.* © photlook/Fotolia.com ◆ 2. © Ivonne Wierink/Shutterstock.com ◆ 3. © Gaelfphoto/Shutterstock.com ◆ 4. © Gareth Kirkland/Shutterstock.com ◆ 5. © Beboy/Fotolia.com ◆ 6. © Oligo/Fotolia.com ◆ 7. © michelgrangier/Fotolia.com, **72.** *1.* © JFBRUNEAU/Fotolia.com ◆ 2. © Photocreo Bednarek/Fotolia.com, **73.** *1.* © Luciano Mortula-LGM/Fotolia.com ◆ 2. © samott/Fotolia.com ◆ 3. © Beboy/Fotolia.com ◆ 4. © Beboy/Fotolia.com, **74.** *1.* © aterrom/Fotolia.com ◆ 2. © ekaterina_belova/Fotolia.com ◆ 3. © Dan Breckwoldt/Shutterstock.com, **75.** *1.* © pictarena/Fotolia.com ◆ 2. © Dean Moriarty/Fotolia.com ◆ 3. © vero godier/Shutterstock.com, **76.** *1.* Ph. Coll. Archives Larbor ◆ 2. Ph. Coll. Archives Nathan ◆ 3. Ph. O. Ploton © Archives Larousse, **77.** *1.* Ph. Coll. Archives Larbor ◆ 2. Ph. Coll. Archives Larbor ◆ 3. Ph. Coll. Archives Larousse ◆ 4. Ph. Coll. Archives Larousse, **78.** *1.* Ph. Coll. Archives Larousse ◆ 2. Ph. Hubert Josse © Archives Larbor ◆ 3. © Archives Larbor ◆ 4. Ph. L. Joubert © Archives Larbor ◆ 5. © Archives Larbor, **79.** *1.* Ph. © Archives Larbor ◆ 2. Ph. © Archives Larbor ◆ 3. Ph. H. Josse © Archives Larbor ◆ 4. Ph. © Archives Nathan ◆ 5. Ph. © Archives Nathan, **80.** *1.* Ph. Coll. Archives Larbor ◆ 2. Ph. D.R. Coll. Archives Larbor ◆ 3. Ph. Gribayedoff - Coll. Archives Larbor ◆ 4. Ph. © Wellcome Library, Londres, **81.** *1.* Ph. L. Joubert © Archives Larbor ◆ 2. Ph. © Archives Nathan ◆ 3. Ph. © Archives Larbor ◆ 4. Ph. Hubert Josse © Archives Larbor, **82.** *1.* Ph. Coll. Archives Larbor ◆ 2. © Maxisport / Shutterstock.com ◆ 3. © Gstudio Group / Fotolia.com ◆ 4. Ph. Coll. Archives Larbor, **83.** *1.* © PRESSE SPORTS ◆ 2. © Olga Bogatyrenko / Shutterstock.com ◆ 3. © Rob Wilson / Shutterstock.com ◆ 4. Ph. © lilufoto / Fotolia.com, **84.** *1.* © pictarena/Fotolia.com ◆ 2. © Jean-Jacques Cordier/Fotolia.com ◆ 3. © photogolfer/Fotolia.com, **85.** *1.* © wsf-f/Fotolia.com ◆ 2. Ph. O. Ploton © Archives Larousse ◆ 3. Ph. Pierre Denis Martin © Archives Larousse ◆ 4. © JONATHAN/Fotolia.com ◆ 5. © kovalenkovpetr/Fotolia.com, **86.** *1.* Ph. O. Ploton © Archives Larousse ◆ 2. Ph. O. Ploton © Archives Larousse, **87.** *1.* Ph. Michel Didier © Archives Larbor ◆ 2. Ph. Chevojon Coll. Archives Larousse ◆ 3. Ph. Coll. Archives Larousse-DR ◆ 4. Ph. C. Marville / Library of Congress, Washington ◆ 5. Ph. Coll. Archives Larousse - DR, **88.** *1.* Ph. Jeanbor © Archives Larbor ◆ 2. Ph. Coll. Archives Larousse ◆ 3. Ph. Hubert Josse © Archives Larbor, **89.** *1.* Ph. Olivier Ploton © Archives Larousse ◆ 2. Ph. © Jérôme Bertin / Fotolia.com ◆ 3. Ph. Hubert Josse © Archives Larbor ◆ 4. Ph. Coll. Archives Larbor ◆ 5. Ph. H. Josse © Archives Larbor, **90.** *1.* © nicou2310/Fotolia.com ◆ 2. Dessin Archives Larousse ◆ 3. Ph. Coll. Archives Larousse, **91.** *1.* Ph. Coll. Archives Larbor ◆ 2. Ph. Coll. Archives Larousse ◆ 3. Dessin M.Dessertenne - Archives Larousse, **92.** *1.* © Radu Razvan / Shutterstock.com ◆ 2. © Radu Razvan / Shutterstock.com ◆ 3. © Slavica S / Shutterstock.com, **93.** *1.* © AnastasiiaM / Shutterstock.com ◆ 2. © Radu Razvan / Shutterstock.com ◆ 3. © Sergii Rudiuk / Shutterstock.com ◆ 4. © Jolig / Shutterstock.com, **94.** *1.* Ph. Coll. Archives Larousse ◆ 2. Ph. © Chanel - Archives Larbor ◆ 3. Ph. O. Ploton © Archives Larousse-DR ◆ 4. Ph. © Keystone France/Gamma Rapho, **95.** *1.* Ph. © Pierre Verdy, Jean-Pierre Muller/AFP ◆ 2. Ph. © Pool Bassignac/Benainous/Gamma Rapho, **96.** *1.* © Archives Larousse ; sauf haricots : © Ohn Mar/Shutterstock.com, **97.** *1.* © Archives Larousse (coq ; vache) ◆ 2. © KateMacate/Shutterstock.com ◆ 3. © Sketch Master/Shutterstock.com ◆ 4. © alex74/Shutterstock.com, **98.** © Jonathan Stutz/Fotolia.com, **99.** *1.* © pillerss/Fotolia.com ◆ 2. © Leonid Andronov/Fotolia.com ◆ 3. © chrisrub/Fotolia.com, **100.** *1.* © Marc Rigaud/Fotolia.com ◆ 2. © Thierry RYO/Fotolia.com, **101.** *1.* © photogolfer/Fotolia.com ◆ 2. © majonit/Fotolia.com ◆ 3. © Photo10/Fotolia.com, **102.** Ph. Coll. Archives Larbor, **103.** *1.* Ph. Olivier Ploton © Archives Larousse ◆ 2. © Dewald Kirsten/Shutterstock.com, **104.** *1.* Ph. O. Ploton © Archives Larousse ◆ 2. Ph. Coll. Archives Larousse ◆ 3. Ph. Coll. Archives Larousse ◆ 4. Ph. O. Ploton © Archives Larousse, **105.** *1.* Ph. Coll. Archives Larbor ◆ 2. Ph. Coll. Archives Larbor ◆ 3. Ph. Coll. Archives Larousse, **106.** *1.* © bonzodog/Shutterstock.com ◆ 2. © Dario Lo Presti / Shutterstock.com ◆ 3. © grebeshkovmaxim/Shutterstock.com ◆ 4. © ninanaina/Shutterstock.com, **107.** *1.* © stockfour/Shutterstock.com ◆ 2. © monamakela.com/Fotolia.com ◆ 3. © stockphoto-graf/Fotolia.com ◆ 4. Ph. O. Ploton © Archives Larousse, **108.** *1.* Ph. Coll. Archives Larbor ◆ 2. Ph. Manuel Coll. Archives Larousse ◆ 3. Ph. H. Manuel Coll. Archives Larousse ◆ 4. Ph. Coll. Archives Larousse, **109.** *1.* Ph. © Archives Larousse ◆ 2. Ph. Coll. Archives Larousse ◆ 3. Ph. © AFP, **110.** *1.* Ph. Laetitia Vasseur © coll. Larousse ◆ 2. © flogogo/Fotolia.com ◆ 3. © Brad Pict/Fotolia.com, **111.** *1.* Ph. O. Ploton © Archives Larousse ◆ 2. © Moebs Stéphane/Fotolia.com ◆ 3. Ph. O. Ploton © Archives Larousse, **112.** *1.* © aterrom / Fotolia.com ◆ 2. © PackShot / Fotolia.com ◆ 3. © illustrez-vous / Fotolia.com, **113.** *1.* © FreeProd / Fotolia.com ◆ 2. © Ph. Coll. Archives Larousse, **114.** *1.* Ph. A.Marnat © Archives Larousse ◆ 2. © Richard Connors/Fotolia.com ◆ 3. Ph. A.Marnat © Archives Larousse, **115.** *1.* Ph. © Coll. Archives Larbor - DR ◆ 2. © Sébastien Boson/AFP ◆ 3. © Miguel Medina/AFP, **116.** © Gertan / Shutterstock.com, **117.** *1.* © Gertan / Shutterstock.com ◆ 2. © Olga Besnard / Shutterstock.com ◆ 3. © Leonard Zhukovsky / Shutterstock.com, **118.** *1.* Ph. Fabrice Besse (stylisme Audrey Cosson) © coll. Larousse ◆ 2. Ph. Olivier Ploton (stylisme Catherine Moreau) © coll. Larousse ◆ 3. Ph. Olivier Ploton © Archives Larousse ◆ 4. © Christian Jung/Shutterstock.com, **119.** *1.* © pictarena/Fotolia.com ◆ 2. Ph. Olivier Ploton (stylisme Catherine Moreau) © coll. Larousse ◆ 3. Dessin Archives Larousse ◆ 4. Ph. Olivier Ploton © Archives Larousse, **120.** *1.* © Philippe/Fotolia.com ◆ 2. © Jean-Jacques Cordier/Fotolia.com ◆ 3. © LianeM/Fotolia.com, **121.** *1.* © Annette Schindler/Fotolia.com ◆ 2. © Marco Desscouleurs/Fotolia.com ◆ 3. © Pierre-Jean DURIEU/Fotolia.com ◆ 4. © Olivier Poncelet/Fotolia.com ◆ 5. © NLPhotos/Fotolia.com ◆ 6. © Pictures news/Fotolia.com, **122.** *1.* © Thierry RYO/Fotolia.com ◆ 2. © savoieleysse/Fotolia.com ◆ 3. © antoine2k/Fotolia.com ◆ 4. © mtlapcevic/Shutterstock.com ◆ 5. © anecaroline/Fotolia.com, **123.** *1.* © Freesurf/Fotolia.com ◆ 2. © P.Lack/Fotolia.com ◆ 3. © Neirfy/Shutterstock.com ◆ 4. © Pat on stock/Fotolia.com ◆ 5. © Pat on stock/Fotolia.com ◆ 6. © Michel Retail/Fotolia.com, **124.** *1.* Ph. Olivier Ploton © Archives Larousse ◆ 2. Ph. O. Ploton © Archives Larousse, **125.** *1.* Ph. Coll. Archives Larousse-DR ◆ 2. Ph. Olivier Ploton © Archives Larousse ◆ 3. Ph. © Claude Calcagno /Fotolia.com, **126.** *1.* Ph. Olivier Ploton (stylisme Catherine Moreau) © coll. Larousse ◆ 2. Ph. Olivier Ploton (stylisme Catherine Moreau) © coll. Larousse ◆ 3. Ph. Olivier Ploton © Archives Larousse, **127.** *1.* © PHILETDOM/Fotolia.com ◆ 2. Ph. Olivier Ploton © Archives Larousse ◆ 3. Ph. Olivier Ploton © Archives Larousse, **128.** *1.* Ph. O. Ploton © Archives Larousse ◆ 2. Ph. O. Ploton © Archives Larousse ◆ 3. Ph. Library of Congress, Washington ◆ 4. Ph. © Archives Larousse ◆ 5. Ph.Jacques Moreau © Archives Larousse ◆ 6. Ph. O. Ploton © Archives Larousse, **129.** *1.* Ph. O. Ploton © Archives Larousse ◆ 2. Ph. O. Ploton © Archives Larousse ◆ 3. Ph. O. Ploton © Archives Larousse ◆ 4. Ph. © Archives Larbor ◆ 5. Ph. Coll. Archives Larousse, **130.** *1.* Ph. Emanuela Cino (stylisme Anne Loiseau) © coll. Larousse ◆ 2. Ph. Emanuela Cino (stylisme Anne Loiseau) © coll. Larousse ◆ 3. © Андрій Пограничний / Fotolia.com ◆ 4. © Sergii Moscaliuk/Fotolia.com ◆ 5. © Fafarumba/Shutterstock.com ◆ 6. © Fafarumba/Shutterstock.com, **131.** *1.* Ph. Emanuela Cino (stylisme Anne Loiseau) © coll. Larousse ◆ 2. © guitou60/Fotolia.com, **132.** *1.* © Marzolino/Shutterstock.com (escargot gauche) ◆ 2. © coll. iStock/Andrii-Oliinyk/Thinkstock.com ◆ 3. © Hein Nouwens/Shutterstock.com ◆ 4. © lestyan/Shutterstock.com ◆ 5. © Marina Levshina/Shutterstock.com, **133.** *1.* © primiaou/Shutterstock.com ◆ 2. © Archives Larousse ◆ 3. © coll. iStock/kateja_f/Thinkstock.com ◆ 4. © primiaou/Shutterstock.com ◆ 5. © primiaou/Shutterstock.com ◆ 5. © RetroClipArt/Shutterstock.com, **134.** *1.* © PRESSE SPORTS ◆ 2. © katatonia82 / Shutterstock.com, **135.** *1.* © Frederic Legrand - COMEO / Shutterstock.com ◆ 2. © Mehdi Taamallah / NurPhoto / AFP ◆ 3. © Fabio Diena / Shutterstock.com, **136.** *1.* © MONIN/Fotolia.com ◆ 2. Ph. Coll. Archives Larbor ◆ 3. Ph. Hubert Josse © Archives Larbor ◆ 4. Ph. Coll. Archives Larbor, **137.** *1.* Ph. Hubert Josse © Archives Larousse ◆ 2. Ph. H. Josse © Archives Larbor ◆ 3. Ph. Jeanbor © Archives Larbor ◆ 4. Ph. J.J. Moreau © Archives Larousse ◆ 5. Ph. Coll. Archives Larousse, **138.** *1.* © brimeux/Fotolia.com ◆ 2. © aterrom/Fotolia.com, **139.** *1.* © Federica Violin/Shutterstock.com ◆ 2. © Didier Doceux/Fotolia.com ◆ 3. © Sokarys/Fotolia.com, **140.** *1.* © pio3/Fotolia.com ◆ 2. © Jean-Jacques Cordier/Fotolia.com ◆ 3. © Nablavo/Fotolia.com, **141.** *1.* © masetto/Fotolia.com ◆ 2. © gaelj/Fotolia.com ◆ 3. © Mihai-Bogdan Lazar/Fotolia.com, **142.** *1.* © tichr/Fotolia.com ◆ 2. © Mny-Jhee/Fotolia.com ◆ 3. © RomainQuéré/Fotolia.com, **143.** *1.* © Bercagnien/Fotolia.com ◆ 2. © Oligo/Fotolia.com ◆ 3. © oscity/Fotolia.com, **144.** *1.* Ph. Martin Balme (stylisme Lucie Dauchy) © coll. Larousse ◆ 2. Ph. Martin Balme (stylisme Lucie Dauchy) © coll. Larousse, **145.** *1.* Ph. Martin Balme (stylisme Lucie Dauchy) © coll. Larousse ◆ 2. Ph. Olivier Ploton © Archives Larousse ◆ 3. Ph. Martin Balme (stylisme Lucie Dauchy) © coll. Larousse ◆ 4. Ph. Olivier Ploton © Archives Larousse, **146.** *1.* Ph. Bayle © Archives Nathan ◆ 2. Ph. © Archives Larbor ◆ 3. Dessin Archives Larousse ◆ 4. Ph. DR - Coll. Archives Larbor ◆ 5. Ph. Luc Joubert © Coll. Archives Larbor ◆ 6. © AlenKadr/Fotolia.com ◆ 7. Ph. © Archives Larbor ◆ 8. Ph. © Africa Studio / Fotolia.com, **147.** *1.* Ph. Coll. Archives Larousse ◆ 2. Ph. Coll. Archives Larousse ◆ 3. © Imagenatural/Fotolia.com ◆ 4. © pavelkubarkov/Fotolia.com ◆ 5. © alexlmx/Fotolia.com ◆ 6. © Richard Carey/Fotolia.com ◆ 7. Ph. Jean-Loup Charmet © Archives Larbor ◆ 8. D.R. (illustration du Centaure magazine, Paris 1868). ◆ 9. © logos2012/Fotolia.com, **148.** *1.* Ph. Martin Balme (stylisme Lucie Dauchy) © coll. Larousse ◆ 2. Ph. Martin Balme (stylisme Lucie Dauchy) © coll. Larousse ◆ 3. © Fafarumba/Shutterstock.com, **149.** *1.* Ph. Coll. Archives Larbor ◆ 2. Cabinet des estampes, Bibliothèque publique et universitaire, Genève. Ph. Fr. Martin © Archives Larbor ◆ 3. © SaveJungle / Shutterstock.com ◆ 4. © Red Wave Pictures / Fotolia.com, **150.** *1.* © Archives Larbor ◆ 2. Ph. Rol Coll. Archives Larbor ◆ 3. Ph. O. Ploton © Archives Larousse, **151.** *1.* Dessin Gilbert Macé - Archives Larousse ◆ 2. © T.W. van Urk/Shutterstock.com ◆ 3. © Dominique VERNIER/Fotolia.com ◆ 4. Prod. Nouvelles Éditions de Films (NEF). Ph. Coll. Archives Larousse ◆ 5. © guitou60/Fotolia.com ◆ 6. © Image'in/Fotolia.com, **152.** © DD25/Fotolia.com, **153.** *1.* © DeepGreen/Shutterstock.com ◆ 2. © Yuryev Pavel/Shutterstock.com ◆ 3. © Bernard 63/Fotolia.com ◆ 4. © Bernard GIRARDIN/Fotolia.com ◆ 5. © Leonid Andronov/Fotolia.com, **154.** *1.* Ph. Olivier Ploton (stylisme Catherine Moreau) © coll. Larousse ◆ 2. Dessin Dominique Sablons - Archives Larousse ◆ 3. © Rene Buehling/Shutterstock.com ◆ 4. Ph. Olivier Ploton (stylisme Catherine Moreau) © coll. Larousse, **155.** © isaphotographie/Fotolia.com, **156.** *1.* © Gaelfphoto/Shutterstock.com ◆ 2. © porojnicu/Fotolia.com ◆ 3. © ttoleg/Shutterstock.com ◆ 4. © JackStock/Fotolia.com, **157.** *1.* © photoloulou91/Fotolia.com ◆ 2. © arnaud laqueyrie/Fotolia.com ◆ 3. © C. Schüßler/Fotolia.com ◆ 4. © Alexander Gutkin/Fotolia.com ◆ 5. © simonwhitehurst/Fotolia.com ◆ 6. © minicel73/Fotolia.com, **158.** *1.* © Heidi Danslamontagne/Shutterstock.com ◆ 2. © Philippe GRAILLE/Fotolia.com ◆ 3. © NoraDoa/Fotolia.com ◆ 4. © Pearl Media/Shutterstock.com ◆ 5. © GybasDigiPhoto/Shutterstock.com ◆ 6. © chanelle/Fotolia.com, **159.** *1.* © Julien Leblay/Fotolia.com ◆ 2. © thieury/Fotolia.com ◆ 3. © elel/Fotolia.com ◆ 4. © Yoso/Shutterstock.com ◆ 5. © Jon Ingall/Shutterstock.com ◆ 6. © Didier San Martin/Fotolia.com, **160.** *1.* Ph. Coll. Archives Larbor ◆ 2. Ph. Coll. Archives Larbor ◆ 3. Ph. Olivier Ploton © Archives Larousse ◆ 4. © ricochet64/Shutterstock.com, **161.** *1.* © Gaborturcsi/Shutterstock.com ◆ 2. © ricochet64/Shutterstock.com ◆ 3. © Anton_Ivanov/Shutterstock.com ◆ 4. © Kobby Dagan/Shutterstock.com, **162.** *1.* Ph. Pierre-Louis Viel (stylisme Valéry Drouet) © coll. Larousse ◆ 2. © Anton V. Tokarev/Shutterstock.com ◆ 3. Ph. Guillaume Czerw (stylisme Alexia Janny) © coll. Larousse, **163.** *1.* Ph. Olivier Ploton (stylisme Catherine Moreau) © coll. Larousse ◆ 2. Ph. Olivier Ploton (stylisme Catherine Moreau) © coll. Larousse ◆ 3. Dessin Archives Larousse ◆ 4. © robertsre/Shutterstock.com ◆ 5. Ph. Olivier Ploton (stylisme Catherine Moreau) © coll. Larousse ◆ 6. Dessin Archives Larousse, **164.** *1.* © Mitch Gunn / Shutterstock.com ◆ 2. © L'Équipe / PRESSE SPORTS ◆ 3. © msanca / Fotolia.com, **165.** *1.* © Martynova Anna / Shutterstock.com ◆ 2. Ph. © Noé Rouxel / Fotolia.com ◆ 3. © Hans Christiansson / Shutterstock.com ◆ 4. © kovop58 / Fotolia.com ◆ 5. © Leonard Zhukovsky / Shutterstock.com, **166.** © illustrez-vous/Fotolia.com, **167.** *1.* © PHB.cz/Fotolia.com ◆ 2. © hcast/Fotolia.com, **168.** *1.* Ph. Rémy © Archives Larbor ◆ 2. Ph. D. Pineider © Archives Larbor ◆ 3. Ph. Nadar Coll. Archives Larbor ◆ 4. Ph. Jeanbor © Archives Larbor ◆ 5. Ph. © Archives Larbor, **169.** *1.* Ph. Coll. Archives Larousse-DR ◆ 2. Ph. © Archives Larbor ◆ 3. © Mykhailo Koifman/Shutterstock.com, **170.** *1.* © Mikael Lever/Fotolia.com ◆ 2. © tangofox/Fotolia.com ◆ 3. © sergiyzinko/Fotolia.com, **171.** *1.* © ricky_68fr/Fotolia.com ◆ 2. © MangAllyPop@ER/Fotolia.com ◆ 3. © Claude Coquilleau/Fotolia.com ◆ 4. © giumas/Fotolia.com ◆ 5. © bbsferrari/Fotolia.com, **172.** *1.* Ph. Olivier Ploton (stylisme Blandine Boyer) © coll. Larousse ◆ 2. Dessin - Archives Larousse ◆ 3. Ph. Fabrice Besse (stylisme Sabine Paris) © coll. Larousse ◆ 4. © adehoidar/Shutterstock.com, **173.** *1.* Ph. Pierre-Louis Viel (stylisme Valéry Drouet) © coll. Larousse ◆ 2. © uckyo/Fotolia.com ◆ 3. © chandlervid85/Fotolia.com ◆ 4. © Jana Behr/Fotolia.com ◆ 5. © Scisetti Alfio/Fotolia.com ◆ 6. Ph. Pierre-Louis Viel (stylisme Valéry Drouet) © coll. Larousse, **174.** *1.* © Marc AUCOUTURIER/Fotolia.com ◆ 2. © Samuel B./Fotolia.com ◆ 3. © arenysam/Fotolia.com ◆ 4. © JP/Fotolia.com ◆ 5. © Bernard GIRARDIN/Fotolia.com, **175.** *1.* © hochfeld/Fotolia.com ◆ 2. © CHG/Fotolia.com ◆ 3. © lamio/Fotolia.com ◆ 4. © Pat on stock/Fotolia.com ◆ 5. © Inu/Shutterstock.com, **176.** *1.* Prod. Société Nouvelle Pathé Cinéma. Ph. Coll. Archives Larousse-DR ◆ 2. Prod. Raymond Blondy (R.A.C.). Ph. Coll. Archives Larousse-DR ◆ 3. Prod. Les films Marcel Pagnol. Ph. Coll. Archives Larbor ◆ 4. Prod. Pathé Cinéma. Ph. Coll. Archives Larbor, **177.** *1.* Prod. Les Films Corona, The Rank Organisation Films Productions. Ph. Coll. Archives Larousse ◆ 2. Prod. Les Films du Carrosse. Ph. Coll. Archives Larbor - DR ◆ 3. Prod. Argos, Como Films, Diaei, Pathé Overseas. Ph. Sylvette Baudrot / Coll. Archives Larbor-DR ◆ 4. Ph. Coll. Archives Larousse. © Laurent Lufroy-DR (pour l'affiche) Claudie Ossard Productions, UGC, Victoires Prod ◆ 5. Prod. Films du Livradois, Gaumont, FR3, Micheline Pialat. Ph. Coll. Archives Larousse-DR, **178.** *1.* Prod. Star Film. Ph. Coll. Archives Larbor ◆ 2. Ph. X.DR © Archives Larbor ◆ 3. Ph. Coll. Archives Larousse ◆ 4. Ph. Roger Forster /Coll. Archives Larbor ◆ 5. Prod. Filmsonor, Rizzoli Film. Ph. S. Beauvarlet / Coll. Archives Larbor - DR ◆ 6. Ph. Jean-Loup Charmet © Archives Larbor - DR ◆ 7. Prod. Alter Films, Specta Films, Gray Film. Ph. Coll. Archives Larbor, **179.** *1.* Prod. Compagnia Cinematografica Chaampin, Rome Paris Films. Ph. Coll. Archives Larbor - DR ◆ 2. Ph. Coll. Archives Larousse- DR ◆ 3. Ph. Coll. Archives Larbor ◆ 4. Ph. Coll. Archives Larbor, **180.** *1.* © sanderstock/Fotolia.com ◆ 2. © Yvann K/Fotolia.com ◆ 3. © Guillaume Besnard/Fotolia.com ◆ 4. © reivax38000/Fotolia.com ◆ 5. © Vivien Chantepie ◆ 6. © Guillaume Besnard/Fotolia.com, **181.** *1.* © Brad Pict/Fotolia.com ◆ 2. © Vivien Chantepie ◆ 3. © Roberto Lo Savio/Fotolia.com ◆ 4. © Phil Daub/Fotolia.com ◆ 5. © A S Santacreu Delage/Fotolia.com ◆ 6. © Vivien Chantepie ◆ 7. © Vivien Chantepie, **182.** *1.* Ph. Caroline Faccioli (stylisme Sabine Paris) © coll. Larousse ◆ 2. Ph. Caroline Faccioli (stylisme Sabine Paris) © coll. Larousse ◆ 3. © Sandra_M/Shutterstock.com, **183.** *1.* Ph. Olivier Ploton (stylisme Blandine Boyer) © coll. Larousse ◆ 2. Dessin Archives Larousse ◆ 3. © EngravingFactory/Shutterstock.com ◆ 4. © Boris Stroujko/Shutterstock.com ◆ 5. Ph. Olivier Ploton (stylisme Blandine Boyer) © coll. Larousse ◆ 6. © Epine/Shutterstock.com, **184.** *1.* Ph. Coll. Archives Larousse ◆ 2. © sumnersgraphicsinc/Fotolia.com ◆ 3. © oxie99/Fotolia.com ◆ 4. Ph. © Archives Larousse - DR ◆ 5. © guitou60/Fotolia.com ◆ 6. © Natalia Bratslavsky/Fotolia.com, **185.** *1.* © michelgrangier/Fotolia.com ◆ 2. © romaneau/Fotolia.com ◆ 3. © Melica/Fotolia.com ◆ 4. © loflo/Fotolia.com ◆ 5. © Ezio Gutzemberg/Fotolia.com ◆ 6. © OkFoto.it/Fotolia.com, **186.** *1.* © Denis Makarenko/Shutterstock.com ◆ 2. © Feel good studio/Fotolia.com ◆ 3. © stokkete/Fotolia.com ◆ 4. © Double Brain/Fotolia.com, **187.** *1.* © Celli07/Fotolia.com ◆ 2. © Gerhard1302/Fotolia.com ◆ 3. © Elnur/Fotolia.com ◆ 4. © Alexander/Fotolia.com ◆ 5. © Photocreo Bednarek/Fotolia.com, **188.** *1.* Ph. Coll. Archives Larbor ◆ 2. Ph. R. Bonnardel © Archives Larbor ◆ 3. Ph. Coll. Archives Larbor, **189.** *1.* Ph. Hubert Josse © Archives Larbor ◆ 2. Ph. Coll. Archives Larousse ◆ 3. Ph. Coll. Archives Larbor ◆ 4. Ph. Coll. Archives Larbor ◆ 5. Ph. Carjat/Coll. Archives Larousse

◆ 6. Ph. J.-L. Charmet © Archives Larbor, **190.** *1.* Ph. Franz Jupp © Archives Larbor ◆ 2. Ph. Coll. Archives Larbor ◆ 3. Ph. © Jean-Jacques Cordier /Fotolia.com, **191.** *1.* Ph. © Archives Larousse ◆ 2. Ph. Coll. Archives Larbor, **192.** *1.* © Delphotostock/Fotolia.com ◆ 2. © foonkif/Fotolia.com ◆ 3. Ph. Olivier Ploton © Archives Larousse, **193.** *1.* © Naeblys/Fotolia.com ◆ 2. © marine ougier/Shutterstock.com, **194.** *1.* © eugenesergeev/Fotolia.com ◆ 2. © gdefilip/Fotolia.com ◆ 3. © seb hovaguimian/Fotolia.com ◆ 4. © hassan bensliman/Fotolia.com, **195.** *1.* © photlook/Fotolia.com ◆ 2. © Freesurf/Fotolia.com ◆ 3. © Frog 974/Fotolia.com ◆ 4. © naturenow/Fotolia.com, **196.** *1.* Ph. Olivier Ploton (stylisme Blandine Boyer) © coll. Larousse ◆ 2. Ph. Olivier Ploton (stylisme Blandine Boyer) © coll. Larousse, **197.** *1.* Ph. Olivier Ploton (stylisme Blandine Boyer) © coll. Larousse ◆ 2. © Dmytro Sukharevskyi/Fotolia.com ◆ 3. © FOOD-pictures/Fotolia.com ◆ 4. Ph. Olivier Ploton (stylisme Blandine Boyer) © coll. Larousse ◆ 5. Ph. Olivier Ploton © Archives Larousse, **198.** *1.* Ph. Coll. Archives Larousse ◆ 2. Ph. O. Ploton © Archives Larousse ◆ 3. Ph. Coll. Archives Larbor ◆ 4. Ph. Hubert Josse © Archives Larbor, **199.** *1.* Ph. Michel de Lorenzo © Archives Larbor ◆ 2. Ph. O. Ploton © Archives Larousse ◆ 3. Ph. Coll. Archives Larousse ◆ 4. Ph. H. Manuel Coll. Archives Larbor ◆ 5. Ph. © Archives Larbor, **200.** *1.* Ph. © Klikk/Fotolia.com ◆ 2. Ph. © Piotr Sikora / Fotolia.com ◆ 3. © Csaba Peterdi / Fotolia.com, **201.** *1.* © Frederic Legrand - COMEO / Shutterstock.com ◆ 2. © Dziurek / Shutterstock.com ◆ 3. © Leonard Zhukovsky / Shutterstock.com, **202.** Ph. Hubert Josse © Archives Larbor, **203.** *1.* Ph. Hubert Josse © Archives Larbor ◆ 2. Ph. O. Ploton © Archives Larousse ◆ 3. Ph. Coll. Archives Larousse ◆ 4. Ph. Jeanbor © Archives Larbor, **204.** *1.* © andre quinou/Shutterstock.com ◆ 2. © ElodieThurot/Shutterstock.com ◆ 3. © POZZO DI BORGO Thomas/Shutterstock.com, **205.** *1.* © Lionel/Fotolia.com ◆ 2. © Porojnicu Stelian/Shutterstock.com ◆ 3. © Gilles Ehrmann/Fotolia.com ◆ 4. © PackShot/Fotolia.com, **206.** *1.* Ph. Coll. Archives Larbor ◆ 2. Ph. Coll. Archives Larbor ◆ 3. Ph. Coll. Archives Larbor, **207.** *1.* Ph. Rol Coll. Archives Larousse ◆ 2. Ph. R. Schlemmer/Coll. Archives Larousse, **208.** *1.* © drakuliren/Fotolia.com ◆ 2. © dieter76/Fotolia.com ◆ 3. © Ariane Citron/Fotolia.com ◆ 4. © pio3/Shutterstock.com, **209.** *1.* © david debray/Fotolia.com ◆ 2. © Olympixel/Fotolia.com ◆ 3. © 999marc/Fotolia.com, **210.** *1.* © jeanmichel deborde/Fotolia.com ◆ 2. © Anibal Trejo/Fotolia.com ◆ 3. © Daoud/Fotolia.com ◆ 4. © joseph_hilfiger/Fotolia.com, **211.** *1.* © John Foreman/Shutterstock.com ◆ 2. © mariec31/Fotolia.com ◆ 3. © Marta P. (Milacroft)/Fotolia.com ◆ 4. © Cottevieille/Fotolia.com ◆ 5. © NoraDoa/Fotolia.com ◆ 6. © Yvann K/Fotolia.com, **212.** *1.* © MangAllyPop@ER/Fotolia.com ◆ 2. © bbsferrari/Fotolia.com ◆ 3. © MIPImages/Fotolia.com ◆ 4. © Pat on stock/Fotolia.com, **213.** *1.* © micky2paris75/Fotolia.com ◆ 2. © Pictures news/Fotolia.com ◆ 3. © Archivist/Fotolia.com ◆ 4. © MangAllyPop@ER/Fotolia.com, **214.** *1.* © Filimages/Shutterstock.com ◆ 2. Ph. Martin Balme (stylisme Lucie Dauchy) © coll. Larousse ◆ 3. Dessin - Archives Larousse ◆ 4. Ph. Martin Balme (stylisme Lucie Dauchy) © coll. Larousse, **215.** *1.* Ph. Martin Balme (stylisme Lucie Dauchy) © coll. Larousse ◆ 2. © Edward Westmacott/Shutterstock.com ◆ 3. Ph. Martin Balme (stylisme Lucie Dauchy) © coll. Larousse, **216.** *1.* © chronicler/Shutterstock.com (cochon) ◆ 2. © Eugene Sergeev/Shutterstock.com (planche), **218.** *1.* © Petur Asgeirsson / Shutterstock.com ◆ 2. © dariovuksanovic / Fotolia.com, **219.** *1.* Ph. © Dieter Kunzendorf/Fotolia.com ◆ 2. © MediaPictures.pl / Shutterstock.com ◆ 3. © txakel / Fotolia.com, **220.** *1.* © chanelle / Fotolia.com ◆ 2. © lamax / Fotolia.com, **221.** *1.* © Bernard GIRARDIN / Fotolia.com ◆ 2. © thieury / Fotolia.com ◆ 3. © Ph. Archives Larbor - DR, **222.** *1.* © chaiwat chantananukul/Shutterstock.com ◆ 2. © bobdu11/Fotolia.com ◆ 3. © Guillaume Buffet/Fotolia.com, **223.** *1.* © Ph. Jean Clottes/Direction régionale des affaires culturelles de Rhône-Alpes ◆ 2. © Stephane Bidouze/Shutterstock.com ◆ 3. © DOPhoto/Shutterstock.com ◆ 4. © HUANG Zheng/Shutterstock.com ◆ 5. © jojojo07/Fotolia.com ◆ 6. © ally310/Fotolia.com, **224.** *1.* Ph. Olivier Ploton (stylisme Catherine Moreau) © coll. Larousse ◆ 2. Ph. Olivier Ploton (stylisme Catherine Moreau) © coll. Larousse, **225.** *1.* Ph. Olivier Ploton (stylisme Catherine Moreau) © coll. Larousse ◆ 2. Ph. Olivier Ploton (stylisme Catherine Moreau) © coll. Larousse ◆ 3. © Tim UR/Shutterstock.com ◆ 4. Dessin Archives Larousse ◆ 5. Ph. Olivier Ploton (stylisme Catherine Moreau) © coll. Larousse, **226.** *1.* Ph. Olivier Ploton (stylisme Blandine Boyer) © coll. Larousse ◆ 2. Ph. Olivier Ploton (stylisme Blandine Boyer) © coll. Larousse, **227.** *1.* Ph. Olivier Ploton (stylisme Blandine Boyer) © coll. Larousse ◆ 2. Dessin - Archives Larousse ◆ 3. Ph. Olivier Ploton (stylisme Blandine Boyer) © coll. Larousse ◆ 4. © guy/Fotolia.com, **228.** *1.* © aro49/Fotolia.com ◆ 2. © Laure F/Fotolia.com, **229.** *1.* © AWP/Fotolia.com ◆ 2. Ph. Olivier Ploton © Archives Larousse, **230.** *1.* © Paolo Bona / Shutterstock.com ◆ 2. © msanca / Fotolia.com, **231.** *1.* © Jeff Dalton / Shutterstock.com ◆ 2. © Mitch Gunn / Shutterstock.com ◆ 3. © PRESSE SPORTS ◆ 4. © Paolo Bona / Shutterstock.com, **232.** *1.* © Bertl123/Shutterstock.com ◆ 2. © goumi/Shutterstock.com ◆ 3. © Henryk Sadura/Shutterstock.com ◆ 4. © Lev Levin/Shutterstock.com ◆ 5. © Dominique VERNIER/Fotolia.com, **233.** *1.* © Gerhard Roethlinger/Shutterstock.com ◆ 2. © Horst Lieber/Shutterstock.com ◆ 3. © Milan Vachal/Shutterstock.com ◆ 4. © Jacques VANNI/Shutterstock.com, **234.** *1.* Ph. Coll. Archives Larousse ◆ 2. Prod. CICC, Filmsonor SA, Fono Roma, Vera Films. Ph. Coll. Archives Larbor ◆ 3. Ph. © Keystone/Zuma/Leemage ◆ 4. Ph. Jeanbor © Archives Larbor ◆ 5. Prod. Renn Productions, FR3, Agence Méditerranéenne de Location de Films (AMLF). Ph. Coll. Archives Larbor-DR, **235.** *1.* Ph. © André Gobeli/Opale/Leemage ◆ 2. Ph. O. Ploton © Archives Larousse-DR ◆ 3. Ph. Coll. Archives Larousse. © Philips-DR, **236.** *1.* © Nicolas ROCHETTE/Fotolia.com ◆ 2. © Fred/Fotolia.com ◆ 3. © Pascal Moulin/Fotolia.com, **237.** *1.* © Photo Passion/Fotolia.com ◆ 2. © J. Borruel/Fotolia.com ◆ 3. © Jimjag/Fotolia.com, **238.** *1.* © marcin jucha/Fotolia.com ◆ 2. © papinou/Fotolia.com ◆ 3. © Goodpics/Fotolia.com, **239.** *1.* © wise73france/Fotolia.com ◆ 2. © inquieta/Fotolia.com ◆ 3. © Hervé Rouveure/Fotolia.com, **240.** Ph. O. Ploton © Archives Larousse, **241.** *1.* Ph. Olivier Ploton © Archives Larousse ◆ 2. Ph. O. Ploton © Archives Larousse ◆ 3. Ph. O. Ploton © Archives Larousse, **242.** *1.* © Archives Larbor ◆ 2. Ph. Ladrey Disderi Coll. Archives Larousse ◆ 3. Ph. Eugène Pirou © Archives Larbor ◆ 4. Ph. Dornac Coll. Archives Larousse, **243.** *1.* Ph. Coll. Archives Larouss ◆ 2. Ph. Jack © Archives Larbor ◆ 3. Ph. Nadar Coll. Archives Larbor ◆ 4. Ph. J.L. Charmet © Archives Larbor, **244.** Ph. Martin Balme (stylisme Lucie Dauchy) © coll. Larousse, **245.** *1.* Ph. Olivier Ploton (stylisme Catherine Moreau) © coll. Larousse ◆ 2. Ph. Olivier Ploton (stylisme Valérie Vermeeeren) © coll. Larousse ◆ 3. © Fafarumba/Shutterstock.com ◆ 4. © Fafarumba/Shutterstock.com, **246.** *1.* © a_kaz/Fotolia.com ◆ 2. Ph. Franck Schmitt © coll. Larousse, **247.** *1.* Ph. Pierre-Louis Viel (stylisme Valéry Drouet) © coll. Larousse ◆ 2. © DenisNata / Shutterstock.com ◆ 3. © PackShot/Fotolia.com ◆ 4. Ph. Fabrice Besse (stylisme Sabine Paris) © coll. Larousse, **248.** *1.* Ph. H. de Lumley/ Coll. Archives Larousse-DR ◆ 2. Ph. Jean Clottes/ Direction des affaires culturelles de Rhône-Alpes ◆ 3. © Archives Nathan, **249.** *1.* Ph. C. Roux © Archives Larbor ◆ 2. Ph. H. de Montferrand © Archives Larbor ◆ 3. © carlos martin diaz/Shutterstock.com, **250.** *1.* Ph. © Archives Larbor ◆ 2. © fovivafoto / Fotolia.com ◆ 3. © oldok / Fotolia.com ◆ 4. © fovivafoto / Fotolia.com, **251.** *1.* © skaman306 / Fotolia.com ◆ 2. © Shariff Che'Lah / Fotolia.com ◆ 3. © Silvano Rebai / Fotolia.com ◆ 4. © jiris / Fotolia.com, **252.** *1.* © Benoit GRIFFART/Fotolia.com ◆ 2. Ph. Olivier Ploton (stylisme Catherine Moreau) © coll. Larousse ◆ 3. Dessin Archives Larousse, **253.** *1.* Ph. Olivier Ploton (stylisme Catherine Moreau) © coll. Larousse ◆ 2. © Unclesam/Fotolia.com ◆ 3. © Brad Pict/Fotolia.com ◆ 4. Ph. Olivier Ploton (stylisme Catherine Moreau) © coll. Larousse, **254.** *1.* © Laurent Davoust / thinkstockphotos.fr ◆ 2. © Bernard Breton / Fotolia.com, **255.** *1.* © David Hughes / thinkstockphotos.fr ◆ 2. © Ph. Coll. Archives Larousse, **256.** *1.* © cedric62/Fotolia.com ◆ 2. © regis/Fotolia.com ◆ 3. © bacalao/Fotolia.com ◆ 4. © Boris Stroujko/Fotolia.com, **257.** *1.* © J-Christophe CABUT/Fotolia.com ◆ 2. © Friedberg/Fotolia.com ◆ 3. © Irina Kuzmina/Shutterstock.com ◆ 4. © Mertens Photography/Shutterstock.com ◆ 5. © Florence Piot/Fotolia.com, **258.** *1.* © Capnord/Fotolia.com ◆ 2. © Philippe GRAILLE/Fotolia.com, **259.** *1.* Ph. Martin Balme (stylisme Lucie Dauchy) © coll. Larousse ◆ 2. Dessin Biosca - Archives Larousse ◆ 3. Ph. Olivier Ploton © Archives Larousse ◆ 4. © allstars/Shutterstock.com ◆ 5. Ph. Martin Balme (stylisme Lucie Dauchy) © coll. Larousse ◆ 6. Dessin - Archives Larousse, **260.** *1.* Ph. Martin Balme (stylisme Lucie Dauchy) © coll. Larousse ◆ 2. Dessin - Archives Larousse ◆ 3. Ph. Martin Balme (stylisme Lucie Dauchy) © coll. Larousse ◆ 4. © onot/Shutterstock.com, **261.** *1.* © Seb Pochet/Shutterstock.com ◆ 2. Ph. Martin Balme (stylisme Lucie Dauchy) © coll. Larousse ◆ 3. Ph. Olivier Ploton © Archives Larousse ◆ 4. © Kovaleva_Ka/Shutterstock.com, **262.** *1.* © aterrom/Fotolia.com ◆ 2. © François Guillot/Fotolia.com ◆ 3. © jorisvo/Fotolia.com, **263.** *1.* © lustil/Fotolia.com ◆ 2. © PHB.cz/Fotolia.com ◆ 3. © Pascal Ledard/Fotolia.com ◆ 4. © guitou60/Fotolia.com ◆ 5. © poupine/Shutterstock.com, **264.** *1.* Ph. O. Ploton © Archives Larbor ◆ 2. Ph. Luc Joubert © Archives Larbor ◆ 3. Ph. H. Josse © Archives Larbor ◆ 4. Ph. Coll. Archives Larbor ◆ 5. Ph. Jeanbor © Archives Larbor ◆ 6. Ph. © Archives Nathan, **265.** *1.* Ph. Coll. Archives Larbor ◆ 2. Ph. H. Josse © Archives Larbor ◆ 3. Ph. O. Ploton © Archives Larousse ◆ 4. Ph © Archives Larbor ◆ 5. Ph. Coll. Archives Larbor, **266.** *1.* Ph. Emanuela Cino (stylisme Anne Loiseau) © coll. Larousse ◆ 2. Ph. Emanuela Cino (stylisme Anne Loiseau) © coll. Larousse, **267.** *1.* Ph. Emanuela Cino (stylisme Anne Loiseau) © coll. Larousse ◆ 2. © denis augustin/Fotolia.com ◆ 3. © François Hergott/Fotolia.com ◆ 4. Ph. Emanuela Cino (stylisme Anne Loiseau) © coll. Larousse ◆ 5. © Fafarumba/Shutterstock.com, **268.** *1.* © Sergey Kelin/Shutterstock.com ◆ 2. © Vladimir Sazonov/Shutterstock.com ◆ 3. © Altitude Drone/Shutterstock.com ◆ 4. © wjarek/Fotolia.com, **269.** *1.* © Vladimir Sazonov/Shutterstock.com ◆ 2. © Leonid Andronov/Shutterstock.com ◆ 3. © PlusONE/Shutterstock.com ◆ 4. © Anton Foltin/Shutterstock.com, **270.** *1.* © Archives Larousse (carafe, assiette) ◆ 2. © lynea/Shutterstock.com (couverts) ◆ 3. © Peratek/Shutterstock.com (verres), **271.** *1.* © Archives Larousse, **272.** *1.* © Ville de Chalon-sur-Saône, France. Musée Nicéphore Niépce ◆ 2. Ph. Coll. Archives Larousse ◆ 3. Ph. Atget Coll. Yvan Christ Coll. Archives Larbor ◆ 4. Ph. Atget/ Coll. Archives Larousse ◆ 5. © Ministère de la Culture - Médiathèque du Patrimoine et de la photographie, Dist. Grand Palais-RMN / Willy Ronis, **273.** *1.* Ph. O. Ploton © Archives Larousse ◆ 2. Dessin Archives Larousse ◆ 3. Ph. © Archives Larbor ◆ 4. Ph. Coll. Archives Larbor, **274.** *1.* Ph. O. Ploton © Archives Larousse ◆ 2. © Igor Iakovlev/Shutterstock.com ◆ 3. © chaosheidi/Shutterstock.com ◆ 4. © Philippe Minisini / Fotolia.com, **275.** *1.* Archives Larousse ◆ 2. © ProvenceNY/Shutterstock.com ◆ 3. Ph. Jeanbor © Archives Larbor, **276.** *1.* © Alexander Demyanenko/Fotolia.com ◆ 2. © joseph_hilfiger/Fotolia.com ◆ 3. © savoieleysse/Fotolia.com ◆ 4. © lamax/Fotolia.com ◆ 5. © Leonid Andronov/Fotolia.com, **277.** *1.* © hassan bensliman/Fotolia.com ◆ 2. © Studio Laure/Fotolia.com ◆ 3. © UtaSol/Fotolia.com ◆ 4. © Lotharingia/Fotolia.com, **278.** *1.* © PHB.cz/Fotolia.com ◆ 2. © Franck Legros/Fotolia.com ◆ 3. © Kiev.Victor/Shutterstock.com ◆ 4. © Agnieszka Skalska/Shutterstock.com, **279.** *1.* © PackShot/Fotolia.com ◆ 2. © Jean-Paul Bounine/Fotolia.com ◆ 3. © vmonet/Fotolia.com, **280.** *1.* © David GALLARD/Fotolia.com ◆ 2. © Marc/Fotolia.com ◆ 3. © jorisvo/Fotolia.com, **281.** *1.* © Christian Musat/Fotolia.com ◆ 2. © Pierre Jean Durieu/Shutterstock.com ◆ 3. © pictarena/Fotolia.com, **282.** *1.* © Thierry RYO/Fotolia.com ◆ 2. Ph. Franck Schmitt © coll. Larousse ◆ 3. © guitou60 / Fotolia.com, **283.** *1.* Ph. Franck Schmitt © coll. Larousse ◆ 2. © Marc/Fotolia.com ◆ 3. © Hervé Rouveure/Fotolia.com, **284.** *1.* Ph. Jeanbor © Archives Larbor ◆ 2. Ph. Coll. Archives Larbor ◆ 3. Ph. Coll. Archives Larbor, **285.** *1.* Ph. Coll. Archives Larousse ◆ 2. Ph. Luc Joubert © Archives Larbor ◆ 3. Ph. Olivier Ploton © Archives Larousse ◆ 4. Ph. Guiley-Lagache © Archives Larbor ◆ 5. Ph. Coll. Archives Larbor, **286.** *1.* Ph. Michel Didier © Archives Larbor ◆ 2. Ph. Olivier Ploton © Archives Larbor ◆ 3. Ph. E. Pirou Coll. Archives Larousse ◆ 4. Ph. © Etienne Carjat - Coll. Archives Larbor ◆ 5. Ph. R. Lecouvette - Coll. Archives Larbor, **287.** *1.* Ph. Nadar Coll. Archives Larbor ◆ 2. Ph. Hubert Josse © Archives Larbor ◆ 3. Ph. S. Guiley-Lagache © Archives Larbor, **288.** *1.* Ph. Michel Didier © Archives Larbor ◆ 2. Ph. Luc Joubert © Archives Larbor ◆ 3. Ph. Tanta et Makovska / Coll. Archives Larbor -DR ◆ 4. Prod. NEF, SNPC. Ph. Raymond Lalance © Archives Larbor - DR ◆ 5. Ph. Olivier Ploton © Archives Larousse, **289.** *1.* Ph. Coll. Archives Larbor ◆ 2. Ph. Coll. Archives Larbor ◆ 3. Ph. © Archives Larbor ◆ 4. Ph. Coll. Archives Larbor ◆ 5. Ph. Coll. Archives Larousse ◆ 6. Ph. O. Ploton © Archives Larousse-DR, **290.** *1.* © UPI / AFP ◆ 2. © Thomas Pajot / Shutterstock.com ◆ 3. Ph. O. Ploton © Archives Larousse-DR, **291.** *1.* © Prometheus72 / Shutterstock.com ◆ 2. © apfelweile / Fotolia.com ◆ 3. © Gustavo Miguel Fernandes / Shutterstock.com, **292.** *1.* Ph. Studio Schweisthal © Archives Larbor ◆ 2. Ph. Coll. Archives Larousse ◆ 3. Ph. Coll. Archives Larbor ◆ 4. Ph. Coll. Archives Larbor, **293.** *1.* Ph. Coll. Archives Larbor ◆ 2. © Olga Popova/Shutterstock.com ◆ 3. Ph. © AFP ◆ 4. Ph. © Archives Larousse, **294.** *1.* Ph. Emanuela Cino (stylisme Anne Loiseau) © coll. Larousse ◆ 2. © Fafarumba/Shutterstock.com ◆ 3. © Phimak/Fotolia.com ◆ 4. Ph. Emanuela Cino (stylisme Anne Loiseau) © coll. Larousse, **295.** *1.* Ph. Emanuela Cino (stylisme Anne Loiseau) © coll. Larousse ◆ 2. © Fafarumba/Shutterstock.com ◆ 3. Ph. Emanuela Cino (stylisme Anne Loiseau) © coll. Larousse, **296.** *1.* © Jeantrekkeur/Fotolia.com ◆ 2. © Bertrand photos/Fotolia.com, **297.** © graphlight/Fotolia.com, **298.** *1.* Ph. O. Ploton © Archives Larousse ◆ 2. Ph. O. Ploton © Archives Larousse ◆ 3. © Ivan Garcia / Shutterstock.com ◆ 4. © Jérôme Prévost / PRESSE SPORTS, **299.** *1.* Ph. O. Ploton © Archives Larousse ◆ 2. © Oleg Leshchev / Fotolia.com ◆ 3. © raydignity / Shutterstock.com ◆ 4. © apegz / Fotolia.com, **300.** *1.* © Jakob Fischer/Shutterstock.com ◆ 2. © mark e/Fotolia.com ◆ 3. © Nicolas/Fotolia.com ◆ 4. © JeanMichel/Fotolia.com, **301.** *1.* © A. Karnholz/Fotolia.com ◆ 2. © Balate Dorin/Fotolia.com ◆ 3. © mariongib/Fotolia.com ◆ 4. © Silvio/Fotolia.com ◆ 5. © kikkerdirk/Fotolia.com ◆ 6. © serge simo/Fotolia.com, **302.** *1.* Ph. © Archives Larbor ◆ 2. Ph. © Archives Larbor, **303.** *1.* Ph. Coll. Archives Larbor ◆ 2. Ph. © Archives Nathan ◆ 3. © Archives Larbor ◆ 4. Ph. Olivier Ploton © Archives Larousse, **304.** *1.* © ventura/Fotolia.com ◆ 2. © ventura/Fotolia.com ◆ 3. © Florence Piot/Fotolia.com ◆ 4. © Jakob Fischer/Shutterstock.com, **305.** *1.* © PackShot/Fotolia.com ◆ 2. © Henryk Sadura/Shutterstock.com ◆ 3. © Wanderers Passion/Fotolia.com ◆ 4. © Donnerbold/Fotolia.com ◆ 5. © gmoulart/Fotolia.com ◆ 6. © Bastian/Fotolia.com ◆ 7. © Fabien R.C./Fotolia.com, **306.** *1.* © andrey oleynik/Shutterstock.com ◆ 2. Ph. Olivier Ploton (stylisme Blandine Boyer) © coll. Larousse ◆ 3. © Anamaria Mejia/Shutterstock.com, **307.** *1.* Ph. Laetitia Vasseur © coll. Larousse ◆ 2. © Epine/Shutterstock.com ◆ 3. Ph. Caroline Faccioli (stylisme Corinne Jausserand) © coll. Larousse ◆ 4. © Victeah/Shutterstock.com, **308.** *1.* © PRESSE SPORTS ◆ 2. © razorconcept / Fotolia.com ◆ 3. © Olexandr / Fotolia.com, **309.** *1.* Ph. © Fotolia.com ◆ 2. © Natursports / Shutterstock.com ◆ 3. © Natursports / Shutterstock.com, **310.** *1.* © Daylight Photo/Fotolia.com ◆ 2. © Radu Razvan /Fotolia.com ◆ 3. © JONATHAN/Fotolia.com ◆ 4. © Sébastien Closs/Fotolia.com ◆ 5. © pipobimbo/Fotolia.com, **311.** *1.* © jy cessay/Fotolia.com ◆ 2. © Lionel MEYER/Fotolia.com ◆ 3. © Sander Meertins/Fotolia.com ◆ 4. © karlosxii/Fotolia.com ◆ 5. © bluesky6867/Fotolia.com, **312.** *1.* © Benjamin Howell / thinkstockphotos.fr ◆ 2. © dragos dpvue / Fotolia.com, **313.** *1.* © feuerpferd1111 / Fotolia.com ◆ 2. © Fabien R.C. / Fotolia.com ◆ 3. © li yi an / thinkstockphotos.fr.

Images des rubriques :

La France, berceau des arts : Musée d'Orsay, Paris © Archives Larbor

Savoir-faire à la française : © haveseen/Fotolia.com

Saveurs et spécialités de nos terroirs : © Nataliya Hora/Shutterstock.com

Parlers régionaux et savoureux : © Stefano Testa/Fotolia.com

Sur les routes de France : © StevanZZ/Shutterstock.com

Ils ont fait la France : © Hein Nouwens/Shutterstock.com

Trésors du patrimoine : © leoks/Shutterstock.com

La France championne : © Marco Iacobucci EPP/Shutterstock.com

PAPIER CERTIFIÉ

LAROUSSE s'engage pour l'environnement en réduisant l'empreinte carbone de ses livres. Celle de cet exemplaire est de : 2,5 kg éq. CO_2 Rendez-vous sur www.larousse-durable.fr

9782036056749 / 01
Fabriqué par Éditions Larousse
21, rue du Montparnasse 75006 Paris France
livres-larousse@larousse.fr
Imprimé en France par PPO Graphic
Dépôt légal : septembre 2025 - 339908 / 01
N° de projet : 11059005 - septembre 2025